Webb
Hochbegabte Kinder

Verlag Hans Huber
Programmbereich Psychologie

HUBER

James T. Webb
Janet L. Gore
Edward R. Amend
Arlene R. DeVries

Hochbegabte Kinder

Das große Handbuch für Eltern

Herausgegeben von Inga Liebert-Cop
und Suzana Zirbes-Domke

Aus dem Amerikanischen
von Cathrine Hornung

Verlag Hans Huber

Dieses Buch ist den vielen hochbegabten Kindern gewidmet, denen wir sowohl in unseren eigenen Familien als auch weltweit begegnet sind. Diese Kinder und ihre Familien motivieren und inspirieren uns auch weiterhin.

Programmleitung: Tino Heeg
Übersetzung: Cathrine Hornung
Gestaltung und Herstellung: Peter E. Wüthrich
Umschlaggestaltung: Anzinger/Wünschner/Rasp, München
Druckvorstufe: Claudia Wild, Konstanz
Druck und buchbinderische Verarbeitung: Druckerei C. H. Beck, Nördlingen
Printed in Germany

Bibliografische Information der Deutschen Nationalbibliothek
Die Deutsche Nationalbibliothek verzeichnet diese Publikation in der Deutschen Nationalbibliografie; detaillierte bibliografische Daten sind im Internet über http://dnb.d-nb.de abrufbar.

Anregungen und Zuschriften bitte an:
Verlag Hans Huber
Lektorat Psychologie
Länggass-Strasse 76
CH-3000 Bern 9
Tel: 0041 (0)31 300 4500
Fax: 0041 (0)31 300 4593
verlag@hanshuber.com
www.verlag-hanshuber.com

Die amerikanische Originalausgabe erschien bei High Potential Press unter dem Titel *A Parent's Guide to Gifted Children.*

1. Auflage 2012

ISBN 978-3-456-85157-0

Inhaltsverzeichnis

Hinweis: Bei geschlechtsunspezifischen Berufs- und Personenbezeichnungen wird in der deutschen Ausgabe das generische Maskulinum oder eine neutrale Sprachform verwendet, die sowohl Frauen als auch Männer beziehungsweise Mädchen und Jungen einschließt.

Vorwort

> Ein hochbegabtes Kind zu erziehen ist, als lebe man in einem Themenpark voller Abenteuer und Nervenkitzel. Manchmal lächelt man. Manchmal ringt man nach Luft. Manchmal möchte man schreien. Dann ist einem wieder zum Lachen zumute. Manchmal ist man sprachlos vor Staunen, dann wieder starr vor Schreck. Manchmal ist man stolz. Und manchmal ist die Achterbahnfahrt so nervenaufreibend, dass man nur noch weinen kann.[1]
>
> *Carol Strip und Gretchen Hirsch*

Eltern eines hochbegabten Kindes zu sein, ist eine Erfahrung, die oft Freude und Lachen mit sich bringt. Diese Kinder sind aufregend und beglückend, und es ist eine wahre Wonne, ihnen dabei zuzuschauen, wie sie Dinge tun, die einem den Atem verschlagen können. Vielen Eltern in unserer Gesellschaft bereitet der Gedanke, dass ihr Kind außergewöhnlich klug, schnell im Lernen oder begabt ist, jedoch Unbehagen oder sogar Angst. Oft haben sie widersprüchliche Gefühle: einerseits sind sie stolz darauf, dass ihr Kind mit einer raschen Auffassungsgabe gesegnet ist; andererseits macht es ihnen aber auch Sorgen, dass sie nun eine neue, eine andere Verantwortung tragen, denn schließlich wollen sie das Kind so erziehen, dass sich seine Fähigkeiten voll entfalten können. Einige Eltern leugnen die Hochbegabung ihres Kindes oder spielen sie herunter, weil sie ihm helfen möchten, «normal» zu sein. Sie sagen: «Nun ja, er ist intelligent und anderen Kindern in seinem Alter voraus, aber ich glaube nicht, dass er wirklich ‹hochbegabt› ist. Denn ansonsten ist er ja genauso wie andere Kinder auch.»

Dass viele Eltern verunsichert sind und zwiespältige Gefühle haben, liegt häufig daran, dass sie nicht genau wissen, was «hochbegabt» eigentlich bedeutet. Möglicherweise haben sie noch nie etwas über Hochbegabung gehört, oder sie gehen fälschlicherweise davon aus, dass ein hochbegabtes Kind grundsätzlich ein Genie oder ein Wunderkind ist, oder dass es anderen in *allen* Bereichen haushoch überlegen ist. Viele Eltern wissen nicht, dass ein Kind auch dann hochbegabt sein kann, wenn es «nur» in einem oder zwei Bereichen weit überdurchschnittliche Fähigkeiten besitzt.

Für Verunsicherung sorgen auch die Kommentare, die Eltern oft von Lehrern oder Schulleitern zu hören bekommen, etwa: «In unserer Schule sind wir der Überzeugung, dass *alle* Kinder begabt sind» oder «Wir glauben, dass *alle* Kinder lernen können». Damit ist gemeint, dass alle Kinder alles lernen können, wenn man ihnen die entsprechenden Ressourcen und genügend Zeit zur Verfügung stellt und sie ausreichend ermutigt. Solche Kommentare sind nicht nur verwirrend, sondern auch unzutreffend. Richtlinien von Bund und Ländern versuchen sicherzustellen, dass alle Kinder wenigstens die Minimalziele der jeweiligen Klassenstufe in Lesen, Schreiben und Rechnen erreichen; aber in Wahrheit fällt es manchen Kindern sehr schwer, selbst diese Mindestanforderungen zu erfüllen, während hochbegabte Kinder – vorausgesetzt, sie haben keine Lernstörung – mit Leichtigkeit die Mindestanforderungen von zwei bis drei höheren Klassenstufen bewältigen können.

Sind hochbegabte Kinder wie alle anderen Kinder? In mancher Hinsicht schon. Wie alle Kinder wollen sie Freundschaften schließen, Spaß beim Spielen haben, Liebe und Geborgenheit in ihrer Familie finden und neue Fertigkeiten lernen. Aber manche Kinder lernen eindeutig schneller und leichter als andere. Es gibt Kinder, die schon sehr früh – noch bevor sie in den Kindergarten kommen – entdecken, wie man liest oder Zahlen zusammenzählt, und zwar ohne dass es ihnen jemand beigebracht hat. Wenn sie dann in die Schule kommen, kann ihnen ihr rasches Lernen Probleme bereiten, weil Lehrern lieber ist, wenn niemand «aus der Reihe tanzt». Sie erwarten von diesen Kindern, dass sie «warten, bis die anderen so weit sind». Die meisten Kinder brauchen jedoch viel Übung und Wiederholungen, um in der Schule eine neue Fertigkeit zu erlernen. Ein hochbegabtes Kind, das rasch lernt und bereits eine Fertigkeit erworben hat oder keine Wiederholungen braucht, um sie zu beherrschen, kann dadurch sehr entmutigt werden; das kann so weit gehen, dass es die Schule nicht mehr mag oder sogar hasst, weil es dort nichts Neues oder Interessantes lernt.

Alle Kinder müssen von Erwachsenen angeleitet und ermutigt werden, um ihr Potenzial auszuschöpfen. Kinder mit großen sportlichen Fähigkeiten werden dazu ermutigt, diese Fähigkeiten durch gezieltes Training und die Mitgliedschaft in Vereinen oder Mannschaften zu entwickeln. Ebenso werden Kinder mit einer musikalischen Begabung dazu ermutigt, Musikstunden zu nehmen und in einer Band oder in einem Orchester zu spielen. Dasselbe gilt für Kinder, die ein hohes akademisches Potenzial haben. Kinder mit besonderen intellektuellen, kreativen, künstlerischen oder anderen Fähigkeiten brauchen ebenfalls Gelegenheiten, um ihre Talente zu entwickeln. Leider bietet die Schule aus verschiedenen Gründen nur selten etwas an, das über den Standard-Lehrplan hinausgeht. Für manche Schüler sind diese Lehrpläne eine Herausforderung, für fortgeschrittene Lerner in der Regel nicht.

Manche Lehrer sind der Auffassung, dass «intelligente Kinder keine besondere Unterstützung benötigen; schließlich haben sie doch ohnehin schon so viele Vorteile.»[2] In Wirklichkeit gehen die Lernbedürfnisse hochbegabter Kinder unmittelbar aus ihren Stärken hervor; eben weil diese Kinder schnelle und fortgeschrittene Lerner sind, brauchen sie spezielle Lerngelegenheiten. Es sind außergewöhnliche Kinder, und entsprechend brauchen sie außergewöhnliche Maßnahmen, genau wie Kinder mit Lernschwierigkeiten außergewöhnlich sind und besondere Maßnahmen und Aufmerksamkeit benötigen.

Manchen Eltern widerstrebt es, anderen nahezulegen, dass ihr Kind, das doch so mühelos lernt, möglicherweise eine besondere Förderung oder Unterstützung braucht. Selbst wenn die Schule spezielle Lehrpläne und Programme für hochbegabte Schüler anbietet, zögern Eltern mitunter, solche schulischen Fördermaßnahmen für die fortgeschrittenen Fähigkeiten ihrer Kinder in Anspruch zu nehmen. Manche zögern, weil sie Schuldgefühle haben und denken, dass andere Kinder die Unterstützung besser gebrauchen könnten. Es ist jedoch wichtig, dass Eltern und Erzieher Anpassungen vornehmen, die den Lehrplan auf die Fähigkeiten des Kindes abstimmen und dafür sorgen, dass das Kind Fortschritte macht und nicht «auf der Stelle tritt».

Hochbegabte Kinder müssen in ihren Talentbereichen angeleitet und unterstützt werden, und das gilt auch für den sozialen und emotionalen Bereich. Wie alle Kinder wollen sie Freunde haben und von anderen akzeptiert werden. Dabei kann es aber zu zwischenmenschlichen Schwierigkeiten kommen; weil sie anders sind, fällt es hochbegabten Kindern möglicherweise schwer, Freunde zu finden. Manchmal werden sie ungeduldig, wenn andere Kinder nicht so schnell mitkommen; es kann sein, dass sie von eben jenen Kindern ausgeschlossen werden, weil sie anspruchsvollere Aktivitäten bevorzugen, die die anderen Kinder einfach nicht interessieren. Eltern und Lehrer können hochbegabten Kindern helfen, mit den emotionalen Hochs und Tiefs zurechtzukommen, die sie tagtäglich erleben. Sie können ihnen helfen, zu verstehen, dass Menschen nun mal unterschiedlich sind, und dass diese Vielfalt eine Bereicherung für die Welt ist.

Viele von Ihnen wissen bereits, dass die Erziehung eines hochbegabten Kindes eine große Herausforderung sein kann. Eine Mutter meinte einmal ironisch: «Mein Sohn ist mit Hochbegabung geschlagen.»[3] Wenn Ihr Kind hochbegabt ist, bedeutet das, dass aus ihm einmal ein zufriedenes, verantwortungsvolles, leistungsstarkes und angesehenes Mitglied der Gesellschaft werden wird, richtig? Wahrscheinlich wird es eine Laufbahn in einem prestigeträchtigen Berufsfeld wie Medizin oder Jura einschlagen; oder vielleicht wird es bahnbrechende Erfolge in der Forschung erzielen; oder es wird ein gefeierter Dichter und Bestsellerautor, vielleicht sogar Präsident der Vereinigten Staaten! Oder? Nun, nicht unbedingt. Es gibt hochbegabte Kinder, die ihrem hohen Potenzial nie gerecht werden.[4] Andere Faktoren können ihnen in die Quere kommen, und oft handelt es sich dabei um soziale und emotionale Faktoren. Warum? Die Gründe sind komplex.

Zum einen herrscht in unserer Gesellschaft und an unseren Schulen eine generelle Ambivalenz gegenüber hochbegabten Kindern; oft werden sie genau für das, was sie ausmacht (ihre Sensibilität und Intensität und so weiter), kritisiert. Sowohl zu Hause als auch in der Schule wird ihnen gesagt: «Du bist zu empfindlich! Du bist zu intensiv! Du hast einen eigenartigen Humor! Musst du immer so kreativ sein? Warum musst du jede Regel in Frage stellen?» Wie soll ein Kind mit so einer Kritik umgehen? Am Ende glaubt es diesen Botschaften und gelangt zu der Überzeugung, dass etwas mit ihm nicht stimmt.

Auf der einen Seite behaupten wir, dass wir die Fähigkeiten hochbegabter Kinder schätzen oder sogar bewundern; auf der anderen Seite gefällt es uns aber nicht, wenn sie von der Norm abweichen. Oft empfinden wir ihr Anderssein als unbequem, und manchmal ertappen wir uns dabei, wie wir uns wünschten, sie würden einem «normaleren» Bild entsprechen. Beispielsweise fällt einer Mutter auf, dass ihr zweijähriges Kind bereits Dinge tut, die Erziehungsratgeber für Vier-, Fünf- oder gar Sechsjährige vorsehen. Dieses Kind ist außergewöhnlich und entspricht nicht der Norm. Was sollen Eltern mit diesen Informationen anfangen? Wenn sie Rat bei Pädagogen suchen, werden sie wahrscheinlich hören: «Ihr Kind ist in erster Linie ein Kind, und die Hochbegabung ist zweitrangig; sie ist lediglich *ein* Teil von ihm.» Tatsächlich ist eine Hochbegabung aber wesentlich für das Kind. Sie wirkt sich auf alles aus, was es denkt, empfindet, sagt und tut. Sie ist der Schlüssel zu seiner Persönlichkeit. Man kann sie nicht einfach vom Kind trennen und sich nur damit auseinandersetzen, wenn es anderen gerade passt. Hochbegabung lässt sich nicht ignorieren oder herunterspielen, denn hochbegabte Kinder *sind* grundsätzlich anders. Insgesamt erreichen sie die Meilensteine der Entwicklung früher – manchmal sogar viel früher – und erleben sie intensiver als andere Kinder;[5] sie verarbeiten abstrakte Vorstellungen in einem früheren Alter als andere Kinder;[6] und sie reagieren sensibler auf Reize.[7]

Anders betrachtet: Ein Kind, dessen IQ-Wert 45 Punkte über dem Durchschnitt liegt (IQ von 145), unterscheidet sich ebenso von der Norm (IQ von 100) wie ein Kind mit einem IQ-Wert, der 45 Punkte *unter* dem Durchschnitt liegt (IQ von 55). Kaum ein Pädagoge, Kinderarzt oder Psychologe würde den Eltern eines Kindes mit einem IQ von 55 raten, den Spross in erster Linie als Kind und nur beiläufig als geistig behindert zu behandeln. Für Kinder mit einem IQ von 145 «hat ihr intellektuelles Potenzial eine derart elementare Bedeutung hinsichtlich allem, was sie betrifft, dass es von der Gesamtpersönlichkeit des Kindes nicht getrennt werden kann. Das gilt umso mehr, je höher der IQ ist.»[8] Um hochbegabte Kinder zu unterstützen und ihnen zu helfen, müssen wir zunächst einmal zur Kenntnis nehmen, dass sie tatsächlich anders *sind*. Als Nächstes müssen wir verstehen, *inwiefern* sie anders sind; nicht alle hochbegabten Kinder sind gleich. Und schließlich – in unserer Eigenschaft als wichtige und einflussreiche Erwachsene in ihrem Leben – müssen wir sie anleiten, und zwar nicht nur im schulischen Bereich, sondern auch im Hinblick auf ihre sozialen, zwischenmenschlichen und Selbstentwicklungsfertigkeiten.

Einzigartig und anders zu sein und gleichzeitig zu einer Peergruppe* und zur Gesellschaft dazugehören zu wollen, kann eine schwierige Aufgabe sein. Ein hochbegabter Jugendlicher hat diese Herausforderung folgendermaßen beschrieben:

> «Hochbegabt und talentiert»-Sein ist keine lockere Wochenendbeschäftigung. Es beeinflusst alles in deinem Leben, 24 Stunden am Tag, 365 ¼ Tage im Jahr. Es ist etwas, das dich zwingen kann, reif zu sein, auch wenn du noch gar nicht dazu bereit bist. Es ist etwas, bei dem alles schiefgehen kann und bei dem du in tausend Stücke zerfallen kannst.[9]

Für hochbegabte Kinder ist es eine wichtige Aufgabe, die richtige Balance zwischen dem Sich-Anpassen und dem eigenen Weg zu finden. Dieses Maß ist von Person zu Person verschieden. Den eigenen Weg zu gehen, ist mit gewissen Schwierigkeiten verbunden und hat seinen Preis; diesen Preis zu verstehen, ist wichtig für das Selbstverständnis und letztlich auch für die Selbstverwirklichung.

Wir hoffen, dass dieses Buch Ihnen helfen wird, Ihr hochbegabtes Kind zu verstehen und in jeder Hinsicht zu unterstützen – schulisch, sozial und emotional.

---

* Peergruppen sind Gruppen von etwa gleichaltrigen Kindern oder Jugendlichen (Jugendgruppen, Cliquen, Banden). «Peer» bedeutet aber auch ebenbürtig sein bezüglich des Rangs und Status, folglich ist das Alter nur ein Kriterium neben dem des Status. Quelle: http://www.stangl.eu/psychologie/entwicklung/peergroup.shtml [Stand: 20.05.2011].

Einführung

Hochbegabte Kinder sind in den meisten Belangen wie andere Kinder auch. Sie brauchen Akzeptanz, Führung, Unterstützung, Respekt, Liebe, Schutz und die Gelegenheit, sich ohne künstliche Verzerrungen ihrer natürlichen Bedürfnisse zu entwickeln. [...] Sie müssen in einer Erziehungsumgebung aufwachsen, die sie darauf vorbereitet, die Welt zu verstehen und die ihnen die entsprechenden Mittel an die Hand gibt, um sie zu verändern.[1]

Annemarie Roeper

Die Bedeutung der Elternrolle

Die Eltern spielen eine entscheidende Rolle, vor allem in den frühen Erziehungsjahren eines hochbegabten Kindes.[2] Hochbegabung kann eine freudvolle, mitunter aber auch eine schmerzliche Erfahrung für ein Kind sein. Eltern können Kindern klarmachen, dass sie mit ihren Fähigkeiten, ihren Sorgen und mit ihrer Art und Weise, die Welt zu sehen, nicht allein sind. Sie können hochbegabten Kindern außerdem helfen, gewöhnliche Dinge und die Menschen, denen sie im Alltag begegnen, schätzen zu lernen und ihnen ein Gefühl des Aufgehobenseins vermitteln. Und was vielleicht am wichtigsten ist: Eltern können aus ihrem Zuhause einen anregenden und sicheren Hafen machen, wo das hochbegabte Kind *immer* auf Menschen zählen kann, die es lieben, die seine Probleme verstehen und ihm beistehen.

Aufgrund unserer Erfahrung und der Auswertung von Forschungsergebnissen sind wir zu der Überzeugung gelangt, dass fürsorgliche, sachkundige und unterstützende Eltern die wirksamste Führung und Problemprävention bieten. Geistige und emotionale Entwicklungen setzen im Kleinkind- und Vorschulalter ein, und viele grundlegende Verhaltensmuster haben sich bereits verfestigt, wenn das Kind in die Schule kommt. In den ersten Jahren, von der Geburt bis zum vierten, fünften Lebensjahr, ist die Unterstützung der Eltern für das Kind von besonderer Bedeutung.

Eine stabile Basis zu Hause ist besonders wichtig, wenn hochbegabte Kinder das Gefühl haben, in ihrem Umfeld fehl am Platz zu sein. Das Zuhause kann ein Rückzugsort sein, wo das Kind seine Batterien aufladen kann und wo ihm die Erwachsenen helfen, die vielen verblüffenden Verhaltensweisen in der Welt da draußen zu entwirren und zu begreifen. Wenn das Zuhause solch eine Zufluchtsstätte ist, und wenn ein oder zwei weitere Erwachsene, wie zum Beispiel Lehrer, Nachbarn oder andere, das Selbstkonzept eines hochbegabten Kindes emotional unterstützen, überleben diese Kinder in der Regel und blühen sogar auf, trotz mitunter schwieriger oder gar traumatischer Ereignisse. Unterstützung und Ermutigung zu Hause geben dem hochbegabten Kind nicht nur Orientierung sondern verhelfen ihm auch zu Vorbildern innerer Stärke, auf die es später zurückgreifen kann.

Wenn das Kind in die Schule kommt, arbeiten Eltern und Lehrer idealerweise zusammen. Der Unterricht ist natürlich ein wichtiger Teil der Fähigkeitsentwicklung von Schuljahr zu Schuljahr; wir sind aber davon überzeugt, dass Eltern besonders wichtig sind, was die langfristige Entwicklung des hochbegabten Kindes betrifft. Wenn es an Bildungsgelegenheiten mangelt, können Eltern für eine Bereicherung sorgen und mit der Schule verhandeln, um sicherzustellen, dass das Bildungsprogramm mit den Interessen, Fähigkeiten und der Lernmotivation des Kindes übereinstimmt. Eine gute Erziehungsarbeit, bei der Eltern ihr hochbegabtes Kind verstehen, es fördern und anleiten und sich für seine Belange einsetzen, kann ein oder mehrere Jahre mittelmäßiger oder sogar negativer Schulerfahrungen kompensieren.

Ein hochbegabtes Kind zu erziehen, ist eine einsame Erfahrung

Für Eltern hochbegabter Kinder ist es mitunter mühsam, Informationen und hilfreiche Ressourcen zu finden.[3] Obgleich sie häufig ungewöhnliche Verhaltensweisen und Fähigkeiten bei ihren Kindern feststellen, lange bevor diese in die Schule kommen, sind sich nur wenige Eltern darüber im Klaren, dass bestimmte Persönlichkeitsmerkmale und sogar körperliche Eigenschaften wie Intensität, Sensibilität oder Perfektionismus, ein vermindertes Schlafbedürfnis und Allergien typische Merkmale sind und bei hochbegabten Kindern einfach häufiger auftreten.[4] Diese Eltern wissen, dass ihr Kind anders ist als andere Kinder, aber sie wissen nicht, wo sie gute Informationen und Beratung finden. Mit wem können sie offen über ihr Kind sprechen? Wo in der Schule oder in der Gemeinde finden sie Unterstützung? Viele Eltern wissen schlichtweg nicht, an wen sie sich wenden sollen.

Die Eltern anderer Kinder sind selten unterstützend und zeigen oft kein Verständnis, weil sie denken, dass diese Eltern zu viel Aufhebens um die Leistungen ihrer Kinder machen oder das Kind unter Druck setzen, damit es so gute Leistungen erbringt. Möglicherweise sind sie auch neidisch oder verärgert, wenn sie hören, was ein hochbegabtes Kind alles kann. Eltern von hochbegabten Kindern sind meist sehr zurückhaltend, wenn es darum geht, mit anderen Eltern über Erziehungsprobleme zu sprechen – es sei denn, es sind ebenfalls Eltern hochbegabter Kinder.

Kinderärzte und Fachpersonen anderer Heilberufe sind in der Regel auch keine große Hilfe, weil sie nur selten speziell in diesem Bereich ausgebildet wurden und daher über die Bedürfnisse hochbegabter und talentierter Kinder nicht gut Bescheid wissen.[5] Selbst in öffentlichen Bibliotheken finden sich kaum Informationen, die Eltern helfen könnten, ihr intelligentes, kreatives Kind zu verstehen.

Und schließlich reagieren die Eltern selbst oft sehr ambivalent auf die Eigenschaften ihrer hochbegabten Kinder. Einerseits schätzen oder genießen sie sogar die guten Schulnoten und die öffentliche Anerkennung, die mit Hochbegabung einhergehen kann; andererseits beunruhigt sie es, dass sie oder die Kinder möglicherweise stärker im Rampenlicht stehen, und sie fürchten, dass sich ihre Kinder wegen ihrer Fähigkeiten «anders» oder «nicht im Gleichklang» fühlen könnten. Die extreme Sensibilität und Intensität, der Idealismus und der ausgeprägte Gerechtigkeitssinn des Kindes bereiten ihnen ebenfalls Sorgen, weil sie wissen, dass diese Eigenschaften später zu Schwierigkeiten führen können.

Mythen über hochbegabte Kinder

Mangelndes Verständnis, Ambivalenz und eine geringe Priorität für die Belange hochbegabter Kinder in öffentlichen und privaten Schulen haben ein Klima geschaffen, in dem sowohl die schulischen als auch die emotionalen Bedürfnisse hochbegabter Kinder alarmierend vernachlässigt werden. Bereits 1972 stellte der Marland-Report des US-amerikanischen Kultusministeriums fest: «Hochbegabte und talentierte Kinder werden in der Tat benachteiligt und können psychische Schädigungen und eine dauerhafte Beeinträchtigung ihrer Funktionsfähigkeiten erleiden [...].»[6] Leider hat sich seither vielerorts kaum etwas geändert.

Warum wird hochbegabten Kindern so wenig Verständnis entgegengebracht? Der Mangel an Informationen und Unterstützung scheint in erster Linie auf die vielen Mythen zurückzugehen, die über hochbegabte Kinder kursieren. Die Medien beispielsweise stellen hochbegabte Kinder oft als Sonderlinge dar – kleine Genies, die erstaunlich komplizierte Rechenaufgaben lösen, virtuos ein Instrument spielen oder mit zwölf Jahren eine Hochschule besuchen, und die den lieben langen Tag nichts anderes tun als lesen, üben oder studieren. Eine weitere Klischeevorstellung, die vor allem unter Lehrern sehr verbreitet ist, kolportiert, dass hochbegabte Kinder keine besondere Unterstützung brauchen: Wenn sie so intelligent sind, können sie ihre Fähigkeiten auch allein entwickeln. Falsch ist auch die Annahme, dass hochbegabte Kinder grundsätzlich gute Schüler sind oder einen bestimmten Talentbereich haben, in dem sie besonders herausragen; damit werden all jene ausgeklammert, die potenziell hochbegabt sind, jedoch nicht die schulischen Leistungen erbringen, die man aufgrund ihrer Fähigkeiten erwarten würde.

Diese Mythen können das Leben der Betroffenen erheblich verkomplizieren und müssen unbedingt entkräftet werden. Es gibt viele verschiedene Typen hochbegabter Kinder und unterschiedliche Ausprägungen von Hochbegabung. Manche Kinder mit Hochbegabung sind in vielen Bereichen gut, andere wiederum nur in einem oder zwei Bereichen, wie zum Beispiel Mathematik oder Naturwissenschaften. Es gibt auch hochbegabte Kinder mit Lernstörungen, Dyslexie oder ADHS (diese Kinder werden als «twice-exceptional», also in zweifacher Hinsicht außergewöhnlich bezeichnet). Andere wiederum sind zwar erfolgreich, haben aber ihr ganzes Leben lang das Gefühl, irgendwie «anders» zu sein und nicht dazuzugehören. Manche werden ernsthaft depressiv.

Hier ist eine Liste mit den gängigsten Mythen über hochbegabte Kinder:[7]

- Hochbegabte Kinder sind für gewöhnlich in allen schulischen Bereichen besonders begabt.
- Hochbegabung ist zu 100 Prozent angeboren.
- Hochbegabung ist ausschließlich das Ergebnis harter Arbeit.
- Alle Kinder sind ausgesprochen begabt.
- Kinder werden von ihren Eltern unter Druck gesetzt und auf hochbegabt getrimmt.
- Aus hochbegabten Kindern werden bedeutende Persönlichkeiten.
- Hochbegabte Kinder haben nur selten Lernbeeinträchtigungen.
- Hochbegabte Kinder sind sich nicht bewusst, dass sie irgendwie anders sind als andere.
- Wenn man hochbegabten Kindern sagt, dass sie anderen in ihren Fähigkeiten voraus sind, werden sie selbstgefällig.
- Die besonderen Fähigkeiten und Talente hochbegabter Kinder spiegeln sich in ihren Schulleistungen wider.

- Hochbegabte Kinder können sich normalerweise gut organisieren und haben gute Lerntechniken.
- Hochbegabte Kinder setzen ihr Potenzial nur dann um, wenn man sie ständig unter Druck setzt.
- Die emotionale Reife hochbegabter Kinder ist ebenso weit fortgeschritten wie ihr Intellekt.
- Hochbegabte Kinder haben nur selten mit emotionalen oder zwischenmenschlichen Problemen zu kämpfen.
- Hochbegabte Kinder stellen ihre Talente und Fähigkeiten gerne vor anderen zur Schau.
- Die besonderen Fähigkeiten, die Intensität und die Sensibilität hochbegabter Kinder werden in ihren Familien grundsätzlich sehr geschätzt.
- Hochbegabte Kinder sind leichter zu erziehen als die meisten anderen Kinder.
- Eltern können die Hochbegabung ihrer eigenen Kinder nicht erkennen.
- Lehrer wissen genau, wie man mit hochbegabten Kindern umgeht.

Die weite Verbreitung dieser Mythen und der Mangel an korrekten Informationen über hochbegabte Kinder ist ein wesentlicher Grund, warum die Bedürfnisse dieser Kinder in unseren Schulen und in unserer Gesellschaft nicht erkannt werden oder zu wenig Aufmerksamkeit bekommen.

Herausforderungen für hochbegabte Kinder

Kinder mit einem hohen intellektuellen Potenzial haben gewisse Vorteile gegenüber weniger befähigten Kindern. Beispielsweise hilft einem ein hoher IQ dabei, schwierige Lebensumstände zu bewältigen.[8] Das bedeutet aber nicht, dass hochbegabte Kinder von Herausforderungen und Problemen verschont bleiben.

Eine große Zahl an intellektuell hochbegabten Kindern und Jugendlichen hat mit Underachievement, Perfektionismus, Aufschiebeverhalten und Stress zu kämpfen. Viele hochbegabte Kinder haben Probleme mit Gleichaltrigen und Geschwistern. Bestimmte Formen von Depression können bei hochbegabten Personen häufiger auftreten, und die Kinder und Jugendlichen, die davon betroffen sind, können ein höheres Suizidrisiko haben.[9] Forschungen deuten darauf hin, dass manche Kinder besondere Risiken tragen, nur weil sie hochbegabt sind.[10]

Mit dem Begabungsniveau eines Kindes steigen auch die Herausforderungen, denen es begegnet, das heißt, eine außergewöhnlich hohe Intelligenz oder Fähigkeit ist nicht zwangsläufig besser. Manche Fachleute behaupten, es gäbe eine «optimale Intelligenz».[11] Beispielsweise ist eine Person mit einem IQ zwischen 125 und 145 zwar so gescheit, dass sie die meisten schulischen oder beruflichen Anforderungen mühelos bewältigen kann; sie ist aber nicht so gescheit, dass sie sich von anderen Menschen in ihrer Umgebung merklich unterscheidet. Für sie ist es einfacher, sich zugehörig zu fühlen, als das bei einer Person mit einem IQ von 150 oder höher der Fall ist. Die meisten Führungspersönlichkeiten in unserer Gesellschaft haben vermutlich eine solche «optimale Intelligenz» mit IQ-Werten zwischen 125 und 145. Bei Menschen mit einem höheren IQ (IQ >145) ist die Wahrscheinlichkeit größer, dass sie sich anders oder sogar ausgegrenzt fühlen. Im Erwachsenenalter haben sie meist nur wenige Freunde, mit denen sie sich wohl fühlen und von denen sie sich verstanden, akzeptiert und geschätzt fühlen.

Lernen, Geduld aufzubringen, ist für Kinder mit hohem intellektuellem Niveau eine wichtige und meist sehr schwierige Herausforderung. Hochbegabte Kinder berichten, wie frustrierend es ist, immer auf die anderen warten zu müssen, wenn es darum geht, Dinge zu verstehen, die für sie ganz selbstverständlich sind. Es ist keineswegs leicht für Hochbegabte, Freude am Lernen mit anderen zu haben und zu tolerieren, dass sie nicht so rasch und intensiv lernen wie sie selbst.[12] Darüber hinaus sind hochbegabte Kinder oft auch mit sich selbst ungeduldig. Sie setzen sich selbst sehr hohe Standards, sind perfektionistisch und tief enttäuscht, gestresst oder wütend, wenn sie den eigenen Ansprüchen nicht gerecht werden.

Eltern und Lehrer stehen ebenfalls vor einer Herausforderung. Sie müssen dem Kind vermitteln, dass sie es nicht nur seiner Leistungen wegen schätzen, sondern weil es ein wertvoller Mensch ist. Wir müssen hochbegabten Kindern helfen zu verstehen, in welcher Weise sie sich von anderen unterscheiden, und dafür sorgen, dass sie Toleranz und Verständnis für andere entwickeln. Eine Gesellschaft braucht die verschiedensten Berufe und Fertigkeiten, um zu funktionieren, und jede Tätigkeit und jeder berufliche Werdegang sollte geschätzt und respektiert werden. Hochbegabung bedeutet nicht, dass man «besser» ist als andere; vielmehr macht sie einen zu einem «schnelleren Lerner» oder bewirkt, dass man «in manchen Dingen besser» ist als andere. Diese Erklärung kann hochbegabten Kindern helfen, andere zu verstehen und zu akzeptieren, ohne sich ihnen gegenüber negativ, herablassend oder elitär zu verhalten.

Wir wollen, dass hochbegabte Kinder sich wertgeschätzt fühlen und verstehen, dass sie trotz ihrer Besonderheit sehr wohl dazugehören und viel mit anderen gemein haben. In manchen Dingen unterscheiden sie sich von anderen Kindern, aber in vielen Dingen sind sie wie alle anderen auch. Weil hochbegabte Kinder die Unterschiede intensiver empfinden, ist ihr Bedürfnis nach Zugehörigkeit, Respekt und emotionaler Sicherheit ausgeprägter als bei anderen Kindern. Auch ist der Druck, zu einer Gruppe zu gehören, sehr groß. Eltern können hochbegabten Kindern dabei helfen, nach und nach die Balance zu finden zwischen ihrer Individualität und dem Sich-Einfügen in eine Gruppe, und zwar so, wie es für diese Kinder am besten ist.

Gibt es eine bessere Bezeichnung als «hochbegabt»?

Für viele Menschen hat die Bezeichnung «hochbegabt» einen negativen Beigeschmack, weil sie damit ein gewisses Elitedenken verbinden. Andere lehnen den Begriff ab, weil er dem breiten Spektrum von Personen nicht gerecht wird, die damit gemeint sind. Warum wird diese Bezeichnung sowohl bei Kindern verwendet, die nur in einem bestimmten Bereich außergewöhnlich begabt sind, als auch bei solchen, die in vielen verschiedenen Bereichen extrem hohe Fähigkeiten aufweisen? Manche lehnen den

Begriff «hochbegabt» auch deswegen ab, weil sie ihn für irreführend halten: er impliziere, dass Begabung rein genetisch bedingt sei und nicht auf das Zusammenspiel von Umwelt und Veranlagung zurückzuführen sei.[13]

Trotz mangelnder Präzision werden wir die Bezeichnung «hochbegabt» durchweg in diesem Buch verwenden – nicht etwa, weil sie die Kinder, die damit gemeint sind, besonders zutreffend beschreibt, sondern weil «hochbegabt» nach wie vor der gängige Sammelbegriff ist, der in der Fachliteratur und in der Gesetzgebung verwendet wird.[14] Selbstverständlich umfasst die Personengruppe, die als «hochbegabt» bezeichnet wird, Menschen mit den verschiedensten Talenten und Begabungsniveaus, und natürlich unterscheiden sich diese Personen oft ganz erheblich voneinander. Wenn in diesem Buch von Hochbegabung die Rede ist, meinen wir damit natürlich keine homogene Gruppe; wir sind keineswegs der Ansicht, dass alle hochbegabten Menschen gleich sind, oder dass alle hochbegabten Kinder gleich behandelt oder unterrichtet werden sollen. Wenn wir verallgemeinern, behalten Sie bitte immer im Hinterkopf, dass wir uns auf eine sehr heterogene Gruppe beziehen.

Früher oder später werden sich vermutlich neue, präzisere und weniger emotionsgeladene Bezeichnungen herausbilden. Bis dahin könnten Eltern und Lehrer versuchen, das oft negative Stigma des Begriffs «hochbegabt» zu entschärfen, indem sie Synonyme wie «gescheit», «hohes Potenzial», «rasche Auffassungsgabe» oder sogar das altehrwürdige «talentiert» verwenden, wobei diese Begriffe ebenso wenig völlig zufriedenstellend sind, um unterschiedliche Kinder und Erwachsene mit solch hohem Potenzial und so außergewöhnlichen Fähigkeiten angemessen zu beschreiben.

Praktische Ratschläge

Das Ziel, das wir mit diesem Buch verfolgen, besteht darin, hochbegabten und talentierten jungen Menschen dabei zu helfen, sich gut zu entwickeln – und nicht einfach nur zu überleben –, indem wir ihnen das, was wir im Laufe der Jahre herausgefunden haben, mitteilen. Unsere Erkenntnisse stützen sich größtenteils auf eigene Erfahrungen, die wir im Rahmen unserer Arbeit mit Eltern, Lehrern und hochbegabten Kindern und Jugendlichen über Jahrzehnte hinweg gesammelt haben. Wir haben aber auch Informationen mit einbezogen, die aus Forschungen anderer Fachleute stammen. Außerdem haben wir Anregungen zusammengetragen, die andere Eltern hilfreich und nützlich gefunden haben.

Eine Warnung möchten wir noch vorwegschicken. Unsere Erfahrung hat uns gelehrt, dass die Eltern hochbegabter Kinder in der Regel ebenso intensiv – und mitunter ebenso ungeduldig – sind wie ihre Kinder. Bestimmt gibt es Eltern, die dieses Buch in einem Zug lesen und sofort versuchen, sämtliche darin enthaltenen Erziehungsratschläge umzusetzen. Egal, ob Sie das ganze Buch auf einmal lesen oder zwischen den Kapiteln Pausen einlegen: *Bitte versuchen Sie nicht, alle Themenbereiche gleichzeitig anzugehen!* Lassen Sie sich Zeit und denken Sie in Ruhe über die einzelnen Ideen und Konzepte nach, die Sie in diesem Buch finden, bevor Sie versuchen, sie umzusetzen. Beginnen Sie mit *einer* neuen Fertigkeit und gehen Sie erst zur nächsten über, wenn Sie sie beherrschen. Auf diese Weise können Sie Schritt für Schritt auf Ihrem Erfolg aufbauen. Sie könnten sich zum Beispiel vornehmen, pro Woche eine oder zwei dieser Anregungen konsequent umzusetzen. Wenn Sie in Ihrer Familie etwas Neues ausprobieren, wird es mehrere Tage – wenn nicht Wochen – dauern, bis Sie erste Ergebnisse sehen. Es wird viel Übung erfordern. Außerdem braucht es Zeit, um zu erkennen, ob eine bestimmte Strategie weitere Anpassungen und Verbesserungen benötigt.

Einige unserer Vorschläge sind schlichtweg gute allgemeine Erziehungstipps, die bei vielen Kindern funktionieren. Eine gute Erziehung ist wichtig, egal ob ein Kind hochbegabt ist oder nicht. Andere Empfehlungen sind dagegen auf bestimmte Merkmale und Verhaltensweisen zugeschnitten, die unter hochbegabten Kindern besonders verbreitet sind, und die Ihnen helfen, die Fähigkeiten Ihres Kindes zu fördern anstatt sie zu hemmen.

Dieses Buch bietet Eltern, Lehrern und anderen Personen, die mit hochbegabten Kindern arbeiten, einen Bezugsrahmen, um die emotionalen und zwischenmenschlichen Bedürfnisse dieser Kinder besser zu verstehen. Für das Verständnis des emotionalen Wohlbefindens des Kindes muss seine Familie als Ganzes mit einbezogen werden, und die Familie wiederum kann nur dann gut funktionieren, wenn die emotionalen Bedürfnisse des hochbegabten Kindes berücksichtigt und verstanden werden. Daher betont unser Buch die Familie und die Beziehungen in der Familie. Wir möchten Sie auch darauf hinweisen, dass das, was wir über hochbegabte Kinder schreiben, größtenteils auch auf hochbegabte Erwachsene zutrifft. «Der Apfel fällt nicht weit vom Stamm», heißt es, und viele Eltern, die dieses Buch lesen, waren selbst hochbegabte Kinder; sie kennen die Situationen und Probleme, die wir in den folgenden Kapiteln beschreiben. Vielleicht ertappen Sie sich bei dem Gedanken: «Ich wünschte, jemand hätte dies getan oder jenes erkannt, als ich klein war!» Zum Glück ist es nie zu spät, Selbsterkenntnis und wertvolle Einblicke zu erlangen, und es kann sogar eine Erleichterung sein, zu erkennen, dass so manche Schwierigkeit, mit der Sie zu kämpfen hatten, mit Ihrer eigenen Hochbegabung zusammenhing.

Wir möchten Ihnen Ratschläge und Handlungshilfen geben, die in erster Linie praktisch und nicht theoretisch sind. Sie sollen Ihnen helfen, Ihre Beziehung zu Ihrem hochbegabten Kind weiterzuentwickeln und häufige Machtkämpfe zu vermeiden; und sie sollen dazu beitragen, dass jüngere hochbegabte Kinder sich selbst und andere verstehen lernen und Erfüllung finden, wenn sie danach streben, ihr Potenzial umzusetzen. Wir hoffen, dass diese Strategien Zuwendung, Mut und Kreativität und zugleich die intellektuellen, schulischen, künstlerischen oder Führungsfähigkeiten Ihres Kindes fördern.

Kapitel 1

Hochbegabung definieren

Der zehnjährige Ethan ist eifrig in eines seiner unzähligen Rechenrätsel vertieft, von denen er gar nicht genug kriegen kann, weil sie für ihn und für andere eine Herausforderung darstellen. Der sechsjährige Brandon verbringt Stunden damit, seine Fantasiewelt mit Stofftieren aufzubauen. Darin gibt es nicht nur politische Parteien, sondern auch ein komplettes Unternehmen. Wenn man die sechsjährige Rosa fragt, was Züge und Flugzeuge gemein haben, antwortet sie: «Beides sind öffentliche Transportmittel.» Shamika, neun Jahre alt, ist ganz hingerissen von Musik und summt eine komplizierte Melodie vor sich hin. Der vierjährige Rolando beschäftigt sich intensiv mit seinen Bastelmaterialien, während er versucht, ein kompliziertes Muster zu bilden, das er vor seinem geistigen Auge sieht. Außerdem kann er sämtliche amerikanischen Bundesstaaten und ihre Hauptstädte aufzählen. Lamont ist fünf und behauptet, er könne nicht lesen. «Ich weiß nur, welche Wörter die Buchstaben ergeben!», sagt er. Mit ihren zwei Jahren unterscheidet Mika Farben wie Grau und Schwarz, singt ein Alphabet-Lied und kann die meisten Buchstaben des Alphabets identifizieren. Der 15-jährige Sanjay besucht eine High School auf dem Lande und hat bereits das gesamte Mathematik-Programm durchgearbeitet, das die Schule zu bieten hat; jetzt fragt er sich, womit er sich im nächsten Schuljahr beschäftigen soll. Seine elfjährige Schwester diskutiert eifrig mit ihren Spielkameraden darüber, wie merkwürdig es doch ist, dass jemand, der einen Menschen umbringt, als Mörder bezeichnet wird, während ein General, der den Abwurf von Bomben befiehlt und feindliche Truppen tötet, ein Kriegsheld ist.

Kinder wie diese denken und verhalten sich anders als Gleichaltrige: sie sind anderen Kindern ihres Alters voraus. Wir bezeichnen diese Kinder als «hochbegabt», «talentiert» oder «kreativ» – alles ungenaue Begriffe. Niemand bestreitet, dass es solche Kinder gibt, aber viele Menschen denken, dass wirklich hochbegabte Kinder recht selten sind. In Wirklichkeit gibt es mehr hochbegabte Kinder, als die meisten Menschen glauben. Fast in jeder Schule und in jedem Wohnviertel gibt es sie. Womöglich weiß es niemand, aber sie sind da.

Warum weiß niemand, dass sie da sind? Lehrer wissen nicht immer, wie sie solche Kinder erkennen sollen. Oft herrscht Uneinigkeit darüber, wie man sie am besten identifiziert, wie man sie nennen soll («hochbegabt», «talentiert», «fähige Lerner» oder gar «Wunderkinder»?) oder inwieweit sie tatsächlich andere (Lern-)Bedürfnisse haben, die spezielle Angebote oder Anpassungen seitens der Schule erfordern.

Was genau ist Hochbegabung?

Wodurch zeichnet sich ein hochbegabtes Kind aus? Welche Arten von Hochbegabung gibt es? Haben hochbegabte Kinder in allen Bereichen hohe Fähigkeiten? Wie werden hochbegabte Kinder in den Schulen erkannt? Sind alle hochbegabten Kinder kreativ? Wie kann ein Kind hochbegabt sein und gleichzeitig eine Lernstörung haben? Dies alles sind wichtige Fragen für Eltern, die gerade erst anfangen, sich mit Hochbegabung auseinanderzusetzen.

In den USA variieren die Definitionen und Kriterien für Hochbegabung je nach Bundesstaat. Die meisten Definitionen sind darauf angelegt, die begabtesten drei bis fünf Prozent der Kinder zu erfassen. Sie stammen aus dem Marland-Report (1972) des US-Kultusministeriums. Die im Marland-Report enthaltene Definition (mitunter auch als «Bundesdefinition» bezeichnet) umfasst verschiedene Bereiche, in denen eine Person hochbegabt sein kann:

> Hochbegabte und talentierte Kinder sind jene von qualifizierten Fachpersonen identifizierten Kinder, die aufgrund herausragender Fähigkeiten zu hohen Leistungen

> fähig sind. Diese Kinder brauchen differenzierte Bildungs- und Förderprogramme, die über die regulären Schulprogramme hinausgehen, damit sie ihr Potenzial für sich selbst entfalten und in die Gesellschaft einbringen können. Zu den Kindern, die zu hohen Leistungen fähig sind, gehören jene, die Leistung und/oder Potenzial in einem oder mehreren der folgenden Bereiche zeigen: Allgemeine intellektuelle Begabung, spezifische akademische Begabung, kreatives oder produktives Denken, Führungsqualität, bildende oder darstellende Künste sowie psychomotorische Fähigkeiten.[1]

In Anlehnung daran definiert die National Association for Gifted Children (NAGC, www.nagc.org) eine hochbegabte Person als jemanden, der/die in einem oder mehreren der folgenden Bereiche ein außergewöhnliches Leistungsniveau oder -potenzial zeigt:

- Allgemeine intellektuelle Begabung
- Spezifische akademische Begabung
- Kreatives Denken
- Führungsqualität
- Bildende oder darstellende Künste

Sowohl der Marland-Report als auch die NAGC-Definition[2] decken ein breites Spektrum an Fähigkeiten ab, das über die einfache akademische Intelligenz hinausreicht. Und beide weisen darauf hin, dass ein Kind in einem oder auch in mehreren der oben angeführten Bereiche hochbegabt sein kann. In der Praxis konzentrieren sich die meisten Schulen jedoch ausschließlich auf die ersten beiden Kategorien: intellektuelle Fähigkeiten und spezifische akademische Eignung.[3] «Hochbegabung» wird in der Regel mit den erreichten Punktzahlen von Intelligenz- und Leistungstests oder mit Schulleistungen gleichgesetzt, vielleicht, weil es in anderen Bereichen keine leicht auszuwertenden, standardisierten Tests bzw. keine schriftlichen Testverfahren (so genannte «Papier-und-Bleistift-Tests») gibt, mit denen sich Hochbegabung in diesen Bereichen ermitteln ließe.

Die Marland- und NAGC-Definitionen sind insofern unzureichend, als dass sie eher auf Kinder im Schulalter, nicht aber auf Vorschulkinder zutreffen. Natürlich ist es wenig sinnvoll, über die aktuelle akademische Leistung, Kreativität, Führungsqualität oder künstlerische Fähigkeit eines Kindes im Vorschulalter zu sprechen. Dennoch lässt sich Hochbegabung bei Vorschulkindern oft daran erkennen, dass sie besonders lernbegierig sind, Aufgaben rasch bewältigen, sich intensiv konzentrieren und Entwicklungsstufen früher erreichen als Kinder mit durchschnittlichen Fähigkeiten.[4]

Werden kognitive Fähigkeiten vererbt?

Eltern fragen sich oft, ob ihr Kind schon mit einem außergewöhnlichen Potenzial zur Welt kam, oder ob seine Fähigkeiten das Ergebnis ihrer Erziehung sind. Vermutlich wird immer strittig bleiben, ob Intelligenz in erster Linie vererbt wird oder ob sie hauptsächlich auf Umwelteinflüsse zurückzuführen ist. Studien von Forschern aus der ganzen Welt, von den 1960er Jahren bis in die Gegenwart, haben eineiige Zwillinge verglichen, die gleich nach der Geburt getrennt wurden und in verschiedenen Umgebungen aufwuchsen. Bei diesen Zwillingsstudien haben die Forscher eine große Ähnlichkeit der Intelligenz – zumindest an den IQ-Werten gemessen – festgestellt, was auf eine stark erbliche Komponente hindeutet, die mindestens zu 50 bis 60 Prozent für die Übereinstimmung beim Intelligenzquotienten verantwortlich ist.[5] Einige dieser Zwillingsstudien lassen außerdem erkennen, dass Persönlichkeitsmerkmale und Temperament eine erbliche Komponente haben; möglicherweise beeinflussen sie den Antrieb und die Motivation, die häufig mit hoher Intelligenz einhergehen.[6] In manchen Fällen lebten die Zwillinge weit voneinander entfernt und kannten sich nicht; trotzdem wählten sie den gleichen Berufsweg und sogar ähnliche Typen von Ehepartnern.

Die Umwelt spielt aber ebenfalls eine große Rolle. Genau wie andere Kinder können sich hochbegabte Kinder in einer unterstützenden Umgebung besser entwickeln als in einer Umgebung, in der sie vernachlässigt werden. Verstärkte emotionale Unterstützung und intellektuelle Bereicherung können bei jüngeren Kindern sogar zu einer Zunahme der gemessenen Intelligenz führen: Bis zum Alter von sieben, acht Jahren können die

IQ-Werte um 10, 20 oder mehr Punkte steigen[7], falls die Kinder in ein anregendes Umweltmilieu kommen.

Hochbegabung messen

Viele führende Fachleute betrachten Hochbegabung als eine Erfahrung und Fähigkeit, die sich nach und nach herausbildet. Das heißt, man wird nicht einfach mit einer Hochbegabung geboren und demonstriert sie dann ein Leben lang. Vielmehr werden Fähigkeiten gepflegt und entwickelt, oder sie kommen durch Kontakt mit den entsprechenden Interessensgebieten, Übung und Gelegenheit überhaupt erst zum Vorschein.[8] Die oben angeführten Definitionen beziehen auch hochbegabte Kinder mit ein, die zwar ein entsprechendes *Potenzial* zeigen, ihre Talente – aus welchen Gründen auch immer – jedoch nicht zur Geltung bringen; das heißt, sie ziehen auch die Möglichkeit von Underachievement oder Benachteiligung in Betracht. Hochbegabung ist daher nicht auf jene beschränkt, die bereits Erstaunliches geleistet haben, sondern schließt auch diejenigen mit ein, die möglicherweise Leistungen auf sehr hohem Niveau erbringen könnten, wenn sie die richtige Förderung und die entsprechenden Gelegenheiten bekommen. Mit anderen Worten: Bei manchen Personen kristallisiert sich die Hochbegabung erst mit zunehmender Reife heraus.

Die Definitionen von Hochbegabung zeigen, dass Kinder sowohl in den Bereichen Kreativität, Führung und Künste als auch akademisch bzw. intellektuell hochbegabt sein können. Häufig – aber nicht immer – besteht ein gewisser Zusammenhang zwischen diesen Begabungsbereichen. Beispielsweise sind Kinder, die in den Bereichen Kreativität, Führung und Künste hochbegabt sind, für gewöhnlich – aber nicht grundsätzlich – auch intellektuell hochbegabt.[9]

Intelligenz und Begabung sind keine einfachen Konzepte, die sich leicht definieren lassen; ihre Bedeutung entwickelt sich ständig weiter, je mehr wir darüber wissen. Im frühen 20. Jahrhundert wurde Intelligenz noch hauptsächlich über den Intelligenzquotienten (IQ) definiert; dieser wird mithilfe eines standardisierten Tests ermittelt, bei dem vor allem verbale und akademische Problemlösungsfertigkeiten gemessen werden. Inzwischen wurde das Konzept von Intelligenz jedoch erweitert und umfasst nun außer verbalen und Problemlösungsfertigkeiten viele weitere Bereiche, etwa Verarbeitungsgeschwindigkeit und Konzentration.

Obwohl Psychologen immer wieder neue Tests entwickeln, um verschiedene geistige Fähigkeiten genauer zu messen und wiederzugeben (in Kapitel 13 erfahren Sie mehr über einige dieser Tests), verwenden viele Berufsgruppen, etwa Pädagogen, Psychologen oder Neuropsychologen, nach wie vor die Ergebnisse von IQ-Tests.

Wie häufig kommen hochbegabte Kinder in der Allgemeinbevölkerung vor? Experten sind der Ansicht, dass sich die Verteilung mentaler Fähigkeiten allgemein als glockenförmige Normalverteilungskurve darstellen lässt **(Abb. 1)**.

Wie aus Abbildung 1 hervorgeht, haben zwei Drittel aller Menschen einen IQ-Wert von 85 bis 115 und fallen damit in den durchschnittlichen Bereich. Etwa drei Prozent (diejenigen, die einen IQ-Wert von 130 und höher haben), können als hochbegabt betrachtet werden, und ein noch

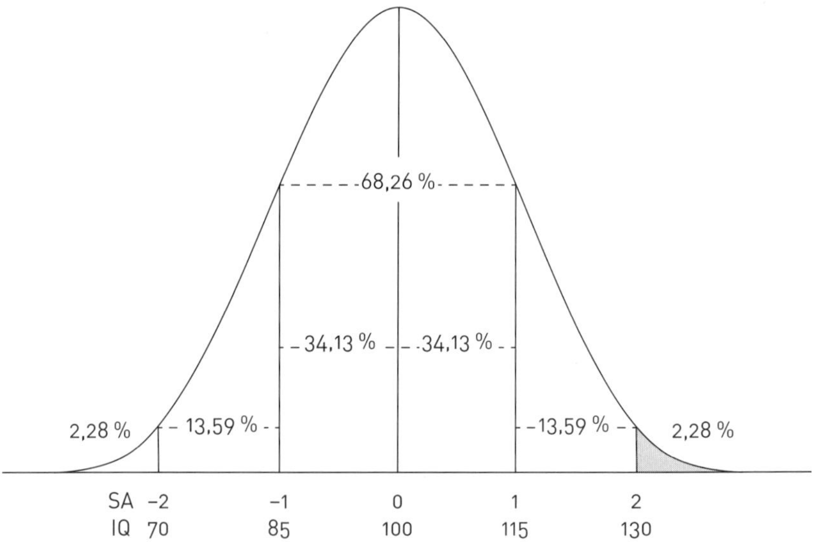

Abbildung 1: Normalverteilung der Intelligenzquotienten.

kleinerer Prozentsatz wird als höchstbegabt eingestuft (IQ-Werte um 145). Ein wiederum noch geringerer Prozentsatz unter den Höchstbegabten (das oberste Zehntel eines Prozents) ist außerordentlich hochbegabt und erzielt IQ-Werte von 150 bis 160.

Die meisten Intelligenztests messen IQ-Werte von bis zu vier Standardabweichungen (SA) über dem Mittelwert (also IQ-Werte von 150 bis 160). In den meisten US-Bundesstaaten wird ein IQ-Wert von mindestens 125 bis 130 verlangt (das entspricht den oberen drei bis fünf Prozent bei einem Test mit einem Mittelwert von 100 und einer SA von 15), damit ein Kind vom lokalen Schulsystem als hochbegabt eingestuft wird. Obwohl die Tests je nach Staat und Schulsystem variieren, gelten bei standardisierten Überprüfungen von Fähigkeit oder Schulleistung fast überall die gleichen Punktwerte. Das schraffierte Feld rechts in Abbildung 1 zeigt den Bereich, der von Bundesstaaten und lokalen Schulen am häufigsten verwendet wird, um Hochbegabung zu definieren (2,28 Prozent).

Ein IQ-Wert von 130 gewinnt an Bedeutung, wenn man bedenkt, dass der Durchschnittswert bei Personen aller Altersstufen ein IQ von 100 ist.[10] Für gewöhnlich beträgt der durchschnittliche IQ-Wert bei Personen mit College-Abschluss etwa 120; bei Managern, Anwälten, Wissenschaftlern oder Ärzten liegt der Durchschnittswert etwa bei 125. Diese Daten deuten darauf hin, dass eine Person mit einem IQ von 120 bis 125 potenziell in der Lage ist, komplexe Aktivitäten zu meistern und in den meisten Berufen erfolgreich zu sein.[11]

Es herrscht Uneinigkeit darüber, ob die Normalkurve eine angemessene Darstellung von Intelligenz ist: Einige Experten[12] lehnen die symmetrische Glockenkurve ab, weil sie den Sachverhalt ihrer Meinung nach zu stark vereinfacht. Andere stören sich lediglich an den gleichmäßigen Enden der Kurve: Sie plädieren dafür, bei 150 bis 160 einen großen «Höcker» bzw. Ausschlag auf der IQ-Normalkurve zu setzen, um deutlich zu machen, dass es mehr Individuen mit solch hohen Fähigkeiten gibt, als die meisten Fachleute glauben.[13] Natürlich fallen viel mehr Personen in den oberen Intelligenzbereich, als es eine gleichmäßig verlaufende Normalkurve vermuten lässt, und die Fähigkeiten dieser Personen reichen möglicherweise weit über die Normen des Tests hinaus.[14]

Manche Individuen erreichen Werte, die an die oberste Grenze des IQ-Tests beziehungsweise seiner Subskalen stoßen;* diese Personen würden sogar noch höhere Werte erzielen, wenn der Test es gestatten würde. Vor allem bei den neueren Tests werden die Werte dieser Personen dadurch künstlich nach unten gedrückt.[15] Es gibt durchaus Möglichkeiten, um Werte zu ermitteln, die den üblichen Rahmen sprengen, und bei manchen Personen werden die IQ-Werte auf 180 oder höher geschätzt. Die Leistungsunterschiede, die hochbegabte Kinder bei IQ-Tests zeigen, machen deutlich, wie ungenau die Bezeichnung «hochbegabt» letztlich ist, und dass sich hinter diesem Begriff eine recht heterogene Gruppe verbirgt.

Angesichts der beträchtlichen Fächerung unter hochbegabten Kindern kann die Bezeichnung «hochbegabt» den höchst bemerkenswerten Fertigkeiten und Talenten, die innerhalb dieser Gruppe auftreten, gar nicht gerecht werden, und sie macht die Herausforderungen im Hinblick auf die Erziehung und das Unterrichten dieser Kinder deutlich: Wegen der erheblichen Bandbreite an Fähigkeiten, die in die Kategorie «Hochbegabung» fallen, sind einige Pädagogen und Psychologen inzwischen dazu übergegangen, verschiedene Ausprägungen von Hochbegabung zu unterscheiden und durch Begriffe wie «leichte», «mittlere» oder «außerordentliche» Hochbegabung kenntlich zu machen. Höchstbegabte Kinder zeigen andere Entwicklungsmuster und völlig andere Verhaltensweisen als Kinder mit einer leichten oder mittleren Hochbegabung.[16]

Das Messen von Begabung, sei es anhand von IQ-Werten, Schulleistung oder anderen Maßen, wird immer unvollkommene und ungenaue Techniken und Instrumente beinhalten. Wo Fachleute die Grenze zwischen Normalbegabung und Hochbegabung ziehen, kann zu ernsthaften Auseinandersetzungen führen. Tatsächlich gelten in den einzelnen US-Bundesstaaten unterschiedliche Kriterien für die Einschätzung von Hochbegabung. Die uneinheitlichen Definitionen, die verschiedenen Arten von Hochbegabung und die unterschiedlichen Methoden, die eingesetzt werden, um Hochbegabte zu ermitteln, machen die Identifizierung von hochbegabten Kindern

* So genannte «Deckeneffekte».

so schwierig und behindern die Forschung, die notwendig wäre, um diese wesentlichen Faktoren zu untersuchen.

Trotz aller Uneinigkeit und Konfusion, was den Gebrauch von Intelligenztestverfahren angeht, sind die Ergebnisse von Einzel-Intelligenztests nach wie vor die besten Prädiktoren für schulischen Erfolg, wenngleich sie nicht unbedingt geeignet sind, um Erfolg im Leben vorauszusagen.[17] Bei korrekter Handhabung können IQ-Tests wertvolle Informationen über die Fähigkeiten von Schülern liefern, sowohl über ihre Stärken als auch über ihre Schwächen,[18] und IQ-Werte sind tatsächlich eine Möglichkeit, um einige grundlegende Aspekte von hochbegabten Kindern zu beschreiben.

Allerdings ergibt sich daraus kein vollständiges Bild. Hochbegabung lässt sich nicht nur über die Punktwerte eines IQ-Tests definieren. Die Verhaltensweisen hochbegabter Kinder sind ebenfalls sehr wichtig und geben Aufschluss über ihre hohe Befähigung. Man kann nicht davon ausgehen, dass Kinder mit ähnlichen IQ-Werten auch ähnliche Persönlichkeiten, Interessen, Fähigkeiten oder Temperamente haben. Selbst beim einzelnen Kind ist das Fähigkeitsprofil oft unterschiedlich ausgeprägt und die Entwicklung der Fähigkeiten verläuft ungleichmäßig. Hochbegabte Kinder entwickeln sich nicht in allen Fertigkeitsbereichen gleich.[19] Sie können zum Beispiel sehr gut im Lesen, aber schlecht im Rechnen sein; oder sie sind anderen in bestimmten Aktivitäten voraus – zum Beispiel bei Puzzeln oder bei der Bedienung von Geräten –, zeigen jedoch bei der verbalen Entwicklung lediglich durchschnittliche Fähigkeiten. Manchmal sind hochbegabte Kinder in ihren intellektuellen Fähigkeiten ihrem Alter weit voraus, aber in den motorischen und sozialen Fähigkeiten hinken sie weit hinterher. Oder sie sind in ihrem Faktenwissen voraus, liegen jedoch in ihrem sozialen Urteilsvermögen – beispielsweise Taktgefühl – weit hinter anderen zurück. Dieses unausgewogene Verhaltensmuster wird als asynchrone Entwicklung bezeichnet. Weil dieses Muster unter hochbegabten Kindern so verbreitet ist, gehen einige Fachleute davon aus, dass das entscheidende Merkmal von Hochbegabung weniger Potenzial oder Befähigung ist, sondern eine asynchrone Entwicklung.[20]

Angesichts ihrer asynchronen Entwicklung stellen hochbegabte Kinder eine weniger homogene Gruppe dar als durchschnittliche Kinder. Die individuellen Merkmale und Verhaltensweisen eines einzelnen hochbegabten Kindes unterscheiden sich oft sehr stark von denen anderer hochbegabter Kinder.[21] Das sollte nicht verwunderlich sein. Eltern und Fachleute erkennen leicht die Unterschiede zwischen Kindern am unteren intellektuellen Spektrum. Diesen Kindern wird ein sonderpädagogischer Förderbedarf und entsprechende Förderpläne zugestanden, um ihren Besonderheiten Rechnung zu tragen. Wenn man sich einmal vor Augen führt, wie groß die Unterschiede in einzelnen Bereichen nicht nur bei Kindern mit Entwicklungsverzögerungen, sondern auch bei hochbegabten Kindern sind, ist die innere Asynchronie, die mit Hochbegabung einhergeht, leicht zu verstehen. Je stärker die Hochbegabung ausgeprägt ist, umso größer ist die Wahrscheinlichkeit, dass das Kind innerlich nicht im «Gleichklang» ist und große Diskrepanzen zwischen Bereichen der Stärke und Bereichen der relativen Schwäche aufweist.[22] Es ist daher keineswegs ungewöhnlich, dass ein siebenjähriges hochbegabtes Kind wie ein Sechstklässler liest und mühelos Rechenaufgaben aus der vierten Klasse löst, seine feinmotorischen Fertigkeiten aber noch auf dem Niveau eines Zweitklässlers liegen, was seinem chronologischen Alter entspricht. Die breite Fähigkeits- und Fertigkeitsspanne dieses Kindes hat natürlich Auswirkungen auf den Lehrplan und die Klasseneinstufung. Ein solch asynchrones Kind braucht ungeachtet seiner Hochbegabung einen Förderplan, der auf seine individuellen Bedürfnisse zugeschnitten ist.

Multiple Intelligenzen

Es gibt nicht nur verschiedene Ausprägungen von Intelligenz, sondern auch verschiedene Arten. Schulprogramme für hochbegabte Kinder konzentrieren sich nach wie vor hauptsächlich auf akademische Bereiche der Hochbegabung; dabei gibt es weitere Intelligenzen, die häufig vernachlässigt werden.

Howard Gardners Buch *Abschied vom IQ: Die Rahmentheorie der vielfachen Intelligenzen* (1994; Original *Frames of Mind*, 1983) hat die Art und Weise, wie Schulen an Bildungsprogramme für Kinder mit hoher Befähigung herangehen, beeinflusst. Gardner hielt es für unangemessen, Intelligenz als eine einzelne Einheit zu begreifen. Er entwickelte das Konzept der multiplen Intelligenzen, die, wie er meinte, unabhängig voneinander existieren. Das Buch wurde zum Bestseller und löste einen wahren «Multiple-Intelligenzen-Boom» und einen Run auf die entsprechenden Unterrichtsmaterialien aus. Ursprünglich hat Gardner sieben identifizierbare Intelligenzen beschrieben (siehe **Tab. 1**), später fügte er weitere hinzu.[23]

Von Gardners sieben Intelligenzen kommen jedoch meist nur zwei – die sprachliche und die logisch-mathematische Intelligenz – regelmäßig bei der Identifizierung hochbegabter Kinder zum Tragen. Manche Schulen haben allerdings damit experimentiert, alle sieben Bereiche in ihren Unter-

Tabelle 1: Multiple Intelligenzen nach Gardner[24]

- *Sprachliche Intelligenz:* Verbale Fähigkeiten, wie sie häufig in Intelligenz- und Leistungstests gemessen werden.
- *Musikalische Intelligenz:* Die Fähigkeit, subtile Unterschiede und Muster von Klängen, Tonfolgen und Rhythmen wahrzunehmen sowie das Talent zum Musizieren.
- *Logisch-mathematische Intelligenz:* Die Fähigkeit, ursächliche Zusammenhänge durch induktives oder deduktives Denken zu verstehen und abstrakte Muster anhand von Symbolen, wie zum Beispiel Zahlen, zu erkennen.
- *Visuell-räumliche Intelligenz:* Die Fähigkeit, räumliche Dimensionen zu visualisieren, eine mentale Vorstellung zu erzeugen und Objekte effizient und bedeutungsvoll anzuordnen.
- *Körperlich-kinästhetische Intelligenz:* Körperbewusstsein und Körperbeherrschung – die Fähigkeit, Körperbewegungen beim Sport, Tanz etc. zu kontrollieren.
- *Interpersonale Intelligenz:* Ausgeprägte Kompetenz für zwischenmenschliche Kommunikation und Beziehungen; Gespür für andere Menschen und die Fähigkeit, sie zu leiten oder zu führen.
- *Intrapersonale Intelligenz:* Starkes Bewusstsein über das Selbst und die Fähigkeit, einen spirituellen inneren Zustand der Selbstreflexion und Selbsterkenntnis zu entwickeln.

richt zu integrieren. Aber beim Identifizierungsprozess werden die verbleibenden fünf Intelligenzen nur selten berücksichtigt. Das liegt vor allem daran, dass es keine eindeutigen Kriterien beziehungsweise Verhaltensweisen gibt, anhand derer sich eine Hochbegabung in diesen Intelligenzbereichen identifizieren ließe. Es existieren keine schnellen und einfachen Tests, mit deren Hilfe man diese Intelligenzen objektiv messen könnte.[25]

Die Bedürfnisse von jungen Menschen mit einer herausragenden körperlich-kinästhetischen oder musikalischen Intelligenz kommen im schulischen Umfeld in aller Regel zu kurz; diese Fähigkeiten werden meist außerhalb der Schule, in entsprechenden Sport- oder Musikprogrammen, gefördert.[26] Junge Menschen mit einer herausragenden körperlich-kinästhetischen oder musikalischen Intelligenz müssen ihre Förderung traditionell in Sport- oder Musikprogrammen außerhalb der Schule suchen. Vor allem in den oberen Klassen wird visuell-räumliche Intelligenz eventuell als künstlerische oder handwerkliche Befähigung erkannt. In manchen Schulen werden Arbeitsgemeinschaften in Bildender Kunst oder Werken angeboten, darunter auch Kurse in Fotografie, technischem Zeichnen, Handwerk oder Raumgestaltung. Interpersonale Intelligenz beinhaltet Führungsfähigkeit und wird durch schulische Arbeitsgemeinschaften und Aktivitäten gefördert. Die intrapersonale Intelligenz – die Bewusstheit für das eigene Selbst – wird nur selten erkannt, es sei denn, Schulpsychologen oder Lehrer sprechen mit den Schülern über Gefühle, Selbstkonzept und Selbstwertgefühl.

Die Theorie der multiplen Intelligenzen ist insofern von Vorteil, als dass sie das Konzept von Intelligenz und Begabung erweitert und die Möglichkeit bietet, Begabungsförderung facettenreicher *oder* für verschiedene Domänen zu gestalten. Einige Interessenvertreter von hochbegabten Kindern haben jedoch zu bedenken gegeben, dass der Versuch, den Bedürfnissen hochbegabter Kinder gerecht zu werden, durch die Einbeziehung sämtlicher Begabungsbereiche zusätzlich erschwert würde. Andere sind der Auffassung, dass wir mehr hochbegabte Schüler identifizieren könnten, wenn alle diese Intelligenzbereiche berücksichtigt würden. Das würde natürlich bedeuten, dass Schulen ihren Lehrplan individueller gestalten und allen hochbegabten Kindern ein besseres Programm bieten müssten.

Zwar ist umstritten, ob eine Erweiterung des Intelligenzkonzepts in Schulen sinnvoll ist; man ist sich jedoch darin einig, dass nicht jedes hochbegabte Kind bei den üblichen sprachlichen oder mathematischen Leistungstests eine hohe Befähigung in den traditionellen Bereichen zeigt. Unumstritten ist auch, dass viele Kinder spezifische Talente haben, von denen unsere Welt profitieren könnte. Wollen wir alle Arten von Intelligenz gleich stark fördern, oder gibt es Intelligenzen, die wir als weniger angebracht für das öffentliche Schulwesen erachten? Als Gesellschaft müssen wir uns entscheiden, inwieweit wir *alle* diese Intelligenzbereiche in den schulischen Lehrplan, insbesondere in den des öffentlichen Schulwesens, integrieren wollen.

Kapitel 2

Merkmale hochbegabter Kinder

Tests sind eine Möglichkeit, um ein hochbegabtes Kind zu identifizieren, Verhaltensmerkmale eine andere. Oft sind Verhaltensmerkmale für Eltern und Lehrer aussagekräftiger als Testergebnisse, und manche Schulen halten diese Merkmale für so bedeutsam, dass sie sie bei der Ermittlung hochbegabter Kinder berücksichtigen. Da hochbegabte Kinder eine so vielfältige Gruppe bilden, zeigen zwar nicht alle Kinder zu jedem Zeitpunkt sämtliche Merkmale; bei vielen von ihnen ist das aber der Fall. Und obwohl die hochbegabte Bevölkerungsgruppe so heterogen ist, weisen hochbegabte Kinder tatsächlich typische Merkmale auf. In Tabelle 2 haben wir diese Merkmale aus zahlreichen Büchern aus mehreren Jahrzehnten zusammengetragen.

Eltern sollten die in Tabelle 2 angeführten Verhaltensweisen sorgfältig durchdenken; denn viele Eltern unterschätzen die Fähigkeiten ihres Kindes, vor allem, wenn es das Erstgeborene ist. Tatsächlich wollen es viele Eltern – insbesondere die Väter – nicht wahrhaben, dass ihr Kind in die Kategorie «hochbegabt» fallen könnte. Es kommt häufig vor, dass Eltern auch dann Zweifel an der Hochbegabung ihres Kindes hegen, wenn es von einem Schulsystem oder von einem niedergelassenen Psychologen als hochbegabt eingestuft wurde. «Sie lernt eben gern», heißt es dann, oder «Er hatte eben Glück, als er den Test gemacht hat, aber in Wirklichkeit ist er gar nicht so begabt.» Oder sie denken: «Es ist doch nur ein Test; die Ergebnisse sind nicht wirklich von Bedeutung.» Sie glauben, dass die Testergebnisse keine großen Auswirkungen auf die Schule oder auf das Leben des Kindes

Tabelle 2: Typische Merkmale hochbegabter Kinder[1]

- Zeigen bereits im Säuglingsalter eine ungewöhnliche Wachheit.
- Rasche Auffassungsgabe/schnelle Lerner; können Gedanken rasch miteinander verknüpfen.
- Können sich viele Informationen merken; haben ein ausgesprochen gutes Gedächtnis.
- Für ihr Alter verfügen sie über einen außerordentlich großen Wortschatz und können ungewöhnlich komplexe Sätze bilden.
- Können Feinheiten von Sprache, Metaphern und abstrakte Begriffe besser erfassen als andere Kinder ihres Alters.
- Lösen gerne Aufgaben mit Zahlen oder beschäftigen sich mit Puzzles.
- Verfügen bereits im Vorschulalter über Lese- und Schreibfertigkeiten, die sie sich weitgehend selbst beigebracht haben.
- Ungewöhnliche emotionale Tiefe; intensive Gefühle und Reaktionen; hochsensibel.
- Ihr Denken ist abstrakt, komplex, logisch und einsichtig.
- Zeigen schon früh Idealismus und Gerechtigkeitssinn.
- Setzen sich mit sozialen und politischen Fragen und Ungerechtigkeiten auseinander.
- Längere Aufmerksamkeitsspanne, Ausdauer und intensive Konzentration.
- Sind oft in die eigenen Gedanken versunken; neigen zum Tagträumen.
- Sind ungeduldig, wenn sie selbst oder andere etwas nicht hinbekommen oder langsam sind.
- Lernen Grundfertigkeiten schneller und brauchen dazu weniger Übung.
- Stellen bohrende Fragen, sind sehr wissbegierig; wollen den Dingen auf den Grund gehen.
- Breites Interessenspektrum; manchmal ist ihr Interesse jedoch in einem bestimmten Bereich ganz besonders ausgeprägt.

- Hochentwickelte Neugierde und unerschöpfliches Fragenreservoir.
- Interesse am Experimentieren und daran, Dinge anders zu tun.
- Neigen dazu, Ideen oder Dinge in einer Weise miteinander zu verknüpfen, die ungewöhnlich ist oder nicht auf der Hand liegt (divergentes Denken).
- Ausgeprägter und mitunter ungewöhnlicher Sinn für Humor, insbesondere bei Wortspielen.
- Haben das Bedürfnis, Dinge und Personen durch komplexe Spiele oder nach bestimmten Schemata anzuordnen.
- Imaginäre Spielkameraden (im Vorschulalter); lebhafte Vorstellung.

haben werden. Und manche Eltern wollen schlichtweg nicht, dass ihr Kind hochbegabt ist: «Wir wollen nur, dass er/sie normal ist.»

Die typischsten Merkmale

Wenn Ihr Kind viele der Merkmale in Tabelle 2 aufweist, haben Sie höchstwahrscheinlich ein hochbegabtes Kind. Dies wird Auswirkungen auf das gesamte Leben Ihres Kindes haben. Im Folgenden gehen wir ausführlicher auf die typischsten Merkmale hochbegabter Kinder ein.

Besondere verbale Fähigkeiten. Die meisten hochbegabten Kinder fangen früher an zu sprechen als andere Kinder. Manche fangen zwar später an als gewöhnlich, aber wenn diese Kinder erst einmal zu sprechen angefangen haben, verfügen sie über einen ungewöhnlich großen Wortschatz, sprechen oft pausenlos und bilden oft vollständige Sätze. Hochbegabte Kinder neigen dazu, komplexe Sätze zu bilden; sie verstehen schon sehr früh Bedeutungsnuancen von Wörtern, etwa den Unterschied zwischen «gereizt», «verärgert» und «wütend» oder zwischen «erkennen» und «wiedererkennen».

Manchmal bestehen sie darauf, dass man das Wort mit genau der richtigen Bedeutung verwendet. Aufgrund ihrer fortgeschrittenen sprachlichen Fähigkeiten zeigen sie ein differenziertes Verständnis von abstrakten Konzepten wie Ähnlichkeiten und Unterschiede und finden Vergnügen daran, sie anderen zu erklären. So antwortete zum Beispiel ein elfjähriges hochbegabtes Mädchen auf die Frage, wie man «Kreativität» definieren könnte: «Es ist die Verschmelzung von Dogma und Karma.»[2]

Aufgrund ihrer verbalen Fähigkeiten lernen hochbegabte Kinder für gewöhnlich früh lesen, und meist lesen sie sehr viel. Aber schon bevor sie selbst lesen können, haben diese Kinder viel Freude daran (und bestehen darauf), dass man ihnen vorliest, und sie sind hoch motiviert, Buchstaben und Zahlen zu lernen. Die meisten hochbegabten Kinder bringen sich selbst Lesen und Schreiben bei, indem sie einfache Fragen stellen, wie zum Beispiel: «Was bedeutet das Zeichen?» Dabei ist es keineswegs so, dass ihre Eltern sie dazu drängen oder mit ihnen üben.

Außergewöhnlich gutes Gedächtnis. Hochbegabte Kinder genießen es noch mehr als andere Kinder, Informationen in sich aufzusaugen. Sie lernen rasch und mühelos, und um sich Dinge einzuprägen, brauchen sie weniger Übung als Gleichaltrige. Wenn Sie ihnen eine Gutenachtgeschichte vorlesen und dabei ein Wort auslassen, fällt es ihnen sofort auf. Manche haben ein fotografisches Gedächtnis und können sich sämtliche Details einer Buchseite vor Augen führen. Einer Mutter fiel auf, wie rasch sich ihre Tochter beim Memory-Spielen die Position der einzelnen Karten merken konnte. Eine andere berichtet: «Ich brauche keine Telefonnummern nachzuschlagen. Ich frage einfach meinen Sohn.»

Ein Zweijähriger wollte, dass ihm seine Eltern immer wieder das Gedicht «Die Nacht vor Weihnachten» von Clement Clarke Moore (1779–1863) vorlasen, obwohl er es schon hundertmal gehört hatte. Wenn sie beim Vorlesen ein Wort ausließen, korrigierte er sie sofort. Eines Tages stellte er sich zur großen Überraschung seiner Familie auf seinem Kinderstuhl in Pose und sagte das ganze Gedicht von Anfang bis Ende auf, ohne einen einzigen Fehler zu machen. Offenbar hatte er damit gewartet, bis er alle 14 Strophen des Gedichts perfekt beherrschte.

Ausgeprägte Neugierde. Hochbegabte Kinder sind außergewöhnlich wissbegierig und stellen am laufenden Band Fragen, vor allem «Warum»-Fragen. Für Erwachsene kann das unerschöpfliche Fragenreservoir eines Vorschülers ermüdend sein. «Warum heißt es ‹Zahnpasta› und nicht ‹Zähnepasta›?», «Warum leuchten die Sterne?», «Warum hat dein Gesicht Falten?» und so weiter. Diese Fragen kennen keine Grenzen, und manche können auf Erwachsene sogar unhöflich wirken. Dem Kind ist das nicht bewusst – es ist einfach nur neugierig.

Breites Interessenspektrum. Hochbegabte Kinder haben für ihr Alter oft sehr anspruchsvolle und breit gefächerte Interessen. Manche widmen ihre ganze Aufmerksamkeit einem einzelnen Thema – zumindest für gewisse Zeit; andere sind wie Grashüpfer und wechseln ihren Interessenschwerpunkt sprunghaft, weswegen Eltern und Lehrern sie womöglich für «desorganisiert» oder «zerfahren» halten. Ihnen wäre es lieber, wenn das Kind an einer Aktivität dranbleiben und sie zu Ende führen würde. Aus diesem Grund hat ein bekannter Experte auf dem Gebiet der Hochbegabung, Dr. George Betts, einmal gesagt, Eltern sollten die Klarinette nicht gleich kaufen sondern zunächst nur *leihen*, wenn das Kind den Wunsch äußert, dieses Instrument zu lernen.

Das sprunghafte Verhalten kann für Erwachsene irritierend sein, aber hochbegabte Kinder gehen oft mehreren Aktivitäten gleichzeitig nach. Wenn ein hochbegabtes Kind viele Interessen hat, kann es sein, dass es Aufgaben nur anfängt aber nicht zu Ende bringt. Beispielsweise beginnt es damit, ein Puzzle zusammenzusetzen, lässt die Puzzleteile dann aber auf dem Boden verstreut liegen und geht zum Klavier, um mit einem Finger eine Melodie zu spielen. Kurz darauf holt es dann die Legoteile hervor, um ein Flugzeug zu bauen.

Auf der anderen Seite scheinen manche hochbegabten Kinder eine angeborene Prädisposition für ein paar wenige Interessen zu haben – einen regelrechten Tunnelblick. Maria zum Beispiel ist seit ihrem dritten Lebensjahr von Steinen fasziniert. Sie sammelt Steine, ordnet und katalogisiert sie und liest Geologie-Bücher, und das, obwohl sie erst sieben Jahre alt ist.[3] Es fällt ihr schwer zu verstehen, warum andere sich nicht ebenso leidenschaftlich für Steine interessieren wie sie.

Interesse am Experimentieren. Egal, welche Interessen hochbegabte Kinder haben: die Zeit scheint nie auszureichen, um ihnen allen nachzugehen, selbst wenn der Tag 36 Stunden hätte. Oft führen hochbegabte Kinder – sehr zum Missfallen der Erwachsenen um sie herum – Experimente durch. Ihre Neugier verleitet sie dazu, den Toaster, das Telefon, die Angelrolle oder andere Dinge auseinanderzunehmen, um zu sehen, wie sie funktionieren. Oder sie mischen Nahrungsmittel zusammen, um herauszufinden, wie diese neue Mixtur aussieht, schmeckt oder sich anfühlt.[4] Mitunter kann die Experimentierfreude hochbegabter Kinder aber auch ärgerlich sein. Eine Mutter erzählte uns von ihrer sechsjährigen Tochter, die herausfinden wollte, wie es sich anhört, wenn sie mit ihren Stepptanzschuhen auf dem Dach des Familienautos in der Garage tanzt. Ihre Eltern waren natürlich alles andere als erfreut.

Leidenschaftliche Vorstellungskraft und Kreativität. Hochbegabte Vorschulkinder haben sehr häufig einen oder mehrere imaginäre Spielkameraden. Manchmal haben diese Fantasiefreunde imaginäre Haustiere oder leben an erfundenen Orten. Eine hochbegabte Dreijährige behauptete, sie habe bei einer Hasenfamilie gelebt, bevor sie zu ihrer jetzigen Familie kam. Ein Junge wollte, dass sein Fantasiefreund mit am Tisch saß: er bestand darauf, dass seine Mutter ein zusätzliches Gedeck auflegte.[5] Für diese Kinder kann die Fantasiewelt sehr real sein!

Erwachsene befürchten manchmal, die Fantasiefreunde eines Kindes könnten auf emotionale Probleme hindeuten. Aber solange ein Kind Zuneigung gibt und bekommt, sind imaginäre Spielkameraden lediglich Ausdruck hoher Intelligenz, aktiver Vorstellungskraft und Kreativität. Eltern sollten bedenken, dass sie selbst ebenfalls Fantasien haben und mittels Büchern oder Filmen fantastische, romantische oder geheimnisvolle Fantasiewelten betreten.

Ungewöhnlicher Sinn für Humor. Im Alter von fünf oder sechs Jahren findet die ausgeprägte Fantasie und Kreativität eines hochbegabten Kindes häufig Ausdruck in einem ungewöhnlich reifen Sinn für Humor, und mit acht oder zehn Jahren fallen diese Kinder durch ihre selbsterfundenen Wortspiele oder -rätsel auf. Ein hochbegabtes Kind fragt zum Beispiel: «Was ist ein anderes Wort für Urknall? – Al(l)bum!» und lacht dann minutenlang über dieses Wortspiel. Oder es erzählt einen Witz über zwei Eskimos, die in einem Kajak sitzen und frieren; also zünden sie ein Feuer an, und das Boot sinkt. Das sei der Beweis, so die Pointe, dass man nicht alles gleichzeitig haben kann.

Hochbegabten Kindern macht es großen Spaß, sich Wortspiele oder lustige Einzeiler auszudenken. «Warum ist ‹Abkürzung› so ein langes Wort?», «Was war die beste Erfindung vor der Brotscheibe?», «Warum klebt UHU nicht in der Flasche fest?», «Warum wird ‹phonetisch› nicht so geschrieben, wie man es spricht?» und so weiter, und so fort. Der ausgeprägte Sinn für Humor und die Liebe zu Wortspielen und Witzen kann für die Erwachsenen im Umfeld hochbegabter Kinder manchmal sehr anstrengend sein.

Ihre Wortgewandtheit und ihr Humor können aber auch die Kommunikation mit anderen beeinflussen. Ein Therapeut wollte einem neunjährigen hochbegabten Kind klarmachen, dass sein Verhalten unangemessen war, indem er einen Spruch des britischen Autors Stephen Potter zum Besten gab: «Knowledge is knowing how; wisdom is knowing whether (Wissen bedeutet, zu wissen wie; Weisheit bedeutet, zu wissen ob).» Das Kind verstand, was der Therapeut damit sagen wollte, antwortete aber, mit der Doppeldeutigkeit des englischen Wortes «whe(a)ther» (*ob* bzw. *Wetter*) spielend: «Was hat denn das Klima damit zu tun?» Natürlich musste der Therapeut daraufhin lachen.

Verlangen nach Gründen und tieferem Verständnis. Eine Extradosis an Kreativität kann hochbegabte Kinder dazu veranlassen, Traditionen und Normen in Frage zu stellen: «Warum müssen wir uns herausputzen, wenn wir in die Kirche gehen?», «Warum haben Mäntel Knöpfe auf den Ärmeln? Die sind doch nur zur Zierde da!», «Warum dürfen Kinder Erwachsene nicht korrigieren, wenn sie etwas Falsches sagen?» Hochbegabte Kinder wollen Begründungen und geben sich nicht mit oberflächlichen oder ausweichenden Antworten wie «Das ist eben so!» zufrieden.

Hochbegabte Kinder sehen die Welt mit anderen Augen als die meisten Menschen. Je gescheiter und kreativer sie sind, umso größer ist die Wahrscheinlichkeit, dass sie die Dinge anders betrachten. Erwachsene sollten jedoch bedenken, dass diesen Kindern zumindest anfangs nicht bewusst ist, wie sehr sich ihre Art, die Welt zu sehen, von der anderer Menschen unterscheidet. Da sie mit ihrer Sicht aufgewachsen sind, kommt ihnen ihre Art zu denken völlig normal vor, und sie glauben, dass auch alle anderen in der Lage sein müssten, die Dinge genauso zu sehen wie sie selbst. Ein fünfjähriges hochbegabtes Kind ist zutiefst erstaunt, wenn es merkt, dass andere Kinder im Kindergarten nicht lesen können. Das kann doch gar nicht sein! Also glaubt es, dass die anderen einfach nicht *versuchen* zu lesen. Ebenso kann ein Zehnjähriger, der mühelos zwei Schachzüge vorhersieht, nicht begreifen, warum sein Freund nicht erkennt, mit welchen Zügen er ihn schachmatt setzen und das Spiel gewinnen kann.

Ungeduld mit anderen oder mit sich selbst. Die Intensität hochbegabter Kinder verleiht ihnen eine wunderbar ansteckende Begeisterungsfähigkeit, macht sie aber auch ungeduldig. Natürlich fällt es ihnen schwer zu verstehen, warum andere Kinder ihre Interessen nicht teilen, Lösungen für Probleme offenbar nicht begreifen oder Aufgaben nicht so rasch bewältigen wie sie. Dieser Mangel an Verständnis führt zu Ungeduld mit anderen. Hochbegabte Kinder müssen viele Erfahrungen machen, bevor sie lernen, dass nicht alle so denken wie sie.

Intensität und perfektionistische Vorstellungen können aber auch dazu führen, dass hochbegabte Kinder ungeduldig mit sich selbst werden. Mitunter sind sie schon früh Perfektionisten. Da sie eine Vorstellung davon haben, wozu sie in der Lage sind, merken sie auch, wenn sie hinter ihren eigenen Erwartungen zurückliegen. Jüngere hochbegabte Kinder sind oft ungeduldig mit ihren feinmotorischen Fertigkeiten. Sie wissen, was sie bauen, zeichnen oder schreiben möchten, sind aber sehr frustriert, wenn ihre kleinen Finger noch nicht mitmachen.

Längere Aufmerksamkeitsspanne. Bereits im Kleinkindalter beobachten Hochbegabte ihre Umgebung genauer und aufmerksamer als andere Kinder, und hochbegabte Kinder fast jeden Alters zeigen eine längere Aufmerksamkeitsspanne – zumindest in den Bereichen, die sie zu dem Zeitpunkt interessieren, jedoch nicht unbedingt in Bereichen, die andere für richtig halten. Viele Kinder mit Hochbegabung verbringen Stunden mit lesen, Modelle bauen (vor allem mit Legosteinen) oder zeichnen; sie «vergessen» darüber ihre Pflichten im Haushalt und hören nicht einmal, wenn man sie ruft. Ihre Aufmerksamkeit ist intensiv und fokussiert: das, womit sie sich beschäftigen, nimmt sie voll und ganz in Anspruch, und sie bemerken Einzelheiten, die anderen entgehen. Ein zehnjähriger Junge, der den zweiten Harry-Potter-Band bereits zum vierten Mal gelesen hatte, verkündete stolz, dass er sämtliche Fächer aufzählen konnte, in denen Harry und seine Freunde in Hogwarts, der Schule für Hexerei und Zauberei, unterrichtet wurden. Ein anderes Beispiel ist ein hochbegabter dreijähriger Junge, der im Fernsehen einen Basketball-Star dabei beobachtete, wie er 20 Mal in Folge den Korb traf. Der Junge wollte dem Spieler unbedingt nacheifern und übte drei Stunden lang beharrlich, bevor er es tatsächlich schaffte. Obwohl er einen Korbständer in Kindergröße verwendete, war das eine beachtliche Leistung für einen Jungen seines Alters. Seine Entschlossenheit, an der Aufgabe dranzubleiben und sein Ziel zu erreichen, war bemerkenswert.[6] Ausdauer ist ein beständiges Merkmal hochbegabter Kinder und Erwachsener.[7]

Komplexes Denken. Hochbegabte Kinder streben nach Komplexität. Bereits im Vorschulalter organisieren sie Dinge oder Personen in komplexen Systemen oder Strukturen. Sie denken sich zum Beispiel ein Spiel mit komplexen Regeln aus und legen dann Ausnahmen für die Regeln fest. Sobald sie jedoch versuchen, die anderen Erstklässler – die Schwierigkeiten haben, das Spiel geschweige denn die Regeln zu verstehen – zu organisieren, endet das oft mit Chaos, Frustration, Ablehnung und verletzten Gefühlen. Die Suche nach Komplexität führt dazu, dass sich hochbegabte Kinder rasch langweilen; das ist vor allem bei Routineaufgaben der Fall. Wenn ihnen Aufgaben zu banal sind, beschäftigen sie sich nicht weiter damit.

Auseinandersetzung mit sozialen oder politischen Problemen oder Ungerechtigkeiten. Da sie in der Lage sind, die Feinheiten und Komplexitäten des Lebens um sie herum zu erkennen, beschäftigen sich hochbegabte Kinder viel früher als andere mit den «Regeln» des Lebens, insbesondere mit Fragen der Gerechtigkeit. Eltern haben uns berichtet, dass sie darauf achten müssen, was ihr Kind hört, sieht oder liest; wenn es mitbekommt, dass andere unfair behandelt werden, reagiert es emotional, bricht in Tränen aus oder wird wütend, weil sein Gerechtigkeitssinn verletzt ist. Ein Vater erzählte uns, dass seine Tochter einen Obdachlosen mit nach Hause bringen wollte, damit er eine warme Mahlzeit und ein sauberes Bett bekam. Sie konnte nicht verstehen, warum das nicht möglich war.

Sensibilität. Fachleute beginnen einen Zusammenhang zwischen Befähigung und Sensibilität zu sehen: je gescheiter ein Kind ist, umso sensibler könnte es sein. Ein hochbegabtes Kind nimmt mehr Dinge in der Umgebung wahr und reagiert stärker darauf. Oft empfindet das Kind seine Gefühle intensiv und wird sehr emotional. So ist es zum Beispiel außer sich, wenn ein Klassenkamerad gehänselt oder gemobbt wird; oder es bricht in Tränen aus, wenn es einen körperbehinderten Bettler sieht. Intellektuell verstehen diese Kinder, was geschieht, aber emotional sind sie mitunter (noch) nicht in der Lage, mit der traurigen Situation umzugehen.

Vorschüler können sich über das aufregen, was sie in den Abendnachrichten sehen, oder sie fangen an zu weinen, wenn sie einen toten Schmetterling entdecken, der an der Windschutzscheibe des Autos klebt. Es kann sein, dass sie für ihr Alter ungewöhnlich viel Mitgefühl für andere zeigen oder ein feines Gespür für die Erwartungen anderer entwickeln. Ihre Sensibilität kann dazu führen, dass sie die Gefühle anderer Menschen so intensiv wahrnehmen, dass es der Umwelt vorkommt, als hätten sie eine besonders starke Intuition. Eine Mutter beschrieb ihre zwölfjährige Tochter als «Familiendiplomatin», weil sie Spannungen in der Familie sofort spürte und anfing zu verhandeln, um Konflikten vorzubeugen oder sie zu lösen.

Ihre hohe Sensibilität macht hochbegabte Kinder aber auch verletzbarer. Wenn andere Kinder sie ärgern, verspotten oder versetzen, fühlen sie sich zutiefst verletzt. Es kann passieren, dass sie eine lange Freundschaft wegen eines Streits kurzerhand beenden; sie nehmen sich Kritik und Kränkungen sehr zu Herzen und erinnern sich noch lange daran. Diese Sensibilität erstreckt sich auch auf die körperlichen Sinne, etwa Berührung oder Gerüche.

Intensität. Allen diesen Merkmalen liegt eine auffallende Intensität zugrunde – vielleicht der wichtigste Aspekt dieser Kinder. Hochbegabte Kinder sind in allem, was sie tun, einfach viel intensiver als andere Kinder. Was immer sie tun, sie tun es mit einer besonderen Intensität; was immer sie glauben, glauben sie intensiv; auch ihre Meinung bekunden sie intensiv. Eine Mutter erklärte: «Mein Kind lebt offenbar nach dem Motto: ‹Alles, was sich zu tun lohnt, ist es wert, dass man es bis zum Exzess betreibt!›»

In der Tat scheinen hochbegabte Kinder exzessive Persönlichkeiten zu sein. Wenn sie ins Schachspiel vertieft sind, gibt es nichts, was sie sonst tun wollen. Wenn sie sich mit Insekten beschäftigen, ist das ihre große Leidenschaft. Diese Intensität macht sich überall bemerkbar, sei es bei Wutausbrüchen, bei der Rivalität zwischen Geschwistern oder bei Machtkämpfen mit Erwachsenen. Selbst das Schlafmuster ist von Intensität geprägt: Wenn diese Kinder schlafen, schlafen sie intensiver und sind schwieriger zu wecken; auch ihre Träume sind lebhafter. Fachleute haben darauf hingewiesen, dass hochbegabte Jungen so tief schlafen, dass sie häufiger von Schlafwandeln, Bettnässen oder Nachtangst (Pavor Nocturnus)* betroffen sind.

Tagträumen. Ihre Intensität führt oft dazu, dass hochbegabte Kinder sich in ihren Gedanken beziehungsweise Tagträumen verlieren. Das kann so weit gehen, dass sie sich ihrer Umgebung gar nicht mehr richtig bewusst sind. Ein Vater hat uns erzählt, wie sein neunjähriger Sohn seinen Baseball-Handschuh verlor – und zwar mitten in einem Spiel! Er stand auf dem Außenfeld, als er einen Heißluftballon am Himmel entdeckte, der ihn völlig in seinen Bann zog. Fasziniert betrachtete er die Farben und dachte darüber nach, wie die Welt von da oben wohl aussah und wie der Ballon in der Luft blieb. Er war so in Gedanken versunken, dass er gar nicht merkte, wie sein Handschuh zu Boden fiel. Als die Spielrunde vorbei war, musste der Trainer einen anderen Spieler losschicken, um den Jungen zu holen. Auf

* Wiederholtes Auftreten von Angstzuständen aus dem Schlaf heraus in Verbindung mit Anzeichen vegetativen Arousals wie Tachykardie, schnelles Atmen und Schwitzen. Die Betroffenen sind nur schwer zu wecken und können sich am nächsten Morgen nicht mehr an die Episode erinnern (DSM-IV, 2003, S. 699–704).

die Frage des Trainers, wie er denn bloß mitten im Spiel seinen Handschuh verlieren konnte, reagierte der Junge sehr verlegen.

Natürlich ist übermäßiges Tagträumen sehr frustrierend für Eltern und Lehrer, und es kann problematisch werden, wenn die Funktionsfähigkeit des Kindes dadurch beeinträchtigt wird. Auf der anderen Seite sind Vorstellungskraft und hoch fokussierte Konzentration Fertigkeiten, die in vielen Berufsfeldern benötigt werden. Herausragende Erwachsene berichten, dass diese Fertigkeiten wesentlich sind, um Probleme zu lösen.

Obgleich viele der oben angeführten typischen Merkmale von Hochbegabung für Eltern, Lehrer oder das hochbegabte Kind selbst störend oder frustrierend sein können, handelt es sich zugleich um Eigenschaften, die in bestimmten Situationen hilfreich sind. Eltern und andere Erwachsene sollten hochbegabte Kinder nicht dafür schelten, dass sie diese Merkmale aufweisen, denn sie sind ein Teil von ihnen. Schließlich machen wir einem Kind ja auch keine Vorwürfe, weil es braunes Haar oder grüne Augen hat. Die oben genannten Merkmale sind ein essentieller und fester Wesensbestandteil des hochbegabten Kindes, welcher akzeptiert und respektiert werden muss.

Akustisch-sequentiell oder visuell-räumlich?

Die Art und Weise, wie Kinder denken, wirkt sich nicht nur darauf aus, welche Talente und Fähigkeiten sie wahrscheinlich entwickeln, sondern auch darauf, wie sie lernen; sogar die Wahrscheinlichkeit, dass ihre Fähigkeiten durch Lehrer oder Tests identifiziert werden, wird dadurch beeinflusst. Ihre Denk- und Lernstile beeinflussen außerdem, wie sie mit anderen zurechtkommen, vielleicht sogar, welche Freunde sie wählen. Etwas über diese beiden Denkstile – den akustisch-sequentiellen und den visuell-räumlichen – zu wissen, wird Ihnen helfen zu verstehen, wo und warum es Unterschiede zwischen Ihrem Denkstil und dem Ihres Kindes gibt.

Die beiden vorherrschenden Lernstile wurden geraume Zeit als «Linkshirn» und «Rechtshirn» bezeichnet, weil sie Gehirnfunktionen ähnelten, von denen man annahm, dass sie der linken beziehungsweise der rechten Hirnhälfte zugeordnet werden könnten.[8] Das Linkshirn-/Rechtshirn-Konzept greift jedoch zu kurz. Zwar hängen bestimmte Funktionen eher mit der linken oder der rechten Hirnhälfte zusammen, aber auch innerhalb jeder Hirnhälfte werden verschiedene Funktionen erfüllt.[9] Die Einteilung in Linkshirn und Rechtshirn vereinfacht den Sachverhalt zu stark, weil die linke und die rechte Hirnhälfte interagieren und wir bei allem, was wir tun, beide Hirnhälften benutzen. Dennoch gibt es bestimmte Merkmale, die auf individuelle Unterschiede im Denk- und Lernstil hindeuten.[10] Diese unterschiedlichen Stile lassen sich in zwei Gruppen einteilen: den akustisch-sequentiellen und den visuell-räumlichen Lernstil.[11]

Anhand dieser beiden Stile kann man grundlegende Unterschiede feststellen, wie Menschen denken, lernen, Probleme lösen und sogar miteinander interagieren oder sich gegenseitig verstehen. Das Konzept des akustisch-sequentiellen und des visuell-räumlichen Lernstils hat die Pädagogik, aber auch Geschäftspraktiken und sogar die Ehe- und Familienberatung erheblich beeinflusst. In **Tabelle 3** werden diese beiden Denk- und Lernstile zusammengefasst.

Personen, die akustisch-sequentielle Funktionen bevorzugen, sind eher an Fakten und Einzelheiten interessiert. Sie schaffen gerne klare Strukturen oder organisieren Dinge nach bestimmten Gesichtspunkten. Sie ziehen praktische und konkrete Aufgaben vor, die klar umrissen sind. Diese so genannten «konkret-sequentiellen» Denker beschäftigen sich nicht mit mehreren Aufgaben oder Konzepten gleichzeitig, sondern behandeln sie nacheinander, wobei sie systematisch und präzise vorgehen. Bei ihnen hat alles seinen Platz und seine Ordnung. Beim Problemlösen gehen akustisch-sequentielle Denker typischerweise nach einer deduktiven Logik vor, das heißt, sie schließen vom Allgemeinen auf das Besondere. Sie nehmen zum Beispiel ein Prinzip und leiten daraus logische Implikationen ab. Im Allgemeinen setzen sie sich ernsthaft mit Aufgaben auseinander. Sie sind verbal ausgerichtet und ziehen beim Lernen gesprochene und geschriebene Sprache vor.

Im Gegensatz dazu bevorzugen Personen mit überwiegend visuell-räumlichem Denkstil abstrakte Konzepte und beschäftigen sich lieber mit

Tabelle 3: Denk- und Lernstile[12]

Akustisch-sequentiell	Visuell-räumlich
Denkt überwiegend in Worten; lernt leichter, wenn der Lernstoff phonisch dargeboten wird.	Denkt überwiegend in Bildern; lernt leichter, wenn der Lernstoff visuell dargeboten wird.
Bevorzugt verbale Erklärungen.	Bevorzugt visuelle Erklärungen.
Verarbeitet Informationen und Aufgaben sequentiell.	Verarbeitet Informationen holistisch; verschafft sich lieber als erstes einen allgemeinen Überblick.
Lernt lieber Fakten und Einzelheiten; bevorzugt spezifische Anweisungen.	Bevorzugt Aufgaben, bei denen abstraktes Denken gefragt ist; bevorzugt allgemeine Ziele und Vorgaben.
Erledigt Aufgaben nacheinander; geht linear und geordnet vor.	Beschäftigt sich lieber mit mehreren Aufgaben gleichzeitig (Multitasking).
Schätzt Strukturen und ist gut organisiert; bevorzugt zweckentsprechendes Material und Setting.	Bevorzugt offene, fließende Erfahrungen; schafft eigene Strukturen; improvisiert häufig; sucht nach Mustern.
Ist ein analytischer Denker; bringt Ideen mittels Logik hervor.	Zieht es vor, Aktivitäten zu integrieren; bringt Ideen intuitiv hervor.
Löst lieber bereits bestehende Probleme.	Löst lieber neuartige oder selbstgenerierte Probleme.
Bevorzugt konkrete Aufgaben mit einer möglichen Lösung.	Bevorzugt abstrakte Konzepte; kann besser schlussfolgern als berechnen.
Geht mit Ernst an Probleme heran.	Geht spielerisch an Probleme heran.

mehreren Aufgaben gleichzeitig. Sie tolerieren Mehrdeutigkeit und schätzen es sogar, wenn die Dinge nicht präzise vorgegeben sind und sie Gelegenheit zum Improvisieren haben. Sie bedienen sich einer induktiven Logik (das heißt, sie schließen vom Besonderen auf das Allgemeine), um Erfahrungen und Informationen intuitiv zu integrieren. Dabei schaffen sie einen neuen Bezugsrahmen für eine Situation oder ein Problem. Da sie Multitasker sind und viele verschiedene Informationen gleichzeitig verarbeiten, beschäftigen sie sich mit mehreren unvollendeten Aufgaben auf einmal. Visuell-räumliche Denker kommen ausgesprochen gut mit offenen und unstrukturierten Situationen zurecht, und manchmal stoßen sie damit auf den Unmut der Menschen in ihrer Umgebung. Häufig sehen sie keine oder nur wenig Veranlassung, Aufgaben zu Ende zu führen, und ihr Schreibtisch, ihre Schränke, Schubladen etc. sind oft sehr unordentlich. Sie können sich Probleme und Lösungen visuell und räumlich vorstellen und sind meist in der Lage, das, wonach sie suchen, sehr rasch zu finden, indem sie sich den Ort oder die Farbe ins Gedächtnis rufen. Visuell-räumliche Lerner mögen keine starre, strukturierte Umgebung mit vielen Regeln und Konsequenzen. Im Allgemeinen lehnen sie mechanisches Üben und monotone Aufgaben wie Auswendiglernen ab.

Den meisten Menschen kann man leicht einen der beiden Denkstile zuordnen, obwohl manche berichten, dass sie Merkmale beider Stile in sich vereinen. Wenn einer der beiden Stile extrem ausgeprägt ist, kann das für den Betroffenen zum Problem werden. Beispielsweise kann ein visuell-räumlicher Lerner Schwierigkeiten in einer traditionellen Lernumgebung haben, wo die verbale Darbietung des Lernmaterials überwiegt. Umgekehrt kann es für einen akustisch-sequentiellen Lerner frustrierend sein, wenn er von den Lehrern mehrdeutige Anweisungen bekommt oder Aufgaben durchführen soll, die Visualisierung erfordern. Bei einem visuell-räumlichen Kind, dessen Eltern beide akustisch-sequentielle Denker sind (oder umgekehrt), ist die Frustration aufgrund der unterschiedlichen Denk- und Wahrnehmungsstile geradezu vorprogrammiert.

Welcher Denkstil ist der bessere? Beide haben bestimmte Vorzüge, je nachdem, welche Aufgabe durchgeführt werden soll. Visuell-räumliche Lerner bevorzugen Berufe, in denen sie kreativ sein können, etwa in den

Bereichen Kunst, Musik, Design, Architektur, Archäologie oder sogar theoretische Physik. Dagegen fühlen sich akustisch-sequentielle Lerner in Berufen wohler, in denen verbale Fertigkeiten und Ordnung vorrangig sind, etwa als Anwalt eines Unternehmens, Chemiker in der Industrie, Buchhalter, Ingenieur, Fachkraft im Gesundheitswesen oder Geschäftsführer.

In der Schule werden Kinder, die visuell-räumliche Lerner sind, viel seltener als hochbegabt identifiziert, sei es durch Lehrer oder durch standardisierte Gruppentests.[13] In den meisten Schulfächern stehen akustisch-sequentielle Prozesse im Vordergrund, und Lehrer sind in der Regel alles andere als begeistert, wenn Kinder ihre Kreativität ausgerechnet an ihrem Unterrichtsplan ausleben wollen. Bei Gruppentests zur Identifizierung von hochbegabten Kindern werden hauptsächlich Aufgaben dargeboten, die akustisch-sequentielle Funktionen betonen. Kreativität und divergentes Denken sind dagegen selten gefragt. Ebenso haben Eltern, die selbst organisierte akustisch-sequentielle Denker sind, in der Regel wenig Geduld mit einem Kind, das Aufgaben nicht zu Ende führt, mit wenig Ernst an die Dinge herangeht und in der Schule nicht so gut ist. Die Intensität des hochbegabten Kindes, in Verbindung mit einem kreativen und chaotischen Lernstil, kann zu Machtkämpfen führen, wenn es mit sequentiellen Erwachsenen zu tun hat, die den bevorzugten Lernstil des Kindes als «konfus» abtun.

Akustisch-sequentielle Denker haben wiederum ihre eigenen Probleme. Stellen Sie sich einen sequentiellen Lerner vor, der von einem engagierten, aktiven und kreativen Lehrer unterrichtet wird: diese Situation ist für den sequentiellen Lerner frustrierend. Personen, die am besten mit zweckmäßigem Material und in einer geordneten Umgebung lernen und denken, und die sich besonders ernsthaft mit Fakten und Einzelheiten auseinandersetzen, haben höchstwahrscheinlich Probleme mit einem kreativen Unterrichtsstil und einer sich ständig verändernden Lernumgebung. Aufgrund ihres detailorientierten Wesens besteht bei diesen logisch-sequentiellen Kindern die Gefahr, dass sie Probleme mit Perfektionismus bekommen. Aufgaben, die Synthese oder Intuition verlangen, zum Beispiel soziale Interaktionen, können ihnen ebenfalls Probleme bereiten. Eine laute, ungeordnete Umgebung mit unklaren Erwartungen ist für einen ernsthaften akustisch-sequentiellen Lerner geradezu unerträglich.

Die Merkmale hochbegabter Kinder und das Konzept eines bevorzugten Lernstils haben eindeutige Implikationen für Schule und Familie. Ein weiterer wichtiger Aspekt, um hochbegabte Kinder zu verstehen, ist das Konzept des hohen Empfindungsvermögens beziehungsweise der erhöhten Sensitivität.

Erhöhte Sensitivität

Der polnische Psychiater und Psychologe Kazimierz Dabrowski (1902–1980) entwickelte eine Theorie, die unser Verständnis von hochbegabten Kindern und Erwachsenen sehr stark beeinflusst hat. Teil dieser Theorie ist das Konzept der «overexcitabilities», der erhöhten Sensitivität. Damit ist die gesteigerte Reaktion auf Reize gemeint. Dieses Konzept gibt Aufschluss über die Intensität und Sensibilität, die Personen mit ungewöhnlich hohen mentalen Fähigkeiten so häufig aufweisen.[14] Bei seiner Arbeit mit psychiatrischen Patienten, Künstlern und hochbegabten Schülern stellte Dabrowski fest, dass sie scheinbar instinktiv von bestimmten Arten von Reizen angezogen wurden. Er stellte außerdem fest, dass sie eine erhöhte Sensitivität in fünf verschiedenen Bereichen zeigten: im intellektuellen, imaginären, emotionalen, sensorischen und psychomotorischen Bereich. Manche zeigten ihre sensitive Leidenschaft und Intensität in allen fünf Bereichen, andere nur in zwei oder drei.

Dabrowski und andere nach ihm beobachteten, dass hochbegabte Kinder besonders zu solch einer erhöhten Sensitivität neigen.[15] Die Leidenschaft und Intensität hochbegabter Kinder, so Dabrowski, führe dazu, dass sie auf diese Art und Weise reagieren und dass ihre Wahrnehmung und ihre Empfindungen weit über das übliche Maß hinausgehen. Es ist ungefähr so, als würde man die Empfangsintensität einer einfachen Dipolantenne mit der einer Satellitenschüssel vergleichen. Diese Kinder nehmen Reize entweder viel stärker wahr oder sie reagieren viel stärker darauf.[16]

Eine erhöhte Sensitivität muss nicht *immer* mit negativen Erfahrungen gleichgesetzt sein, obschon hochbegabten Kindern häufig suggeriert wird, sie seien «*viel* zu empfindlich!» Aber ihre intensive Wahrnehmung hat auch etwas Positives und kann eine Bereicherung für sie sein. Ihre erhöhte Sensitivität ist eine wichtige Quelle der Stärke, aber auch die Ursache von Stress, persönlicher Frustration und Kritik von anderen. Mary-Elaine Jacobsen hat kritische Bemerkungen und Vorwürfe zusammengetragen, die hochbegabte Individuen häufig zu hören bekommen und die direkt mit ihrer erhöhten Sensitivität zusammenhängen.[17] Dazu gehören:

- Kannst du nicht *einmal* einen Gang runterschalten?
- Du machst dir viel zu viele Gedanken!
- Kannst du nicht einfach mal an einer Sache dranbleiben?
- Du bist so empfindlich und theatralisch!
- Du bist so anspruchsvoll!
- Du bist so ehrgeizig!
- Bist du denn nie zufrieden?

Die kritisierten Verhaltensweisen in dieser Liste sind direkt auf eine erhöhte Sensitivität zurückzuführen. In der Regel bleibt eine solche Hochsensitivität auch mit zunehmendem Alter bestehen, wobei die meisten hochbegabten Individuen spätestens im Erwachsenenalter Mittel und Wege finden, damit umzugehen. Im Folgenden werden die fünf Bereiche der erhöhten Sensitivität ausführlich beschrieben.[18]

Erhöhte intellektuelle Sensitivität. Neugierde, untersuchende und testende Fragen, Konzentration, Problemlösen, theoretisches Denken – das alles sind Zeichen bzw. Erscheinungsformen von intellektueller Hochsensitivität. Diese Individuen sind geistig unglaublich rege: sie wollen sich Wissen aneignen, streben nach tieferem Verständnis und Wahrheit und bemühen sich, Probleme zu lösen. Als Kinder verschlingen sie ein Buch nach dem anderen, aber auch im Erwachsenenalter sind sie Vielleser. Sie erzählen zum Beispiel, wie anregend und beglückend es ist, neue Inhalte zu lernen.

Intellektuell hochsensitive Kinder stellen oft endlose Fragen. Im Erwachsenenalter sind Hochbegabte mit erhöhter intellektueller Sensitivität introspektiv; sie mögen Denkaufgaben, bei denen es auf Fokussierung, Konzentration und Problemlösen ankommt. Manche sind zufrieden, wenn sie einfach nur längere Zeit dasitzen und in Ruhe nachdenken können. Intellektuell hochsensitive Personen befassen sich auch häufig mit moralischen Fragen und Gerechtigkeit. Sie sind unabhängige Denker und scharfe Beobachter. Wenn andere ihre Begeisterung für eine Idee nicht teilen, können sie ungeduldig oder ärgerlich werden.

Erhöhte imaginäre Sensitivität. Hochbegabte Individuen mit einer erhöhten imaginären Sensitivität haben eine Vorliebe für komplexe imaginäre Abläufe, die sie oft dramatisch in Szene setzen. «Bei uns zu Hause wird so etwas Banales wie das Weiterreichen des Salzstreuers zu einem Schauspiel in drei Akten», berichtet eine Mutter. Eine reiche Vorstellungskraft, Fantasiespiel, Fantasiefreunde, animistisches Denken*, Tagträumen, dramatische Wahrnehmung und die Verwendung von Metaphern ist für diese intelligenten, kreativen Kinder kennzeichnend. Jüngere Kinder neigen dazu, Realität und Fiktion zu vermengen; im Unterricht schweifen ihre Gedanken häufig ab; mit ihrer imaginären Kreativität können sie sich Ereignisse deutlich vorstellen. Mitunter bringen diese Kinder Realität und Fantasie auch durcheinander.[19]

Stellen Sie sich zum Beispiel eine dramatische imaginäre Hochsensitivität wie die des Komikers Robin Williams vor. Das Gedankenschweifen kann sehr kreativ und divergent sein, obwohl Eltern oder Lehrer das Gefühl haben, das Kind sei «weggetreten». Der Comiczeichner und Karikaturist Mike Peters (Schöpfer des Comic-Strips *Mother Goose and Grimm*) galt in der Schule als Niete, weil er ständig seine Lehrer und den Rektor karikierte, anstatt sich am Unterricht zu beteiligen. Der Rektor schrieb in sein Jahrbuch: «Werden Sie erwachsen, Mr. Peters! Sie können nämlich nicht Ihr Leben lang Comics zeichnen.»[20] Weit gefehlt! Peters arbeitete schon bald für eine große amerikanische Tageszeitung und wurde 1981, noch bevor er 38 Jahre alt war, mit dem renommierten Pulitzer-Preis für seine Karikaturen ausgezeichnet.

---

* Die Neigung jüngerer Kinder, unbelebten Objekten Eigenschaften lebender Wesen zuzuschreiben.

Erhöhte emotionale Sensitivität. Dieser Bereich mit seinen extremen und komplexen Emotionen und intensiven Gefühlen fällt Eltern meist als erstes bei ihren Kindern auf. Emotional hochsensitive Personen machen sich übermäßig viele Gedanken über das Wohlergehen anderer Menschen; sie zeigen sich hochbesorgt um ihre Umwelt und reagieren auch stärker auf sie. Außerdem entwickeln sie eine starke emotionale Verbundenheit mit Menschen, Orten und Dingen; oft wird ihnen vorgeworfen, sie würden überreagieren. Die Intensität ihrer Gefühle äußert sich in Mitgefühl, Empathie und Sensibilität, manchmal auch in Wut. Eine Mutter erzählte uns, wie sie mit ihrer achtjährigen Tochter im Auto unterwegs war und es eilig hatte. Plötzlich rief das Mädchen «Halt! Fahr langsamer!» Als die Mutter sie fragte, was denn los sei, antwortete das Mädchen «Wir töten Insekten, die gegen die Windschutzscheibe fliegen. Und für jemanden in meinem Alter habe ich schon zu viel Tod gesehen!»

Kinder mit erhöhter emotionaler Sensitivität können durch häufige Trotzanfälle (nach dem dritten Lebensjahr) und Wut auffallen, etwa wenn sie ein Spiel verloren haben oder sich übergangen fühlen, oder weil sie unbedingt der Beste sein wollen oder ihren Kopf nicht durchsetzen können. Ihre Gefühle können extrem sein und den Erwachsenen Rätsel aufgeben. Jugendliche mit emotionaler Hochsensitivität sind oft sozial engagiert und versuchen aus Idealismus anderen Menschen zu helfen oder setzen sich für die Umwelt ein. Wenn sie merken, dass andere ihren Idealismus und ihre Sensibilität nicht teilen, können sie sehr traurig, zynisch oder wütend werden. Sie sind extrem sensibel gegenüber den Gefühlen anderer und reagieren sehr stark darauf; ebenso intensiv nehmen sie die Ungerechtigkeiten in der Welt wahr. Diese Gefühlstiefe kann beängstigend und schmerzvoll für sie sein.

Erhöhte sensorische Sensitivität. Bei sensorisch hochsensitiven Kindern sind die Sinneswahrnehmungen im Alltag – Sehen, Riechen, Schmecken, Berühren, Hören – viel stärker ausgeprägt als bei anderen. Diese Kinder haben nicht einfach nur Freude daran, sich zum Beispiel ein Kunstwerk anzusehen: sie *erleben* es. Sie können aus ihrer ungewöhnlichen Sensitivität gegenüber Musik, Sprache oder Essen auch großen Genuss beziehen. Mitunter konzentrieren sie sich so sehr auf diese genüsslichen Erfahrungen, dass die Welt um sie herum vorübergehend aufhört zu existieren.

Diese erhöhte sensorische Sensitivität kann aber auch Frustration hervorrufen. Zu Hause können diese Kinder sich weigern, bestimmte T-Shirts oder Hemden anzuziehen, weil sie das Schild hinten am Kragen stört; oder sie wollen keine Strümpfe anziehen, weil sie sie als kratzig empfinden oder weil die Nähte sie stören. Manche Kinder reagieren besonders empfindlich auf Licht, und das Flackern der Leuchtstofflampen in der Schule lenkt sie von ihren Aufgaben ab oder macht ihnen Kopfschmerzen. Der ständige Lärm in den Klassenzimmern kann sensorisch hochsensitive Kinder erschöpfen. Gerüche und Düfte, etwa Parfum, können sie als überwältigend empfinden. Bereits im Säuglings- und Kleinkindalter reagieren hochbegabte Kinder mit dieser Hochsensitivität sehr stark auf die Konsistenz oder den Geschmack von bestimmten Nahrungsmitteln. Nicht umsonst versuchen viele hochbegabte Kinder mit erhöhter sensorischer Sensitivität, Orte zu meiden, an denen sie mit einer Reizüberflutung rechnen müssen.

Erhöhte psychomotorische Sensitivität. Kinder mit erhöhter psychomotorischer Sensitivität sind besonders «aktiv und energiegeladen.»[21] Sie lieben Bewegung um ihrer selbst willen und zeigen ein Übermaß an Energie, das sich oft in schnellem Sprechen, einer leidenschaftlichen Begeisterungsfähigkeit, ausgiebiger körperlicher Betätigung und in einem erhöhten Bedürfnis nach Aktivität äußert. Unter emotionaler Anspannung neigen diese Kinder zu zwanghaftem Reden, impulsivem Handeln, nervösen Angewohnheiten, starkem Handlungsdruck, zwanghaftem Organisieren, Konkurrieren, schlechtem Benehmen oder Ausagieren. Obgleich sie aus ihrer grenzenlosen körperlichen und verbalen Begeisterung und Aktivität große Freude beziehen, fühlen sich andere dadurch oft erdrückt. Zu Hause und in der Schule sind diese Kinder ständig in Aktion und können pausenlos reden. Erwachsene und Gleichaltrige möchten sie oft dazu auffordern, sich doch *bitte* einmal hinzusetzen und ruhig zu sein!

Bei einem Kind mit psychomotorischer Hochsensitivität ist die Wahrscheinlichkeit groß, dass man ihm fälschlicherweise eine Aufmerksamkeitsdefizit-/Hyperaktivitätsstörung (ADHS) diagnostiziert. Anders als ADHS-Betroffene sind psychomotorisch hochsensitive Kinder aber durchaus in der Lage, sich auf eine Aufgabe zu konzentrieren; lediglich ihr Körper zappelt vor Erregung, ähnlich wie bei der Hyperaktivität. Wenn diese Kinder erwachsen sind, empfinden andere sie oft als anstrengend. Viele lernen, ihre psychomotorische Hochsensitivität in den Griff zu bekommen, etwa indem sie ausgiebig Sport treiben; manche kritzeln vor sich hin oder stricken – Aktivitäten, die gesellschaftlich allgemein akzeptiert werden; andere wackeln mit dem Fuß oder mit dem ganzen Bein, besonders dann, wenn sie ihre Aufmerksamkeit auf etwas richten. Verständnisvolle Lehrer lassen es zu, dass diese Kinder zum Beispiel einen Massageball oder einen anderen Gegenstand in der Hand halten und drücken, um ihrem Bewegungsdrang entgegenzukommen. Denken Sie daran, dass Erwachsene ihre Sensitivität bewältigen können, indem sie bestimmte Aktivitäten oder Umgebungen meiden; Kinder haben diese Option nicht.

Mögliche Probleme von hochbegabten Kindern

Dabrowskis Konzept der erhöhten Sensitivität hat einen wesentlichen Beitrag zu unserem Verständnis von Hochbegabung geleistet und deutlich gemacht, warum die Stärken hochbegabter – und vor allem höchstbegabter – Kinder zugleich Schwierigkeiten hervorrufen können. Eben jene Verhaltensweisen, die für hochbegabte Kinder so kennzeichnend sind, können also auch problematisch sein, insbesondere dann, wenn Eltern oder Lehrer diese Merkmale nicht erkennen oder zu deuten wissen. Hochbegabte Kinder sehen die Welt mit anderen Augen als durchschnittlich begabte Kinder, und ihre Gedanken, Handlungen und Gefühle sind intensiver. Ein außerordentlich hochbegabtes Kind sieht die Welt offenbar nicht nur wie ein Erwachsener; verglichen mit der üblichen Sichtweise scheint es vielmehr, als blicke das Kind durch ein Elektronenmikroskop: Es sieht, was andere nicht sehen und was andere sich nicht einmal vorstellen können.

Mögliche spezifische Probleme können direkt von den Stärken eines hochbegabten Kindes herrühren.[22] Jede dieser potenziellen Schwierigkeiten kann für das hochbegabte Kind und für die Menschen in seiner Umgebung eine Belastung sein. Wie in **Tabelle 4** zu sehen ist, führt zum Beispiel ein hohes Potenzial häufig dazu, dass andere ihre Erwartungen an das hochbegabte Kind hochschrauben. Die Neugierde und das breite Interessenspektrum hochbegabter Kinder können eine Überbeanspruchung, Zerstreutheit und das Gefühl der Zerrissenheit zur Folge haben. Der beschleunigte Denkprozess und die hohen Erwartungen können Ungeduld mit anderen nach sich ziehen, während die Intensität dazu führen kann, dass sie Schwierigkeiten haben, Kritik anzunehmen oder ihr Verhalten so zu steuern, dass sie nicht so häufig überreagieren. Darüber hinaus sind hochbegabte Kinder besonders anfällig für Stress und Depression, wenn sie ein niedriges Selbstwertgefühl, ein schlechtes Selbstkonzept und starke Selbstzweifel haben.[23]

Tabelle 4: Probleme, die mit typischen Merkmalen hochbegabter Kinder in Verbindung gebracht werden[24]

Stärken	Mögliche Probleme
Kann Informationen rasch aufnehmen und im Gedächtnis behalten.	Wird ungeduldig, wenn andere langsamer sind; hat eine Abneigung gegen Routine und mechanisches Üben; weigert sich möglicherweise, Grundfertigkeiten zu beherrschen; macht aus einfachen Sachverhalten übermäßig komplexe Konzepte.
Wissbegierig; intellektuelle Neugier; intrinsische Motivation; sucht nach Bedeutung/tieferem Sinn.	Stellt peinliche Fragen; ist eigensinnig; ist auf bestimmte Interessen fixiert; erwartet von anderen, dass sie sich genauso dafür interessieren.
Fähigkeit zu konzeptualisieren, abstrahieren, synthetisieren; mag Problemlösen und geistige Anstrengung.	Befasst sich ungern mit Einzelheiten oder berücksichtigt sie einfach nicht; stellt die Vorgehensweise des Lehrers in Frage.

Stärken	Mögliche Probleme
Kann Ursache-Wirkung-Zusammenhänge erkennen.	Hat Schwierigkeiten, Dinge zu akzeptieren, die unlogisch sind, zum Beispiel Gefühle, Traditionen und alles, was man einfach glaubt, ohne dafür einen Beweis zu haben.
Legt großen Wert auf Wahrheit, Gerechtigkeit und Fairness.	Hat Schwierigkeiten, die Dinge pragmatisch anzugehen; macht sich übermäßig viele Gedanken über humanitäre Fragen.
Strebt danach, die Dinge zu systematisieren und findet Freude daran, Gegenstände und Personen systematisch zu organisieren.	Erfindet komplizierte Regeln oder Systeme; kann auf andere rechthaberisch, vorlaut oder herrschsüchtig wirken.
Großer Wortschatz und Wortgewandtheit; verfügt über gute Kenntnisse in Interessengebieten, die für das Alter ungewöhnlich sind.	Kann sich aus einer Situation herausreden; langweilt sich mit Schulkameraden und Gleichaltrigen; wird von anderen als «Besserwisser» wahrgenommen.
Denkt kritisch; hat hohe Erwartungen; ist selbstkritisch und beurteilt andere.	Überkritisch oder intolerant gegenüber anderen; kann mutlos oder deprimiert werden; ist perfektionistisch.
Scharfe Beobachtungsgabe; ist bereit, neue/ungewöhnliche Aspekte in Betracht zu ziehen; ist auf neue Erfahrungen aus.	Übermäßig fokussiert; kann leichtgläubig sein.
Kreativ und erfinderisch; probiert gerne neue Vorgehensweisen aus.	Kann Pläne durchkreuzen oder Vorgegebenes ablehnen; wird als jemand wahrgenommen, der anders ist und aus der Reihe tanzt.

Stärken	Mögliche Probleme
Intensive Konzentration; lange Aufmerksamkeitsspanne in Interessengebieten; zielgerichtetes Verhalten; Ausdauer.	Lässt sich bei einer Tätigkeit nicht unterbrechen; vernachlässigt Pflichten oder Personen in Zeiten fokussierten Interesses; wird als starrsinnig wahrgenommen.
Sensibel, empathisch; möchte von anderen akzeptiert werden.	Reagiert sensibel auf Kritik oder Ablehnung durch Peers; erwartet von anderen, dass sie ähnliche Werte haben; Bedürfnis nach Erfolg und Anerkennung; nimmt sich mitunter als anders wahr und fühlt sich entfremdet.
Hohe Energie und Aufmerksamkeit, großer Eifer; Phasen intensiver Anstrengung.	Frustration bei Untätigkeit; Eifer kann die Zeitpläne der anderen durcheinanderbringen; braucht ständig Anregungen; kann hyperaktiv erscheinen.
Unabhängig; bevorzugt individualisierte Aufgaben; verlässt sich auf sich selbst.	Lehnt Input von den Eltern oder von Gleichaltrigen möglicherweise ab; ist nonkonformistisch und mitunter unkonventionell.
Breitgefächerte Interessen und Fähigkeiten; ist vielseitig.	Kann zerfahren und desorganisiert erscheinen; ist frustriert, wenn nicht genug Zeit vorhanden ist; andere erwarten möglicherweise eine ständige Kompetenz.
Ausgeprägter Sinn für Humor.	Erkennt das Absurde an Situationen; Humor wird von Gleichaltrigen möglicherweise nicht verstanden; kann zum «Klassenkasper» werden, um Aufmerksamkeit auf sich zu ziehen.

Ist mein Kind hochbegabt oder lediglich klug?

Sind Sie nach wie vor unsicher, ob Sie ein hochbegabtes Kind zu Hause haben? Haben Sie mehr als eins? Manchmal kann man schon sehr früh erkennen, dass ein Kind nicht nur hochbegabt sondern sogar höchstbegabt ist. Umgekehrt kann es schwierig sein, festzustellen, ob ein Kind hochbegabt oder lediglich klug ist.

Es kann sein, dass ein Kind ungewöhnliche Fähigkeiten in anderen Bereichen als Sprache oder Mathematik aufweist; oder vielleicht stellt sich erst mit zunehmender Reife des Kindes heraus, dass es in einem Bereich intellektuell stark ist. Manchmal zeigt sich das Potenzial erst, wenn das Kind Gelegenheit hatte, Erfahrungen in diesem Bereich zu sammeln. Die Eltern von Jaynelle beispielsweise wussten schon früh, dass ihre Tochter Freude an Musik hat; dass sie auch talentiert ist, stellte sich aber erst heraus, als sie im Alter von vier Jahren mit der Suzuki-Methode das Geigenspiel erlernte und dabei herausragende Fähigkeiten zeigte.

Die Eltern bemerken die Fähigkeit eines Kindes oft als Erste, auch wenn sie sie vielleicht nicht als Hochbegabung identifizieren. In der Regel ahnen sie schon recht früh, dass ihr Spross gleichaltrigen Kindern voraus ist. Das wird vor allem bei Interaktionen mit anderen Kindern und Erwachsenen deutlich. Wenn ein Vorschüler Verhaltensweisen zeigt, die eindeutig verfrüht sind, reagieren andere Erwachsene oft erstaunt und fragen: «Wie alt ist das Kind denn eigentlich?»

Wenngleich die Verzögerungen und Sprünge in der Entwicklung von Kindern exakte Vergleiche erschweren, gibt es Richtlinien für den typischen Entwicklungsverlauf bei hochbegabten Kindern.[25] Im Allgemeinen sind hochbegabte Vorschulkinder chronologisch Gleichaltrigen in den meisten Bereichen (außer bei motorischen Fertigkeiten) um 30 Prozent voraus, und höchstbegabte Kinder sind oft extrem fortgeschritten.[26] Eltern befürchten häufig, dass sie die Fähigkeiten ihres Kindes überschätzen, weil sie natürlicherweise stolz auf es sind; aber sie sollten auch auf ihre eigenen Beobachtungen und Einschätzungen vertrauen und außerdem die Möglichkeit in Betracht ziehen, dass sie das Potenzial ihres Kindes nicht über- sondern unterschätzen. Eltern, die selbst intelligent sind und nur wenig

Erfahrung mit Kindern haben, neigen dazu, die Fähigkeiten ihres Kindes herunterzuspielen.

Carol Strip und Gretchen Hirsch haben Merkmale hochbegabter Kinder zusammengestellt und mit den Merkmalen von Kindern verglichen, die lediglich klug sind.[27] Sie betonen, dass der Hauptunterschied zwischen einem (normalbegabten) klugen und einem hochbegabten Kind in der Tiefe und Intensität dieser Merkmale besteht. Sie raten dazu, die Ausprägung der einzelnen Merkmale als Anhaltspunkt zu nehmen. So sind kluge Kinder zum Beispiel neugieriger als durchschnittliche Kinder, aber hochbegabte Kinder sind *viel* neugieriger auf mehr Dinge und wollen tiefere Einblicke gewinnen. Kluge Kinder lesen gerne Bücher, während hochbegabte Kinder Bücher meist regelrecht *verschlingen*. Im Folgenden zeigen wir anhand von Auszügen aus dem Buch *Helping gifted children soar* (2000) von Strip und Hirsch einige Unterschiede zwischen hochbegabten und (normalbegabten) klugen Kindern auf.

Fragestil. Kluge Kinder stellen Fragen, auf die es relativ klare Antworten gibt. Hochbegabte Kinder stellen Fragen über abstrakte Vorstellungen, Konzepte und Theorien, auf die es keine einfachen Antworten gibt. Sie fragen zum Beispiel, warum Licht schneller ist als Schall, und ob das auch im Weltall so ist.

Lerngeschwindigkeit und Anwendung von Konzepten. Kluge Kinder gehen beim Lernen Schritt für Schritt vor, bis sie ein Konzept verstanden haben. Hochbegabte Kinder können von Schritt 2 direkt zu Schritt 10 springen, weil sie in dem Moment, da sie mit Schritt 2 fertig sind, bereits die Lösung (Schritt 10) kennen. Beispielsweise schreiben hochbegabte Kinder beim Lösen einer Rechenaufgabe oft nicht alle Lösungsschritte auf, weil sie die Aufgabe im Kopf und nicht auf dem Papier lösen. Für Lehrer kann das frustrierend sein, und wenn das Kind gebeten wird, anderen Kindern zu helfen, die alle erforderlichen Schritte durchgehen müssen, kann das problematisch werden.

Emotionale Intensität. Kluge Kinder zeigen ihre Emotionen, schaffen es aber in der Regel, relativ leicht über einen verstörenden oder ärgerlichen

Zwischenfall hinwegzukommen. Hochbegabte Kinder erleben gesteigerte, mitunter überwältigende Emotionen, die andere gedankliche Bereiche oder Aufgaben beeinträchtigen können. Die intensive Beschäftigung mit den Ereignissen kann ihre Gedanken und Gefühle noch tage- oder wochenlang in Beschlag nehmen.

Ausprägung des Interesses. Kluge Kinder stellen Fragen und sind auf viele Dinge neugierig. Hochbegabte Kinder zeigen eine intensive Neugier auf nahezu alles oder vertiefen sich in ein bestimmtes Interessengebiet. Die siebenjährige Sarah zum Beispiel beschäftigt sich ernsthaft mit Amphibien und hat begonnen, Froscheier und Kaulquappen zu sammeln. Sie liest leidenschaftlich gern Bücher über das Thema und unterhält sich mit Erwachsenen über naturhistorische Fragen. Sie spricht schon davon, dass sie später einmal Zoologin werden möchte.

Sprachliche Fähigkeit. Kluge Kinder lernen leicht neue Wörter, verwenden aber lieber altersgerechte Ausdrücke. Hochbegabte Kinder verwenden dagegen häufig ein umfangreiches und fortgeschrittenes Vokabular, verstehen sprachliche Feinheiten, die anderen entgehen und haben Freude an Wortspielen und -witzen; oft ist das, was sie erzählen, zu schwierig für ihre Spielkameraden (und manchmal sogar für Erwachsene). Wenn Erwachsene sich untereinander in einer «Geheimsprache» verständigen (zum Beispiel Wörter buchstabieren), damit das Kind nicht versteht, was sie sagen, brauchen hochbegabte Kinder nicht lange, um den Kode zu knacken.

Auseinandersetzung mit Fairness. Kluge Kinder haben feste Vorstellungen von Fairness und äußern sie auch, aber diese Vorstellungen beziehen sich in der Regel auf persönliche Erfahrungen und konkrete Situationen, etwa «Er hat mehr Kuchen auf dem Teller als ich – das ist unfair!» Hochbegabte Kinder setzen sich viel intensiver mit Fairness und Gerechtigkeit auseinander, und zwar auf einer höheren Ebene. Pedro zum Beispiel ist erst neun Jahre alt, regt sich beim Fernsehen aber schon über die Werbung auf, weil er erkennt, dass die Spots etwas versprechen, das sie gar nicht halten können – und trotzdem versuchen, die Zuschauer davon zu überzeugen. Er möchte eine Kampagne für Aufrichtigkeit in der Werbung starten. Hochbegabte Kinder wollen zum Beispiel wissen, warum nicht mehr Länder den hungernden Kindern in Afrika helfen. Sie sind in der Lage, einige der Feinheiten komplexer moralisch-ethischer Fragen zu begreifen, die beispielsweise Kriege, Umweltverschmutzung oder humanitäre Probleme betreffen; und sie verteidigen leidenschaftlich ihren Standpunkt. Eltern hochbegabter Kinder sind ständig damit beschäftigt, Fragen zu beantworten und auf die Argumente ihrer Sprösslinge zu reagieren.

Die Merkmale hochbegabter Kinder können für diese Kinder und ihre Familien ebenso beglückend wie tückisch sein. In den folgenden Kapiteln möchten wir hilfreiche Informationen über die Probleme und Sorgen von Familien mit hochbegabten Kindern weitergeben und viele Strategien aufzeigen, mit denen Sie diese Probleme angehen können. Es gibt kaum eine schwierigere Aufgabe, als ein hochbegabtes Kind zu erziehen – und kaum eine, die so bereichernd ist.

Kapitel 3

Kommunikation: der Schlüssel zu Beziehungen

Kompetenz in zwischenmenschlichen Beziehungen ist wahrscheinlich der wichtigste Faktor, um festzustellen, ob aus einem hochbegabten Kind ein erfolgreiches, fürsorgliches und engagiertes Mitglied der Gesellschaft wird. Eltern haben großen Einfluss darauf, wie Kinder Beziehungen erleben und mit ihnen umgehen, sei es durch Interaktionen oder als Vorbilder. Durch zwischenmenschliche Beziehungen lernen Kinder, wie Menschen miteinander interagieren, was andere von ihnen erwarten und was sie von anderen erwarten können. Durch Beziehungen lernen sie auch viel über sich selbst. Eine der größten Verantwortungen von Eltern besteht darin, die positive Kommunikation zu fördern, die für die Entwicklung gesunder Beziehungen notwendig ist.

Der Mensch hat von Geburt an Beziehungen zu anderen Personen, mit denen er durch Handlungen und Verhaltensweisen kommuniziert. Wenn ein Säugling schreit, versuchen die Eltern herauszufinden, was ihm fehlt, und sie reagieren auf seine Bedürfnisse, indem sie ihn füttern oder trösten. Wenn die Eltern sprechen, folgt er ihrer Stimme und lächelt oder brabbelt. Nach und nach nimmt die Interaktion zu. Während die Eltern sprechen und das Kind zum Lächeln und Brabbeln bringen, entwickelt sich die Beziehung weiter. Das Kind lernt, auf Erwartungen zu reagieren und anderen zu gefallen. Es lernt, «Pa-pa» und «Ma-ma» zu sagen, und später auch selbstständig zu essen und sich anzuziehen. Die Zeit vergeht, das Kind wächst heran, und ehe man sich's versieht, ist es zehn Jahre alt und geht in die vierte oder fünfte Klasse. Die Pubertät beginnt früher als den meisten Eltern lieb ist. Während dieser Zeit verändert sich die Kommunikation und die Beziehungen entwickeln sich weiter.

Mit zunehmendem Alter und fortschreitender Selbstständigkeit kann die Kommunikation schwieriger werden, vor allem, wenn die erwachsenen Bezugspersonen versäumt haben, eine starke Beziehung zu dem Kind aufzubauen, als es noch jünger war. Kommunikation kann auch durch eine schwere familiäre Krise wie Krankheit, Scheidung oder Tod erschwert werden. In einer solchen Situation stellen Kinder die Kommunikation mit den Eltern manchmal ein und ziehen es vor, mit ihren Gedanken und Gefühlen selbst umzugehen. Nur eine starke Beziehung kann eine gesunde Kommunikation wieder in Gang bringen.

Kommunikation ist ein grundlegender Bestandteil jeder Beziehung, aber für die Beziehung zu Ihrem Kind ist sie besonders wichtig. Ihre Beziehung zu Ihrem Kind ist für dessen langfristige Entwicklung wichtiger als alle Bildungs- und Fördermaßnahmen, die Sie dem Kind bieten, und ein Mangel an guter zwischenmenschlicher Kommunikation wird der Beziehung schaden. Eine gesunde, offene Kommunikation wirkt sich dagegen positiv auf die Familie aus und festigt die Beziehungen. Im Kontext der Familienbeziehungen bekommt das Kind ein Gefühl dafür, wer es ist, und eine starke Kommunikation sorgt dafür, dass es Vertrauen und Selbstwertgefühl entwickelt. Mit dieser Erfahrung lernt das Kind, wie es sozial interagieren und positive Beziehungen mit anderen aufbauen kann, sowohl innerhalb als auch außerhalb der Familie.

Welche Kommunikationsmuster leben Sie Ihrem Kind vor?

Kinder erleben Kommunikation und Beziehungen hauptsächlich auf dreierlei Art: Erstens durch die Art und Weise, wie die Eltern mit ihnen interagieren; zweitens durch ihre Beobachtung, wie die Eltern mit anderen interagieren; und drittens durch ihre eigenen Interaktionen mit anderen.

Manchmal verhindert das Verhalten der Eltern eine gesunde Kommunikation mit den Kindern, weil es Vertrauen und Offenheit unterbindet; das ist vor allem bei Unstimmigkeiten oder Maßregelungen der Fall. Wenn Eltern laut werden und schreien, kann das Kinder sehr erschrecken, und möglicherweise gehen sie dann nicht das Risiko ein, sich offen mitzuteilen. Wenn in der Familie regelmäßig gebrüllt wird, können Eltern das kostbare Vertrauen des Kindes verspielen.

Unstimmigkeiten und Auseinandersetzungen gehören zum Leben dazu, aber sie können auch Situationen hervorbringen, in denen Erwachsene durch ihr Verhalten die Kommunikation hemmen. Hier sind einige Anregungen des Psychologen und Autors Martin Seligman, wie man Verhaltensweisen eindämmen kann, die eine positivere Kommunikation und Beziehung beeinträchtigen.[1]

- Setzen Sie vor Ihrem Kind keine körperliche Aggression ein. Dazu gehört mit Gegenständen werfen oder Türen knallen. Diese Handlungen sind für Kinder sehr beängstigend.
- Drücken Sie Ihre Gefühle so weit wie möglich in Worten aus. Seien Sie bestimmt, aber nicht aggressiv. Sagen Sie zum Beispiel «Jetzt bin ich aber wirklich wütend (frustriert, enttäuscht etc.)».
- Seien Sie ein Vorbild, wenn es darum geht, den eigenen Ärger zu kontrollieren. Am besten, Sie halten einen Moment inne, um sich zu beruhigen. Sagen Sie «Ich gehe jetzt kurz hinaus, um mich zu beruhigen, und dann reden wir darüber.»
- Kritisieren Sie Ihren (Ehe-)Partner nicht vor dem Kind, indem Sie verallgemeinern («Dein Vater ist immer …», «Deine Mutter macht nie …»).
- Wenn Sie Ihren (Ehe-)Partner kritisieren und Ihr Kind Sie hören könnte, kritisieren Sie spezifische Verhaltensweisen und nicht seine gesamte Persönlichkeit.
- Bestrafen Sie Ihren (Ehe-)Partner nicht durch Schweigen, in dem Glauben, Ihr Kind würde das nicht bemerken.
- Verlangen Sie nie von einem Kind, Partei für ein Elternteil zu ergreifen.

- Fangen Sie in Gegenwart des Kindes keinen Streit mit Ihrem (Ehe-)Partner an, es sei denn, Sie haben vor, den Streit noch bei diesem Anlass beizulegen.
- Lösen Sie Konflikte und versöhnen Sie sich dort, wo Ihr Kind Ihnen zusehen kann. Auf diese Weise erfährt es, dass Konflikte ein natürlicher Bestandteil von Liebe und Beziehungen sind, und dass man sie lösen kann. Wenn das Kind die Versöhnung der Eltern nie mitbekommt, lernt es auch nicht, wie man sich wieder verträgt.
- Ziehen Sie das Kind nicht in Auseinandersetzungen mit Ihrem (Ehe-) Partner hinein. Treffen Sie eine Abmachung, dass bestimmte Themen in Gegenwart des Kindes tabu sind. Wenn Sie sich streiten müssen, suchen Sie dafür einen Ort auf, wo das Kind Sie nicht hören und sehen kann.

Hindernisse in der Kommunikation und in Beziehungen

Um gesunde und positive Beziehungen zu entwickeln, müssen Menschen Zeit miteinander verbringen, gemeinsamen Aktivitäten nachgehen und ihre Vorstellungen und Gefühle kommunizieren. Das klingt einfach, kann aber schwierig sein, weil es in der Kommunikation so viele versteckte Hindernisse gibt. In der heutigen temporeichen und sich rasant entwickelnden Gesellschaft reagieren Eltern und Kinder ständig auf Dinge, die dringend erscheinen, und diese Hast beeinträchtigt Kommunikation und Beziehungen. Technologische Errungenschaften wie Handy, Pieper, Smartphone und kabelloser Internetzugang sorgen dafür, dass die Menschen zwar pausenlos erreichbar und miteinander verbunden sind, sich zugleich aber voneinander entfernen. Eine Umfrage der Kaiser Family Foundation aus dem Jahr 2005 hat ergeben, dass junge Menschen in den Vereinigten Staaten fast sieben Stunden pro Tag mit Maschinen statt mit Menschen «interagieren». Vier Stunden verbringen sie mit Fernsehen oder DVD-Schauen; mehr als eine Stunde mit Musikhören (Radio, CDs, MP3-Player); eine Stunde mit Surfen im Internet (ohne Bezug zu schulischen Aufgaben); und etwas weniger als eine Stunde mit Videospielen. Etwa zwei Stunden pro Tag interagieren sie auf die eine oder andere Weise mit ihren Eltern, und weniger als eine Stunde verbringen sie mit dem Lesen von Büchern, Zeitschriften oder Zeitungen, die nichts mit der Schule zu tun haben![2]

Die Hochgeschwindigkeitsinteraktion, die durch diese modernen Kommunikationsmittel ermöglicht wird, ist zwar aufregend, sie beeinträchtigt oder verhindert aber jene geruhsamen, langen und bedeutungsvollen Gespräche, die notwendig sind, um bedeutungsvolle persönliche Beziehungen aufzubauen. Kleine leblose Objekte wie iPods und Handys haben keine Emotionen und leben keine Verhaltensweisen vor. Eltern müssen darauf achten, in welchem Maß diese Geräte die Kommunikation innerhalb der Familie behindern. Sind Ihnen im Restaurant schon einmal Familien aufgefallen, die zusammen essen, ohne dabei auch nur ein Wort zu wechseln? Die Tradition des gemeinsamen Abendessens, bei dem alle Familienmitglieder zur Unterhaltung beitragen – eine wirksame Möglichkeit, um Kommunikation zu fördern und Beziehungen aufzubauen – scheint für viele zur Vergangenheit zu gehören.

Mediendarstellungen von Kommunikation sind da wenig hilfreich; sie bieten eine verzerrte Sichtweise und zeigen nur selten gesunde Beziehungen. Reality-TV hat rein gar nichts mit der Realität zu tun. Die Abendnachrichten zeigen oft ungewöhnliche, sensationelle oder abweichende Verhaltensweisen: Bilder von Unfällen, Verbrecherjagden, Mord, Krieg und Bombardierungen, Hungersnöten und Völkermord. All das suggeriert Kindern, dass diese Welt kein sicherer Ort ist, wo man sich geborgen fühlen und anderen soweit vertrauen kann, dass man mit ihnen kommunizieren und Beziehungen aufbauen kann. Diese Faktoren tragen dazu bei, dass die Interaktionen mit anderen Personen seltener werden, was sich wiederum auf die Kommunikation und auf die Entwicklung von Beziehungen auswirkt. Bei einer Umfrage von 2006 gab einer von vier Amerikanern an, niemanden zu haben, mit dem er wichtige Dinge besprechen könnte; Personen aller untersuchten Kategorien (z. B. Rasse, Alter, Bildungsgrad) gaben weniger enge Freundschaften an als Befragte 20 Jahre zuvor. Laut dieser Studie hat die Vertrautheit innerhalb von Familien ebenfalls abgenommen.[3]

Kommunikation und Gefühle sind miteinander verbunden

Die gute Nachricht lautet, dass Kommunikationshindernisse überwunden werden können. Was können Sie (außer als Modell zu fungieren) sonst noch tun, damit Ihre Kinder lernen, wie man kommuniziert und gesunde Beziehungen aufbaut? Zunächst sollten Sie daran denken, dass Kommunikation immer auch eine emotionale Komponente hat. Ihr Tonfall, die Lautstärke Ihrer Stimme und Ihre Körpersprache übermitteln Gefühle. Diese Gefühle beeinflussen, wie Ihr Kind das, was Sie sagen wollen, hört und aufnimmt, und wie es darauf reagiert. Um dies zu veranschaulichen, sagen Sie die ersten vier Buchstaben des Alphabets zuerst normal auf, dann wütend, dann traurig, dann fröhlich. Der Inhalt – die Buchstaben – ist stets derselbe, aber die emotionale Information, die Sie durch Ihren Tonfall und die Betonung vermitteln, ist jedes Mal eine andere. Wir vergessen leicht, dass die Worte, die wir aussprechen, eine emotionale Komponente haben; daher müssen wir nicht nur darauf achten, *was* wir sagen, sondern auch darauf, *wie* wir es sagen und welche Gefühle wir damit vermitteln.

Zweitens sollten Sie bedenken, dass wir auch durch unser Verhalten Gefühle kommunizieren. Wenn ein Kind eine Tür zuknallt, wissen Sie, dass es wütend ist. Als Eltern neigen wir dazu, das Verhalten des Kindes zu kritisieren, ohne auf die Gefühle einzugehen, die dieses Verhalten überhaupt erst ausgelöst haben. Die emotionale Komponente (Wut) spielt beim Verhalten (Türe knallen) eine entscheidende Rolle, und wenn Sie erstere zur Kenntnis nehmen, wird das die Kommunikation mit Ihrem Kind fördern. Sie könnten zum Beispiel sagen: «Ich sehe, dass du wütend bist; es wäre mir allerdings lieber, wenn du Worte verwenden würdest, um mir deine Wut mitzuteilen, anstatt die Tür zu knallen.» Damit könnten Sie dem Kind helfen, über das, was es beschäftigt, zu sprechen – wenn nicht gleich, dann vielleicht zu einem späteren Zeitpunkt.

Wir wissen, dass Emotionen erhebliche Auswirkungen auf die Schulleistung eines Kindes haben können, und sogar die Ergebnisse von IQ- oder Leistungstests werden dadurch beeinflusst.[4] Einige Experten haben überzeugend dargelegt, dass emotionale und interpersonale Fertigkeiten mindestens ebenso wichtig sind wie schulische und intellektuelle Fähigkeiten, um später im Erwachsenenleben erfolgreich zu sein.[5] Leider unterschätzen viele Lehrer und Eltern von hochbegabten Kindern, wie wichtig Emotionen sind; sie betrachten sie als ein Ärgernis, das aus ihrer Sicht dem eigentlichen Ziel – das Potenzial und die schulische Leistung des Kindes zu entwickeln – im Wege steht. Selbst Eltern können die Gefühle ihrer Kinder meiden oder ignorieren oder sie sogar anzweifeln oder herunterspielen. Damit wird dem Kind vermittelt, dass seine Gefühle nicht zählen, und dass es selbst nicht wertgeschätzt wird. Solche Botschaften wirken sich zweifellos negativ auf Kommunikation und Beziehungen aus.

Gefühle sind weder richtig noch falsch

Versuchen Sie einmal, sich vorzustellen, dass jedes Mal, wenn Sie sich über etwas ärgern, jemand Größeres auf Sie herabblickt und mit strafendem Ton zu Ihnen sagt: «Du hast kein Recht, so zu empfinden!» oder «Es ist falsch, deswegen wütend zu sein!» Gefühle sind etwas Persönliches, und dem, der sie empfindet, kommen sie sehr echt und plausibel vor. Die Gefühle eines Kindes als «falsch» abzutun ist ebenso unangemessen wie einen unwillkürlichen Muskelreflex als richtig oder falsch zu bezeichnen. Kaum jemand ist in der Lage, die unmittelbaren Gefühle zu kontrollieren, die durch ein Ereignis oder eine Situation ausgelöst werden. Die meisten können jedoch das *Verhalten* kontrollieren, mit dem sie ihren Gefühlen Ausdruck verleihen. Eltern können Kindern dabei helfen, nach und nach zu lernen, wie sie ihre Gefühle auf gesellschaftlich akzeptable Weise ausdrücken und kommunizieren können.

Manchmal müssen Kinder aber erst lernen, sich ihre eigenen wahren Gefühle bewusst zu machen, anstatt zu eruieren, was sie fühlen *sollen* beziehungsweise welche Gefühle andere von ihnen *erwarten*. Und natürlich müssen Kinder auch verstehen, wie Gefühle ihre Kommunikation mit anderen beeinflussen.

Gefühle benennen

Kinder verfügen nicht über ein angeborenes Vokabular, um Gefühle zu benennen. Der Prozess der zunehmenden Selbstwahrnehmung und des Selbstmanagements beinhaltet das Lernen von Bezeichnungen für Gefühle, um mit anderen besser kommunizieren zu können. Es mag banal klingen, aber jüngere Kinder verfügen noch nicht über einen entsprechenden Wortschatz, um Gefühle differenziert beschreiben zu können; sie verwenden hauptsächlich einfache Begriffe wie «traurig», «böse» und «froh». Nach und nach können die Eltern das Repertoire des Kindes erweitern, indem sie Gefühlsbeschreibungen wie «frustriert», «verärgert», «stolz» oder «beschämt» verwenden. Fürsorgliche Erwachsene können das Kind auch unterstützen, indem sie seine Gefühle aktiv und präzise spiegeln, etwa durch Sätze wie diese: «Ich merke, dass dich dein Projekt frustriert» oder «Wow, jetzt bist du offenbar wirklich sehr aufgeregt!» Auch in den Büchern, die Sie dem Kind vorlesen, tauchen immer wieder neue Wörter für Gefühle auf. Gefühle zur Kenntnis zu nehmen und zu benennen, ist der erste Schritt, um sie zu bewältigen.

Wie können Kinder lernen, Gefühle und deren Auswirkung auf Kommunikation und Beziehungen zu verstehen? Neben dem, was die Eltern in ihrer Eigenschaft als Modell vermitteln, sind auch Bücher geeignet, die Kindern helfen, über Gefühle zu sprechen und die ihnen klarmachen, dass starke Gefühle etwas Normales sind. Kinderbuchklassiker wie *Don't feed the monster on Tuesdays* (Moser, 1991) oder *Alexander und der mistige Tag* (Viorst, 1985) sind hervorragende Quellen, ebenso viele weitere Bücher, die thematisch geordnet in der kommentierten Bibliographie zu *Some of my best friends are books* (Halsted, 2002) aufgeführt werden.[6]

Für Eltern kann es hilfreich sein, sich klarzumachen, dass Gefühle in der Regel aus unterschwelligen Belangen hervorgehen. Das Gefühl, das an der Oberfläche sichtbar wird, kann in Wirklichkeit Ausdruck tieferer Sorgen sein. Gefühle sind für gewöhnlich die Konsequenz aus unterschwelligen Überzeugungen und Sorgen; daher ist es in der Regel besser, sich eher auf das zugrundeliegende Problem (zum Beispiel die Überzeugungen des Kindes) zu konzentrieren, und nicht auf das Thema, das gerade zur Debatte steht. In **Tabelle 5** finden Sie einige Anhaltspunkte, welche Überzeugung einem Gefühl zugrunde liegen könnte.

Achten Sie darauf, dass Sie die Gefühle des Kindes nicht falsch etikettieren und dem Kind erzählen, was es «*wirklich* fühlt», als ob Sie das besser wüssten als das Kind selbst. Das Kind ist verwirrt, wenn ein Elternteil zum Beispiel behauptet: «Du bist gar nicht wirklich wütend auf deinen Bruder. Du weißt doch, dass du ihn lieb hast. Du bist gerade einfach nur müde.» Erstens wird damit die Gültigkeit des starken Gefühls verkannt, welches das Kind *in dem Moment* empfindet. Zweitens werden Mutmaßungen angestellt, die sowohl die Gefühle als auch die Verhaltensweisen des Kindes betreffen, und diese Mutmaßungen können aus der Sicht des Kindes falsch sein. Drittens wird dem Kind suggeriert, dass seine Gefühle falsch sind, was wiederum dazu führt, dass das Kind das Vertrauen in seine Fähigkeit verliert, seine eigenen Gefühle zu benennen, zu akzeptieren und zu bewältigen.

Hochbegabte Kinder haben nicht nur überdurchschnittliche geistige Fähigkeiten, sondern auch ungewöhnlich starke Emotionen. Zwar haben sie die gleichen Gefühle wie andere, aber sie erleben sie intensiver. Das bedeutet, dass es für hochbegabte Kinder noch wichtiger ist, Gefühle zu identifizieren und zu bestätigen. Und umso entscheidender ist es, dass

Tabelle 5: Unterschwellige Überzeugungen und emotionale Folgen[7]

Unterschwellige Überzeugung	Folge (Oberflächengefühl)
Meine Rechte wurden verletzt.	Wut
Ich habe die Rechte eines anderen verletzt.	Schuld
Es gibt eine zukünftige Bedrohung.	Besorgnis, Angst
Ich werde negativ mit anderen verglichen.	Beschämung

diese intensiven Kinder lernen, die Verhaltensweisen zu steuern, die mit ihren Gefühlen zusammenhängen.

Kommunikationsprobleme von hochbegabten Kindern

Bereits in jungen Jahren unterscheiden sich die Denkart und das Verhalten hochbegabter Kinder von dem, was allgemein als normal angesehen wird. Eltern bezeichnen ihre hochbegabten Kinder häufig als «schwierig», «herausfordernd» oder «eigensinnig». Wenn sie aufgefordert werden, diese Kinder genauer zu beschreiben, verwenden sie Adjektive und Umschreibungen wie «stur», «streitlustig», «rechthaberisch», «weggetreten», «in seiner eigenen Welt», «wertend», «perfektionistisch», «hart mit sich selbst» oder «fällt aus dem Rahmen». Während Neugierde, Intensität, Sensibilität, Idealismus und überdurchschnittliche Fähigkeiten zweifellos Stärken sind, sorgen diese Stärken zugleich dafür, dass hochbegabte Kinder anders erscheinen als andere. Allein das Anderssein wirkt sich auf die Interaktionen mit anderen aus, und Eigenschaften wie Rechthaberei oder Perfektionismus können zwischenmenschliche Kommunikation und Freundschaften erheblich beeinträchtigen. Andere empfinden die Sprache und das Verhalten eines hochbegabten Kindes möglicherweise als «sonderbar». Wenn dieses «sonderbar» zur Linse wird, durch die ein hochbegabtes Kind betrachtet wird, steigt auch die Wahrscheinlichkeit, dass das Kind negativ beschrieben wird.

Ein hochbegabter Jugendlicher schreibt: «Das Schlimmste an der Hochbegabung ist die Einsamkeit. (...) Ich kämpfe mit schwierigen Fragen aus Bereichen wie Religion, Moral, Philosophie und Politik, und es gibt einfach niemanden, mit dem ich darüber sprechen kann. Ich muss mit allem allein zurechtkommen.»[8] Wenn Eltern, Lehrer und andere die typischen Merkmale und Verhaltensweisen von hochbegabten Kindern verstehen, sind sie auch viel eher dazu in der Lage und bereit, diese Kinder zu akzeptieren und mit ihnen zu kommunizieren.

Weil hochbegabte Kinder so intensiv und sensibel sind, wenn es um Gefühle geht, haben Eltern oft den Eindruck, sie müssten besonders einfühlsam und behutsam sein, wenn sie mit den Kindern darüber reden. Einige hochbegabte Kinder teilen ihre Gefühle bereitwillig – fast zu bereitwillig – mit, während andere, vor allem jene, die eine geordnete, logische Welt bevorzugen, nur ungern darüber sprechen. Diese Kinder versuchen, das Gespräch in Richtung Fakten und intellektuelle Inhalte zu lenken, weil sie sich mit diesen konkreten Dingen wohler fühlen. Möglicherweise gehen sie Emotionen und Meinungen aus dem Weg, weil ihnen Gefühle unlogisch, ungenau, riskant oder angesichts ihrer Intensität sogar beängstigend erscheinen. Sie können diesen Kindern versichern, dass Gefühle keineswegs logisch oder geordnet sein müssen. Meistens sind sie sogar *un*logisch. Das ist das Wesen von Gefühlen.

Das Kind wegen seiner Begabung bestrafen

Ohne es zu wollen, bestrafen Erwachsene Kinder manchmal für die Eigenschaften, die für Hochbegabung kennzeichnend sind. Beispielsweise setzen sie einen Kritikpunkt in Zusammenhang mit der Hochbegabung des Kindes: «Wenn du so schlau bist, warum vergisst du dann, deine Hausaufgaben zu machen?» Damit wird dem Kind vermittelt, dass es besser akzeptiert und weniger kritisiert würde, wenn es weniger begabt wäre. Ein Lehrer, der sarkastisch feststellt «Endlich habe ich dir mal eine Frage gestellt, auf die du keine Antwort weißt», suggeriert dem Kind, dass es stärker akzeptiert und gemocht würde, wenn es weniger wüsste und nur durchschnittlich intelligent wäre. Wenn Eltern sagen «Warum bist du nur immer so empfindlich?!» fühlt sich das Kind missverstanden und für seine wahren Gefühle kritisiert; möglicherweise wird es in Zukunft davor zurückschrecken, seine Gefühle zu zeigen. Bedauerlicherweise wird ein Kind umso wahrscheinlicher einer solchen Kritik ausgesetzt, je begabter und je weiter von der Norm entfernt es ist.

In ihrem Bestreben, hochbegabte Kinder zu motivieren und in die Gemeinschaft zu integrieren, kommunizieren selbst fürsorgliche Eltern nur allzu oft in einer Weise, wie sie es mit guten Freunden oder anderen Erwachsenen, an denen ihnen viel liegt, nie tun würden. Zum Beispiel würden sie zu ihrem (Ehe-)Partner nie sagen «Schatz, unsere Einladung zum Abendessen hast du aber überhaupt nicht gut geplant – ich bin mir sicher, dass du das beim nächsten Mal besser hinkriegst; du musst einfach besser auf die Einzelheiten achten.» Ebenso wenig würden Sie zu einem Freund oder Kollegen sagen: «Warum legst du denn so viel Wert aufs Einkaufen? Hast du denn nichts Besseres zu tun?» Hochbegabte Kinder bekommen hingegen häufig Bemerkungen wie diese zu hören: «Ich kann nicht fassen, wie viel Zeit du mit Videospielen verschwendest» oder «Was hast du dir bloß dabei gedacht? Ich wette, du hast überhaupt nicht gedacht.»

Solche Bemerkungen sind nicht nur unangemessen, grausam und unfair, sondern deuten auch auf mangelndes Verständnis für das hochbegabte Kind hin und beeinträchtigen außerdem die Kommunikation. Mitunter lassen Eltern oder Lehrer solche Bemerkungen auch deswegen fallen, weil es sie überrascht, dass ein derart begabtes Kind ganz banale Aufgaben oder Verantwortungen vergisst. Oder der Erwachsene möchte dem hochbegabten Kind zeigen, dass es «nicht anders ist als alle anderen.» Dabei *ist* das Kind natürlich anders.

Personen im Umfeld von hochbegabten Kindern reagieren oft negativ auf deren Anderssein, ohne darüber nachzudenken, wie sich das auf das Kind auswirken könnte. Im Gegenzug könnte das Kind beschließen, seine Gefühle und Ansichten in Zukunft für sich zu behalten; es könnte zu der Überzeugung gelangen, dass es nicht akzeptabel ist, anders zu denken oder zu fühlen; es könnte sogar zu dem Schluss kommen, dass mit ihm selbst als Person etwas grundsätzlich nicht stimmt.

Wenn hochbegabte Kinder bei anderen auf starke Reaktionen stoßen, stellen sie ihre aufrichtige und offene Kommunikation häufig ein und verstellen sich oder versuchen, «normaler» zu sein – mehr wie die anderen Kinder. Wegen ihrer Sensibilität sind schroffe Bemerkungen für diese Kinder besonders verletzend. Wenn ein Kind wiederholt schädigenden Kommentaren ausgesetzt ist, kann das dazu führen, dass es misstrauisch gegenüber allen Beziehungen wird und einen Stil der Wachsamkeit entwickelt, bei dem es eine Mauer um sich errichtet und nur noch selten seine Gefühle zeigt.

Wenn Ihr Kind einen Schutzwall um sich errichtet hat, sollten Sie vielleicht überlegen, warum das so ist. In der Regel gibt es für solche Verteidigungsmaßnahmen einen Grund, der zumindest dem Betroffenen plausibel erscheint. Manchmal ist es allerdings so, dass je mehr die Eltern versuchen, den Schutzwall des Kindes zu durchbrechen, es umso stärker bemüht ist, ihn aufzubauen. Wenn sich das Kind hingegen sicher fühlt, kann es beschließen, dass der Schutzwall nicht mehr notwendig ist.

Da hochbegabte Kinder recht herausfordernd und frustrierend sein können, lassen die meisten Eltern früher oder später eine destruktive Bemerkung fallen. Wenn Sie wütend sind, kann es passieren, dass Sie etwas sagen, das Sie hinterher bereuen. In einem solchen Fall ist es wichtig, dass Sie Ihren Fehler durch eine sofortige und aufrichtige Entschuldigung korrigieren und dem Kind erklären, warum Sie so frustriert und wütend waren. Es ist eine unumstößliche Tatsache, dass es in Beziehungen auch mal Auseinandersetzungen gibt, und es ist wichtig zu lernen, einen Fehler wieder gutzumachen. Wenn Sie sich bei Ihrem Kind entschuldigen, ist dies für das Kind ein Modell für interpersonale Resilienz* und ein Beispiel dafür, wie man eine Beziehung wieder kitten kann. Auf diese Weise vermitteln Sie dem Kind außerdem, dass Sie seine Gefühle respektieren und akzeptieren, und das kann die Kommunikation wieder öffnen.

Wenngleich hochbegabte Kinder im Allgemeinen resilient sind, ist die Wahrscheinlichkeit groß, dass ein Kind, wenn es wiederholt destruktiver Kritik wie in den oben genannten Beispielen ausgesetzt ist, allmählich zerrieben wird und Kommunikation und Beziehungen darunter leiden. In solchen Fällen können ein Extra-Lob, eine zusätzliche Ermutigung und gegebenenfalls eine Entschuldigung das Kind emotional unterstützen und die Kommunikation fördern.

---

* Resilienz kann allgemein definiert werden als die *psychische Widerstandsfähigkeit von Kindern* gegenüber biologischen, psychologischen und psychosozialen Entwicklungsrisiken. In diesem Sinne zielt Resilienz auf *psychische Gesundheit* trotz Risikobelastungen, das heißt auf *Bewältigungskompetenz* ab (http://www.ifp.bayern.de/veroeffentlichungen/infodienst/wustmann-resilienz.html [15.09.11]).

Stolpersteine und Hindernisse in der Kommunikation

Ohne es zu wollen, legen viele Eltern weitere Verhaltensweisen an den Tag, die Kommunikation behindern können. Hier sind einige, die Sie vermeiden sollten. Weiter unten finden Sie Strategien, die eine offene Kommunikation fördern.

- Erziehung funktioniert nicht wie das Micromanagement bei Computerspielen; vermeiden Sie es, die Autorität zu sein, die dem Kind genau vorschreibt, was es tun soll.
- Erteilen Sie keine Befehle, um die Dinge unter Kontrolle zu halten.
- Vermeiden Sie Verallgemeinerungen wie «Du denkst nur an dich selbst» oder «Du bringst nie etwas von dem zu Ende, was du anfängst.» Äußerungen wie diese schädigen das Selbstwertgefühl und wirken sich negativ auf Beziehungen aus.
- Werden Sie nicht sarkastisch, wenn Sie das Kind kritisieren: «Man könnte meinen, dass gleich die Welt untergeht!» Ein sensibles Kind kann den Sarkasmus möglicherweise nicht deuten und nimmt die Bemerkung wörtlich. Auch wenn Sie das Kind nur necken wollen, stellen Sie sicher, dass es Ironie versteht und weiß, dass es Ihre Bemerkung nicht wörtlich nehmen muss.
- Lenken Sie nicht vom Thema ab, um das Kind zu schützen: «Vergessen wir das. Lass uns rausgehen und Ball spielen.» Damit bagatellisieren Sie nicht nur die Situation, sondern spielen auch die Gefühle des Kindes herunter. Dem Kind wird vermittelt, dass es kein Recht hat, sich so zu fühlen.
- Vermeiden Sie Äußerungen wie «Ich weiß genau, wie du dich fühlst.» Sie können nicht *wirklich* wissen, was im Kopf Ihres Kindes vor sich geht. Vermitteln Sie dem Kind stattdessen, dass Sie es verstehen wollen, und betrachten Sie die Situation aus der Perspektive des Kindes, indem Sie ihm zuhören. Dann geben Sie seine Gefühle so wieder, wie Sie sie verstanden haben.

- Unterbrechen Sie das Kind nicht, wenn es spricht. Hören Sie interessiert zu und stellen Sie Verständnisfragen. Um wirklich zu verstehen, was in dem Kind vorgeht, müssen Sie gut zuhören.
- Vermeiden Sie Fragen wie «Warum empfindest du so?» oder «Warum hast du das getan?». Kindern fällt es schwer, Gefühle zu analysieren, vor allem wenn sie verletzt oder wütend sind.
- Weisen Sie die Wünsche des Kindes nicht kurzerhand zurück. Anstatt zu sagen «Nein, Erdnussbutter gibt es heute nicht», stellen Sie sie in Aussicht: «Ich wünschte, wir hätten Erdnussbutter zu Hause. Erinnere mich daran, wenn wir das nächste Mal einkaufen gehen; dann kaufen wir welche.»
- Verleugnen Sie die Gefühle des Kindes nicht. Nachdem Ihr Kind mit einer Freundin gespielt hat, verkündet es: «Ich mag Rachel nicht mehr!» Wenn Sie dem Kind sofort widersprechen («Natürlich magst du sie. Sie ist doch deine beste Freundin!»), stellen Sie seine Gefühle in Abrede. Dadurch blockieren Sie entweder das Gespräch oder liefern den Anlass für eine Streiterei. Hilfreicher wäre eine Antwort, die die Kommunikation fördert, etwa: «Nun, offenbar hattest du heute nicht so viel Spaß.»

Kommunikation ist die Rettungsleine

Die oben genannten Beispiele zeigen, warum Kommunikation psychologisch so bedeutsam für hochbegabte Kinder ist und warum es so wichtig ist, dass das Zuhause des Kindes ein Zufluchtsort ist, wo aufrichtige und sichere Kommunikation geschätzt wird und die Norm ist. Im Leben des Kindes gibt es schon genügend Orte, die kein sicherer Hafen sind und wo keine offene Kommunikation stattfindet.

Die Kommunikation mit Ihnen stellt für das Kind regelrecht eine Rettungsleine dar. Wenn das Kind auch nur eine erwachsene Bezugsperson hat, mit der es frei kommunizieren kann und die es akzeptiert und schätzt, kann es die Enttäuschungen und Feindseligkeiten in der Welt da draußen viel besser verkraften. Als Mutter oder Vater sind Sie die entscheidende

Bezugsperson – jemand, der dem Kind einen Raum der emotionalen Sicherheit und Akzeptanz bietet. Sollten Sie aus irgendeinem Grund selbst nicht in der Lage sein, diese Rolle zu übernehmen, könnten Sie jemand anderes finden – einen Lehrer, Nachbarn, Mentor oder Freund –, der das Kind als Person schätzt und ihm versichert, dass das, was es empfindet und glaubt, angemessen und wertvoll ist.

Techniken und Strategien

Hier sind einige Richtlinien und Prinzipien, die eine gute Kommunikation und eine gesündere Beziehung zu Ihren Kindern fördern.

Hören Sie zu, wenn Sie mit dem Kind kommunizieren wollen. Wenn Sie aktiv zuhören, geben Sie dem Kind zu verstehen, dass seine Gedanken, Gefühle und Vorstellungen wert sind, gehört zu werden. Zuhören ist der allerwichtigste Bestandteil von Kommunikation. Oft wollen Kinder einfach, dass man ihnen zuhört, weiter nichts. Sie wollen weder Kommentare noch Meinungen oder Beurteilungen hören, sondern lediglich mitteilen, wie ihnen zumute ist. Wenn Sie Ihrem Kind ein offenes Ohr schenken und einfach nur zuhören, schaffen Sie damit eine gute Voraussetzung für zukünftige Interaktionen, wenn das Kind vielleicht mehr riskieren möchte und Sie um Ihre Meinung fragt. Es könnte hilfreich sein, das Kind direkt darauf anzusprechen: «Möchtest du meine Meinung dazu hören, oder soll ich dir einfach nur zuhören?» Das Kind weiß, dass Sie eine Meinung haben; es soll aber auch wissen, dass Sie Ihre Meinung für sich behalten, wenn es Sie darum bittet. Dies schafft gegenseitigen Respekt und Vertrauen. Vergessen Sie nicht, dass es Eltern in der Regel schwerfällt, zuzuhören, ohne Ratschläge zu erteilen oder ihre Meinung zu äußern; sie möchten dem Kind so gerne «helfen», indem sie ihre eigenen Vorstellungen und Erfahrungen weitergeben. Schließlich haben alle Eltern ganz ähnliche Dinge durchgemacht und sie würden ihre Kinder am liebsten vor schmerzlichen Situationen bewahren. Aber wenn Sie sich vor Augen führen, dass es im Interesse des Kindes ist, zu lernen, wie es seine Probleme selbst löst, kann Ihnen das helfen, sich mit Ratschlägen zurückzuhalten und einfach nur zuzuhören.

Wenn sich Ratschläge nicht vermeiden lassen, etwa weil die Situation möglicherweise gefährlich ist, denken Sie daran, dass das Kind Ihre Kommentare eher akzeptiert, wenn Sie ihm zuerst zu verstehen geben, dass Sie seine Gefühle anerkennen. Eine einfache verbale Spiegelung wie «Ich merke, dass du wütend bist und die Situation unfair findest» oder «Ich nehme an, du bist sehr verärgert darüber, was in der Schule passiert ist» lässt das Kind wissen, dass Sie versuchen, es zu verstehen, und dass Sie seine Gefühle respektieren.

Akzeptieren Sie die Gefühle des Kindes, auch wenn Sie anderer Meinung sind. Wenn Sie zuhören, akzeptieren Sie die Gefühle und Gedanken Ihres Kindes. Das bedeutet *nicht*, dass Sie zwangsläufig damit übereinstimmen müssen. Denken Sie daran, dass Gefühle nur der Person gehören, die sie empfindet. Jeder Mensch hat ein Recht auf seine Gefühle. Es gibt keine «richtigen» oder «falschen» Gefühle. Sie sind lediglich Ausdruck des Gemütszustands eines Menschen zu einem bestimmten Zeitpunkt. Seien Sie vorsichtig mit Äußerungen wie «Ich weiß nicht, warum du eigentlich so traurig bist. Du hast doch so viel, wofür du dankbar sein kannst!» Bemerkungen wie diese spielen die Gefühle des Kindes herunter und könnten es zu der Annahme verleiten, dass es kein Recht hat, sich so zu fühlen, oder dass etwas mit ihm nicht stimmt.

In manchen Familien lernen Kinder, dass Gefühle ein Minenfeld sind, und dass sie auf unerfreuliche Reaktionen wie Gebrüll und Zank stoßen, wenn sie ihre Gefühle äußern. Kinder in solchen Familien können zu dem Schluss kommen, dass es besser ist, ihre Gefühle für sich zu behalten, denn wenn jede offene Gefühlsäußerung ein emotionales Chaos nach sich zieht, ist sie das aus Sicht des Kindes schlichtweg nicht wert. Auf diese Weise lernen Kinder, ihre Gefühle zu unterdrücken. Wenn Gefühle zurückgehalten beziehungsweise nicht frei kommuniziert werden, besteht die Gefahr, dass sich die angestauten Probleme irgendwann explosionsartig entladen und eine Krise auslösen. Die Unterdrückung von Gefühlen kann auch zu Angst, Stress oder sogar zu körperlichen Problemen wie Kopfschmerzen oder Magenbeschwerden führen.

Ermutigen Sie Ihr Kind immer wieder dazu, seine Gefühle auszudrücken. Akzeptieren Sie seine Gefühle, auch wenn Sie sie selbst für unangemessen halten, um dem Kind deutlich zu machen, dass Ihnen seine Empfindungen, Meinungen und Einstellungen wichtig sind. Ihr Kind wird die Fähigkeit, Gefühle auszudrücken und zu kommunizieren, ein Leben lang brauchen. Der beste Ort, um diese Fertigkeiten zu lernen und zu üben, ist die sichere Umgebung der eigenen Familie.

Schaffen Sie eine kommunikationsfördernde Atmosphäre. Kommunikation lässt sich nicht erzwingen. Das ist, als würde man auf den Panzer einer Schildkröte klopfen, damit sie den Kopf herausstreckt. Sie können aber einiges tun, um eine kommunikationsfreundliche Atmosphäre zu schaffen.

Kommunikation hat nicht nur eine inhaltliche, sondern immer auch eine emotionale Komponente, und Ihr Tonfall, die Modulation Ihrer Stimme, deren Lautstärke, aber auch Ihre Körperhaltung, Mimik und Gestik bestimmen das emotionale «Klima». Vielleicht können Sie eine Vertrauensperson bitten, Ihnen Rückmeldung über Ihre Sprechweise und Körpersprache zu geben, und über die Gefühle und Emotionen, die sie vermitteln. Eine hochgezogene Augenbraue, ein breites Lächeln, eine leichte Berührung am Arm oder ein Schulterklopfen übertragen wichtige Informationen. Viele Menschen sind sich gar nicht bewusst, dass ihre Stimme wütend, kritisch oder beurteilend klingt, oder dass sie so wirken, als hätten sie überhaupt kein Interesse an ihrem Gegenüber. Sie wären entsetzt, wenn sie wüssten, wie sie auf ihre Kinder wirken. Besonders problematisch sind Doppelbotschaften, bei denen der positive Inhalt in Widerspruch zu dem Ton steht, in dem sie vorgetragen werden. Ein sensibles hochbegabtes Kind würde sich den negativen Ton sehr zu Herzen nehmen und den positiven Inhalt überhören. Wenn Sie sich die emotionale Komponente Ihrer Kommunikation bewusst machen und sie entsprechend steuern, trägt das zu einer positiven Atmosphäre bei.

*Setzen Sie reflektierendes Zuhören ein.** Mit dieser Methode vermitteln Sie Ihrem Kind, dass Sie seine Gefühle akzeptieren. Manchmal genügt es, die Äußerungen des Kindes zu paraphrasieren, um die Gefühle zu spiegeln, die ihnen zugrunde liegen. Stellen Sie sich vor, ein Kind kommt sichtlich aufgebracht aus der Schule nach Hause; der folgende Dialog ist ein Beispiel für reflektierendes Zuhören.

«Offenbar ist heute etwas passiert, das dich verärgert hat.»

«Jason hat mich gerade einen ‹Streber› genannt, als wir aus dem Bus ausgestiegen sind!»

«Wow. Das hört sich so an, als habe dich das getroffen.»

«Ja. Er hat gesagt, ich würde immer nur lesen und mit meinem Teleskop spielen.»

«Das hat dich wohl wütend gemacht.»

«Genau! Ich will ihm so richtig eine verpassen. Ich glaub, ich mach das gleich morgen, in der Pause.»

«Du denkst daran, ihn zu verprügeln.»

«Was soll ich denn sonst tun? Ich hasse ihn dafür, dass er das vor meinen Freunden gesagt hat.»

«Offenbar denkst du darüber nach, wie du dich rächen kannst.»

«Wahrscheinlich würde ich doch nur Ärger in der Schule bekommen.»

«Offenbar überlegst du, ob es noch andere Möglichkeiten gibt.»

«Stimmt. Wahrscheinlich sollte ich ihn einfach ignorieren und das alles vergessen, aber es ist einfach nicht fair.»

«Es kommt dir nicht fair vor, stimmt's?»

«Nein. Er kennt mich doch gar nicht richtig.»

«Er weiß nicht, wie du wirklich bist.»

«Nein. Ich mag Baseball und solche Sachen, genau wie er.»

«Er weiß nicht, dass du dieselben Dinge magst wie er.»

«Genau. Vielleicht findet er das ja irgendwann heraus.»

---

* In der deutschsprachigen Literatur wird anstelle von «reflektierendem Zuhören» häufig der Begriff «aktives Zuhören» verwendet.

Dieses Beispiel zeigt, wie die Bezugsperson praktisch keine neuen Informationen hinzufügt, sondern lediglich die Gefühle des Kindes benennt. Sie formuliert die Äußerung des Kindes um oder macht daraus eine Frage. Reflektierendes Zuhören ist deshalb so wirksam, weil es Ihnen hilft, die Gefühle Ihres Kindes zu akzeptieren. Sie müssen nicht derselben Meinung sein, aber Sie akzeptieren, dass das Kind ein Recht auf seine Gefühle hat, und sie bewerten diese Gefühle nicht als gut oder schlecht, richtig oder falsch. Reflektierendes Zuhören hilft dem Kind, sich über seine Gefühle klar zu werden und zu überlegen, wie es mit diesen Gefühlen umgehen soll, damit es das Problem allein lösen kann.

Wenn die Bezugsperson in der gleichen Situation gesagt hätte «Warum versuchst du morgen nicht einfach, Jason zu ignorieren?», wäre das Kind wahrscheinlich zu dem Schluss gekommen, dass man ihm eine einfache Lösung aufdrängen will, wo das Problem doch viel komplizierter ist, oder dass es auf die Bezugsperson hören soll, und nicht umgekehrt. Beim reflektierenden Zuhören hören Sie sich den Standpunkt des Kindes an und helfen ihm zugleich, das Problem selbst zu lösen. Anfangs mag reflektierendes Zuhören schwierig sein, und es erfordert etwas Übung; aber es ist eine nützliche Methode, die auch die zukünftige Kommunikation fördern kann.

Schweigen verstehen. Auch Schweigen kann ein erhebliches Maß an Gefühlen kommunizieren. Diese Erfahrung haben viele frustrierte Eltern gemacht, und es empfiehlt sich, zu verstehen, warum ein Kind plötzlich so schweigsam ist. Liegt es daran, dass es wütend ist und sich zurückzieht, um Sie zu bestrafen? Versucht das Kind, Kontrolle zu gewinnen, indem es seine Teilnahme an der verbalen Kommunikation verweigert? Ist es eine Selbstschutzmaßnahme, weil das Kind Angst hat, Sie könnten es nicht verstehen, wenn es sich Ihnen mitteilt? Ist es eine Form von Unterwürfigkeit, von der sich das Kind erhofft, dass Sie es akzeptieren? Oder ist es einfach seine Weise, mit einer schmerzlichen Erfahrung umzugehen? Wenn Sie verstehen, was hinter der Schweigsamkeit des Kindes steckt, können Sie ihm besser helfen. Manchmal ist es aber auch angebracht, langes Schweigen zuzulassen, weil das dem Kind zu verstehen gibt, dass Sie es so akzeptieren, wie es ist, und seinen Wunsch nach Zurückgezogenheit respektieren.

Reservieren Sie Privatzeit. «Privatzeit» ist eine der wichtigsten Methoden, die Eltern zur Kommunikationsförderung einsetzen können, egal, wie alt das Kind ist. Tatsächlich gibt es keine wirksamere Methode, um die Beziehung zu Ihrem Kind zu verbessern, als Zeit mit ihm zu verbringen. Erziehungsratgeber ermutigen Eltern häufig dazu, qualitativ hochwertige Zeit mit ihren Kindern zu verbringen, aber bei hochbegabten Kindern sind gewisse Spielregeln zusätzlich zu beachten. Zunächst einmal sollte jeder der beiden Eltern – Mutter und Vater separat – jedem Kind täglich ein paar Minuten ungestörter und ununterbrochener Aufmerksamkeit widmen. Diese Privatzeit muss nicht sehr lang sein; wichtig ist, dass sie jeden Tag stattfindet. Regelmäßig zwei bis fünf Minuten Privatzeit sind viel wirksamer als hin und wieder eine halbe Stunde am Stück. Die Häufigkeit beziehungsweise Regelmäßigkeit der Privatzeit ist wichtiger als ihre Dauer. Wenn Sie mehrere Kinder haben und befürchten, sie könnten sich bei ihrer jeweiligen Privatzeit gegenseitig stören, stellen Sie den Küchenwecker: Wenn eines der Geschwister in seiner Privatzeit gestört wird, bekommt es eine Minute dazu.

Widmen Sie sich während dieser Zeit ausschließlich Ihrem Kind und lassen Sie keine Unterbrechungen von außen zu, es sei denn, es ereignet sich ein Notfall. Wenn das Telefon klingelt, ignorieren Sie es oder teilen Sie dem Anrufer mit, dass diese Zeit für Ihre Tochter reserviert ist und Sie in zehn Minuten zurückrufen. Wenn Sie einen Anruf nicht entgegennehmen, weil Sie gerade Zeit mit Ihrem Kind verbringen, erkennt das Kind, dass Ihre Beziehung zu ihm Vorrang hat.

Sie können die Privatzeit nutzen, um etwas zu tun, das Ihr Kind sich wünscht. Alles ist erlaubt, solange es keine gefährliche Aktivität und kein Wettstreit ist. Hochbegabte Kinder treten gerne in Wettbewerb mit anderen, aber wo es Konkurrenten gibt, gibt es auch Gewinner, Verlierer und verletzte Gefühle. Bei anderen Gelegenheiten ist nichts gegen Wettstreit einzuwenden, aber während der Privatzeit wollen Sie dem Kind das Gefühl geben, dass es *immer* wichtig ist, nicht nur dann, wenn es gewinnt oder Leistungen erbringt. Ziel der Privatzeit ist, dem Kind zu vermitteln, dass es als Person wichtig ist, und dass Ihnen viel an der gemeinsamen Zeit liegt. Während der Privatzeit fungieren Sie als Modell für zukünftige Beziehungen des Kindes. Es lernt, dass Beziehungen Zeit und Aufmerksamkeit brauchen; bei Vernachlässigung lassen sie sich nicht aufrechterhalten.

Mit älteren Kindern können Sie kreative Anpassungen der Privatzeit vornehmen. Die Eltern können das Kind abwechselnd zur Schule bringen oder vor Schulbeginn mit ihm frühstücken gehen und die Privatzeit in ein Café verlegen. Eine Runde mit dem Fahrrad oder ein gemeinsamer Spaziergang können ebenfalls Privatzeit sein. Wenn Sie mehrere Kinder haben, gehen Sie einzeln mit ihnen aus – ins Kino, in die Bücherei, in ein Museum, zum Fischen, Zelten, Wandern oder Einkaufen, oder nehmen Sie sie abwechselnd mit, wenn Sie Besorgungen machen. Wichtig ist, dass Sie jedem Kind etwas von Ihrer Zeit widmen und ihm Ihre uneingeschränkte Aufmerksamkeit schenken. Das Zusammensein mit Ihrem Kind tut sein Übriges.

Wenn Ihr Kind alt genug zum Reisen ist, können Sie es auch auf eine Geschäftsreise mitnehmen und in Ihrer freien Zeit Sehenswürdigkeiten besuchen oder zu diesem Zweck noch ein Wochenende anhängen. Solche Privatzeiten werden dem Kind ein Leben lang im Gedächtnis bleiben.

Mit jüngeren Kindern kann die Privatzeit abends vorm Schlafengehen stattfinden oder kurz nachdem die Eltern von der Arbeit nach Hause kommen. Manche Kinder suchen sich einen bestimmten Platz für die Privatzeit aus; sie wollen zum Beispiel auf ihrem Bett sitzen, umgeben von ihren Stofftieren, oder in einer bestimmten Ecke des Wohnzimmers, oder auf Papas Sessels. Nicht selten assoziieren sie einen dieser Plätze mit dem Gefühl von Geborgenheit und Unterstützung. *Wie* Sie die Privatzeit gestalten und *wo* sie stattfindet, ist nicht so wichtig – Hauptsache, sie widmen Ihrem Kind diese Zeit.

Ältere Kinder sagen vielleicht «Ich habe jetzt gerade keine Lust auf Privatzeit.» In diesem Fall können Eltern sagen «Wäre es dir später (heute Nachmittag, heute Abend) lieber? Wenn nicht: Ich stehe dir in den nächsten fünf (sieben, zehn) Minuten noch zur Verfügung, falls du deine Meinung ändern solltest.»

Planen Sie spezielle Familientage ein. Lassen Sie alle Familienmitglieder abwechselnd einen Tag in der Woche oder im Monat gestalten: Wer an der Reihe ist, bestimmt, was die Familie an diesem Tag unternimmt. Natürlich setzen die Eltern gewisse Grenzen, was Zeitaufwand und Kosten betrifft. Aber alle Familienmitglieder nehmen an diesen besonderen Unternehmungen teil und sind bereit, sich auf die Ideen des anderen einzulassen. Hochbegabte Kinder profitieren von dieser Methode, weil sie ein gewisses Maß an Kontrolle über ihre Umgebung und ein Mitspracherecht an Familienaktivitäten erhalten. Solche speziellen Familientage können zur Entwicklung von Beziehungen und zu gegenseitigem Respekt beitragen.

Kinder sind in der Regel begeistert, wenn sie eine solche Gelegenheit bekommen. Diese Strategie hilft hochbegabten Kindern, mit ihren perfektionistischen Neigungen umzugehen, da sie die Familientage bis in alle Einzelheiten planen können. Mitunter erstellen hochbegabte Kinder detaillierte Tourenpläne mit genauen Anweisungen und einem Zeitplan für sämtliche Aktivitäten an diesem Tag. Kinder entwickeln Planungsfertigkeiten und lernen, Entscheidungen zu treffen, sobald sie begreifen, dass die Familie keine 250 Kilometer entfernten Ziele erreichen kann, wenn nur drei Stunden Zeit für einen Ausflug zur Verfügung stehen, oder dass sie nicht eben mal nach Paris fliegen kann, um den Eiffelturm zu sehen, weil das Familienbudget solche Extravaganzen nicht gestattet. Das Kind lernt außerdem, die Gefühle und Interessen der einzelnen Familienmitglieder zu berücksichtigen und auf diese Weise auch auf die Planung der anderen Einfluss zu nehmen. Spezielle Familientage bieten Gelegenheiten für qualitativ hochwertige gemeinsame Unternehmungen, Kommunikation und Respekt für die Vorstellungen und Interessen der einzelnen Familienmitglieder.

Messen Sie die emotionale Temperatur.[9] Viele hochbegabte Kinder sind zurückhaltend, wenn es darum geht, ihre Gefühle mitzuteilen, vor allem, wenn sie es nicht gewohnt sind. In diesem Fall können Sie versuchen, das allgemeine Zufriedenheitsniveau des Kindes in Kurzform zu ermitteln, ohne dass das Kind allzu viel von sich preisgeben muss. Die aktuelle «emotionale Temperatur» lässt sich zum Beispiel anhand einer Skala von 0 bis 10 bestimmen, wobei 10 die höchste Zufriedenheit signalisiert. Wenn das Kind 8 oder 3 angibt, muss nicht weiter darüber geredet werden, aber wenigstens haben Sie eine Vorstellung davon, wie sich das Kind fühlt. Wenn die Eltern nicht weiter nachhaken, sagt das Kind meist von sich aus: «Möchtest du nicht wissen, warum ich ‹3› gesagt habe?», und schon ist die Tür zur Kommunikation einen Spaltbreit geöffnet.

Teilen Sie Ihre eigenen Gefühle mit. Kommunikation beruht immer auf Gegenseitigkeit. Als Rollenmodell für Ihr Kind sollten Sie also Ihrerseits Gefühle auf angemessene Weise zum Ausdruck bringen und in verschiedenen Situationen darüber sprechen. Teilen Sie dem Kind mit, dass Sie zufrieden, frustriert, stolz oder bestürzt sind, oder geben Sie Ihre eigene emotionale Temperatur an. Es ist wirklich erstaunlich, aber manche Kinder glauben offenbar, dass Erwachsene gar keine Gefühle haben.

Üben Sie, Ihre Gefühle auf gesunde Art und Weise auszudrücken und zu identifizieren, damit Ihre Kinder lernen, die Gefühle anderer objektiv zu beurteilen. Wenn Sie aufgebracht sind, können Sie zum Beispiel sagen: «Ich bin gerade wirklich sehr verärgert, wegen eines Problems bei der Arbeit.» Wenn Sie mit Ihren Kindern über Ihre Gefühle reden, vermitteln Sie ihnen, dass diese Gefühle Ihnen gehören, dass sie manchmal kompliziert sind und dass sie ein wichtiger Teil Ihres Lebens sind.

Senden Sie «Ich-Botschaften». Wenn Sie zu Ihrem Kind sagen «Ich bin sehr überrascht und enttäuscht, dass du einem Erwachsenen, der mit dir spricht, nicht zuhörst», ist das wirksamer als wenn Sie sagen «Du warst gerade rücksichtslos und unhöflich zu deinem Onkel!» Die letzte Feststellung ist eine «Du-Botschaft», die das Kind beschuldigt und in die Defensive drängt. Die erste Feststellung ist eine «Ich-Botschaft» und betont, welche Gefühle das Verhalten des Kindes bei Ihnen als Beobachter ausgelöst hat. Ohne es zu beschuldigen, öffnet diese Ich-Botschaft dem Kind eine Tür, so dass es sagen kann «Es tut mir leid» oder «Es tut mir leid, dass ich nicht zugehört habe.» Die Ich-Botschaft sorgt dafür, dass das Kind sein Gesicht wahrt. Für hochbegabte Kinder ist das besonders wichtig, weil sie dazu neigen, hart mit sich ins Gericht zu gehen. Ich-Botschaften helfen Kindern, die Auswirkungen ihres Verhaltens auf andere zu erkennen.[10]

Genauso können Sie Ich-Botschaften senden, um positives Verhalten oder die Leistung eines Kindes zu honorieren, indem Sie zum Ausdruck bringen, wie *Sie* sich fühlen und wie *Sie* die Gefühle des Kindes interpretieren, anstatt es pauschal zu beurteilen. Sie könnten zum Beispiel sagen: «Ich bin froh und stolz, wenn ich sehe, wie du ein schwieriges Projekt bewältigst, und ich könnte mir vorstellen, dass du mit deiner Arbeit ebenfalls zufrieden bist.» Eine pauschale Beurteilung wie «Du bist in so vielen Dingen gut!» könnte das Kind hingegen unter Druck setzen, weil darin die Erwartung mitschwingt, dass es auch weiterhin in vielen Dingen gut sein wird, oder weil die Wertschätzung in unmittelbaren Zusammenhang mit seiner Intelligenz und Leistung gestellt wird. Die Gefahr dabei ist, dass das Kind glaubt, es werde nicht um seiner selbst willen geschätzt, sondern nur, wenn es gute Leistungen erbringt.

Loben oder tadeln Sie das Verhalten, nicht das Kind. Denken Sie daran, wenn Sie mit Ihrem Kind kommunizieren, das Verhalten des Kindes zu loben oder zu tadeln, und nicht das Kind als Person. «Ich finde es toll, dass du das naturwissenschaftliche Projekt rechtzeitig fertiggestellt hast», ist genauer und daher bedeutsamer als «Du bist wirklich ein Genie!» Ebenso, wenn Sie das Verhalten des Kindes tadeln, bringen Sie Ihre Missbilligung zum Ausdruck, ohne zu einem Rundumschlag auszuholen und das Kind als Person zu kritisieren. Anstatt zu sagen «Du hältst dich nie an die Regeln!» oder «Jetzt reicht es mir aber mit deiner Rücksichtslosigkeit!», sagen Sie einfach «So ein Verhalten ist hier nicht erlaubt.» Die Formulierung ist wichtig, weil sie zwischen dem Kind und seinem Verhalten unterscheidet, und Kommentare, die auf ein bestimmtes Verhalten gerichtet sind, sind für gewöhnlich wirksamer als solche, die auf die Person abzielen. Sowohl positive als auch negative Kommentare sind effektiver, wenn sie sich auf das *Verhalten* beziehen. Lob und Kritik so zu formulieren, dass nicht das Kind, sondern sein Verhalten im Mittelpunkt steht, braucht etwas Übung, aber das Ergebnis ist eine bessere Kommunikation.

Denken Sie an Ihre eigene Kindheit zurück. Ein positives Kommunikationsklima lässt sich gegebenenfalls auch dadurch herstellen, dass Sie Ihrem Kind von Situationen erzählen, die Sie selbst als Kind erlebt haben – oder die Sie in der Gegenwart erleben – und ihm mitteilen, was Sie dabei empfunden haben (oder empfinden).[11] Vermeiden Sie dabei Versatzstücke wie

«Als ich so alt war wie du, musste ich sieben Kilometer zur Schule laufen, immer bergauf, mit einem Schulranzen, der mindestens 25 Kilo wog …» Und werfen Sie mit Ihren Gefühlen nicht um sich, ohne Rücksicht darauf zu nehmen, wie sie auf Ihr Kind wirken könnten. Erzählen Sie ihm einfach von Ihren eigenen Erfahrungen und den Emotionen, die damit einhergingen, als Sie selbst ein Kind waren, zum Beispiel: «Ich weiß noch, wie wütend ich auf diesen Schulhofschläger war» oder «Ich hatte auch mal so ein Problem mit einem Mädchen in meiner Klasse.» Hochbegabte Kinder können besonders empfänglich für Selbstenthüllungen von Erwachsenen sein, wenn diese zugeben, dass sie selbst Kränkungen und prekäre Gefühle wie Angst oder Scham erlebt haben.

Vermitteln Sie interpersonale Fertigkeiten. Ihr Kind ist sich möglicherweise nicht bewusst, wie sein Kommunikationsstil auf andere wirkt. Wenn es zum Beispiel auf andere Kinder rechthaberisch oder voreingenommen wirkt, könnte es von Rollenspielen profitieren, bei denen es testet, wie andere Personen bestimmte Umgangsformen empfinden. Hochbegabten Kindern muss manchmal gezielt beigebracht werden, Blickkontakt aufzunehmen und freundlich zu sprechen. Wenn ein Kind diese Fertigkeiten im Rollenspiel mit anderen Kindern übt, kann es seine Rolle bei sozialen Interaktionen mit seinen Freunden besser verstehen.

Überwachen Sie Ihre eigenen intensiven Gefühle. Hochbegabte Kinder haben empfindliche Antennen; daher entgeht es ihnen nicht, dass Sie Gefühle haben, ob Sie sie zum Ausdruck bringen oder nicht. Der Versuch, Ihre Gefühle zu verbergen oder zu leugnen, führt meist zu Misstrauen, mangelndem Vertrauen in die Beziehung und emotionaler Entfremdung. Wenn Sie feststellen, dass Ihre Gefühle zu persönlich und zu stark sind, um sie mitzuteilen, können Sie auch einfach sagen «Im Moment habe ich deswegen sehr starke Gefühle und ich brauche etwas Zeit, um mich zu beruhigen, bevor ich mit dir darüber sprechen kann.» Eine solche Mitteilung lässt Kinder wissen, dass Erwachsene mit ihren Gefühlen umgehen können.

Noch ein wichtiger Hinweis: Da hochbegabte Kinder mit ihrem fortgeschrittenen Wortschatz und ihrer raschen Auffassungsgabe viel älter und reifer wirken, als sie tatsächlich sind, lassen sich manche Eltern unwillkürlich dazu verleiten, diesen Kindern mehr Erwachsenen-Gefühle anzuvertrauen, als gut ist. Daraus können ungesunde Muster entstehen, bei denen Eltern ihre Kinder als Ersatz für eine angemessenere Beziehung und Partnerschaft mit einem Erwachsenen gebrauchen. Wenn ein Elternteil aufgebracht ist, weil der (Ehe-)Partner ein Alkoholproblem hat oder mit Scheidung droht, sollte er akute und vergangene Enttäuschungen nicht in allen Einzelheiten vor dem Kind ausbreiten. Kinder besitzen nicht die nötige Lebenserfahrung und emotionale Reife, um mit solch komplexen Problemen umzugehen, selbst wenn sie intellektuell in der Lage sind, sie zu verstehen. Kinder haben ein Recht darauf, Kind zu sein und ihr eigenes Leben zu führen, ohne dass Erwachsene ihnen ihre Sorgen und Probleme aufbürden. Wenn Eltern in schwierigen Situationen emotionale Unterstützung bei ihren Kindern suchen, bürden sie ihnen damit eine unfaire Last auf, selbst wenn das Kind schon zwölf, 15 oder 20 Jahre alt ist und reif genug wirkt, um damit umgehen zu können. Wenn dem Kind unschöne Details mitgeteilt werden, wird es in die völlig unangebrachte Rolle gedrängt, sich um den Elternteil kümmern zu müssen. Es ist verlockend, sich klugen Kindern anzuvertrauen, die schon sehr erwachsen wirken, aber Eltern sollten in schwierigen Situationen Hilfe und Unterstützung bei Freunden, Verwandten oder Fachleuten suchen, und nicht bei ihren Kindern.

Ebenso sollten Eltern Kommentare unterlassen, die das Kind gegen den anderen Elternteil aufbringen. Eine solche Beeinflussung nimmt dem Kind die Gelegenheit, sich selbst ein Urteil zu bilden und eigene Entscheidungen zu treffen, und sie hat bleibende Auswirkungen auf die Beziehung zum anderen Elternteil. Abgesehen davon erweist sich diese negative Einflussnahme oft als Eigentor für den, der sie praktiziert. Selbstverständlich können sich Eltern in unerfreulichen Situationen zu ihren Gefühlen bekennen. Es genügt jedoch, wenn sie sagen «Ich bin sehr traurig über die Scheidung, aber es wird auch eine große Erleichterung sein, ohne diese ständigen Streitereien zu leben.»

Vermeiden Sie unaufrichtige oder widersprüchliche Botschaften. Manchmal kann das, *was* Eltern sagen, und die Art, *wie* sie es sagen, widersprüchlich sein, etwa wenn der Inhalt einer Botschaft nicht mit dem Tonfall oder der Körpersprache übereinstimmt. Beispielsweise sagt eine Mutter zu ihrem Sohn: «Dein Klavierspiel macht wirklich Fortschritte»; ihr Tonfall lässt jedoch eher auf das Gegenteil schließen, woraufhin ihr hochbegabter Sohn antwortet «Das kannst du sonst wem erzählen!», weil ihm die Unaufrichtigkeit im Tonfall der Mutter natürlich nicht entgangen ist.

Der Tonfall macht den Unterschied. «Ich würde gerne wissen, was du heute bei deinem Freund gemacht hast», kann heißen, dass Sie aufrichtig daran interessiert sind, wie Ihr Kind den Nachmittag verbracht hat. Wenn Sie das gleiche in einem drohenden Tonfall sagen, klingt es, als hätte das Kind etwas ausgefressen. Oder wird es kritisiert, weil es unerlaubterweise bei seinem Freund war? Wenn Worte eine Botschaft senden, Tonfall, Körpersprache oder Mimik jedoch eine andere, kann das Kind dadurch verwirrt werden. Eltern sollten es vermeiden, dem Kind Botschaften zu senden, die sie eigentlich gar nicht senden wollten. Bei Eltern mit einem autoritären Stil ist die Gefahr, dass so etwas passiert, am größten. Wenn der Tonfall nicht warm ist, senden die Eltern eine missbilligende Botschaft, obwohl sie dem Kind eigentlich eine Botschaft der Anerkennung und Unterstützung für seine Aktivitäten senden wollten.

Ein weiteres Beispiel für unklare Kommunikation ist die folgende Bemerkung über das Zeugnis eines Kindes: «Dein Zeugnis ist besser als letztes Jahr.» Diese Feststellung kann auf unterschiedliche Weise interpretiert werden. Je nachdem, welcher Ton angeschlagen wird, kann sie bedeuten: «Wow! Tolle Leistung! Wie ich sehe, hast du deine Noten verbessert!» Man könnte sie aber auch so deuten: «Nun, das Zeugnis ist zwar besser als letztes Jahr, aber du tust noch nicht genug.» Versuchen Sie, auf Ihren Tonfall zu achten und klare Botschaften zu senden.

Kommunizieren Sie mit Berührungen. Eine weitere wichtige Technik, die nur allzu oft übersehen wird, ist die Kommunikationsförderung durch Körperkontakt. Berührungen sind in unserer Gesellschaft – und sogar innerhalb von Familien – selten geworden; es deutet aber viel darauf hin, dass Körperkontakt wichtig ist, um sich mit anderen verbunden zu fühlen. Wenn Sie mit der Hand den Arm des Kindes berühren oder ihm den Arm um die Schultern legen, kann das dem Kind helfen, sich auf Ihre Worte zu konzentrieren und somit sicherstellen, dass es tatsächlich hört, was Sie sagen.

Berührungen wie Umarmungen, Küsse auf die Wange, Schulterklopfen, den Arm um die Schultern legen, oder sogar ein «High five» können das Kommunikationsklima fördern, weil sie Verbundenheit und Fürsorge ausdrücken. In manchen Familien gehören Umarmungen und Berührungen einfach dazu, während andere Familien zurückhaltender sind, was Körperkontakt betrifft; gerade diese Familien könnten den bewussten Versuch unternehmen, ihre Interaktionen durch Berührungen zu ergänzen.

Teenager lehnen Umarmungen oft ab, weil sie meinen, das sei nur etwas für kleine Kinder. In diesem Fall kann ein Elternteil ruhig sagen: «Okay, ich weiß, dass *du* keine Umarmung brauchst, aber *ich* brauche eine. Ich bin deine Mutter, also komm her und umarme mich kurz!» Selbst eine zurückhaltende Umarmung von einem Teenager sendet eine ganz wichtige Botschaft: dass es Verbundenheit und Liebe in der Familie gibt. Wenn Umarmen und Kuscheln bereits von klein auf dazugehört, ist es leichter, diese Berührungen auch dann aufrechtzuerhalten, wenn das Kind älter wird. Ihr Kind wird nicht mehr auf Ihrem Schoß sitzen, aber Sie werden dennoch immer wieder eine warme, körperliche Verbundenheit mit ihm zum Ausdruck bringen.

Plaudern Sie nicht aus dem Nähkästchen. Für gewöhnlich sind Erwachsene darauf bedacht, nicht über andere Erwachsene zu tratschen, aber wenn es um Kinder geht, sind sie nicht so zurückhaltend. Oft tratschen selbst die fürsorglichsten Erwachsenen über ihre Kinder, manchmal sogar in deren Gegenwart! Sylvia Rimm[12] bezeichnet das als «referentielles Sprechen», bei dem Eltern oder Lehrer in Hörweite des Kindes über sein Verhalten sprechen (oder sich darauf beziehen), als könne das Kind sie nicht hören. Manchmal sprechen sie über positive Dinge, die das Kind getan hat; in diesem Fall ist es sogar gut für das Kind, wenn es mithört. «Sie hat diese Woche eine Eins in der Biologiearbeit geschrieben. Ist das nicht toll? Sie gibt sich wirklich große Mühe.» Häufiger ist der Tratsch jedoch negativ. «Tyler sollte gestern Abend auf die Mathearbeit lernen, aber als ich in sein Zimmer kam, habe ich ihn beim Videospielen ertappt. Jetzt hat er zwei Tage Hausarrest.

Ich kann nur hoffen, dass er etwas daraus lernt!» Oft wird so etwas beim Telefonieren mit Freunden erwähnt, oder die Eltern sprechen darüber, während das Kind in Hörweite ist. Egal, unter welchen Umständen: es ist nicht angebracht, so über das Kind zu sprechen, wenn es mithören kann.

Aufgrund ihrer ausgeprägten Sensibilität und ihrem Hang zum Perfektionismus kann es für hochbegabte Kinder besonders verletzend sein, wenn sie mitbekommen, wie Sie mit anderen über ihre Verfehlungen oder Probleme reden. Was für Erwachsene gilt, das gilt auch für Kinder, und es ist dem Kind gegenüber unfair und respektlos, wenn Sie seine Probleme öffentlich ausbreiten. Die Folge kann sein, dass das Kind den Erwachsenen in Zukunft misstraut. Denken Sie daran, dass hochbegabte Kinder – genau wie viele andere Kinder auch – Wert darauf legen, selbst zu bestimmen, welche Informationen über sie nach außen dringen. Wenn über sie getratscht wird, vor allem wenn negative Informationen über sie weitergetragen werden, kann das Unmut und Wut hervorrufen. Wenngleich hochbegabte Kinder die Gespräche, die sie mithören, in der Regel verstehen, kann es passieren, dass sie Kommentare missverstehen oder missdeuten, wodurch weitere Schwierigkeiten entstehen können. Der Stich, der ihnen durch diese mitgehörten Gespräche versetzt wird, kann sie noch lange schmerzen und ihr Vertrauen in Sie als liebevolle Eltern untergraben. Die Kommunikation in der Familie kann im Anschluss an solche Situationen beeinträchtigt sein, egal ob die Wahrnehmung des Kindes richtig war oder ob es etwas falsch verstanden hat. Wenn Sie doch mit anderen über Ihre Kinder sprechen, tun Sie es in ihrer Abwesenheit oder wenn sie außer Hörweite sind. Wenn Sie zum Beispiel über Ihre Frustration sprechen wollen, die das Kind bei Ihnen auslöst, achten Sie darauf, dass Sie zwischen dem Kind als Person und seinem Verhalten unterscheiden; außerdem sollten Sie sicherstellen, dass Sie solche Dinge nur einer vertrauenswürdigen Person anvertrauen, die das Gespräch vertraulich behandelt.

Belohnen Sie Aufrichtigkeit. Hochbegabte Kinder wollen im Allgemeinen das Richtige tun, aber wie andere Kinder vergessen auch sie manchmal die Regeln, vor allem, wenn sie es eilig haben, weil eine spannende Aktivität auf sie wartet. Angenommen, Ihnen fällt auf, dass der Inhalt der Keksdose geschrumpft ist, und das Kind gibt zu, dass es ein oder zwei Kekse genommen hat. In dieser Situation können Sie humorvoll reagieren: «Nun, Ich weiß es sehr zu schätzen, dass dir meine Kekse so gut schmecken, dass du gleich ein paar genascht hast. Aber noch mehr begrüße ich, dass du so ehrlich warst, es mir zu sagen. Ich hoffe, dass du mir gegenüber immer so aufrichtig sein wirst.» Mit dieser nichtbedrohlichen Herangehensweise vermeiden Sie es, wegen eines nebensächlichen Vorfalls eine wütende Auseinandersetzung zu führen und fördern zudem die zukünftige Kommunikation mit Ihrem Kind. Wenn Sie das Kind nicht übermäßig schelten, erzielen Sie bessere Ergebnisse, als wenn Sie ihm drohen: «Du kennst die Regel: Keine Kekse zwischen den Malzeiten! Lass dich nicht noch einmal dabei erwischen!» Mit der drohenden Herangehensweise bringen Sie zum Ausdruck, dass Sie Ihrem Kind nicht vertrauen und sich fragen, ob es vielleicht das Zeug zum Dieb hat. Damit kommunizieren Sie negative Annahmen über das Kind *und* sein Verhalten.

Wenn Sie bereits wissen, dass das Kind gegen die Regeln verstoßen hat, ist es für gewöhnlich besser, Sie teilen ihm mit, dass Sie Bescheid wissen, anstatt es aufzufordern, seinen Fehler zu gestehen. Lassen Sie keine Situation entstehen, in der das Kind dazu ermutigt wird, zu lügen oder sein Vergehen abzustreiten. Sonst bringen Sie es in eine Pattsituation, in der es auf jeden Fall bestraft wird: entweder dafür, dass es gelogen hat, oder dafür, dass es ehrlich zu Ihnen war. Wenn Sie wissen, was das Kind angestellt hat, stellen Sie es nicht erst vor Gericht, sondern gehen Sie – falls erforderlich – direkt zur Bestrafung über.

Stellen Sie sich vor, Ihre Tochter rennt nach draußen und lässt die Fliegengittertür sperrangelweit offen, obwohl Sie ihr schon mehrmals gesagt haben, dass sie die Tür schließen soll. Jetzt sind überall Fliegen in der Küche und auf dem Essen, das Sie gerade zubereiten. Da sonst niemand im Haus ist, kann nur das Mädchen die Tür offen gelassen haben. Anstatt sie zu fragen, ob sie «zufällig» vergessen hat, die Tür zu schließen, und ihr damit eine Gelegenheit zum Lügen zu geben, ist es besser, direkt festzustellen «Wie ich sehe, hast du die Fliegengittertür offen gelassen. Was meinst du, können wir tun, damit du dich daran erinnerst, sie zu schließen?» Anstatt dem Kind eine wütende Standpauke zu halten – «Um Himmels willen, denkst du denn nie daran, die Tür hinter dir zu schließen, wenn du nach draußen gehst?» – könnten Sie sagen: «Ich hoffe nur, dass du in Zukunft daran denkst, die Tür zu schließen, weil ich all diese Fliegen wirklich nicht in meiner Küche haben will. Hilfst du mir jetzt mit der Fliegenklatsche?» Sie gehen also davon aus (und bringen das auch zum Ausdruck), dass das Kind das Richtige tun *will* und lediglich vergessen hat, es zu tun. Nun ist es bereit, seinen Fehler wieder gutzumachen, indem es Ihnen hilft, die Fliegen zu beseitigen. Auf diese Weise gehen Sie mit der Situation positiver um, als wenn Sie dem Kind die «Wie oft habe ich dir schon gesagt»-Standpauke halten, mit der Sie implizieren, dass das Kind ein hoffnungsloser Fall ist und sich niemals bessern wird.

Wenn Ihr Kind ehrlich ist und zugibt, die Kekse gegessen oder die Tür offen gelassen zu haben, legen Sie den Vorfall ad acta und kommen Sie später nicht mehr darauf zurück, um das Kind zu bestrafen, aufzuziehen oder zu blamieren. Und erzählen Sie die Geschichte von den fehlenden Keksen nicht in der Familie herum, weil Sie sonst die Aufrichtigkeit Ihres Kindes und die zukünftige Kommunikation mit ihm aufs Spiel setzen. Eines Tages, wenn das Kind älter ist, kann es die Geschichte selbst erzählen und darüber lachen.

Es gibt aber noch weitere Möglichkeiten, um Aufrichtigkeit zu fördern, wie im folgenden Beispiel dargestellt wird: Der Vater hat etwa zwei Euro Wechselgeld auf die Kommode im Schlafzimmer gelegt, und die sind jetzt weg. Die Mutter sagt zu ihrem Mann, sie sei sicher, dass Greg das Geld genommen hat, weil sie gesehen hat, wie er aus dem Zimmer gekommen ist, und die Münzen, die vorher noch auf der Kommode lagen, danach nicht mehr da waren. Die beiden Eltern überlegen, wie sie mit der Situation umgehen sollen. Kurz darauf fragt Greg seinen Vater: «Papa, kann ich das Kleingeld haben, das auf deiner Kommode liegt?» (natürlich erwähnt der Junge nicht, dass er das Geld bereits in der Tasche hat). Daraufhin sagt sein Vater «Nein, dieses Mal nicht, ich brauche die Münzen für die Autowaschanlage. Aber danke, dass du gefragt hast. Ich weiß es wirklich zu schätzen, dass du ehrlich bist und dir nicht einfach etwas nimmst, ohne vorher zu fragen. Es ist gut zu wissen, dass du nie etwas nehmen wirst, das dir nicht gehört.» Sobald die Luft rein ist, schleicht der Junge ins Schlafzimmer und legt die Münzen an ihren Platz zurück. Wahrscheinlich wird er sich nie wieder etwas nehmen, ohne vorher um Erlaubnis zu fragen. Er hat das Gesicht gewahrt. Sein Vater hat ihm ein paar wichtige Werte vermittelt und Greg ist mit sich zufrieden. Die Geschichte hätte auch ganz anders und viel negativer ausgehen können, wenn die Eltern dem Jungen eine Standpauke gehalten und ihn dann bestraft hätten.

Richten Sie eine Beschwerdestelle ein. Erfolgreiche Unternehmen haben häufig eine Beschwerdestelle und viele erfolgreiche Familien profitieren ebenfalls von einer solchen Einrichtung. Ihr Kind braucht Möglichkeiten, um seine Gefühle zu äußern, und dazu gehört auch, dass es sich beschwert. Andernfalls könnte es den Eindruck bekommen, dass seine Ansichten nicht wichtig sind, und so viel Unmut aufstauen, bis es an einer schweren Last trägt. Irgendwann werden sich diese wütenden Gefühle dann wahrscheinlich explosionsartig entladen. Sie können Ihr Kind dazu animieren, seinem Unmut Luft zu machen, indem Sie sagen: «Du scheinst über etwas unglücklich zu sein. Möchtest du mit jemandem von der Beschwerdestelle sprechen?» oder «Lass uns deine Beschwerde auf einen Zettel schreiben und ans schwarze Brett hängen. Beim nächsten Familienmeeting sprechen wir dann darüber.»

Respektieren Sie die Gefühle des Kindes und mischen Sie sich nicht ein. Manche Gefühle und Situationen sind besonders und privat. Privatsphäre ist eine Voraussetzung dafür, eine unabhängige Person zu sein, die kein Teil von anderen ist, sondern für sich steht. Respektieren Sie Ihr Kind, indem Sie ihm zugestehen, dass manche Dinge in seinem Leben rein privat sind und andere nur dann etwas angehen, wenn das Kind es möchte. Für Eltern von Teenagern kann das beängstigend sein, weil sie um der Sicherheit des Kindes willen wissen wollen, was ihr Spross tut und denkt. Allzu viel Neugier wirkt jedoch unsensibel und respektlos. Zu entscheiden, was Sie wissen müssen, und welche Bereiche sich Ihrer Kenntnis oder Zustimmung entziehen dürfen, kann ein schwieriger Balanceakt sein.

Manche hochbegabte Kinder – vor allem diejenigen, die glauben, dass ihre Gefühle für andere nicht akzeptabel sind – tun so, als hätten sie keine

Gefühle und als sei es ihnen gleichgültig, was andere über sie denken. Meistens sind diese Kinder zu dem Schluss gekommen, dass ihre Gefühle zu sensibel sind, um andere daran teilhaben zu lassen, oder sie befürchten, dass ihre Gefühle nicht akzeptiert oder geschätzt werden, wenn sie sie äußern. Sie denken, es sei sicherer, so zu tun, als hätten sie überhaupt keine Gefühle. Ihr steter Respekt und Ihre Unterstützung ermöglichen es dem Kind, seine emotionale Isolation zu überdenken.

Behandeln Sie sensible Themen mit Feingefühl. Da hochbegabte Kinder so intensive Gefühle haben, fühlen sie sich oft sehr verletzbar, wenn sie offen darüber sprechen. Wenn man seine tiefsten Ängste und Hoffnungen offenbart, können dadurch Intimität und Nähe entstehen; man läuft aber auch Gefahr, verletzt zu werden. Manche hochbegabte Kinder haben gelernt, ihre Gefühle für sich zu behalten, nachdem sie einmal verletzt wurden, und einige beschließen, lieber als einsamer Wolf zu leben, als noch einmal das Risiko einzugehen, kritisiert, missverstanden, herabgesetzt oder sogar lächerlich gemacht zu werden. Diese Kinder wirken nach außen hin so, als hätten sie keine Gefühle, aber innerlich sind sie zu tiefen Empfindungen fähig.

Manchmal müssen heikle Themen einfach angesprochen werden, aber natürlich möchten Sie Ihr Kind nicht vor den Kopf stoßen oder in eine Situation bringen, in der es sich schämt. Einige Eltern berichten, dass sie über solche Dinge am besten mit ihren Kindern reden können, wenn sie ihnen dabei nicht in die Augen schauen, zum Beispiel abends im Bett, wenn die Lichter aus sind, oder bei einem Spaziergang oder im Auto. Eine weitere hilfreiche Technik ist, dass der Elternteil beide Gesprächsparts übernimmt. Beispielsweise könnten Sie sagen: «Ich weiß nicht, ob du je über (…) nachgedacht hast, aber wenn ja, sollst du wissen, dass (…).» Weiter könnten Sie sagen: «Und wenn du dann das Gefühl hast, (…) möchte ich, dass du weißt (…).» Auf diese Weise muss das Kind nur zuhören, während Sie mögliche Gedanken und Gefühle ansprechen, die das Kind eventuell hat, und dann eine unterstützende Botschaft senden.

Wenn es Ihrem Kind peinlich oder unangenehm ist, über ein sensibles Thema direkt mit Ihnen zu sprechen, können Sie auch auf schriftliche

Kommunikation zurückgreifen. Das Kind kann eine Frage oder Sorge in ein Notizbuch schreiben und dieses so platzieren, dass Sie es finden. Dann schreiben Sie Ihre Antwort dazu und lassen das Notizbuch liegen, bis das Kind hineingeschaut hat und so weiter. Auf diese Weise kann sich ein schriftlicher Dialog zwischen Ihnen und Ihrem Kind entwickeln.

Akzeptieren Sie Unterschiede beim Temperament. Kinder haben ganz unterschiedliche Temperamente, und entsprechend unterschiedlich drücken sie ihre Gefühle aus. Manche Kinder sind typisch; manche sind Meister des Dramas; andere wiederum sind logisch, scheinen jedoch wenig Rücksicht auf die Gefühle der anderen zu nehmen. Hochbegabte Kinder, die das Asperger-Syndrom haben (siehe Kapitel 12), befinden sich am äußersten Ende des Temperamentspektrums: Sie haben große Schwierigkeiten mit der Kommunikation, und es fällt ihnen schwer, die Gefühle anderer zu verstehen.

Wenn Eltern solche Unterschiede nicht akzeptieren, versuchen sie manchmal, ihr Kind in etwas zu verwandeln, das es gar nicht ist. Das führt häufig dazu, dass die Eltern frustriert werden und das Kind sich missverstanden fühlt. Ein Vater hat einmal bemerkt: «Die Kommunikation wurde viel einfacher, als ich begriff, dass ich aus einer Eiche keine Zypresse machen kann.» Jedes Kind braucht einen anderen kommunikativen Ansatz.

Vermeiden Sie zu viele «Beobachtungen». Viele Eltern glauben, dass sie lediglich «Beobachtungen anstellen», wenn sie zu ihren Kindern sagen: «Wie ich sehe, herrscht heute ein ziemliches Chaos in deinem Zimmer» oder «Wie es aussieht, hast du beschlossen, deine Hausaufgaben nicht zu Ende zu machen» oder «Offenbar hast du nicht vor, deine Freundin anzurufen und ihr zum Geburtstag zu gratulieren.» Dabei ist es wichtig, sich einmal vor Augen zu führen, was mit solchen Beobachtungen eigentlich bezweckt wird. Schwingt da eine Kritik am Verhalten oder an der Leistung des Kindes mit? Oder will man dem Kind suggerieren, dass man mit dem, was es tut, nicht einverstanden ist? Solche Aussagen vermitteln dem Kind: «Ich glaube nicht, dass du fähig bist, also gebe ich dir die Richtung vor und weise dich darauf hin, was du tun sollst.» Eine Beobachtung beziehungsweise Bemerkung allein hat noch keine großen Auswirkungen auf die Beziehung, aber eine ganze Reihe von Beobachtungen und Bemerkungen könnte auf das Kind bewertend wirken. Zu viele Beobachtungen geben dem Kind das Gefühl, dass die Eltern sein Tun überwachen – und bewerten.

Machen Sie keine Versprechungen; es könnte schwierig sein, sie zu halten. Es kann vorkommen, dass Ihr Kind Ihnen ein Geheimnis anvertrauen möchte – aber nur, wenn Sie ihm versprechen, es niemandem weiterzusagen. Da Sie nicht wissen, was das Kind Ihnen erzählen wird, sollten Sie keine pauschalen Versprechungen machen. In solchen Situationen ist es wichtig, dass Sie dem Kind ganz ehrlich sagen, was Sie ihm versprechen können und was nicht. Beispielsweise können Sie sagen: «Ich kann das nicht uneingeschränkt versprechen, aber ich werde alles tun, was in meiner Macht steht, um deine Diskretion zu respektieren.» Es gibt Situationen, in denen Eltern ein Geheimnis nicht für sich behalten dürfen, etwa wenn jemand in ernsten Schwierigkeiten steckt oder Gefahr im Verzug ist. Wenn Ihnen ein Kind erzählt, dass sein Freund oder seine Freundin eine Essstörung hat, an Suizid denkt oder illegale Drogen konsumiert, sind das Situationen, in denen es möglicherweise um Leben und Tod geht; in solchen Fällen müssen Sie die entsprechenden Maßnahmen ergreifen und die Eltern oder die Behörden informieren. Machen Sie Ihrem Kind klar, dass seine Sicherheit (und eventuell die Sicherheit anderer Personen) Vorrang hat, und dass Sie nichts versprechen können, was sich mit diesem Grundsatz nicht vereinbaren lässt. Die Beziehung zu Ihrem Kind ist zweifellos wichtig, aber lassen Sie sich um der Beziehung willen nicht zu einem Versprechen verleiten, das Sie hinterher nicht halten können.

Überraschen Sie Ihr Kind mit kleinen schriftlichen Mitteilungen. Handgeschriebene Zettel können ebenfalls eine wirksame Kommunikationsmethode sein, die Ihnen die Möglichkeit gibt, dem Empfänger eine wirkmächtige Botschaft zukommen zu lassen. Ein handgeschriebenes Briefchen drückt Ihre Gefühle aus und macht deutlich, dass Ihnen die Botschaft so wichtig ist, dass Sie sich die Zeit genommen haben, um sie zu schreiben.

Kurze Mitteilungen wie «Ich hab dich lieb» oder «Viel Glück bei dem Test», die Sie dem Kind in die Pausenbrotdose oder in den Schulranzen stecken, stellen eine kleine Aufmunterung um die Mittagszeit dar. Auf solchen Zetteln können Sie auch das Verhalten des Kindes loben: «Das hast du ganz toll gemacht!» Manche Eltern verstecken hin und wieder Zettel mit «Ich denke an dich»-Botschaften im Haus, um das Kind unverhofft daran zu erinnern, wie wichtig ihnen die Beziehung ist.

Kommunikationsprobleme lösen

Angesichts der Intelligenz und des willensstarken Wesens hochbegabter Kinder lassen sich Streitigkeiten mit Ihnen kaum vermeiden, und manchmal können diese Auseinandersetzungen recht hitzig sein und in eine Sackgasse oder zu einem schmerzvollen Machtkampf führen. In solchen Fällen ist es hilfreich, etwas Abstand zu gewinnen und nicht nur die konkrete Situation zu beurteilen, sondern auch die Emotionen, die daran beteiligt sind. Warum haben Sie so reagiert? Hätte man den Konflikt auch anders lösen können? Warum sind Ihre Gefühle und die Ihres Kindes gerade bei diesem Thema so stark? Sobald Sie diese Gefühle erkannt und akzeptiert haben und besser damit umgehen können, können Sie sich dem Problem zuwenden, das ihnen zugrunde liegt. Damit ist das Problem zwar noch nicht gelöst, aber wann immer starke Emotionen im Spiel sind, gibt es einen Grund dafür. Beide Seiten haben feste Vorstellungen, und die Lösung des Konflikts nimmt in der Regel sehr viel Zeit und Mühe in Anspruch.

Die Techniken, die in diesem Kapitel beschrieben wurden, fördern die Kommunikation und bringen Sie einer möglichen Lösung von Beziehungsproblemen ein gutes Stück näher. Meistens entstehen Kommunikationsprobleme nicht über Nacht, und sie lassen sich auch nicht von heute auf morgen lösen. Eine gute Kommunikation und das Lösen von Problemen erfordern Anstrengung und Einsatzbereitschaft über einen längeren Zeitraum hinweg. Als Eltern können Sie Kommunikation nicht erzwingen, aber Sie können Strategien einsetzen, mit denen sich positive, bereichernde Interaktionen herbeiführen lassen.

Kapitel 4

Motivation, Begeisterungsfähigkeit und Underachievement

Hochbegabte Kinder sind für gewöhnlich begeistert, wenn es ums Lernen geht; sie sind leidenschaftlich in viele Ideen und Aktivitäten vertieft und zutiefst neugierig auf ihre Umwelt. Wie kommt es dann, dass einige von ihnen zum Underachiever werden? Auf welche Weise nimmt ihre natürliche Motivation ab? Wie können Eltern die Motivation fördern, damit solche Kinder ihre Interessen und Fähigkeiten entwickeln? Wie können fürsorgliche Erwachsene ein Underachievement verhindern?[1]

Wie kann Motivation zu einem Problem werden?

Jüngere hochbegabte Kinder zeigen sich im Allgemeinen begeistert von ihrer Umwelt. Eine Mutter hat die Motivation ihrer siebenjährigen Tochter folgendermaßen beschrieben:

> «Ihren ersten Schultag werde ich nie vergessen ... Sie war so aufgeregt, dass sie fast zitterte. Sie konnte es kaum abwarten, das Schulgebäude zu betreten. Ich wollte sie unbedingt in die Schule geben, da ich mich, ehrlich gesagt, durch sie ausgelaugt fühlte. [Sie] war ein Energiebündel, das nie aufhörte zu reden oder Fragen zu stellen.»[2]

Wenn sich solch ein neugieriges, begeistertes Grundschulkind zu einem intelligenten, jedoch unmotivierten Teenager entwickelt, sind Eltern verständlicherweise besorgt. Wie kommt es zu so einer Veränderung? Es könnte sein, dass viel zu viele hochbegabte Kinder in den wissbegierigen Grundschuljahren Botschaften zu hören bekommen wie «Mach mal langsam» oder «Warte» oder «Das ist heute nicht dran» oder «Wir lernen das nächste Woche (oder im nächsten Halbjahr oder nächstes Jahr).» Wenn hochbegabte Kinder in die Schule kommen, klagen viele über Langeweile, bedingt durch das scheinbar langsame Lerntempo.[3] «Langeweile» kann manchmal einfach das übliche Klagen oder eine Entschuldigung sein, um sich nicht am Unterrichtsgeschehen zu beteiligen; häufiger jedoch mögen diese Kinder viele Schulaktivitäten nicht, weil sie keine Herausforderung für sie darstellen, und das von der ersten Klasse bis zur Oberstufe. Die Anfänge von Underachievement in der Mittel- oder Oberstufe haben ihre Wurzeln oft in ungeeigneten oder zu einfachen Aufgabenstellungen während der Grundschulzeit.[4]

Mit jedem Jahr, das vergeht, sorgen sich diese Kinder mehr um Anpassung und Akzeptanz in der Peergruppe als um das Niveau ihrer Leistungen. Schließlich wissen sie, wie intelligent sie sind; sie sind die Klassenbesten. Man hat sie wissen lassen, dass ihre Leistungen auf diesem Niveau in Ordnung seien – ihr Wunsch, mehr zu lernen, sei unnötig und ihre Fragen könnten warten. Sie sollten die Kindheit genießen und sich nicht um Erwachsenenthemen kümmern. Je älter sie jedoch werden, desto häufiger wird ihnen von Eltern und Lehrern vermittelt, dass sie in Bezug auf ihr Potenzial den Erwartungen nicht gerecht werden und sich nur an Freunden orientieren. All diese verwirrenden Botschaften spielen beim Thema Underachievement eine große Rolle.

Sind das die einzigen Gründe, weshalb so viele hochbegabte Kinder eine große Diskrepanz zwischen Potenzial und erbrachter Leistung entwickeln? Was führt dazu, dass bei so vielen von ihnen der Funke erlischt? Können Eltern etwas tun, um die Energie dieser Kinder wieder anzufachen und auf einen guten Weg zu bringen? Es gibt viele Wege, die zu Underachievement und Motivationsverlust führen. Glücklicherweise gibt es auch viele Möglichkeiten, ein demotiviertes Kind wieder neu zu erwecken und zu motivieren.

Woran kann es liegen, dass ein hochbegabtes Kind nicht motiviert ist?

Um diese Frage zu verstehen, mag es hilfreich sein, an Situationen zu denken, in denen Ihre eigene Motivation zu wünschen übrig lässt. Sie sind auch nicht jeden Tag gleich motiviert. Sogar im Verlauf eines einzigen Tages kann Ihr Motivationslevel erheblich schwanken. Keiner leistet permanent 100 Prozent; ob Sie nun Sport treiben oder Ihre Garage sauber machen – in beiden Fällen kann Ihre Leistung unter Ihrem eigentlichen Potenzial liegen. Sind Sie deswegen gleich ein Underachiever? Es kommt darauf an, aus wessen Perspektive diese Frage beantwortet wird.

Es gibt viele Faktoren, die die Motivation beeinflussen. Normalerweise genügt es nicht, zu wissen, warum ein Mensch sein Potenzial nicht ausschöpft. Die meisten Menschen wissen sehr gut, weshalb sie Sport treiben oder die Garage saubermachen sollen; aber das Wissen allein bewirkt noch keine Verhaltensänderung, da andere Dinge ihre Motivation in andere Richtungen lenken. Denken Sie daran: wenn ein Kind seine Motivationslage so einfach ändern könnte, dann hätte es dies vermutlich schon längst getan (und nach demselben Prinzip wäre Ihre Garage aufgeräumt und sauber). Stattdessen gibt es aus der Perspektive des Kindes vermutlich einen guten Grund, sich nicht zu ändern. Wenn Sie einen Motivationsmangel bei einem hochbegabten Kind feststellen, berücksichtigen Sie bei Ihrer Herangehensweise zunächst einige der vielen Faktoren, die die Motivation beeinflussen.[5]

Gesundheit. Körperliche Ursachen können ebenfalls eine Rolle bei Underachievement spielen: Seh- oder Hörprobleme, ein langwieriger Infekt, Schlafmangel (speziell bei Teenagern), unausgewogene Ernährung oder ein möglicher Drogen- oder Alkoholmissbrauch. All das sollte untersucht und ausgeschlossen werden. Einigen hochbegabten Kindern gehen in der Zeit vor dem Mittagessen und am Nachmittag einfach die Kalorien aus. In diesen Phasen schaltet das Kind ab, hat Schwierigkeiten, sich zu konzentrieren, und zeigt nicht die Leistung, die man erwarten könnte.

Andere Kinder haben eine Lernstörung oder eine große Streuung im Fähigkeitsprofil aufgrund der asynchronen Entwicklung. Eine Störung wird manchmal übersehen, wenn sie durch die Begabung überdeckt wird. Die Frustration des Kindes darüber führt zu Motivationsproblemen. Haben Eltern körperliche Ursachen ausgeschlossen, können sie andere mögliche Ursachen für Underachievement in Betracht ziehen.

Familie. Welches sind die Leistungserwartungen innerhalb der Familie? Wird von den Kindern erwartet, dass sie in allen Bereichen hohe Leistungen erbringen? Erwarten die Eltern zu viel? Zu wenig? Manchen Eltern sind Glück und Zufriedenheit ihrer Kinder wichtiger als ihre schulischen Leistungen. Andere Eltern legen großen Wert darauf, dass ihre Kinder hohe Leistungen erbringen.

Es kann hilfreich sein, die allgemeine emotionale Gesundheit der Familie zu überprüfen. Gibt es Schwierigkeiten, die das Kind emotional aufzehren oder es veranlassen, sich mit anderen Themen als mit schulischen Leistungen zu beschäftigen? Dazu könnten gehören: eine instabile familiäre Situation, eine anstehende Scheidung, häufiger Streit innerhalb der Familie, ein vor kurzem stattgefundener Wohnortwechsel verbunden mit dem Verlust von Freunden, der Tod eines Verwandten oder eines Haustieres, größere Schwierigkeiten mit Geschwistern oder Gleichaltrigen oder (in der Adoleszenz) das Beenden einer Beziehung durch den Partner. Jedes dieser Ereignisse kann Sorgen bereiten, die den Schulalltag beeinflussen und die Konzentration selbst des intelligentesten Schülers stören. Manchmal ist die Familiendynamik für das Kind verwirrend, etwa wenn es von jedem Elternteil unterschiedliche Botschaften in Bezug auf Leistung erhält oder wenn sich die Eltern gegenseitig nicht respektieren.[6]

Einige kritische Lebenssituationen sind unvermeidbar, und Stress ist sicherlich ein Teil des Alltags. Seien Sie sich aber darüber im Klaren, dass hochgradig gefühlsbetonte, sensible hochbegabte Kinder anscheinend besondere Antennen haben; damit können sie familiäre Spannungen wahrnehmen, auch wenn die Eltern glauben, sie würden davon nichts mitbekommen. Besondere Ereignisse und die Atmosphäre in der Familie sollten in den Blick genommen werden, wenn der Motivationsmangel oder das Underachievement eines Kindes untersucht wird. Vielleicht ist alles, was Sie tun können, Verständnis und Unterstützung anzubieten. Manchmal helfen Beratung oder Selbsthilfegruppen. Es gibt zum Beispiel Trauergruppen und Selbsthilfegruppen für Scheidungskinder. *Alateen* ist eine weltweite Selbsthilfegemeinschaft für junge Menschen, die in einer Alkoholiker-Familie leben.*

In familiären Krisen oder besonderen Lebenssituationen können Sie die Leistungsanforderungen an das Kind zeitweise reduzieren. Manchmal ist es nicht nur angemessen und effektiv, sondern auch mitfühlend, wenn Sie dem Kind erklären, dass Sie den Druck, den es spürt, verstehen und dass Leistung vorerst nicht so wichtig ist. Gleichzeitig könnten Sie Ihre Hoffnung ausdrücken, dass sich das Kind bald wieder auf Leistung und seine langfristigen Ziele konzentrieren kann.

Beziehungen. Zwischenmenschliche Beziehungen sind extrem wichtige Faktoren, wenn es um Motivation geht. Einer der häufigsten Gründe für Underachievement in der Schule ist der Wunsch des hochbegabten Kindes, von Gleichaltrigen akzeptiert zu werden.

Viele hochbegabte Kinder sind hin- und hergerissen zwischen dem Bedürfnis nach Leistung und dem Bedürfnis nach Zugehörigkeit zu Gleichaltrigen. Unglücklicherweise werden viele hochbegabte Kinder wegen ihrer außergewöhnlichen Fähigkeiten gehänselt und als Streber, Intelligenzbestien oder Sonderlinge beschimpft. Es kann unangenehm sein, wenn man immer die beste Note bekommt. Hochbegabte Mädchen machen mitunter absichtlich Fehler und versuchen so, den Jungs zu gefallen.[7] Hochbegabte Jungen versuchen häufig, die Erwartungen des *Boy Code* zu erfüllen, bei dem sportliche aber keine intellektuellen Leistungen zählen.[8] In den USA wird afroamerikanischen Jungen oft vorgeworfen, sie würden sich wie Weiße benehmen, wenn sie gute Schüler sind.[9] Der Druck, sich anzupassen, ist für das hochbegabte Kind immens; das trägt oft zu emotionalen Problemen bei.

Beziehungen zu anderen sind eine sehr wichtige Quelle für die Leistung eines Kindes. Vielleicht können Sie sich an wichtige Bezugspersonen in

---

* Alateen gehört zu den Al-Anon, den Selbsthilfegruppen für Angehörige und Freunde von Alkoholikern, und ist auch in Deutschland vertreten.

Ihrer Kindheit erinnern, für die Sie fast alles tun würden. Diese Individuen, ob Erwachsene oder Gleichaltrige, waren in der Lage, Ihre Motivation zu wecken und zu stärken. Umgekehrt: können Sie sich auch an Personen erinnern, für die Sie so wenig wie nur möglich tun würden, weil sie Ihre Begeisterung, manchmal sogar für etwas, das Ihnen besonders Spaß gemacht hat, zerstört haben? Ihre Beziehung zu diesen Leuten war schädlich für Ihre eigene Motivation.

Jetzt überlegen Sie einmal, wie Sie mit Ihren Kindern umgehen. Ermutigen Sie sie oder kritisieren Sie sie? Traut sich Ihr Kind, sensible Themen oder umstrittene Punkte anzusprechen? Sind Sie selbst ein Vorbild in Sachen harte Arbeit, Leistung und lebenslanges Lernen? Zeigen Sie Ausdauer und Wissbegierde, auch wenn die Aufgaben schwierig sind? Behandeln Sie Ihre Kinder mit derselben ruhigen, rücksichtsvollen Einstellung, die Sie minderleistenden Kollegen entgegenbringen? Wenn das nicht der Fall ist, könnte Ihre Beziehung möglicherweise zu den Motivationsproblemen Ihres Kindes beitragen.

Schule. Das häufigste Motivationsproblem, das Eltern und Lehrkräfte beschreiben, ist Underachievement in der Schule; die Leistung, die das Kind zeigt, liegt signifikant unter seinem Potenzial. In der Tat ist es bittere Ironie, dass ausgerechnet die Schule – die von allen gesellschaftlichen Institutionen eine Oase für ein hochbegabtes Kind darstellen sollte – oft eine Quelle der Frustration und Enttäuschung ist. Hier entstehen Motivationsprobleme und Minderleistung am häufigsten. Unglücklicherweise ist die Schule der Ort, an dem hochbegabte Kinder oft Underachievement erlernen.[10] Wenn die Anforderungen niedrig sind, wenig Anstrengung nötig ist, um erfolgreich zu sein, und das hochbegabte Kind mit Lob für seine Fähigkeiten überhäuft wird, können sich keine solide Arbeitseinstellung und Selbstmotivation entwickeln. Im Gegenteil: das hochbegabte Kind lernt, dass Erfolg sich ohne viel Mühe einstellt. In späteren Lernsituationen, die Anstrengung als Voraussetzung zum Erfolg verlangen, ist es dann zum Scheitern verurteilt.

Wenn sie sehr jung sind, können hochbegabte Kinder es kaum abwarten, in die Schule zu kommen. Sie stellen sich die Schule als einen Ort voller aufregender Lerngelegenheiten vor, der Antworten auf all ihre Fragen bereithält. Sie halten die Schule für einen Ort, wo sie unter ihresgleichen sein können. Unglücklicherweise werden sie oft enttäuscht. Während sie im Kindergarten bereits lesen können, sind Gleichaltrige damit beschäftigt, Buchstaben und die Namen der Grundfarben zu lernen. Sie fühlen sich aus dem Takt und verwirrt: «Wieso können die anderen Kinder das nicht, was ich bereits vor Jahren gelernt habe?»

Für viele hochbegabte Kinder wird die übliche schulische Umgebung sehr schnell uninteressant und langweilig. Die Begeisterung, Neugier und Erwartungen verschwinden sehr schnell. Einige Fachleute sind der Meinung, dass hochbegabte Grundschulkinder ihre Aufgaben so schnell erledigen, dass sie im Vergleich zu ihren Klassenkameraden ein Viertel bis zur Hälfte ihrer Zeit in der Klasse «übrig haben». Höchstbegabte Kinder verbringen mitunter bis zu drei Viertel der Unterrichtszeit mit reiner Beschäftigungsarbeit oder dem Warten auf andere.[11] Werden keine adäquaten schulischen Anpassungen vorgenommen, so vergrößert sich mit jedem Jahr der Abstand zwischen den Fähigkeiten dieser Kinder und dem durchschnittlichen Anforderungsniveau der Klasse.[12] Noch immer verbringen viele Kinder ihre Schulzeit mit der Bearbeitung von Aufgaben, die sie schon längst bewältigen.

Was machen solche Kinder mit der Zeit, die sie übrig haben? Das ist von Kind zu Kind und von Tag zu Tag unterschiedlich. Einige Grundschulkinder versuchen anderen Kindern oder dem Lehrer zu helfen; andere «beschäftigen sich selbst kreativ», manchmal sehr zum Unmut der Lehrkraft. Andere werden einfach «fantasievoll unaufmerksam» und bringen die Zeit mit Tagträumereien hinter sich. In ihren Gedanken bauen sie vielleicht ein Raumschiff, zählen die Löcher in den Schalldämmplatten an der Decke, führen eine Strichliste darüber, wie oft sich der Lehrer räuspert, oder schreiben rückwärts. Einige lesen unter dem Tisch, einige kritzeln und andere schauen einfach auf die Uhr, aber alle lernen wenig, wenn überhaupt etwas, in einem Unterricht, der weit unter ihren Lernbedürfnissen und ihren Fähigkeiten ist.

Für Kinder, die zu den drei Prozent der Intelligentesten gehören, ist es grundsätzlich schwer, in einem Schulsystem motiviert zu bleiben, das primär die anderen 97 Prozent im Fokus hat. Die daraus resultierende Entmutigung ist vermutlich der Hauptgrund, weshalb die meisten hochbegabten Kinder mindestens zwei bis vier Klassenstufen unter ihrem Potenzial arbeiten.[13]

Lehrkräfte werden mit einer sehr schwierigen Situation konfrontiert. Sie entmutigen ihre hochbegabten Schüler nicht absichtlich und sind sich dessen oft auch gar nicht bewusst. Dennoch müssen sie sicherstellen, dass alle Schüler ein Minimum an Basiskompetenzen erwerben. Dies müssen Lehrkräfte mit großen Gruppen bewerkstelligen, die sehr heterogen in Bezug auf ihre Fähigkeiten sind. Einige Schüler in der Klasse haben möglicherweise Verhaltensprobleme oder Förderbedarf aufgrund von Lernstörungen. Zusätzlich müssen Lehrkräfte versuchen, den Kindern Sozialkompetenzen beizubringen, damit sie sich den allgemein üblichen Verhaltensregeln anpassen.

Gelegentlich gibt es auch Lehrer, die intelligente Schüler nicht mögen, sie mit sarkastischen Kommentaren im Unterricht bestrafen oder sogar schlecht benoten, um ihnen «eine Lektion zu erteilen» oder «zu beweisen, dass sie nicht hochbegabt sind». Oft sind solche Aktionen jedoch nicht so offensichtlich. Die Lehrkräfte ignorieren einfach das hochbegabte Kind und beschäftigen sich eher mit Schülern, die darum kämpfen, das Klassenniveau zu erreichen. Manchmal bitten sie auch das Kind, schwächeren Schülern zu helfen. Damit wird dem hochbegabten Kind die Gelegenheit genommen, auf seinem eigenen Niveau zu lernen und herausgefordert zu werden. In beiden Fällen ist das Ergebnis, dass die natürliche Begeisterung und Motivation des Kindes erstickt wird.

Schulische Anpassungen können die Motivation, den Eifer und die Begeisterung eines hochbegabten Kindes fördern und wiederherstellen. Einige Möglichkeiten werden später in diesem Buch besprochen. Es ist jedoch wichtig, nicht einfach anzunehmen, dass alle Motivations- und Minderleistungsprobleme gelöst werden können, wenn die geeigneten schulischen Voraussetzungen vorhanden sind. Das Schulsystem spielt gewiss eine Rolle, aber starke familiäre Beziehungen können eine schwierige Schulsituation ausgleichen oder sogar dafür sorgen, dass das Kind sie überwindet. Viele Eltern sind in der Lage, die Motivation des Kindes aufrechtzuerhalten – trotz suboptimaler schulischer Situation und anderer Hindernisse, die im Regelfall motivationsmindernd wirken.

Andere Faktoren. Für eine positive Intervention ist es unerlässlich, zusätzliche Hindernisse in Erfahrung zu bringen, die möglicherweise die Motivation des Kindes blockieren. Verhaltensweisen von Kindern sind keine zufälligen Ereignisse. Alle Verhaltensmuster, auch Fehlverhalten, entspringen der Motivation, ein Bedürfnis zu befriedigen. Welches Bedürfnis wird durch das unerwünschte Verhalten befriedigt? Gibt es andere Möglichkeiten, dieses Bedürfnis zu befriedigen? Wenn ein Kind sich zum Beispiel traurig und/oder missverstanden fühlt, wird es sich wahrscheinlich nicht um gute Leistungen in der Schule bemühen. Falls Machtkämpfe mit den Eltern an der Tagesordnung sind, werden die Bemühungen der Eltern, ihr Kind zu motivieren, ohne Erfolg bleiben. Die meisten Eltern wissen, dass man ein Kind zwar dazu bringen kann, mit seinen Büchern in seinem Zimmer zu sitzen; aber man kann es nicht dazu zwingen, die Aufgaben zu erledigen oder zu lernen. Hat sich das Thema Schularbeiten zum Schlachtfeld entwickelt, wird das willensstarke hochbegabte Kind fast immer gewinnen. Das geschieht möglicherweise mit hohem persönlichen Aufwand. Der langandauernde Kampf bewirkt nur eine Verzögerung der Selbstmotivation. Ein anhaltender Konflikt behindert auch Ihre Beziehung zum Kind und stört echte Kommunikation, die zu einer Lösung führen könnte. Sie können Ihrem Kind helfen, indem sie mögliche Hindernisse, die seine Motivation blockieren, identifizieren und entfernen. Befassen Sie sich mit seiner Entmutigung, helfen Sie ihm, sich zugehörig und verstanden zu fühlen und lösen Sie sich von dem Machtkampf – und dann helfen Sie ihm, selbst Gründe zum Lernen zu finden.

In Tabelle 6 sind einige der häufigsten Ursachen für Underachievement und mangelnde Motivation bei hochbegabten Kindern zusammengestellt. Betrachten Sie diese als mögliche Ursachen für mangelnde Leistung. Es könnte Ihnen zu neuen Ansätzen im Umgang mit Ihrem Kind verhelfen.

Tabelle 6: Häufige Ursachen von Underachievement und Motivationsmangel[14]

- Es ist ein Versuch, sich Gleichaltrigen anzupassen; hohe Leistungen werden von Schulkameraden nicht wertgeschätzt.
- Die zugewiesenen Aufgaben erscheinen dem Kind nicht interessant, wichtig oder von Bedeutung.
- Underachievement drückt den Wunsch des Kindes nach Unabhängigkeit aus.
- Entzieht das Kind den Lehrern und Eltern ihre Kontrollmöglichkeiten, kann es an Macht gewinnen.
- Indem es «streikt», bringt das Kind möglicherweise den Eltern oder Lehrern gegenüber seine Wut zum Ausdruck.
- Manchmal ist es einfacher, sich den Forderungen von anderen zu entziehen, anstatt sie zu erfüllen.
- Möglicherweise fürchtet das Kind, durch den Erfolg könnte Druck entstehen; die Umgebung könnte immer mehr von ihm erwarten.
- Es ist eine Möglichkeit, Aufmerksamkeit von Eltern und Lehrern zu bekommen.
- Es dient der Risikovermeidung; wenn das Kind sagt, es habe sich ja gar nicht ernsthaft bemüht, kann es sein Gesicht wahren.
- Es ist ein Ausdruck von Abhängigkeit, um Aufmerksamkeit und Mitgefühl von anderen zu erhalten.
- Es wird zu viel Wert auf äußerliche Anreize für Leistung gelegt, anstatt die intrinsische Belohnung für das Lernen zu betonen.
- Das Kind ist nicht in der Lage, an zukünftige Ziele zu denken oder darauf hinzuarbeiten.
- Das Kind hat keine geeigneten Arbeitstechniken oder hat nicht gelernt, sein Material zu organisieren.
- Das Kind ist ablenkbar und impulsiv, was ein beständiges schulisches Arbeiten verhindert.
- Das Kind ist wegen eines Lerndefizits oder einer Behinderung entmutigt.
- Das Kind ist mit anderen Sorgen beschäftigt, etwa mit familiären Konflikten.
- Das Kind fühlt sich missverstanden oder nicht wertgeschätzt, ist mutlos und hat ein niedriges Selbstkonzept oder sogar eine Depression.

Wo anfangen?

Sollte einer der oben angeführten Gründe auf Ihr Kind zutreffen, seien Sie versichert, dass sich die Situation bessern kann. Es kommt selten vor, dass hochbegabte Kinder einfach gar nicht motiviert sind; sie sind lediglich nicht in den Bereichen motiviert, die andere Menschen für wichtig halten. Im täglichen Leben kommen Motivationsprobleme üblicherweise nur in bestimmten Bereichen vor. Beispielsweise will das Kind alles Mögliche lernen, wenn es in seine Interessengebiete fällt; aber es will keine Grammatikregeln, Rechtschreibung oder eine ordentliche Handschrift lernen. Bei Rechenaufgaben will es nicht zeigen, wie es zu der Lösung gelangt ist; es will lediglich die Lösung aufschreiben, die es im Kopf ausgerechnet hat. Manchmal zeigt das hochbegabte Kind auch Motivationsprobleme in Umgebungen außerhalb der Schule. Es will Aufgaben zu Hause nicht zu Ende führen. Sein Schlafzimmer ähnelt einer Müllhalde, aber das Kind will nicht aufräumen.

Was betrachtet das Kind als wichtig? Denken Sie daran, dass es bei Underachievement auf die Betrachtungsweise ankommt. Oft sind die Bereiche, in denen hochbegabte Kinder motiviert sind, einfach nicht diejenigen, die wir für wichtig halten. In den meisten Fällen sind solche Bereiche für sie – zumindest zu dem gegebenen Zeitpunkt – irrelevant, oder es gibt andere Dinge, die wichtiger sind. Aus der Sicht des Kindes kann die Note 3 oder 4 völlig in Ordnung sein; schließlich reicht es für eine Versetzung. Ein Kind, das auf schulischer Ebene grenzwertige Leistungen abliefert, kann in anderen Bereichen wie Sport oder Musik oder bei gesellschaftlichen Veranstaltungen exzellente Leistungen erbringen. In seinen Augen ist es kein Underachiever. Die Ziele der Eltern und die Ziele des Kindes können einfach unterschiedlich sein. In diesem Moment gibt es andere Dinge, die für das Kind wichtiger sind als das, was Sie von ihm verlangen. Seine aktuellen Bedürfnisse geben die Richtung vor, die mit Ihrer nicht übereinstimmt.

Wenn Sie die Motivation eines anderen Menschen ändern wollen, müssen Sie etwas finden, das er möchte oder braucht – eine Motivation, die bereits in dieser Person vorhanden ist. Dann können Sie diese Motivation eventuell ändern oder in eine andere Richtung lenken. Das bedeutet jedoch nicht, dass sie eine Spielkonsole oder einen iPod als Motivationsanreiz verwenden, weil das Kind geäußert hat, dass es das will; Sie müssen die Motivation für das Fehlverhalten herausfinden.

Um das Kind zu motivieren, verwenden Eltern und Pädagogen im Rahmen von Programmen zur Verhaltensmodifikation manchmal Token*, Sticker oder Geld als Belohnung (umgekehrt ist ein solches System auch in Form von «Strafpunkten» denkbar). Oft wird das Verhalten dadurch kurzfristig geändert. Langfristig funktionieren solche Systeme jedoch nicht gut, da Kinder sie als Manipulations- und Kontrollversuch durchschauen. Viele dieser willensstarken Kinder würden lieber auf all ihre Privilegien verzichten – und sogar drastische Konsequenzen für ihr Verhalten in Kauf nehmen – als sich einem (in ihren Augen) Machtspiel der Erwachsenen zu ergeben. Auch ist zu bedenken, dass solche Belohnungen die Motivation sogar verringern können, da das Kind beginnt, für die Belohnung zu arbeiten und nicht aus Freude an der Aktivität selbst.[15] Die Wahrscheinlichkeit, dass Verständnis und ein Gefühl der Zugehörigkeit den Weg zur Selbstmotivation bereiten, ist größer, auch wenn materielle Anreize eine Zeit lang motivierend wirken können.

Sind Sie verständnisvoll oder fordernd? Das Kind einfach aufzufordern, sich mit Aussagen wie «Weil ich es sage!», «Wenn du dich etwas anstrengst, kannst du deine Noten verbessern. Schließlich bist du intelligent genug!» oder «Ich möchte, dass du deine Schularbeiten ernster nimmst, sonst …» selbst zu motivieren, wird im Regelfall nichts bewirken. Lange Vorträge und Strafen sind für die Motivationsverbesserung nicht effektiv und strapazieren sicherlich die Beziehung. In vielen Büros hängen ironische Schilder,

---

* Token sind in diesem Fall Verstärker. Das Kind bekommt für das erwünschte Verhalten ein Token (zum Beispiel einen Chip oder eine Murmel), das es später gegen etwas eintauschen kann, das es sich wünscht (zum Beispiel eine Audio-CD oder eine bestimmte Aktivität, beispielsweise eine Stunde Fernsehen). Quelle: http://www.psychotherapie-wellness.de/verhaltenstherapeutische-orientierung/token-system.htm [24.07.11].

die besagen: «Es gibt so lange Schläge, bis sich die Arbeitsmoral bessert». Die Mitarbeiter schmunzeln, denn sie wissen, dass körperliche Züchtigung nicht wirkungsvoll ist.

Ein Kind zu motivieren, das seine Fähigkeiten nicht umsetzt und sozusagen «abgeschaltet» hat, kann ein mühsames und zeitraubendes Unterfangen sein. Es gibt jedoch diverse Methoden und Maßnahmen, die für Sie hilfreich sein können. Bedenken Sie, dass es oft recht lange dauern kann, ein Kind zu motivieren, das bereits lange Zeit in einem Minderleistungsmuster verstrickt ist – manchmal seit Wochen oder Monaten. Da das Problem nicht über Nacht entstanden ist, wird es auch nicht über Nacht verschwinden. Es wird vermutlich viel Geduld erfordern. Der Fortschritt wird langsam sein und nur in kleinen Schritten vorangehen. Denken Sie bitte auch daran, dass Underachievement normalerweise periodisch und unregelmäßig auftritt. Es kann in einigen Schulfächern vorkommen und in anderen nicht, in manchen Klassenstufen und in anderen nicht. Je mehr Underachievement-Episoden ein Kind durchmacht, desto höher ist die Wahrscheinlichkeit, dass sich das Verhalten zu einem chronischen Muster entwickelt.[16]

Der nächste Schritt: Finden Sie heraus, wofür sich das Kind interessiert

Im Allgemeinen ist es effektiver, an den Interessenbereichen des Kindes anzusetzen, um dann schrittweise auf einen Motivationstransfer mittels Ermutigung und Erfolg hinzuwirken. Allzu oft bestehen Eltern darauf, das Kind solle sich ändern, indem es sofort das tut, was die Eltern wollen. Sie sagen vielleicht: «Wenn du deine Noten verbesserst und sie dieses Halbjahr auch hältst, dann können wir über das neue Fahrrad (oder einen sonstigen Wunsch) reden.» Für die meisten Kinder ist das schwierig. Wäre das erwünschte Verhalten für sie wirklich so einfach, dann hätten sie es schon längst übernommen. (Denken sie an Ihre Garage). Einer oder mehrere der oben angeführten Gründe tragen vermutlich zu Underachievement bei.

Wofür interessiert sich Ihr Kind zurzeit? Hat es irgendeine besondere Leidenschaft? Welche Motivationen hatte es in der Vergangenheit? Versuchen Sie sich an Zeiten zu erinnern, in denen es hoch motiviert war. Mit wem tauscht es sich über seine aktuellen Interessen aus? Reden Sie mit ihrem Kind über solche Situationen, damit es sich an das Gefühl von Begeisterung und Erfolg erinnern kann. Vielleicht bitten Sie das Kind sogar, mit Ihnen über die Gründe für sein Desinteresse und seine Abneigung den geforderten Aufgaben gegenüber zu reden. Kommunikation ist ein wichtiger Schlüssel für die Motivation.

Wenn Sie bereits Bereiche gefunden haben, die Ihr Kind begeistern, dann können Sie auf dieser Motivation aufbauen, sie umleiten oder neu fokussieren. Vielleicht finden Sie Möglichkeiten, diese Motivation auf neue Bereiche zu übertragen, für die sich das Kind bisher wenig interessiert hat. Ein Kind mit geringem Interesse an Rechtschreibung, Grammatik oder Schreiben mit der Hand interessiert sich vielleicht leidenschaftlich für tropische Insekten. Sie könnten das Kind ermutigen, einen Brief an den Autor einer Naturzeitschrift zu schreiben und ihm einige Fragen zu stellen, die in seinem Artikel unbeantwortet blieben. Sie könnten das Kind behutsam auf Folgendes hinweisen: damit es ernst genommen wird, ist es wichtig, einen ordentlichen Brief zu verfassen, in dem die Grammatik und die Rechtschreibung korrekt sind. Sie oder eine andere Person seiner Wahl könnten den Brief durchlesen, bevor er abgeschickt wird. Jetzt haben die vorher unwichtigen Rechtschreib- und Grammatikaufgaben einen Bezug zu den Interessen des Kindes und sind daher in seinen Augen wichtig. Die Motivation hat sich verlagert, und das Kind lernt dabei etwas.

Wenn Sie jemandem helfen wollen, seine Motivation zu aktivieren, ist es im Allgemeinen besser, Ideen und Aufgaben zu präsentieren, die den Bedürfnissen dieser Person gerecht werden. Ein Motivationstransfer setzt voraus, dass diese Bedürfnisse erkannt werden und dass verstanden wird, warum sie für das Kind so wichtig sind. Denken sie daran: Menschen handeln nach *ihren eigenen* Bedürfnissen, nicht nach Ihren. Welche Gefühle hat das Kind zurzeit? Vielleicht ist es ihm wichtiger, kein Risiko einzugehen, oder es meint, einen Machtkampf mit einem Lehrer oder einem Elternteil gewinnen zu müssen. Vielleicht können Sie in Erfahrung bringen, weshalb es aus Sicht des Kindes wichtig ist, sich zu widersetzen, zurückzuziehen oder zu verweigern. Durch behutsames Fragen können Sie dem Kind möglicherweise zu alternativen Sichtweisen der Situation verhelfen, die weniger selbstzerstörerisch sind; dies kann in der Folge zu Verhaltensänderungen führen.

Es ist von entscheidender Bedeutung, die wissbegierige Einstellung des Kindes zu erhalten – in welchem Bereich, ist zweitrangig. Lesen zum Beispiel, egal über welches Thema, spiegelt sich später in besseren Leistungen wider. Wenn das Kind nur Sportmagazine lesen will, lassen Sie es. Zumindest liest es! Es wird sich allmählich anderen Materialien und Interessen zuwenden – vielleicht im nächsten Schritt mit einem sanften Anstoß in Richtung Sport-Romane oder Biographien von Sportlern. Es ist besonders wichtig, einem hochbegabten Kind bei der Entwicklung und Aufrechterhaltung einer «Exzellenz-Insel» zu helfen – einem Ort, wo es kontinuierlich wachsen und sich sein Enthusiasmus entfalten kann. Vielleicht ist das Kind von Museen begeistert, oder von Autos, Astronomie oder gruseligen Krimis. Auch wenn die besonderen Interessenfelder außerhalb der Schule liegen: ein Transfer wird irgendwann stattfinden.

Bringen Sie Ihrem Kind Selbstmanagement bei

Das Fördern von Durchsetzungskraft, Selbstständigkeit und Selbstvertrauen ist bei hochbegabten Kindern besonders wichtig. Untersuchungen der Kindheit von erfolgreichen und herausragenden Erwachsenen haben gezeigt, dass deren Eltern sie in ihrem Unternehmungsgeist, ihrem Unabhängigkeitsstreben und dem Meistern von Herausforderungen unterstützt haben.[17] Hochbegabte Kinder können schon in jungen Jahren lernen, die eigene Meinung zu äußern und zu verhandeln, so dass sie das Gefühl entwickeln, an ihren täglichen Aktionen beteiligt zu sein und sie selbst in die Hand zu nehmen.

Vielleicht kann das hochbegabte Kind mit seinem Lehrer einen «Lernvertrag» aushandeln: Der Lehrer darf testen, ob das Kind den Stoff bereits beherrscht; wenn ja, darf es sich in der verbleibenden Zeit mit etwas beschäftigen, das es interessiert. Diese Verhandlung stärkt nicht nur das Kind, sondern gibt auch der Lehrkraft die Gelegenheit, für einen Motivationstransfer beim Kind zu sorgen.

Verhandlungskompetenz werden hochbegabte Kinder ein ganzes Leben lang brauchen; jedoch bringen nur wenige Familien den Kindern diese Kompetenzen zu Hause bewusst bei. Einige hochbegabte Kinder scheinen ein Verhandlungsgeschick zu besitzen; für Situationen außerhalb der Familie wird jedoch eine Verfeinerung dieser Kompetenzen benötigt, speziell in der Hitze eines Machtkampfes. Andere hochbegabte Kinder sind so geschickte Verhandlungsführer, dass sie bei jeder möglichen Gelegenheit verhandeln wollen. Die Notwendigkeit, in solchen Situationen feste Grenzen zu setzen, wird im nächsten Kapitel behandelt.

Hat ein Kind beim Prioritätensetzen das Gefühl, stärker einbezogen zu werden, wird dies seine Mitwirkung, seinen Einsatz und seine Eigenverantwortung steigern, was die Motivation allgemein verbessern kann. Kinder, die ein Gefühl von emotionaler Unabhängigkeit von Lehrern und Gleichaltrigen entwickeln, können sich selbst besser managen und zeigen typischerweise mehr Neugier, Durchsetzungsvermögen und Leistung. Kinder, denen zu Hause und in der Schule nicht erlaubt wird, die eigene Meinung zu äußern oder sich zu beschweren, entwickeln möglicherweise die Einstellung, dass es keinen fürsorglichen Menschen gibt, dem sie Sorgen und Rückschläge mitteilen können. Sie werden mitunter sehr unselbstständig und fühlen sich nicht in der Lage, nach Wegen zu suchen, um eine Situation zu ändern. Sie lernen, sich hilflos zu fühlen. Unterstützen Sie eine aktive, angemessene Mitwirkung, um solch eine «erlernte Hilflosigkeit» zu vermeiden.

Was motiviert Menschen?

Die Faktoren, die stimulieren, Energie bereitstellen, lenken und Verhaltensmuster aufrechterhalten – das heißt, die Menschen motivieren –, sind bis zu einem gewissen Grad biologisch. Die meisten Menschen sind zum Beispiel hoch motiviert, wenn es um Aktivitäten geht, die ihnen ausreichend Nahrung, Wasser, Sicherheit, Gruppenzugehörigkeit sowie Liebe sichern. Menschen haben außerdem eine angeborene Neugier sowie einen Drang zu Erfolg und Leistung.

Eine klassische Theorie, die von dem Psychologen Abraham Maslow und seinen Kollegen entwickelt wurde, besagt, dass Menschen eine Bedürfnishierarchie haben, die ihre Motivation und ihr Verhalten bestimmt.[18] Diese Hierarchie kann Ihnen helfen zu verstehen, warum sich Ihr Kind so verhält und wie und weshalb seine Motivationen sich ändern werden, wenn es älter wird und sich die Situationen ändern.

Nach Maslows Theorie gibt es eine Stufenpyramide von acht Bedürfnissen, die die menschliche Entwicklung von der Kindheit bis ins Erwachsenenalter abbilden. Diese Bedürfnisse entwickeln sich von den elementarsten zu den hochentwickelten menschlichen Bedürfnissen. Die elementarsten Bedürfnisse haben fast immer Vorrang gegenüber den hochentwickelten. Grundbedürfnisse sind bei Kindern stärker ausgeprägt; die Bedürfnisse der mittleren Ebene sind bei Erwachsenen üblich, und hochentwickelte Bedürfnisse kommen nur bei wenigen Erwachsenen vor, oft bei denjenigen, die hochintelligent sind.

Die Basis: Vier Grundbedürfnisse

Nach Maslow sind die elementarsten Bedürfnisse aller Menschen folgende:

1. Essen und Trinken

2. Sicherheitsbedürfnisse

3. Wunsch nach Gruppenzugehörigkeit und Liebe

4. Wertschätzung und Kompetenzgefühl.

Sie sind das Fundament – die Grundbedürfnisse im Leben eines Individuums. Entwickelt sich bei einem dieser Grundbedürfnisse ein bedeutsames Problem, tritt dieses Bedürfnis als einflussreichstes Grundbedürfnis hervor und lenkt die Motivation der betreffenden Person. Hochentwickelte Bedürfnisse müssen warten, bis das Grundbedürfnis der unteren Stufe befriedigt ist. Wenn das Grundbedürfnis erfüllt ist, kann ein Mensch von einem höheren Bedürfnis motiviert werden.

Physiologische Bedürfnisse (Stufe 1): Hunger, Durst, körperliches Wohlbefinden

Eltern lernen sehr schnell, dass man mit einem hungrigen oder müden Kind nicht argumentieren kann. Ein hochbegabtes Kind mit seiner unbändigen Energie braucht vielleicht mehr Nahrung oder Wasser – oder auch häufige Zwischenmahlzeiten. Hochbegabte Kinder scheinen auf dieser Ebene besonders verletzlich zu sein. Ihre Intensität und erhöhte Sensitivität haben ein hohes mentales und körperliches Aktivitätsniveau zur Folge, was wiederum zeitweise zu physiologischen Bedürfnissen wie Hunger führt. Wie Sie im Kapitel über Intensität, Perfektionismus und Stress sehen werden, ermüden manche dieser Kinder so sehr, dass sie nicht einschlafen können. Anderen wiederum geht während des Tages «der Treibstoff aus», was zu einer Art reaktivem hypoglykämischen Zustand führt, in dem die Kinder weder körperlich noch mental gut arbeiten können. Überprüfen Sie zuerst die Bedürfnisse auf Stufe 1, bevor Sie versuchen, dem Kind zu helfen, sich auf andere Aufgaben zu konzentrieren. Hochbegabte Kinder, die während ihrer Entwicklung grundlegende Bewältigungsstrategien lernen, werden in der Lage sein, sich um diese Bedürfnisse selbst zu kümmern.

Sicherheitsbedürfnisse (Stufe 2): Sicherheit, Schutz vor Gefahr oder Bedrohungen

Wenn ein Kind das Gefühl hat, dass seine Sicherheit und sein Schutz in Gefahr sein könnten, werden diese Sicherheitsbedürfnisse andere Bedürfnisse, die auf einer höheren Ebene liegen, überschatten. Ein Kind, das zum Beispiel Angst hat, verprügelt oder gemobbt zu werden, kann sich unmöglich auf Schularbeiten konzentrieren, schon gar nicht, wenn es sich ungeschützt, exponiert oder nicht unterstützt fühlt. Den meisten hochbegabten Kindern sind häusliche Spannungen sowie Gefahrenquellen in der Außenwelt sehr bewusst. Tod, Scheidung, Arbeitslosigkeit oder sogar Angriffe von Terroristen oder Krieg sind immer im Bereich des Möglichen. Befürchtungen dieser Art können die Sorge des hochbegabten Kindes um seine Sicherheit erhöhen. Ein Kind, das sich in solch einer Situation befindet, braucht erhebliche Bestätigung. Darüber hinaus mag ein hoch sensibles hochbegabtes Kind ungewöhnlich stark auf Kritik oder körperliche Bestrafung reagieren – so stark, dass Sicherheitsbedürfnisse an die vorderste Stelle treten. Und manchmal brauchen hochbegabte Kinder einfach mehr Informationen über eine Situation oder eine potenzielle Gefahr, um sich sicherer zu fühlen.

Bedürfnis nach Zugehörigkeit und Liebe (Stufe 3): Akzeptanz durch andere, Zugehörigkeitsgefühl zu Gruppen

Wenn die körperlichen Bedürfnisse und das Bedürfnis des Kindes nach Sicherheit einigermaßen gut abgedeckt sind, kann es sich als Nächstes mit Zugehörigkeit und Geliebtwerden befassen. Ein Gefühl von persönlicher Identität entwickelt sich durch die Zugehörigkeit zur Familie und zu anderen Gruppen und durch deren Wertschätzung. Für jeden Menschen ist das Gefühl wichtig, zumindest mit ein paar anderen Personen verbunden zu sein. Hochbegabte Kinder haben manchmal einen fast verzweifelten Wunsch, irgendwo hinzugehören, weil sie intuitiv und früh erkennen, dass sie anders sind. Idealerweise finden sie gleichbefähigte Freunde beziehungsweise unterschiedliche Freunde für verschiedene Aktivitäten. Manchmal verleugnen hochbegabte Kinder ihr wahres Selbst und ihre Begabung, um dazuzugehören, was auf Kosten der schulischen Leistung geht. Natürlich ist es kaum möglich, zu jeder Gruppe zu gehören oder von allen gemocht zu werden; aber ein Kind braucht Zeit und Erfahrung, um herauszufinden, welche Gruppen wichtig und nützlich sind und welche nicht. Der Druck von Peers in Sachen Zugehörigkeit kann einen mächtigen Einfluss ausüben; Energie und Zeit werden aufgezehrt, falls das Kind seine «Wohlfühlzone» noch nicht gefunden hat und mit seinem Wunsch nach Zugehörigkeit noch nicht umgehen kann.

Wunsch nach Wertschätzung (Stufe 4): Anerkennung, Respekt, Leistung, Kompetenz, Bestätigung

Wenn ein Kind sich entwickelt und seine Grundbedürfnisse befriedigt sind, verlagert sich seine Motivation auf das, was es tut, und wie andere es bewerten. Respektieren und anerkennen Sie seine Handlungen? Hat es das

Gefühl, dass sein Verhalten effektiv ist? Ein Kind muss zunehmend um seiner selbst willen Aufgaben bewältigen; allmählich wird seine Selbstachtung wichtiger als die Wertschätzung durch andere. Es beginnt, persönliche Werte und mentale Kompetenzen zu entwickeln, ebenso Anstrengungsbereitschaft, Frustrationstoleranz und Widerstandsfähigkeit, auch wenn seine anfänglichen Bemühungen einmal fehlschlagen. Mitunter entwickeln sich die Werte des Kindes zu einem Drang nach Prestige, Status, Ansehen, Ruhm oder sogar Macht über andere. Wenn das passiert, bleibt das Kind möglicherweise auf dieser Stufe stehen. Häufiger handelt es sich jedoch um eine vorübergehende Phase; das Kind fängt bald an, seinen Fokus auf das Streben nach Können, Kompetenz und Unabhängigkeit zu lenken. Sein Selbstvertrauen und Selbstwertgefühl werden in dem Maße wachsen, in dem es Sicherheit gewinnt und Erfolg bei Aufgaben hat, die immer mehr Mühe erfordern.

Die fortgeschrittenen Stadien: Vier Wachstumsbedürfnisse

Sind die vier Grundbedürfnisse ausreichend abgedeckt, ist das Kind in der Lage, auf den nächsten vier Stufen zu agieren, die Maslow «Wachstumsbedürfnisse» nennt. Diese Wachstumsbedürfnisse ermöglichen es dem Individuum, weiter zu lernen, zu reifen und sich mental und emotional zu entwickeln.

Bedürfnis nach Wissen und Verstehen (Stufe 5): Lernen, verstehen und erforschen

Alle Kinder haben ein natürliches Bestreben zu lernen, und hochbegabte Kinder sind da nicht anders. Diese Kinder haben einen starken Drang herauszufinden, wie die Dinge funktionieren, nach logischen Zusammenhängen in ihrer Umgebung zu schauen und Dinge zu erforschen. Es ist ein wichtiger Wesenszug von ihnen, die Dinge beherrschen zu wollen und die eigenen Kompetenzen zu erweitern. Die Wertschätzung anderer und der Wunsch nach Können und Leistung genügen auf dieser Stufe nicht. Das

Individuum beginnt jetzt, sich über grundlegende Fragen und Folgen von Verhaltensweisen Gedanken zu machen, die es auf der vorangehenden Stufe gezeigt hat. Beispielsweise fragt sich das Kind, weshalb wir das Bedürfnis nach Akzeptanz und Anerkennung durch andere haben.

Ästhetische Bedürfnisse (Stufe 6): Symmetrie, Ordnung, Schönheit

Manche Kinder finden Symmetrie und Ordnung schön; andere finden Unordnung ästhetisch attraktiv, obwohl sie mental meistens versuchen, Ordnung in das Chaos zu bringen. Kompetenz und Erfolge sind emotional angenehm: auf diesem Level haben intellektuelle Aktivitäten oft eine starke emotionale Komponente. Hier zeigt sich die Leidenschaft von hochbegabten Kindern und Erwachsenen. Sie lieben vielleicht die Natur, Musik oder Mathematik. Wie heißt es doch so schön: «Maler müssen malen, Musiker müssen musizieren.» Sie müssen einfach das werden, was in ihrer Natur steckt. Auf diesem Level befasst sich ein Mensch leidenschaftlich mit den Aktivitäten, die ihm große Freude bereiten.

Selbstverwirklichungsbedürfnis (Stufe 7): Selbsterfüllung, das eigene Potenzial ausschöpfen

Obwohl einige hochbegabte Jugendliche und viele hochbegabte Erwachsene das starke Bedürfnis haben, das eigene Potenzial auszuschöpfen, gelingt das nur einem kleinen Prozentsatz der Erwachsenen. Sie machen «Gipfel-Erfahrungen» oder was der Psychologe Csikszentmihalyi den «Flow» nennt.[19] Wenn sie eine «Gipfel-Erfahrung» durchleben, vergessen sie alles um sich herum. Es ist persönlich befriedigend und hochinteressant, sich der eigenen Fähigkeiten bewusst zu werden und zu verstehen, dass es möglich ist, sie weiterzuentwickeln. Der Mensch vollzieht diese von sich aus befriedigenden Tätigkeiten aus einem einfachen Grund: ein innerer Drang sagt ihm, dass es gemacht werden muss. Hochbegabte Individuen auf diesem Level finden es schwierig zu verstehen, weshalb andere Menschen das eigene Leben nicht reflektieren bzw. das eigene Potenzial nicht auf dieselbe Art und Weise umsetzen und weiterentwickeln wollen.

Bedürfnisse der Selbst-Transzendenz (Stufe 8): Anderen helfen, das eigene Potenzial auszuschöpfen, die Welt verbessern

Das ist die höchste Stufe der Selbstverwirklichung in Maslows Bedürfnishierarchie. Auf dieser Ebene ist das Verhalten eines Menschen mit Zielen jenseits von sich selbst befasst, wovon dann die Menschheit profitieren soll. Das ist für die Person ebenso erfüllend wie die Befriedigung der eigenen Bedürfnisse, auch wenn es mit erheblicher Aufopferung verbunden sein kann.

Sechs praktische Schritte

Die Bedürfnishierarchie nach Maslow könnte Ihnen helfen zu verstehen, warum Ihr minderleistendes Kind nicht «nicht motiviert» ist, denn seine Motivation ist nur auf andere Bedürfnisse ausgerichtet. Möchten Sie erreichen, dass ein Kind seine Motivation weiterentwickelt oder auf andere Ziele richtet, dann müssen Sie ihm helfen, die anderen Bedürfnisse zuerst zu befriedigen – insbesondere die physiologischen Bedürfnisse sowie die Bedürfnisse nach Sicherheit und Zugehörigkeit. Im Anschluss daran können Sie Ihr Augenmerk auf Möglichkeiten richten, die Motivation des Kindes auf die Bereiche zu übertragen, die Sie für wichtig erachten.

Sechs praktische Schritte, die unten beschrieben werden, können helfen, einen Motivationstransfer zu erreichen:

1. Schaffen Sie eine leistungs- und motivationsfördernde Atmosphäre.
2. Vermeiden Sie Machtkämpfe.
3. Entwickeln Sie eine positive Beziehung.
4. Sorgen Sie für Anregung, Interesse und Herausforderung.
5. Setzen Sie angemessene Ziele und Zwischenziele.
6. Sorgen Sie für sukzessive Erfolge.

So können Sie Ihrem Kind helfen, kleine Schritte in eine positive Richtung zu machen und sich über Fortschritte bei Motivation und Aufgabenbewältigung zu freuen. Alle diese Schritte sind wichtig; manchmal sind sie jedoch schwierig umzusetzen. Sie werden vielleicht feststellen, dass Sie flexibel, geduldig und verständnisvoll sein müssen, besonders wenn Ihr Kind bereits fest in negativen Mustern verstrickt ist.

Sorgen Sie für eine motivierende Atmosphäre

In Familien, die hohe aber angemessene Erwartungen stellen und gleichzeitig für eine starke emotionale Unterstützung sorgen, werden sich eher Kinder finden, die den Erwartungen gerecht werden und ihre Fähigkeiten entsprechend umsetzen. Hohe Ziele, Einsatz, Ausdauer und die Bereitwilligkeit, neue und intellektuell anspruchsvolle Bereiche zu erforschen, sind häufiger gegeben, wenn ein unterstützendes Umfeld innerhalb und außerhalb der Familie vorhanden ist.[20] Außerfamiliäre Aktivitäten spielen ebenfalls eine Schüsselrolle bei der Entwicklung der Talente eines Kindes. Forschungsergebnisse legen den Schluss nahe, dass hochbegabte Kinder, vor allem Teenager, die in Vereinen aktiv sind, außerschulische Interessen haben, beim Sport oder in religiöser Arbeit stark engagiert sind, eine geringere Tendenz zu Underachievement zeigen. Darüber hinaus führen die Interessen aus der Schulzeit oft zu Leistungen an der Hochschule und danach.[21] Solche Aktivitäten, in denen ein Kind aufgeht und die ihm Spaß machen, fördern das Gefühl von Begeisterung für Leistung und ermutigen das Kind, Ausdauer zu entwickeln. Musik-, Tanz- und Kunstunterricht sowie regelmäßige Zeiten für Hausaufgaben und Lesen helfen Kindern, positive Selbstmanagement-Kompetenzen zu entwickeln und schaffen eine motivierende Atmosphäre.[22] Ebenso werden Kinder, deren Freunde Wert auf Leistung legen, viel seltener ein minderleistendes Verhalten in der Schule zeigen.

Sie möchten, dass *Ihr Kind sich ändern will.* Ihr Kind will sich möglicherweise auch ändern. Behandeln Sie es mit Respekt; lassen Sie es wissen, dass Sie es wertschätzen und sich um seine Belange kümmern. Lassen Sie es wissen, dass Sie es gerne verstehen möchten, und dass es Ihnen Sorgen und Gefühle anvertrauen kann, die möglicherweise sehr delikat sind. Signalisieren Sie dem Kind, dass sie ihm und seinen Fähigkeiten, sich zu ändern, vertrauen. Schaffen sie ein Klima, in dem sich das Kind akzeptiert und wohl fühlt – durch Zuhören und Verständnis, und nicht durch Reden, Befehle oder Anweisungen. So wird das Kind möglicherweise bereit sein, Motivation auf neue Gebiete zu übertragen.

Vermeiden Sie Machtkämpfe

Machtkämpfe können ein motivationsförderndes Klima zerstören. Gemeint sind nicht kleine Ärgernisse, sondern lang anhaltende Machtkämpfe, wie zum Beispiel mit einem sehr begabten Jugendlichen, der sich weigert, Hausaufgaben zu machen oder sich an Klassenaktivitäten zu beteiligen und infolgedessen über Monate schlechte Noten bekommt. Ein Kind, das in einen Machtkampf mit einem Elternteil oder mit einem Lehrer verstrickt ist, betrachtet den Erwachsenen typischerweise als «den Feind». Es hat das Gefühl, dass andere versuchen, es zu kontrollieren oder dazu zu bringen, seine Zeit mit sinnlosen Aufgaben zu verschwenden. Bei Machtkämpfen versuchen die Eltern meist erfolglos, dem Kind den eigenen Willen aufzuzwingen.

Für einen Machtkampf braucht es mindestens zwei Personen. Wenn Sie sich in einem unproduktiven Machtkampf mit Ihrem Kind befinden, tun Sie Ihr Bestes, sich daraus zurückzuziehen; das könnte der einzige Weg sein, um den Kampf zu beenden. Noch besser, Sie kündigen Ihrem Kind an, dass Sie sich zurückziehen. Betonen Sie, dass Sie sich um die Beziehung Sorgen machen, aber dass Sie darauf vertrauen, zusammen eine bessere Lösung zu finden. Wenn Sie sich in einem Machtkampf befinden, arbeiten Sie gegeneinander. Wenn Sie die gleiche Energie in eine Zusammenarbeit investieren, können Sie bessere Resultate erzielen.

Entwickeln Sie eine positive Beziehung

Der mächtigste Faktor in Bezug auf Motivation ist vermutlich die persönliche Beziehung.[23] Wenn Sie also möchten, dass Ihr Kind sein Verhalten dauerhaft ändert, ist Ihre Beziehung zu ihm extrem wichtig. Sie lehren, was Sie sind; Sie müssen Modell sein für das, was Sie wollen. Hochbegabte Kinder werden viel stärker durch Ihre Taten als durch Ihre Worte beeinflusst. Als Erwachsener haben Sie die großartige Chance, ein exzellentes Lernvorbild zu sein. So können Sie hochbegabten Kindern zu einer dauerhaften Motivation verhelfen, was ihnen sowohl persönlich als auch beruflich von großem Nutzen sein wird.

Die meisten menschlichen Bedürfnisse sind eng an eine Verbindung mit anderen Menschen gekoppelt. Sowohl die Steigerung als auch die Unterdrückung von Motivation bei Kindern rührt mit Sicherheit von deren Interaktionen mit anderen Menschen. Sicherlich erinnern Sie sich an mindestens ein, zwei Personen aus Ihrer Kindheit, die Ihr Leben positiv beeinflusst haben. Die meisten Menschen können einen oder mehr Lehrer nennen, die sie in der Schulzeit inspiriert haben, oder Freunde, die ihnen in schweren Zeiten zur Seite standen. Auch wenn diese Menschen hohe Erwartungen an Sie hatten, haben sie Sie nicht lächerlich gemacht, gedemütigt oder schwer bestraft, falls Sie diese Erwartungen nicht erfüllt haben. Sie haben Sie stattdessen immer und immer wieder ermutigt. Damals wussten Sie nicht, wie wichtig diese Menschen für Sie waren. Sie haben vermutlich erst später, im Erwachsenenleben, erkannt, wie sie Ihre Ideale, Wünsche, Träume und Motivation beeinflusst haben. Diese Menschen waren einflussreich, weil sie sich aufrichtig für Sie interessiert haben, für Ihre Aktivitäten, Ihre Gefühle und Meinungen.

Persönliche Beziehungen sind einflussreiche Motivatoren, aber die Ergebnisse sind nicht unbedingt unmittelbar sichtbar. Manchmal vergeht viel Zeit zwischen einer Ermutigung durch die Eltern und sichtbaren Resultaten. Manchmal arbeiten Eltern und Lehrkräfte hart daran, eine gute Beziehung zu einem Kind herzustellen, und dennoch entzündet sich der Motivationsfunke des Kindes nicht. Geben Sie nicht auf. Arbeiten Sie weiter an Ihrer Beziehung und an Ihrer Kommunikation mit dem Kind. Auf lange Sicht sind solche Beziehungen die Basis für eine positive Entfaltung in der Zukunft.

Je mehr persönliche Bedeutung und emotionale Auswirkungen eine Aufgabe für uns hat, desto stärker wird unser Bedürfnis, sie zu lösen. Ebenso sind Sie stärker daran interessiert, Wissen zu erwerben, wenn dies einen Bezug zu jemandem hat, den Sie schätzen. Als Eltern haben Sie viele Gelegenheiten, die Motivation des Kindes durch Ihre Beziehung positiv zu beeinflussen. Eltern, die das Lernen lieben, die andere Menschen an ihren Interessen teilhaben lassen und sie in ihren eigenen persönlichen Leidenschaften bestärken, fördern lebenslanges Lernen und helfen Kindern bei der Entwicklung von Sicherheit und Selbstwertgefühl.[24] Genauso wichtig für hochbegabte Schüler sind Lehrkräfte, die Begeisterung und Passion fürs Lernen zeigen und die Fähigkeit haben, eine gute Beziehung zum Kind herzustellen.[25]

Fordern Sie heraus, aber sorgen Sie auch für Unterstützung

Zwischen Kindern gibt es markante Persönlichkeitsunterschiede: einige muss man häufiger «anstupsen» als andere. Zu den Aufgaben von Eltern und Lehrern gehört auch, Kindern Anstöße zu geben oder sie sogar dazu zu drängen, über den Tellerrand zu schauen und etwas Neues auszuprobieren. Möglicherweise reagieren Kinder gereizt, wenn man sie herausfordert. Wie weit sollte man sie also drängen? Hier ist eine Orientierungshilfe: Wenn das Drängen Ihre Beziehung zum Kind gefährdet, dann sollten Sie sich – zumindest zeitweise – zurückhalten, bis Sie sicher sind, dass Ihre Beziehung erneuten Forderungen standhält. Und wenn Sie sich nicht ganz sicher sind, ob Sie das Ganze unter Kontrolle halten können, dann tun Sie besser daran, nichts zu erzwingen.[26]

Wofür interessiert sich das Kind? Weshalb sind diese Interessen für das Kind wichtig? Um die Motivation zu verbessern, ist es äußerst wichtig, eine Verbindung zwischen der Aufgabe und den Interessen des Kindes herzustellen. Aufgaben, die das eigene Interesse nicht wecken, sind schwieriger zu erledigen. Steigern Sie den Einsatz Ihres Kindes, indem Sie seine Interessen mit einbeziehen und seinen Forscherdrang fördern. Ein informelles Mentoring-Programm oder ein Praktikum könnten das Interesse an einem ungeliebten naturwissenschaftlichen Projekt zünden, indem das Projekt mit einer Erfahrung im «echten Leben» verknüpft wird.

Bei dem Versuch, einem minderleistenden hochbegabten Kind zum Erfolg zu verhelfen, werden die Erwartungen oft heruntergeschraubt. Machen Sie es anders und setzen Sie die Erwartungen höher, aber verbinden Sie sie mit herausfordernden Aktivitäten, die mit den Interessen des Kindes verknüpft sind. Erfolgreiche Sporttrainer haben herausgefunden, dass bessere Ergebnisse erzielt werden, wenn von den Athleten etwas mehr erwartet wird, als die Sportler selbst für machbar halten. Jedoch sorgen diese Trainer gleichzeitig für viel Ermutigung. Spannende Aktivitäten können fesselnder sein als rein mechanisches Auswendiglernen. Das Einbeziehen von Herausforderungen, gepaart mit der notwendigen Unterstützung, die zum Erfolg führt, hilft sowohl beim Aufbau von Selbstvertrauen als auch von hilfreichen Arbeitsgewohnheiten.

Manchmal stimmen Eltern mit ihren Kindern darin überein, dass einige schulische Anforderungen wenig sinnvoll sind, da die Aufgaben unnötig und banal erscheinen oder weil Inhalte wiederholt werden, die das Kind längst beherrscht. Für Eltern ist das ein Balanceakt: Sie möchten die Schule unterstützen und sind dennoch nicht mit allen Einzelheiten einverstanden. Noch einmal: Der Schlüssel ist Ihre Beziehung und Ihre Zwei-Wege-Kommunikation mit dem Kind. Als Elternteil werden Sie möglicherweise zugeben müssen, dass Sie mit bestimmten Aspekten der Schulphilosophie oder mit bestimmten Aktivitäten im Schulsystem nicht einverstanden sind. Gleichzeitig müssen Sie jedoch Ihr Kind davon überzeugen, dass praktische Überlegungen Priorität haben. Auch wenn es sich schwierig anhört: drücken Sie Respekt für die Schule und die Lehrkräfte im Allgemeinen aus, auch wenn Sie im Einzelnen anderer Meinung sind. Sie möchten ein Kind erziehen, das akzeptiert, dass Menschen unterschiedlicher Meinung sein können.

Setzen Sie angemessene Ziele

Die Fähigkeit, die nötige Anstrengungsbereitschaft für ein Langzeitziel aufrechtzuerhalten, fällt nicht einfach plötzlich vom Himmel, sondern wird erlernt. Belohnungen aufzuschieben kann schwerfallen. Die Intensität von hochbegabten Kindern führt oft dazu, dass sie sich sehr weitreichende oder sogar unrealistische Ziele setzen, die schwer, wenn nicht unmöglich zu erreichen sind. Wenn sie diese Ziele nicht erreichen, fühlen sie sich als Versager. In anderen Situationen wiederum setzen sie viel zu niedrige oder vage Ziele (beispielsweise «organisiert zu sein»). In der Folge können sie dann schlecht beurteilen, ob sie die Ziele erreicht haben oder nicht. Aber auch wenn das Langzeitziel angemessen ist, kann das hochbegabte Kind wegen seiner Ungeduld Schwierigkeiten haben. Es ist schwer, die Frustration auszuhalten, wenn ein Ziel nicht schnell erreicht werden kann.

Hochbegabte Kinder müssen lernen, wie man sich Ziele setzt und sie erreicht, umso mehr, da sie – im Gegensatz zum «typischen Durchschnittskind» – dazu neigen, Ziele zu «überspringen». Das heißt, sie setzen sich ein Ziel; wenn sie kurz davor sind, es zu erreichen, setzen sie sich plötzlich ein anderes, noch höheres Ziel. Wenn sie dieses ultimative Ziel nicht erreichen, vergessen viele hochbegabte Kinder die Zwischenziele, die sie erfolgreich gemeistert haben, und fühlen sich als Versager. Der Zielfindungsprozess und das Aufschreiben von Zwischenzielen oder -schritten, können helfen, Ziele zu klären.

Die Schritte planen. Angemessene Selbstmotivation bedeutet: Man muss lernen, sich sowohl erreichbare Zwischenziele als auch Langzeitziele zu setzen. Erwachsene können Kindern dabei helfen, eine schriftliche Zielformulierung oder einen Vertrag aufzusetzen, der die nötigen Zwischenschritte (bzw. *Teilziele)* beinhaltet, um dieses Ziel zu erreichen. Dabei werden konkrete Etappen beziehungsweise einzelne Schritte im Prozess festgesetzt, was wiederum die Neigung zum «Überspringen» von Zielen verringert. Das Kind kann sich immer wieder selbst für die Teilerfolge der Zwischenziele belohnen, was sowohl für Verstärkung als auch für Erholungspausen auf dem Weg zum übergeordneten Ziel sorgt. Der Fokus liegt somit auf Fortschritt und nicht auf Perfektion. Diese Zielsetzungs-, Selbstmanagement- und Entscheidungsfindungstechniken werden oft auch Erwachsenen beigebracht; für ein hochbegabtes Kind können sie sehr hilfreich sein, wenn es zum ersten Mal mit einer herausfordernden Aufgabe konfrontiert wird, die Ausdauer und Anstrengung erfordert.

Die Zielsetzung sollte eine Auflistung der notwendigen Schritte beinhalten und einen Zeitpunkt, wann jeder Schritt erreicht sein soll. Wenn ein Kind sich beispielsweise beim *Cheerleading* versuchen will – was in den USA sehr beliebt ist – wird es verschiedene Anfeuerungs- und Jubelrufe sowie Tanzbewegungen und Akrobatik lernen müssen. Es wird überlegen müssen, wie viel Zeit notwendig ist, um diese Fertigkeiten zu lernen. Es wird womöglich Hilfe von anderen benötigen, um die Abläufe zu erlernen. Wie kann das Kind wissen, wann es die Zwischenziele erreicht hat? Das wird es wissen, wenn es

a) die Schritte aufgelistet hat;

b) sich einen angemessenen Zeitrahmen für jeden Schritt gesetzt hat;

c) festgestellt hat, ob es bestimmte Informationen, Geräte oder Fertigkeiten benötigt; außerdem

d) festgelegt hat, wie es wissen wird, dass es das Ziel erreicht hat.

Wird ein großes Ziel in einzelne, realistische Aufgaben eingeteilt, die für das Erreichen des übergeordneten Ziels notwendig sind, erlangen Kinder ein Gefühl von Kontrolle; dies fördert wiederum eine dauerhafte Motivation und hilft, Demotivation vorzubeugen. Das Bewältigen von Teilzielen vermittelt ein Erfolgsgefühl. Langzeitziele erscheinen dem Kind dann leichter erreichbar. Viele hochbegabte Kinder haben zum Beispiel den Wunsch, ein Instrument zu lernen oder ein komplexes Modell zu bauen. *Einen* Ton zu beherrschen oder *einen* Teil dieses Modells zu bauen, wäre solch ein Teilziel.

Werte. Sich Ziele zu setzen impliziert, dass es zugrundeliegende Werte gibt, die man erreichen möchte. Es ist schwierig, Prioritäten zu setzen, wenn man nicht weiß, was man wirklich will. Wie es im Sprichwort heißt: «Wenn man nicht weiß, wo man hinwill, ist es gleich, welchen Weg man nimmt.» Hochbegabte Kinder profitieren davon, wenn sie ihre Werte in jungen Jahren finden und prüfen, um Prioritäten zu setzen, die ihnen später helfen, Dilemmata zu vermeiden oder zu lösen. Ob man es «Charakterbildung»,

«Werte abklären» oder auch anders nennt: die Themen sind wichtig. Bücher wie *Building Moral Intelligence* von Michele Borba (2001) und *Die 7 Wege zur Effektivität für Jugendliche* von Sean Covey (2007)[27] können für hochbegabte Kinder hilfreich sein, wenn es darum geht, erwünschte Ziele zu identifizieren, festzusetzen, zu klären und zu erreichen. Darüber hinaus können sie helfen, Grundwerte wie Empathie, Gewissenhaftigkeit, individuelle moralische Verantwortung, Selbstkontrolle, Respekt, Liebenswürdigkeit, Toleranz und Fairness zu identifizieren.[28]

Elterliche Werte und Ziele. Welches sind Ihre eigenen Werte und Ziele für Ihr Kind? Soll Ihr Kind in erster Linie ein leistungsstarker Mensch werden, beruflich und finanziell erfolgreich und gut abgesichert? Oder sind Sie eher daran interessiert, dass Ihr Kind persönliche Erfüllung findet? Möchten Sie beides für Ihr Kind? Wenn ja, sind die Ziele, die Sie als *Eltern* haben, praktisch durchführbar? Welches sind die Zwischenziele für Ihre Kinder? Sind Ihre Ziele vage, oder wissen Sie, wenn Ihr Kind eines dieser Ziele erreicht hat? Stimmen Ihre Ziele mit den Zielen der Kinder überein, oder sind sie unterschiedlich? Beeinträchtigen Ihre Ziele die Beziehung zu Ihrem Kind?

Zu den vielleicht schwierigsten Herausforderungen für Eltern gehört, abzuwägen, wie sehr sie ihre eigene Motivation unterstreichen sollen beziehungsweise wie intensiv sie das Kind dabei unterstützen sollen, die eigene Motivation zu entdecken und zu entfalten. Natürlich haben Eltern die größere Lebenserfahrung und eine breitere Perspektive. Untersuchungen über bedeutende Persönlichkeiten zeigen, dass deren Eltern sich sehr stark in ihr Leben eingebracht haben.[29] Elterliche Werte – genauso wie harte Arbeit, kontinuierliche Anstrengung und Frustrationstoleranz bei Rückschlägen und Misserfolgen – sind sehr wichtig für die Talententwicklung.[30] Auf der anderen Seite können sich Eltern manchmal zu stark in das Leben der Kinder einmischen. Manchmal werden die elterlichen Ziele in unangemessener Weise zum Hauptthema für die Familie. Die Stärken, Talente und Präferenzen des Kindes werden ignoriert. Es gibt viele Geschichten von Eltern, die möchten, dass ihr Sohn oder ihre Tochter Arzt, Anwalt oder Ähnliches wird, während das Kind einen anderen Beruf anstrebt. Die Ziele der Eltern zu forcieren, ist in solch einer Situation weder im Interesse des Kindes noch in dem der Eltern. Ein Kind hat das Recht, den eigenen Lebenspfad zu bestimmen.

Indem sie eigene Bedürfnisse durch ein Kind ausleben, versuchen Eltern vielleicht, den Erfolg, den sie selbst nie haben konnten, für das Kind zu erreichen. Dies kann Beziehungen sicherlich beeinträchtigen; langfristig wiegt der Nutzen die Kosten nicht auf.[31] Wie Annemarie Roeper, früher eine führende Persönlichkeit auf dem Gebiet der Hochbegabtenpädagogik, einmal bemerkt hat: «Akzeptieren Sie die Entwicklung Ihres Kindes – es ist eine Freude, sie zu beobachten –, aber denken Sie daran, dass es nicht ein Teil von Ihnen ist.»[32]

Als Eltern von einem außergewöhnlichen Kind sind Sie wahrscheinlich mit unangenehmen Fragen anderer Eltern konfrontiert worden; Sie werden vermutlich weiterhin Fragen zu hören bekommen, die Ihr Engagement für Ihr Kind betreffen. Sind Sie besonders darum bemüht, dass Ihr Kind sich dem Durchschnitt der Gesellschaft anpasst? Sind Sie bereit, unkonventionelle Wege zu gehen und dies auch Ihrem Kind zu gestatten? Werden Ihre Taten und Ziele für Ihr Kind von Ihrem Wunsch nach sozialer Anerkennung beeinflusst? Auch Eltern fühlen sich mitunter unter Gruppendruck.

Bauen Sie auf dem Erfolg auf

Fast alle Kinder haben ein oder mehrere Gebiete, in denen sie Motivation, Anstrengungsbereitschaft und Exzellenzstreben zeigen. Jetzt, wo Sie begonnen haben, Vertrauen aufzubauen, ein Gefühl der aktiven Fürsorge zu vermitteln und Interesse geweckt haben, können Sie das Kind beim Ausführen einer erwünschten Tätigkeit «erwischen» und darauf aufbauen. Dieser Schlüsselansatz – «sukzessive Erfolge» genannt – wird häufig in der Psychologie, Beratung und Wirtschaft verwendet.[33]

Unterstützen Sie kleine Schritte. Lob und Verstärkung sind wichtige Elemente des Ansatzes der *sukzessiven Erfolge*. Ein Hundetrainer weiß, dass Tiere nicht von Natur aus Kommandos wie «Sitz!», «Platz!» oder «Steh!» befolgen. Der Trainer versteht, dass Verstärkung notwendig ist, damit der

Prozess, der in Richtung des erwünschten Verhaltens führt, überhaupt in Gang gesetzt wird. Er muss beim Tier ansetzen und das kleinste Anzeichen des erwünschten Verhaltens belohnen. Dann werden weitere Schritte in Richtung Ziel belohnt. Die Schritte mögen klein sein; wenn sie jedoch in die gewünschte Richtung gehen, werden sie verstärkt.

Dieselbe Technik funktioniert auch bei einem Kind, das zu einem erwünschten Verhalten motiviert werden soll. Belohnen Sie oder ermutigen Sie kleine Schritte in die gewünschte Richtung. Erwarten Sie nicht, dass ein Kind große Sprünge macht, wenn kleinere es auch tun. Solche kleinen Schritte lenken das Kind fortlaufend in die gewünschte Richtung, und Verstärkung sorgt für ein Erfolgsgefühl unterwegs. Es ist dieser Erfolg, der mehr Anstrengung generiert und zu noch mehr Erfolg führt. Am Anfang des Prozesses steht manchmal eine bestimmte Verhaltensweise im Mittelpunkt, zum Beispiel: «Vielen Dank, dass du dein Rad weggeräumt hast». Bei anderen Gelegenheiten wird ein allgemeinerer Prozess anvisiert, zum Beispiel: «Ich finde es toll, dass du etwas unternimmst, um ordentlicher zu sein» oder sogar: «Ich schätze es, wie du darüber nachdenkst und redest, ordentlicher zu werden».

Belohnen Sie anfangs also die kleinsten Fortschritte, oder vielleicht sogar die Mühe des Versuchs. Wird Anstrengung belohnt, trägt das zur Entwicklung von besseren (Arbeits-)Gewohnheiten bei, da hochbegabte Kinder oft gerade dann erfolgreich sind, wenn Anstrengung verlangt ist. Denken Sie daran, dass Menschen sich in den Bereichen entwickeln, die ihnen Freude bereiten. Ihr Ziel lautet, den Kindern zu der Erkenntnis zu verhelfen, dass die neuen Verhaltensweisen vorteilhaft für sie sind. Dieser Vorteil könnte entweder etwas sein, was das Kind sich wünscht (eine extrinsische Belohnung) oder ein Gefühl der Genugtuung (eine intrinsische Belohnung). Natürlich ist es besser, wenn Menschen etwas aus Freude an der Tätigkeit selbst tun. Denken Sie jedoch daran, dass die meisten Erwachsenen für Geld oder andere konkrete Gewinne arbeiten, obwohl viele eine intrinsische Freude aus ihrer Tätigkeit ziehen. Manchmal ist es notwendig, mit einer konkreten Belohnung zu beginnen; es sollte jedoch die kleinste Belohnung sein, die eine Bewegung in die erwünschte Richtung erzeugt. Der Autoschlüssel ist keine angemessene Belohnung für das

Erledigen der Mathe-Hausaufgaben! Sie mögen sich über das Beispiel amüsieren, aber es ist für Eltern durchaus nicht ungewöhnlich, unnötige oder sogar übertriebene Belohnungen zu geben. Extra Fernseh- oder Computerzeit, zusätzliche Zeit, die die Familie mit Brettspielen zubringt, eine Umarmung oder ein einfaches Lob können viel bewirken, wenn es darum geht, ein Kind zu motivieren oder eine positive Beziehung zu unterstützen.

«Erwischen» Sie das Kind dabei, wie es etwas richtig macht – und zwar oft. Die Häufigkeit von Belohnungen ist besonders wichtig, wenn Sie einem Kind beim Erlernen von neuen Verhaltensweisen helfen wollen, vor allem im Anfangsstadium. Es reicht nicht aus, ein Kind *gelegentlich* zu loben, zu ermutigen oder ihm ein Kompliment zu machen, wenn es versucht, ein neues Verhaltensmuster zu lernen. Die Häufigkeit der Verstärkung ist einer der Faktoren, der beim Versuch, eine Verhaltensänderung zu bewirken, am häufigsten übersehen wird. Die Belohnungen müssen so häufig sein, dass sie das neue Verhalten so lange aufrechterhalten, bis andere Faktoren – das neue Verhalten mit eingeschlossen – für Verstärkung sorgen. Denken Sie daran: Es fällt uns leicht, altbekannte Gewohnheiten zu wiederholen – eben weil wir bereits wissen, was zu tun ist. Wenn wir uns jedoch an einer neuen Verhaltensweise versuchen, wird sie anfangs wahrscheinlich nicht so reibungslos oder geschickt ausfallen. Denken Sie zurück an Ihre ersten Versuche, Rad zu fahren. Es erschien Ihnen furchtbar schwierig und Sie waren vermutlich ungeschickt und brauchten viel Ermutigung. Als Sie es dann beherrschten, erschien Ihnen die Aufgabe einfach, und der Spaß am Radfahren war alles, was Sie an Belohnung brauchten.

Zunächst ist es viel ausschlaggebender, wie häufig und wie regelmäßig eine Belohnung erfolgt, als die Frage, wie groß diese Belohnung ausfällt. Am Anfang muss die Belohnung häufig erfolgen; wenn das gewünschte Verhalten häufiger wird, sollten Belohnungen allmählich seltener, ja sogar sporadisch werden. Sporadische Belohnung *(intermittierende Verstärkung)* hat länger andauernde Effekte und bewahrt das Kind davor, von Belohnungen abhängig zu werden. Nehmen wir das Angeln als ein Beispiel für intermittierende Verstärkung. Sie fangen nicht jedes Mal etwas, wenn Sie die

Angelschnur auswerfen, aber es gibt oft genug eine Belohnung (einen Fisch), um Sie zu einem neuen Versuch zu motivieren.

Belohnen Sie nicht alles, und belohnen Sie vor allem desinteressierte Versuche nicht genauso wie aufrichtige Bemühung. Wenn Sie alles loben, was das Kind tut, wird das seinem Selbstwertgefühl nicht dienen.[34] Solch ein Lob kann eventuell ein falsches Gefühl von Selbstvertrauen zur Folge haben, insbesondere wenn das Lob unspezifisch ist oder nicht den Tatsachen entspricht («Das ist das beste Bild, das ich *jemals* gesehen habe!»). Kinder wissen, wie sehr sie sich angestrengt haben. Sie werden Ihr Lob mehr schätzen, wenn es sich wahrhaftig auf ihre Bemühungen bezieht und wenn sie wissen, dass Sie ihre große Anstrengung nachvollziehen können. Um möglichst effektiv zu sein, sollte sich Lob speziell auf das Verhalten richten, weil das Selbstwertgefühl des hochbegabten Kindes je nach Bereich unterschiedlich ausgeprägt sein kann – in der Schule, zu Hause oder mit Freunden.

Exzessives Lob kann natürlich zu viel des Guten sein. Kinder können von Belohnungen abhängig werden – sie können zu «Trophäen-Jägern» werden, statt zu lernen, sich in Aktivitäten zu engagieren, die sie intrinsisch befriedigen.[35] Was Sie auf lange Sicht für das Kind erreichen wollen, ist, dass es selbstmotiviert ist und sich eventuell selbst loben oder stolz sein kann, wenn es etwas erreicht hat. Denken Sie daran, dass sogar sehr fähige Kinder (ebenso wie Erwachsene) gelegentlich Bestätigung durch andere brauchen. Versuchen Sie, jeden Tag mindestens ein oder zwei Anlässe zu finden, um Ihr Kind zu loben.

Das Timing ist ebenfalls wichtig: Anfangs sollten Sie nicht zu lange mit Ihrem Lob oder anderen Belohnungen warten. Konsequenzen, die unmittelbar erfolgen, sind die effektivsten. Wenn Sie das Lob hinauszögern, wird das Kind möglicherweise das Verhalten einstellen, das Sie gerade verstärken wollen, und folglich haben Sie keine Gelegenheit mehr, es zu verstärken. Sie sollten das Kind frühzeitig und oft dabei «erwischen», wenn es etwas «richtig» macht. Einige Eltern verwenden zwischendurch Tokens – ein Augenzwinkern, ein Lächeln oder einen Chip – als kleine Belohnungen, die das Kind beim Aufrechterhalten des Verhaltens unterstützen. Andere schreiben dem Kind einen kleinen Gutschein-Zettel (*Gutschein für eine kleine Besonderheit*).

Das Timing der Verstärkung ist besonders wichtig bei langfristigen Projekten oder Verhaltensänderungen. Es kann dem Kind schwerfallen, die Motivation für ein Langzeitziel aufrechtzuerhalten, zum Beispiel für ein Projekt, das erst in drei Wochen fällig ist, oder für ein neues Verhaltensmuster, das einen Monat lang gezeigt werden soll. Insbesondere bei Kindern erfordern Belohnungsaufschub oder fortwährende Anstrengung die Unterstützung von anderen. Dennoch bestehen Eltern oft darauf und erwarten, dass Kinder sofort langfristige Änderungen zeigen. Eltern sagen zum Beispiel: «Wenn Du mir zeigst, dass Du das einen ganzen Monat lang machen kannst, dann ...». Dies schafft eine Situation, in der das Kind vermutlich scheitern wird. Denken Sie bitte daran, dass Sie Situationen schaffen wollen, in denen das Kind erfolgreich sein kann, so dass Sie beide auf diesen Erfolg bauen können. Rechtzeitige Verstärkung für Anstrengung ist während eines ganzen Langzeitprojekts erforderlich.

Benutzen Sie «Vorschusslorbeeren». Sie können die Erfolgschancen erhöhen, wenn Sie «Vorschusslorbeeren» einsetzen. Dabei loben Sie ein Verhalten, das Sie sich vom Kind *erhoffen*. Ein Beispiel: Ihr Sohn, der gerade von der Schule nach Hause kommt, zieht sich die Jacke aus und wirft sie wie üblich auf den Boden. Aus dieser Situation können Sie ein «Aha-Erlebnis» machen, indem Sie zu dem Kind sagen: «Vielen Dank, dass du deine Jacke in dein Zimmer bringst. Ich schätze es sehr, dass du so hilfsbereit bist.» Möglicherweise ging Ihrem Sohn dieser Gedanke überhaupt nicht durch den Kopf, aber Ihre «Vorschusslorbeeren» bewirken vier sehr wichtige Dinge. Erstens: Sie erinnern ihn an Ihre Erwartungen, sowohl, was dieses spezifische Verhalten betrifft, als auch Ihre allgemeine Erwartung, dass er sich pflichtbewusst verhält. Langfristig gesehen werden Kinder im Allgemeinen unseren Erwartungen gerecht – im positiven wie im negativen Sinne. Zweitens: Die Wahrscheinlichkeit, dass Ihr Sohn das von Ihnen gewünschte beziehungsweise das von ihm erwartete Verhalten zeigt, ist viel größer, wenn Sie ihn daran erinnern. Drittens: Sie haben die Chance, ihn zu loben und zu belohnen, was eine Wiederholung desselben Verhaltens in Zukunft wahrscheinlicher macht. Und viertens: Mithilfe von «Vorschusslorbeeren» lässt sich ein häufiges elterliches Verhalten vermeiden, bei dem das Kind kritisiert wird, weil es «so gedankenlos und vergesslich» ist, oder angeherrscht, es solle «sofort zurückkommen und (Seufz!) mehr Rücksicht auf den Rest der Familie nehmen!»

Sicherlich, *Vorschusslorbeeren* erzielen nicht immer das erwünschte Ergebnis. Vielleicht sagt Ihr Sohn: «Was? Ich wollte die Jacke gar nicht aufhängen.» Mit diesem Kommentar kann er den Machtkampf ganz schnell verschärfen oder gar eskalieren lassen. Bei der Methode mit den Vorschusslorbeeren bleibt Ihnen immer noch die Möglichkeit, dies zu vermeiden. Sie können beispielsweise sagen: «Oh, ich dachte, das wolltest du gerade. Könntest du sie dann bitte jetzt in dein Zimmer bringen? Das wäre sehr nett von dir!» Die meisten Kinder werden dieser Aufforderung (eventuell mit leichtem Kopfschütteln) nachkommen, es sei denn, es gibt eine Vorgeschichte mit einem gravierenden und langanhaltenden Machtkampf.

Vorschusslorbeeren können Sie für viele verschiedene Verhaltensmuster verwenden. Sie werden feststellen, dass es eine wirkungsvolle Methode ist. Zum Beispiel wird ein Kind, das anderen ständig ins Wort fällt, vermutlich positiv reagieren, wenn Sie sagen: «Ich finde es wirklich gut, wie du dich bemühst, andere nicht zu unterbrechen.» Oder Sie sagen dem «chronischen Aufschieber», der nachdenklich aussieht: «Du bist so tief in Gedanken versunken; vermutlich denkst du an dein Projekt, das du nächste Woche abgeben sollst. Ich bin froh, dass du vorausplanst und rechtzeitig daran arbeitest.» Im Gegensatz zu anderen Arten von Lob können Vorschusslorbeeren – auch wenn sie nicht immer ganz korrekt sind – einen positiven Effekt haben.

Einige Eltern zögern bei der Verwendung von Vorschusslorbeeren. Sie sagen: «Durchschauen diese intelligenten Kinder nicht, was man damit bezweckt?» Sicherlich, einige schon. Manche – wenn sie einen Blick in dieses Buch geworfen haben – sagen vielleicht sogar: «Du versuchst es gerade mit *Vorschusslorbeeren*, stimmt's?» Solch eine Erkenntnis muss keine Beeinträchtigung sein. Sagen Sie einfach: «Ja, das tue ich tatsächlich. Ich finde es besser als Nörgeln und Kritisieren. Was meinst Du?» Die meisten Kinder werden zugeben, dass es vorzuziehen ist. Sie können auch darauf hinweisen, dass Restaurants und Theater diese Methode verwenden, wenn sie

Schilder aufhängen wie «Danke, dass Sie nicht rauchen» oder «Danke, dass Sie Rücksicht nehmen».

Andere Methoden und Strategien

Hier sind weitere Strategien, die Sie vielleicht verwenden möchten, um Ihrem Kind dabei zu helfen, Motivation zu entwickeln, aufrechtzuerhalten oder umzuleiten.

Konzentrieren Sie sich auf die Bemühungen, nicht nur auf das Ergebnis. Manchmal strengen sich hochbegabte Kinder nicht an, selbst wenn ihre Performanz oder das Ergebnis großartig ist. Zum Beispiel kann ein Kind ein Einser-Zeugnis haben oder einen Schnitt von 14, 15 Punkten (von 15 möglichen Punkten in der Oberstufe), und das ohne großen Aufwand, weil der Stoff keine wirkliche Herausforderung darstellt. Wenn Sie sich nur auf das Ergebnis konzentrieren, belohnen Sie Minimalaufwand. Das Kind wird den Zusammenhang zwischen Anstrengung und Ergebnis nicht lernen. Meistens ist es besser, eine echte Anstrengung zu verstärken, auch wenn das Ergebnis nur teilweise zufriedenstellend ist.

Erkennen Sie Leistung an. Die meisten Eltern wissen, dass es wichtig ist, Leistung zur Kenntnis zu nehmen, aber manchmal schenken sie den Misserfolgen des Kindes mehr Aufmerksamkeit. Vermeiden Sie zum Beispiel die «Sieben Einser und eine Zwei»-Diskussion. Bringt ein Kind ein Zeugnis mit lauter Einsern nach Hause, außer einer Zwei in einem Fach, fragt ein Elternteil möglicherweise sofort: «Warum hast du hier eine Zwei bekommen?» Es ist viel besser, zunächst festzustellen: «Du musst aber froh sein, mit all den Einsern!» Wenn Sie sich nur auf die Zwei beziehen, vermitteln Sie dem Kind, dass es sich nicht genug angestrengt hat. Damit unterstützen Sie unabsichtlich negatives und perfektionistisches Denken.

Gemeinsame Aktivitäten. Manchmal arbeiten Eltern in einem Teil des Hauses oder zu einem bestimmten Zeitpunkt; sie erwarten von den Kindern, dass sie ihre Aufgaben woanders erledigen, oder zu einem anderen Zeitpunkt. In solchen Familien haben Kinder selten die Chance mitzubekommen, wie die Eltern mit Motivation oder Leistung umgehen. Wenn Sie mit Ihrem Kind Gemeinschaftsprojekte durchführen, kann Ihr Kind Ihre Motivation und Ihre Arbeitsgewohnheiten beobachten. Dazu könnte beispielsweise die Hilfe im Garten oder bei einer Instandsetzung im Haus gehören, oder gemeinsamer Sport oder ein Hobby. Hilfreich ist außerdem, wenn Kinder Ihre Leidenschaft für den Beruf erleben. Solche Projekte geben Kindern die Gelegenheit, Ihre Freude und Begeisterung zu sehen, wenn Sie etwas gut machen. Gemeinsame Aktivitäten vermitteln Ihre Werte, Arbeitseinstellung und andere Prinzipien, die Ihnen wichtig sind, etwa Geduld und Frustrationstoleranz. Gemeinsame Aktivitäten verbessern Beziehungen und gute Beziehungen machen wiederum gemeinsame Aktivitäten attraktiver. Viele Aktivitäten, die Sie jetzt, als Erwachsener, genießen, sind erst durch das gemeinsame Erleben mit Ihren Eltern oder anderen nahestehenden Personen in Ihrer Kindheit attraktiv geworden.

Vermeiden Sie «Ja, aber …». Oft loben Eltern die Bemühungen eines hochbegabten Kindes mit den Worten «Ja, aber …». «Du hast es gut gemacht, aber es wäre besser gewesen, wenn du es so oder so gemacht hättest.» Solche Äußerungen verletzen das Selbstwertgefühl des Kindes, weil das «aber» das Positive, das zuvor kommt, wieder aufhebt. Was das Kind dann oft behält, ist das «aber». Die Botschaft lautet: «Du bist so, wie du bist, nicht gut genug, aber vielleicht wärst du mit etwas mehr Erfolg ganz akzeptabel.»

Seien Sie einfühlsam, aber auch genau. Seien Sie sensibel in Bezug auf die eigenen Gefühle und die des Kindes; versuchen Sie, Pauschalaussagen zu vermeiden, die das Kind etikettieren oder beurteilen. Aussagen wie «Du musst wirklich mehr tun» oder «Du darfst nicht so faul sein» oder gar «Du hast so viel Potenzial», sind nicht hilfreich. Versuchen Sie, so genau wie möglich zu sein, wenn Sie konstruktive Kritik üben. Denken Sie an die Gefühle Ihres Kindes, wenn Sie es beurteilen. Eine nützliche Methode ist, *Ihre eigenen* Gefühle zu äußern und «Ich-Botschaften» zu formulieren, wie sie im Kapitel über Kommunikation behandelt wurden.

Schauen Sie sich nach Mentoring-Gelegenheiten um. Mentoring-Gelegenheiten, seien sie offizieller oder inoffizieller Art, können arrangiert werden, um ein Kind zu motivieren, indem es einem Fachmann in einem Gebiet, das es interessiert, bei der Arbeit zuschaut. Das «Mitlaufen» oder Zuschauen bei einem Elternteil, Professor, Tierarzt oder Chemiker in einem Betrieb in der Nähe kann für neue Perspektiven sorgen und die Bedeutung von Ausbildung aus dem Blickwinkel des wirklichen Lebens unterstreichen. In höheren Klassen können offizielle Praktika bei Fachleuten Schülern aus der Mittel- und Oberstufe helfen, in anspruchsvollere Programme zu kommen. Denken Sie jedoch daran, dass Mentoring-Programme nicht immer das Ergebnis bringen, das sich Eltern wünschen. Das Kind mag vielleicht plötzlich zu dem Schluss kommen, dass es nach den praktischen Erfahrungen kein Interesse mehr an dem Beruf hat. Ein solches Programm kann aber trotzdem eine wertvolle Lernerfahrung für das Kind sein und eine Gelegenheit für Eltern, Anstrengung und Risikobereitschaft zu loben.

Die Balance finden

Eltern wünschen sich, dass Ihr Kind hochmotiviert ist, sich als Mensch zufrieden fühlt und eng mit anderen verbunden ist. Keiner möchte, dass die Leistungen des Kindes eine Flucht vor einem unangenehmen Umfeld oder ein Rückzug von unbehaglichen persönlichen Beziehungen ist. Eltern müssen die besonderen Eigenschaften des Kindes anerkennen und loben; gleichzeitig müssen sie sich aber davor hüten, es nicht zu sehr zu «vergöttern». Setzen Sie Kinder unterschiedlichen Erfahrungen aus, um ihren Blick für verschiedene Möglichkeiten zu öffnen und die eigenen Interessen so zu entwickeln, dass sie mit ihren Talenten übereinstimmen. Stoßen Sie Ihr intelligentes Kind vorsichtig an, ermutigen und fordern Sie es heraus, sein Potenzial auszuleben; vermeiden Sie jedoch Machtkämpfe, in denen das Kind zum Underachiever wird und sich weigert, Leistung zu erbringen, nur weil Eltern und Lehrer darauf Wert legen.

Als Eltern müssen wir die Balance finden zwischen der Unterstützung der emotionalen Entwicklung und der Förderung von Leistung, da ein enger Zusammenhang zwischen beiden besteht. Für ein Kind kann es dann schwierig werden, wenn sich die emotionale und die kognitive Seite nicht parallel entwickeln. Für jede Familie ist diese Balance anders. Wie viel Druck üben Sie aus? Wann ist Förderung angemessen? Woher wissen Sie, ob Sie zu viel Druck ausüben? Bei tragfähigen Beziehungen sind diese Fragen einfach zu beantworten. Denken Sie daran, dass hochbegabte Kinder sich fast immer mit *irgendetwas* motiviert beschäftigen. Durch persönliche Beziehungen, sukzessive Erfolge, Zielsetzung und andere Techniken können Sie auf der vorhandenen Begeisterung aufbauen und die Motivation des Kindes formen, umlenken oder kanalisieren. Die hohe Motivation und Leistung des Kindes in einem Bereich überträgt sich normalerweise auch auf andere Gebiete.

Kapitel 5

Disziplin aufbauen und Selbstmanagement beibringen

Eltern wollen, dass ihre Kinder sowohl Selbstmotivation als auch Selbstdisziplin entwickeln. Disziplin ist ein wichtiger Bestandteil der Erziehung. Indem Kinder die Erfahrung machen, dass es von den Eltern gesetzte Grenzen gibt, lernen sie, die Verantwortung für ihr Verhalten zu übernehmen und inakzeptable Verhaltensweisen zu ändern beziehungsweise zu unterlassen. Wie bei allen Erziehungsfragen geht es auch bei der Disziplin darum, dass Sie Ihren Kindern das gewünschte Verhalten vorleben und beibringen.

Die meisten Eltern fühlen sich in Sachen Disziplin verunsichert. Wie viele Regeln brauchen intelligente Kinder? Wie kann man ihnen am besten dabei helfen, Selbstdisziplin zu lernen? Manche Eltern berichten, dass sie das Gefühl haben, viele Regeln aufstellen zu müssen, weil ihre hochbegabten, intensiven Kinder so undiszipliniert sind. Andere wiederum glauben, dass hochbegabte Kinder, wenn überhaupt, nur wenige Regeln brauchen. Mitunter sind sich die beiden Eltern nicht einig, welche disziplinarischen Maßnahmen sie bei ihrem Kind ergreifen sollen; dies ist besonders in Familien mit Stiefeltern häufig der Fall. Andere glauben, gute Eltern zu sein, wenn sie ein kumpelhaftes Verhältnis zu ihrem Kind haben und seine besten Freunde sind, ohne viel Disziplin auszuüben. Aber ein wesentlicher Teil der Elternrolle besteht darin, dem Kind Disziplin beizubringen.

Wie können Sie – als Eltern und wichtigste Lehrer für Ihr Kind – dazu beitragen, dass Ihr überschwängliches, intensives Kind die nötige Selbstkontrolle lernt? Es gibt kein Patentrezept, das bei allen Kindern funktioniert, aber Sie können einige grundlegende Prinzipien berücksichtigen, um das Verhalten des Kindes so zu formen und zu verändern, dass daraus Selbstdisziplin und jene Art von Selbstvertrauen erwächst, die Ihr Kind als erwachsener Mensch einmal haben soll.

Disziplin und Bestrafung

Viele Eltern assoziieren mit Disziplin Maßnahmen wie die Auszeit-Methode, Hausarrest oder andere Formen der Bestrafung. Das ist bedauerlich, denn Disziplin ist nicht dasselbe wie Bestrafung, die sparsam eingesetzt werden sollte. Angesichts der hohen Sensibilität hochbegabter Kinder bewirkt bei ihnen in der Regel schon ein geringes Strafmaß sehr viel. Mit «Disziplin» meinen wir etwas viel Weitreichenderes, nämlich Mittel und Wege, um das Kind dabei zu unterstützen, seine eigenen Verhaltensweisen steuern zu lernen und Selbstregulation und Verantwortung zu erreichen. Disziplin bedeutet demnach nichts anderes als dem Kind zu zeigen, wie es Schritt für Schritt lernen kann, ein selbstbestimmtes Leben zu führen.

Disziplin lernen wir sowohl durch (auferlegte oder natürliche) Konsequenzen, als auch durch andere Menschen in unserem Umfeld, die uns Selbstdisziplin vorleben. Eine wirksame Erziehung geht mit einer Disziplin einher, die den Kindern nicht nur klarmacht, was sie falsch gemacht haben, sondern ihnen auch aufzeigt, worauf sie beim nächsten Mal achten sollen. Wenn Sie sagen «Bücher sind nicht dazu gedacht, dass man darin malt; wenn du malen möchtest, kannst du deinen Zeichenblock dafür verwenden», geben Sie Ihrem Kind eine klare Richtung vor, wie es beim nächsten Mal anders handeln kann. Eltern konzentrieren sich nur allzu oft auf das, was die Kinder falsch machen, ohne ihnen zu sagen, wie sie es besser machen können, denn darum geht es beim Lernen von Selbstdisziplin. Bestrafung bewirkt etwas, das Psychologen «Ausbreitungseffekt» nennen, das heißt, sie wirkt sich auf alles aus, was zu dem Zeitpunkt von Bedeutung ist, auch auf Ihre Beziehung zu Ihrem Kind.

Nehmen wir an, ein Elternteil ist vollkommen frustriert und schreit das Kind an: «Hör endlich auf, Krach zu machen!» Schreien trägt nicht zum Aufbau von Disziplin bei. Warum nicht? Weil das Kind dadurch nicht lernt, was es anders machen soll, und weil brüllende Eltern kein erwünschtes Verhalten vorleben. Abgesehen davon wird ein Kind, das von den Eltern häufig angeschrien wird, wahrscheinlich «abschalten». Ein besserer Ansatz, um auf den Lärm des Kindes zu reagieren, wäre: «Adrienne, ich kann mich nicht auf mein Buch konzentrieren, wenn du so laut bist. Bitte spiel draußen, wenn du Lärm machen möchtest.» Damit machen Sie dem Kind auf respektvolle Weise klar, was Sie von ihm erwarten.

Der wiederholte Einsatz von strengen Worten, einem schroffen Ton und harter Bestrafung beeinträchtigt nicht nur die Kommunikation, sondern kann auch der Beziehung schaden. Harte Strafen – vor allem wenn sie inkonsequent sind – können zu großen Problemen zwischen Eltern und Kindern führen, etwa zu Machtkämpfen, Rebellion und sogar zu Jugendkriminalität.[1] Außerdem hat sich gezeigt, dass sich die gemessene Intelligenz eines Kindes dadurch verschlechtert: In mindestens einer Studie wurde bei Vorschulkindern aus Elternhäusern, wo schlechtes Betragen harte Strafen nach sich zog, eine signifikante Abnahme der IQ-Werte nachgewiesen.[2]

Diese negative Auffassung von Bestrafung widerspricht möglicherweise den Vorstellungen, mit denen Sie aufgewachsen sind. In früheren Generationen glaubten Eltern häufig an die Wirksamkeit von Schlägen und verprügelten ihre Kinder sogar mit Stöcken oder Gürteln. Disziplin folgte dem Motto: «Wer mit der Rute spart, verzieht das Kind». Es war gesellschaftlicher Konsens, dass Eltern ihre Kinder körperlich züchtigten. Familien waren autokratische und keine demokratischen Systeme. In den Schulen war die Prügelstrafe – einschließlich Hintern versohlen – bei Fehlverhalten gang und gäbe. Heute würde ein Lehrer für solche Maßnahmen ein Disziplinarverfahren bekommen.

Bei der autoritären Erziehung hatten die Eltern grundsätzlich Recht und immer das letzte Wort. Sie waren Boss, Richter und Geschworene und sie machten die Gesetze. Die Kinder hatten keine Möglichkeit, Einwände zu erheben oder diese Gesetze in Frage zu stellen. Die starren Regeln führten mitunter zu Machtkämpfen und Auflehnung. Nach heutigen Erziehungsstandards haben die Eltern zwar Autorität, räumen ihren Kindern jedoch Freiheiten ein, was Familienregeln und -strukturen betrifft, das heißt, die Kinder haben gewisse Wahlmöglichkeiten und tragen ein gewisses Maß an Verantwortung für ihre Entscheidungen. Dabei sind es nach wie vor die Eltern, die diesen Wahlmöglichkeiten Grenzen setzen. Dieser Erziehungsansatz gestattet es den Kindern, Erfahrungen zu sammeln und innerhalb bestimmter Grenzen ihre eigenen Entscheidungen zu treffen. Auf diese Weise lernen sie nach und nach Selbstdisziplin.

Drei Disziplinstile

Es gibt drei grundlegende Disziplin- beziehungsweise Erziehungsstile: den autoritären, den permissiven und den demokratischen.[3] Autoritäre Eltern treffen sämtliche Entscheidungen für das Kind, arbeiten mit Belohnung und Bestrafung, betrachten sich als dem Kind überlegen, stellen strenge Regeln auf, sind stark kontrollierend und lassen dem Kind wenig Freiheit. Kinder, die mit diesem Stil erzogen werden, bekommen keine Gelegenheiten, eigene Entscheidungen über ihr Leben zu treffen.

Permissive Eltern räumen den Wünschen und Bedürfnissen des Kindes oberste Priorität ein und sorgen dafür, dass es sich nicht anstrengen muss und nur angenehme und stressfreie Erfahrungen macht. Indem sie dem Kind alles abnehmen, auch die Dinge, die es selbst bewältigen könnte, rauben permissive Eltern dem Kind ungewollt den Selbstrespekt und das Selbstwertgefühl, was fast zwangsläufig zu Auflehnung seitens des Kindes führt.

Demokratische Eltern bieten dem Kind Wahlmöglichkeiten und geben ihm Richtlinien an die Hand, lassen es dann aber Erfahrungen im wirklichen Leben sammeln und Verantwortung übernehmen. Das Kind hat gewisse Entscheidungsgelegenheiten, die es ihm ermöglichen, eine realistische Selbsteinschätzung zu entwickeln und unabhängig zu werden. Demokratische Erziehungsstile scheinen am sinnvollsten zu sein, und sie bieten eine Grundlage für eine gesunde Selbstdisziplin.

Disziplin und Selbstmanagement

Während Bestrafung von außen kommt und normalerweise von jemandem ausgeübt wird, der älter und mächtiger ist, kommt Disziplin von innen. Das Konzept der Disziplin zielt heutzutage in erster Linie darauf ab, dem Kind beizubringen, sich auf seine eigene Fähigkeit zu verlassen, richtig zu denken und zu handeln, anstatt sich von der Angst vor Bestrafung leiten zu lassen. Eltern bringen ihren Kindern bei, ihre Handlungen und deren natürliche oder auferlegte Konsequenzen zu verstehen. Nach diesem neueren Verständnis steht der Begriff «Disziplin» also für verschiedene positive Mittel und Wege, dem Kind Fertigkeiten der Selbstachtsamkeit und Selbstregulation beizubringen, die es ihm ermöglichen, mit anderen in vorhersagbarer, wechselseitig befriedigender Weise verantwortungsvoll zu interagieren, und die letzten Endes zu Selbstbestimmung führen.

Diese veränderte Sichtweise macht die Unterschiede zwischen Bestrafung und Disziplin deutlich. Es ist offensichtlich, dass Bestrafung kein unabhängiges Denken fördert und dazu führen kann, dass Kinder auf andere angewiesen sind, die ihnen zeigen, wie sie sich verhalten sollen. Darüber hinaus ruft Bestrafung bei hochbegabten Kindern häufig eine starke Angst- oder Wutreaktion hervor, weil diese Kinder unabhängig und willensstark sind und rasch auf alles reagieren, was ihnen ungerecht vorkommt.

Disziplin als Ziel soll zu Selbstbestimmung führen, was voraussetzt, dass das Kind ein ausgeprägtes Gespür dafür entwickelt, was richtig oder falsch und was angemessen ist. Für hochbegabte Kinder ist Selbstbestimmung besonders wichtig. Weil sie in vielerlei Hinsicht anders sind als andere Kinder, müssen sich hochbegabte Kinder ihr Leben lang auf ihr eigenes Urteil verlassen und nicht auf das der anderen. Ihre besonderen Denkprozesse führen oft zu ungewöhnlichen Schlussfolgerungen, und häufig beurteilen sie Situationen ganz anders als andere. Es ist also unbedingt notwendig, dass hochbegabte Kinder Selbstbestimmung und Selbstdisziplin lernen, damit aus ihnen autonome, lebenslange Lerner werden.[4]

Gerade bei hochbegabten Kindern ist Disziplin häufig eine Herausforderung für Eltern und andere, was vor allem mit einem Merkmal zusammenhängt: der Intensität. Wenn ein hochbegabtes Kind mit einem Thema oder Vorhaben befasst ist, kann die Intensität seiner Ziele, Wünsche und Bedürfnisse zu Disziplinproblemen führen. Obgleich diese Intensität eine große Stärke darstellt, mangelt es hochbegabten Kindern oft an Selbstdisziplin und Selbstkontrolle, wenn sie in einer intensiven, leidenschaftlichen Auseinandersetzung mit einer erwachsenen Autoritätsperson verstrickt sind. Dieselbe Intensität, die das Kind dazu veranlasst, seine Handlungen leidenschaftlich zu verteidigen, kann es dazu verleiten, Machtkämpfe mit einem Erwachsenen einzugehen, um «das Gesicht zu wahren».

Da hochbegabte Kinder sowohl klug als auch willensstark sind, haben sie die besondere Fähigkeit und Neigung, jederzeit und überall zu sinnieren, zu argumentieren und die Dinge in Frage zu stellen. Es ist sehr unwahrscheinlich, dass sie Anordnungen oder autoritäre elterliche Anweisungen einfach so hinnehmen – es sei denn, aus Angst, die sich später in Groll verwandeln kann. Wer hochbegabte Kinder anleitet, sollte wissen, dass sie manchmal pampig oder wütend, rebellisch oder sogar aufsässig werden, wenn sie Begründungen wie «Weil ich es sage!» zu hören bekommen. Diese Kinder wollen einen triftigen Grund hören, der für sie sinnvoll ist.

Es liegt auf der Hand, dass Kinder, die über Jahre hinweg ständig Begründungen wie «Weil ich es sage!» hören, entmutigt werden, Fragen zu stellen. Bei Kindern, die so autoritär erzogen werden, besteht die Gefahr, dass sie später in ihren zwischenmenschlichen Beziehungen eine «erlernte Hilflosigkeit» (die Überzeugung, dass sie die Dinge nicht ändern können) entwickeln.[5] Es mangelt ihnen an Modellen für das Lösen von Problemen und Missverständnissen, und sie sind offenbar auf andere angewiesen, die ihnen sagen, was sie tun sollen. Das kann zu mangelndem Selbstvertrauen und schlechten Beziehungen führen.

Mit einem hochbegabten Kind zu diskutieren, kann manchmal schwierig sein. Eine Mutter erzählte, wie ihr Sohn ein Exemplar der amerikanischen Unabhängigkeitserklärung hervorkramte und sagte: «Schau, hier steht geschrieben, dass alle Menschen gleich geschaffen sind – das ist ein unabdingbares Recht. Du kannst mir nicht vorschreiben, was ich tun soll. Wir sind gleich!» Die Mutter erwiderte, dass sich dieser Grundsatz auf mündige Mitglieder der Gesellschaft beziehe, und nicht auf einen Siebenjährigen. Daraufhin forschte der Junge prompt im Internet nach, wann er denn mündig sein würde, und konfrontierte die Mutter anschließend mit ein paar interessanten Informationen, die neue Fragen aufwarfen. (Das Leben mit einem hochbegabten Kind wird nie langweilig!). Glücklicherweise unterdrückte die Mutter die Neugierde und das Fragebedürfnis ihres Kindes nicht mit einer «Weil ich es sage»-Antwort. Obgleich unaufhörliches Fragen ermüdend sein kann, führt der Verzicht auf autoritäre Erziehungsstile bei hochbegabten Kindern zu positiveren Beziehungen und besseren Resultaten in der Zukunft.

Selbstdisziplin lernt man langsam

Veränderung, Wachstum und die Entwicklung eines positiven Selbstwertgefühls vollziehen sich allmählich und brauchen Zeit. Ebenso wie bei der Motivation, ist es bei der Disziplin wichtig, sie langsam und Schritt für Schritt aufzubauen. Selbstdisziplin und Selbstmotivation sind erlernte Fertigkeiten. Wenn Menschen neue Fertigkeiten lernen, sind sie anfangs meist noch recht unbeholfen; mit der entsprechenden Übung verbessern sie sich dann allmählich. Egal, ob es um ein Musikinstrument oder um eine bestimmte Sportart, um Selbstmotivation oder Selbstdisziplin geht – eine neue Fertigkeit zu lernen erfordert viel Übung. Hochbegabte Kinder lassen sich mitunter entmutigen, weil sie sich auf eine Schwierigkeit oder ein Misslingen konzentrieren, und nicht auf ihre Erfolge. In diesem Fall kann es sein, dass sie sich kaum mehr anstrengen. Vielleicht mehr als andere Kinder brauchen hochbegabte Kinder Erwachsene, die ihre Anstrengungen und positiven Qualitäten zur Kenntnis nehmen. Sie müssen ermutigt werden, damit sie lernen, sich auf ihre Stärken und nicht auf ihre Schwächen zu konzentrieren.

Wie schon bei der Motivation, ist es auch bei der Disziplin hilfreich, Situationen zu schaffen, in denen Ihr hochbegabtes Kind wahrscheinlich erfolgreich ist, und in denen Sie das Kind dabei «erwischen» können, wie es etwas richtig macht. Ebenso wie Sie Ihr Kind Schritt für Schritt dazu motivieren können, Klavierspielen oder Fahrradfahren zu lernen, können

Sie ihm schrittweise beibringen, ausdauernd und ordentlich zu sein oder Regeln zu befolgen. Beginnen Sie mit Schritten, die das Kind höchstwahrscheinlich erfolgreich bewältigen kann. Um Selbstdisziplin im Hinblick auf Ordentlichkeit zu fördern, zeigen Sie dem Kind zum Beispiel, dass Strümpfe und Socken alle zusammen an einen Platz in der Kommode oder im Schrank gehören, T-Shirts an einen anderen, und so weiter. Wenn das Kind hierin erfolgreich war, gehen Sie zum nächsten Schritt über. Fördern Sie *schrittweise* Veränderungen, geben Sie Vorschusslorbeeren für kleine Schritte, die zum Erfolg führen, und loben Sie das Kind dann für diesen Erfolg.

Drei Fragen in Bezug auf Disziplin

Drei Fragen sollten Sie sich stellen, wenn Sie Ihrem Kind Disziplin beibringen:

1. Wie effektiv ist diese Disziplinmethode langfristig?

2. Wie wirkt sie sich auf meine Beziehung mit dem Kind aus?

3. Wie wirkt sie sich auf das Selbstwertgefühl des Kindes aus?

Effektivität ist das Ziel von Disziplin. Dennoch versuchen Erwachsene oft, eine Form von Disziplin zu erzwingen, die nicht effektiv ist. Eine Definition von Wahnsinn lautet, dass man immer und immer wieder dasselbe tut, und dabei unterschiedliche Ergebnisse erwartet, ohne je damit erfolgreich zu sein. (Wenn es bislang nie funktioniert hat, warum sollte man dann davon ausgehen, dass es beim nächsten Mal funktioniert?). Sich die Unwirksamkeit einer disziplinären Strategie vor Augen zu führen, ist der erste Schritt, um sie zu verbessern. Wenn Ihnen klar wird, dass Ihre Strategie nicht so effektiv ist, wie Sie sich das wünschen, suchen Sie einen anderen, weniger gegensätzlichen Ansatz, beispielsweise einen, bei dem Sie über manche Punkte mit dem Kind verhandeln können, während andere Punkte schlichtweg nicht verhandelbar sind.

Es gibt viele Mittel und Wege, um ein Kind zu korrigieren, zu kritisieren oder zu bestrafen. Manche schützen das Selbstwertgefühl des Kindes und fördern Beziehungen, andere nicht. Wenn Sie sich auf das Verhalten des Kindes – und nicht auf das Kind als Person – konzentrieren und es wann immer möglich ermutigen, haben Sie die besten Chancen, negativen Rückschlägen entgegenzuwirken. Unten finden Sie weitere Anregungen, wie Sie Beziehungen und das Selbstwertgefühl des Kindes schützen können.

Wie Disziplinprobleme entstehen

Disziplinprobleme wie Störverhalten oder schlechte Noten sind für das Kind ebenso zielgerichtet wie kooperative Verhaltensweisen, die auf Erfolg ausgerichtet sind. Um das Fehlverhalten des Kindes zu verstehen, muss man herausfinden, welches Ziel damit verfolgt wird. Hier sind fünf spezifische Ziele, die dem Fehlverhalten von Kindern häufig zugrundeliegen:

1. Das Kind will Aufmerksamkeit;
2. das Kind will Macht;
3. das Kind will es jemandem heimzahlen/sich für etwas rächen;
4. das Kind ist im Hinblick auf sich selbst zutiefst entmutigt;
5. das Kind versucht, Informationen über sich zu kontrollieren und/oder seine Begabungen/Hochbegabung zu verstecken.

Allen diesen Zielsetzungen und dem damit verbundenen Fehlverhalten liegt ein Gefühl der Unzulänglichkeit beziehungsweise des Unbehagens in der Situation zugrunde. Diese Kinder sind entmutigte Kinder. Sie mögen sich selbst nicht oder sie mögen die Situation nicht. Erst wenn wir das unausgesprochene Ziel eines Kindes verstehen, können wir angemessen auf sein Verhalten reagieren und dafür sorgen, dass es wieder Mut schöpft und lernt, seine Gefühle durch ein angemesseneres Verhalten auszudrücken.

Ein Kleinkind beispielsweise, das seine Mutter beim Telefonieren stört, will höchstwahrscheinlich Aufmerksamkeit. Die Mutter versteht das Ziel des Kindes und sagt: «Ich spreche gerade mit einer Freundin. Ich möchte, dass du ein paar Minuten mit deinen Buntstiften auf dieses Papier malst, und dann habe ich Zeit für dich.» Die Mutter könnte sogar einen Küchenwecker stellen, damit das Kind weiß, wie lange sie noch zu telefonieren gedenkt.

Es ist hilfreich, sich immer wieder vor Augen zu führen, dass fast alles, was eine Person tut, durch eine vorausbedachte Konsequenz, eine Belohnung oder einen Gegenwert motiviert wird. In den meisten Situationen gibt es nicht nur eine, sondern mehrere Konsequenzen, die dafür sorgen, dass ein Verhalten aufrechterhalten wird. Im Allgemeinen reagieren Individuen am stärksten auf Lob und versuchen, Kritik zu vermeiden. Manchmal – vor allem, wenn ein Verhalten auf wenig Zustimmung trifft – können sowohl Lob als auch Kritik Verstärker sein. Manche Kinder lernen, dass sie durch Fehlverhalten oder schlechte Leistungen am wirksamsten auf sich aufmerksam machen können. In diesem Fall spricht man von negativer Aufmerksamkeit. Diese Kinder haben entdeckt, dass Fehlverhalten zu mehr Aufmerksamkeit führt, und Verhaltensweisen, die verstärkt werden, werden in der Regel wiederholt. Das heißt, dass die Kinder die Erwachsenen mit ihren negativen Verhaltensweisen auch weiterhin «austesten», solange sie dafür von ihnen Aufmerksamkeit bekommen.

Eine wirksame Strategie, um viele negative Verhaltensweisen einzudämmen, ist, sie einfach soweit es geht zu ignorieren und dem Kind zugleich mehr Aufmerksamkeit entgegenzubringen, wenn es positive Verhaltensweisen zeigt, etwa durch Lob und positive Kommentare. Diese Strategie kann schwierig sein und viel Zeit in Anspruch nehmen, aber in der Regel führt sie zu einem besseren Verhalten. Das negative Verhalten des Kindes kann anfangs etwas zunehmen, wenn die Aufmerksamkeit, die es normalerweise damit erntet, ausbleibt; dahinter steckt der Versuch, durch negatives Verhalten erneut die Aufmerksamkeit der Eltern auf sich zu ziehen, nach dem Motto «Wenn das bislang funktioniert hat, wird es auch weiterhin funktionieren, wenn ich noch eins draufsetze!» Wenn es dem Kind aber nicht gelingt, mit diesem Verhalten Aufmerksamkeit zu ernten, wird es dieses Verhalten irgendwann einstellen.

Zum Glück lassen sich Verhaltensweisen ändern. Hochbegabte Kinder können ihre Verhaltensweisen oft schnell ändern, wenn sie es wollen. Um das zu erreichen, müssen wir ihnen geeignete Informationen, Rückmeldung, Grenzen und Verstärker geben, wenn sie Fortschritte machen.

Grenzen setzen

Alle Kinder brauchen Grenzen, und manche Kinder – etwa diejenigen, die an ADS/ADHS leiden – brauchen besonders viele, konsequente und feste Regeln. Kindern mag es nicht gefallen, wenn man ihren Verhaltensweisen Grenzen setzt. Ihre Aufgabe als Eltern besteht aber nicht darin, einen Beliebtheitswettbewerb mit Ihrem Kind zu gewinnen. Sie sind die Autoritätsperson – diejenige, die das Sagen hat. Ihr Kind wird im Laufe der Jahre vermutlich viele Freunde haben, und Sie tun ihm keinen Gefallen, wenn Sie versuchen, sein bester Freund zu sein, anstatt ihm Vater oder Mutter zu sein.[6]

Hochbegabte Kinder können von der Führung eines verständnisvollen Erwachsenen profitieren. Denken Sie daran, dass Hochbegabung ein Verhalten *erklären* kann, aber keine *Entschuldigung* für unangemessenes Verhalten ist. Wie alle anderen Kinder braucht das hochbegabte Kind Führung, weil es sich möglicherweise nicht bewusst ist, wie sich sein Verhalten auf andere auswirkt. Vielleicht möchte es sich voll und ganz auf *seine* Gedanken und Ideen konzentrieren; dennoch ist es wichtig, dass es auf die Interessen und Gefühle der anderen Kinder in der Klasse Rücksicht nimmt. Selbst wenn das Tempo in der Schule zu langsam ist, ist es nicht hinnehmbar, dass ein Kind zu einem Lehrer ungezogen ist. Eltern und Lehrer können dem Kind helfen, sozial angemessene Wege zu finden, um seine Gefühle auszudrücken, ohne es dafür zu kritisieren oder zu bestrafen, wer es ist oder wie es die Dinge angeht.

Manche Eltern glauben – unserer Meinung nach zu Unrecht –, dass es am besten ist, wenn man einem hochbegabten Kind so gut wie gar keine Grenzen setzt. Studien zeigen jedoch, dass die IQ-Punktzahlen von Kindern in den Vorschuljahren zurückgehen, wenn Eltern in Sachen Disziplin allzu nachsichtig sind (wenngleich die Kinder im Laufe der mittleren Schuljahre weitgehend wieder ihre früheren IQ-Werte erreichen). Kinder hingegen, die im Elternhaus ganz eindeutig Unterstützung, maßvolle Disziplin, einen festen Bezugsrahmen und angemessen konsequente Grenzen finden, verbessern ihre IQ-Werte bis zum Alter von acht Jahren.[7] Wenn Eltern bewusst keine Grenzen setzen, tun sie das in der Regel, weil sie glauben, dass Grenzen die Kreativität ihres Kindes beeinträchtigen, oder dass gescheite Kinder keine Grenzen brauchen, weil sie über genügend gesunden Menschenverstand verfügen, um sich selbst zu führen und angemessen zu verhalten. Intelligente Kinder sind aber immer noch Kinder. Sie müssen noch viel lernen, wenn es darum geht, in der Welt zurechtzukommen. Sie mögen anderen Kindern in ihrem Wissensniveau voraus sein, aber das bedeutet nicht, dass sie ebenso weise sind. Viele Eltern haben beobachtet, dass eine hohe Intelligenz nicht automatisch ein sicheres Urteil bedeutet. Ein jüngeres Kind, das eine erwachsene Person fragt, warum sie so viele Falten im Gesicht hat, ist wahrscheinlich einfach nur neugierig und versteht noch nicht, dass solche Fragen zu persönlich und in unserer Gesellschaft «tabu» sind. In solchen Fällen braucht das Kind Informationen, keine Bestrafung. Ein fürsorglicher Erwachsener kann dem Kind dabei helfen, die Auswirkung seines Verhaltens auf andere zu verstehen, und somit Vorschub leisten, dass sich ein solches Verhalten nicht wiederholt.

Füttern Sie nicht das Negativ-Monster

Denken Sie an die Emotionen, die beteiligt sind, wenn Sie Ihren Kindern «Danke!» sagen oder sie für etwas loben («Gut gemacht!»). Und jetzt stellen Sie sich vor, wie laut und scharf Ihre Stimme klingt, wenn Sie Ihre Kinder schelten oder zurechtweisen und ihnen Botschaften wie diese zurufen: «Lass deinen Bruder in Ruhe!» oder «Beeil dich und zieh dich endlich an – der Bus wird in zwei Minuten hier sein!»

Bei den meisten von uns sind negative Bemerkungen viel emotionsgeladener als positive Bemerkungen. Wir bemerken und identifizieren jede Art von Fehlverhalten oder Versagen und lassen uns darüber aus. Wir posaunen unsere «Neins» heraus, während wir Komplimente und Anerkennung bestenfalls flüsternd kundtun. Es ist traurig, dass unsere Kinder viel mehr Aufmerksamkeit von uns bekommen, wenn sie Regeln brechen als wenn sie ordentlich ihre häuslichen Pflichten, Schulaufgaben oder andere Dinge erledigen.

In vielen Familien spielen sich allmorgendlich Dramen ab, weil die Kinder beim Waschen, Anziehen und Frühstücken trödeln. Die Eltern bringen – bei allen guten Absichten – ihre Frustration zum Ausdruck, verwarnen das Kind oder werden sogar laut. Sie fragen sich: «Warum müssen wir das eigentlich jeden Tag durchmachen?» Nach zahlreichen Versuchen, das Verhalten des Kindes zu ändern, sind die Eltern oft ratlos, weil sie das Gefühl haben, alles ausprobiert zu haben – Mahnungen, Ermunterungen, Drohungen, die Auszeit-Methode, Tokens und so weiter. Manche dieser Maßnahmen haben kurzfristig funktioniert, aber keine hat dauerhaft Wirkung gezeigt. «Was kann ich denn sonst noch tun?», fragen sich die Eltern.

Um diese Dynamik zu erklären, haben Howard Glasser und Jennifer Easley[8] eine Analogie zu Videospielen verwendet. Es fiel ihnen auf, dass intensive, herausfordernde und ansonsten undisziplinierte Kinder beim Videospielen überhaupt nicht unbändig waren, sondern sich sogar anstrengten, ihre Sache gut zu machen. Der Grund, so Glasser und Easley, sei der, dass «das Spiel völlig konsequent und vorhersehbar ist. Das Programm lässt sich nicht umgehen. Es ist unerschütterlich. Man kann es weder austricksen noch manipulieren. Kein Wutanfall, Flehen oder Quengeln kann etwas an dem Format ändern. Normalerweise verschwenden die Kinder keine Zeit mit dem Versuch, das Spiel zu manipulieren oder Einwände zu erheben. Sie setzen ihre Intelligenz ausschließlich dazu ein, gut zu spielen.»[9] Bei einem Videospiel lernt das Kind rasch, was funktioniert und was nicht. Die völlige Konsequenz des Spiels führt zu einer absoluten Bereitschaft, sich an die Regeln zu halten, ohne darüber zu verhandeln. Computerspiele haben nicht das Bedürfnis, das letzte Wort zu haben oder als «Sieger» aus einem Machtkampf hervorzugehen, bei dem sie am Ende ihren Willen bekommen. Sie haben Regeln, von denen sie nicht abweichen. Natürlich ist es für einen Computer einfacher, konsequent zu sein, als für Eltern. Aber Disziplinprobleme bessern sich in der Regel, wenn Eltern konsequent reagieren, und sie verschlechtern sich, wenn Eltern inkonsequent sind und am Ende das Negativ-Monster füttern, indem sie ihre Kinder kritisieren.

Glasser und Easley beschreiben einen Ansatz, der Eltern bei Disziplinproblemen hilft, negative Kommentare von Anfang an zu vermeiden. Sie animieren Eltern dazu

1. das, was das Kind tut, zur Kenntnis zu nehmen und auszusprechen;
2. jedwede Fertigkeiten, Werte und Einstellungen, die sie bei ihrem Kind gerne öfter sehen würden, zu würdigen und zu loben;
3. bewusst einen festen Bezugsrahmen zur Verfügung zu stellen, konsequente Grenzen zu setzen und klare Konsequenzen zu ziehen, und zwar so, dass gutes Verhalten mehr Aufmerksamkeit bekommt als Fehlverhalten.

Eltern, die diese Strategie umsetzen, helfen ihrem Kind, sein Verhalten – sowohl das angemessene als auch das unangemessene – wahrzunehmen und somit die Chance zu erhöhen, dass das positive Verhalten gegenüber dem negativen überwiegt. Ein Beispiel: «Ich sehe, dass du dein nasses Handtuch auf dem Boden liegen lässt. Ich würde mir wünschen, dass du dazu beiträgst, das Bad ordentlich zu halten, und dein Handtuch über den Ständer hängst. Ich würde es begrüßen, wenn du dein Handtuch beim nächsten Mal aufhängen würdest, ohne dass ich dich daran erinnern muss.»

Konsequenz ist wichtig

Die wichtigste Richtlinie ist, Grenzen so konsequent wie möglich zu setzen und durchzusetzen; ebenso wichtig ist es, dass beide Eltern hinter diesen Grenzen stehen. Wenn Eltern unterschiedliche Vorstellungen von Normen und Grenzen und unterschiedliche Erwartungen haben, können sie den Kindern keine klaren Richtlinien bieten; das Ergebnis sind dann häufig Machtkämpfe, Underachievement oder die Manipulation eines oder beider Elternteile.[10]

Auch wenn sie es nicht zugeben, fühlen sich Kinder in der Regel wohler und sicherer, wenn sie die Regeln gut verstehen. Selbst wenn Ihr Kind lauthals gegen die Regeln protestiert, geben sie ihm eine Stabilität, auf die es zählen kann. Das Kind weiß, dass Sie ihm Grenzen setzen, weil es Ihnen am Herzen liegt, dass diese Grenzen es leiten und schützen sollen, und dass Sie sie stets durchsetzen. Das Kind weiß, dass es sich auf Sie verlassen kann, denn wenn Sie etwas sagen, dann meinen Sie es auch.

Wenn Ihr Kind zu Hause kein Vertrauen lernt, wird es wahrscheinlich auch niemandem außerhalb des Elternhauses vertrauen. Klar formulierte Grenzen, Regeln und Erwartungen, die alle Beteiligten nachvollziehen können, geben Ihrem Kind ein Gefühl von Sicherheit, Stabilität und Berechenbarkeit, was für alle Kinder vom Säuglings- bis zum Teenageralter besonders wichtig ist. Natürlich testen Kinder die Grenzen gelegentlich aus; manchmal geht es dabei nur darum, neue Verhaltensweisen auszuprobieren oder zu sehen, wie die Eltern reagieren, oder zu prüfen, ob die Grenzen noch gültig sind. Einige dieser Grenzen, zum Beispiel pünktlich sein und die Privatsphäre der anderen respektieren, können auch als Familienwerte konzipiert werden.

Ob das Kind noch klein oder schon im Teenageralter ist – Richtlinien, Regeln und Grenzen helfen ihm, sich selbst zu kontrollieren, aber auch, die Welt zu verstehen. In der Gesellschaft gibt es Regeln: Rot bedeutet «Stopp»; gelb bedeutet «Achtung»; grün bedeutet «Los». Wer diese Regeln nicht befolgt, muss mit Konsequenzen rechnen. Zum Beispiel ist es im Freibad nicht erlaubt, um das Becken herumzurennen. Wenn man es doch tut, hat das Folgen, und wenn man es ein zweites Mal vergisst, sind die Folgen noch schwerwiegender. Regeln und Gesetze – ob zu Hause oder in der Gesellschaft – sorgen für ein sicheres und kooperatives Zusammenleben. Wenn Sie Ihrem Kind helfen, die Gründe für Regeln und Konsequenzen zu verstehen, geben Sie ihm die Gelegenheit, kenntnisreichere Entscheidungen über sein Verhalten zu treffen.

Wie viele Regeln sind notwendig?

Hochbegabte Kinder brauchen für gewöhnlich weniger Regeln und Grenzen als andere Kinder.[11] Normalerweise begreifen sie, warum es bestimmte Grenzen gibt, und sie lernen sehr rasch, die Konsequenzen von Grenzüberschreitungen vorherzusehen. Wir raten Eltern, nur so viele Grenzen zu setzen, wie notwendig sind, um die Sicherheit des Kindes zu gewährleisten. Dies ist aus vier Gründen hilfreich: Erstens können Eltern dem Kind auf diese Weise altersgerechte Wahlmöglichkeiten und Freiheit innerhalb der gesetzten Grenzen bieten. Zweitens sinkt dadurch die Wahrscheinlichkeit, dass es zu Machtkämpfen über die Grenzen kommt; je weniger Grenzen gesetzt werden, umso geringer ist die Wahrscheinlichkeit, dass sich das Kind dagegen auflehnt. Drittens führen zu viele Regeln und Grenzen bei allen Beteiligten zu Frustration, weil es schwierig ist, sie alle konsequent durchzusetzen. Viertens lassen wenige aber feste Grenzen dem Kind genügend Spielraum, um zu wachsen und zu experimentieren. Mit zunehmender Reife des Kindes können die Grenzen erweitert werden.

Selbstverständlich sollten bestimmte Verhaltensweisen grundsätzlich nicht gestattet sein, weil ihre emotionalen und körperlichen Folgen einfach zu schwerwiegend sind. Wenn Kinder nicht reagieren, obwohl man ihnen sagt, sie sollen aufhören, müssen Eltern das Kind physisch aus der Situation herausnehmen. Hier ist eine Liste mit Verhaltensweisen, die inakzeptabel sind:[12]

- Ihr Kind darf Sie und andere, einschließlich Tiere, nicht schlagen.
- Ihr Kind darf Sie und andere, einschließlich Tiere, nicht treten.
- Ihr Kind darf Sie und andere, einschließlich Tiere, nicht mit Gegenständen bewerfen.
- Ihr Kind darf kein Eigentum zerstören, auch nicht sein eigenes.
- Ihr Kind darf nicht beißen.
- Ihr Kind darf nicht spucken.
- Ihr Kind darf nicht schubsen.

- Ihr Kind darf den Intimbereich anderer, seien es Kinder oder Erwachsene, nicht berühren.
- Ihr Kind darf nicht obszön oder verbal ausfällig werden.
- Ihr Kind darf Sie nicht ignorieren.
- Ihr Kind darf keine Abfälle auf die Straße werfen.
- Ihr Kind darf nicht ungefragt an Ihre Schränke, Schubladen oder an Ihren Geldbeutel gehen.
- Ihr Kind darf mit einer Handlung nicht fortfahren, wenn Sie «Stopp» sagen.

Ihrem Kind diese Grenzen beizubringen, ist ein stufenweiser Prozess. Beispielsweise können jüngere Kinder eine Handlung nicht stoppen, bevor sie verstehen, was «Stopp» bedeutet. Eltern müssen dem Kind «Stopp» beibringen und dabei konsequent sein. Was aggressive Verhaltensweisen – treten, beißen etc. – betrifft, ist es wichtig, dass Eltern ihren Kindern niemals gestatten, ihnen weh zu tun, auch nicht dann, wenn es «nur» ein Spiel ist.

Grenzen zu setzen, wenn die Kinder noch klein sind, ermöglicht es den Eltern, Grenzen beizubringen und diese Grenzen dann zu öffnen, wenn die Kinder heranreifen. Sylvia Rimm hat ein Konzept vorgestellt, das sie das «V» der Liebe nennt.[13] Am Fußpunkt des «V» liegen die Grenzen eng beieinander, was bedeutet, dass striktere Grenzen notwendig sind, solange das Kind klein ist. Mit zunehmender Reife werden die Grenzen nach und nach geöffnet, weil das Kind jetzt eine zunehmende Fähigkeit zeigt, sein Verhalten selbst zu kontrollieren. Im Laufe der Zeit können die Eltern das Sicherheitsnetz beruhigt lockern und das Kind dazu ermutigen, sich selbst mehr Grenzen zu setzen. Die elterlichen Grenzen sind nach wie vor vorhanden, aber das heranwachsende Kind hat mehr Freiheit, sobald es zeigt, dass es Verantwortung übernehmen kann. Denken Sie an folgende Analogie: Säuglinge und Kleinkinder müssen im selben Raum sein wie der Elternteil oder die Betreuungsperson. Kindern im Vorschulalter kann man erlauben, überall im Haus zu spielen. Wenn sie in die Schule kommen, dürfen sie im

Garten spielen. Viertklässlern wird gestattet, die Straße runterzugehen, um mit anderen Kindern zu spielen. Wenn sie älter sind, bekommen sie die Erlaubnis, das eigene Wohnviertel zu verlassen. Ebenso wie körperliche Grenzen in dem «V» der Liebe weiter auseinanderliegen, werden emotionale Grenzen und Grenzen der Verantwortung weiter, wenn die Kinder ihre Reife demonstrieren.

Manche Familien befinden sich in einem Dilemma, weil bei ihnen das «V» auf dem Kopf steht. Sie haben dem Kind keine festen Grenzen gesetzt, als es jünger war, und sie fanden seine Verhaltensweisen – auch sein Fehlverhalten – meistens «süß»: «Er öffnet die Küchenschränke; ist das nicht süß?» «Sie nimmt sich meinen Geldbeutel und läuft damit herum – wie reizend!» Folglich waren die natürlichen Konsequenzen des negativen Verhaltens äußerst gering, und es gab keine auferlegten Konsequenzen, aus denen das Kind hätte lernen können. Aber jetzt, da das Kind langsam in die Pubertät kommt, machen sich die Eltern plötzlich Sorgen über die natürlichen Konsequenzen, die das unangebrachte Verhalten des Kindes nach sich ziehen könnte, und sie versuchen daher, *mehr* Regeln aufzustellen.

Wenn Eltern einem Kind, das zuvor kaum Regeln oder Verbote kannte, plötzlich Grenzen setzen, ist die Wahrscheinlichkeit groß, dass das Kind dagegen rebelliert oder sich schlichtweg weigert, die neuen Regeln zu befolgen. Das endet meist im Chaos, weil das Kind den Eltern verständlicherweise vorwirft: «Früher habt ihr mich wie einen Erwachsenen behandelt, und jetzt behandelt ihr mich wie ein Kind!» Den Eltern wird klar, dass sie von vorn anfangen müssen, wenn sie die Kontrolle wiedergewinnen wollen, und zwar mit einem vereinfachten Satz der grundlegendsten Regeln, die sich auch durchsetzen lassen. Ohne sich dessen bewusst zu sein, haben sie die Kontrolle schon früh an das Kind abgetreten, das scheinbar so «vernünftige» Entscheidungen traf. Als die Bedenken über die Entscheidungen des Kindes und mögliche Konsequenzen dann zunahmen, versuchten die Eltern, die Kontrolle zurückzugewinnen. Wenn die Kontrolle aber erst einmal dem Kind überlassen wurde, ist es ein schwieriger, zäher, wenngleich notwendiger Prozess, sie wiederzuerlangen.

Die Festlegung der Schlafenszeit ist ein gutes Beispiel dafür, wie man einem Kind innerhalb der Grenzen Spielraum gewähren kann. Einem

Sechstklässler, der ein gewisses Maß an Unabhängigkeit und Verantwortung in bestimmten Bereichen gezeigt hat, ist zuzutrauen, dass er seine Schlafenszeit probeweise selbst festlegen kann, weil er inzwischen aus Erfahrung weiß, wie viel Schlaf er braucht.[14] Die Eltern können Fortschritte überwachen und diskutieren, wie erfolgreich das Kind diese Grenze bewältigt. Möglicherweise ist ein wenig Feinabstimmung erforderlich, und Anregungen von den Eltern könnten hilfreich sein. «Du scheinst müde zu sein. Lass uns versuchen, deine Schlafenszeit um 20 Minuten vorzuverlegen; dann werden wir sehen, ob das besser für dich ist. Wenn es dir damit gut geht und du nicht mehr so gereizt bist, wissen wir, dass es funktioniert.» Mit dieser Art von Versuch-und-Irrtum-Erfahrung bleibt die Macht und Autorität bei den Eltern; gleichzeitig bekommt das Kind aber die Gelegenheit, seine Wünsche auszuhandeln und Erfahrungen zu sammeln, indem es sich selbst Grenzen setzt. Später, wenn das Kind sein Elternhaus verlässt, wird es schließlich auch alle Aufgaben alleine bewältigen müssen, und niemand wird ihm sagen, wann es zu Bett gehen soll. Daher ist es am besten, wenn es schon zu Hause lernt, seine Schlafenszeit selbst festzulegen.

Regeln für Ihre Familie

Hochbegabte Kinder sollten an der Erstellung von Familienregeln beteiligt werden.[15] Eine Familienkonferenz, bei der Regeln für häusliche Pflichten und Interaktionen innerhalb der Familie diskutiert werden, kann eine wunderbare Lernerfahrung für alle Familienmitglieder sein. Mit «Beteiligung» meinen wir allerdings nicht, dass die Kinder eigene Regeln aufstellen oder die Eltern sich manipulieren lassen sollten. Aber wenn die Kinder an der Diskussion teilnehmen und das Gefühl haben, dass ihre Ansichten und Vorstellungen in Betracht gezogen werden, ist es viel wahrscheinlicher, dass sie die Regeln akzeptieren und befolgen. Für Ratschläge und Anregungen, wie eine solche Familienkonferenz gestaltet werden kann, empfehlen wir den Klassiker *Kinder fordern uns heraus* von Rudolf Dreikurs und Vicki Soltz.[16] Wenn sie an der Diskussion über Regeln und Grenzen in der Familie teilnehmen, lernen Kinder nicht nur, wie wichtig Grenzen sind, sondern auch, sich selbst Grenzen zu setzen. Indem sie lernen, welche Konsequenzen ihre Handlungen nach sich ziehen, sammeln sie wichtige Informationen, auf deren Grundlage sie ihr Urteil in Zukunft verbessern können.

Hochbegabte Kinder sind eher bereit, Regeln zu befolgen, wenn sie deren Notwendigkeit erkennen, und ebenso wahrscheinlich ist es, dass sie Regeln nicht befolgen, wenn sie ihnen unbegründet erscheinen oder wenn sie das Gefühl haben, die Erwachsenen würden damit lediglich ihre Macht zur Schau stellen. Hören Sie sich die Argumente an, die Ihr Kind in bestimmten Situationen vorbringt. Manchmal sind sie berechtigt. Obwohl das wahrscheinlich nicht der Ansatz ist, mit dem Sie selbst aufgewachsen sind, ist er dennoch sinnvoll, weil er Ihrem Kind hilft, eine umsichtige Selbstdisziplin zu erlangen. Wenn ein Kind um bestimmte Privilegien bittet, rät Barbara Coloroso[17] den Eltern zu folgender Aufforderung: «Überzeuge mich!» Nachdem sie sich den Standpunkt des Kindes angehört haben, können die Eltern zwischen drei Möglichkeiten wählen:

1. «Ich bin nicht überzeugt»,
2. «In Ordnung, das hat mich überzeugt» oder
3. «Ich werde darüber nachdenken.»

Regeln variieren je nach Alter, Erfahrung und Reife des Kindes. Hochbegabte Kinder unterscheiden sich sehr stark in ihren Fähigkeiten, ihrem Urteilsvermögen und in ihren Verhaltensweisen. Man tritt leicht in die Falle, dass man die Erwartungen an diese Kinder zu hoch schraubt, weil sie durch ihre Ausdrucksfähigkeit und manchmal auch durch ihr Verhalten so viel älter wirken, als sie tatsächlich sind. Denken Sie an die asynchrone Entwicklung hochbegabter Kinder. Obwohl sie angesichts ihrer hohen sprachlichen Fähigkeit manchmal wie Erwachsene wirken und sich auch so anhören, lassen sich ihre Erfahrungen, Emotionen und ihre Reife in der Regel trotzdem eher mit denen gleichaltriger Kinder vergleichen. Es ist unsinnig, einen Sechsjährigen dafür zu bestrafen, dass er sechs Jahre alt ist, auch wenn er meistens wie ein Zehnjähriger wirkt. Bei der Suche nach der richtigen Balance sollten Sie nicht vergessen, dass Wissen und Intellekt nicht dasselbe sind wie Weisheit und Erfahrung. Sie könnten bei der Entwicklung von Regeln zunächst konservativ vorgehen und die Regeln dann je nach Bedarf anpassen.

Es kann auch hilfreich sein, andere Kinder desselben chronologischen Alters zu beobachten, um sich selbst daran zu erinnern, welches Verhalten für Kinder dieser Altersstufe typisch ist. Oder Sie ziehen ein einschlägiges Buch zurate, das die üblichen Stadien in der Entwicklung eines Kindes aufzeigt. Vielleicht sind Sie ja überrascht, was Sie dort erfahren, und wünschen sich dann einen Erfahrungsaustausch mit anderen Eltern hochbegabter Kindern, um die Entwicklungsstadien der Kinder zu vergleichen.[18] Die Regeln, die Ihre Familie aufstellt, mögen etwas ungewöhnlich sein, weil die Entwicklungsnormen bei hochbegabten Kindern völlig anders sind als das, was Sie bei normalbegabten Kindern derselben Altersstufe beobachten.

Kinder lernen am besten durch Erfahrung

Was können Sie tun, wenn sich Ihr Kind nicht an die Regeln hält? Wir empfehlen Ihnen, wann immer es möglich ist, den Grenzen Geltung zu verschaffen, indem Sie die natürlichen und logischen Konsequenzen eintreten lassen; das ist viel effektiver als eine Konsequenz durchzusetzen, die *Sie* dem Kind von außen aufzwingen. Natürliche und logische Konsequenzen sind fast immer wirksamer als solche, die künstlich auferlegt werden.

Natürliche Konsequenzen. Natürliche Konsequenzen sind für Kinder wirklich der beste Weg, um zu lernen, weil das Lernen auf natürliche Weise erfolgt, ohne dass jemand anderes ihnen «beibringt», welche Folgen ihr Verhalten hat. Konsequent zu sein und den natürlichen Konsequenzen ihren Lauf zu lassen, ist allerdings leichter gesagt als getan. Wenn zum Beispiel der zehnjährige Andreas sein Skateboard in der Einfahrt vergisst, ist die natürliche Konsequenz, dass er es am anderen Morgen nicht findet, dass es nass wird, oder schlimmer noch, dass es gestohlen wird. Diese Konsequenzen sind langfristig viel wirksamer, als wenn Sie das Skateboard selbst in die Garage bringen und das Kind später ermahnen oder ihm eine

Konsequenz Ihres Ermessens auferlegen (zum Beispiel zwei Tage «Skateboard-Verbot»).

Natürlichen Konsequenzen ihren Lauf zu lassen, gehört zu den schwierigsten Aspekten in der Erziehung. Zum einen setzt diese Maßnahme voraus, dass die Eltern davon absehen, dem Kind eine Lektion zu erteilen, was schon schwierig genug ist; zum anderen bedeutet diese Maßnahme, dass die Eltern sich zurücknehmen und zulassen, dass ihr Kind einen Fehlschlag erleidet oder einen schmerzlichen Verlust hinnehmen muss (wie im Falle des Skateboards). Nehmen wir an, Ihr Kind vergisst seine Mathe-Hausaufgaben auf dem Schreibtisch. Sie rennen ihm nicht hinterher, weil es in der Verantwortung des Kindes liegt, daran zu denken. Sie lassen das Heft auf dem Schreibtisch liegen, wohl wissend, dass diese Nachlässigkeit natürliche Konsequenzen für das Kind haben wird: Es wird Schwierigkeiten mit dem Lehrer kriegen, vielleicht sogar eine schlechtere Note in Mathematik. Der Nutzen dieser Lektion ist klar, aber Eltern fällt es extrem schwer, dem Kind *nicht* zu Hilfe zu kommen und es zu «retten». Diese bewusst «unterlassene Hilfeleistung» ist die schwierigste Herausforderung, wenn es darum geht, natürlichen Konsequenzen ihren Lauf zu lassen. Natürlich gibt es auch Situationen, in denen die natürlichen Konsequenzen für das Kind gefährlich werden können; in solchen Fällen sind Eltern selbstverständlich zur Hilfeleistung verpflichtet. Aber solange die natürlichen Konsequenzen zumutbar sind und einen Lerneffekt versprechen, tun Sie Ihrem Kind keinen Gefallen, wenn Sie versuchen, es davor zu bewahren.

Wenn Ihr Sohn also seine Hausaufgaben auf dem Schreibtisch vergisst, halten Sie einen Moment inne und überlegen Sie, bevor Sie ihm das Heft in die Schule bringen. Lassen Sie zu, dass er die Konsequenzen zu spüren bekommt. Auf diese Weise lernt er, dass seine Eltern ihm nicht jedes Mal aus der Patsche helfen, wenn er etwas vergisst. Wenn er dann nach Hause kommt und erzählt, dass der Lehrer ihm eine Strafarbeit aufgebrummt hat, können Sie sagen: «Das war sicher heftig für dich.» Wenn das Kind weiterhin seine Hefte vergisst, sollten Sie mit ihm gemeinsam überlegen, was es tun kann, um sich selbst daran zu erinnern, die Hefte einzustecken. Es könnte zum Beispiel einen Zettel an den Badezimmerspiegel oder an die Haustür hängen. (Beachten Sie, dass natürliche Konsequenzen in solchen

Fällen bei Kindern mit ADHS nicht gut funktionieren. Diese Kinder brauchen Checklisten und Gedächtnisstützen, die von den Eltern überwacht werden, bis sich ein größeres Maß an Selbstkontrolle und Selbstüberwachung einstellt).

Dasselbe Prinzip gilt auch für andere Situationen, beispielsweise, wenn das Kind sein Pausenbrot zu Hause vergisst. Wenn es Sie dann anruft und von Ihnen verlangt, das Pausenbrot in die Schule zu bringen, muss Ihre Antwort lauten: «Es tut mir leid, aber ich habe heute keine Zeit dazu. Ich frage mich, was *du* tun kannst, damit du es in Zukunft nicht mehr vergisst.» Die natürliche Konsequenz für das Kind ist in diesem Fall, dass es den Schultag hungrig überstehen muss. Vielleicht teilt ja ein Klassenkamerad sein Pausenbrot mit ihm. Ihr Kind wird wahrscheinlich hungrig und gereizt aus der Schule kommen, aber keine bleibenden Schäden davontragen. Das Hungergefühl erhöht die Wahrscheinlichkeit, dass Ihr Kind beim nächsten Mal daran denkt, das Pausenbrot einzustecken.

Natürliche Konsequenzen ermöglichen es Ihrem Kind, die Folgen seines Verhaltens selbst zu entdecken. Sie tragen auch dazu bei, Machtkämpfe zu vermeiden und die Beziehung zu Ihrem Kind zu entlasten, da Sie für die Konsequenzen nicht verantwortlich gemacht werden können. Schließlich haben Sie ihm die Konsequenzen nicht aufgezwungen. Stattdessen können Sie das Kind unterstützen und sagen: «Schade, dass das passiert ist. Lass uns schauen, ob uns etwas einfällt, damit so etwas nicht noch einmal vorkommt.» Natürliche Konsequenzen gestatten es Ihnen, unter positiven Vorzeichen als Unterstützer, Ermutiger und Kommentator zu fungieren, anstatt die Rolle des wütenden Elternteils zu übernehmen, der das Kind mal wieder ermahnt: «Wann wirst du endlich daran denken, dein Pausenbrot einzustecken?»

Natürliche Konsequenzen bewahren Sie davor, in Probleme verwickelt zu werden, die eigentlich nicht *Ihre* sind. Wenn Ihr Kind meint, das Referatsthema, das ihm der Lehrer aufgetragen hat, sei «total doof», sollten Sie dem Impuls widerstehen, den Lehrer aufzusuchen und sich bei ihm zu beschweren. Lassen Sie das Kind selbst eine Möglichkeit finden, das Problem zu lösen, etwa indem es sich mit dem Lehrer auf ein anderes Thema einigt, das Referat trotzdem vorbereitet oder indem es die Aufgabe nicht erledigt und die Konsequenzen in Kauf nimmt. Sie können mit dem Kind

Alternativen besprechen, über die es nachdenken und dann eine fundierte Entscheidung treffen kann, aber Sie sollten nur im Notfall eingreifen.

Natürliche Konsequenzen als Ansatz in der Kindererziehung helfen Ihnen, die Beziehung zu Ihrem Kind zu schützen und zu fördern. Sie können aufrichtig mitfühlend sein. Sie können sogar sagen: «Ich weiß noch, wie mein heiß geliebter Baseball gestohlen wurde, weil ich ihn draußen gelassen habe. Ich war so wütend! Ich habe nie wieder etwas draußen gelassen.» Natürliche Konsequenzen helfen Ihrem Kind dabei, Selbstmanagement zu lernen.[19]

Logische Konsequenzen. Wenn Sie dennoch eigene disziplinarische Konsequenzen ziehen müssen, sorgen Sie dafür, dass sie logisch sind; das heißt, die Konsequenzen sollten nicht nur Ihrem Zorn entspringen und nicht völlig aus der Luft gegriffen sein, sondern mit dem Verhalten des Kindes zusammenhängen. Wenn Ihr Kind zum Beispiel seine Malsachen überall in der Küche verteilt hat, besteht kein Anlass, es zu ermahnen und zu sagen: «Du bist so rücksichtslos. Wie soll ich denn jetzt das Abendessen zubereiten?» oder «Also gut, du hast jetzt eine Woche Hausarrest!» Die logische Konsequenz wäre stattdessen, zu sagen: «Ich kann kein Abendessen zubereiten, solange deine Malsachen überall herumliegen. Es ist einfach nicht genügend Platz, um zu kochen.» Auf diese Weise geben Sie dem Kind zu verstehen, dass die Familie – zumindest vorerst – kein Abendessen bekommt, weil seine Malsachen überall herumliegen. Das Kind wird rasch begreifen, dass es eigentlich nicht auf das Abendessen verzichten will, und mehr noch, dass die anderen Familienmitglieder alles andere als erfreut sein werden. Vielleicht ist es dann schnell bereit, seine Sachen wegzuräumen. Diese Art von logischer Konsequenz ist normalerweise viel effektiver als Maßnahmen wie Hausarrest oder Fernsehverbot.

Zeigen Sie Ihrem Kind wann immer möglich, wie sich logische Konsequenzen auf das Kind selbst und auf andere auswirken. Der Grund, warum wir unsere schmutzigen Kleidungsstücke nicht überall im Haus herumliegen lassen, ist der, dass es unordentlich, unhygienisch und störend für andere ist, und dass es die Rechte der anderen beeinträchtigt. Dies ist das Wesentliche bei logischen Konsequenzen. Wenn das Wohnzimmer ein einziges Chaos ist, stören sich die anderen Familienmitglieder daran, und das Kind, das dieses Chaos zu verantworten hat, muss es wieder in Ordnung bringen. Wenn das Kind ein Spielzeug kaputt macht, das ihm nicht gehört, muss es ein neues kaufen. Die Konsequenz ist eine logische Folge des Verhaltens.

Auferlegte Konsequenzen. Manchmal müssen Eltern den von ihnen gesetzten Grenzen Nachdruck verleihen und dem Kind ihre eigenen disziplinarischen Konsequenzen auferlegen. In manchen Situationen sind natürliche Konsequenzen einfach zu gefährlich oder in anderer Weise unangemessen, oder vielleicht gibt es keine natürliche oder logische Konsequenz. Beispielsweise ist es zu gefährlich, einem Kind mittels natürlicher Konsequenzen beizubringen, dass es nicht auf die Straße rennen darf. In solchen Fällen sind auferlegte Konsequenzen unerlässlich. Das Wichtigste dabei ist, konsequent zu bleiben. Wenn Sie nicht in der Lage oder nicht bereit sind, einer Grenze Nachdruck zu verleihen, ist es besser, die Grenze gar nicht erst zu setzen, anstatt sie festzulegen und dann nicht durchzusetzen. Wenn festgelegte Grenzen nicht durchgesetzt werden, signalisiert das dem Kind, dass Sie diese Grenze nicht ernst nehmen oder vielleicht beim nächsten Mal keinen Wert mehr darauf legen. Dadurch steigt die Wahrscheinlichkeit, dass es zu Machtkämpfen um Grenzen kommt.

Auferlegte Konsequenzen sind dann angezeigt, wenn Sie der Grenze, die Sie als Eltern in Ihrer Familie gesetzt haben, Geltung verschaffen müssen. Sie stellen die Regeln auf, definieren die Grenzen und setzen die Konsequenzen durch. Wir möchten Sie dazu animieren, sich stets den Unterschied zwischen Disziplin und Bestrafung vor Augen zu führen. Diskutieren Sie die Gründe für die Regeln und Konsequenzen mit dem Kind. Hören Sie dem Kind zu, ja bitten Sie es sogar um seinen Beitrag.

Der Schlüssel zur Durchsetzung von Regeln ist, dass Sie bestimmt und konsequent bleiben und dem Kind helfen, die Gründe für die Regeln und Konsequenzen zu verstehen. Am besten, Sie erklären die Regeln und ihre Gründe schon im Vorfeld und nicht erst dann, wenn eine Regel verletzt wurde und die Situation entsprechend emotionsgeladen ist; in solchen Situationen sind Erklärungen nicht besonders effektiv. Regeln können im

Rahmen einer Familienkonferenz oder einfach in einem Gespräch erklärt werden. Beispielsweise können Eltern dem Kind erklären, warum es auf dem Nachhauseweg von der Schule nicht die Abkürzung durch das Waldstück nehmen darf. Sie können ihm klarmachen, dass dieser Weg allerlei Gefahren birgt, weil er nur schlecht einsehbar ist und niemand bemerken würde, wenn ihm etwas passieren sollte. Hält sich das Kind nicht an die Regel, darf es nicht mehr allein zur Schule und von der Schule nach Hause gehen.

Indem sie natürliche und logische Konsequenzen erleben und verstehen und an der Definition von Grenzen teilhaben, können hochbegabte Kinder schon früh lernen, sich selbst Grenzen zu setzen. Das ist der Beginn von Selbstdisziplin, dem obersten Ziel. Sobald das Kind in der Lage ist, zu kommunizieren, können Sie Regeln und Grenzen gemeinsam mit ihm entwickeln. Das soll nicht heißen, dass hochbegabte Kinder die Regeln selbst aufstellen dürfen; es ist jedoch hilfreich, sie an dem Prozess zu beteiligen. Auf diese Weise werden sie mit fortschreitender Entwicklung und Reife eher in der Lage sein, ihre eigenen Handlungen zu beurteilen – anstatt sich darauf zu verlassen, dass die Erwachsenen das für sie übernehmen.

Taten sind wirksamer als Worte

Zu viel Gerede, vor allem wenn es um Disziplin geht, bringt Eltern oft in Schwierigkeiten. Wenn Sie kurze Erklärungen geben, anstatt jede Konsequenz ausführlich zu erläutern, minimieren Sie das Risiko, in eine Auseinandersetzung verwickelt zu werden.

Was die Schlafenszeit angeht, können Sie dem Kind eine Fünf-Minuten-Frist setzen oder den Küchenwecker auf fünf Minuten stellen und sagen: «Zeit, das Licht auszumachen»; wenn das Kind nicht darauf reagiert, schalten Sie das Licht einfach aus. Aufgrund ihrer Intensität vertiefen sich hochbegabte Kinder so sehr in eine Aktivität, dass sie häufig eine Vorankündigung brauchen, um die Aktivität zu beenden. Ignorieren Sie das Bitten und Betteln des Kindes, wenn es «nur noch ein paar Minuten» braucht, um etwas fertig zu machen. Oder wenn das Kind die Legoteile im Wohnzimmer nicht aufgeräumt hat, besteht die handlungsbasierte Konsequenz schlichtweg darin, die Legoteile aufzusammeln, sie zu verstauen und eine Woche lang verschwinden zu lassen. Eine Diskussion ist überflüssig.

Setzen Sie Konsequenzen häufig und konsequent durch. Konsequenzen sollten nicht nur konsequent und durchsetzbar sein, sondern auch häufig eingesetzt werden. Wenn das Kind eine Regel dreimal verletzt hat und dafür ruhig und konsequent jedes Mal vier Minuten lang auf den «ruhigen Stuhl» (Auszeit-Methode) geschickt wird, ist das effektiver, als wenn es für die drei Regelverletzungen insgesamt nur einmal, dafür aber länger in «Auszeit» geschickt wird. Die Auszeit-Methode ist bei jüngeren Kindern sehr hilfreich, vor allem, wenn ein Küchenwecker eingesetzt wird, damit der Erwachsene dem Kind während dieser Zeit keine Aufmerksamkeit schenken muss. Auf diese Weise kann das Kind selbst verfolgen, wie viel Zeit es noch auf dem «ruhigen Stuhl» verbringen muss. Die Auszeit ist nicht nur eine Konsequenz, sondern gibt dem Kind auch Gelegenheit, sich zu beruhigen. Diese Methode ist besonders wirksam, wenn Sie wollen, dass das Kind ein Verhalten sofort stoppt; sie ist allerdings weniger effektiv, wenn Sie wollen, dass das Kind etwas Bestimmtes tut, zum Beispiel, dass es sich die Zähne putzt. In manchen Situationen ist die Auszeit-Methode sogar kontraproduktiv, weil sie dem Kind genau das erspart, wovor es sich zu drücken versucht, zum Beispiel das Zähneputzen.

Wenn Sie dem Kind eine Auszeit verordnen, muss es sich fügen; dieser Punkt ist nicht verhandelbar. Entweder, das Kind geht freiwillig, oder Sie setzen es selbst auf den «ruhigen Stuhl». Manche Experten empfehlen, die Dauer der Auszeit auf das Alter des Kindes abzustimmen; ein sechsjähriges Kind wird demnach für sechs Minuten in Auszeit geschickt. Es muss die ganze Zeit über auf dem «ruhigen Stuhl» sitzen bleiben. Der Küchenwecker wird gestellt, sobald sich das Kind ruhig verhält. Wenn der Wecker klingelt, darf das Kind vom Stuhl aufstehen. Steht es früher auf, wird eine Minute Auszeit hinten angehängt. Wenn das Kind sich weigert, auf dem Stuhl sitzen zu bleiben, können Sie es darauf hinweisen, dass Sie es in ein Zimmer bringen werden. Manche Eltern ziehen es vor, mit dem Zimmer anstelle des

Stuhls zu beginnen, um auszuschließen, dass das Kind Aufmerksamkeit bekommt; diese Vorgehensweise wird auch von einigen Autoren empfohlen.[20] Wenn Sie konsequent bleiben, lernt Ihr Kind, dass Sie gewillt sind, Grenzen Geltung zu verschaffen, und dass Sie nicht kapitulieren werden, auch wenn das Kind diese Grenzen austestet. Sobald die Auszeit vorüber ist, kann das Kind seine Aktivitäten wieder aufnehmen. Es ist hilfreich, wenn Eltern die Auszeit als eine Gelegenheit für das Kind betrachten, sich zu sammeln oder zu beruhigen, und nicht als ein langfristiges Abschreckungsmittel gegen ein bestimmtes Verhalten.

Belohnen Sie nicht das Fehlverhalten. Dem Kind während der Auszeit Aufmerksamkeit zu schenken, ist natürlich kontraproduktiv. Ohne es zu wollen, untergraben manche Eltern die Wirksamkeit der Auszeit-Methode, indem sie während dieser Zeit auf die Fragen oder das Murren des Kindes eingehen. Wenn ein Kind mit negativem Verhalten Aufmerksamkeit erntet, kann es sein, dass dadurch weiteres negatives Verhalten befördert wird. Bei Jugendlichen sollten Sie nicht die Auszeit-Methode, sondern eine andere Konsequenz einsetzen. Denkbar wäre der Entzug eines bestimmten Privilegs, zum Beispiel das Telefonieren mit Freunden, ein elektronisches Spielzeug oder die Lieblingssendung im Fernsehen. Wichtig ist, dass Sie der gesetzten Grenze jedes Mal Nachdruck verleihen und die Konsequenz häufig und konsequent einsetzen.

Wenn Sie Auszeit als Bestrafung einsetzen, müssen Sie dafür sorgen, dass die Methode nicht versehentlich zu einem spaßigen Ereignis wird und dadurch an Wirksamkeit verliert. Stellen Sie sicher, dass sie ihrem eigentlichen Zweck dient. Wenn man zum Beispiel ein hochbegabtes Kind auf sein Zimmer schickt, wo alle seine Bücher und Spielsachen sind, ist das keine geeignete Umgebung für Auszeit, weil das Kind dort spielen und Spaß haben kann. Auf der anderen Seite bekommt das Kind dadurch die Möglichkeit, sich «abzuregen» und wieder unter Kontrolle zu bekommen. Es lernt, Bücher und Spielsachen zur Selbstberuhigung einzusetzen, vor allem, wenn die Auszeit als Konsequenz für einen Wut- oder Trotzanfall oder aggressives Verhalten dient. Ob das Kinderzimmer ein geeigneter Auszeit-Ort ist oder nicht, hängt vom Kind ab.

Vermeiden Sie «Fliegen verscheuchen».[21] Manchmal formulieren Eltern eine Grenze, verleihen ihr jedoch mit ihrem Verhalten keinen Nachdruck. Das Verhalten ist wie «Fliegen verscheuchen». Wenn uns eine Fliege stört, verscheuchen wir sie, aber ehe wir's uns versehen, ist sie wieder da. Das Gleiche machen wir mit unseren Kindern, wenn wir eine Grenze setzen oder eine Anweisung geben, sie dann aber nicht durchziehen. Ein Beispiel: Sie sagen zu Ihrer Tochter «Kate, bitte hör auf, mit deinem Bleistift zu trommeln». Fünf Sekunden später sagen Sie: «Kate! Hör auf damit!» Zehn Sekunden später: «Kate, ich habe gesagt, du sollst aufhören!» Ihre Worte zeigen keine Wirkung, weil Sie ihnen keine Taten folgen lassen. Sie müssen entweder versuchen, etwas Wirksameres zu tun, um die gewünschte Verhaltensänderung herbeizuführen, oder das Verhalten ignorieren, bis das Kind die Lust am Trommeln verliert. Im Falle von Kate, die mit ihrem Bleistift auf dem Tisch herumtrommelt, ist es wahrscheinlich am besten, ihr einfach ganz ruhig den Stift wegzunehmen, wenn Ihre erste Bitte auf taube Ohren stößt. Sie könnten auch eine Begründung anführen, etwa: «Ich kann mich nicht auf mein Buch konzentrieren, wenn du trommelst.» Auf diese Weise kann Kate das Gesicht wahren und so tun, als hätte sie beim ersten Mal nicht gehört; Sie verleihen Ihrer Bitte Nachdruck, indem Sie sie begründen; und Sie bekommen das gewünschte Verhalten – das Trommeln hört auf. So vermeiden Sie unwirksames «Fliegen verscheuchen».

Nörgeln Sie nicht. Manchmal wollen wir, dass ein Kind etwas anders oder besser macht oder aufhört, einer unnützen, unwirksamen oder störenden Tätigkeit nachzugehen. Wir laufen dem Kind hinterher; wir insistieren; wir nörgeln; wir vergessen, dass Nörgeln zu nichts führt. Wenn wir nörgeln, signalisieren wir dem Kind, nicht auf uns zu hören. Wir senden zwei Botschaften damit: Zum einen deuten unsere Worte darauf hin, dass wir das Kind ständig beurteilen; zum anderen machen wir dem Kind ein unangebrachtes Verhalten vor und vermitteln ihm somit, dass Nörgeln akzeptabel ist.

Kinder können ebenfalls nörgeln und dabei unglaublich hartnäckig sein. «Können wir bitte einen Snack haben, Mama? Bitte! Wir haben solchen Hunger! Bitte, bitte, bitte, Mama. Wir versprechen auch, dass wir beim

Abendessen alles aufessen. Komm schon, Mama. Du willst doch nicht, dass wir hungrig sind, oder?» Oder: «Nina tut mir weh! Sag ihr, sie soll damit aufhören» und so weiter. Das unablässige Bitten und Betteln von Kindern kann dazu führen, dass die Erwachsenen in ihrer Umgebung eine Toleranz gegenüber der Nörgelei entwickeln. Oft erscheint es einfacher, dem Nörgeln nachzugeben, als einen angemesseneren Umgang damit zu finden. Dadurch wird es aber später umso schwieriger, dieses Verhalten abzustellen.

Rudolph Dreikurs beschreibt eine wirksame Technik, um nörgelnde oder quengelnde Verhaltensweisen zu reduzieren oder sogar ganz abzustellen: «Den Wind aus den Segeln nehmen». Wenn jemand an Ihnen herumnörgelt (oder Sie sich dabei ertappen, wie Sie an anderen herumnörgeln), können Sie diese negative Kommunikation stoppen, indem Sie sich einfach kommentarlos abwenden, ohne eine Erklärung abzugeben.[22] Tun Sie so, als seien Sie plötzlich nicht mehr anwesend. Damit nehmen Sie «den Wind aus den Segeln» der quengelnden Person. Dreikurs empfiehlt, ins Badezimmer (oder an einen anderen ungestörten Ort) zu gehen und die Tür abzuschließen. Staffieren Sie das Bad für solche Fälle mit Lesestoff oder einem CD-Player aus. Entspannen Sie bei einem Buch oder hören Sie Musik, bis der Wind (sprich, das Quengeln) vor der Tür verebbt. Wenn das Quengeln wieder anfängt, sobald Sie das Badezimmer verlassen, gehen Sie kommentarlos wieder in Ihr Refugium zurück. Wenn Sie diese Strategie ein paarmal wiederholen, können Sie dem Nörgeln und Quengeln von Kindern, oder auch dem Streiten unter Geschwistern in der Regel effektiv entgegenwirken. Eine weitere praktische Reaktion auf Nörgeln und Quengeln ist, den Staubsauger anzuschalten. Der Lärm des Geräts übertönt das Quengeln des Kindes, so dass es Ihnen leichter fällt, es zu ignorieren. Auf diese Weise vermeiden Sie, das Nörgeln und Quengeln zu verstärken oder dem Bitten und Betteln nachzugeben.

Manchmal ist es besser, ein Verhalten zu ignorieren. Wenn Sie bezweifeln, in einer bestimmten Situation eine Grenze setzen und auch durchsetzen zu können, ist es manchmal besser, den Regelverstoß zu ignorieren, zumindest solange, bis Ihnen eine angemessene und durchsetzbare Konsequenz einfällt. Ansonsten könnten Sie so tun, als seien Sie sehr beschäftigt oder abgelenkt und damit gezielt vermeiden, ein Problemverhalten zu bemerken. Wann immer wir eine Grenze setzen, die wir nicht durchsetzen beziehungsweise nicht durchsetzen können, verlieren wir an Glaubwürdigkeit. Wenn das Vergehen des Kindes geringfügig ist, und Sie einem möglichen Kampf nicht gewachsen sind, fahren Sie besser damit, wenn Sie das Verhalten ignorieren.

Versuchen Sie, nicht überzureagieren. Wenn eine Regel verletzt wird, kann es passieren, dass man überreagiert, aber zu viele Emotionen können Eltern in Schwierigkeiten bringen. In solchen Momenten sind sie versucht, dem Kind Konsequenzen aufzuerlegen, die in keinem Verhältnis zu dem Fehlverhalten stehen. Solche «Weltuntergangsdrohungen» eignen sich nicht als Konsequenzen, weil sie nicht realisierbar sind. Achten Sie darauf, keine Grenzen zu setzen, die Sie hinterher nicht einhalten können oder wollen, oder die sich als Bestrafung für Sie selbst entpuppen. Eine Ankündigung wie «Ab sofort hast du Hausarrest! Du musst eine Woche lang auf deinem Zimmer bleiben!» ist eine unrealistische Verfügung, die Sie unmöglich durchsetzen können. Allein um ins Bad zu gehen und zu essen, muss das Kind sein Zimmer verlassen. Und wie wollen Sie diese Regel durchsetzen? Indem Sie vor der Zimmertür Wache halten? Bestrafen Sie sich damit nicht selbst? Wenn Sie Grenzen setzen, die Sie unter vernünftigen Umständen nicht einhalten können, untergräbt das nicht nur Ihre Glaubwürdigkeit, sondern auch die Ernsthaftigkeit der Maßnahme. Außerdem steigt dadurch die Wahrscheinlichkeit, dass das Kind Sie erneut auf die Probe stellen und Ihre Grenzen austesten wird. In solchen Fällen ist es klüger, die Konsequenz neu zu definieren, etwa so: «Weißt du, ich habe mir meine Anordnung von gestern nochmal überlegt und denke, ich sollte da noch ein paar Punkte ändern. Du wirst zwei Stunden vor dem Fußballtraining und zwei Stunden nach dem Mittagessen auf deinem Zimmer bleiben. Mir ist klar, dass du essen und zum Training gehen musst.»

Seien Sie nicht zaghaft, verändern Sie die Konsequenzen nicht nach Gutdünken und senden Sie keine unklaren Botschaften. Möglicherweise tut es Ihnen manchmal leid, dass Sie Grenzen setzen müssen, und Sie setzen sie nur zaghaft oder gar entschuldigend durch. Vielleicht nehmen Sie Ihr Kind in den Arm, wenn Sie es in Auszeit schicken oder wenn die Auszeit vorüber ist. Damit senden Sie dem Kind unterschwellig unklare Botschaften und vermitteln ihm: «Was ich über die Grenzen gesagt habe, meine ich nicht wirklich so.» Stattdessen müssen Sie die klare Botschaft senden, dass Regeln wichtig sind und respektiert und befolgt werden müssen. Grenzen werden nicht nach Lust und Laune, sondern aus gutem Grund gesetzt.

Machtkämpfe um Disziplin

Selbstdisziplin ist notwendig, um dem Druck durch Gleichaltrige zu widerstehen und sowohl innerhalb als auch außerhalb der Schule etwas zu erreichen. Selbstdisziplin ist jedoch nicht angeboren; vielmehr müssen Kinder diese grundlegende Lebensfertigkeit erst durch jahrelanges Üben erwerben. Sie müssen von erwachsenen Bezugspersonen, die ihnen Selbstdisziplin vorleben, dazu animiert werden. Manchmal entdecken hochbegabte Kinder ihre Unabhängigkeit zum richtigen Zeitpunkt und am richtigen Ort. Manchmal führt ihr starker Wille aber auch zu zorniger Rebellion. Trotz aller guten Absichten, Kindern dabei zu helfen, Selbstdisziplin zu lernen, geraten Eltern manchmal in ernsthafte und unangenehme Machtkämpfe mit den Kindern.

Wenn Sie das Gefühl haben, dass Ihr neunjähriges Kind auf seinem Standpunkt beharrt und sich all Ihren Anordnungen widersetzt, stehen Ihnen möglicherweise noch viel größere Machtkämpfe bevor, wenn das Kind erst einmal in die Pubertät kommt. In solchen Fällen ist Disziplin häufig mit ausgiebigen, langwierigen und schmerzvollen Auseinandersetzungen verbunden. Als Eltern sind Sie natürlich daran interessiert, Machtkämpfe zu vermeiden, weil die Beziehung zu Ihrem Kind dadurch Schaden nehmen kann. Denken Sie daran, dass die meisten hochbegabten Kinder einen starken Willen haben; er ist Teil ihrer natürlichen Intensität. Obgleich die geschickten Versuche Ihres Kindes, sich durchzusetzen, andere zu manipulieren oder sich Ihrer Autorität zu widersetzen zum jetzigen Zeitpunkt Schmerz und Zank in der Familie verursachen können, kann dieselbe Ausdauer und Argumentationsfertigkeit im späteren Leben ein wichtiger Pluspunkt für das Kind sein. Versuchen Sie, diese Verhaltensweisen nicht als Bedrohung Ihrer Autorität zu verstehen, sondern als eine potenzielle Stärke Ihres Kindes. Bewahren Sie sich Ihren Sinn für Humor, wenn das Kind Einwände gegen Ihre Argumente erhebt. Helfen Sie Ihrem Kind, zu lernen, seine Argumentationsfertigkeiten produktiv und aktiv einzusetzen. In zehn oder 20 Jahren könnte aus Ihrem Kind eine Führungspersönlichkeit geworden sein – ein geschickter Verhandlungsführer in einem Unternehmen, ein Anwalt oder Topmanager.

Nehmen wir an, Ihr Sohn weigert sich, Gemüse zu essen oder zu einer bestimmten Zeit zu Bett zu gehen. Er argumentiert damit, dass ihm von Gemüse schlecht wird, oder er macht bestimmte Umstände geltend, die es ihm gestatten, länger aufzubleiben. Oder Sie möchten, dass Ihre 15-jährige Tochter spätestens um 23 Uhr von einer Party nach Hause kommt. Das Mädchen will aber bis Mitternacht bleiben und argumentiert damit, dass es peinlich und erniedrigend für sie ist, wenn sie als Einzige in ihrem Freundeskreis so früh nach Hause gehen muss. Jedes Schlupfloch und jede mögliche Ausnahme wird getestet. Eltern und Kind halten beide an ihren Argumenten fest. Die Diskussion wird emotional, die Beteiligten werden wütend und laut, Tränen fließen. In solchen Situationen Grenzen zu setzen, ist sehr schwierig. Die Ironie dabei ist: Je besorgter die Eltern um das Kind sind, desto größer ist die Wahrscheinlichkeit, dass es zu dieser Art von Machtkampf kommt. Eltern zwingen Kindern ihren Willen auf, weil sie das Beste für ihr Kind wollen, und nicht, weil sie unvernünftige Dickköpfe sind.

Falls Sie in einen unproduktiven Machtkampf geraten sind, versuchen Sie es mit folgendem Ansatz:[23] Wenn Ihre Tochter länger ausbleiben möchte als gewöhnlich, sagen Sie ihr, dass Sie ihre Bitte sorgfältig in Erwägung ziehen werden, und dass sie sich darauf vorbereiten soll, ihre Argumente vorzutragen, zum Beispiel im Anschluss an das Abendessen. Dann hören Sie sich alle ihre Begründungen an und vereinbaren, ihr zu einem späteren Zeitpunkt (wenn Sie mit dem anderen Elternteil darüber gesprochen haben, zum Beispiel am nächsten Abend/um 19 Uhr/beim nächsten Abendessen) die endgültige Entscheidung mitzuteilen. Auf diese Weise machen Sie Ihrer Tochter deutlich, dass Sie ihre Bitte anerkennen und ihr Respekt entgegenbringen. Außerdem ist sie dadurch gezwungen, vorauszuplanen und zu überlegen, ob ihre Bitte vernünftig ist. Den Eltern hilft diese Strategie, ein übereiltes und emotionales «Nein!» zu vermeiden.

Wenn das Kind seine Argumente vorgetragen hat, bekommt es keine weitere Gelegenheit mehr zu bitten und darf die Entscheidung der Eltern auch nicht anfechten. Die Entscheidung ist endgültig. Bei diesem Prozess lernt das Kind, dass seine Meinung zählt, aber auch, wie wichtig es ist, gut vorbereitet zu sein und Geduld zu haben. Wenn die Entscheidung positiv ausfällt, besteht kein Anlass, noch weiter darüber zu diskutieren; die Eltern legen lediglich die letzten Rahmenbedingungen fest. Fällt die Entscheidung negativ aus, können die Eltern dies begründen. Vielleicht fällt dem Mädchen plötzlich ein, dass es vergessen hat, ein oder zwei Argumente anzuführen, und es versucht nun, die Eltern durch weitere Argumente doch noch zu überzeugen. Da deren Entscheidung jedoch nicht anfechtbar ist, besteht die Konsequenz darin, dass das Mädchen beim nächsten Mal besser vorbereitet sein muss. Sollte das Mädchen versuchen, die Diskussion erneut zu eröffnen, reagieren die Eltern einfach nicht darauf.

Wie viel Druck ausüben? Wann sollten Sie sich zurückhalten?

Wie viel Druck sollten Eltern ausüben? Wann sollten sie sich zurückhalten? Das sind wichtige Fragen, auf die es keine pauschalen Antworten gibt, weil sie je nach Kind und Situation verschieden sind. Berücksichtigen Sie die Situation des Kindes und hören Sie sich seine Argumente und Ansichten über die Fairness von Konsequenzen an. Letztendlich müssen *Sie* jedoch die endgültige Entscheidung darüber treffen, welche Grenzen Sie setzen, wie Sie sie durchsetzen und welche Konsequenzen eine Regelverletzung nach sich zieht.

Wie bereits erwähnt, sollten Sie *die Beziehung zu Ihrem Kind als Ihren Barometer verwenden*. Ihre Beziehung ist das Wichtigste, was Sie mit Ihrem Kind teilen, und die wichtigsten Aspekte dieser Beziehung sind Ihre *Kommunikation* und der *gegenseitige Respekt*. (Das gilt im Übrigen für Menschen jeden Alters, nicht nur für Kinder). Tun Sie Ihr Bestes, um eine Beziehung mit Ihren Kindern aufzubauen und aufrechtzuerhalten, in der offen miteinander gesprochen wird, auch über heikle Themen. Aber bewahren Sie stets die Balance zwischen Beziehung und Disziplin. Selbstverständlich wollen Sie, dass Ihr Kind sich selbst besser kontrolliert, bestimmte Aktivitäten ausprobiert oder sich mehr anstrengt. Aber wenn Sie Ihr Kind zu sehr drängen oder schubsen, riskieren Sie, dass Ihre Beziehung ernsthaft Schaden nimmt. Ein totaler Krieg ist einfach zu kostspielig. Bevor Sie handeln, fragen Sie sich daher: «Habe ich genug Geld auf dem Konto, um diesen Betrag abheben zu können?»

Alternativen anbieten

Wenn man Kindern altersgerechte, echte Alternativen anbietet und ihnen ein gewisses Maß an Verhandlungsspielraum einräumt, lässt sich die Gefahr eines Machtkampfes häufig verringern.[24] Entscheidungsmöglichkeiten bieten jungen Menschen außerdem Gelegenheit, aus Konsequenzen zu lernen, ein Gefühl von Kompetenz zu entwickeln und ein gesundes Selbstwertgefühl aufzubauen.

Wir ermutigen Sie dazu, Ihrem Kind bei möglichst vielen Gelegenheiten Wahlmöglichkeiten zu lassen. Denken Sie dabei an das oben beschriebene «V»-Konzept und an den Spielraum innerhalb der von den Eltern gesetzten Grenzen. Beispielsweise dienen manche Kleidungsstücke als Spielkleidung, andere als Schulkleidung; diese Grenze legen die Eltern fest, aber das Kind kann selbst wählen, welche Kleidungsstücke es der jeweiligen Kategorie zuordnen möchte.

Als Eltern fällen wir für unsere Kinder allzu oft Entscheidungen, die sie ebenso gut selbst treffen könnten. Damit bringen wir sie um Lerngelegenheiten. Normalerweise profitieren Kinder von dem natürlichen Bedürfnis, ihre eigenen Entscheidungen zu treffen. Sie können schon sehr früh zwischen verschiedenen Optionen wählen, zum Beispiel, ob sie lieber Müsli oder Eier und Toastbrot zum Frühstück möchten. Sie können zwischen dem roten und dem blauen T-Shirt wählen. Im Restaurant können sie sich aussuchen, welches Kindergericht ihnen am meisten zusagt. Wenn wir dem

Kind Alternativen anbieten, signalisieren wir ihm damit, dass wir es als Individuum respektieren. Außerdem kann das Kind auf diese Weise üben, seine eigenen Interessen zu vertreten und Selbstvertrauen aufzubauen. Allerdings sollten Sie sichergehen, dass Sie die Alternativen, die Sie anbieten, akzeptieren können. Bieten Sie keine Alternative an, wenn diese für Sie nicht vertretbar ist.

Des Weiteren müssen wir die Entscheidungen des Kindes, wie es mit seiner Zeit umgeht, respektieren. Manchmal hört man Erwachsene geradezu schreien: «Es ist mir völlig egal, was du gerade machst! Wir müssen jetzt *sofort* gehen!» Wir würden es nie wagen, so mit einem Erwachsenen zu reden, an dessen Respekt und Zuneigung uns etwas liegt, zumal wir wissen, dass die meisten Menschen fast immer mit etwas beschäftigt sind. Es ist rücksichtsvoller, dem Kind rechtzeitig anzukündigen, wann Sie zu gehen beabsichtigen. Sie könnten sagen: «Wir müssen in zehn Minuten los. Bist du bis dahin fertig, beziehungsweise kannst du dich darauf einstellen, deine Tätigkeit an dieser Stelle zu unterbrechen?» Auf diese Weise respektieren Sie, dass das Kind gerade beschäftigt ist, und bieten ihm zudem eine respektvolle Alternative: Das Kind kann seine Tätigkeit innerhalb von zehn Minuten beenden oder einen geeigneten Punkt finden, an dem es seine Tätigkeit unterbricht. Die Erwartung ist deutlich, und die rechtzeitige Ankündigung erhöht die Wahrscheinlichkeit, dass das Kind kooperiert.

Indem Sie dem Kind Alternativen aufzeigen und ihm Entscheidungsmöglichkeiten geben, ermutigen Sie es dazu, Verantwortung für sich und seine Handlungen zu übernehmen. Vergewissern Sie sich jedoch vorher, dass *echte* Alternativen vorhanden sind. Fragen Sie Ihr Kind zum Beispiel nicht, ob es Antibiotika einnehmen möchte. Das ist keine echte Entscheidungsmöglichkeit für das Kind, da es ja ohnehin keine Wahl hat – es *muss* das Medikament einnehmen. Aber Sie können dem Kind folgende Alternative anbieten: «Möchtest du deine Medizin nehmen, bevor wir die Geschichte lesen, oder lieber danach?» Das ist eine echte Wahlmöglichkeit, die dem Kind das Gefühl gibt, mitbestimmen zu können, weil es – innerhalb eines gewissen Rahmens – selbst entscheidet, *wann* es das Antibiotikum einnimmt. Wenn Sie Ihr Kind fragen «Möchtest du jetzt vielleicht dein Zimmer aufräumen?» laufen Sie Gefahr, dass das Kind «Nein!» sagt. Formulieren Sie die Frage anders, etwa so: «Möchtest du dein Zimmer jetzt aufräumen oder nachdem du deinen Snack gegessen hast?» Auf diese Weise bieten Sie dem Kind echte Alternativen an, zwischen denen es wählen kann. Pseudo-Alternativen oder Scheinangebote – «Möchtest du vielleicht dein Zimmer aufräumen?» – lassen dem Kind überhaupt keine Wahl. Sie erniedrigen das Kind eher, als dass sie es dazu animieren, etwas zu tun; trügerische Wahlmöglichkeiten dieser Art zeigen keinen Respekt für das Kind und tragen auch nicht dazu bei, dass das Kind mehr Respekt für Sie zeigt.

Wenn Sie stattdessen echte Alternativen anbieten, signalisieren Sie dem Kind, dass Sie ihm eine eigenständige Wahl zutrauen. Dadurch verringern Sie die Gefahr, dass das Kind trotzig und aufsässig reagiert, und Sie sich in einem Win-lose-Konflikt («Alles oder nichts»), einer Lose-lose-Situation (in der beide verlieren) oder in einem Machtkampf wiederfinden. Wahlmöglichkeiten helfen dem Kind, Selbstständigkeit und Selbstdisziplin zu erlangen. Zugleich fördern sie gegenseitigen Respekt und positive Beziehungen.

Richtig loben und ermutigen

Es ist hilfreich, sich immer wieder vor Augen zu führen, dass das langfristige Ziel – sowohl bei der Disziplin als auch bei der Motivation – darin besteht, dass Ihr Kind Selbstdisziplin, Selbstregulation und Selbstbestimmung lernt. Das soll nicht heißen, dass Sie ihm nie Ihren Willen aufzwingen dürfen. Grenzen und Konsequenzen, die von außen festgelegt werden, können Ihrem Kind helfen, zu verstehen, was es bedeutet, eine wichtige Regel oder Grenze zu verletzen. Langfristig richten Sie mit Lob aber viel mehr aus: Sie helfen Ihrem Kind dabei, Selbstmanagement und Selbstbestimmung zu lernen, weil Ihr Lob ihm signalisiert, dass Sie es für kompetent halten und es begrüßen würden, wenn es solche Verhaltensweisen öfter wiederholen würde. Wenn das Kind Vertrauen in seine Kompetenz hat, kann es eher Verantwortung für sein Verhalten übernehmen.

Lob ist eine besonders wirkmächtige Form der Anerkennung und wird in Eltern-Kind-Beziehungen viel zu selten eingesetzt. Wir wollen, dass unsere Kinder ihr Bestes geben, aber wenn sie etwas gut machen, bemerken wir es oft gar nicht und loben sie auch nicht dafür. Stattdessen konzentrieren wir uns darauf, was sie noch besser machen könnten.

Kinder brauchen es, dass wir ihre Anstrengungen und positiven Verhaltensweisen zur Kenntnis nehmen. Bewundern wir die Art und Weise, wie das Kind eine Aufgabe angeht? Lassen wir es wissen, wie glücklich uns seine fröhliche Art macht? Sagen wir ihm, dass wir es zu schätzen wissen, dass es uns in der Küche hilft, den Tisch deckt oder sein Zimmer aufräumt, wenn Besuch kommt? Oder sind das alles Dinge, die wir einfach erwarten und für selbstverständlich halten? Eltern schrecken manchmal davor zurück, «erwartete» Verhaltensweisen zu verstärken; dabei genügt es schon, einfach «Gut gemacht!» oder «Toll! Danke!» zu sagen, um ein gewünschtes Verhalten zu verstärken und Anerkennung zu zeigen. Ihr Kind sollte für ein erwartetes Verhalten genau deswegen gelobt werden, *weil* es erwartet wird, und weil Sie möchten, dass es dieses Verhalten wiederholt. Es hilft, wenn wir Eltern uns vor Augen führen, wie gut es doch tut, wenn unser (Ehe-) Partner Anerkennung für uns und unser Verhalten zeigt, selbst wenn es ein «erwartetes» Verhalten ist, wie etwa das Abendessen zubereiten oder das Kind vom Schwimmunterricht abholen. Für das Selbstbild unseres Kindes und unsere Beziehung zu ihm ist es wichtig, dass wir ihm reichlich positive Botschaften zukommen lassen.

Lob sollte zutreffend, berechtigt und spezifisch sein. Wenn Sie Ihr Kind loben, stellen Sie sicher, dass Ihr Lob nicht übertrieben oder unzutreffend ist. Hochbegabte Kinder durchschauen Übertreibungen wie «Du bist der beste Baseballspieler aller Zeiten!» sofort. Wenn Sie ein unzutreffendes oder übertriebenes Lob aussprechen, setzen Sie Ihre Glaubwürdigkeit aufs Spiel. Eine Möglichkeit, um spezifisches Lob auszudrücken, wäre: «Ich mag die verschiedenen Blautöne, die du in diesem Bild verwendet hast.»

Loben Sie das Verhalten, nicht das Kind. Ebenso sind Lob und anerkennende Kommentare wirksamer, wenn sie auf ein bestimmtes Verhalten zielen. Die Intelligenz eines Kindes oder seine Fähigkeiten im Allgemeinen zu loben, ist nicht besonders wirksam, wenn es darum geht, das Selbstwertgefühl des Kindes zu fördern. Hilfreicher ist es, die Bemühungen des Kindes bei einer *spezifischen* Aufgabe zu loben.[25] Anstatt zu sagen «Du bist so ein talentierter Klavierspieler» oder «Du bist ein echtes Mathe-Genie», könnten Sie sagen: «Ich bewundere es, wie du diesen schwierigen Teil immer wieder übst, bis du ihn so spielst, wie du ihn haben willst» oder «Ich bin stolz, dass du so viele verschiedene Lösungsmöglichkeiten für Rechenaufgaben probierst, bis du die beste gefunden hast.»

Wenden Sie die Sandwich-Methode an. Wenn Sie Disziplin und Grenzen zwischen zwei positiven ergänzenden Kommentaren «verpacken», wird konstruktive Kritik in der Regel «genießbarer». Sie könnten zum Beispiel sagen: «Ich finde es toll, wie du lernst, mit anderen geduldiger zu sein; allerdings bin ich enttäuscht, wenn du die Erwachsenen bei ihren Gesprächen unterbrichst, und ich würde es begrüßen, wenn du versuchen würdest, nicht mehr dazwischenzureden. Ich weiß, wie gerne du dich mit älteren Kindern und Erwachsenen unterhältst.» Achten Sie beim Gebrauch der Sandwich-Methode jedoch darauf, dass keine «Ja, aber»-Äußerung daraus wird, was leicht passieren kann. Wenn Sie den ermutigenden Schlusssatz weglassen oder Ihre Kritik im Verhältnis zu den beiden positiven Kommentaren überbetonen, ist diese Methode nicht effektiv.

Weitere Anregungen und Strategien

Erst auf die Emotionen eingehen, dann disziplinarisch handeln. Wenn Disziplinprobleme auftreten, empfiehlt es sich, zunächst nicht auf den *Vorfall* zu reagieren, sondern auf die *Emotionen*, die ihn ausgelöst haben. Zeigen Sie dem Kind, dass Sie zumindest seine Gefühle – obschon nicht unbedingt sein Verhalten – verstehen; auf diese Weise können Sie verhindern, dass das Kind Ihre disziplinarische Maßnahme von vornherein ablehnt. Wie wir in Kapitel 3 bereits festgestellt haben, gibt es keine «richtigen» oder «falschen» Emotionen. Wenn ein Kind merkt, dass seine Gefühle akzeptiert werden, erkennt es, dass seine Art zu empfinden *seine* Realität ist, egal, ob die anderen genauso empfinden oder nicht. Sie wollen, dass Ihr Kind aus der Situation lernt. Wenn starke Emotionen im Spiel sind, fällt es dem Kind jedoch äußerst schwer, klar und logisch zu denken. Aber wenn Sie mit den Gefühlen Ihres Kindes umzugehen verstehen, ist die Wahrscheinlichkeit größer, dass es in Zukunft eine Verhaltensänderung vornimmt.

Auf die Gefühle des Kindes einzugehen, bevor disziplinarische Maßnahmen ergriffen werden, trägt auch dazu bei, die Beziehung zu schützen. Mit hochbegabten Kindern sind Machtkämpfe wahrscheinlicher. Warum sollten wir also darauf bestehen, dass das Kind die Dinge so tut, wie wir es wollen? Wenn wir keinen Spielraum gewähren, die Gefühle des Kindes nicht berücksichtigen und keine alternativen Lösungsansätze in Erwägung ziehen, schaffen wir eine «Alles-oder-nichts»-Situation. Mit unserer elterlichen Macht und Autorität setzen wir dann zwar durch, dass unsere Regeln – zumindest vorübergehend – eingehalten werden; eine dauerhafte Selbstdisziplin erreichen wir damit aber nicht. Solange das Kind die Gründe für die disziplinarische Maßnahme nicht versteht, wird es höchstwahrscheinlich wütend sein, vielleicht sogar auf Rache sinnen, und vermutlich wird es die Dinge ohnehin auf seine Weise tun, sobald es dazu in der Lage ist.

In Situationen, in denen die Sicherheit oder das Wohlergehen des Kindes auf dem Spiel steht, müssen Sie jedoch – ungeachtet der Gefühle des Kindes – hart bleiben und darauf bestehen, dass etwas so gemacht wird, wie Sie es wollen. In solchen Situationen müssen Sie der Erwachsene sein, der das Sagen hat. In anderen Situationen sind Alternativen und Diskussionen aber durchaus möglich. Diese sollten jedoch erfolgen, bevor eine Grenze gesetzt wird. Wurde die Grenze erst einmal vereinbart, muss sie auch durchgesetzt werden. Andernfalls laufen Sie Gefahr, Ihre Glaubwürdigkeit zu verlieren. Hochbegabte Kinder merken sich in der Regel, wenn eine Grenze nicht durchgesetzt wurde, und sie könnten versuchen, diesen Umstand beim nächsten Mal für sich zu nutzen: «Beim letzten Mal hast du mir nur einen Abend Hausarrest gegeben! Wieso ist es diesmal eine Woche? Du bist unfair!»

Vielleicht hilft es Ihnen, sich vorzustellen, wie *Ihnen* zumute ist, wenn Sie es mit einem besonders autoritären Vorgesetzten zu tun haben. Womöglich geben Sie sich in solchen Situationen den Anschein, als würden Sie seine Anordnungen respektieren, aber in Wahrheit empfinden Sie einen wachsenden Groll, vielleicht sogar Respektlosigkeit gegenüber Ihrem Chef, und wahrscheinlich gehen Sie in Zukunft auf Distanz zu ihm. Stellen Sie sich nun vor, Sie hätten einen verständnisvollen Vorgesetzten, der Ihnen zuhört, auf Ihre Meinung Wert legt und Sie respektvoll anleitet und korrigiert. Welcher dieser beiden Vorgesetzten hilft Ihnen eher dabei, zu lernen und bessere Leistungen zu erbringen?

Stellen Sie fest, welche Bedürfnisse das Kind hat. Ungehorsam deutet häufig darauf hin, dass das Kind etwas braucht oder will – vielleicht einfach nur Rückversicherung, Trost oder Aufmerksamkeit. Mitunter benimmt sich ein Kind nur deshalb ungezogen, weil es emotionale Rückversicherung braucht. Es will sicher sein, dass Ihnen wirklich etwas an ihm liegt, und es will, dass man seine Gefühle zur Kenntnis nimmt. Nehmen Sie sich Zeit, um festzustellen, welches Ziel das Kind mit seinem Verhalten verfolgt, denn nur so können Sie angemessen darauf reagieren. Ein Kind, das ungezogen ist, weil es Aufmerksamkeit will, braucht eine andere Art von Zuwendung als ein Kind, das aus Angst oder Wut handelt. Nehmen wir an, der Vater war die ganze Woche auf einer Geschäftsreise. Als er am Freitagabend nach Hause kommt, will er noch eben in den Supermarkt gehen, um Milch für das Frühstück am nächsten Morgen zu kaufen. Das Kind soll zu Hause bei der Mutter bleiben, die ihm eine Gutenachtgeschichte vorlesen möchte. Aber das Kind will mit dem Vater in den Supermarkt gehen und bekommt einen Trotzanfall. Das unangemessene Verhalten des Kindes lässt sich vermutlich mit seinem Bedürfnis erklären, Zeit mit dem Vater zu verbringen, nachdem dieser längere Zeit abwesend war.

Ein anderes Beispiel: Sie haben Ihrem Sohn erklärt, dass er am nächsten Tag mit dem Bus von der Schule nach Hause fahren muss, weil Sie einen Termin haben und ihn nicht wie gewöhnlich mit dem Auto abholen können. Der Junge sagt, er werde auf keinen Fall zur Schule gehen, wenn er den Bus nehmen soll, und er bleibt unnachgiebig. Der Grund: Beim letzten Mal, als er den Bus nehmen musste, wurde er von einem älteren Jungen schikaniert und bedroht. In diesem Fall wird das Verhalten Ihres Sohnes durch Angst verursacht.

Egal wodurch das unerwünschte Verhalten motiviert wird, es darf nicht einfach toleriert werden. Aber wenn Sie die Bedürfnisse des Kindes verstehen, können Sie bei Ihrer disziplinarischen Maßnahme darauf Rücksicht nehmen und dem Kind somit Respekt entgegenbringen. Ihre Empathie kann dem Kind helfen zu verstehen, warum Sie es bestrafen. Auch wenn ihm die Konsequenz nicht gefällt – das Kind merkt, dass es Ihnen grundsätzlich am Herzen liegt und Sie nicht einfach nur versuchen, es zu kontrollieren. Unabhängig davon, wie alt das Kind ist: es ist wichtig, ihm zu vermitteln, dass Sie das Kind und seine Gefühle wichtig nehmen, dass Sie an seine Fähigkeit glauben, Selbstdisziplin zu erlangen, und dass Sie nicht sein Gegner sind.

Prüfen Sie, ob es sich lohnt, eine Auseinandersetzung zu riskieren. Nicht alle Probleme sind eine Auseinandersetzung wert, denn manchmal ist der Preis, den Sie für die Durchsetzung einer Regel zahlen, einfach zu hoch. Wir können unsere Kinder zwingen, unter allen Umständen genau das zu tun, was wir wollen, aber die daraus resultierende Feindseligkeit wäre so groß, dass wir unsere Beziehung zu ihnen höchstwahrscheinlich ernsthaft beschädigen würden. Wir müssen uns fragen, ob Gehorsam in jeder Situation wirklich so entscheidend ist, oder ob wir uns nicht auf wichtigere Dinge konzentrieren sollten. Wenn Sie zum Beispiel mit Ihrer Tochter vereinbart haben, dass sie um 22.30 Uhr von der Party nach Hause kommt, und sie sich um 15 Minuten verspätet, ist das kein Grund, um einen Streit anzufangen, besonders dann nicht, wenn Zuspätkommen kein Muster ist. Bitten Sie sie um eine Erklärung und akzeptieren Sie diese, sofern sie einleuchtend ist.

Was ist mit Widerrede und Weigerung? Da hochbegabte Kinder besonders sprachgewandt sind, versuchen sie häufig, ihr Verhalten, ihre Sichtweise und ihren Standpunkt mit logischen Argumenten zu verteidigen. Eltern sollten darauf eingestellt sein und sich aus solchen Auseinandersetzungen aktiv herausnehmen, etwa indem sie sagen: «Ich werde darüber nicht streiten.» Wenn Sie prüfen, welche Disziplinprobleme eine Auseinandersetzung wert sind, schützen Sie Ihre Beziehung und sorgen dafür, dass nebensächliche Dinge nicht gleich zu Konflikten führen.

Animieren Sie Ihr Kind nicht zum Lügen. Dieser Ratschlag mag sich merkwürdig anhören, aber wenn Eltern merken, dass ihr Kind etwas angestellt hat, stellen sie oft rhetorische Fragen, die regelrecht zum Lügen verleiten: «Hast du etwa Süßigkeiten gegessen?» Wenn das Kind mit «Nein» antwortet, sagen die Eltern: «Und warum ist dein Gesicht dann mit Schokolade verschmiert?» Daraufhin bestrafen sie das Kind nicht nur dafür, dass es unerlaubterweise Schokolade gegessen hat, sondern auch dafür, dass es gelogen hat. Besser ist es, zu sagen: «Wie ich sehe, hast du Süßigkeiten gegessen, und du weißt, dass du das vor dem Abendessen nicht darfst.» Die Frage, die oben als Beispiel angeführt wurde, animiert das Kind zum Lügen, indem es versucht, einer Bestrafung zu entgehen. Wenn Sie die Regelverletzung bemerken, machen Sie das Kind darauf aufmerksam und korrigieren oder bestrafen Sie es, aber bringen Sie es nicht in eine Lage, in der es versucht ist, zu lügen.

Prüfen Sie Ihre Erwartungen. Manchmal müssen wir die Möglichkeit in Betracht ziehen, dass unsere Erwartungen schlichtweg nicht zeitgemäß sind. Müssen wir wirklich auf ein bestimmtes Verhalten *bestehen*? Ist es unbedingt notwendig, dass das Kind jeden Tag sein Bett macht oder seinen Teller ratzeputz leer isst? Das tägliche Zähneputzen ist sicherlich wichtig, weil es der Zahngesundheit dient, aber ausnahmslos jeden Tag das Bett zu machen, ist nicht notwendig. Vielleicht genügt es, einfach nur kurz das Federbett und das Kopfkissen aufzuschütteln. Zu viel Kontrolle kann zu unnötigen Machtkämpfen führen. Untersuchen Sie die Gründe, warum Sie auf etwas beharren. Spulen Sie Botschaften aus Ihrer eigenen Kindheit ab? Befürchten Sie, dass das Kind zu viel Macht bekommt, wenn Sie nachgeben? Hören Sie sich die Argumente des Kindes an und respektieren sie? Hat Ihr Kind das Gefühl, dass Ihre Forderungen unvernünftig sind? Geben Sie ihm etwas Spielraum innerhalb der Grenzen? Sich ehrlich mit dem eigenen Standpunkt auseinanderzusetzen, kann hilfreich sein, wenn Sie Ihre Erwartungen an Ihr Kind überprüfen.

Machen Sie Ihre Erwartungen klar. Versteht Ihr Kind, welches Verhalten Sie von ihm erwarten? Um das herauszufinden, können Sie es bitten, die Regel, die Sie gerade erklärt haben, noch einmal zu wiederholen. Wenn Sie den Eindruck haben, dass das Kind nicht verstanden hat, was Sie von ihm erwarten, können Sie das klären. Oft erwarten wir von hochbegabten Kindern, dass sie zwischen den Zeilen beziehungsweise unsere Gedanken lesen oder einfach «wissen», was wir von ihnen wollen. Schließlich sind sie doch sonst auch so schnell von Begriff. Denken Sie daran, dass hochbegabte Kinder Ihre Bemerkungen mitunter sehr wörtlich nehmen; daher ist es wichtig, dass Sie Ihre Erwartungen klar und deutlich formulieren. Wenn Sie das Kind bitten, «das Geschirr» zu spülen, könnte es passieren, dass Töpfe und Pfannen ungewaschen in der Spüle zurückbleiben und Ihr Kind Ihnen auf Ihren Vorwurf hin erklärt: «Du hast doch gesagt, ich soll das *Geschirr* spülen!»

Klare und spezifische Anweisungen tragen nicht nur zu einem besseren Verständnis bei, sondern lassen Sie auch erkennen, dass Ihr Kind zwar verstanden hat, aber nicht kooperationsbereit ist. Wenn Sie eine klare, unmissverständliche Anweisung geben, die das Kind ausführen kann (zum Beispiel: «Nimm deine Füße vom Stuhl»), es aber nicht tut, wissen Sie, dass es sich nicht um ein Verständnisproblem handelt, sondern um mangelnde Kooperationsbereitschaft. Indem Sie Ihrem Kind deutlich machen, was Sie von ihm erwarten, verringern Sie das Risiko, dass es zu einem Missverständnis kommt oder das Kind so tut, als hätte es nicht verstanden. Ein Beispiel:

Mutter: «Du darfst zur Abteilung mit den Videospielen, aber du musst um Punkt 3 Uhr wieder hier bei mir sein, damit wir deine Schwester vom Fußballtraining abholen können.»

Sohn: «Okay.»

Mutter: «Also, was habe ich dir eben gesagt?»

Sohn: «Dass ich zu den Videospielen darf.»

Mutter: «Schon, aber das ist nicht alles. Ich habe auch gesagt, dass wir uns um 3 Uhr wieder genau hier treffen.»

Sohn: «Okay. Ich muss um Punkt 3 Uhr wieder hier sein.»

Mutter: «Genau. Danke. Bis dann!»

Vermeiden Sie hartes, inkonsequentes Bestrafen. Wie bereits erwähnt, gehört hartes und inkonsequentes Bestrafen zu den schädlichsten Methoden, um einem Kind Disziplin beizubringen. Mit hartem Bestrafen meinen wir nicht nur körperliche Züchtigung, zum Beispiel Schläge, sondern auch wütendes Schreien und verbalen, emotionalen oder sonstigen Missbrauch – kurzum, jede Form von Bestrafung, die unangemessen und überspannt ist oder in keinem Verhältnis zu dem Vergehen des Kindes steht. Inkonsequentes Bestrafen bedeutet, dass das Kind beim einen Mal für ein bestimmtes Verhalten bestraft wird, beim anderen Mal aber nicht. Das Kind weiß also nie, was es erwartet. Es lernt, dass die ständig wechselnden Konsequenzen nicht vorhersehbar sind.

Hartes und inkonsequentes Bestrafen bewirkt keine Änderung des Verhaltens und ist sehr schädlich für Ihr Kind und Ihre Beziehung zu dem Kind. Die Folge sind Zorn, Misstrauen und Respektlosigkeit, nicht nur gegen *Ihre* Autorität, sondern gegen *jede* Autorität. Ein hochbegabtes Kind, das eine solche Bestrafung erfährt, kommt zu dem Schluss, dass die Welt unberechenbar und unsicher ist, und es wird kaum ein gesundes Selbstkonzept oder eine positive Auffassung von sich selbst entwickeln.

Unterstützen Sie den anderen Elternteil. Wenn ein Elternteil eine Grenze setzt, sollte der andere sie nur unter außergewöhnlichen Umständen ändern oder untergraben, und selbst dann grundsätzlich nicht vor dem Kind. Nehmen wir an, Sie sind der Auffassung, dass Ihr (Ehe-)Partner das Kind beim Essen im Restaurant öffentlich gedemütigt hat. Fallen Sie ihm nicht in den Rücken, indem Sie sagen: «Ach weißt du, deine Mutter meint es nicht so. Ich werde nachher mit ihr reden.» Fühlen Sie stattdessen mit dem Kind, empfinden Sie seine Frustration nach und ermutigen Sie es, darüber nachzudenken, was es hätte tun können, um ein anderes und besseres Ergebnis herbeizuführen. Später können Sie unter vier Augen mit Ihrem (Ehe-)Partner über die Reaktion des Kindes sprechen und mit ihm gemeinsam überlegen, wie man eine solche Situation in Zukunft besser handhaben könnte.

Vermeiden Sie Spott und Sarkasmus. Hochbegabte Kinder sind sehr sensibel und werden durch Spott und Sarkasmus oft tief verletzt. Auch wenn sie selbst gerne spotten oder sarkastisch sind, können sie schlecht damit umgehen, wenn sie selbst zur Zielscheibe werden. Manche hochbegabte Kinder, vor allem die akustisch-sequentiellen Lerner, nehmen die sarkastischen Bemerkungen der anderen wörtlich, und das kann verheerende Folgen haben. Wenn beispielsweise der Lehrer in der Oberschule zum Spaß sagt: «Ich habe meine Zweifel, dass auch nur zwei von euch diesen Test bestehen können», macht er sich über die Schüler lustig. Ein hochbegabtes Kind würde aus dieser Bemerkung aber keinen Spott, sondern nur Kritik und Verletzung heraushören. Wir haben erlebt, dass hochbegabte Kinder nicht mehr in den Unterricht gehen wollten, nachdem der Lehrer eine «spaßige» Bemerkung wie die obige hatte fallen lassen. Sarkasmus und Spott gehören nicht zu den Dingen, die wir hochbegabten Kindern vorleben sollten.

Verwenden Sie einen schriftlichen Aufgabenplan oder Überblick. Manchmal brauchen Kinder eine grafische Darstellung ihrer Aufgaben, um den Überblick nicht zu verlieren. Ein schriftlicher Plan erinnert das Kind an häusliche Pflichten, Schulprojekte oder ganz simple Dinge wie Zähneputzen. Jüngere Kinder mögen es, wenn man sie mit Aufklebern (zum Beispiel kleinen Sternen) für die Erfüllung einer Aufgabe belohnt. Allmählich lernt das Kind, sich selbst zu organisieren und die Aufgabe auch ohne Aufkleber zu erfüllen. Aufgabenpläne sind aber nur dann nützlich, wenn man sie konsequent umsetzt. Wenn Kinder an der Entwicklung des Aufgabenplans beteiligt werden, ist die Wahrscheinlichkeit größer, dass sie sich daran halten.

Schließen Sie einen «Verhaltensvertrag». Bei manchen streitlustigen, schlauen Kindern empfiehlt es sich, einen Verhaltensvertrag aufzusetzen. Folgende Komponenten werden in einen einfachen Vertrag aufgenommen: Die von Ihnen festgelegte Aufgabe, der entsprechende Zeitrahmen, die Konsequenzen (positive und/oder negative) und mindestens zwei Unterschriften, eventuell noch die eines Zeugen. Hier ist ein Beispiel:

Ich werde jeden Tag eine Stunde lang meine Hausaufgaben machen, nachdem ich meinen Snack gegessen habe.

Ich werde eine halbe Stunde lang meine Mathe-Hausaufgaben machen und anschließend Rechtschreibung üben.

Falls ich mich nicht daran halte,

1. darf ich nach der Schule nicht wie sonst zwei Stunden mit Freunden spielen oder
2. darf ich am Wochenende nicht fernsehen.

Unterschrift (Kind): ______________ Unterschrift (Elternteil): ______________

Datum: ______________ Datum: ______________

Unterschrift (Zeuge): ______________ Datum: ______________

Das Kind hat ein gewisses Mitspracherecht, was die Formulierung des Vertragstextes angeht. Schließlich soll es an seinem Verhalten arbeiten und muss daher mit dem Ziel, aber auch mit den Konsequenzen einverstanden sein. Der andere Elternteil oder ein Lehrer kann die Rolle des Zeugen übernehmen. Der Vertrag wird an das «Schwarze Brett» der Familie oder an einen Schrank gehängt und dient dazu, alle Beteiligten an die Aufgabe und die Konsequenzen zu erinnern. Wenn man sie richtig anwendet, sind solche Vereinbarungen ein effektives Werkzeug, um dem Kind Selbstmanagement beizubringen. Am besten ist es jedoch, wenn man sie nicht allzu häufig einsetzt, damit das Kind, sollte es das vereinbarte Ziel nicht erreichen, den Misserfolg nicht allzu sehr zu spüren bekommt.

Körperkontakt. Obwohl nicht alle Kinder auf diese Maßnahme ansprechen, kann Körperkontakt dazu dienen, die Aufmerksamkeit des Kindes zu bekommen und Zuneigung auszudrücken. Eine leichte Berührung von Hand, Arm oder Schulter fokussiert die Aufmerksamkeit des Kindes – es hört Ihnen dann wirklich zu. Berührungen lassen das Kind wissen, dass es Ihnen wirklich am Herzen liegt und dass Sie eine Grenze setzen, *weil* es Ihnen am Herzen liegt. Für gewöhnlich wissen Eltern, wann Ihr Kind in den

Arm genommen werden möchte beziehungsweise ein warmes Rückenklopfen oder eine Umarmung braucht. Besonders jüngere Kinder sprechen gut auf Umarmungen an. Teenager wollen dagegen häufig nicht umarmt oder berührt werden, vielleicht, weil sie glauben, dass diese Form der Zuwendung nur bei jüngeren Kindern angemessen ist. Möglicherweise bevorzugen sie einen Handschlag oder ein «Daumen-hoch»-Zeichen; auch auf diese Weise lässt sich Zuneigung ausdrücken.

Denken Sie daran, dass Körperkontakt nicht bei allen Kindern funktioniert, und schon gar nicht, wenn das Kind wütend auf Sie ist. Manche Kinder reagieren empfindlich auf Berührungen – egal von wem – und versuchen, sich ihnen zu entziehen: «Ich will nicht, dass du mich jetzt anfasst!» In solchen Momenten ist es wichtig, den Wunsch des Kindes zu respektieren und nicht in seine Privatsphäre einzudringen. Bei Kindern, die empfindlich auf Berührungen reagieren, sollten Sie sich vorher vergewissern, dass sie die Berührung erwarten, denn nur so wird sie auch wirklich positiv aufgenommen.

Vermitteln Sie dem Kind, dass Sie darauf vertrauen, dass es das Richtige tut. Hochbegabte Kinder müssen das Gefühl bekommen, dass ihre Eltern ihnen zutrauen, dass sie das Richtige tun. Indem Sie ihnen Grenzen setzen und ihnen allmählich die Gelegenheit geben, Freiheit innerhalb dieser Grenzen zu erfahren, bereiten Sie sie darauf vor, gute Entscheidungen zu treffen, wenn sie sich selbst Grenzen setzen. Wenn Sie von Ihren Kindern erwarten, dass sie Ihren Verhaltensrichtlinien folgen, und sie das als jüngere Kinder erfolgreich tun, werden sie auch als Teenager vertrauenswürdig sein. Wenn Sie mit ihnen über ihre Freunde und Aktivitäten sprechen, können Sie ihnen vermitteln, dass Sie darauf vertrauen, dass sie wissen, was in bestimmten Situationen zu tun ist. Im Gegenzug werden die Kinder Ihnen zeigen, dass sie Ihres Vertrauens würdig sind.

Haben Sie Geduld und geben Sie nicht auf! Viele Eltern berichten verzweifelt, wie sie die verschiedensten Ansätze ausprobiert haben, um ihren Kindern Disziplin beizubringen – ohne Erfolg. Oft testeten sie eine Methode ein paar Wochen lang, stellten fest, dass sie nicht funktionierte, und gingen dann zur nächsten Methode über, die sie nach ein paar Wochen erneut gegen eine andere eintauschten. Es kam ihnen nicht in den Sinn, dass ihre Kinder schnell gelernt hatten, die neue Methode einfach «auszusitzen», weil sie ja wussten, dass nach ein paar Wochen alles wieder beim Alten sein würde.

Diese neuen Erziehungsfertigkeiten in Sachen Disziplin zu lernen und zu üben, erfordert Geduld und ein hohes Maß an Standhaftigkeit. Geben Sie nicht auf, bevor Sie den neuen Ansatz nicht mindestens einen Monat lang ausprobiert haben. In der Regel dauert es länger als ein paar Wochen, bis sich eine Veränderung einstellt, aber wenn Sie Ihre Ansätze ändern, wird sich auch das Verhalten Ihres Kindes ändern.

Kapitel 6

Intensität, Perfektionismus und Stress

Häufig wird übersehen, dass hochbegabte Kinder bei all ihren Stärken und Fähigkeiten oftmals einer hohen Stressbelastung ausgesetzt sind und aus diesem Grund vielleicht sogar professionelle Hilfe benötigen. In extremen Fällen leidet ein jüngeres Kind unter schweren Kopfschmerzen, die auf sein Perfektionsstreben zurückgehen, oder ein Teenager ist schwer depressiv und denkt daran, sich das Leben zu nehmen, weil er Probleme mit der Familie oder mit Freunden hat.

Da viele hochbegabte Kinder darin geübt sind, ihre Gefühle zu vertuschen, zu intellektualisieren oder einfach herunterzuspielen, werden diese Probleme nicht immer erkannt. Unter Umständen verbergen diese Kinder ihre Angst und Verzweiflung vor anderen oder vertuschen ihre intellektuellen Fähigkeiten, um sich besser in die Gemeinschaft mit Gleichaltrigen einfügen zu können, auch wenn das bedeutet, dass sie sich verstellen müssen. Das hat zur Folge, dass die Erwachsenen in ihrem Leben es möglicherweise schwierig finden, hochbegabten Kindern dabei zu helfen, ihren Stress zu bewältigen.[1]

Warum verbergen hochbegabte Kinder ihren Stress? Da sie gewohnt sind, die Dinge schnell und eigenständig zu lernen, sind sie schon früh davon überzeugt, dass sie in der Lage sein *müssten*, mit all ihren Problemen fertig zu werden. Für gewöhnlich sind sie zurückhaltend, wenn es darum geht, andere um Hilfe zu bitten, weil sie befürchten, ihren «Klug-und-kompetent»-Status zu verlieren, wenn sie um Hilfe bitten.

Wie alle Kinder müssen hochbegabte Kinder lernen, ihren Stress zu bewältigen. Jeder Mensch braucht Resilienz, also Widerstandsfähigkeit und

Bewältigungskapazität, sowie ein System, um sich zu organisieren und mit Problemen und Schwierigkeiten umzugehen, wenn sie auftreten. Manche Widrigkeiten im Leben haben schlichtweg damit zu tun, dass wir mit Ereignissen umgehen müssen, die uns gewisse Veränderungen abverlangen. Wenn wir bei der Durchführung einer Aufgabe einen Fehler machen, müssen wir unsere Vorgehensweise ändern. Wir sind enttäuscht, wenn etwas in einer Beziehung schiefläuft. Wir erlangen eine adaptive Resilienz, wenn es uns gelingt, Muster zu verlernen, die uns beeinträchtigen, und wenn wir Mittel und Wege finden, um unsere Reaktionen auf Stress zu kontrollieren und einige unserer Denkmuster zu verändern. Resiliente Personen empfinden zwar Stress, haben jedoch gelernt, wie sie verhindern können, dass Sorgen und Zweifel sie überwältigen.[2] Die Gedanken des hochbegabten Kindes können sein schlimmster Feind sein, was die Stressentstehung angeht; sie können aber auch sein größter Verbündeter sein, wenn es darum geht, Stress zu bewältigen.

Hochbegabte Kinder erleben andere Formen von Stress als andere Kinder, und sie erleben diesen Stress intensiver als das Durchschnittskind. Das Muster ist jedoch komplex. Im Allgemeinen haben hochbegabte Kinder ein höheres Selbstwertgefühl,[3] was darauf hindeutet, dass sie mit sich und ihrer Situation zufrieden sind. Einige Studien zeigen außerdem, dass hochbegabte Kinder, die an geeigneten Förderprogrammen in öffentlichen Schulen teilnehmen, insgesamt ein geringeres Angstniveau haben als Schüler mit niedrigerem IQ.[4]

Weitere Forschungen deuten darauf hin, dass Kinder aufgrund ihrer Hochbegabung tatsächlich besonderen Arten von Stress ausgesetzt sind, die andere Gruppen von Kindern nicht betreffen.[5] So bereitet es ihnen zum Beispiel größere Probleme, Peers zu finden, sich in soziale Situationen einzufügen, Konflikte zu Hause zu lösen oder Autoritätspersonen zu akzeptieren. Ihre gedankliche Auseinandersetzung mit diesen Situationen kann geradezu quälend sein, weil sie sich bestimmte Ereignisse immer wieder durch den Kopf gehen lassen und mögliche Strategien entwickeln, wie sie diese Situationen angehen könnten. Manche Hochbegabte sind derart um Perfektion bemüht, dass sie dadurch regelrecht gelähmt sind und eine neue Herausforderung gar nicht erst in Angriff nehmen, aus Angst, sie könnten beim ersten Versuch nicht gleich erfolgreich sein. Natürlich hängt das Ausmaß der Belastung, die ein Kind erlebt, nicht nur von der familiären und schulischen Situation ab, sondern auch vom Temperament des Kindes. Manche Kinder sind offenbar von Natur aus ruhiger und gegen Stress besser gewappnet als andere Kinder.[6]

Es gibt verschiedene Faktoren, die ein Kind anfälliger für Stress machen. Manche sind *intrapersonal*, das heißt, sie sind Teil der Persönlichkeit oder selbstauferlegt; dazu gehören zum Beispiel eine höhere Intensität und Sensitivität, ungewöhnlich hohe Standards und Erwartungen, eine asynchrone Entwicklung, Idealismus, Versagensangst oder ein als Bürde empfundenes Potenzial in mehreren Bereichen. Andere Faktoren sind *interpersonal*, das heißt, sie verursachen Stress auf der zwischenmenschlichen Ebene; dazu gehören negative Reaktionen von anderen, ein Mangel an intellektuellen Herausforderungen, Ablehnung durch die Peers, keine Passung zwischen den Lernbedürfnissen und dem schulischem Angebot, übersteigerte Erwartungen der anderen, traumatische Erlebnisse oder einfach der Umstand, dass die anderen die eigenen Interessen nicht teilen. Forschungen zeigen, dass das Stressniveau eines Kindes auch dadurch beeinflusst wird, ob das Schulprogramm gerade in jenen Bereichen Schwerpunkte setzt, in denen das Kind hochbegabt ist (beispielsweise im sprachlichen, mathematischen oder visuell-räumlichen Bereich).[7] Ein Schulprogramm, das besser zu dem Kind passt, kann sein Stressniveau senken.

Intensität und Sensitivität

Die Intensität und Sensitivität hochbegabter Kinder betrifft alles, was sie tun – ihre täglichen Interaktionen mit anderen, ihre Reaktionen auf Ereignisse, ja sogar ihre Einstellung zu sich selbst. Bei manchen Hochbegabten macht sich die Intensität sogar auf körperlicher Ebene bemerkbar: Ihr Rücken und ihre Schultern sind angespannt, wenn sie an einer schwierigen Aufgabe arbeiten, oder sie pressen die Lippen aufeinander, wenn sie sich konzentrieren.

Hochbegabte Kinder haben anscheinend ein außergewöhnliches emotionales Gespür beziehungsweise eine besondere Wahrnehmung, die jeden

Anflug von Emotionen aufgreift. Schon als Säuglinge und Kleinkinder können sie Körpersprache deuten und die Emotionen der anderen am Klang ihrer Stimme erkennen. Die Einstellungen und das Verhalten der anderen können für sie eine wesentliche Quelle von Stress sein. Wenn man über sie einen Witz macht oder sie aufzieht, nehmen sie das unter Umständen viel zu ernst. Ebenso können sie überreagieren und einen Wutanfall bekommen, wenn sie sich beleidigt oder missverstanden fühlen. Die fünfjährige Jessie war außer sich vor Zorn, weil ein Mitschüler beim Verlassen des Klassenzimmers das Licht ausgemacht hatte, obwohl diese Aufgabe an jenem Tag offiziell ihr übertragen worden war. Die Reaktionen vieler hochbegabter Kinder auf alltägliche Ereignisse oder auf alltäglichen Stress können anderen «überspannt» oder extrem erscheinen.

Intensität und Sensitivität sind zweifellos eine Bereicherung für hochbegabte Kinder, aber sie können auch eine Belastung darstellen und emotionalen Stress verursachen. Ein positiver Aspekt der Sensitivität ist, dass diese Kinder häufig schon sehr früh ein hohes Maß an Empathie und Mitgefühl zeigen. Sie wissen genau, wann der Lehrer einen schlechten Tag hat, und sie bringen ihr Bedauern zum Ausdruck. Sie bemerken und bedauern Menschen mit Behinderungen oder Obdachlose. Sie wollen den Hunger in der Welt beseitigen. Ihre tiefe Empathie kann aber auch Stress auslösen, wenn sie merken, dass sie nicht genug tun können, um zu helfen. Eltern berichten, dass sie die Fernsehnachrichten ausschalten müssen und sich Filme erst einmal anschauen, bevor sie sie ihrem Kind zeigen, damit es nicht übermäßig verstört wird. Es kann vorkommen, dass ein Vorschullehrer den Eltern erklärt, ihr Kind sei unreif, weil es immer gleich zu weinen anfängt, wenn eine traurige Geschichte erzählt wird oder ein anderes Kind gekränkt wurde; tatsächlich weint das Kind aber, weil es eine so tiefe Empathie empfindet.

Manche Eltern betrachten ihre Tochter oder ihren Sohn als ein «Einfach-zu-viel-Kind». Sie sagen zum Beispiel: «Du bist einfach zu intensiv», «Du bist einfach zu empfindlich», «Deine Ideen sind einfach zu merkwürdig», «Dein Humor ist einfach zu seltsam» oder «Du beschäftigst dich einfach zu sehr mit deinen eigenen Interessen». Natürlich sagen sie das nicht alles auf einmal, aber die Wirkung solcher Bemerkungen ist kumulativ, und irgendwann wird das Kind sich fragen, ob es denn wirklich ein so schrecklicher Mensch ist.

Intensität ist ein Merkmal von Hochbegabung und geht für gewöhnlich mit einer überaus aktiven Vorstellungskraft einher. Der Filmregisseur Steven Spielberg zum Beispiel hatte als junges Kind eine lebhafte Fantasie. Er glaubte zum Beispiel, dass in einem Riss in der Wand seines Kinderzimmers Außerirdische lebten, die des Nachts herauskamen. In seiner Kindheit war diese aktive Vorstellungskraft vermutlich eine Quelle von Stress; für seine Karriere als Regisseur und Produzent war sie aber zweifellos ein enormer Vorteil – man denke nur an Filme wie *E. T. – Der Außerirdische*.

Wenn hochbegabte Kinder Situationen beobachten oder Gespräche mit anhören, kann es passieren, dass ihre Fantasie sie zu falschen Schlussfolgerungen verleitet, etwa, dass sie nicht geliebt werden, dass ihre Eltern sich scheiden lassen wollen oder dass ein Terroranschlag unmittelbar bevorsteht. Daher ist es wichtig, dass das Kind über seine Ängste spricht und im Gespräch mit den Eltern erkennt, warum die Wahrscheinlichkeit, dass seine Befürchtungen wahr werden, so gering ist. Wichtiger noch, wir können diesen Kindern helfen, ihre Gedanken zu kontrollieren und zu steuern, damit sie nicht überreagieren. Ihnen das beizubringen braucht viel Zeit, aber auch Geduld und Verständnis.

Wie reagieren andere auf das Verhalten Hochbegabter?

Wie unsere Gesellschaft hochbegabte Kinder wahrnimmt, zeigt sich in den Printmedien, im Fernsehen und im Kino: Hier werden hochintelligente Kinder für gewöhnlich als Sonderlinge, Streber oder Nerds dargestellt, die fast immer über extrem hohe mathematische oder naturwissenschaftliche Fähigkeiten verfügen, während ihre Persönlichkeit mit all ihren Facetten ausgeblendet wird. Medienbotschaften machen aus den an sich bereichernden Fähigkeiten, Interessen und Emotionen dieser Kinder häufig etwas Negatives. Zwar gibt es auch positive Darstellungen, aber die sind sicherlich nicht die Norm. In der Regel lautet die Medienbotschaft, dass es nicht erstrebenswert ist, hochbegabt zu sein, weil Hochbegabte «komische Vögel» sind, die an einer seltenen Art von «Anomalie» leiden.

Natürlich sind die Verhaltensweisen hochbegabter Kinder nicht immer positiv. Viele Merkmale von Hochbegabung haben sowohl positive als auch negative Aspekte, je nachdem in welcher Situation und unter welchen Umständen sie auftreten und aus welchem Blickwinkel man sie betrachtet. Die Kehrseite der hohen sprachlichen Fähigkeit eines hochbegabten Kindes ist zum Beispiel, dass das Kind unaufhörlich redet oder liest. Idealismus und Perfektionismus können durchaus positiv sein, bedeuten aber möglicherweise auch, dass das Kind anderen gegenüber voreingenommen ist und überall Heuchelei zu erkennen glaubt. Die Kehrseite von Neugierde ist, dass das Kind pausenlos Fragen stellt; das kann so weit gehen, dass sich die Erwachsenen in seinem Umfeld belästigt fühlen und nur noch wollen, dass es damit aufhört. Ein Kind, das die Vorgehensweise der Erwachsenen in Frage stellt, ist möglicherweise einfach nur neugierig und sucht nach tiefgründigen Antworten. Ein Kind, das die Dinge nicht auf die übliche Weise erledigen will, verfügt in der Regel über divergente Denkfähigkeiten und Kreativität. Wenn es die anderen Erstklässler bei einem komplexen neuen Spiel organisiert, mag das so wirken, als kommandiere es die anderen gern herum; es kann aber auch ein erstes Anzeichen für die Führungsqualität des Kindes sein. Wenn die Merkmale hochbegabter Kinder falsch interpretiert werden, können diese Kinder anderen in der Tat extrem und negativ erscheinen.

Ein hochbegabtes Kind, das die Dinge kritisch hinterfragt, kann den Unterrichtsplan des Lehrers durcheinanderbringen, oder es entdeckt einen Fehler und will ihn korrigieren. Aus der Sicht des Lehrers mag ein solches Verhalten inakzeptabel erscheinen. Wenn sich der Lehrer mit hochbegabten Kindern nicht auskennt, stempelt er sie vermutlich als «unreif» oder «vorlaut» ab; ist er hingegen entsprechend geschult und erkennt die Merkmale dieser Kinder, wird er die Kommentare des Kindes vermutlich akzeptieren und dafür sorgen, dass es sich wieder auf den Unterricht konzentriert, etwa indem er sagt: «Du könntest Recht haben, Mattie. Lass uns Folgendes tun: Heute Abend prüfen wir das beide nach und reden dann morgen wieder darüber.» Angesichts ihrer Intensität fällt es hochbegabten

Kindern schwer, ihr Verhalten zu regulieren, was bei den anderen häufig heftige Reaktionen hervorruft.

Ein hochbegabter Mensch ist definitionsgemäß *anders* als die Norm, und in vielen Bereichen ist es nicht nur ungewöhnlich, anders zu sein, sondern auch inakzeptabel. Es ist, als ob außergewöhnliche Fähigkeiten, Intensität, Sensitivität oder diverse Eigenarten eine Bedrohung für andere darstellen, weil sie von der Norm abweichen.[8] Auch Eltern und Lehrern gelingt es nicht immer, sich dieser Sicht zu entziehen: auch sie nehmen die außergewöhnlichen Verhaltensweisen dieser Kinder zum Anlass, sie zu kritisieren, indem sie negative Adjektive wie diese verwenden: «frech», «unausstehlich», «vorlaut», «egoistisch» oder «egozentrisch», «eingebildet», «neunmalklug», «besserwisserisch», «desorganisiert», «faul», «respektlos», «angeberisch», «rechthaberisch», «trotzig», «hyperaktiv» oder «manipulativ». Hochbegabte Kinder werden oft als «Heulsuse», «Tagträumer», «Störenfried» oder «Hochstapler» bezeichnet. Wenn sie solche Beschreibungen hören, bekommen hochbegabte Kinder oft das Gefühl, dass etwas mit ihnen nicht stimmt. In manchen Fällen wird das Verhalten hochbegabter Kinder auch als pathologisch bezeichnet, weil es so sehr von der Norm abweicht.[9]

Die Merkmale eines hochbegabten Kindes lassen sich nicht beseitigen; sie sind ein integraler Bestandteil dieses Kindes. Wenn diese Merkmale von anderen kritisiert und als negativ dargestellt werden, folgern hochbegabte Kinder daraus, dass es besser ist, ihre Hochbegabung zu verstecken – wofür sie einen hohen Preis bezahlen. In unserer Kultur ist es vollkommen in Ordnung, in manchen Bereichen außergewöhnlich zu sein, etwa im Sport oder in der Musik. Aber wenn Kinder hohe intellektuelle Fähigkeiten und Kompetenz zeigen, bekommen sie von Eltern und Lehrern zu hören: «Bilde dir bloß nichts darauf ein», eine Botschaft, die dem Kind vermittelt, dass es bescheiden sein soll und seine mentalen Fähigkeiten am besten versteckt. Eben jene Merkmale, die das Kind ausmachen, werden zum Anlass für die Botschaft: «Es ist besser, wenn du dich hier und dort änderst, damit du dich besser in den Mainstream einfügst.»

Asynchrone Entwicklung

Eine asynchrone Entwicklung kann bei hochbegabten Kindern Stress verursachen, vor allem, wenn ihre Urteilsfähigkeit und ihre emotionale Reife nicht ebenso weit entwickelt sind wie ihr Intellekt. Das «intellektuelle Alter» hochbegabter Kinder liegt in der Regel weit oberhalb ihres chronologischen Alters, aber ihr Urteilsvermögen entspricht oft eher dem ihres tatsächlichen Alters. Ein achtjähriges hochbegabtes Kind kann auf intellektueller Ebene wie ein 12-, 13- oder sogar 16-Jähriger wirken, aber sein Urteilsvermögen, etwa wenn es Entscheidungen über sein Verhalten trifft, liegt eher auf dem Niveau eines Achtjährigen. Intelligenz und Wissen sind einfach nicht dasselbe wie emotionale Reife, Verständnis oder Weisheit. Ein hochbegabter Sechsjähriger ist in der Lage, über Computeranwendungen zu fachsimpeln oder mit der Fertigkeit eines Zwölfjährigen komplizierte Puzzles zu lösen, aber abends möchte er ins Bett gebracht werden, und zum Schlafen braucht er seine Kuscheldecke oder sein Lieblingsspielzeug.

Emotionale und intellektuelle Reife. Den Intellekt eines älteren Kindes, eines Jugendlichen oder sogar eines Erwachsenen zu haben, aber gleichzeitig auf einem altersgerechten emotionalen Entwicklungsstand zu sein, bedeutet Stress für das Kind. Es kann zwar verstehen, wodurch Naturkatastrophen wie Erdbeben ausgelöst werden, aber es besitzt nicht die emotionale Fähigkeit eines Erwachsenen, mit den tragischen und weitreichenden Folgen eines solchen Ereignisses auch auf der Gefühlsebene umzugehen. Leta Hollingworth, eine Pionierin auf dem Gebiet der Hochbegabtenförderung, hat es folgendermaßen formuliert: «Wenn die Intelligenz eines Erwachsenen und die Emotionen eines Kindes in einem kindlichen Körper aufeinandertreffen, bleiben gewisse Schwierigkeiten nicht aus.»[10]

Erwachsene, die sich der Asynchronie eines Kindes nicht bewusst sind, geraten leicht in eine Falle: Sie erwarten von dem Kind, dass es sich seinem mentalen Alter entsprechend verhält, und nicht seinem chronologischen Alter entsprechend. Sie sind völlig konsterniert, dass das Kind emotional so unreif erscheint, wo es doch in anderen Bereichen ein so hohes Maß an

Reife zeigt. Erwachsene gehen oft fälschlicherweise davon aus, dass ein Kind, das mühelos mit anspruchsvollen Begriffen und Konzepten umgeht, auch spielend mit komplexen emotionalen und interpersonalen Situationen und Gesprächen zurechtkommt; dabei ist die emotionale Entwicklung des Kindes nicht so weit fortgeschritten wie seine intellektuelle Entwicklung.[11] In Wirklichkeit ist das Kind emotional auf derselben Stufe wie andere Kinder seines Alters. Wenn Erwachsene die emotionalen Verhaltensweisen des Kindes kritisieren oder ihre Enttäuschung darüber zum Ausdruck bringen, kann es diese Reaktionen nicht verstehen, und es entsteht Stress für das Kind.

Um diesen unnötigen Stress zu vermeiden, sollten Sie sich die Bereiche, in denen die Entwicklung Ihres Kindes offensichtlich asynchron verläuft, vor Augen führen. Erkennen und akzeptieren Sie diese Asynchronie und berücksichtigen Sie sie bei Ihrer Erziehung. Gestatten Sie es dem Kind, sich seinem Alter entsprechend zu verhalten, auch wenn dieses Verhalten nicht seinem intellektuellen Alter entspricht, und helfen Sie ihm dabei, seine intellektuellen Stärken und seine emotionale Verwundbarkeit zu verstehen.

Asynchronie der Fähigkeiten. Asynchronie bedeutet nicht nur, dass das Urteilsvermögen und die emotionale Entwicklung dem Intellekt hinterherhinken. Hochbegabte Kinder zeigen auch innerhalb ihrer intellektuellen Fähigkeiten Asynchronie. Je intelligenter das Kind ist, desto größer ist die Wahrscheinlichkeit, dass seine Fähigkeiten nicht gleichermaßen entwickelt sind. Beispielsweise sind jüngere hochbegabte Kinder häufig frustriert, weil ihre Finger noch nicht das tun, was ihr Kopf von ihnen verlangt. Zwar können sie sich mit ihrem fortgeschrittenen Verständnis vorstellen, wie das fertige Produkt aussehen soll, aber ihre feinmotorischen Fähigkeiten sind noch nicht weit genug entwickelt, um die Vorstellung umzusetzen.

Hochbegabte Kinder mit extremer Asynchronie, zum Beispiel solche mit Lernstörungen, neigen zu einem geringen Selbstwertgefühl und Depression.[12] «Findest du, dass ich intelligent bin?» fragen diese Kinder vielleicht. «Klar, ich kann mathematische Gleichungen im Kopf lösen, aber ich kann nicht richtig schreiben!» Das Kind empfindet Aufgaben, die ihm leicht fallen, als trivial. Seinen Selbstwert misst es daher eher an Aufgaben, die ihm schwerfallen, und nicht an solchen, für die es sich nicht anstrengen muss; es beurteilt sich selbst daran, was es *nicht* kann, und nicht an dem, was es *kann*. Wenn Kinder intensiv und perfektionistisch sind und in «Alles-oder-nichts»-Kategorien denken, können Verzweiflung und Stress dazu führen, dass sie das Gefühl bekommen, «überhaupt nichts richtig zu machen», und die Folge kann eine schwere Depression sein.

Interpersonale Asynchronie. Eine weitere Art von Asynchronie liegt vor, wenn Kinder sich in ihrer Umwelt fehl am Platz fühlen. Hochbegabte Kinder merken schon sehr früh, dass sie anders sind als die anderen, und häufig haben sie das Gefühl, sich nicht «im Gleichschritt» mit Familie und Freunden zu bewegen. Selbst wenn Eltern sich bemühen, eine akzeptierende und unterstützende Atmosphäre zu schaffen, kann es sein, dass ein Kind das Gefühl hat, nicht richtig dazuzugehören. Möglicherweise hadert es mit Peers, Traditionen und der Gesellschaft im Allgemeinen, oder es fühlt sich in der Schule fehl am Platz. Je höher das Hochbegabungsniveau des Kindes ist und je kreativer und geistig unabhängiger es ist, umso wahrscheinlicher empfindet es diese Unstimmigkeit.[13] Ein außerordentlich hochbegabtes Kind mit einem IQ von 160 oder darüber fühlt sich wahrscheinlich in jeglicher Umgebung deplatziert und erlebt daher ständig ein gewisses Maß an Stress.[14]

Idealismus und Perfektionismus

Hochbegabte Kinder malen sich häufig ideale Verhaltensweisen, Leistungen und Umgebungen aus – für sich selbst, für die Gesellschaft und sogar für die ganze Welt. Sie können das Potenzial sehen, das vorhanden ist, erkennen aber auch, wie wenig sie ausrichten können beziehungsweise wie unzulänglich die Gesellschaft ist. Ihre hohen Ideale setzen sie unter Druck und geben ihnen das Gefühl, sie müssten entscheidende Veränderungen in der Welt herbeiführen. Schließlich verfügen sie über ein großes Potenzial, weswegen andere auch so hohe Erwartungen an sie stellen. Der daraus resultierende Stress kann das Kind sehr belasten, wenn es ein Perfektionist ist und erwartet, dass die Welt perfekt ist. Solche Kinder lernen oft nur schwer, die Unvollkommenheit der Welt und die Frustrationen im Alltag zu tolerieren.

Perfektionismus kann eine nützliche Triebfeder sein, wenn man Kompetenz und hohe Leistungsexzellenz anstrebt. Um erfolgreich zu sein, muss man sich selbst hohe Standards setzen und einen Platz finden, wo Perfektionismus gewürdigt wird.[15] In der Neurochirurgie zum Beispiel sind Präzision und Exaktheit unerlässlich; hierbei handelt es sich um einen gesunden Gebrauch von Perfektionismus. Ein Perfektionismus, der einen dazu treibt, unrealistisch hohe Ziele zu verfolgen, und der ein hohes Maß an Stress und Leiden verursacht, wenn diese Ziele nicht erreicht werden, ist dagegen alles andere als gesund. Manche Perfektionisten empfinden es als eine absolute Katastrophe, wenn sie ihren eigenen hohen Standards nicht gerecht werden. Sie haben das Gefühl, dass man sie nur für ihre Leistungen wertschätzt, nicht aber als normalen, unvollkommenen und fehlbaren Menschen.

Ein gesundes Streben nach Leistungsexzellenz bedeutet, dass man die Zeit und die Mittel, die einem zur Verfügung stehen, bestmöglich nutzt und sich dann einem neuen Ziel zuwendet. Ein ungesunder Perfektionismus geht mit einer ständigen Unzufriedenheit einher, weil die Arbeit nie «gut genug» ist. Wie die Psychologin Maureen Neihart treffend bemerkt hat, verhält es sich mit dem Perfektionismus wie mit dem Cholesterin: es gibt eine gute und eine schlechte Variante.[16] Kinder profitieren davon, wenn sie den Unterschied zwischen den beiden Arten von Perfektionismus verstehen.

Eine beträchtliche Zahl von hochbegabten Kindern, vielleicht 20 Prozent oder mehr, leidet an einem so ausgeprägten Perfektionismus, dass daraus Beeinträchtigungen entstehen.[17] Eltern und Lehrer berichten von hochbegabten Kindern, die tagelang an einem Projekt arbeiten, um es dann frustriert in den Müll zu werfen, weil es ihrer Meinung nach «nicht gut genug» war. Bei manchen ist der Druck, der durch den Perfektionismus entsteht, so stark, dass sie sich in ein Aufschiebeverhalten oder Underachievement flüchten. Wenn ein Kind durch sein Perfektionsstreben daran gehindert wird, die Ziele zu erreichen, die es sich gesetzt hat, oder wenn es dadurch regelrecht krank wird, müssen Eltern und Lehrer eingreifen und etwas gegen das sich abzeichnende Muster eines ungesunden Perfektionismus unternehmen.

Ist Perfektionismus angeboren oder erlernt?

Eltern von perfektionistischen Kindern fragen sich vielleicht, ob *sie* diesen Perfektionismus hervorgerufen haben, weil sie zu hohe Erwartungen an ihre Kinder stellen. Meistens ist das nicht der Fall. Perfektionistische Kinder neigen schon früh dazu, sich an den hohen Standards zu messen, die sie sich selbst setzen.[18] Perfektionismus scheint zum natürlichen Temperament dieser Kinder zu gehören, obgleich noch andere Faktoren eine Rolle spielen.[19] Eltern, die selbst einen starken Drang nach hohen Leistungen haben, leben ihren Kindern für gewöhnlich Perfektionismus vor. Die angeborene Disposition eines Kindes kann durch das familiäre Umfeld verstärkt werden.

Obgleich eine elterliche Überbetonung von Leistung Perfektionismus fördern kann, sind es häufiger die hochbegabten Kinder selbst, die sich sehr hohe Standards setzen. Unter den hochbegabten Kindern sind besonders diejenigen anfällig für Perfektionismus und Stress, die aufgrund ihres Temperaments Struktur brauchen, in hohem Maße organisiert sind, einen konkret-sequentiellen Denkstil haben und die Dinge sehr ernst nehmen. Aufgrund ihrer Intensität sind sie so ernst und regelgebunden, dass sie nur wenig Freude oder Spontanität in ihrem Leben erfahren. Auf andere wirken sie starr, übermäßig besorgt oder depressiv, obwohl sie sich mit ihrem Lebensstil wohl fühlen.[20]

Arten von Perfektionismus

Perfektionismus kann auf unterschiedliche Weise in Erscheinung treten. Da gibt es zum Beispiel das Kind, das sich übermäßig hohe Standards setzt, um anderen zu gefallen. Die meisten hochbegabten Kinder, vor allem die jüngeren, versuchen ein Leistungsniveau zu erreichen, das sie spannend finden und mit dem sie ihren Eltern Freude bereiten. Wie alle jüngeren Kinder wollen sie akzeptiert, gemocht und geschätzt werden, und indem sie ihre Talente betonen, versuchen sie, anderen zu gefallen und Anerkennung von ihnen zu bekommen. Vernarrte Eltern und Großeltern bieten ihnen nur allzu gern eine Plattform, wo sie sich mit ihren Fähigkeiten und Talenten hervortun können. Bis zu einem gewissen Punkt ist das in Ordnung, aber man sollte den Bogen nicht überspannen. Sonst gewöhnt sich das Kind an die Aufmerksamkeit, und später wird es ihm Schwierigkeiten bereiten, den hohen Anforderungen an sich selbst gerecht zu werden, die es gewohnt ist. Wenn das Kind erst einmal auf einem hohen Podest steht, können frühe Auszeichnungen und Schulerfolge dazu führen, dass es die Erwartungen an sich selbst noch höher setzt. Alles, was nicht perfekt ist, stellt in seinen Augen ein Versagen dar. Die Eltern dieser Kinder sind in der Regel selbst Perfektionisten; häufig haben sie einen autoritären Erziehungsstil, setzen hohe Standards, die nicht verhandelbar sind, und sind eher zurückhaltend, wenn es darum geht, ihren Kindern gegenüber Zuneigung auszudrücken.[21]

Es kann leicht passieren, dass eine Familie in ein Muster schlittert, bei dem Leistung mehr betont und belohnt wird als andere Aspekte im Leben des Kindes. Das ist vor allem bei erstgeborenen Kindern der Fall. Wenn Eltern die Hochbegabung des Kindes überbetonen, suggerieren sie ihm damit, dass sie entsprechende Ergebnisse *erwarten*. Auch wenn Eltern nur das Beste für ihr Kind wollen, fördern sie mitunter unbewusst den Perfektionismus ihres Sprösslings. Sie kontrollieren die Hausaufgaben, um sicherzustellen, dass das Kind alles richtig gemacht hat, und wenn sie einen Fehler finden, bestehen sie darauf, dass das Kind ihn korrigiert. Sie sind wachsam. Sie schenken der einen Zwei im Zeugnis des Kindes mehr Beachtung als den sechs Einsern. Solche Eltern können perfektionistische Verhaltensweisen verstärken, ohne dass es ihnen bewusst ist. Einerseits sind die Zielsetzungen der Eltern nachvollziehbar – schließlich ist es sinnvoll, hohe Leistungsanforderungen zu stellen, wenn wir wollen, dass unsere Kinder später eine renommierte Universität besuchen und einen guten Beruf ergreifen. Wenn das Leistungsstreben jedoch den Alltag beeinträchtigt und ein hohes Maß an Stress verursacht, ist es höchste Zeit, den Druck zurückzunehmen.

Wie auch immer er entsteht, Perfektionismus kann Kinder dazu veranlassen, sich schuldig, faul und selbstsüchtig zu fühlen, wenn sie nicht ständig einer bedeutsamen Tätigkeit nachgehen. Ihr Selbstkonzept ist an ihre Arbeit gekoppelt und es leidet, wenn sie glauben, ihre Arbeit werde ihren

Anforderungen nicht gerecht. Obgleich ein Perfektionist seine perfektionistischen Verhaltensweisen wahrscheinlich nie vollständig ablegen wird, kann er lernen, seinen Perfektionismus zu kontrollieren und in ein gesünderes und realistischeres Streben nach hohen Leistungen zu verwandeln; dazu gehört auch, dass er lernt, sich selbst besser zu akzeptieren. Ein Kind kann drei Fragen stellen, die ihm dabei helfen, eine gesunde Einstellung zu seinem Perfektionismus zu entwickeln:

1. Ist das gut genug?
2. Ist das langfristig gesehen wirklich wichtig?
3. Was wäre das Schlimmste, was passieren könnte, wenn es nicht perfekt ist?

Mit diesen drei Fragen lassen sich die Dinge für gewöhnlich in die richtige Perspektive rücken.

Overachievement: Ist das möglich?

Wenn von Perfektionismus die Rede ist, könnte damit auch Overachievement (Mehr- oder Überleistung) gemeint sein, ein Konzept, das manchen Menschen merkwürdig erscheint. Underachievement bedeutet, dass jemand hinter seinem Potenzial zurückbleibt. Aber wie kann jemand sein eigenes Potenzial übertreffen?

Für gewöhnlich sind mit Überleistern Menschen gemeint, die so emsig und so intensiv arbeiten, dass ihre persönlichen Beziehungen, ihre Gesundheit oder Lebensfreude dadurch erheblich beeinträchtigt werden. Overachievement bezeichnet somit ein zwanghaftes Streben nach Leistung, das sich negativ auf andere wichtige Bereiche des Lebens auswirkt. Diese Überleister sind so leistungsgetrieben, dass sie sich selbst – und andere – in erster Linie danach bewerten, was sie hervorbringen oder erreichen. Sie können regelrecht «süchtig» nach Leistung werden, und danach, dass ihre Fähigkeiten von außen anerkannt werden.[22] Dieser Beschreibung nach handelt es sich also um einen ungesunden Perfektionismus.

Wenn hochbegabte Kinder oder Erwachsene unglücklich, verunsichert oder ängstlich sind, versuchen sie mitunter, die emotionale Leerstelle durch übertriebenes Leistungsstreben zu füllen. Ihnen selbst und den Menschen in ihrem Umfeld fällt diese zunehmende Flucht in die Leistung zunächst oft gar nicht auf, weil Eltern und Lehrer es schätzen und fördern, wenn Hochleister ihr Potenzial erfüllen. Eltern setzen ihre hochbegabten Kinder oft bewusst oder unbewusst unter Druck, indem sie ihnen klarmachen, dass sie das Zeug dazu haben, der Beste zu sein. Die meisten Eltern sind erfreut, wenn ihre Kinder hart arbeiten und in der Schule erfolgreich sind. Aber zu welchem Preis? Wenn hohe Leistungen zu sehr im Mittelpunkt stehen, kann das die Entwicklung von fürsorglichen und unterstützenden Beziehungen beeinträchtigen. So gesehen kann Overachievement der Beginn eines echten Problems sein.

Wie viel Leistung ist zu viel des Guten? Diese Frage ist nicht leicht zu beantworten, weil das von Mensch zu Mensch unterschiedlich ist. Wer auf einem Gebiet ganz nach oben will, muss in der Regel persönliche Opfer bringen und mit unermüdlicher Hingabe über lange Zeiträume hinweg konzentriert am Ball bleiben. Der Psychologe Csikszentmihalyi beschreibt die ungeteilte und produktive Aufmerksamkeit kreativer Menschen als einen «Flow»-Zustand, bei dem sie jedes Bewusstsein für die Zeit verlieren und intensive Erfüllung und Zufriedenheit erfahren. Sie haben sich voll und ganz einer Idee verschrieben. Sie vertiefen sich mit unbeirrbarer Intensität in ihre Arbeit.[23] Bei hochbegabten Individuen, seien es Kinder oder Erwachsene, sind Arbeit und Spiel eng miteinander verflochten. Berühmte Persönlichkeiten zeichnen sich durch Leidenschaft für ihre Arbeit aus. Als Kinder fanden diese Männer und Frauen meist große Erfüllung in ihren Leistungen, auch wenn sie für ihre starke Fokussierung oft einen hohen sozialen und/oder zwischenmenschlichen Preis zahlten.[24] Angesichts ihrer Asynchronie müssen hochbegabte Kinder und Jugendliche unter Umständen lernen, Nutzen und Nachteile ungewöhnlich hoher Leistungen abzuwägen.

Overachievement kann auch mit Überengagement gleichgesetzt werden, das von der Intensität und Multipotenzialität hochbegabter Personen herrührt. Es ist nicht ungewöhnlich, wenn ein hochbegabter Schüler der Oberstufe nicht nur in einer Band und im Orchester spielt, sondern auch der

Fußballmannschaft und dem Schachclub angehört, drei Advanced-Placement-Kurse besucht beziehungsweise ein Juniorstudium absolviert und obendrein noch Zeit findet, um ehrenamtlich im örtlichen Krankenhaus zu arbeiten. Viele dieser Jugendlichen haben nur wenig oder überhaupt keine Zeit zum Entspannen, Spielen oder Nachdenken – Freizeitfertigkeiten, die später im Erwachsenenleben wichtig sein werden. Eltern können hier Hilfestellung leisten, indem sie die Aktivitäten eingrenzen und vorleben, wie man Prioritäten setzt. Jeder braucht hin und wieder Zeit, um zu entspannen, zu spielen und befriedigende Beziehungen zu entwickeln, selbst wenn man mit Leidenschaft seiner Arbeit nachgeht.

Perfektionismus und Overachievement können im Erwachsenenleben verstärkt Probleme verursachen. So stellen «Workaholics» in der Mitte ihres Lebens plötzlich fest, dass sie nur für ihre Arbeit gelebt haben und so sehr auf Leistung fixiert waren, dass sie ihre Familie und andere Beziehungen darüber vernachlässigt haben. Als Eltern sollten Sie darauf achten, was Sie Ihren Kindern beibringen und vorleben, denn sie werden die Werte, die sie in Ihren alltäglichen Verhaltensweisen sehen, wahrscheinlich übernehmen. Setzen Sie der Leistung Ihres Kindes eine angemessene Obergrenze, bei der Freizeit und Spiel nicht zu kurz kommen.

Probleme und Chancen im Zusammenhang mit Stress

Stress gehört zum Leben und lässt sich nicht vermeiden. Das Leben bringt Veränderungen mit sich, und Veränderungen führen zu Stress. Stress gilt im Allgemeinen als schädlich, weil er gesundheitliche und emotionale Probleme hervorrufen kann. Stress hängt mit Druck und Anforderungen zusammen, und jede Veränderung der Lebenssituation geht mit Stress einher. Tatsächlich haben Wissenschaftler nachgewiesen, dass zu viele Lebensveränderungen auf einmal zu einer Belastung werden können, die sich in einer körperlichen Erkrankung niederschlagen kann.[25] Selbst positive Ereignisse wie eine Heirat oder eine Urlaubsreise können Stress verursachen. Wenn wir sehr stark unter Stress stehen, funktionieren wir nicht so gut wie gewöhnlich. Wir zweifeln an unserer Fähigkeit, die gegenwärtige Situation zu bewältigen oder mit uns selbst zurechtzukommen. Angst und Unbehagen machen sich breit. Wenn wir keine Lösung und keine Alternative sehen, kann es zu einer schweren Stressreaktion kommen, die unsere Funktionsfähigkeit beeinträchtigt. Geht der Stress mit einem Gefühl der Hilflosigkeit oder Hoffnungslosigkeit einher, kann eine Depression die Folge sein.

Extremer Stress ist schädlich, aber ein gewisses Maß an Stress kann durchaus nützlich sein. Der Psychologe Gordon Allport hat es so formuliert: «Dasselbe Feuer, das die Butter zum Schmelzen bringt, lässt das Ei hart werden.»[26] Der Stress, den ein Schauspieler oder Tänzer vor einem wichtigen Auftritt empfindet, hilft ihm dabei, im entscheidenden Moment seine volle Leistung abzurufen und veranlasst ihn dazu, lange zu üben und sich auf den Auftritt vorzubereiten. Stress motiviert uns dazu, unser Bestes zu geben. Zu wenig Herausforderung hat zur Folge, dass wir unsere Fähigkeiten nicht voll ausschöpfen. Ein gemäßigtes Stressniveau, das mit Herausforderungen einhergeht, kann sich dagegen positiv auf Kinder auswirken. Und selbst eine stressreiche und schwierige Kindheit kann manche Kinder zu Hochleistern machen und sie dazu veranlassen, Lösungen für soziale und andere Probleme zu suchen.[27]

Oft erkennen wir erst, wie groß unser Potenzial tatsächlich ist, wenn wir in eine schwierige Situation geraten, die uns viel abverlangt. Lehrer, Coachs, Manager und andere wissen, dass Menschen Herausforderungen brauchen und dass hohe Erwartungen nützlich sind. Zum Glück beginnen die meisten hochbegabten Kinder schon früh damit, sich selbst Herausforderungen zu suchen, obgleich sie manchmal unrealistisch hohe Ansprüche an sich selbst und an andere stellen. Mit der entsprechenden Führung können sie lernen, sich realistische Standards zu setzen, ihre Leistungen anzuerkennen und zu entdecken, wie viel Freude es bereitet, wenn man ein Ziel erreicht, das einen anfangs zu überfordern schien.

Anstatt nur auf die Herausforderungen zu reagieren, die andere vorgeben, können hochbegabte Kinder lernen, sich selbst Ziele zu setzen, Herausforderungen richtig einzuschätzen und die eigene Leistung zu beurteilen. Wenn andere die Ziele vorgeben und die Leistung beurteilen, löst das beim Kind noch mehr Stress aus, weil es keine Kontrolle hat. Erfolgreiche Sportler setzen sich ihre eigenen, persönlichen Ziele, anstatt sich nur auf andere zu verlassen. Unternehmen bauen heute verstärkt auf Selbstevaluation und Dialog, um Mitarbeiter dazu zu animieren, sich selbst Ziele zu setzen und positive Ergebnisse zu erzielen.

Sich Ziele und Zwischenziele setzen, etwas ausprobieren und Fertigkeiten beherrschen – das alles sind Lernerfahrungen, die Kindern Gelegenheit geben, Frustrationstoleranz und Ausdauer zu lernen und Selbstvertrauen zu entwickeln. Es ist unwahrscheinlich, dass ein Kind gleich beim ersten Versuch Fahrrad fahren oder einen sauberen Ton auf einem Blasinstrument spielen kann. Nur durch Anstrengung und allmählichen Erfolg gewinnen Kinder Selbstvertrauen.

Stressmanagement

Wie viel Stress ist zu viel des Guten? Auch das ist von Person zu Person verschieden. Manche Menschen können Stress offenbar besser bewältigen oder laufen in Situationen, die andere überfordern oder sogar blockieren würden, regelrecht zur Hochform auf. Andere haben wiederum eine niedrige Stressschwelle. Auch Familien unterscheiden sich in ihrer Fähigkeit, mit Stress umzugehen.

Mitunter gibt es Situationen, die so schwierig sind, dass man von keinem hochbegabten Kind – beziehungsweise von überhaupt keinem Kind – erwarten kann, dass es damit zurechtkommt, beispielsweise Krankheiten, Notlagen in der Familie, Mobbing oder unfaire Erwartungen von anderen. Kinder geraten mitunter in Situationen, in denen es keine einfachen Antworten gibt. Möglicherweise glauben sie, sie müssten helfen oder eine Lösung finden und leiden unter einem überwältigenden Gefühl von Machtlosigkeit. Andere empfinden übermäßigen Stress, weil sie so viele alternative Lösungen für eine Situation sehen, dass sie sich nicht entscheiden können, welche sie wählen sollen. Ihnen geht es wie Larry in Eugene O'Neills Stück *Der Eismann kommt* (1946): «Ich bin von Natur aus dazu verdammt, eine Frage von allen Seiten zu betrachten. Wenn so ein Fluch auf dir liegt, stellen sich Fragen über Fragen, bis es am Ende nur Fragen gibt und keine Antwort.»[28]

Erwachsene haben oft wenig Verständnis für den übermäßigen Stress eines hochbegabten Kindes. Schließlich ist das Kind doch so klug und müsste folglich in der Lage sein, damit umzugehen. Möglicherweise spielen sie die Belastung, der das Kind ausgesetzt ist, herunter, etwa indem sie sagen: «Darüber kannst du dir Gedanken machen, wenn du groß bist. Im Moment solltest du einfach nur deine Kindheit genießen.» Oder: «Das wirst du besser verstehen und anders darüber denken, wenn du älter bist.» Wenn wir zu einem Kind sagen «Darüber solltest du dir keine Sorgen machen – dazu bist du noch zu jung», glaubt das Kind, dass etwas mit ihm nicht stimmt, *weil* es sich Sorgen macht. Wenn es aber für das Kind so einfach wäre, damit aufzuhören, hätte es das vermutlich schon getan. Der Stress, der dadurch entsteht, bereitet ihm kein Vergnügen, und solche Bemerkungen können dazu führen, dass das Kind den Stress in Zukunft internalisiert und versteckt. Hilfreicher ist eine Reaktion wie «Ich merke, dass du dir darüber Gedanken machst.» Das Kind kann darauf eingehen und selbst entscheiden, wie ausführlich es darüber reden möchte. Wichtig ist, daran zu denken, dass die moralischen und intellektuellen Sichtweisen hochbegabter Kinder weit entwickelt sind. In der Tat betrachten sie manche Ereignisse aus dem Blickwinkel eines Erwachsenen, verfügen aber noch nicht über die emotionale Reife, um sie zu verstehen oder in die richtige Perspektive zu rücken. Moralische und ethische Fragen, Doppelzüngigkeit und Heuchelei können ein hochbegabtes Kind zutiefst treffen und ihm erheblichen Stress zufügen.

Diese internale Asynchronie bei hochbegabten Kindern spiegelt sich auch in einer Asynchronie mit Gleichaltrigen wider. Wenn ein hochbegabtes Kind die Welt auf seine Weise sieht und von anderen erwartet, dass sie die Dinge genauso sehen, kann das Stress hervorrufen. Manchmal gelingt es ihm auch, seine Sichtweise und Sorgen anderen begreiflich zu machen und den Stress entsprechend zu reduzieren. Wenn aber die Personen in seinem Umfeld alle eine andere Sicht der Dinge haben, versuchen sie unter Umständen, dem Kind seine Sicht auszureden oder es davon zu überzeugen, dass es die Dinge falsch sieht und anders darüber denken wird, wenn es älter ist.[29] Dadurch kann sich das Kind verwirrt, entfremdet und gestresst fühlen. Respektieren Sie die Überzeugungen, Sorgen und Ansichten Ihres

Kindes, ob Sie sie gut finden oder nicht, und helfen Sie dem Kind dabei, zu lernen, seine eigenen Entscheidungen zu treffen und sich selbst zu beurteilen. Bestätigen Sie das Kind darin, dass es selbst herausfinden kann, was für es richtig ist. Mit der Unterstützung der Eltern, die ihm zuhören, wird ihm das leichter fallen.

Wir können unseren Kindern beibringen, wie sie Resilienz entwickeln und mit Stress umgehen können, damit sie nicht davon überwältigt werden. Einige miteinander zusammenhängende Fertigkeiten, die wir weiter unten beschreiben, sind dafür besonders wichtig.

Frustrationstoleranz lernen

Manche hochbegabte Kinder empfinden ihre frühen Schulerfahrungen als so wenig herausfordernd und anregend, dass sie nie lernen, Frustration im akademischen Bereich zu tolerieren oder über längere Zeit hinweg eine hohe Leistungsbereitschaft für eine intellektuelle Aufgabe aufzubringen. Weil ihnen das Lernen so leicht fällt, erwarten sie, dass ihr ganzes Leben mühelos ablaufen wird. Vielleicht denken sie: «Die Dinge fliegen mir zu, und das wird immer so sein.» Aber auch das intelligenteste Kind wird früher oder später auf Herausforderungen stoßen, sei es in der Mittel- oder Oberstufe oder im Medizinstudium; und spätestens dann wird es sich anstrengen müssen, um erfolgreich zu sein. Hochbegabte Kinder sind oft eingeschüchtert, wenn sie in einem akademischen Umfeld zum ersten Mal erheblichen Stress erfahren. Wenn sie keine Resilienz und Frustrationstoleranz entwickelt haben, wollen sie unter Umständen nicht mehr das Fach oder den Kurs besuchen, in dem ihnen das passiert ist; oder sie kommen zu dem Schluss, dass sie nicht mehr intelligent sind, und fühlen sich als Versager.

Wie wird Ihr Kind reagieren, wenn es mit einem Mal wirklich gefordert wird? Wird es sich der Herausforderung stellen? Wird es dem Druck standhalten? Wird es sich irgendwie «durchwurschteln» und gerade mal so viel tun, dass es über die Runden kommt? Wenn das Kind schon früh Erfahrungen mit Herausforderungen macht, hilft ihm das, der Situation mit der entsprechenden Resilienz zu begegnen. Andernfalls wird es ins Schwimmen kommen und an sich zweifeln: «Vielleicht bin ich ja gar nicht so klug, wie alle denken.»

Stress- und Frustrationstoleranz und die daraus resultierende Resilienz sind keine Fertigkeiten, die man eben mal im Vorbeigehen lernt. Vielmehr muss das Kind allmählich immer herausfordernderen Situationen ausgesetzt werden, die es bewältigen kann. Anfangs müssen Eltern und Lehrer das Kind dabei stark unterstützen und ermutigen, vor allem, wenn es ein Perfektionist ist und kein Risiko eingehen möchte. Wenn das Kind merkt, dass es nach und nach mit komplizierten und herausfordernden Situationen umgehen kann, wird seine Stresstoleranz zunehmen, und die Eltern können die Sicherheitsleine, mit der sie ihr Kind unterstützen, allmählich lockern. Indem es erfolgreich neuen Herausforderungen gerecht wird, entwickelt Ihr Kind Selbstvertrauen und lernt, dass es keine Katastrophe ist, wenn es ein Problem nicht sofort löst. Kindern, die zu Perfektionismus neigen, fällt es besonders schwer, Frustration, Mehrdeutigkeit und Verzögerungen bei der Lösung eines Problems zu tolerieren; dabei handelt es sich jedoch um wichtige Fertigkeiten, die das Kind lernen und üben muss.

Selbstmanagement

Wenn andere kritisch, fordernd oder unsensibel sind, kann das für hochbegabte Kinder erheblichen Stress bedeuten. Manchmal ist mangelndes Verständnis oder auch Ärger der Grund, warum Menschen sich so verhalten. Der Vater schreit: «Ich habe dir doch gesagt, dass du den DVD-Player nicht anrühren sollst! Wie konntest du das nur vergessen?» Oder die Lehrerin sagt: «Was du von der Entscheidung des Obersten Gerichtshofs hältst, spielt hier keine Rolle; du musst dich an das Aufsatzthema halten, das ich dir gegeben habe!» In solchen Situationen ist es für Ihr Kind wichtig zu wissen, dass es zwar nicht die Einstellung und das Verhalten der anderen kontrollieren kann, dafür aber seine eigenen Reaktionen und Gefühle. Es kann lernen, sich durch die Kommentare der anderen nicht persönlich angegriffen zu fühlen. Selbstmanagement ist ein wirkmächtiges Mittel, um mit dem Verhalten der anderen zurechtzukommen und gleichzeitig Stress zu reduzieren.

Auf unangemessene Forderungen können Kinder höflich reagieren, müssen ihnen aber nicht zustimmen und unnötigerweise nachkommen. Sie können ihre Wahl und ihre Handlungen auf fundierte Entscheidungen stützen und die Überzeugungen und Ansichten der anderen dennoch respektieren. Wenn Kinder dazu erzogen werden, Autorität grundsätzlich bedingungslos zu akzeptieren, versuchen sie unter Umständen, Konflikte zu lösen und Stress zu reduzieren, indem sie passiv nachgeben oder der Situation ausweichen. Kinder sollten dazu ermutigt werden, nicht aufzugeben, sondern sich so zu behaupten, dass ihre persönliche Integrität gewahrt bleibt und ihre Bedürfnisse mit denen der anderen im Gleichgewicht sind. Am besten können Sie Ihr Kind unterstützen, indem sie es durch diese Situationen geleiten, damit es lernt, die beiden Dinge zu steuern, die es tatsächlich kontrollieren kann: seine eigenen Gedanken und Handlungen.

Unsere innere Stimme

Ein wesentlicher Aspekt beim Selbstmanagement ist die Erkenntnis, dass wir uns unseren Stress größtenteils selbst machen, und dass man auch lernen kann, Stress zu bewältigen und zu kontrollieren. Jeder Mensch reagiert anders auf dasselbe Ereignis. Nicht das Ereignis verursacht den Stress, sondern unsere Reaktionen auf dieses Ereignis, also unsere Gedanken und die nachfolgenden Handlungen. Unsere innere Stimme – die «Selbstgespräche», die wir führen – entscheidet darüber, ob wir etwas als Katastrophe empfinden oder als Gelegenheit, zu lernen und zu wachsen.[30] Diese Erkenntnis hat die Menschen seit jeher beschäftigt, «denn», so wusste schon Shakespeares Hamlet, «an sich ist nichts weder gut noch böse, das Denken macht es erst dazu.»[31] Und Mark Twain hat es so formuliert: «Ich bin ein alter Mann und habe viel Schreckliches erlebt. Aber zum Glück ist das meiste davon nie passiert.»[32] Ein besonders ergreifendes Beispiel dafür, wie Gedanken das Handeln und das Stressniveau von Menschen beeinflussen, stammt von dem Holocaust-Überlebenden Viktor Frankl, der beschrieben hat, wie die Einstellung (das heißt die Selbstgespräche) der Gefangenen in den Konzentrationslagern der Nazis mit darüber bestimmte, ob sie überlebten oder umkamen.[33]

Mit den Selbstgesprächen ist die leise innere Stimme in unserem Kopf gemeint. Wir führen Selbstgespräche, wenn wir mit uns selbst stille Zwiesprache über eine Situation, unser Verhalten oder eine Interaktion halten. Unsere innere Stimme begleitet uns praktisch pausenlos; sie erinnert uns an unsere Aufgaben und ermahnt uns, organisiert und zielgerichtet zu bleiben oder unangemessene Kommentare zu unterlassen. Außerdem nutzen wir Selbstgespräche, um uns selbst zu beurteilen; häufig fallen diese Selbstbeurteilungen negativ aus. Es ist wahrscheinlicher, dass wir zu uns selbst sagen «Jetzt hast du aber wirklich Mist gebaut» oder «Das schaffe ich nie», als dass wir uns selbst loben und sagen «Das hast du gut gemacht – weiter so!»

Nehmen wir zum Beispiel zwei Erwachsene, die beide von ihrem jeweiligen Arbeitgeber in eine andere Stadt versetzt werden. Für den einen ist dieses Ereignis eine Katastrophe, für den anderen eine willkommene Gelegenheit. Oder ein Kind, das normalerweise die Note Vier bekommt, ist überglücklich, weil es eine Zwei geschrieben hat; ein anderes Kind, das sonst immer Einser schreibt, bekommt eine Zwei und ist am Boden zerstört. In allen diesen Fällen ist es nicht das Ereignis selbst, das Stress oder ein Hochgefühl verursacht, sondern die Art und Weise, wie dieses Ereignis wahrgenommen wird, und die Selbstgespräche, in denen es beurteilt wird.

Die innere Stimme ist ein ständiger Begleiter; daher sind sich die meisten Menschen gar nicht bewusst, dass sie laufend Selbstgespräche führen. Da hochbegabte Kinder früher sprechen lernen, führen sie schon sehr früh – meist im Alter von zwei oder drei Jahren – Selbstgespräche. Anfangs sprechen Kinder noch laut zu sich selbst («Du musst dir jetzt die Zähne putzen!»); wenn sie älter werden und ihre Umgebung – die ja schließlich mithört – stärker wahrnehmen, verlagern sie den Dialog mit sich selbst immer mehr nach innen. Selbstgespräche helfen Kindern dabei, Selbstkontrolle zu erlangen, weil sie im Stillen dieselben Anweisungen, Warnungen und Berichtigungen aussprechen, die sie von den Eltern hören, zum Beispiel: «Ich muss aufpassen, dass die Katze nicht entwischt» oder «Ich darf zu meiner kleinen Schwester nicht gemein sein.»[34]

Perfektionisten, die häufig in Alles-oder-nichts-Kategorien denken, führen fast immer selbstkritische Selbstgespräche. Wenn sie ihren persönlichen Zielsetzungen nicht gerecht werden, gehen sie hart mit sich ins

Gericht; das kann so weit gehen, dass sie sich unzulänglich oder minderwertig fühlen.[35] Es kann passieren, dass ein Fünfjähriger, der Milch in einen Becher gießt und dabei ein wenig verschüttet, in Tränen ausbricht und sagt: «Ich bin böse!» Solche Kinder nehmen sich selten die Zeit, um ihre Erfolge zu genießen. Anderen erscheinen ihre Erwartungen unrealistisch, aber die Kinder sind davon überzeugt, dass sie in der Lage sein müssen, jede Aufgabe zu bewältigen, egal, wie schwierig sie ist. Selbst hochbegabte Kinder, die auf hohem Niveau Leistungen erbringen, führen mit hoher Wahrscheinlichkeit negative Selbstgespräche, sind selbstkritisch und gründen ihr Selbstbild auf ihre vermeintlichen Defizite. Hochbegabte Hochleister leiden ebenso wie hochbegabte Minderleister unter Gefühlen von Unzulänglichkeit und führen negative Selbstgespräche.[36]

Selbstgespräche spielen im Alltag von Kindern eine wichtige Rolle und sind eng mit dem Selbstkonzept und mit dem Selbstwertgefühl verbunden. Aufgrund des beschleunigten Denkprozesses bei hochbegabten Kindern laufen die Selbstgespräche so schnell ab, dass die Kinder sie praktisch nicht bewusst wahrnehmen. Da Selbstgespräche unsere Stimmung und unser Verhalten beeinflussen, müssen hochbegabte Kinder jedoch lernen, ihre innere Stimme zu kontrollieren, damit sie ihnen hilft anstatt sie zu behindern.

Fehler bei Selbstgesprächen

Vier Fehler werden bei Selbstgesprächen häufig gemacht:

1. «Schlechte Buchführung»,
2. der Verhältnismäßigkeitsfehler,
3. irrationale Überzeugungen und
4. der «Mangel an Beweisen».

Wenn Eltern merken, dass ihre hochbegabten Kinder bei ihren Selbstgesprächen Fehler machen, können sie ihnen helfen, indem sie ihnen die Fehler behutsam bewusst machen.

Die «schlechte Buchführung». Menschen, die ansonsten sehr intelligent sind, konzentrieren sich manchmal auf den einen dummen Patzer, den sie an einem Tag gemacht haben, und ignorieren die vielen Dinge, die sie am selben Tag erreicht haben. Diesen Fehler kann man als «schlechte Buchführung» bezeichnen, weil der einzige Sollposten in den Augen dieser Person sämtliche Gutschriften auf dem «Konto» zunichtemacht und sich negativ auf das Selbstwertgefühl auswirkt. Aber warum sollte man Stunden damit zubringen, sich gedanklich in das hineinzusteigern, was schiefgelaufen ist? Wäre es nicht besser, das Schlechte gegen das Gute abzuwägen? Nur wegen des Buchführungsfehlers wird uns überhaupt nicht bewusst, dass wir insgesamt einen produktiven Tag gehabt haben.

Der Verhältnismäßigkeitsfehler. Es kann sehr aufschlussreich sein, wenn man sich einmal bewusst macht, wie viele negative Selbstgespräche man an einem gewöhnlichen Tag führt, und wie wenige positive. Oft gehen wir hart mit uns ins Gericht und kritisieren uns dafür, was wir getan beziehungsweise nicht getan haben. Aber wir loben uns viel zu selten für das, was wir gut gemacht haben. Mitunter nehmen negative Selbstgespräche 70, 80 oder sogar 90 Prozent unserer Tageszeit ein – zweifellos stimmt hier etwas nicht mit der Verhältnismäßigkeit. Ähnlich wie die schlechte Buchführung hindert uns dieser Verhältnismäßigkeitsfehler daran, die positiven Aspekte des Tages zu sehen.

Die meisten Menschen sind sich nicht bewusst, wie viele negative Selbstgespräche sie führen, während ihnen die Art und Weise, wie andere mit sich ins Gericht gehen, gleich auffällt: «Shawn hat es sich wirklich viel zu sehr zu Herzen genommen, dass er gestern schlecht gespielt hat. Er hat das Gefühl, das Team im Stich gelassen zu haben.» Oder «Ich dachte, Darius fängt gleich an zu heulen, als er den Freiwurf vermasselt hat. Er war echt am Boden zerstört.» Aber auch die positiven Selbstgespräche der anderen fallen uns sofort auf: «Anna ist *so* stolz auf ihr Biologie-Projekt, für das sie so hart gearbeitet hat – sie strahlt vor Freude.» Dagegen fällt es den meisten Menschen schwer, ihre eigenen negativen Selbstgespräche zu registrieren und zu kontrollieren.

Idealistische Menschen, die versuchen, alles besser zu machen, sind besonders anfällig für negative Selbstgespräche. Offenbar gehen sie davon aus, dass sie mit ihrer ständigen Selbstzerfleischung ihr Selbstwertgefühl steigern. Ein starkes Selbstkonzept entsteht aber eher durch eine ausgewogene Selbstsicht, die eine realistischere und positivere Einschätzung der eigenen Bemühungen ermöglicht. Idealisten können lernen, ihre Selbstgespräche zu bereichern, indem sie sich für ihre Arbeit Anerkennung zollen und stolz auf sich sind.

Irrationale Überzeugungen. Den meisten Stress lösen Selbstgespräche in uns aus, wenn sie auf unlogischen, unbegründeten Überzeugungen basieren, die uns zu unangemessenen «Ich-sollte»-Einstellungen verleiten. Meistens gehen diese «Ich-sollte»-Gedanken auf Werte zurück, die andere uns anerzogen haben oder die in unserem eigenen starken Idealismus wurzeln. Dabei handelt es sich um unrealistische Standards und unangemessene Erwartungen, die auf unvernünftigen Überzeugungen beruhen. Wenn wir uns zum Beispiel ständig mit anderen und mit unseren Idealvorstellungen vergleichen, wird unser Denken zunehmend wertend und voreingenommen. Manchmal wirken sich unsere «Ich-sollte»-Einstellungen sogar auf unser Denken und Fühlen aus (zum Beispiel: «Ich sollte mich deswegen schuldig fühlen» oder «Ich sollte so etwas nicht denken»). Wann immer Sie können, sollten Sie das «Ich sollte» in Ihren Selbstgesprächen durch ein «Es wäre schön, wenn ...» ersetzen, das weniger kategorisch und zwanghaft erscheint. Anstelle von «Ich *sollte* mich besser organisieren» würde das Selbstgespräch also lauten: «Es wäre schön, wenn ich mich besser organisieren könnte.» Solche Formulierungen verringern die Dringlichkeit unserer Erwartungen und helfen uns, unser Verhalten realistischer einzuschätzen.

«Ich-sollte»-Einstellungen beruhen häufig auf irrationalen Überzeugungen, wie wir sie in Tabelle 7 zusammengestellt haben. Obgleich diese Vorstellungen eindeutig unlogisch sind, handeln viele hochbegabte Kinder danach – und manche machen diese Überzeugungen gar zu ihrer Lebenseinstellung. Sie merken nicht, wie irrational und unangemessen sie sind und wie viel inneren Stress sie sich durch das Verhalten aufbürden, das daraus resultiert.

Tabelle 7: Irrationale Überzeugungen[37]

- Jeder muss mich mögen, und ich sollte jeden mögen.
- Solange ich mich selbst mag, brauche ich keine Freunde.
- Wenn mich jemand schlecht behandelt, sollte ich ihn hassen und nie wieder mit ihm reden.
- Ich muss in jeder Hinsicht perfekt sein.
- Wenn ich etwas falsch mache, bin ich ein schlechter Mensch.
- Es ist schrecklich, entsetzlich, furchtbar, kurzum: eine einzige Katastrophe, wenn die Dinge nicht so laufen, wie ich will.
- Das Leben ist unfair, und ich kann daran nichts ändern.
- Die Menschen und die Dinge sollten anders sein, als sie sind, und es ist furchtbar und eine Katastrophe, wenn ich nicht sofort eine perfekte Lösung finde.
- Ob ich glücklich und zufrieden bin, hängt davon ab, was andere Menschen sagen und tun, und nicht von meinen eigenen Gedanken und Handlungen.
- Wenn etwas unerfreulich ist, sollte ich mich pausenlos damit beschäftigen und mich fortgesetzt darüber aufregen.
- Ich kann nur glücklich und zufrieden sein, wenn ich das tue, was andere Menschen anscheinend glücklich macht, oder was mich in der Vergangenheit glücklich gemacht hat.
- Negative Dinge, die in der Vergangenheit geschehen sind, sind überaus wichtig, müssen mich unablässig beschäftigen und schränken meine künftigen Möglichkeiten ein.

Die meisten von uns geraten irgendwann einmal unter den Einfluss einer oder mehrerer dieser irrationalen Überzeugungen, aber idealistische, hochbegabte Kinder sind dafür noch anfälliger als andere, weil sie so sehr nach Leistung und Perfektion streben. Eltern können hochbegabten Kindern helfen, solche negativen Denkmuster zu erkennen, die maladaptiven Verhaltensweisen zu identifizieren, die damit einhergehen, und sie durch Selbstaffirmation (d. h. selbstbejahende Gedanken) und positive Verhaltensweisen zu ersetzen.

Der «Mangel an Beweisen». Wenn wir in die Fallstricke irrationaler Überzeugungen geraten, vergessen wir meist, nach Beweisen zu suchen, die diese Überzeugungen widerlegen – und oftmals sind das beachtliche Beweise! Wenn wir zu uns selbst sagen «Ich bin dumm», scheint das eine Tatsache zu sein, und wir ignorieren die zahlreichen Fakten, die dem widersprechen. Oder wenn jemand zu uns sagt «Du bist egoistisch und rücksichtslos», führt das unter Umständen dazu, dass wir uns schuldig, niedergeschlagen oder zornig fühlen, es sei denn, wir denken daran, dass es Fakten geben könnte, die diese Überzeugung widerlegen. Möglicherweise hätte man in dem Moment, auf den sich der andere bezieht, tatsächlich rücksichtsvoller sein können, aber diese eine Episode bedeutet noch nicht, dass man grundsätzlich ein rücksichtsloser Mensch ist. Wenn wir uns fragen: «Was spricht dafür beziehungsweise dagegen, dass es so ist?» stoßen wir auf weitere Aspekte, die wir noch nicht in Betracht gezogen haben. Es ist nicht leicht, sich selbst richtig einzuschätzen, wenn man verletzt oder wütend auf sich ist; diese Übung ist aber unerlässlich, wenn man Stress wirksam kontrollieren will. Wenn wir nicht nach Beweisen suchen, finden wir auch keine.[38]

Fallstricke vermeiden

Wie können Eltern ihren Kindern helfen, Fehler bei Selbstgesprächen zu vermeiden? Selbstgespräche oder Selbstbewertungen kann man nicht auf die Schnelle ändern. Diese Fertigkeiten entwickeln sich im Laufe der Zeit. Zunächst sollten Sie dem Kind erklären, wie sich unsere Selbstgespräche und Gedanken auf unser Verhalten und auf unsere Gefühle auswirken. Als Nächstes können Sie mit ihm über irrationale Überzeugungen, den Verhältnismäßigkeitsfehler und die «schlechte Buchführung» sprechen. Nur wenn man das Selbstgespräch und die wichtigsten Fehler, die man dabei machen kann, versteht, kann man Selbstgespräche und ihre Folgen kontrollieren.

Wenn Kinder sich ihre Selbstgespräche bewusst machen, können sie in Zukunft vermeiden, sie auf den verborgenen «Ich-sollte»-Aussagen aufzubauen, weil sie auf diese Weise beurteilen können, ob sie unrealistische

Erwartungen an sich selbst und an andere stellen. Wenn niemand das Kind auf dieses fehlerhafte Überzeugungssystem aufmerksam macht, wird es auch nicht erkennen, wie sich negative Selbstgespräche auf seine Stimmung und seine Verhaltensweisen auswirken. Vielmehr wird das Kind dieses Überzeugungssystem verinnerlichen, und wenn es sich erst einmal im Denken des Kindes festgesetzt hat, wird es seine Stimmung und seine Einstellung zum Leben nachhaltig beeinflussen. Unnötiger Stress, eine geringe Selbstakzeptanz und Emotionen wie Enttäuschung, Frustration und sogar Wut auf die Welt können die Folge sein. Eltern können Kindern klarmachen, dass Stress nicht durch ein Ereignis verursacht wird, sondern durch das, was man sich über dieses Ereignis einredet.

Da die Selbstgespräche hochbegabter Kinder so rasch und so routiniert ablaufen, genügt es oft nicht, auf die Fallstricke hinzuweisen, damit diese Kinder lernen, ihre Selbstgespräche zu kontrollieren. Tatsächlich kann dadurch noch mehr Stress für das Kind entstehen, vor allem, wenn es nicht weiß, wie es seine Selbstgespräche steuern soll. Dann denkt das Kind «Oh nein, jetzt denke ich schon wieder ‹falsch›! Wie dumm ich doch bin.» Um negative Selbstgespräche zu vermeiden und diese neuen Fertigkeiten zu lernen, braucht das Kind Unterstützung und Übung.

Wenn Kinder heranwachsen, müssen sie auch erkennen und akzeptieren, dass sie manche Dinge ändern können, andere dagegen nicht.[39] Was man ändern kann, sind bestimmte Verhaltens- und Denkmuster, insbesondere solche Denkweisen, die zu Wut, Depression, Phobien und Angst führen. Dagegen ist es schwieriger (und manchmal sogar unmöglich), Merkmale wie posttraumatische Stressreaktionen, die Neigung zu Übergewicht und die sexuelle Identität zu ändern.[40] Wenn hochbegabte Kinder und Erwachsene ihre Selbsterwartungen kontrollieren, entwickeln sie dadurch ein realistischeres Selbstverständnis, und entsprechend sinkt die Wahrscheinlichkeit, dass sie in die Fallstricke irrationaler Überzeugungen und negativer Selbstgespräche geraten.

Zusätzliche Anregungen und Strategien

Sprechen Sie über Selbstgespräche. Die meisten Eltern sprechen mit ihren Kindern über das, was sich im Laufe des Tages ereignet hat. Sie fragen zum Beispiel: «Was hast du heute gemacht? Mit wem hast du die Mittagspause verbracht?» Oder sie erkundigen sich danach, was das Kind empfunden hat, als dies oder jenes passiert ist: «Wie ging es dir dabei? Was hast du gemacht, als sie das gesagt hat?» Seltener fragen Eltern ihre Kinder nach ihren Selbstgesprächen: «Was hast du da gedacht? Was hast du zu dir selbst gesagt, als das passiert ist?» Es ist wichtig und hilfreich zu wissen, was das Kind denkt. Wenn Eltern die Selbstgespräche ihrer Kinder kennen, können sie besser verstehen, warum das Kind so handelt oder reagiert.

Gesunde Selbstgespräche – Machen Sie's vor! Kinder verinnerlichen die Art und Weise, wie ihre Eltern sprechen, und ahmen sie in Form von Selbstgesprächen nach. Wenn die Eltern oft schimpfen und hart reagieren, sind auch die Selbstgespräche des Kindes eher vorwurfsvoll und unerbittlich. Kinder achten auch darauf, wie ihre Eltern mit ihren Selbstgesprächen umgehen, und orientieren sich daran, wenn sie ihre eigene Denkart entwickeln.

Mitunter fördern Eltern unbewusst negative Selbstgespräche und schlechtes Stressmanagement. Fragen Sie sich Folgendes: Wenn etwas bei Ihnen schiefläuft, machen Sie dann eine Katastrophe daraus? Reagieren Sie übertrieben und reden sich ein, dass Sie einfach nichts taugen? Oder machen Sie sich Ihre Gedanken bewusst und ergreifen die geeigneten Maßnahmen, um nach vorn zu schauen? Verlangen Sie von sich und anderen permanent Hochleistung und erzeugen damit zusätzlichen Druck? Oder leben Sie vor, wie man angemessene Ventile für einen gesunden Perfektionismus findet und sich in seinen Anstrengungen bestärkt? Konzentrieren Sie sich auf die Fehler, die Ihr Kind bei seinen Aufgaben macht oder messen Sie den Erfolgen des Kindes ebenso viel Bedeutung bei? Erkennen Sie Anstrengung und Erfolge an? Eltern und Lehrer verlangen von Kindern oft, ihre Organisation und Bemühungen kritisch zu hinterfragen, ohne sie dazu zu animieren, ihre Stärken zu finden.

Die Verhaltensweisen der Eltern signalisieren dem Kind, was Erwachsene erwarten, aber wenn es dann dieselben unangemessenen Verhaltensweisen zeigt, zum Beispiel schreit oder respektlos ist, reagieren die Eltern frustriert. Wenn man Kindern positive Mittel und Wege vorlebt, wie Erwachsene mit Fehlern umgehen und Stress bewältigen, ergeben sich daraus wertvolle Gelegenheiten, bei denen Kinder lernen können, ihre Selbstgespräche zu steuern.

Manche Eltern finden es hilfreich, Selbstgespräche in Rollenspielen darzustellen oder Gedankengänge – einschließlich irrationaler Überzeugungen – in Gegenwart der Kinder laut zu formulieren. So kann zum Beispiel einer der beiden Eltern beim Abendessen verkünden, dass dieser Tag einfach furchtbar war (oder so tun, als hätte er einen schlechten Tag gehabt), und dann beschreiben, was er falsch gemacht hat. Er kann erzählen, wie peinlich ihm dies oder jenes war, wie er nach Perfektion strebt und wie viel Stress er dabei empfindet. Der andere Elternteil kann diese Sichtweise (eventuell zusammen mit den Kindern) widerlegen und dem Partner deutlich machen, wie übertrieben streng er mit sich ins Gericht geht, um dann Möglichkeiten aufzuzeigen, wie er seine Selbstgespräche ändern kann.

Andere Familien beschließen, sich in einer gemeinsamen, partnerschaftlichen Unternehmung gegenseitig zu kontrollieren, um ihre Selbstgespräche zu verbessern. Die Familienmitglieder können sich gegenseitig daran erinnern, dass die meisten Menschen mit hohen Erwartungen und Idealen zumindest gelegentlich von sich enttäuscht sind und negative Selbstgespräche führen. Gemeinsam können sie üben, ihre Selbstgespräche zu kontrollieren. Beispielsweise können sie darüber reden, ob der Stress vorübergehend ist, und überlegen, was in ihrer Macht steht, um den Stress zu mindern. Außerdem können sie diskutieren, wie ihre negativen Selbstgespräche die Stressspirale derart ankurbeln, dass sie ihnen den ganzen Tag oder sogar die ganze Woche ruinieren können. Denkbar wäre auch, durch Brainstorming Möglichkeiten zu finden, um die Stressspirale schon früh zu erkennen und zu stoppen.

In Ihrer Eigenschaft als erwachsenes Vorbild können Sie Kindern außerdem zeigen, wie man sich selbst die «Erlaubnis» erteilt, seine üblichen hohen Standards hin und wieder außer Kraft zu setzen. Es gibt Zeiten, in denen Sie sich einfach entspannen, Ihren Tagträumen nachgehen oder sich mit etwas beschäftigen, das nur wenig oder gar keinen langfristigen Nutzen hat. Es ist wichtig, Kindern zu zeigen, wie man ein Gleichgewicht herstellt zwischen Arbeit und Spiel, Ernst und Ausgelassenheit, indem man ihnen nicht nur Arbeit, sondern auch Hobbys und Freizeit vorlebt.

Ignorieren oder verleugnen Sie Probleme nicht. Wenn Sie Probleme ansprechen, machen Sie damit deutlich, dass Sie sie zur Kenntnis nehmen und wichtig finden. Man muss Situationen, die Stress verursachen, identifizieren – erst dann kann man sich daran machen, eine Lösung zu finden. Wenn Sie Probleme dagegen ignorieren, signalisieren Sie dem Kind damit, dass die Situation nicht wichtig ist. Selbst wenn wir ein Problem nicht lösen können, ist es hilfreich, sich mit der Situation und den Gedanken und Gefühlen, die damit einhergehen, auseinanderzusetzen. Probleme leugnen heißt, dass man sie herunterspielt; eine gesunde Problemlösung ist so nicht möglich.

Hochbegabte Kinder nehmen subtile Hinweise und Spannungen wahr. Wenn es in der Familie Spannungen gibt, ist es für das Kind meist belastender und beängstigender, wenn die Probleme verschwiegen werden, als wenn man darüber spricht. Kinder müssen nicht bis in alle Einzelheiten in die komplizierten Probleme der Erwachsenen eingeweiht werden, aber ein paar Informationen sollte man ihnen geben, zumal sich Kinder Probleme oft viel schlimmer vorstellen, als sie in Wirklichkeit sind. Gerade hochbegabte Kinder malen sich mit ihrer außergewöhnlichen Vorstellungskraft häufig die tollsten Dinge aus, wenn man sie nicht informiert. Es kann passieren, dass sie zufällig ein paar Gesprächsfetzen aufschnappen und die Lücken mit ihren eigenen kreativen Vorstellungen füllen. In solchen Fällen sollte man die Dinge klären, um das Kind zu beschwichtigen. Manchmal genügt es schon, dem Kind mitzuteilen, dass das Problem nichts mit seiner Person zu tun hat. Sie könnten zum Beispiel sagen: «Papa und ich schauen uns unsere Kontoauszüge an. Auf dich hat das aber keine Auswirkungen. Wir werden nicht plötzlich ohne Geld dastehen. Wir wollen diesen Monat nur besonders sorgfältig planen.»

Sollte das Kind allerdings von dem Problem betroffen sein, bedeutet das unter Umständen, dass der Stress kurzfristig auch für alle anderen größer sein wird. Wenn über das Problem gesprochen wird, lässt es sich wirksamer bewältigen als wenn so getan wird, als existiere es nicht. Stress verschwindet nicht einfach, indem man ihn ignoriert. Auch wenn Ihr Kind seine Gedanken und Gefühle nur zögerlich mitteilt, hilft es ihm, wenn Sie ihm zuhören und offen mit ihm sprechen. Oft haben hochbegabte Kinder das Gefühl, die einzigen zu sein, die solch einen Stress empfinden. Sie brauchen die Rückversicherung, dass jemand da ist, der sie versteht und bereit ist, ihnen zu helfen, wenn sie Hilfe brauchen.

Hören Sie zu, aber geben Sie möglichst wenig direkte Ratschläge. Sollte Ihr Kind in die Fallstricke negativer Selbstgespräche geraten sein, haben Sie wahrscheinlich das Bedürfnis, ihm direkte Ratschläge zu geben. Tun Sie das nicht – zumindest nicht gleich. Eine Person, die in irrationalen Selbstgesprächen gefangen ist, reagiert wohl kaum auf Kommentare wie «Sei doch nicht so streng mit dir» oder «Gib den Aufsatz doch einfach so ab, wie er ist, und denk nicht weiter darüber nach.» Solche Kommentare erzeugen zusätzlichen Stress, weil sie dem Kind – das ohnehin schon das Gefühl hat, dass etwas mit ihm nicht stimmt – signalisieren, dass tatsächlich etwas mit ihm nicht stimmt. Solche unerwünschten Ratschläge vermitteln die Botschaft: «Du bist unfähig, allein damit umzugehen, also sage ich dir jetzt, was du tun sollst.» Das kann die Beziehung zu Ihrem Kind natürlich belasten, auch wenn Sie ihm eigentlich nur helfen wollen.

Anstatt Ihrem Kind ungewünschte Ratschläge zu erteilen, animieren Sie es dazu, laut über die Situation nachzudenken und die Lösungen und Reaktionen zu beschreiben, die es bereits ausprobiert hat. Unterstützen Sie seine Gefühle, egal, welche das sind. Sie können dem Kind auch erzählen, wie Sie seine Mitteilung verstanden haben: «Es sieht so aus, als wolltest du mit Sarah befreundet sein, aber zurzeit sucht sie sich andere Freunde aus. Das hört sich so an, als seist du traurig.» Sobald Sie Ihrem Kind zugehört und ihm seine Gefühle gespiegelt haben, werden Sie vermutlich merken, dass sein Stressniveau bereits gesunken ist. Das ist wie bei einem Teekessel, aus dem etwas Dampf entweicht, und das Kochen lässt nach. Wenn Sie zugehört und verstanden haben, können Sie damit beginnen, Ihr Kind mit Fragen anzuleiten, etwa: «Was genau befürchtest du, wird passieren? Wie wahrscheinlich ist das? Wie schlimm wäre das?»

Vermeiden Sie elterliches Überengagement. Eltern können selbst Stress verursachen, vor allem, wenn sie ihre hochbegabten Kinder (und das Etikett «Hochbegabung») dazu benutzen, ihre eigenen narzisstischen Bedürfnisse nach Status oder Anerkennung zu befriedigen, indem sie sich übertrieben engagieren oder in das Leben ihrer Kinder einmischen.[41] Alle Kinder profitieren davon, zu lernen, unabhängig von ihren Eltern, Lehrern oder anderen Erwachsenen zurechtzukommen; nur so können sie eigenständige Individuen werden. Das langfristige Ziel besteht für alle Kinder darin, dass sie ihr eigenes Leben bewältigen. Sie müssen lernen, Verantwortung für ihre Handlungen zu übernehmen und einen gerechten Anteil an Aufgaben und häuslichen Pflichten zu erledigen. Sie müssen auch lernen, mit dem üblichen Maß an Stress umzugehen, das mit Selbstmanagement einhergeht. Wenn die Eltern wie Glucken über das Kind wachen und sich zu sehr in seinen Alltag einmischen, kann daraus ein Abhängigkeitsverhältnis entstehen, welches das Kind daran hindert, Selbstmanagementaufgaben zu bewältigen.

Lassen Sie das Kind träumen. Manche Eltern berichten, dass sie ihrem Kind helfen können, Stress abzubauen, indem sie seine Ideen und Sehnsüchte aufgreifen und es damit zum «Träumen» anregen. Sagen Sie zum Beispiel: «Ich wette, du würdest all dem Druck am liebsten entfliehen, und ich fände es auch schön, wenn du das könntest. Es wäre toll, mal für eine Weile ohne diesen ganzen Stress leben zu können.» Auf diese Weise kommunizieren Sie Verständnis und signalisieren dem Kind gleichzeitig, dass es in Ordnung ist, wenn man sich hin und wieder eine kurze Auszeit wünscht, um dem Stress zu entkommen und sich selbst zu regenerieren, auch wenn das in Wirklichkeit nicht möglich ist.

Bringen Sie Ihrem Kind bei, wie es ungesunde Selbstgespräche vermeiden kann, indem es «Gegenbeweise» sucht.[42] Es ist erstaunlich, dass Kinder, die so klug sind und so wirksam argumentieren können, nur so schwer erkennen, wie viel Stress sie sich selbst machen. Sie akzeptieren irrationale Überzeugungen, schenken der ungerechtfertigten Kritik anderer Glauben oder kommen zu dem Schluss, dass sie auf der ganzen Linie Versager sind, wenn die Dinge einmal nicht genau so laufen, wie sie es sich vorgestellt haben. Wenn Ihr Kind lernt, nach Beweisen zu suchen, die seine Wahrnehmungen und Überzeugungen in Frage stellen, kann es seinen Stress dadurch stark reduzieren. Das heißt nicht, dass plötzlich keine schlimmen Dinge mehr passieren; das Kind wird aber in der Lage sein, unzutreffende Wahrnehmungen zu widerlegen, mehr Belastbarkeit zu entwickeln und die Auswirkungen von Rückschlägen besser zu verkraften.

Manche Eltern verwenden dafür die «Kommissar»-Metapher. Gute Kommissare zeichnen sich durch zwei Dinge aus:

1. Sie erstellen eine Liste mit Tatverdächtigen und möglichen Motiven und prüfen verschiedene Varianten, wie sich die Tat abgespielt haben könnte;
2. sie suchen nach Hinweisen, um herauszufinden, welcher Verdächtige am ehesten für die Tat in Frage kommt.

Anstatt sich auf den erstbesten Gedanken zu verlassen, der ihm durch den Kopf geht, muss das Kind wie ein Kommissar vorgehen und feststellen, ob seine Überzeugung richtig oder falsch ist. Wenn es nur einen einzigen Verdächtigen (sprich: nur einen einzigen Grund, warum etwas passiert ist) findet, ermutigen Sie es, zwei weitere plausible Szenarien zu entwickeln, die als Erklärung für die Situation dienen können. Das nimmt Zeit in Anspruch, vor allem, wenn das Kind ein linearer Denker ist oder die Ursache «ganz sicher» zu kennen glaubt. Auf diese Weise lernt es, dass es für jede Situation unterschiedliche Erklärungen gibt, und es setzt sich auf gesunde Weise mit möglichen Erklärungen auseinander.

Vorhersagen üben. Wenn wir glauben, dass eine Situation oder ein Verhalten furchtbare, katastrophale Folgen haben wird, ruft das ein hohes Maß an Stress hervor. Wir denken uns negative Szenarien aus und malen alles schwarz.[43] Kinder – vor allem, wenn sie idealistisch sind – neigen dazu, einen negativen Ausgang vorherzusagen. Sie können Ihrem Kind helfen, indem Sie es dazu animieren, sich mögliche positive Verläufe vorzustellen, die ein gutes Ende nehmen. Der Ökonom Peter F. Drucker soll gesagt haben: «Der beste Weg, um die Zukunft vorherzusagen, ist, sie zu erschaffen.» Sich einen positiven Ausgang vorzustellen erhöht die Wahrscheinlichkeit, dass es tatsächlich einen positiven Ausgang geben wird.

Hilfreich ist auch folgende Übung: Das Kind soll für aktuelle oder zukünftige Situationen jeweils drei mögliche Ausgänge vorhersagen:

1. Den allerschlimmsten, den man sich vorstellen kann;
2. den allerbesten, den man sich vorstellen kann, und
3. den wahrscheinlichsten Ausgang der Situation.

Lassen Sie das Kind laut über die verschiedenen Möglichkeiten nachdenken und – wie oben beschrieben – nach Argumenten suchen. Anschließend soll es seine Vorhersage aufschreiben, damit es sie später mit dem tatsächlichen Ausgang der Situation vergleichen kann. Auf diese Weise wird ihm klar, dass die schlimmste Vorhersage nie eintrifft. Sollte es nicht möglich sein, eine aktuelle Situation zu prüfen, weil das Kind zu emotional ist und nicht klar denken kann, warten Sie, bis es sich beruhigt hat, und machen Sie die Übung später. Oder das Kind soll sich eine andere Situation vor Augen führen, die bei ihm Stress bewirkt hat, und die Übung anhand dieser Situation durchführen.

Sobald sie Übung darin haben, positive Vorhersagen zu treffen, lernen Kinder Fertigkeiten, die sie wiederholt einsetzen können. Diese Fertigkeiten lassen sich rasch, häufig sogar unmittelbar umsetzen, sobald eine potenzielle Stresssituation eintritt. Zuerst suchen sie nach Gegenbeweisen: «Das kann nicht stimmen, weil …» Als Nächstes überlegen sie, welche alternativen Sichtweisen denkbar sind: «Eine andere Möglichkeit, die Situation zu betrachten, wäre …» Und schließlich führen sie die beiden ersten Übungen zu einer Schlussfolgerung zusammen: «Am wahrscheinlichsten ist, dass … und ich kann Folgendes tun, um das in den Griff zu bekommen: …» Wenn hochbegabte Kinder diese Fertigkeiten nutzen, um positive Vorhersagen zu machen, können sie ihre Stimmung und ihr Verhalten besser steuern und somit Stress reduzieren.

Zwischen echtem Alarm und falschem Alarm unterscheiden. Mitunter erleben wir Stress oder Angst, obwohl keine echte Bedrohung vorhanden ist. Manche Kinder haben ein sensibleres «Alarmsystem», das häufig anschlägt. Zu erkennen, ob die emotionale Reaktion auf einen echten oder einen falschen Alarm zurückgeht, ist der erste Schritt, um mit dieser Reaktion umzugehen. Wenn keine echte Gefahr oder kein wirklicher Grund zur Sorge besteht, kann das Kind sein Alarmsystem «auf Null» stellen und die vermeintliche Stressquelle hinter sich lassen. Wenn zum Beispiel die Mutter nicht pünktlich zur angekündigten Zeit nach Hause kommt, können bei Kindern die Alarmglocken läuten; in solchen Fällen malen sie sich allerlei schlimme Dinge aus, die der Mutter zugestoßen sein könnten. Wenn sie aber erkennen, dass es nur ein falscher Alarm ist, indem sie – wie oben beschrieben – andere realistische Möglichkeiten in Betracht ziehen, können sie das System zurücksetzen. Das wird anfangs etwas Zeit brauchen, kann sich dann aber rasch einspielen. Sollte es sich dagegen um einen echten Alarm handeln, und die Bedrohung oder der Grund zur Sorge bleibt bestehen, kann das hochbegabte Kind andere Techniken einsetzen, die hier beschrieben werden, um den Stress auf gesunde Weise zu bewältigen. Wenn die Großmutter anruft, um mitzuteilen, dass der Großvater einen Unfall gehabt hat, ist das ein echter Alarm; in diesem Fall müssen Maßnahmen ergriffen werden, um den Stress zu bewältigen und das Problem anzugehen.

Handeln statt ärgern. Reden Sie nicht nur über Probleme, handeln Sie! Die meisten Menschen haben das Gefühl, dass ihr Stressniveau sinkt, wenn sie ein gewisses Maß an Kontrolle über die Situation gewinnen, mit der sie konfrontiert sind. Schließlich ist es nicht die Situation an sich, die Stress verursacht, sondern unsere Reaktion darauf. Sprechen Sie mit Ihrem Kind darüber, wie es Probleme aktiv angehen und lösen kann. Und denken Sie daran, dass Sie auch in diesem Zusammenhang ein Vorbild sein können. Reiten Sie nicht auf Ihrem Problem herum, so belastend es auch sein mag. Sagen Sie nicht: «Oh nein, ich komme damit einfach nicht klar», weil Sie Ihrem Kind sonst Hilflosigkeit vorleben. Mehr noch als Gedanken und Worte erfordert Problemlösen Handeln, schon allein deswegen, weil es einem ein Gefühl von Kontrolle gibt.

Beim Problemlösen gibt es sieben grundlegende Schritte:

1. Die Problemsituation definieren und Prioritäten setzen;
2. feststellen, was zu tun ist;
3. eine Liste mit möglichen Lösungen für das Problem erstellen;
4. relevante Informationen über die einzelnen Lösungsmöglichkeiten sammeln;
5. die Durchführbarkeit jeder Lösungsmöglichkeit prüfen;
6. auf der Grundlage der vorangehenden Schritte eine Entscheidung treffen;
7. später prüfen, ob die Entscheidung wirksam war; nur so lässt sich beurteilen, ob das Vorgehen auch in Zukunft angezeigt ist, wenn ähnliche Problemsituationen auftreten.

Mithilfe dieser schrittweisen Methode können Kinder lernen, dass zwar die wenigsten Lösungen perfekt sind, dass es aber für die meisten Probleme viele mögliche Lösungen gibt. Bitte achten Sie darauf, dass die Kinder ihre eigenen Problemlösungspläne entwickeln; die Eltern dürfen sie dabei jedoch etwas unterstützen.

Entspannungstechniken üben. Wenn ein Mensch unter Stress steht, steigt die Atem- und Herzfrequenz, der Magen zieht sich zusammen, es kommt zu Verspannungen in Nacken und Schultern und die gesamte Körpermuskulatur ist angespannt und «in höchster Alarmbereitschaft». Wenn das Stressniveau sehr hoch ist, fällt es dem Betroffenen schwer, ruhig und klar zu denken. In solchen Situationen hilft es, die körperliche Anspannung abzubauen. Tiefes Atmen, Muskelrelaxationstechniken und Visualisierungsübungen brauchen zwar etwas Zeit, bis man sie beherrscht, können aber wirkmächtige Methoden der Selbstkontrolle sein. Ein warmes Bad nehmen oder ein Buch lesen kann Kinder beruhigen, wenn sie emotional überreizt sind. Kinder können Entspannungstechniken einsetzen, um das System nach einem falschen Alarm «herunterzufahren» oder einfach, um Alltagsstress abzubauen.

Yoga – eine meditative Strategie, die die Entspannung fördert – kann vor allem wegen seiner langsamen, tiefen Atmung beruhigend wirken. Langsames, kontrolliertes Atmen ist eine Technik, mit der man Lampenfieber und sogar Panikattacken kontrollieren kann. Wenn Menschen Angst haben, ist ihre Atmung flach und schnell; auf diese Weise atmen sie nicht genügend Kohlendioxid aus, wodurch die Angstsymptome noch verstärkt werden. Tiefes Atmen führt dagegen zu Entspannung und sorgt dafür, dass man sich auf etwas anderes konzentriert als auf die bevorstehende Prüfung oder eine andere Stresssituation.

Kinder sollten diese Techniken nicht inmitten einer Krise lernen, sondern in einer ruhigen Situation. Ein Sturm ist nicht der geeignete Moment, um jemandem Navigationsfertigkeiten beizubringen. Wie bei jeder neuen Fertigkeit benötigen Kinder etwas Übung, um dann in stressigen Zeiten auf diese neuen Techniken zurückgreifen zu können.

Lernen, «Nein» zu sagen. Hochbegabte Kinder neigen zu Überengagement. Die Folge ist, dass sie sich gestresst und obendrein auch noch schuldig fühlen, wenn sie nicht alle Aktivitäten bewältigen können. Erfolgreiches Stressmanagement heißt, Prioritäten setzen. Das Kind muss entscheiden, welche Aktivitäten am sinnvollsten und der Mühe wert sind – und dann zu allem, was darüber hinaus geht «Nein» sagen.

Wessen Problem ist das? Die Erwartungen anderer verursachen Stress, vor allem, wenn sie stark von den eigenen Erwartungen abweichen. Manchmal unterscheidet sich das, was ein Kind will, sehr stark von dem, was andere wollen. In solchen Situationen muss sich das Kind fragen, um wessen Problem es sich eigentlich handelt. Es muss sich außerdem entscheiden, ob es den Erwartungen oder Überzeugungen der anderen Person nachgibt. Das ist besonders schwierig, wenn das Kind Opfer von Kritik, Sticheleien oder Beschimpfungen ist. Indem es sich fragt «Ist das mein Problem oder deren Problem?» kann es seine Selbstgespräche überprüfen. Wenn ein Kind automatisch die Meinung der anderen übernimmt und die Opferrolle akzeptiert, um es ihnen recht zu machen, dabei aber seinen eigenen Überzeugungen zuwider handelt, entsteht Stress.

Den eigenen Gefühlen und Überzeugungen treu zu bleiben, ist nicht immer einfach. In ihren Selbstgesprächen können Kinder prüfen, ob die Behauptungen der anderen plausibel sind, und entscheiden, ob und wie sie darauf reagieren. Angenommen, ein Klassenkamerad stichelt: «Ach, du machst ja den ganzen Tag sowieso nichts anderes als Bücher lesen.» In seinen Selbstgesprächen kann sich das hochbegabte Kind fragen: «Stimmt das wirklich? Nein, es stimmt nicht. Ich tue noch viele andere Dinge außer Lesen. Ich spiele Fußball und Klavier. Aber ich lese nun mal sehr gerne, und tue es, wann immer ich Gelegenheit dazu habe.» Sobald das hochbegabte Kind entschieden hat, ob die Kritik gerechtfertigt ist oder nicht, muss es entscheiden, wie und ob es darauf reagieren soll. Wenn ihm das Ganze nicht so wichtig ist, und es ihm nichts ausmacht, das Thema fallen zu lassen, muss es auch nichts unternehmen. Wenn es aber reagieren möchte, muss es entscheiden, welche Reaktion am sinnvollsten ist. Für das hochbegabte Kind ist es wichtig zu wissen, dass es wählen kann, ob es auf die Bemerkung eines anderen reagiert oder nicht; dadurch bekommt das Kind ein Gefühl von Stärke.

Mittels Büchern und Filmen neue Sichtweisen eröffnen. Die meisten hochbegabten Kinder lesen leidenschaftlich gern und identifizieren sich leicht mit Charakteren in Büchern. Wenn diese Figuren ähnliche Stresssituationen bewältigen müssen, können die jungen Leser Coping-Strategien lernen und fühlen sich mit ihren Problemen weniger allein.[44] In *Some of my best friends are books* listet Judith Halsted fast 300 Bücher auf, die besonders für hochbegabte Kinder – von der Vorschule bis zur Oberstufe – geeignet sind.[45] Die Bücher sind nach Leseniveau und Themengebieten (zum Beispiel Intensität, Sensibilität, Perfektionismus, Alleinsein, Anderssein und Beziehungen) geordnet. Biographien, die man in der Schul- oder Stadtbücherei ausleihen kann, sind ebenfalls ein effektives Lernmittel für hochbegabte Jugendliche und junge Erwachsene. Wenn die Geschichten nicht gerade in einer bedrohlichen Weise erzählt werden, können Bücher Kindern helfen, verschiedene Probleme aus einer neuen Perspektive zu betrachten, ohne sich ihnen direkt aussetzen zu müssen.

Es gibt zahlreiche Bücher, die speziell für hochbegabte Kinder geschrieben wurden und Coping-Strategien für häufige Probleme bieten. Zu den gängigen Titeln gehören: *Gifted kids' survival guide for ages 10 and under*; *Gifted kids' survival guide: A teen handbook*; *Perfectionism: What's bad about being too good*; *Freeing our families from perfectionism*; *The bully, the bullied, and the bystander* sowie *Stick up for yourself*.[46]

Filme können ebenfalls neue Sichtweisen eröffnen.[47] In *Das Wunderkind Tate* (1991), *Das Glücksprinzip* (2000), *Good Will Hunting* (1997), *Forrester – Gefunden!* (2000) oder *A Beautiful Mind – Genie und Wahnsinn* (2001) werden hochbegabte Charaktere dargestellt, die lernen, mit Stress umzugehen. Eine angeleitete Diskussion über diese Charaktere kann Kindern und Jugendlichen helfen, Einsichten zu entwickeln, alternative Sichtweisen zu entdecken und eine positive Veränderung herbeizuführen.

Sowohl die Bibliotherapie als auch die Cinetherapie haben ihre Kehrseiten. Nicht alles, was in Büchern und Filmen dargestellt wird, ist für Kinder geeignet, und die Portraits sind nicht immer zutreffend; das bedeutet, dass Eltern die Bücher und Filme sorgfältig auswählen müssen. Außerdem müssen sie aufpassen, dass sie nicht in die Falle tappen und direkte Vergleiche zwischen den Protagonisten und ihren Kindern anstellen. Hochbegabte Kinder werden sich wahrscheinlich automatisch mit den Charakteren vergleichen, auch ohne dass ihre Eltern sie darauf hinstoßen. Wenn die Eltern sagen «Schau mal – der ist ja genau wie du!» kann das beim Kind Unbehagen und Widerstand auslösen, vor allem, wenn es zu Machtkämpfen neigt oder wenn die Eltern-Kind-Beziehung ohnehin angespannt ist. Eine Bibliotherapie oder Cinetherapie kann und soll eine normale Therapie oder Beratung nicht ersetzen; sie kann dem Kind aber eine zusätzliche Hilfe sein, indem sie ihm Erkenntnisse vermittelt und dazu beiträgt, dass es sein Verhalten allmählich ändert.

Tagebuch führen. Wenn das Kind seine Gedanken und Gefühle in einem Tagesprotokoll oder Tagebuch niederschreibt, hilft ihm das, die Dinge in eine neue Perspektive zu rücken. Indem hochbegabte Kinder jeden Tag über wichtige Ereignisse, Gefühle, Strategien, Hoffnungen und Sehnsüchte schreiben, lernen sie, ihre Ziele zu identifizieren, Entscheidungen zu treffen und Bedeutung in ihrem eigenen, individuellen Leben zu finden. Tagebuch führen kann ein wirksames Instrument der Selbststeuerung sein.[48]

Erwarten Sie Fortschritte, aber keine Perfektion. Natürlich sollten Sie Ihre Erwartungen hochhalten – solange sie angemessen und realistisch sind – und dem Kind vermitteln, dass Sie auf sein intelligentes und verantwortungsvolles Handeln vertrauen. Das bedeutet, dass Sie das Kind dazu ermutigen, Versuche zu unternehmen und etwas auszuprobieren. Dabei sollten Sie stets daran denken, dass Sie Fortschritte von ihm erwarten – aber keine Perfektion. Sich langsam auf ein Ziel zuzubewegen ist besser als stehenzubleiben, selbst wenn man dabei keine großen Etappen zurücklegt. Gestehen Sie dem Kind gewisse «Auszeiten» zu, in denen keine Leistung oder Fortschritte von ihm erwartet werden. Wir alle – auch die Erwachsenen – brauchen Zeit, um einfach mal zu entspannen und nichts zu tun.

Lehren Sie das Kind, nicht nur auf Erfolge stolz zu sein, sondern auch auf Versuche. Hochbegabten Kindern hilft die Erkenntnis, dass der Weg zum Erfolg nicht immer geradlinig verlaufen muss und mitunter sogar Schlaglöcher aufweisen kann. Ein Sprichwort lautet: «Nur im Wörterbuch kommt Erfolg vor Fleiß». Gescheite Kinder müssen sich oft gar nicht anstrengen, um Erfolg zu haben, und gelangen daher zu der Überzeugung, dass das immer so sein wird. Diese Kinder müssen dazu ermutigt werden, am Ball zu bleiben, wenn die Dinge in der Schule und anderswo schwierig werden. Eltern können erzählen, wie oft sie selbst vom Fahrrad gefallen sind, bevor sie damit fahren konnten, oder wie viele Unterrichts- und Übungsstunden notwendig waren, bevor sie anspruchsvollere Stücke auf dem Klavier oder Cello spielen konnten. Jede Fertigkeit will geübt werden, bevor man sie beherrscht. Wie die berühmten Persönlichkeiten, von denen unten die Rede ist, müssen Kinder viele Versuche unternehmen, bevor sie eine neue Fertigkeit erlernen oder ein Projekt erfolgreich zu Ende führen. Beim Lernen spielen auch Fehler eine wichtige Rolle, weil Kindern dadurch klar wird, dass sie beim nächsten Mal anders vorgehen müssen.

Thomas Edison, dessen Lehrer ihn für «zu dumm zum Lernen» hielten, machte auf dem Weg zur Erfindung der Glühbirne 3000 Fehler. Walt Disney wurde von einem Zeitungsverleger gefeuert, weil er angeblich «keine guten Einfälle» hatte.[49] Michael Jordan wurde nicht auf Anhieb in die Basketball-Mannschaft seiner High School aufgenommen.[50] Erst nach vielen Jahren

Übung wurde er zum Meisterschaftsspieler. Viele wichtige Entdeckungen in der Medizin, in der Wissenschaft und in anderen Bereichen haben wir den Fehlern ihrer Entdecker zu verdanken: Vom Penicillin über die Röntgenstrahlen bis hin zur Mikrowelle, aber auch die Zauberknete «Silly Putty», Coca-Cola, die Frisbee-Scheibe, Slinkys, Kartoffelchips, Klebezettel und viele andere Dinge wurden nur entdeckt, weil jemand einen Fehler gemacht hatte. Die Personen blieben am Ball und waren am Ende stolz auf ihre Versuche.[51] Die Lebensgeschichten, Rückschläge und Erfolge dieser Erfinder können Ihrem Kind auf nicht-bedrohliche Weise deutlich machen, wie wichtig Ausdauer ist.

Probleme in Gelegenheiten umwandeln. Ebenso wie Fehler zu neuen Entdeckungen führen können, können aus Problemsituationen neue Gelegenheiten entstehen. Wenn Ihre Tochter zum Beispiel nicht in die Baseball-Mannschaft der Schule aufgenommen wird, hat sie stattdessen Zeit für andere Dinge. Wenn Sie einen Zug verpassen und auf den nächsten warten müssen, gewinnen Sie dadurch Zeit, um interessante Menschen zu treffen oder mit Ihrem Notebook andere Arbeiten zu erledigen. Um die neue Gelegenheit zu erkennen, muss man jedoch zuerst die negativen Selbstgespräche, die Enttäuschung und Frustration überwinden. Eltern können ihre Kinder lehren, dass man auch in ärgerlichen oder enttäuschenden Situationen immer Wahlmöglichkeiten hat. Und selbst wenn man beschließt, keinen Gebrauch davon zu machen, hat man dennoch eine Wahl getroffen.

Anderen die Schuld geben trägt nicht zur Stressreduktion bei. Wenn man die Schuld auf andere schiebt und sie für eine Problemsituation verantwortlich macht, wird der eigene Stress nicht weniger. Zwar kann man auf diese Weise – zumindest vorübergehend – vermeiden, sich mit dem Problem auseinanderzusetzen und dadurch sein Selbstwertgefühl schützen; der Stress nimmt aber eher noch zu, weil man die Kontrolle abgibt und sich hilflos fühlt. Schließlich macht man sich ja davon abhängig, dass jemand anderes handelt und die Dinge in Ordnung bringt. Solange wir bloß passiv darauf warten, dass die anderen sich – und damit unsere Situation – ändern, können wir nichts unternehmen, um aktiv und zuversichtlich gegen den Stress vorzugehen. Hochbegabte Kinder müssen lernen, wie man vermeidet, sich hilflos in einer Situation gefangen zu fühlen. Sie müssen eine aktive Rolle bei der Stressreduktion übernehmen, indem sie schwierige Situationen als Herausforderung und als Lernerfahrungen betrachten.

Versuchen, Stressoren abzuschotten. Intensive negative Selbstgespräche über ein Verhalten oder eine Situation können sich leicht zu einer «Alles-oder nichts»- oder «Immer-oder-nie»-Denkart ausweiten, die dazu führt, dass der Stress auf andere Lebensbereiche übergreift. Zum Beispiel: «Ich bin *immer* schuld, wenn etwas schiefläuft» oder «Mama sieht *nie* die Dinge, die ich gut mache. Sie redet *immer* nur davon, was ich alles falsch mache.» Hochbegabte Kinder können lernen, den Bereich, in dem sie Stress haben, von den anderen Lebensbereichen abzukoppeln und zumindest vorübergehend unter «Quarantäne» zu stellen. Manche Menschen finden es hilfreich, sich bildlich vorzustellen, wie sie den Stress in eine Kiste oder in einen «Sorgentopf» packen, den Deckel schließen und ihn ins Regal stellen, bis sie bereit sind, sich damit zu befassen. Nur weil man in einem Bereich Stress hat, müssen nicht gleich alle anderen Lebensbereiche ebenfalls darunter leiden. Kinder können sich vornehmen, das Problem und den damit verbundenen Stress zu einem späteren Zeitpunkt in Angriff zu nehmen und speziell dafür eine «Problemlösungszeit» einzuplanen. Sie können ihnen dabei helfen, indem Sie ihnen die Problemlösungstechniken beibringen, die in diesem Buch beschrieben wurden.

Zu viel Abschottung kann aber auch zusätzliche Probleme verursachen. Manche hochbegabte Kinder schotten ihre Gefühle so gründlich ab, dass sie Mühe haben, im Hier und Jetzt überhaupt «anwesend» zu sein. Andere schotten ein Problem ab, indem sie es intellektualisieren, ohne sich je mit dem Problem selbst – oder den Selbstgesprächen, die das Problem überhaupt erst verursacht haben – auseinanderzusetzen. Bei manchen hochbegabten Kindern führt das dazu, dass sie vor lauter Abschottung nicht mehr erkennen, wie sehr sich ihre Verhaltensweisen und Überzeugungen widersprechen. Beispielsweise sind sie sehr umweltbewusst, begeistern sich aber gleichzeitig für spritfressende Sportwagen.

Lernen, wie man Stress ignoriert. Oft raten wir Kindern, Dinge zu ignorieren und den Stress einfach abzuschütteln – allerdings ohne ihnen zu zeigen, *wie* man das macht. Die meisten Menschen glauben, dass Ignorieren etwas Passives ist; dabei kann es viel wirksamer sein als aktives Handeln. Allerdings ist Ignorieren oft leichter gesagt als getan und braucht Übung. Wie wir wissen, hören andere in der Regel auf, uns zu schikanieren, wenn sie damit keine Reaktion erzielen; denn darum geht es ja bei der Schikane – dem anderen weh zu tun und ihn zu einer Reaktion zu bewegen. In dieser Situation ist es am besten, sich für das *aktive* Ignorieren der Schikane zu entscheiden.

Kinder können aktives Ignorieren mithilfe der folgenden Strategie lernen, die von einer Schulpsychologin entwickelt wurde. Sie rät Kindern, den verletzenden Spott oder die Kritik anderer einfach an sich «abgleiten» zu lassen, als wären es Worte, die jemand auf kleine Zettel geschrieben hat, um sie einem anzuheften; aber die Zettel bleiben nicht kleben, sondern fallen sofort auf den Boden. Das Kind soll sich vorstellen, wie die Zettel vom Wind weggetragen werden. Die Schulpsychologin schreibt die verletzenden Wörter auf ein Stück Papier und zeigt dem Kind, dass diese Papierfetzen nicht an ihm haften bleiben. Außerdem rät sie dem Kind, sich in solchen Situationen abzuwenden und ein Gespräch mit einem Mitschüler anzufangen. Das wird auch «aktives Ignorieren» genannt, und es funktioniert, weil die Schikane aufhört, wenn die Reaktion ausbleibt.

Mobbing und Stress. Mobbing scheint auf dem Vormarsch zu sein, und hochbegabte Kinder sind besonders davon betroffen.[52] Aktives Ignorieren funktioniert in der Regel; falls nicht, können folgende Anregungen hilfreich sein. Wenn Mobbing für Ihr Kind ein Problem darstellt, können Sie diese Liste auch zu Hause aufhängen.

- Denk daran, dass es nicht deine Schuld ist.
- Bewahre dich vor Schaden.
- Such dir einen Freund/eine Freundin.
- Wirke selbstbewusst; schlüpfe nicht in die Rolle des Opfers; halte dich aufrecht.

- Ignoriere den/die Mobber.
- Sag mit fester Stimme «Hör(t) auf damit!»
- Entferne dich aus der Situation.
- Hol dir Hilfe von Erwachsenen.

Spannungen durch Humor mildern. Ein Mensch ohne Humor, so heißt es, ist wie ein Auto ohne Stoßdämpfer – bei jedem Schlagloch wird er bis ins Mark erschüttert. Aber wie kann man einem Kind helfen, Sinn für Humor zu entwickeln? Wie lernt es, die komische Seite einer Situation zu erkennen und über sich selbst zu lachen? Indem es andere beobachtet. Wenn eine Familie zusammen Spaß hat, sich gegenseitig lustige Geschichten und Witze erzählt oder einfach zusammen lacht, ist das sicherlich ein guter Ausgangspunkt, um einen Sinn für Humor zu entwickeln. Beim «Kuckuck»-Spiel lernt das jüngere Kind die Konzepte Überraschung und Lachen. Vielleicht entwickelt sich daraus ja ein Fangenspiel durchs Haus. Wenn das Kind älter wird, beobachtet es, wie die Eltern über sich selbst lachen, wenn sie dumme Fehler machen oder einen Witz erzählen. Wenn es andere lachen sieht und ihren Humor beobachtet, entwickelt das Kind mit größerer Wahrscheinlichkeit dieselben Fertigkeiten. Ein Beispiel: Die Mutter kommt von einem Konzertbesuch nach Hause und lacht, weil sie versehentlich einen blauen und einen schwarzen Schuh angezogen hatte, was ihr aber erst am Ende des Abends auffiel, als eine Freundin sie darauf aufmerksam machte. «Weißt du», sagte sie daraufhin lachend zu der Freundin, «ich habe zu Hause noch einmal genau das gleiche Paar!»

Wenn Kinder sehen, wie die anderen in der Familie über ihre Unzulänglichkeiten lachen, lernen sie wahrscheinlich auch, über sich selbst zu lachen, wenn sie eines Tages in einer peinlichen Lage sind. Über solche Situationen zu lachen hilft, den Perfektionismus zu neutralisieren. Manche Eltern versuchen, ihre Schwächen und Fehler vor den Kindern zu verbergen, aus Angst, sie könnten weniger perfekt erscheinen und dadurch an Autorität verlieren. Wenn sie dagegen über sich selbst lachen können, zeigen sie, dass sie diese Fehler akzeptieren; in den Augen ihrer Kinder gewinnen sie dadurch eher an Ansehen.

Fördern Sie heiteren Humor, aber keinen sarkastischen Humor. Sarkasmus kann für die Zielperson sehr verletzend sein und sie dazu animieren, ihrerseits jemanden zu verletzen. Ermutigen Sie Ihr Kind daher zu einer Art von Humor, die niemanden verletzt. Am besten ist es, Humor zunächst nur behutsam einzusetzen, vor allem, wenn Sie keine enge Beziehung zu Ihrem Kind haben.

Stressverstärkern entgegenwirken. Der Stress nimmt zu, wenn das Kind hungrig, müde oder wütend ist oder sich allein fühlt. Verwenden Sie das Akronym HALT: **h**ungry (hungrig), **a**ngry (wütend), **l**onely (einsam) und **t**ired (müde). Es soll Sie, Ihren (Ehe-)Partner und andere Familienmitglieder daran erinnern, dass dem Verhalten des Kindes einer oder mehrere dieser Stressverstärker zugrundeliegen könnten.[53] Bei manchen hochbegabten Kindern kommt es zu einer reaktiven Hypoglykämie, einer Unterzuckerung, bei der der Körper nach «Brennstoff» verlangt, welche Stress verursacht. In der Regel funktionieren diese Kinder bis zum mittleren oder späten Vormittag problemlos. Dann sind sie mit einem Mal emotional überreaktiv und reizbar und stehen unter intensivem Stress. Sobald sie gegessen haben, normalisiert sich das Stressniveau wieder, und sie können über mehrere Stunden hinweg erneut gut funktionieren. Ein gesunder, proteinreicher Snack am mittleren Vormittag und dann wieder am mittleren Nachmittag sorgt dafür, dass das Kind nicht so intensiv reagiert und hilft ihm, klarer zu denken.[54] Kinder, die zu viel koffeinhaltige Getränke oder Junkfood mit einem hohen Zuckergehalt zu sich nehmen, können ganz ähnliche Überreaktionen zeigen. Eltern wissen, dass müde Kinder schneller gestresst sind, und für gewöhnlich kann ein Schläfchen Abhilfe schaffen. Älteren hochbegabten Kindern kann der Einsatz des HALT-Signalwortes helfen, besser auf ihre Bedürfnisse zu achten.

Weitere Coping-Strategien, die Sie mit Ihrem Kind üben können. Es gibt unterschiedliche Arten von Stress und verschiedene Techniken, um dem Stress entgegenzuwirken. Daher ist es sinnvoll, dem Kind mehrere Coping-Strategien an die Hand zu geben, damit es die passende auswählen kann. Wenn Wut und Frustration am Stresserleben beteiligt sind, kann das Kind auf ein Kissen einschlagen, Seiten aus einem alten Telefonbuch oder Katalog herausreißen oder einen Tennisball wiederholt gegen die Wand schmettern und Selbstgespräche oder «Ich-Aussagen» auf das Objekt seines Zorns richten: «Ich bin wütend auf dich, weil du dich immer über mich lustig machst.» Hängt der Stress mit Traurigkeit zusammen, kann es dem Kind helfen, eine CD mit seiner Lieblingsmusik zu hören, einen Spaziergang zu machen oder einer sportlicheren Aktivität wie Joggen oder Radfahren nachzugehen. Wichtig ist, gesunde Ventile für Emotionen zu finden, die in Ihrer Familie gut funktionieren.

Zur Stärkung der Resilienz: Das ABCDE-Modell

Die meisten unserer Empfehlungen zum Stress-Management lassen sich in einem ABCDE-Modell zusammenfassen, das der Psychologe Martin Seligman und seine Kollegen entwickelt haben.[55] Diese grundlegenden Schritte zu übernehmen und zu üben hilft, Stress abzubauen und die Resilienz zu stärken.

A wie «adversity» (Widrigkeit)
Bedenke, dass wir alle Dinge erleben, die uns in Rage bringen und uns Stress bereiten.

B wie «beliefs» (Überzeugungen)
Erkenne, dass wir bestimmte Überzeugungen über uns selbst und die Welt haben; verstehe, was sich in deinem Kopf abspielt (Selbstgespräche), wenn du unangenehmen Dingen ausgesetzt bist. Identifiziere diese Überzeugungen – schließlich sind wir das, was wir denken. Überlege, warum dir das passiert ist. Frage dich: lag es an mir oder nicht? Ist die Situation von Dauer oder wird sie hoffentlich bald vorübergehen? Ist nur ein bestimmter Bereich davon betroffen oder wirkt sie sich auch auf alles andere in meinem Leben aus?

C wie «consequences» (Folgen)
Überlege, was wohl als Nächstes geschehen wird. Was kann schlimmstenfalls passieren? Was kann bestenfalls passieren? Was passiert am wahrscheinlichsten? Wie wahrscheinlich ist jede dieser Folgen?

D wie «disputing» (Hinterfragen)
Stelle deine Überzeugungen in Frage, vor allem, wenn sie irrational und unbegründet sind. Welche Beweise habe ich? Würde ein guter Freund/eine gute Freundin meine Überzeugungen, Vorhersagen und Reaktionen ebenfalls für realistisch halten?

E wie «energizing» (Aktivieren)
Schreite zur Tat, nachdem du deine Überzeugungen geprüft hast. Habe ich etwas Nützliches aus dieser Situation gelernt?

Ein starkes Selbstwertgefühl ist lebenswichtig

Stressmanagement, Selbstachtsamkeit und interpersonale Fertigkeiten sind oft ausschlaggebend dafür, ob ein Kind ein erfolgreiches und gesundes Leben führen wird. Langzeitstudien mit vielen verschiedenen Probanden, die über einen Zeitraum von mehr als 50 Jahren begleitet wurden, haben gezeigt, dass die Art und Weise, wie eine Person mit Stress umgeht, vorhersagt, ob sie ihr Potenzial ausschöpfen wird.[56] Ebenso wie akademische Fähigkeiten lassen sich auch viele Komponenten der Resilienz und des Stressmanagements pflegen.[57] Eltern können Resilienz fördern, indem sie dem Kind vermitteln, dass es in Ordnung ist, anders zu sein als die Norm – oder indem sie akzeptieren, dass ein hochbegabtes Kind eben mitunter ein Viereck ist, dass man nicht in einen Kreis zwängen kann.

Die meisten hochbegabten Kinder mit einem starken Selbstwertgefühl können mit dem Stress umgehen, den sie erleben. Kinder entwickeln Selbstvertrauen und Selbstachtung, wenn ihre Unabhängigkeit, ihre Handlungen, Problemlösungsversuche, ihre Erfolge *und* Niederlagen akzeptiert werden. Mit zunehmender Reife experimentieren sie mit Verhaltensweisen und Überzeugungen. Eltern können Kindern unterschiedliche Sichtweisen aufzeigen und sie dazu ermutigen, ihre eigenen Werte, Prioritäten, Vorstellungen und Überzeugungen zu entwickeln. Ziel ist, Kinder darin zu bestärken, dass sie gute Entscheidungen treffen und ihr eigenes Leben bewältigen können, mit der Gewissheit, dass sie die Fertigkeiten besitzen, die sie dazu brauchen. Wenn Eltern diese Fertigkeiten unterstützen – und wenn Kommunikation und Respekt vorhanden sind – können Stress, emotionale Probleme und Schwierigkeiten in der Familie der Resilienz des Kindes viel weniger anhaben.[58]

Kapitel 7

Idealismus, Unglücklichsein und Depression

Sind Depressionen bei hochbegabten Kindern wahrscheinlicher als bei anderen Kindern? Sind hochbegabte Kinder häufiger unglücklich? Ist das Suizidrisiko bei ihnen größer? Wie kann ein talentiertes Kind so unglücklich und verzweifelt werden, dass es nicht mehr leben will? In gewisser Weise sind hochbegabte Kinder besonderen Arten von Stress ausgesetzt, die sie anfälliger für Unglücklichsein und Depression machen. Zum Glück sind die meisten hochbegabten Kinder jedoch resilient und dazu in der Lage, mit Enttäuschungen umzugehen und mit Stressoren zurechtzukommen. Bedauerlicherweise durchleben manche von ihnen dennoch Zeiten, in denen sie sehr unglücklich und depressiv sind. Diese Kinder sind aufgrund ihres Idealismus und ihrer Vorstellung davon, wie die Dinge sein sollten, oft besonders frustriert.

Eltern können bestimmte Schritte unternehmen, damit ein Kind gar nicht erst depressiv wird oder zumindest keine schwere Depression entwickelt. Abgesehen davon kann eine Depression auch positive Auswirkungen haben, etwa wenn sie zur Triebkraft für bedeutungsvolle Arbeit wird oder dazu beiträgt, dass der Betroffene ein gesundes Maß an Bescheidenheit oder ein tieferes Gespür für Missstände entwickelt.[1] Das hängt davon ab, ob das Kind in der Lage ist, Widerstandsfähigkeit (Resilienz) zu lernen, mit Perfektionismus umzugehen und Stressmanagement-Fertigkeiten zu erwerben, wie sie im vorangehenden Kapitel beschrieben wurden. Ohne diese Coping-Fertigkeiten sind hochbegabte Kinder anfälliger für Angst und Depression, und diese Störungen können sie im Alltag massiv beeinträchtigen. Unglücklichsein und Depression sind keine erfreulichen Themen; es ist aber wichtig, sie zu verstehen, um hochbegabten Kindern Hilfestellung geben zu können.

Wie verbreitet ist Depression?

Depression im Kindesalter wurde lange Zeit für ein seltenes Phänomen gehalten. Inzwischen steht fest, dass Depression auch bei Kindern weit verbreitet ist und immer mehr zunimmt: In den letzten 100 Jahren ist die Häufigkeit in jeder Generation gestiegen, und das nicht nur in den USA, sondern weltweit.[2] Groß angelegte Forschungsstudien haben gezeigt, dass bis zu 2,5 % aller Kinder und bis zu 8,3 % aller Jugendlichen in den Vereinigten Staaten an einer mehr oder weniger starken Depression leiden. Einige Experten schätzen, dass in der Allgemeinbevölkerung bei fast jedem zwanzigsten Kind oder Jugendlichen eine signifikante Depression vorliegt, und die Suizidrate ist in den letzten Jahrzehnten ebenfalls stetig angestiegen.[3] Zwischen 1952 und 1992 hat die Zahl der Suizide unter Jugendlichen und jungen Erwachsenen um annähernd 300 % zugenommen. Zwischen 1980 und 1992 ist die Suizidrate bei Jugendlichen im Alter von 15 bis 19 Jahren um 28 % gestiegen, während sie bei Kindern zwischen 10 und 14 Jahren um 120 % zugenommen hat.[4] Obwohl die Centers for Disease Control and Prevention zwischen 1992 und 2000 insgesamt einen leichten Rückgang der Suizide verzeichnet haben, ist die Rate zwischen 2000 und 2004 relativ stabil geblieben. Im Jahr 2003 lag die Häufigkeit der Suizide bei den 15- bis 24-Jährigen bei 12 bis 14 von 100 000.[5] Eine Zusammenfassung der Centers for Disease Control and Prevention aus dem Jahr 2005 hat gezeigt, dass in den vorangegangenen 12 Monaten fast 17 % der befragten High-School-Schüler ernsthaft einen Suizid in Erwägung gezogen hatten; 13 % hatten einen Plan gemacht, wie sie sich das Leben nehmen wollten, und etwas mehr als 8 % hatten mindestens einmal einen Suizidversuch unternommen.[6] Diese Zahlen sind alarmierend.

Natürlich führt eine Depression nicht grundsätzlich zu Suizid. Aber selbst wenn kein Suizid zu befürchten ist, ziehen wir es vor, dass unsere Kinder überhaupt nicht an Depression leiden. In diesem Kapitel stellen wir Strategien und Ressourcen vor, die positive Schritte in Richtung Prävention und Kontrolle von Depression aufzeigen und Kindern helfen, so glücklich und zufrieden wie möglich zu sein.

Depression und Suizid bei hochbegabten Kindern

Ob hochbegabte Kinder häufiger depressiv sind als Kinder im Allgemeinen, ist umstritten. Manche Fachleute sind der Auffassung, dass hochbegabte Kinder aufgrund ihrer Intensität, ihrer Entfremdungsgefühle und ihres Perfektionismus anfälliger für schwere Depressionen und Suizid sind.[7] Andere Experten meinen, es gäbe keine Forschungsdaten, die darauf schließen lassen, dass hochbegabte Kinder anfälliger für solche Probleme sind als andere Kinder derselben Altersstufe.[8] Obwohl Forschungsstudien zeigen, dass die Wahrscheinlichkeit eines Suizids bei hochbegabten Kindern insgesamt nicht größer ist als bei anderen Kindern, sind manche Fachleute zu dem Schluss gekommen, dass *höchst*begabte Kinder eventuell stärker gefährdet sind.

Diese unterschiedlichen Sichtweisen sind indes keineswegs so widersprüchlich, wie sie auf den ersten Blick erscheinen mögen. Studien, die bei hochbegabten Schülern dieselben oder sogar niedrigere Depressions- und Suizidraten wie bei anderen Schülern gefunden haben, rekrutierten ihre Teilnehmer in der Regel aus Schulprogrammen speziell für hochbegabte Kinder.[9] Solche Förderprogramme werden den Bildungsbedürfnissen dieser Kinder stärker gerecht, was sich wiederum positiv auf ihre Anpassung auswirkt.[10] Im Gegensatz dazu haben Autoren, die bei hochbegabten Kindern häufiger Probleme wie Depression fanden, ihre Daten hauptsächlich in klinischen Settings (Krankenhäusern oder psychiatrischen Kliniken) erhoben, wo Probleme von vornherein wahrscheinlicher waren – schließlich waren die Patienten dort nicht ohne Grund in Behandlung.

Welche dieser Sichtweisen ist nun die «richtige»? Die Wahrheit liegt wahrscheinlich irgendwo dazwischen. Aber selbst wenn hochbegabte Kinder «nur» so häufig an Depression leiden, wie die Allgemeinbevölkerung, ist das ein gewaltiges Problem. Immerhin zeigen etwa 10 % aller hochbegabten Jugendlichen klinisch signifikante Ausprägungen von Depression.[11]

Bei Hochleistern – die nicht unbedingt hochbegabt sein müssen – treten Depression und Suizidgedanken offenbar häufig auf. *Who's Who Among American High School Students* führte bis 2007 jedes Jahr Umfragen unter Hochleistern durch und stellte dabei auch regelmäßig Fragen zu Suizid. Den letzten fünf Berichten ist zu entnehmen, dass 4 % dieser hochleistenden Schüler einen Suizidversuch unternahmen und 25 % Suizidgedanken hatten; 19 % kannten jemanden in ihrem Alter, der einen vollendeten Suizid begangen hatte, und 43 % kannten jemanden in ihrem Alter, der einen Suizidversuch unternommen hatte. Die Umfragen ergaben außerdem, dass die betroffenen Kinder und Jugendlichen nur selten mit ihren Eltern über ihre Suizidgedanken sprachen.[12]

Obwohl unklar ist, wie viel Prozent der hochbegabten Kinder an Depression leiden oder einen Suizidversuch unternehmen, ist es wichtig, herauszufinden, welche hochbegabten Kinder eine Depression entwickeln, welche Faktoren dabei eine Rolle spielen und was wir tun können, um diesen Kindern zu helfen.

Welche hochbegabten Kinder sind gefährdet?

Unabhängig davon, ob ein Kind hochbegabt ist oder nicht, gibt es verschiedene signifikante Risikofaktoren für Depression und Suizid, die alle gut belegt sind. Dazu gehören Perfektionismus, Drogen- und Alkoholmissbrauch, der Verlust eines Angehörigen, ein Familienmitglied oder Freund, der Suizid begangen hat, Homosexualität, die häufige Darstellung von Suizid in den Medien, Impulsivität und Aggressivität sowie der leichte Zugang zu potenziell tödlichen Selbsttötungsmethoden.[13]

Darüber hinaus weisen viele hochbegabte Kinder Merkmale auf, die anscheinend mit Depression im Jugendalter zusammenhängen. Muster von

Perfektionismus, außergewöhnliche Sensibilität, extreme Introversion, Überengagement und Gefühle von Einsamkeit und Entfremdung sind unter hochbegabten Kindern weit verbreitet. All diese Gefühle und Verhaltensweisen hängen mit Depression bei Kindern und Jugendlichen und mit der daraus resultierenden Beschäftigung mit Suizid zusammen.

Aufgrund dieser Merkmale ist das Risiko, dass hochbegabte Kinder eine Depression entwickeln oder Suizid begehen, offenbar größer als bei anderen Kindern. Suizidversuche treten anscheinend häufiger bei jungen Menschen auf, die besonders kreativ und sensibel sind und wettbewerbsintensive und hochselektive Schulen besuchen.[14] Unter den Erwachsenen zeigen Künstler, Schriftsteller und andere kreative Personen sowie hervorragende Wissenschaftler und Mathematiker höhere Suizidraten.[15]

Umweltbedingungen – zum Beispiel die falsche Schule – spielen ebenfalls eine Rolle. So können hochbegabte Kinder eine leichte bis mittelschwere Depression entwickeln, wenn sie eine Schule besuchen, die ihren Bedürfnissen nicht gerecht wird. Die allgemeine Anpassung eines hochbegabten Kindes wird entscheidend dadurch beeinflusst, ob es eine geeignete Schule besucht.[16] Das ist nicht weiter verwunderlich, wenn man bedenkt, dass hochbegabte Kinder bereits 60 bis 75 Prozent des Lernstoffs kennen, der im Laufe eines Schuljahres unterrichtet werden soll, und natürlich wirkt sich das auf die Stimmung des Kindes aus. Mit zunehmender Langeweile und Ungeduld ist das Kind gezwungen, sich kreative – und sozial akzeptable – Mittel und Wege zu suchen, um durchzuhalten und das Beste aus einer Situation zu machen, die für die meisten Erwachsenen unerträglich wäre. Wenn Erwachsene einen Kurs oder Workshop besuchen und bei der ersten Sitzung feststellen, dass sie die Inhalte, die dort behandelt werden, bereits kennen, verlassen sie vermutlich den Unterrichtsraum und suchen sich einen anderen Kurs. Schulkinder können dagegen nicht einfach das Klassenzimmer verlassen, auch wenn sie es gerne täten. Diese Kinder befinden sich in einer Situation, die zumindest leichte Formen von Depression begünstigt, weil sie das Gefühl haben, in der Falle zu sitzen, und glauben, nichts tun zu können, um ihre Lage zu ändern. In diesem Zusammenhang spricht man auch von «erlernter Hilflosigkeit».[17]

Obwohl hochbegabte Kinder klug sind und das Potenzial haben, für sich selbst einzutreten und den meisten Situationen ihre ganz eigenen intellektuellen Anreize abzugewinnen, sind sie immer noch Kinder. Eltern und andere Erwachsene müssen darauf achten, ob das Kind in der Schule genügend gefordert ist, oder ob eine schulische Unterforderung und andere depressionsfördernde Faktoren vorliegen. Nur so können sie dem Kind helfen, diese Probleme zu lösen.[18]

Kritik und Depression

Erwachsene, einschließlich Lehrer, können den Gefühlen und Emotionen hochbegabter Kinder gegenüber sehr unsensibel sein und mit ihrer Kritik übertreiben. Aus ihrer Sicht müssen alle Kinder lernen, Aufgaben zu Ende zu bringen – egal, wie banal sie sind – und das zu tun, was man ihnen sagt. Schließlich, so argumentieren sie, findet ein kluges Kind gewiss Mittel und Wege, um langweilige Zeitabschnitte zu überbrücken, und ein hochbegabtes Kind muss genau wie alle anderen lernen, sich der Autorität der Erwachsenen zu fügen.

Hochbegabte Kinder reagieren oft sehr sensibel auf Kritik, und bestimmte Arten von Kritik rufen erlernte Hilflosigkeit hervor, insbesondere bei Mädchen, die tendenziell anders kritisiert werden als Jungen.[19] Wenn ein Mädchen zum Beispiel Probleme in Mathematik hat, sagen die Erwachsenen oft Dinge wie «Mathe ist nun wirklich nicht dein Ding»; damit wird dem Mädchen suggeriert, dass seine Schwäche in Mathematik angeboren ist und es nicht viel dagegen unternehmen kann. Wenn ein Junge schlechte Leistungen erbringt, heißt es dagegen, er würde nicht genügend lernen oder im Unterricht nicht gut genug aufpassen; diese Art von Kritik suggeriert dem Jungen, dass seine Leistungen nur vorübergehend schlecht sind, und dass er in der Lage ist, bessere Ergebnisse zu erzielen.[20] Wenn die Kritik dem Kind vermittelt, dass es die Situation ohnehin nicht ändern kann, entwickelt es mit größerer Wahrscheinlichkeit ein Gefühl von Hilflosigkeit – und in der Folge auch eine Depression –, als wenn man ihm vermittelt, dass es die Situation selbst in der Hand hat.

Mitunter kritisieren Eltern und Lehrer auch die Verhaltensweisen, die für hochbegabte Kinder kennzeichnend sind und zu ihrer Persönlichkeit gehören. Beispielsweise werfen sie dem Kind vor, es sei zu sensibel, zu intensiv, zu ernst oder zu wissbegierig. Das verstärkende Wort «zu» lässt diese Verhaltensweisen als etwas Negatives erscheinen und wertet das Kind insgesamt ab; dabei sind das schlichtweg die grundlegenden Merkmale der meisten hochbegabten Kinder. Das einschränkende Wort «nur» hat einen ähnlich negativen Effekt: «Du verstehst das nicht; du bist doch *nur* ein Kind» oder «Es ist doch *nur* eine Party; was ist so schlimm daran, dass du nicht eingeladen bist?» Egal, ob «zu» oder «nur» – in beiden Fällen wird dem hochbegabten Kind vermittelt, dass es so, wie es ist, nicht wirklich akzeptabel ist. Wenn sich diese sensiblen Kinder hilflos fühlen und glauben, die Situation oder ihre Gefühle nicht ändern zu können, kann es passieren, dass sie sich zurückziehen und depressiv werden.

Kluge Kinder sind oft übertrieben selbstkritisch, wenn sie mit Problemen oder Umständen konfrontiert sind, von denen sie glauben, dass sie sie nicht ändern können; es frustriert sie, dass sie nicht in der Lage sind, die Situation in Ordnung zu bringen. Dieser Frustration liegen drei Faktoren zugrunde, die zu Depression führen können. Erstens: Intelligent sein bedeutet nicht unbedingt, dass man seine Probleme immer selbst lösen kann, schon gar nicht, wenn man jung und unerfahren ist. Es ist immer einfacher, Lösungen für die Probleme der anderen zu sehen, und das gilt auch für hochbegabte Kinder. Zweitens: Viele hochbegabte Kinder haben noch keine «emotionale Intelligenz» entwickelt, und ihre Bereitschaft, sich Hilfe zu holen, wird dadurch gehemmt, dass sie glauben, sie müssten in der Lage sein, ihre Probleme selbst zu bewältigen, und sie schämen sich dafür, dass sie es nicht schaffen. «Schließlich behaupten doch alle, ich sei so klug.» Drittens: Sie brauchen Übung, um Resilienzfertigkeiten wie Ausdauer, Frustrationstoleranz und eine angemessene Selbstbeurteilung zu entwickeln, wie im vorangehenden Kapitel beschrieben wurde.

Symptome von Depression

Viele Menschen sind überrascht, wenn sie hören, dass auch jüngere Kinder depressiv sein können. Wir stellen uns die Kindheit als eine unbekümmerte Zeit vor, in der Traurigkeit rasch wieder verfliegt und alle Kinder fröhlich und widerstandsfähig sind. Dabei können selbst Kleinkinder und Säuglinge eine Depression entwickeln, die ihre normale Entwicklung beeinträchtigen kann. Depression bei Jugendlichen wird von Erwachsenen oft als eine «Phase» abgetan, die in dieser Altersstufe völlig normal ist und vorübergeht.[21] Tatsächlich kann es schwierig sein, bei Kindern und Teenagern eine echte Depression zu identifizieren, weil frühe Symptome nur schwer zu erkennen sind und häufig anderen Ursachen zugeschrieben werden, etwa dem «negativen» Einfluss von Gleichaltrigen, zu wenig Schlaf oder schlechten Ernährungsgewohnheiten.

Eine Depression ist mehr als die gewöhnliche Traurigkeit oder Verstimmung oder die vorübergehende Trauer, die wir empfinden, wenn wir jemanden verlieren. Wenn eine Depression nicht erkannt und behandelt wird, tritt sie meist immer wieder und in immer kürzeren Abständen auf, und die Symptome verstärken sich. Eine klinische Depression wird definiert als ein mindestens zwei Wochen andauernder Stimmungszustand, bei dem der Betroffene – Kind oder Erwachsener – ein deutlich vermindertes Interesse oder Freude an allen oder fast allen Aktivitäten zeigt. Personen, die an einer Depression leiden, ziehen sich von anderen zurück und haben in der Regel weniger Energie. Interessenminderung, eine verminderte Konzentrations- und Denkfähigkeit sowie Veränderungen des Appetits und des Schlafmusters sind weitere Symptome von Depression.[22]

Manche Symptome sind bei betroffenen Kindern und Erwachsenen ähnlich, andere unterscheiden sich. Depressive Erwachsene haben für gewöhnlich ein intensives Gefühl von Wertlosigkeit, Traurigkeit, Weinerlichkeit, Hoffnungslosigkeit, Hilflosigkeit und allgemeiner Niedergeschlagenheit. Hinzu kommen unangemessene Schuldgefühle und Selbstvorwürfe. Möglicherweise haben sie ein vermehrtes Schlafbedürfnis oder fühlen sich durch ihre Traurigkeit wie gelähmt. Bei depressiven Kindern und Jugendlichen ist die Stimmung dagegen eher reizbar als traurig. Möglicherweise zeigen sie ihre Depression in Form von Wutanfällen oder schlechten Schulleistungen. Manche zeigen Langeweile oder Unruhe, klagen über vage körperliche Beschwerden oder neigen zum Tagträumen. Bei Jungen geht die Depression häufig mit antisozialen, negativen Verhaltensweisen wie Aggression, Pöbelei, Unruhe, Schmollen sowie verschiedenen Schulproblemen und Drogen- oder Alkoholmissbrauch einher. Oft treten sie bei der Schulleitung in Erscheinung, bevor man sie an einen Berater oder Psychologen überweist. Depressive Mädchen ziehen sich dagegen eher zurück, werden still und nehmen nicht mehr am Unterricht teil. Da Mädchen in unserer Gesellschaft häufig dazu erzogen werden, still und willfährig zu sein, werden die Ursachen für ihr Verhalten bedauerlicherweise oft nicht erkannt, und sie geraten aus dem Blickfeld, es sei denn, sie wurden zu Hause dazu ermutigt, sich mitzuteilen.[23]

Welches Oberflächenverhalten die Betroffenen auch zeigen, die meisten fühlen sich innerlich verletzt, zornig, aber auch hilflos. Obwohl sie mit ihrer gegenwärtigen Lebenssituation unzufrieden sind, fühlen sie sich machtlos und außerstande, die notwendigen Veränderungen vorzunehmen. Im Allgemeinen sind sie ganz auf sich selbst konzentriert. Ihre Selbstgespräche kreisen um ihre Hoffnungslosigkeit, und sie scheinen nicht die erforderliche Energie aufzubringen, um ihre Probleme auf konstruktive Weise in Angriff zu nehmen. Menschen, die in einer derart schweren Depression gefangen sind, beschreiben ihre Gefühle als vage, schwer fassbar, diffus und zeitlos, als sei die Depression schon immer da gewesen und als würde sie für immer da sein. Manche depressive Heranwachsende empfinden eine solche Enttäuschung über sich selbst und die Welt, dass sie sich an Armen oder Beinen ritzen, um sich zu bestrafen oder um sich «lebendig» zu fühlen; ohne den Schmerz fühlen sie sich wie tot. Andere suchen in waghalsigen Aktionen einen Adrenalin-Kick oder flüchten sich in Drogen und Alkohol.[24] Und manche beschließen, ihrem Schmerz endgültig ein Ende zu bereiten, indem sie sich das Leben nehmen.

Eine Depression zu überwinden, kann schwierig sein, und es ist auf jeden Fall besser, vorbeugende Maßnahmen zu ergreifen, damit es gar nicht erst zu einer Depression kommt. Es gibt stichhaltige Hinweise dafür, dass

Kinder lernen können, einer Depression vorzubeugen, sie in Schach zu halten oder zu überwinden und ein optimistischeres Leben zu führen.[25]

Depression vorbeugen

Auf die richtige Balance kommt es an. Drangsalieren Sie ein Kind nicht mit Erfolgsansprüchen; geben Sie ihm stattdessen die Gelegenheit, schrittweise immer anspruchsvollere Aufgaben zu bewältigen. Je erfolgreicher und kompetenter sich Kinder fühlen, desto geringer ist die Wahrscheinlichkeit, dass sie sich passiv, hilflos und pessimistisch fühlen, wenn sie mit einer schwierigen Situation konfrontiert werden. Wie es der Autor Richard Paul Evans bei einer Tagung der National Association for Gifted Children formuliert hat, «Wir sind nicht *trotz* unserer Herausforderungen und Schwierigkeiten erfolgreich, sondern *wegen* ihnen.»[26]

Wenn ein Kind schon früh – am besten noch in der Vorschule – die Erfahrung macht, dass es Dinge bewältigen kann, trägt das dazu bei, erlernter Hilflosigkeit vorzubeugen und Optimismus zu fördern. Optimismus spielt eine wichtige Rolle dabei, wie Menschen mit widrigen Situationen und Schwierigkeiten umgehen.[27] Zu lernen, wie man die Schuhe bindet oder ein Hemd zuknöpft, erfordert Zeit und Mühe, aber die Bewältigung dieser Aufgabe stärkt das Selbstvertrauen. Erfindungen wie Klettverschlüsse oder Slipper ohne Schnürsenkel machen das Leben zwar einfacher, bieten aber auch weniger Gelegenheiten für Herausforderungen. Taschenrechner und Computerprogramme, die die Rechtschreibung kontrollieren, haben die Notwendigkeit herabgesetzt, Rechen- und Rechtschreibfertigkeiten zu erwerben. Eltern müssen nach Orten Ausschau halten, wo Kinder Ausdauer lernen und altersgerechte Herausforderungen bewältigen können, die Optimismus und Widerstandsfähigkeit fördern. Erfolg fördert eine positive Einstellung und Optimismus für die nächste Aufgabe. Kinder müssen Erfolge erleben, die auf Anstrengung beruhen, und angesichts der vielen neuen Herausforderungen lernen, am Ball zu bleiben.

Vererbung und Umwelt

Immer mehr überzeugende Hinweise sprechen dafür, dass die genetische Veranlagung bei Optimismus und Pessimismus, ja sogar bei Depression eine Rolle spielt.[28] Ebenso viele plausible Hinweise stützen jedoch die These, dass Depression damit zusammenhängt, wie man mit Lebensereignissen – dem Verlust eines geliebten Menschen, einem Trauma, dem Gefühl von Hilflosigkeit, einem geringen Selbstwertgefühl aufgrund von Kritik und Ablehnung – umgeht, und dass dieser Umgang erlernt ist. In den meisten Fällen ist eine Depression wahrscheinlich auf beides zurückzuführen – genetische Veranlagung und Umwelteinflüsse.

Dass Depression bei Kindern über die vergangenen Generationen hinweg zugenommen hat, scheint mit Ereignissen innerhalb der Gesellschaft und der Familie zusammenzuhängen.[29] Seit langem ist bekannt, dass körperlicher oder sexueller Missbrauch die Depressionsanfälligkeit von Kindern sehr stark erhöht, ebenso der Tod der Mutter.[30] Bei Kindern aus Familien mit langandauernden Auseinandersetzungen – Streit, Trennung oder Scheidung – besteht ebenfalls ein Risiko für Depression. Es gibt aber noch andere Faktoren. In unserer hochmobilen Gesellschaft ziehen Familien häufiger um.[31] Die Folge ist, dass Verwandte – Großeltern, Tanten, Onkel oder Cousins und Cousinen – kein unterstützendes System mehr darstellen, sondern oft regelrecht Fremde für die Kinder sind.[32] Das bedeutet, dass die Kinder weniger Rollenmodelle für den Umgang mit Schwierigkeiten im Leben haben. Immer mehr Familien werden durch Scheidung auseinandergerissen. Aber auch in intakten Familien sind meist beide Eltern berufstätig, und die Kinder verbringen oft mehr Zeit in Tagesstätten als zu Hause. Das moderne Leben lässt vielen Familien nur wenig Zeit, um Beziehungen zu Freunden und Nachbarn zu pflegen, die ihnen ein Gefühl von Zugehörigkeit geben könnten. Heutzutage ist ein vertrauensvolles Verhältnis zu den Nachbarn eher selten. Eine zunehmende Entfremdung und das Gefühl, allein auf der Welt zu sein, kann zu Depression führen. Die Anonymität, der Materialismus und die hohe Mobilität in der westlichen Gesellschaft scheinen das Selbstwertgefühl der Menschen zu verringern und Entfremdung und Depression zu begünstigen.[33]

Wohlmeinende Eltern und Erziehungsansätze haben ebenfalls zu dem Problem beigetragen. Die Erwachsenen sind bemüht, die Selbstwertschätzung der Kinder zu fördern und überschütten sie daher für jede auch noch so unbedeutende Leistung mit Lob, was unaufrichtig, unangemessen und geradezu heuchlerisch sein kann. Auf diese Weise bringen die Erwachsenen die Kinder ungewollt um die befriedigende Erfahrung, wirklich herausfordernde Aufgaben erfolgreich zu bewältigen. Stattdessen lernen die Kinder, dass sie ständig gelobt werden, egal, ob ein solches Lob angemessen ist oder nicht, und sie lernen, dass die Kommentare der anderen nicht immer zutreffend sind. Diese Kinder haben keine Gelegenheit, die Resilienz zu entwickeln, die sie für künftige Herausforderungen bräuchten. Eine aufrichtige Beurteilung und ein ehrlicher Wettbewerb sind somit ausgeschlossen. Mehr noch, wenn das Kind sich in angemessener Weise anstrengt, findet dieses Verhalten keine gültige Verstärkung, weil sie sich in all dem unaufrichtigen oder übertriebenen Lob verliert. Der Psychologe Martin Seligman hat darauf hingewiesen, dass Eltern und Lehrer die Depressionsanfälligkeit von Kindern erhöhen, indem sie das, was das Kind *empfindet* (sprich, sein Selbstwertgefühl), überbetonen und zu wenig Gewicht darauf legen, was das Kind *tut* (Ausdauer zeigen, Aufgaben bewältigen, mit Frustration und Langeweile zurechtkommen und Herausforderungen begegnen).[34]

Weitere Ursachen von Depression

Abgesehen von der rein genetisch bedingten Depression, die eher selten ist, lässt sich Depression bei hochbegabten Kindern auf einen oder mehrere der folgenden vier Zustände zurückführen: (1) Verlust und Trauer; (2) enttäuschter Idealismus; (3) zwischenmenschliche Entfremdung; oder (4) ein Gefühl von existenziellem Alleinsein. Es können auch Aspekte aller vier Zustände bei einem Kind vorhanden sein. Diese Faktoren können bei allen depressiven Kindern eine Rolle spielen; bei hochbegabten Kindern sind sie jedoch wahrscheinlicher und oftmals auch intensiver.

Verlust und Trauer. Wir alle durchleben Phasen des Kummers und der Trauer, in denen wir vorübergehend unglücklich sind. Wir sind niedergeschlagen und fühlen uns traurig und leer, weil wir jemanden oder etwas verloren haben, an dem uns sehr viel lag.

Wie Judith Viorst in ihrem Buch *Mut zur Trennung: Menschliche Verluste, die das Leben sinnvoll machen* betont, ist Verlust ein wesentliches Thema im Leben eines jeden Menschen; allerdings, so die Autorin, macht die Auseinandersetzung mit diesem Thema auch deutlich, dass die Erfahrung von Verlust und Trauer untrennbar mit Entwicklung und Wachstum verknüpft ist.[35] Hochbegabte Kinder und Erwachsene reagieren auf Verluste meist mit starken Emotionen, ob es sich um den Tod eines geliebten Menschen, eine Scheidung oder eine zerbrochene Freundschaft oder Liebesbeziehung handelt. Da sie sich mit großer Leidenschaft in die Beziehungen zu anderen einbringen, empfinden hochbegabte Menschen den Verlust und die daraus resultierende Trauer intensiver. Aber wie wir alle wachsen und reifen auch sie an ihren Verlusten; wir wachsen daran, dass wir loslassen und nach vorn schauen. Wichtig ist, wie wir lernen, mit Verlust und der damit einhergehenden Trauer, Traurigkeit und Wut umzugehen.

Idealismus, Perfektionismus und Enttäuschung. Hochbegabte Kinder sind häufig von sich selbst enttäuscht, wenn sie den unrealistisch hohen Standards nicht gerecht werden, die sie sich selbst im Bezug auf Leistung, Moral oder andere Werte setzen. Auch das kann zu Depression führen. Wie es ein hochbegabter Teenager formuliert hat: «Wenn ich etwas nicht perfekt hinbekomme, ist das, als würde die Welt untergehen. Ich kenne niemanden, dem es genauso geht. Die anderen können machen, was sie wollen, und sind trotzdem zufrieden.»[36] Ein anderer hochbegabter Jugendlicher hat das folgendermaßen beschrieben: «Ich mache mir zu viele Gedanken. Ich habe Angst, meine Talente zu verlieren und durchschnittlich zu werden. Ich mache mir Gedanken über meine verlorene Kindheit und über die Gelegenheiten, die ich verpasst habe. [...] Ich mache mir Sorgen darüber, dass ich ausbrenne oder mich zu sehr auf einen Bereich spezialisiere. Ich denke darüber nach, wie erfolgreich ich im Berufsleben sein werde, und ob mich meine Kollegen akzeptieren werden – und ob man mich jetzt akzeptiert.»[37]

Hochbegabte Kinder haben hohe Ideale. In Verbindung mit ihrem Eifer und ihrer Intensität können sich diese Ideale leicht zu Perfektionismus entwickeln. Wie in Kapitel 6 erwähnt, sind manche hochbegabte Kinder davon überzeugt, dass ihre Leistungen nur dann akzeptabel sind, wenn sie perfekt sind, und folglich setzen sie sich unerreichbare Ziele. Selbst wenn sie Fortschritte in Richtung Ziel machen, konzentrieren sie sich nur darauf, wie weit sie noch vom Ziel entfernt sind. Ihr Perfektionismus führt oft zu sozialen und emotionalen Problemen und ist außerdem Bestandteil der klinischen Depression.[38]

Idealismus in Verbindung mit einer ungleichmäßigen oder asynchronen Entwicklung kann unerfüllte Erwartungen mit sich bringen, die dann zu Zynismus und Depression führen. Unter Umständen wollen hochbegabte Kinder auf allen Gebieten gleich gut sein und sind enttäuscht, wenn das nicht der Fall ist. Wenn die Fähigkeitsspanne so groß ist, dass das Kind als lernbeeinträchtigt gilt, ist eine intensive Selbstenttäuschung noch wahrscheinlicher. Ein hochbegabtes Kind mit einer spezifischen Lernstörung ist fast immer allgemein von sich enttäuscht und leidet häufig an geringem Selbstwertgefühl und Depression.[39]

Zwischenmenschliche Entfremdung. Viele hochbegabte Kinder neigen zu sozialer Introversion.[40] Die höchstbegabten unter ihnen legen Wert darauf, viel Zeit für sich zu verbringen, um sich ganz ihren leidenschaftlichen Interessen widmen zu können. Häufig bevorzugen sie Aktivitäten, die sie allein oder höchstens mit *einer* anderen Person ausüben können, zum Beispiel Lesen, Schachspielen, etwas aus Legosteinen bauen oder Musik machen/hören. Sie profitieren von der Zeit, die sie allein verbringen, um ihre Talente zu entwickeln (ein Merkmal von talentierten Individuen, die als Erwachsene herausragende oder berühmte Persönlichkeiten werden); es ist aber eher unwahrscheinlich, dass sie auf diese Weise ein unterstützendes System von Gleichaltrigen aufbauen.[41]

Angesichts ihres Intellekts, ihrer Sensibilität und Intensität haben hochbegabte Kinder oft schon früh im Leben das Gefühl, anders zu sein. Manchmal fühlen sie sich allein in einer Welt, deren Ansichten und Werte ihnen oberflächlich erscheinen. Im Kindergarten und in der Grundschule sind sie häufig frustriert, weil ihre Klassenkameraden so simple Interessen haben und langsamer lernen. Ein 14-jähriger Junge hat das so beschrieben: «Ich habe mich immer irgendwie anders gefühlt – so, als sei ich fehl am Platz oder als hätte ich in dieser Welt nichts verloren. Ich weiß noch, wie verblüfft und enttäuscht ich an meinem ersten Schultag war, weil mir alles so anspruchslos vorkam. Ich hatte den Eindruck, dass meine Lehrer nicht kompetent genug und nicht ausreichend qualifiziert waren.»[42] Wenn solche Kinder heranwachsen, wird ihnen schmerzhaft bewusst, wie sehr die Gesellschaft von Mittelmäßigkeit beherrscht wird. Als junge Erwachsene haben sie oft das Gefühl, völlig andere Interessen und Werte zu haben als die anderen.

Früher oder später stellen diese Gefühle für hochbegabte Kinder fast immer ein Problem dar, vor allem, wenn sie höchstbegabt oder außerordentlich hochbegabt oder extravertiert sind. Manchen dieser Kinder fällt es schwer, Gleichaltrige zu finden, die ihre Interessen teilen oder die ebenso rasch und tiefgründig denken wie sie. Obwohl die Kinder in den meisten Schulen eine äußerst heterogene Gruppe bilden, haben hochbegabte Kinder oft das Gefühl, dass man sie nicht wertschätzt, dass sie nicht dazugehören oder ausgestoßen werden, vor allem, wenn sie gehänselt oder gemobbt werden. In solchen Fällen flüchten sich die Kinder vorübergehend in ihre eigene Gedankenwelt oder in Aktivitäten, für die sie niemand anderen brauchen.

Natürlich kann es allen Kindern passieren, dass sie sich allein oder entfremdet fühlen, wenn sie in der Schule oder zu Hause nicht respektiert, geschätzt oder unterstützt werden. In manchen Familien oder Schulen gibt es Muster, mit denen hochbegabte Kinder einfach nicht zurechtkommen und die ihnen sogar schaden können, etwa wenn Kritik an der Tagesordnung ist oder die Erwachsenen einen übertriebenen Leistungsdruck auf das Kind ausüben. In einer solchen Umgebung kommt das Kind irgendwann zu dem Schluss, dass die anderen es nur als Leistungsträger, nicht aber als Mensch akzeptieren.

Wenn sie sich als Individuum nicht wertgeschätzt fühlen, versuchen Kinder auf unterschiedliche Weise, mit ihren Entfremdungsgefühlen und ihrer Depression umzugehen. Viele flüchten sich in eine Fantasiewelt und in Tagträume, die meist viel erfreulicher sind als die reale Welt um sie herum. Bei anderen dringen Traurigkeit und Sorgen so häufig in ihre Gedanken ein, dass sie und die Erwachsenen in ihrer Umgebung sich fragen, ob sie an einer Aufmerksamkeitsstörung leiden.

Hochbegabte Kinder können eine Fassade errichten, hinter der sie ihre Depression verbergen. Oft lassen sie nur oberflächlich Eigenschaften durchscheinen, von denen sie glauben, dass andere sie akzeptieren, etwa ihre körperliche Attraktivität, ihre Sportlichkeit oder ihre Begabung, Witze zu erzählen. Aber Beziehungen, die auf Oberflächlichkeit aufbauen, sind selten befriedigend oder von Dauer. Manche hochbegabte Kinder werden regelrecht süchtig nach Anerkennung von außen, etwa nach Auszeichnungen und Preisen. Wenn sie diese Anerkennung verlieren – und früher oder später ist das zwangsläufig der Fall – beginnen sie, an sich selbst zu zweifeln und fallen in eine ernste Depression. Andere versuchen, ihre Isolation und Depression durch Aktivitäten zu «therapieren», die ihnen einen Adrenalin-Kick verschaffen, oder sie greifen zu Alkohol und Drogen. Oft glauben sie, «klug genug» zu sein, um mit solchen Substanzen umgehen zu können. Obwohl solche Strategien vorübergehend Erleichterung verschaffen und den Schmerz lindern können, bringen sie in der Regel keine dauerhaften positiven Effekte hervor.

Existenzielle Fragen. Idealismus und Alleinsein können bei hochbegabten Kindern und Jugendlichen zu einer «existenziellen Depression» führen, die am häufigsten bei denjenigen auftritt, die ganz besonders klug sind.[43] Diese Art von Depression ist nicht situationsgebunden, das heißt, sie geht nicht einfach wieder vorüber, nachdem sie aufgetreten ist. Sind die existenziellen Fragen erst einmal ins Bewusstsein der betroffenen Person vorgedrungen, muss sie sich ständig damit auseinandersetzen. Sie kann nicht einfach an den Punkt zurückkehren, an dem sie diese Fragen noch nicht beschäftigt haben. Nach dem Motto «Nichts kann rückgängig gemacht werden, was einmal gedacht wurde». Diese Kinder müssen daraufhin lernen, ein Leben lang mit diesem Problem zurechtzukommen.[44]

Zu den existenziellen Fragen gehören die großen humanitären Probleme dieser Welt, etwa Krieg, Armut, Hunger und der Klimawandel, aber auch

Unaufrichtigkeit und Grausamkeit. Hochbegabte Kinder setzen sich oft schon sehr früh und sehr intensiv mit diesen Fragen auseinander. Warum existieren diese Probleme? Und es muss doch einen Weg geben, um sie zu lösen. Wenn ein jüngeres hochbegabtes Kind Ihnen seine drei größten Wünsche aufzählen soll, hat mindestens einer davon mit der Lösung dieser großen Probleme zu tun. Den Kindern wird rasch klar, dass offenbar kaum ein Erwachsener so besorgt über diese Dinge ist, wie sie selbst, und sie fühlen sich machtlos, weil sie nichts tun können, um die Welt zu retten. Das Kind hat den Eindruck, als würden die Menschen in seiner Umgebung – nicht nur die Gleichaltrigen, sondern auch Lehrer, Eltern, Politiker und all jene, die maßgebend sind – nur oberflächlich über diese Fragen nachdenken. Das hochbegabte Kind stellt sich vor, wie die Welt sein sollte, und es bereitet ihm Kummer, dass so wenige Menschen seine Ideale und Vorstellungen teilen, obwohl die Lösungen für viele Probleme doch so einfach und so offensichtlich erscheinen. Die Erwachsenen spenden zum Beispiel für einen guten Zweck und sind stolz darauf, aber das hochbegabte Kind denkt: «Du gibst zwar Geld, aber was *tust* du gegen das Problem?» Aus der Sicht des Kindes sind all jene, die Macht haben, träge, irrational, heuchlerisch oder schlichtweg dumm. Die Welt, so scheint es, liegt in den Händen von Erwachsenen, die nicht kompetent genug sind, um ihre Geschicke zu lenken.

Je stärker sie der Heuchelei, Inkonsequenz, Ignoranz und des mangelnden Bewusstseins um sie herum gewahr werden, umso mehr macht diesen Kindern die Frage zu schaffen, ob menschliche Werte nicht rein situationsgebunden und willkürlich sind. Da sie sich mit ihren Sorgen allein und unverstanden fühlen, fragen sie sich, ob ihr Dasein überhaupt irgendeinen Sinn hat. «Wie kann ich, wo ich doch nur ein Kind bin, in so einer verrückten Welt etwas bewirken?» oder «Hat mein Leben einen Sinn?» Diese Beschäftigung mit den Grundfragen des menschlichen Daseins – Freiheit, Isolation, Tod und Sinnlosigkeit – kann bei einem hochbegabten Kind auch Zweifel wecken, ob es überhaupt erstrebenswert ist, in einer Welt zu leben, in der es sich fremd fühlt. Der Gedanke, dass es aufgrund seiner herausragenden Fähigkeiten und Talente persönlich dafür verantwortlich ist, eine bessere Welt zu schaffen – zweifellos eine überwältigende Aufgabe –, kann das Kind regelrecht erdrücken.

Wenn sich ein Kind in den Kopf gesetzt hat, dass es für die Menschheit verantwortlich ist, führt das unweigerlich zu Traurigkeit, Wut, Hilflosigkeit und Depression. Diesen Kindern muss geholfen werden, damit sie überleben und ihres Lebens froh werden. Dazu ist es wichtig, (1) dass sie erkennen, dass es jemanden gibt, der ihre Gefühle vollauf versteht; (2) dass sie merken, dass andere ihre Ideale teilen und sie nicht allein sind; und (3) dass sie sich anderen Idealisten anschließen, die sich dafür einsetzen, die Dinge zum Besseren zu wenden, und die tatsächlich etwas erreichen. Nur wenn diese Kinder einen Sinn in ihrem Leben und in ihren Beziehungen zu anderen finden, gelangen sie auch zu der Überzeugung, dass sie in diese Welt gehören. Familie, Freunde und Mentoren können diesen Kindern dabei helfen, Möglichkeiten zu entdecken, um ihrem Leben einen Sinn zu geben und eine Lebensperspektive zu entwickeln, die ein realistisches Maß an Zufriedenheit verheißt.

Manche Eltern berichten, dass ihre Kinder von ehrenamtlichen Tätigkeiten bei Organisationen profitieren, die sich für gesellschaftliche Belange einsetzen. Da die meisten sozial engagierten Menschen Idealisten sind, können hochbegabte Kinder in einer solchen Umgebung eher ein Gefühl der Verbundenheit entwickeln, Unterstützung und Ermutigung finden und ihrem Leben einen Sinn verleihen, indem sie sich für eine gute Sache einsetzen und anderen helfen. Auf diese Weise bekommt das Kind ein Gefühl von persönlicher Kontrolle; es kann konkrete Aufgaben übernehmen und so ein positives Ventil für seinen Idealismus finden. Dabei ist es nicht so wichtig, ob es in einer Suppenküche mithilft oder Senioren in einem Altenheim vorliest – entscheidend ist, dass das Kind mit Menschen zusammenkommt, die ähnlich empfinden und ebenso engagiert sind.

Viele Erwachsene, die eine Midlife-Crisis durchleben, setzen sich ebenfalls mit existenziellen Fragen auseinander. Sie machen sich zum Beispiel Gedanken darüber, ob «das nun alles gewesen sein soll» oder ob sie mehr aus ihrem Leben hätten machen können; oder sie fragen sich, worin der Sinn des Lebens besteht. Für Erwachsene ist es schon schwierig genug, sich mit diesen Fragen zu befassen; stellen Sie sich vor, wie belastend das erst für ein zwölfjähriges hochbegabtes Kind sein muss, das obendrein noch jeden Tag «Streber» oder «Spinner» genannt wird.[45]

Depression und Zorn

Die vier Arten von Depression, die hier beschrieben wurden, haben eine gemeinsame Grundlage: ihnen allen liegen Gefühle des Zorns zugrunde. Das Kind ist entweder wütend auf sich selbst oder auf eine Situation, möglicherweise sogar auf das Schicksal; auf jeden Fall ist es zornig. Dieser Zorn geht mit einem Gefühl der Hilflosigkeit einher: Das Kind fühlt sich unfähig, sich selbst oder die Situation, in der es sich befindet, zu ändern.

Wenn sie ihren Zorn gegen sich selbst richten, greifen diese Kinder zur Selbstbestrafung, um für ihre vermeintlichen Unzulänglichkeiten zu sühnen. Das ist vor allem dann der Fall, wenn sie sehr kritisch erzogen wurden. Wenn sie Perfektionisten sind, führen sie zornige Selbstgespräche, in denen sie ihre Fehler oder ihr Scheitern betonen. Vielleicht glauben sie auch, dass es falsch ist, zornig zu sein, und versuchen, diese Gefühle zu leugnen und so zu tun, als seien sie nicht wütend. Manche verlegen sich auf eine gefährliche Selbstbestrafung, etwa indem sie sich schlagen oder ritzen.

Andere Kinder sind auf andere Menschen oder auf eine Situation wütend, fühlen sich aber hilflos und unfähig, das, was sie wütend macht, zu beeinflussen. Sie erkennen, dass ihr Zorn unwirksam ist und ihnen nicht dabei hilft, etwas zu ändern. Sie glauben, dass niemand ihren Zorn verstehen oder akzeptieren wird, oder sie fühlen sich schuldig, weil sie so empfinden. Bei der existenziellen Depression richtet sich der Zorn – der regelrecht zur Raserei werden kann – gegen die Ungerechtigkeiten des Lebens. Kinder, aber auch Erwachsene mit einer existenziellen Depression haben das Gefühl, in einer absurden und bedeutungslosen Welt zu leben, die anders sein *müsste*. Sie sind zornig, weil sie sich machtlos fühlen. Sie glauben, dass sie in dieser Welt nichts ausrichten können und dass sie die einzigen sind, die sich über diese Dinge Gedanken machen, weil die anderen nicht den Eindruck erwecken, als seien sie deswegen betrübt.

Zorn und Frustration sind Gefühle, die wir alle von Zeit zu Zeit empfinden. Es ist wichtig, zu verstehen, wie Depression und Zorn miteinander zusammenhängen, weil wir daraus Strategien ableiten können, um die Depression zu lindern. Die meisten Menschen haben gesellschaftlich akzeptable Ausdrucksmöglichkeiten für ihren Zorn entwickelt und wissen, wie sie damit umgehen können. Wenn der Zorn richtig kanalisiert wird, kann er ein wichtiger Antrieb sein, der uns dazu bringt, aktiv zu werden und die Situation in Angriff zu nehmen. Die Depression dagegen ist passiv und einschränkend. Eine Person, die ihren Zorn leugnet, ist anfälliger für eine Depression, bei der sie anderen die Schuld zuschreibt, in Selbstmitleid versinkt und darüber grübelt, wie schrecklich die Situation ist oder wie unwirksam und fürchterlich sie selbst oder die anderen sind.

Depression ist das, was man an der Oberfläche sieht, aber dahinter verbirgt sich immer Zorn. Ein altes Sprichwort lautet: «Unter dem Zorn liegt immer der Schmerz verborgen». Dasselbe gilt für die Depression, die immer auch Ausdruck von Zorn ist.

Obwohl Zorn Energie freisetzt, möchten wir Ihnen keinesfalls nahelegen, Ihrem Kind unkontrollierte Wutausbrüche zu gestatten. Solche Anfälle sind nicht hilfreich, und die anderen werden das Kind meiden, wenn es seine Wut auf diese Weise auslebt. Mit etwas Unterstützung durch einen fürsorglichen Erwachsenen kann das Kind lernen, seinen Zorn in sinnvolle Bahnen zu lenken, die ihm ein Gefühl von Kontrolle – anstelle von Hilflosigkeit – geben und ihm helfen, die Situation effektiv zu bewältigen. Zwar kann es mitunter schwierig sein, das Verhalten eines Kindes zu lenken, wenn es deprimiert oder zornig ist; aber es ist möglich, vor allem, wenn Sie eine starke Beziehung zu Ihrem Kind aufgebaut haben. Weiter unten werden verschiedene Möglichkeiten beschrieben, wie man Depression in angemessenen, nützlichen Zorn und Selbstbehauptung verwandeln kann.

Selbstenttäuschung

Viele Menschen betreiben eine Art psychische Selbstbestrafung, wenn sie von sich selbst enttäuscht sind. Bei hochbegabten Kindern ist das besonders wahrscheinlich, wenn sie unangemessen hohe Anforderungen an sich stellen oder in irrationalen Überzeugungen gefangen sind, wie im vorangehenden Kapitel beschrieben wurde. Sie denken «Ich sollte aber in der Lage sein, das zu schaffen» oder «Ich muss perfekt sein.» Zornige Selbstgespräche, die solche irrationalen Überzeugungen begünstigen, können Gedanken wie diese beinhalten: «Ich bin wirklich ein schlechter Mensch», «Ich hätte anders handeln (oder reagieren) sollen», «Wahrscheinlich werde ich niemals der gute (mitfühlende, großzügige, vollkommene) Mensch sein, der ich gern wäre», «Ich habe mich selbst und andere im Stich gelassen» oder «Ich sollte ganz still sein und mich irgendwo verkriechen.» Jeder hat das Recht, hin und wieder von sich selbst enttäuscht zu sein, und eine sorgfältige Selbstreflexion und Selbstbeurteilung kann mitunter hilfreich sein und dazu beitragen, dass man sich weiterentwickelt. Problematisch wird es erst, wenn ein hochbegabtes Kind zu lange in seinem übertriebenen Zorn auf sich selbst verharrt und Selbstgespräche in Form von «Ich bin ein schlechter Mensch» andauern, denn das kann zu einer Depression führen.

Einem depressiven Kind helfen

Zum Glück können Familien viel tun, um die Resilienz eines Kindes zu stärken und das Risiko einer schweren Depression zu verringern.[46] Eine Depression kann behandelt und modifiziert werden. Dabei können die folgenden acht Leitlinien für Eltern und Lehrer helfen.[47]

Achten Sie darauf, wie lange das Kind schon depressiv ist. Häufig hält die depressive Stimmung nur ein paar Stunden oder Tage an. Wenn sie länger als ein paar Tage andauert und immer wieder auftritt, sollten Eltern professionellen Rat einholen. Wichtig ist, die Depression nicht als eine «Phase» abzutun.

Hören Sie dem Kind zu. Das ist ein extrem wichtiger Punkt. Wenn Eltern und Lehrer dem Kind nicht zuhören, suggerieren sie ihm, dass seine Probleme es nicht wert sind, sich damit zu beschäftigen. Das Letzte, was ein depressives Kind gebrauchen kann, ist ein weiterer Angriff auf sein Selbstwertgefühl. Es geht schon hart genug mit sich selbst ins Gericht. Es mag schwierig sein, Ihr depressives Kind dazu zu bringen, sich Ihnen zu öffnen. Wahrscheinlich müssen Sie Ihre Hilfsbereitschaft und Ihre Besorgnis noch stärker als sonst zum Ausdruck bringen und dem Kind deutlich machen, dass Sie ihm dabei helfen wollen, seinen Kummer zu überwinden und ein möglichst freudvolles Leben zu führen.

Akzeptieren Sie seinen Kummer. Versuchen Sie sich vorzustellen, wie die Depression und der zugrundeliegende Zorn aus der Sicht des Kindes erscheinen. Manchmal ist es der Verlust einer konkreten Sache (zum Beispiel der vertrauten Schule, weil die Familie umgezogen ist, oder der Tod eines geliebten Haustiers), der zu Trauer und Depression geführt hat. Es kann aber auch der Verlust von etwas sein, das nicht greifbar ist, etwa der Verlust einer Freundschaft, von gegenseitigem Vertrauen, von Selbstwertschätzung oder von einer bestimmten schützenden Naivität. Verluste führen uns immer auch die Vergänglichkeit des Lebens vor Augen und machen uns bewusst, dass die Dinge unbeständig sind; das führt zu Stress und Krisen. Auf der anderen Seite sind Verluste entscheidend für Entwicklung und Wachstum.[48]

Achten Sie darauf, dass Sie die Intensität der Gefühle Ihres Kindes nicht herabmindern. Sagen Sie nicht «So solltest du nicht empfinden» und versuchen Sie nicht, dem Kind seinen Kummer und seine Depression «auszureden», indem Sie ihm klarmachen, dass es keinen Grund hat, sich so zu fühlen. Damit würden Sie dem Kind lediglich das Gefühl geben, dass Sie keinen Respekt vor seinen Empfindungen und vor ihm als Person haben. Denken Sie daran, dass das Kind seine Gefühle als sehr real und schmerzvoll erlebt. Wenn Sie ihm vermitteln, dass diese Gefühle falsch sind, verstärkt das nur seine Selbstverachtung.

Versuchen Sie auch nicht, dem Kind darzulegen, wie wunderbar es doch ist. Es wird Ihnen bestimmt Gründe nennen, warum das nicht so ist. Wenn Sie es darauf hinweisen, dass es doch viele Freunde, Erfolge und positive Eigenschaften hat, wird es Ihre Kommentare als irrelevant abtun. Der Versuch, ein depressives Kind mit logischen Argumenten zu überzeugen, ist in der Regel sinnlos. Manche Eltern setzen diese Strategie ein, weil sie zu funktionieren *scheint*. Aber alles, was Sie damit erreichen ist, dass das Kind aufhört, über seine negativen Gefühle zu sprechen. Tatsächlich können die Kommentare der Eltern das Entfremdungsgefühl des Kindes zementieren: «Niemand», so wird das Kind denken «versteht mich oder glaubt mir, nicht einmal meine Eltern.» Schmerz und Kummer halten an, und die Depression verschlimmert sich.

Anstatt dem Kind mit logischen Argumenten zu kommen, sollten Sie seine Gefühle akzeptieren. Unterstützen Sie Ihr Kind, aber halten Sie ihm auch alle Möglichkeiten offen, um sich und seine Situation aus einem anderen Blickwinkel zu betrachten. Ihre umsichtigen Kommentare oder Gespräche mit dem Kind können ihm deutlich machen, dass es sich selbst bestraft. Wenn Kinder auf sich selbst wütend sind und mit sich hadern, kann es hilfreich sein, sie zu fragen, ob sie glauben, dass ihre Selbstbestrafung einen besseren Menschen aus ihnen macht, und wie lange sie es für nötig halten, sich «auf dem Kieker» zu haben. Gestehen Sie dem Kind seine Gefühle zu und verhelfen Sie ihm zu der Erkenntnis, dass es ganz in seinem Ermessen liegt, wann es Zeit ist, die negativen Gefühle hinter sich zu lassen. Aber als fürsorgliche Eltern können Sie dem Kind ruhig auch klarmachen, dass Sie es grundsätzlich für einen guten Menschen halten, und dass Sie es schade fänden, wenn es sich länger als nötig schlecht fühlt. Sie können seine Gefühle zur Kenntnis nehmen und akzeptieren, ihm aber zugleich vermitteln, dass Sie ein anderes Bild vom ihm haben. Hören Sie dem Kind zu und bagatellisieren Sie seine Probleme nicht, sondern bestärken Sie es auf einfühlsame – und keinesfalls auf oberflächliche – Weise.

Leisten Sie emotionale Unterstützung. Ein Kind muss spüren, dass die Person, an die es sich gewandt hat, wirklich versteht, wie tiefgründig seine Sorgen sind. Indem Sie dem Kind aufmerksam zuhören und für es da sind, leisten Sie Unterstützung und vermitteln dem Kind dadurch, dass es für jemanden (für Sie) wichtig ist, ungeachtet dessen, wie es in dem Moment über sich denkt.

Berühren Sie Ihr Kind, wenn Sie das Gefühl haben, dass es nichts dagegen hat. Einer der schlimmsten Aspekte von Depression, insbesondere der existenziellen Depression, ist das Gefühl, allein in einer bedeutungslosen Welt zu sein, der man vollkommen gleichgültig ist. Eine liebevolle Berührung oder Umarmung kann sehr hilfreich und tröstend sein. Aber seien Sie nicht überrascht, wenn das Kind sie abschüttelt und zu verstehen gibt, dass es nicht berührt werden möchte. In diesem Moment ist es sehr zornig und kann sich selbst nicht gut leiden; daher ist es möglicherweise nicht in der Stimmung, sich umarmen zu lassen. Sie können es ihm aber trotzdem anbieten.

Manchmal kann ein Kind die benötigte emotionale Unterstützung auch aus Büchern oder Filmen beziehen. Indem es Bücher liest, in denen die Charaktere mit Alleinsein oder Depression umgehen müssen, wird dem Kind bewusst, dass andere genauso empfinden wie es selbst, und es bekommt Anregungen, wie es mit der Situation, in der es sich befindet, umgehen könnte. Dabei sollten Sie aber auch beachten, dass manche depressive Kinder sich ganz in die Welt der Bücher zurückziehen und auf diese Weise vermeiden, in ihrer eigenen Realität aktiv zu werden.

Eltern können auch emotionale Unterstützung leisten, indem sie behutsam aber beharrlich darauf bestehen, dass das Kind Aktivitäten im Freien nachgeht, am besten solchen, die es körperlich fordern, zum Beispiel Wandern, Fußballspielen oder Radfahren. Depressive Menschen verkriechen sich oft in den eigenen vier Wänden, was die Depression noch verschlimmert. Aktivitäten können da helfen, denn wenn das Kind mit anderen zusammen ist, bekommt es eher emotionale Unterstützung und konzentriert sich weniger auf sich selbst. Bei sportlichen Aktivitäten werden außerdem Endorphine ausgeschüttet, die eine positivere Einstellung begünstigen.

Beurteilen Sie, wie hoch das Depressionsniveau und das Risiko ist. Es gibt verschiedene Anzeichen, die darauf hindeuten, dass eine Depression ernst oder schwerwiegend ist. Dazu gehören plötzliche Veränderungen der Schlaf- oder Essgewohnheiten, Konzentrationsstörungen, der Rückzug von Familie und Freunden und ein kürzlich erfolgter Verlust von sozialer Unterstützung. Alarmierend ist auch, wenn das Kind über den Tod spricht und sich offenbar mit dem Sterben beschäftigt oder wenn es Besitztümer verschenkt, die ihm viel bedeutet haben. All das können Zeichen von Depression und Suizidalität sein. Je mehr Zeichen vorhanden sind, umso schwerer ist die Depression und umso größer die Suizidgefahr. Ein weiterer Risikofaktor für Depression und Suizid ist der Konsum von Drogen oder Alkohol. Spricht das Kind so gut wie nie über die Zukunft und denkt offenbar auch nicht darüber nach? Wenn zukünftige Ziele oder Bestrebungen überhaupt kein Thema sind, deutet das auf ein ernsthaftes Risiko hin, während die Gefahr geringer ist, wenn das Kind über Zukunftsziele spricht.

Fragen Sie das Kind, ob es an Suizid denkt. Für Eltern oder Lehrer kann dieser Schritt schwierig sein, es führt aber kein Weg daran vorbei. Sprechen Sie das Kind direkt auf Suizid an: «Denkst du daran, dir das Leben zu nehmen?» Selbst wenn das Kind nicht an Suizid gedacht hat, setzen Sie ihm mit dieser Frage nicht die Idee in den Kopf. Aber wenn Sie so besorgt sind, dass Sie diesen Punkt angesprochen haben, ist anzunehmen, dass der Gedanke dem Kind zumindest durch den Kopf gegangen ist. Meistens fasst das Kind die Frage als Zeichen dafür auf, dass es Ihnen wichtig ist. Wenn das Kind bestreitet, an Suizid zu denken, Sie aber den Eindruck haben, dass es nicht ehrlich ist, können Sie die Frage umformulieren: «*Würdest* du es mir denn sagen, wenn du daran denken würdest?»

Suizidgedanken sind bei Teenagern nichts Ungewöhnliches. Einige Studien haben ergeben, dass mindestens 20 % hin und wieder solche Gedanken haben, und dass 3 bis 4 % der Befragten innerhalb der letzten zwei Wochen an Suizid gedacht haben. Wichtig ist jedoch, herauszufinden, ob das Kind die Absicht hat, seine Idee in die Tat umzusetzen. Die nächste Frage, die Sie dem Kind stellen, muss daher lauten: «Und wie würdest du es tun?» Menschen, die einen konkreten Plan haben und sich Zugang zu den entsprechenden Mitteln verschaffen können, um diesen Plan auszuführen, sind viel stärker suizidgefährdet als solche, die nur vage Vorstellungen haben und noch keinen Zeitpunkt, keine Methode und keinen Ort festgelegt haben. Sollten Sie Befürchtungen haben, dass Ihr Kind suizidgefährdet ist, können Sie auch mit seinen Freunden sprechen. Viele Jugendliche, die sich mit Suizidgedanken tragen, sprechen mit ihren Freunden über ihre Absichten, und oft ist das ein Schrei nach Hilfe.

Holen Sie fachmännischen Rat ein. Wenn Sie in irgendeiner Form über mögliche Suizidabsichten oder über die Schwere der Depression Ihres Kindes beunruhigt sind, sollten Sie sich rasch professionelle Hilfe suchen. Sie können einen 24-Stunden-Notfalldienst,* einen Berater, Ihren Hausarzt, einen Psychologen oder einen Psychiater anrufen oder Ihr Kind direkt in die Notaufnahme einer Klinik bringen. Treffen Sie mit Ihrem Kind eine (schriftliche) Vereinbarung, dass es sich nichts antut, bevor es nicht wenigstens mit einer Fachperson gesprochen hat.

Handeln Sie. Eine Depression darf nicht ignoriert werden, schon allein deswegen nicht, weil das Leben eines Kindes etwas Kostbares ist und so glücklich wie irgend möglich verlaufen sollte. Depression ist das Gegenteil von Glücklichsein. Denken Sie daran, dass jede Suiziddrohung ein Hilfeschrei ist. Manche Eltern denken vielleicht, dass Andeutungen oder das Androhen von Suizid einfach nur eine manipulative Strategie des Kindes sind, oder der Versuch, sie zu bestrafen. Das ist möglich, aber solche Äußerungen müssen trotzdem ernst genommen werden. Sprechen Sie mit einer Fachperson, um eine sachkundige Auskunft zu bekommen. Selbst wenn es sich am Ende «nur» um eine parasuizidale Geste handelt (die suizidale Handlung also bewusst so ausgeführt wird, dass sie scheitert), und nicht um einen potenziell tödlichen Suizidversuch, müssen Sie rechtzeitig handeln. Dadurch signalisieren Sie dem Kind, wie viel Ihnen an ihm liegt.

Suizid

Wenngleich die Prävalenz von Suizid bei Hochbegabten nach wie vor untersucht wird, besteht kein Zweifel daran, *dass* hochbegabte Kinder depressiv werden und Suizid begehen. Jeder Suizid ist tragisch und hat gravierende, lebenslange Folgen für Familie und Freunde. Obwohl Suizidgedanken nicht immer in suizidalem Verhalten münden, sollten sie *grundsätzlich* ernst genommen werden, vor allem in der Adoleszenz, wenn

* Notfall-Hotlines, Links und Informationen finden Sie unter http://www.leben-ohne-dich.de/notfall.htm (Deutschland), http://www.suizid-prävention.ch/ (Schweiz) oder http://www.hilfe-in-der-krise.at/notrufnummern.html (Österreich) sowie in den Gelben Seiten.

hochbegabte Kinder versuchen, ihre Identität zu finden und ihr Leistungsbedürfnis und ihr Verhältnis zu Gleichaltrigen in Konflikt geraten.

Die Vorstellung, ein hochbegabtes Kind könne an Suizid denken, ist für viele unbegreiflich. Schließlich haben diese Kinder so viel Potenzial und stehen auf der Sonnenseite des Lebens. Warum also sollten sie ihr Leben beenden wollen? Warum tun sie sich das an? Und uns?

Wenn Hoffnungslosigkeit, Hilflosigkeit und Depression zunehmen, schwillt auch der zugrundeliegende Zorn an, und das Kind bekommt das Gefühl, dass Suizid der einzige Ausweg ist – eine endgültige Lösung für ein vorübergehendes Problem. Manchmal wird dieser Entschluss impulsiv gefasst, manchmal aber auch gut geplant. In manchen Fällen stellt er eine ultimative Selbstbestrafung dar, in anderen Fällen soll damit auch die Familie bestraft werden.

Der Pädagoge James Delisle sagt: «Hochbegabte Jugendliche sind heutzutage in einer Welt gefangen, die oft gleichgültig und kompromisslos erscheint. Aber mit der Unterstützung von erwachsenen oder gleichaltrigen Bezugspersonen können diese Jugendlichen Lösungen für ihre Probleme finden, die nicht so schwerwiegend und endgültig sind wie Suizid.»[49] Eine aufrichtige, offene, respektvolle und fürsorgliche Beziehung zu Ihrem Kind kann viel dazu beitragen, eine schwere, anhaltende Depression abzuwenden. Wenn Sie sich dieser wichtigen Aspekte bewusst sind und sich – sollten sie akut werden – teilnahmsvoll darum kümmern, tragen Sie damit ebenfalls zu einer solchen Beziehung bei.

Es kann jedoch passieren, dass ein hochbegabtes Kind oder ein hochbegabter junger Erwachsener trotz aller Bemühungen der Familie Suizid begeht. Oft kommt ein solcher Suizid für Eltern und Lehrer völlig überraschend. Sie sagen, sie hätten keine Ahnung gehabt, dass das Kind in dieser Hinsicht gefährdet war. Manchmal hat das Kind seine Depression auch so geschickt versteckt, dass selbst seine engsten Freunde nichts bemerkten. Es kann sein, dass die Mutter noch wenige Stunden vor dem Suizid fragt: «Ist alles in Ordnung, mein Junge?» Und der Sohn antwortet: «Klar, Mama. Ich komme gleich nach dem Training nach Hause.» Wenn der junge Mann sich dann am selben Abend das Leben nimmt, sind die Eltern noch nach Jahren fassungslos, wie es sein konnte, dass sie überhaupt nichts bemerkt haben.

Die emotionalen Auswirkungen einer solchen Tragödie hinterlassen bei der Familie tiefe Narben. Hier müssen Familie und Freunde ihre Beziehung vertiefen, sich gegenseitig unterstützen und im Umgang mit ihrer Trauer Hilfe suchen.

Wir möchten Sie nicht alarmieren. Die Wahrscheinlichkeit, dass ein hochbegabtes Kind einen Suizidversuch unternimmt oder einen Suizid vollendet, *ist* gering. Aber weil die Folgen so gewaltig sind, wollen wir das Risiko so gering halten wie nur irgend möglich. Das Bewusstsein, dass diese Möglichkeit besteht, und ein neues Verständnis von Depression werden Ihnen beim Umgang mit Depression in Ihrer Familie helfen und Sie dazu veranlassen, sich professionelle Hilfe zu suchen, wenn Ihr Kind Gefühle von Alleinsein oder Unglücklichsein zum Ausdruck bringt oder sogar den Wunsch äußert, zu sterben.

Kapitel 8

Bekanntschaften, Freunde und Peers

Jedes Kind, ob hochbegabt oder nicht, möchte sich anderen zugehörig fühlen. Durch unsere Interaktionen mit Freunden und Familienmitgliedern fühlen wir uns mit der Menschheit verbunden. Wir erfahren, wie andere denken oder handeln, vergleichen unsere Wahrnehmung der Welt mit der ihren und entwickeln ein Gefühl dafür, ob andere uns wertschätzen.

Welche Beziehung haben hochbegabte Kinder zu anderen Kindern? Sind sie ungeduldig mit ihnen? Kommandieren sie sie herum? Oder sind sie unnahbar und abweisend? Eltern von jüngeren hochbegabten Kindern sagen: «Unsere Tochter liest lieber Bücher, als Zeit mit anderen Kindern zu verbringen» oder «Unser Sohn will nicht mit anderen Kindern aus seiner Klassenstufe spielen. Er unterhält sich lieber mit Erwachsenen! Wir möchten aber, dass er Freunde in seinem Alter hat.»

Eltern und Lehrer denken vielleicht: «Das Kind *muss* lernen, mit anderen Kindern auszukommen. Es *muss* von anderen gemocht werden, um in dieser Welt erfolgreich zu sein.» Auf der anderen Seite ist der Peerdruck unter älteren Kindern nicht immer positiv. In der Mittelstufe verlagern sich die Bedenken der Eltern daher von «Ich wünschte, mein Kind wäre *mehr* wie andere seines Alters» hin zu «Ich wünschte, es wäre *weniger* wie andere seines Alters!» Eltern von Teenagern beschweren sich darüber, dass ihre Kinder sich zu sehr anpassen: «Früher war sie so eine gute Schülerin, aber jetzt geht es ihr nur noch darum, dass sie die ‹richtige› Markenjeans trägt und genauso aussieht, wie alle anderen Mädchen!» Oder «Wird er dem

Peerdruck widerstehen können und die Finger von Drogen und riskantem Verhalten lassen?»

Peerbeziehungen sind für fast alle hochbegabten Kinder ein Problem. Da ihre Interessen und Verhaltensweisen häufig ungewöhnlich sind und von denen Gleichaltriger abweichen, finden sie in der Schule oder Nachbarschaft meist nur wenige Kinder ihrer Altersstufe, die als Gefährten für sie in Frage kommen. Hochbegabte Kinder mit einer außergewöhnlich hohen intellektuellen Fähigkeit, Intensität und Sensibilität haben unter Umständen noch größere Schwierigkeiten, unter Gleichaltrigen Freunde zu finden. Oft ziehen sie Spielkameraden vor, die zwei oder drei Jahre älter sind, oder sie interagieren lieber mit Erwachsenen.

Manche hochbegabte Kinder sind bei ihren Peers beliebt. Die meisten extravertierten Personen sind kontaktfreudig und haben keine großen Probleme damit, Freundschaften zu schließen, weil es ihnen von Natur aus leicht fällt, Kontakte zu knüpfen. Extravertierte hochbegabte Kinder haben daher weniger Probleme, Anschluss zu finden; dafür sind sie oft anfälliger für Peereinflüsse und neigen dazu, sich ihnen auf übertriebene Weise unterzuordnen, es sei denn, sie sind selbst die Gruppenanführer. In ihrem Bemühen, sich ihrer Peergruppe anzupassen, leugnen sie oft ihre Talente oder spielen sie herunter und geben ihre ungewöhnlichen Interessen auf. Idealerweise findet ein Kind Peers, die es nicht dazu zwingen, sich zwischen dem Bedürfnis nach Zugehörigkeit und dem nach Leistung zu entscheiden. Der ideale Peer weiß beide Wesensaspekte des hochbegabten Kindes zu schätzen.

Andere hochbegabte Kinder, die weniger extravertiert sind, fühlen sich oft anders und allein und finden es schwieriger, geeignete Peers zu finden. Diese Kinder brauchen Peers, die ihr Bedürfnis nach Interaktion mit ihrem Bedürfnis, Zeit für sich zu verbringen, in Einklang bringen können. In beiden Fällen ist das Beste, was Eltern tun können, um eine gesunde soziale und emotionale Entwicklung des hochbegabten Kindes zu fördern, dafür zu sorgen, dass es Zugang zu wirklichen Peers bekommt und sich mit ihnen auseinandersetzen kann. Hochbegabte Kinder müssen auch lernen, dass Beziehungen einen unterschiedlichen Grad von Nähe, Verständnis und Freundschaft aufweisen. Ein Peer ist nicht dasselbe wie ein Bekannter.

Wer ist ein wirklicher Peer für ein hochbegabtes Kind?

Wer ist für ein hochbegabtes Kind ein Peer? Ist es ein gleichaltriges Kind? Gibt es noch andere Erstklässler, die die Namen sämtlicher Dinosaurier-Arten kennen? Oder solche, die sich für Astronomie begeistern? Oder für das Beobachten von Vögeln? Peers sind in der Regel diejenigen, die ein Interesse teilen und ein ähnliches Fertigkeitsniveau besitzen. Hochbegabte Kinder brauchen meist verschiedene Peers, die ihren unterschiedlichen Bedürfnissen – zum Beispiel auf sportlicher, intellektueller oder emotionaler Ebene – gerecht werden. Oder sie brauchen einfach jemanden, der sie zum Lachen bringt. Da ihr Fähigkeits- und Interessenniveau aufgrund ihrer asynchronen Entwicklung stark auseinanderdriften kann, brauchen hochbegabte Kinder – vielleicht mehr als jede andere Gruppe – verschiedene Peergruppen, gegebenenfalls auch mit unterschiedlichen Altersstufen. Das bedeutet, dass die Peers, mit denen das jüngere hochbegabte Kind beispielsweise seine Begeisterung für Fotographie teilt, im Preteen-Alter (also zwischen 10 und 13 Jahre alt) sind, während die Peers, mit denen es Baseball spielt, wesentlich jünger und somit näher an seiner eigenen Altersstufe sind. Für seine außergewöhnliche Dinosaurier-Leidenschaft wird das Kind möglicherweise keine Peers finden, es sei denn, in seinem Umfeld gibt es einen Paläontologen oder den Kurator eines Naturkundemuseums, mit dem es über Lebewesen vergangener Erdzeitalter reden kann.

Ein Peer ist also nicht unbedingt ein gleichaltriges Kind. Erwachsene haben häufig Freunde verschiedener Altersgruppen, mit denen sie unterschiedliche Interessen teilen. Die Freunde, mit denen sie Konzerte besuchen, müssen nicht dieselben sein, wie die, mit denen sie wandern gehen, und diese können wiederum andere Personen sein als die Freunde am Arbeitsplatz. Erwachsene haben in der Regel unterschiedliche Peergruppen, und dasselbe gilt auch für hochbegabte Kinder. Sie können eine Gruppe von Freunden in ihrem Alter haben, mit denen sie in der Nachbarschaft spielen; für komplexe Computerspiele ziehen sie unter Umständen die Gesellschaft älterer Kinder vor, und zum Schachspielen suchen sie sich eventuell ebenbürtige Partner unter Erwachsenen.

Sind andere hochbegabte Kinder die besten Peers? Manchmal ja, vor allem, wenn sie etwa im selben Alter sind, ein ähnliches intellektuelles Niveau und ähnliche Interessen haben. Wenn ein hochbegabtes Kind das Glück hat, einen besten Freund oder eine beste Freundin zu haben, ist dieses Kind oft ebenfalls hochbegabt. Wenn ein hochbegabtes Kind einen Freund findet, der seine Fähigkeiten und Interessen teilt, ist das für die Kinder meist sehr aufregend; für die Erwachsenen in ihrem Umfeld kann das Energieniveau dieser beiden Kinder allerdings erschöpfend sein. Der Enthusiasmus ist greifbar, und der Lärmpegel meist entsprechend hoch. Wenn zwei oder drei hochbegabte Kinder zusammenkommen, verdoppelt oder verdreifacht sich auch ihre Intensität: sie scheinen den Enthusiasmus der anderen zu essen, zu schlafen, zu trinken, zu atmen und zu leben. Aus Sicht des hochbegabten Kindes ist es sehr spannend, einen Peer zu finden, der ebenso rasch von einem Thema zum nächsten springen kann und mit dem man neue Informationen, Interessen oder Fertigkeiten austauschen kann.

Wie viele Freunde braucht Ihr Kind?

Viele Erwachsene berichten, dass sie nur wenige enge Freunde haben, von denen sie manche regelmäßig, andere nur hin und wieder treffen. Ihre übrigen Beziehungen sind keine Freundschaften im eigentlichen Sinn, sondern Bekanntschaften oder Beziehungen zu Arbeitskollegen. Wenn Sie sich das einmal vor Augen führen, relativiert sich vielleicht Ihre Vorstellung davon, wie viele Freunde Ihr hochbegabtes Kind wirklich braucht.

Eltern sollten sich auch darüber im Klaren sein, dass ihre Vorstellung von einer akzeptablen Peerbeziehung nicht unbedingt dem entspricht, was ihre Kinder unter einer befriedigenden Peerbeziehung verstehen. Manche hochbegabte Kinder, vor allem, wenn sie außerordentlich hochbegabt oder introvertiert sind, fühlen sich mit wenigen guten Freunden am wohlsten oder haben kein starkes Bedürfnis danach, sich anzupassen. Andere hochbegabte Kinder legen Wert auf einen breit gefächerten Freundeskreis; sie wollen beliebt sein und sind sogar bereit, dafür ihre eigenen Fähigkeiten und Interessen zu opfern. Möglicherweise versuchen sie, sich mehreren Peergruppen gleichzeitig anzupassen, was dazu führen kann, dass sie ein völlig anderes Verhalten an den Tag legen, je nachdem, ob sie mit intellektuellen oder mit sozialen Peers zusammen sind.

Oft scheuen Eltern hochbegabter Kinder keine Mühen, um ihren Kindern dabei zu helfen, Freunde zu finden, die wie sie sind. Sie arrangieren Verabredungen zum Spielen und fahren ihr Kind kreuz und quer durch die Gegend, vor allem, wenn es viele Freunde hat. Mitunter sind Eltern auch erstaunt, wie groß die Altersspanne der Freunde ihres Kindes ist. Es ist keineswegs ungewöhnlich, dass hochbegabte Kinder viel ältere – oder sogar erwachsene – Freunde haben, mit denen sie in Schachvereinen, Elektronikgeschäften, Tierkliniken oder Büchereien zusammenkommen. Nehmen wir zum Beispiel das jüngere hochbegabte Kind, das sich selbst einen Computer baute. Es kannte die Angestellten des örtlichen Computergeschäfts und hielt manche von ihnen für Peers, vor allem einen Angestellten, der ebenfalls Computer zusammenbastelte.

Manche hochbegabte Kinder haben nur wenige oder überhaupt keine Freunde. Dafür kann es viele verschiedene Gründe geben. Manche haben schlichtweg kein großes Interesse daran, Zeit mit anderen zu verbringen und sind lieber allein. Andere haben kaum Freunde, weil sie es irgendwie verpasst haben, die grundlegenden Fertigkeiten zu erwerben, die man braucht, um Freundschaften zu schließen; ihr Verhalten führt dazu, dass andere Kinder sich von ihnen abwenden. Manche von ihnen waren nie beaufsichtigten Gruppensituationen ausgesetzt, zum Beispiel als Wölflinge bei den Pfadfindern oder in einem Sportverein, wo man solche Fertigkeiten lernen kann. Andere hochbegabte Kinder verbringen wiederum so viel Zeit vorm Computer oder mit Videospielen, dass sie kaum Gelegenheiten haben, mit anderen Kindern außerhalb der Schule zu interagieren. Immer mehr «kluge Köpfe» verfallen zum Beispiel dem Video-Poker, weil sie im Fernsehen gesehen haben, wie viel Geld man damit verdienen kann. Andere geben sich einfach zu viel Mühe, etwa wenn sie einen Witz oder eine Geschichte erzählen, die andere Kinder nicht interessant oder lustig finden.

Wann fangen die Probleme mit Peers an?

Bei manchen hochbegabten Kindern machen sich Probleme mit Peers schon früh bemerkbar. Möglicherweise findet ein Vorschüler unter den anderen Kindern keinen Anschluss. Oder ein Grundschulkind verwirrt die anderen Kinder mit seinem fortgeschrittenen Wortschatz oder mit Wortspielen. Mit Peerbeziehungen zurechtzukommen, kann für das hochbegabte Kind in jedem Alter Probleme aufwerfen. Ein hochbegabtes Kind mit einer starken Persönlichkeit kann zum Anführer werden; es kann aber genauso gut Schwierigkeiten im Umgang mit anderen Kindern haben.

Peerprobleme in der Vorschule. Vor allem bei besonders klugen Vorschulkindern können Probleme mit Peers auftreten. Ein vierjähriges Kind, das die Rezepte auf der Cornflakes-Schachtel lesen kann und weiß, wie man subtrahiert und addiert, findet andere Vierjährige möglicherweise seltsam: Warum können sie denn nicht lesen? Hochbegabte Kinder können mit anderen Kindern ungeduldig sein, weil sie ihnen so langsam erscheinen. Aus der Sicht des hochbegabten Kindes ist das, was es kann, normal. Daher überrascht es nicht, dass gleichaltrige Kinder schon in jungen Jahren nicht unbedingt Peers für hochbegabte Kinder sind. Tatsächlich kann der Rückzug von anderen Kindern bereits in diesem Alter beginnen, weil das hochbegabte Kind die Erfahrung macht, dass es lieber Zeit für sich oder mit älteren Kindern verbringt. Fürsorgliche Erzieher können hochbegabten jüngeren Kindern zu verstehen geben, dass es in Ordnung ist, etwas Zeit für sich zu verbringen, und flexible Schulprogramme können diesen Kindern die Möglichkeit geben, mit älteren Kindern zu interagieren, die ihre Interessen teilen.

Aber auch die Eltern hochbegabter Kinder können sich isoliert fühlen, wenn ihr Kind in den Kindergarten kommt oder die Vorschule besucht. Möglicherweise finden sie keine anderen Eltern, mit denen sie darüber sprechen können, was ihr Kind alles macht. Die anderen Eltern bekommen rasch den Eindruck, dass sie mit ihrem Kind angeben oder seine Fähigkeiten übertreiben. Oder eine gutmeinende, aber schlecht informierte Erzieherin wirft den Eltern vor, sie würden ihrem Kind für sein Alter zu viel abverlangen. «Lassen Sie es doch einfach Kind sein! Es ist wirklich zu früh, um sich über seine schulischen Fortschritte Gedanken zu machen.» Oft sind diese frühen Interaktionen von negativen Mythen über hochbegabte Kinder geprägt. Die Interaktionen können unangenehm werden, wenn die anderen nicht verstehen, wie sehr sich die Hochbegabung auf das Leben des Kindes – aber auch auf das seiner Familie – auswirkt.

Viele hochbegabte Kinder verbringen die meiste Zeit in Gesellschaft von Erwachsenen. Das kann dazu führen, dass sie einen autoritären Ton annehmen und auf andere Kinder rechthaberisch und herrschsüchtig wirken – mit dem Ergebnis, dass die anderen Kinder sich zurückziehen. Manche hochbegabte Kinder denken sich Spiele mit komplizierten Regeln aus, merken aber rasch, dass die anderen Kinder nicht mitspielen wollen, weil ihnen das Spiel zu komplex ist, oder weil das hochbegabte Kind in seinem Versuch, die Regeln durchzusetzen, zu herrisch ist.

Peerprobleme in der Schule. Wenn junge fortgeschrittene Lerner in einen traditionellen Kindergarten oder in die Grundschule kommen, empfinden sie den Peerdruck noch stärker. Die meisten Schulen haben klare Erwartungen, was ein Kind bei der Einschulung alles können muss, und in der Regel sind das sehr grundlegende Fertigkeiten, die als Voraussetzung für die Schulreife gelten. Das hochbegabte Kind findet sich plötzlich in einer Gruppe von Kindern wieder, deren Fähigkeiten, Interessen oder Verhaltensweisen weit hinter seinen eigenen zurückliegen. Das Curriculum ist vorgegeben und folgt einem festgesetzten Tempo. Alle Schüler machen dasselbe zur gleichen Zeit und werden auch so behandelt, als seien sie alle gleich.

Der Lehrplan «im Gleichschritt», an den sich viele Schulen halten, bringt Probleme mit sich. Kinder lernen nicht alle auf dieselbe Weise und in derselben Geschwindigkeit. Nicht alle Kinder sind ihren gleichaltrigen Peers im Lesen um zwei bis vier Klassenstufen voraus oder können in der ersten, zweiten oder dritten Klasse grundlegende Algebra-Aufgaben begreifen. Nicht alle Kinder spielen gerne Schach oder verfügen über außergewöhnliche musikalische Fähigkeiten. Kinder haben unterschiedliche Lern- und Speichergeschwindigkeiten. Trotzdem erwarten wir, dass diese intellektuell fortgeschrittenen Kinder ihre Freunde und Peers unter den Gleichaltrigen in ihrer Klasse finden.[1] In einer Umgebung, in der Konformität und Anpassung wichtiger sind als Individualität, und in der es vorgegebene Leistungsmaßstäbe gibt, die weit unter den wahren Fähigkeiten eines Kindes liegen, können zwei Dinge passieren: Entweder lernt das Kind, sich anzupassen und die niedrigeren Erwartungen auf sozial akzeptable Weise zu erfüllen; oder das Kind fällt buchstäblich aus dem Rahmen. Beide Situationen können Peerprobleme mit sich bringen. Im ersten Fall muss sich das Kind verstellen und lernen, eine Fassade zu errichten, damit man es akzeptiert. Im letzteren Fall tritt das Anderssein des Kindes so stark in den Vordergrund, dass potenzielle Peers dadurch «abgeschreckt» werden.

Peerdruck von zu Hause. Hochbegabte Kinder fühlen sich mitunter von den Eltern unter Druck gesetzt, weil diese ihnen vorschreiben wollen, wie und mit wem sie interagieren sollen. Gerade die Eltern jüngerer hochbegabter Kinder betonen, wie wichtig es ist, zu einer Peergruppe zu gehören, während die Eltern von Teenagern eher besorgt sind, dass sich ihre Kinder zu sehr von Peers beeinflussen lassen, und großen Wert darauf legen, dass sie mit dem gesellschaftlichen Mainstream übereinstimmen. Zu kontrollieren, mit wem die Kinder befreundet sind, ohne sich zu sehr einzumischen, ist für Eltern ein Balanceakt. Besonders extravertierte Eltern, die selbst viele Freunde haben, können oft nicht verstehen, warum ihr introvertiertes hochbegabtes Kind mit einem einzigen Freund zufrieden ist.

Peerdruck für Eltern. Eltern erleben ihrerseits Peerdruck. Wenn sie für ihr hochbegabtes Kind bessere Voraussetzungen schaffen wollen (etwa, dass es eine Klasse überspringen oder in einzelnen Fächern eine höhere Klasse besuchen kann), treffen sie oft auf andere Eltern und sogar Lehrer, die so lange Druck auf sie ausüben, bis sie die Hände in den Schoß legen und sich anpassen.[2] In einer solchen Situation kann es tröstlich sein, *Cradles of eminence: Childhoods of more than 700 men and women* zu lesen: Hier erfahren Sie, dass die meisten dieser 700 berühmten Persönlichkeiten sehr willensstarke Eltern hatten, die dem Peerdruck widerstanden.[3]

Wie wichtig ist Sozialkompetenz?

Die meisten Eltern wollen, dass ihre Kinder beliebt und kontaktfreudig sind und sich gut integrieren. Viele möchten, dass ihre Kinder nicht «anecken», sondern von anderen gemocht werden, sich gut mit anderen verstehen, Sport treiben oder diversen außerschulischen Aktivitäten nachgehen, und sich allgemein gut in unsere Welt einfügen. Viele Eltern glauben, dass beliebte Kinder später – in der Oberstufe, an der Hochschule und im Beruf – erfolgreicher sein werden. Lehrer denken ähnlich und bemühen sich, aus ihren Schülern junge Menschen zu machen, die nicht «anecken», gut mit Gleichaltrigen zurechtkommen und die üblichen Regeln befolgen.

Unsere Gesellschaft legt großen Wert auf Sozialkompetenz, das heißt Fertigkeiten, die auch unter dem Begriff der «emotionalen Intelligenz»[4] subsumiert werden: die Fähigkeit, das Verhalten und die Emotionen anderer zu erkennen und zu beeinflussen. In den meisten Umgebungen wird von einem erwartet, dass man mit anderen Menschen zurande kommt, egal, was man von ihnen hält und ob man sie gut leiden kann oder nicht. Eltern geben sich daher große Mühe, ihren Kindern soziale «Nettigkeiten» beizubringen, damit sie in der höflichen Gesellschaft nicht anecken. Sie verstehen, wie schmerzvoll es sein muss, unbeliebt zu sein, und ziehen es vor, dass ihre Kinder ein wenig konventionell sind und nicht allzu sehr hervorstechen. Eltern wollen, dass ihre Kinder glücklich sind und sich akzeptiert fühlen. Der Gedanke, ihr Kind könne sich als Außenseiter fühlen oder an den unangenehmen Folgen seiner Unangepasstheit leiden, bereitet ihnen Sorgen.

Doch bis zu welchem Punkt soll das Kind sich einfügen und konform sein? Ist es wichtiger «ins Schema» zu passen, als Leistung zu erbringen, kreativ zu sein, Dinge zu entdecken oder ein Gefühl von persönlicher Autonomie und einen unabhängigen Selbstwert zu entwickeln? In welchem Maß muss ein hochbegabtes Kind ein normales Sozialleben führen? Viele berühmte Persönlichkeiten, die in dieser Welt Herausragendes geleistet haben, waren und sind keineswegs sozial angepasst. Die große Frauenrechtlerin und First Lady Eleanor Roosevelt hatte überhaupt keine Peergruppe, bis sie ins Internat kam und dort auf andere Mädchen traf, die ihr geistig ebenbürtig waren. Maya Angelou litt an einem schweren persönlichen Trauma und zog sich lange Zeit in sich selbst zurück, bevor sie zu einer gefeierten Schriftstellerin und Menschenrechtlerin wurde. Die berühmte Tierwissenschaftlerin und Autistin Temple Grandin hat sich in der Gegenwart anderer Menschen ein Leben lang unwohl gefühlt und zieht Interaktionen mit Tieren vor. Ihre Diagnose – das Asperger-Syndrom – hat sie nicht daran gehindert, eine bemerkenswerte Karriere hinzulegen: Dank ihres hohen Intellekts schlug Grandin eine wissenschaftliche Laufbahn ein, promovierte, schrieb zahlreiche Bücher und setzte sich leidenschaftlich für eine humanere Behandlung von Tieren ein. Viele erfolgreiche Hochbegabte berichten, dass sie erst als Erwachsene – zum Beispiel während des Studiums – eine Peergruppe gefunden haben.

Die beste Lösung ist möglicherweise die, dass alle Kinder zumindest «unverbindlich freundliche» Fertigkeiten lernen, das heißt, Verhaltensweisen, die es ihnen gestatten, auf freundliche Weise mit anderen Menschen umzugehen, ohne dass sie gleich die besten Freunde werden müssen oder die Überzeugungen, Werte oder Verhaltensweisen der anderen übernehmen. Die meisten Menschen sind zunächst unverbindlich freundlich, wenn sie neue Bekanntschaften machen. Dann erst entscheiden sie, ob sie die andere Person näher kennenlernen möchten. Eltern können ihren Kindern eine solche unverbindliche Freundlichkeit in öffentlichen Bereichen vorleben, etwa wenn sie mit ihnen in der Bibliothek, in der U-Bahn, im Supermarkt oder anderswo unterwegs sind, wo sie mit Menschen umgehen. Sie können den Kindern erklären, wie wichtig es ist, respektvoll mit anderen Kindern und den Lehrern umzugehen, selbst wenn sie mit ihnen nicht einer Meinung sind.

Ältere Spielgefährten

Hochbegabte Kinder sind anderen in ihrem Wortschatz und in anderen Fähigkeiten mitunter so weit voraus, dass die Kluft zwischen ihnen und den gleichaltrigen Peers zu sozialen Problemen führen kann. Da erscheint es nur allzu logisch, dass diese Kinder ältere Spielgefährten oder sogar

Erwachsene bevorzugen, deren Wortschatz und Interessen näher bei ihren eigenen liegen.

Allerdings können altersgemischte Beziehungen ebenfalls problematisch sein. Wenn ein hochbegabtes Kind schulisch akzeleriert wird, ist es unter älteren Kindern zwar intellektuell besser aufgehoben, verpasst aber auch die Gelegenheit, Freundschaften mit Gleichaltrigen zu schließen. Zweitens können andere den Eindruck gewinnen, dass das Kind versucht, «erwachsener» zu wirken, oder den Eltern wird vorgeworfen, sie würden das Kind dazu drängen, schneller erwachsen zu werden. Drittens besteht die Gefahr, dass ältere Spielgefährten, die eine höhere Klasse besuchen, das Kind mit Themen konfrontieren, für die es einfach noch nicht reif genug ist. Dasselbe gilt für ein hochbegabtes Kind, das in Internet-Chat-Rooms nach intellektuellen Peers sucht und dort mit ungeeigneten Inhalten in Berührung kommt. Obgleich altersgemischte Beziehungen gewisse Vorteile haben, müssen Eltern und Lehrer die Interaktionen des hochbegabten Kindes mit älteren Kindern überwachen, um eine Balance zwischen gleichaltrigen Peers und intellektuellen Peers zu finden, die diesem individuellen hochbegabten Kind gerecht wird.

Besondere Freunde

Für gewöhnlich finden hochbegabte Kinder zumindest eine oder zwei Personen, mit denen sie eine ganz besondere, enge und oft dauerhafte Freundschaft aufbauen. In der Regel ist so ein besonderer Freund jemand, der die Interessen des Kindes teilt. Diese Freundschaften sind meist sehr intensiv und scheinen die Freunde tagsüber voll in Anspruch zu nehmen. Im Laufe der Zeit bildet sich eine tiefe Verbundenheit heraus, die für diese Beziehungen kennzeichnend ist. Weitere besondere Freundschaften können sich mit denjenigen entwickeln, die dem hochbegabten Kind ein Gefühl von Akzeptanz vermitteln; eine solche Freundschaft, egal ob mit einem Peer oder einem Mentor, ist für das hochbegabte Kind ein sicherer Hafen.

Manchmal wird das Freundschaftsbedürfnis des hochbegabten Kindes durch diese eine, besondere und intensive Beziehung abgedeckt. Die

Freunde verbringen ihre Zeit auf befriedigende Weise zusammen, indem sie gemeinsam Bücher lesen oder Spiele spielen und über gemeinsame Interessen reden, vom Sport bis zum Weltall. Mitunter können sie es kaum erwarten, sich wiederzusehen. Wenn ein hochbegabtes Kind einen solchen Freund zum Beispiel auf einer Veranstaltung speziell für hochbegabte Kinder findet, überdauert die Freundschaft dieses Treffen auch dann, wenn die beiden Kinder nicht am selben Ort leben, etwa indem sie sich E-Mails oder Briefe schreiben oder telefonieren.

Solche speziellen Freundschaften sind wichtig, und die meisten Menschen können sich an zwei oder drei Freunde erinnern, zu denen sie in ihrer Kindheit oder Jugend eine besonders enge Beziehung hatten. In dieser Freundschaft fühlten sie sich gewürdigt und aufgehoben – ein sicherer Ort, wo sie Ideen und Wahrnehmungen erforschen konnten.

Eltern sind manchmal besorgt, dass die Freundschaft mit dem anderen Kind zu eng werden könnte. Besondere Freundschaften können auch zu Problemen führen, vor allem, wenn sie enden. Die Intensität ist so groß, dass der Verlust Traurigkeit, Tränen, Schmerz und Wut hervorrufen kann. Obwohl das Ende einer solchen Beziehung sehr weh tut, eröffnet sich dadurch auch die Gelegenheit für Gespräche. Eltern können dem Kind helfen, etwas über Beziehungen zu lernen. Sorgen Sie dafür, dass die Kommunikation mit Ihrem Kind offen bleibt, damit Sie ihm helfen können, die Komplexität von Beziehungen zu verstehen und das Beste aus einer schwierigen Situation zu machen.

Obwohl besondere Freundschaften auf der Grundlage gemeinsamer Interessen wichtig sind, sind auch weniger intensive Freundschaften mit anderen Kindern wünschenswert. Ermutigen Sie Ihr Kind dazu, ein Netz von Beziehungen zu knüpfen, damit es den Wert von Freundschaften und Bekanntschaften schätzen lernt. Für ein hochbegabtes Kind kann das schwierig sein, aber es ist wichtig, dass es lernt, seine Erwartungen an andere anzupassen und Geduld und Wertschätzung für das zu entwickeln, was sie beisteuern.

Introversion und Peers

Wenngleich manche hochbegabte Kinder extravertiert sind, ist der Anteil der introvertierten Kinder unter den Hochbegabten deutlich höher als unter normal begabten Kindern.[5] Wenn wir Introversion mit der oft mangelnden Passung (hinsichtlich Interessen, Fertigkeiten, Wissen, Sensibilität und Intensität) zwischen hochbegabten Kindern und ihren gleichaltrigen Peers kombinieren, überrascht es nicht, dass hochbegabte (und vor allem höchstbegabte) Kinder das Gefühl haben, wenig mit Gleichaltrigen gemein zu haben.

Es ist eher unwahrscheinlich, dass introvertierte Kinder auf fremde Kinder zugehen. Viel wahrscheinlicher ist es, dass sie warten, bis andere die Initiative ergreifen. Sie brauchen Zeit, um eine Situation zu beobachten, bevor sie sich darauf einlassen. Sie haben kein Bedürfnis nach so vielen Freunden wie extravertierte Kinder. Manchmal haben diese Kinder auch nicht gelernt, wie man Freundschaften schließt. Manche hochbegabte Kinder sind so sehr mit ihren eigenen Gedanken und Interessen beschäftigt, dass sie andere schlichtweg ausblenden. In solchen Fällen müssen sich Eltern und Lehrer klarmachen, dass dem Kind seine innere Welt möglicherweise wichtiger ist als soziale Beziehungen zu Peers. Es ist aber auch wichtig, dass das Kind versteht, dass es andere mit seinem Verhalten vergrault; auf diese Weise wird ihm bewusst, dass seine schlechte Sozialisation kontraproduktiv ist, und eventuell möchte das Kind von sich aus etwas daran ändern.

Introvertierte Menschen mögen im Allgemeinen keine Überraschungen; sie ziehen es vor, sich darauf einstellen zu können, was als Nächstes geschieht. Eine wohlmeinende Mutter hat einmal am Geburtstag ihrer Tochter eine Überraschungsparty organisiert. Als die Gäste eintrafen, versteckte sich das Geburtstagskind hinter dem Sofa und weigerte sich, mit den anderen Kindern zu interagieren. Eltern sind gut beraten, die introvertierte oder extravertierte Grundpersönlichkeit ihres Kindes zu berücksichtigen, damit sie besser planen und gegebenenfalls angemessen intervenieren können.

Zeit für sich allein

Eltern machen sich manchmal Sorgen darüber, dass ihr Kind offenbar zufrieden ist, wenn es allein spielt. Sie sagen: «Unser Kind bleibt lieber zu Hause und spielt mit seinen Lego-Steinen, als dass es die Gesellschaft anderer Kinder sucht. In den Schulpausen liest es lieber ein Buch, anstatt draußen mit den anderen Kindern zu spielen.» Mitunter finden hochbegabte Kinder in den Protagonisten der Bücher, die sie lesen, fiktionale Peers. Die meisten von uns können sich noch gut daran erinnern, wie befriedigend es war, sich als Kind in ein gutes Buch zu vertiefen und sich mit einem der Charaktere zu identifizieren (für viele Erwachsene ist das nach wie vor eine große Genugtuung). Der Titel von Judith Halsteds Buch *Some of my best friends are books* bringt dieses Gefühl auf den Punkt.[6]

Für viele hochbegabte Kinder, vor allem für die Introvertierten unter ihnen, ist es wichtig, Zeit für sich allein zu verbringen. Möglicherweise ist das sogar notwendig, damit sie ihre Fähigkeiten entwickeln können. Barbara Kerrs Forschungen zeigen, dass hochbegabte Mädchen, die später berühmte Frauen wurden, ein gemeinsames Merkmal hatten: Sie alle brauchten viel Zeit für sich allein, um zu lesen, nachzudenken oder anderen Tätigkeiten nachzugehen.[7] Kerr hat außerdem herausgefunden, dass die meisten hochbegabten Mädchen sozial nicht angepasst waren, sondern sich anderen gegenüber eher «kratzbürstig» verhielten. Manche hochbegabte Kinder sind zwar sehr wohl zum interaktiven Spielen in der Lage, ziehen es jedoch vor, einen Großteil der Zeit allein zu verbringen, etwa mit kreativem Gestalten oder einfach mit Lesen.

Wie viel Zeit allein ist zu viel des Guten? Die wenigsten hochbegabten Kinder wollen wirklich sozial isoliert sein. Eltern sollten herausfinden, ob das Kind freiwillig Zeit für sich allein verbringt, oder ob es ihm an sozialen Fertigkeiten mangelt und es nicht in der Lage ist, Freundschaften zu schließen. Stellen Sie die folgenden Fragen:

- Verbringt mein Kind Zeit für sich allein, weil es ihm an sozialer Kompetenz mangelt?
- Hat es Angst vor Zurückweisung?

- Gefällt es ihm wirklich, Zeit allein zu verbringen?
- Hilft ihm diese Zeit allein, sich auf die angenehmen Ideen und Aktivitäten zu konzentrieren, die ihm durch den Kopf gehen?

Wenn sich ein Kind bei vielen Gelegenheiten in der Lage zeigt, mit Spielgefährten, die seine Interessen und Fähigkeiten teilen, fröhlich zu interagieren, besteht eigentlich kein Grund zur Sorge. Wahrscheinlich zieht es das Kind einfach vor, allein ein Buch zu lesen, anstatt Zeit mit anderen Kindern zu verbringen, mit denen es nichts gemein hat. Ihnen ist es vermutlich auch schon mehrfach passiert, dass Sie bei einem sozialen Anlass am liebsten nach Hause gefahren wären, um ein Buch zu lesen. Sollten Sie jedoch Grund zu der Annahme haben, dass Ihr Kind tatsächlich Probleme mit sozialen Interaktionen hat, ist es sinnvoll, eine professionelle Beratung in Anspruch zu nehmen.

Zeit für sich allein zu verbringen, ist wichtig und muss nicht unbedingt von Nachteil sein. Beispielsweise verläuft die Kindheit vieler späterer Künstler, Musiker oder Olympiasieger alles andere als «normal». Diese Kinder verbringen viele Stunden allein und entwickeln ihre Talente; viele von ihnen werden zu Hause oder von speziellen Tutoren unterrichtet. In Zeiten harten Trainings oder während der Wettkämpfe haben sie praktisch überhaupt kein Sozialleben. Und doch werden aus diesen Kindern meist ganz «normale» Erwachsene, egal, ob sie weiter in ihrem Talentbereich aktiv sind oder nicht.

Vergleiche zwischen Peers und das Etikett «Hochbegabt»

Schulen sind nicht nur Bildungsanstalten, sondern auch Orte, wo Kinder sozialisiert werden. Sie bekommen Rückmeldungen über sich selbst, üben soziale und Verhaltensfertigkeiten und lernen, wie sie auf andere wirken. Oft werden sie dort zum ersten Mal in ihrem Leben außerhalb der Familie mit anderen verglichen. Körpergröße und körperliche Fertigkeiten, geistige Fertigkeiten, aber auch die Art und Weise, wie sie sich kleiden, bilden die Grundlage für diese Vergleiche unter Mitschülern oder auch Lehrern.

Hochbegabte Kinder beginnen rasch, sich mit anderen zu vergleichen, wenn sie ihr Selbstkonzept entwickeln. Wenn die Vergleiche zu ihren Gunsten ausfallen, haben sie das Gefühl, dazuzugehören. Andernfalls versuchen sie Wege zu finden, um von anderen akzeptiert zu werden. Manchmal sehen sie sich sogar gezwungen, ihre Talente zu verbergen, um Akzeptanz zu finden.

Das Etikett «Hochbegabt» führt zwangsläufig zu Vergleichen. Wenn Lehrer mitbekommen, dass ein Kind hochbegabt ist, erwarten sie automatisch, dass das Kind mühelos schulische Höchstleistungen vollbringt. Sie setzen Kompetenz in vielen, wenn nicht in allen schulischen Bereichen voraus und sind zugleich besorgt, dass sich das Kind aufgrund seiner Talente und Fähigkeiten für etwas Besseres halten könnte. Peervergleiche können dazu führen, dass Kinder, die sich nicht mit dem Etikett «Hochbegabt» schmücken können, das Gefühl haben, «nicht begabt» zu sein, und möglicherweise folgern sie daraus, dass man sie weniger wertschätzt. Oft verspotten diese Kinder ihre hochbegabten Mitschüler und beschimpfen sie als «Nerd», «Streber», «Bekloppter» oder «Leseratte».

Vergleiche führen wiederum zu Selbstbeurteilung, und sensible hochbegabte Kinder sind sich der Unterschiede zwischen ihnen und anderen Kindern meist bewusst und versuchen, sich anzupassen. In solchen Situationen werden hochbegabte Kinder mit und von anderen Kindern verglichen, die völlig anders sind: «Es ist wie mit Vierkant-Pflöcken, die nicht in Rundlöcher hineinpassen, wobei wir uns diese Kinder als besagte Pflöcke und die Gruppen als die Löcher zu denken haben.»[8] Ein Teenager berichtet: «Ich habe an meiner Schule keine Freunde, nur Bekannte. Die gescheiten Kinder sind alle Minderleister und können nicht verstehen, warum ich lernen will. Alle sagen nur, ich sei ja *so* intelligent, und bezeichnen mich als Genie (was ich nicht bin), und ich mag das nicht. Wenn ein paar von ihnen ab und zu mit mir reden würden, würden sie merken, dass ich nicht der stille kleine Neuntklässler bin, der die ganze Zeit nur liest! Außerhalb der Schule habe ich ein paar echte Freunde. Sie verstehen mich und sehen in mir kein Genie (weil sie selbst gescheit sind!) – wir haben einfach nur Spaß zusammen.»[9]

Kommentare von Lehrern können diese Vergleiche noch verstärken. Manche Lehrer meinen, sie müssten hochbegabte Schüler in die Schranken weisen: «Es spielt keine Rolle, dass du zweimal pro Woche aus der Klasse gehst und ein Hochbegabtenprogramm besuchst. Du musst trotzdem alles lernen, was in meinem Unterricht durchgenommen wird.» oder «Du müsstest die Antwort eigentlich kennen – schließlich bist du hochbegabt.» Solche Bemerkungen fördern ungesunde Vergleiche. Manchmal säen Lehrer aber auch unabsichtlich Zwietracht oder schaffen einen ungesunden Wettbewerb, wenn sie das Hochbegabten-Etikett verwenden, um die Schüler gegeneinander auszuspielen: In einem Fall ließ eine Lehrerin einen hochbegabten Zweitklässler vor ihrer vierten Klasse laut vorlesen, um den älteren Schülern zu demonstrieren, «wie man das macht.» Diese Respektlosigkeit ist für alle beteiligten Kinder frustrierend und schafft zusätzliche Probleme zwischen den Peers. Lehrer können aber auch dazu beitragen, Vergleiche möglichst gering zu halten, indem sie einen gesunden Respekt für alle Kinder – auch für die hochbegabten – vorleben und somit den Stress minimieren, der mit dem Etikett «Hochbegabt» einhergeht.

Strategien für den Aufbau von Freundschaften

Es ist schmerzlich für Eltern, mit ansehen zu müssen, wie ihr Kind leidet, weil es kaum Freunde hat. Wie können sie dem Kind helfen? Hier sind einige Strategien für den Aufbau von Freundschaften.[10] Helfen Sie Ihrem Kind, damit es lernt,

- sich Zeit für Freunde zu nehmen
- die Initiative zu ergreifen und Türen für mögliche Freundschaften zu öffnen
- ein guter Gastgeber zu sein
- in stressarmen Situationen Fertigkeiten für den Aufbau von Freundschaften zu üben
- ein guter Zuhörer zu sein und anderen Interesse und Zuwendung entgegenzubringen

- die eigenen Fähigkeiten nicht zu verstecken, aber auch nicht damit anzugeben
- andere zu loben und ihre guten Qualitäten herauszustellen
- an Gruppenaktivitäten teilzunehmen – gegebenenfalls auch in Bereichen, in denen es nicht so gut ist – um Gelegenheiten für Freundschaften zu schaffen
- jene zu akzeptieren, die anders denken und handeln als es selbst
- ein guter Gewinner und Verlierer zu sein
- mit Hänseleien, Mobbing und Gerüchten umzugehen.

Diese Strategien können in verschiedenen Situationen eingesetzt und geübt werden, zum Beispiel, wenn Sie mit mehreren Kindern im Auto unterwegs sind, um sie zu einer Veranstaltung zu fahren. Die Eltern können das Kind dazu animieren, sich einer Gruppe anzuschließen – zum Beispiel einer Theatergruppe, einem Schach- oder Fußballverein oder den Pfadfindern –, die Dinge unternimmt, welche das Kind interessieren. Vielen Aktivitäten kann man auch zu zweit nachgehen; hier bietet sich ebenfalls die Gelegenheit, Freundschaftsfertigkeiten zu üben.

Eltern können mit ihren Kindern typische Freundschaftssituationen erörtern oder sie in Rollenspielen proben. Da hochbegabte Kinder in der Regel eine hervorragende Vorstellungsgabe haben, können Sie mit ihnen Situationen in Gedanken durchspielen und überlegen, welche Verhaltensweisen wahrscheinlich bestimmte Reaktionen bei anderen auslösen. Sie können das Kind zum Beispiel fragen: «Was glaubst du, würde passieren, wenn du …?» «Und was würde als Nächstes geschehen?» «Was würde er/sie dann wohl tun (denken, empfinden etc.)?» «Wie könntest du darauf reagieren?» «Was könntest du sonst noch versuchen?» Mithilfe solcher Gedankenspiele kann das Kind lernen, die Konsequenzen des eigenen Verhaltens besser einzuschätzen.

Sie können dem Kind auch Verhaltensweisen vormachen oder spiegeln und ihm so demonstrieren, wie es auf andere wirkt, wenn das Kind nicht zuhört oder nicht auf die Hinweise der anderen Kinder achtet. In Rollenspielen mit dem Kind können Sie ihm verschiedene Arten von Körpersprache demonstrieren, die zu sozialen Interaktionen einladen, oder Verhaltensweisen üben, die im wirklichen Leben zum Aufbau von Freundschaften beitragen. Welchen Gesichtsausdruck hat man, wenn man das Gespräch mit einer anderen Person interessant findet? Wie sieht man aus, wenn man fröhlich, zufrieden oder wohlwollend ist?

Vergessen Sie nicht, beim Rollenspiel immer wieder die Rollen zu wechseln. Einmal spielen Sie das Kind und beim nächsten Mal die Person, mit der Ihr Kind sich unterhalten will. Wenn Sie eine gute Beziehung zu Ihrem Kind haben, können Sie Ihren Part auch auf komische oder melodramatische Weise spielen, damit das Kind beim Lernen lachen kann. Solche Rollenspiele helfen Kindern zu verstehen, was andere denken oder empfinden.

Eltern können sich auch an einen Lehrer oder Coach wenden, der sie unterstützen könnte, und ihm mitteilen: «Unser Sohn könnte ein paar Tipps gebrauchen, wie man Freundschaften schließt; sollten Sie bemerken, dass er im Umgang mit anderen Fehler macht, könnten Sie ihm dann bitte helfen?» Die meisten Erwachsenen helfen gerne, wenn sie merken, dass ein Kind die Hilfe annimmt. Ein Schulpsychologe oder -berater kann ebenfalls ein geeigneter Ansprechpartner sein. Manche Schulpsychologen bieten Kleingruppen-Sitzungen für Kinder an, denen es schwerfällt, Freundschaften zu schließen.

Manche hochbegabte Kinder leiden am Asperger-Syndrom, einer Störung, die unter anderem durch eine Beeinträchtigung der sozialen Interaktion gekennzeichnet ist. Es gibt viele hilfreiche Bücher, die sich speziell mit Problemen der Sozialkompetenz bei Kindern mit Asperger-Syndrom befassen.[11] Manche dieser Bücher enthalten auch Comic-Darstellungen, in denen Kinder Dinge sagen oder tun, die andere davon abhalten, mit ihnen Freundschaft zu schließen. Auf der gegenüberliegenden Buchseite werden Kinder dargestellt, deren Äußerungen und Handlungen dazu einladen, dass man mit ihnen Freundschaft schließt. Solche Quellen können hochbegabten Kindern (mit oder ohne Asperger-Syndrom) helfen, Interaktionsweisen zu vergleichen und neue Strategien im Umgang mit anderen zu lernen. Eltern von hochbegabten Kindern mit Asperger-Syndrom sollten aber unbedingt professionelle Hilfe in Anspruch nehmen, wenn das Kind große Schwierigkeiten hat.

Peerdruck in der Adoleszenz

Peerbeziehungen sind vor allem für Teenager ein wichtiges Thema, und viele ihrer Handlungen drehen sich um die grundlegende Frage: «Wer bin ich und wo gehöre ich hin?» Hochbegabte Jugendliche haben in der Regel zumindest ein vages Gefühl, dass sie anders sind als ihre Mitschüler, und sie sind sich der Klischeevorstellungen, die ihre Peers von hoher Befähigung und Leistung haben, schmerzlich bewusst. Sie kämpfen mit Mythen und abfälligen Bemerkungen über ihre Hochbegabung. Wir haben einige Stimmen von hochbegabten Teenagern zusammengetragen, die ihre Erfahrungen aufgeschrieben haben.

> «Wenn du erst einmal als ‹hochbegabt› abgestempelt bist, wird jede deiner Handlungen, die nicht ins gängige Bild von einem Hochbegabten passt, als ‹versponnen› angesehen, ob du nun zu einer Party gehst, abends lange ausbleibst oder in einer Klassenarbeit ein Drei schreibst. Wenn aber eine Sportskanone abends lange ausbleibt oder eine Drei in der Klassenarbeit schreibt, findet das niemand merkwürdig – bei denen ist das in Ordnung, wenn sie anders sind.»[12]

> «Ich bin kein Außenseiter oder so, aber manchmal habe ich schon das Gefühl, dass die anderen in meinem Alter mich nicht verstehen, weil ich hochbegabt bin. Sie machen sich oft über mich lustig. Ich wünschte, meine Freunde würden Hochbegabung als etwas Positives anerkennen.»[13]

> «Mein Leben an der High School war ziemlich klischeehaft. (…) Ich wurde andauernd gemobbt. (…) Ich wünschte, die anderen hätten verstanden, warum ich anders bin als sie, anstatt mich im Gang anzurempeln und mich als ‹Schwuchtel› zu beschimpfen. Fakt ist, dass ich mich anders kleide und mich nicht für Football interessiere – ich mache eben mein Ding, wenn Sie so wollen. Und das hat die anderen gestört.»[14]

> «Manche Leute meinen, ich sei arrogant und abgehoben – jemand, mit dem man unmöglich klarkommt. Sie haben Dinge über mich gehört, aber sie kennen mich

überhaupt nicht persönlich. Das ist ungefähr so, als würde man eine Rezension über ein Buch schreiben, das man gar nicht gelesen hat.»[15]

«In der Schule bin ich unsichtbar. Wenn ich mich im Mathematikunterricht melde oder die Lösung einfach herausrufe, beachtet mich keiner, nicht einmal der Lehrer. Aber wenn der Junge neben mir genau dasselbe sagt, hört der Lehrer ihn immer! Meine Gemeinschaftskundelehrerin hat mir erklärt, dass sie mich im Unterricht nicht mehr aufrufen will, weil sie ja ohnehin weiß, dass ich die Antwort auf alle Fragen kenne.»[16]

Seien Sie nicht überrascht, wenn Ihr hochbegabter Teenager vorübergehend seine Fähigkeiten versteckt oder sich Freunde aussucht, die Sie unpassend finden. Sicherlich hat er mit schwierigen Problemen zu kämpfen. Gleichzeitig möchte er austesten, wie es ist, dazuzugehören, und bestimmt ist er neugierig, wie andere leben, denken und fühlen. Er möchte aber auch seine Fähigkeiten und Interessen entwickeln, von denen einige sicherlich nicht zu seinen Peers passen. Daher werden seine Verhaltensweisen wahrscheinlich schwanken. Eine Zeit lang wird er sich den Peers auf übertriebene Weise anpassen und ein aufsässiges Verhalten zeigen; später wird er sich vermutlich von den Peers zurückziehen und die Nähe von Erwachsenen oder älteren Menschen suchen.

Für Eltern kann es belastend sein, wenn sie erkennen, dass sie auf die Freundschaften ihres Kindes nicht immer Einfluss nehmen können. Es bleibt ihnen aber nichts anderes übrig, als die Freundschaften des Kindes zu akzeptieren, bis es seine Probleme gelöst hat. Eltern wünschen sich, dass ihr Kind sich nicht verbiegt und seine Persönlichkeit und Leistung nicht einer bestimmten Peerfreundschaft opfert. Wenn Eltern einen guten Draht zu ihrem Teenager haben, können sie auch behutsam die Frage aufwerfen, was er sich von einer bestimmten Peerbeziehung verspricht, und ob der Nutzen die Nachteile überwiegt. Eltern können auch berichten, wie sie selbst im Laufe ihres Lebens mit Peerproblemen umgegangen sind.

Peerdruck und Underachievement in der Schule

Unsere Kultur ist auf Konformität ausgerichtet. Der Einfluss der allgegenwärtigen Medienkommunikation hat dafür gesorgt, dass Einstellungen, Erwartungen und sogar Sprachmuster heute viel einheitlicher sind als noch vor wenigen Jahrzehnten. In fast allen Bereichen herrscht ein Druck, die richtige Kleidung zu tragen, die richtigen Ausdrücke zu verwenden oder sich richtig zu verhalten. Einer der wichtigsten Gründe für Underachievement in der Schule – sowohl bei klugen Jungen als auch bei klugen Mädchen – ist der Wunsch, dazuzugehören und akzeptiert zu werden.

Die Kolumnistin Ann Landers hat das Problem im Hinblick auf kluge Mädchen bereits vor Jahren beschrieben: «*Zu* klug zu sein, ist nicht besonders klug – nicht, wenn man ein Mädchen ist und dazugehören möchte.» Bedauerlicherweise wird der Selbstwert eines Mädchens nach wie vor zu großen Teilen dadurch bestimmt, auf welche Jungen oder Männer sie anziehend wirkt.[17] Um beliebt zu sein, «sollten» Mädchen nett, einfühlsam, gefügig und eher passiv als aggressiv sein; außerdem sollten sie hübsch aussehen, das heißt, schöne Haare haben und modisch gekleidet sein. Allzu intelligent sollten sie allerdings nicht sein – zumindest nicht intelligenter als der Auserwählte, auf den sie es «abgesehen» haben. Die meisten dieser Qualifikationen sind für den schulischen Erfolg völlig irrelevant oder laufen den Merkmalen von herausragenden und berühmten weiblichen Persönlichkeiten sogar zuwider.

Hochbegabte Jungen stehen unter einem ähnlichen Druck. Wenn sie beliebt sein wollen, müssen sie lernen, möglichst viele Aspekte des «Boy Code» zu respektieren, zu akzeptieren und zu übernehmen.[18] Den ungeschriebenen Regeln des Boy Code zufolge, die von Generation zu Generation weitergegeben werden, müssen Jungen unabhängig sein, Verhaltensweisen annehmen, die Mut und Tapferkeit erfordern, nach Dominanz streben und darauf achten, keine «weibischen» Merkmale wie Wärme, Mitgefühl oder Abhängigkeit zu zeigen. Außerdem ist es wünschenswert, dass Jungen sportlich sind. Mannschaftssportarten wie Fußball oder Basketball werden am meisten respektiert; Einzelsportarten wie Tennis oder Golf stehen nicht so hoch im Kurs, sind aber immer noch besser als überhaupt kein

Sport. Die meisten Aspekte des Boy Code haben nichts mit schulischer Leistung zu tun.[19]

In der hispanischen oder afro-amerikanischen Kultur hat der Konformitätsdruck noch einen weiteren Aspekt: Ein hispanischer oder afro-amerikanischer Hochleister läuft Gefahr, von seinen Peers als jemand betrachtet zu werden, der sich «zu weiß» verhält und seine Kultur «verrät». Schulischer Erfolg kann also dazu führen, dass man von der eigenen ethnischen Gruppe abgelehnt wird.

Keiner der oben angeführten Werte, die in Peergruppen von Bedeutung sind, stellt schulische Leistung in den Mittelpunkt. Wenn ein hochbegabtes Kind ein schulischer Hochleister ist, werden seine Leistungen von den Peers oft als Bedrohung empfunden, da sie die verhältnismäßige Schwäche und Unzulänglichkeit derjenigen herausstellen, die nicht so gute Leistungen erbringen. Oft kritisieren Mitschüler das intelligentere Kind und sehen in ihm eine «unfaire Konkurrenz». Dadurch wird das Bemühen des Kindes um Akzeptanz durch die Peers weiter erschwert.

Obgleich hochbegabte Kinder oft froh und dankbar für ihre Befähigung sind, machen sie sich auch Sorgen, dass diese Befähigung sie von ihren Freunden entfremden könnte. Die Frage «Wie gut passe ich mich den anderen an?» kann für sie wichtiger sein als «Wie gut bringe ich meine einzigartigen Talente und Fähigkeiten zum Ausdruck und entwickle sie weiter?» Je weiter ein Schüler von der intellektuellen Norm entfernt ist, desto größer ist der Druck, sein «wahres Selbst» aufzugeben und sich anzupassen. Gerade für Teenager kann es schwierig sein, ein Selbstkonzept zu entwickeln, das so stark ist, dass sie sich nicht einer Peergruppe anschließen, die moralisch oder körperlich destruktive Verhaltensweisen wie Rauchen, Trinken oder exzessives Feiern zeigt. Kameradschaft und Akzeptanz üben eine große Anziehungskraft aus, der viele nur schwer widerstehen können, vor allem, wenn sie schon lange mit Peerproblemen zu kämpfen haben und sich danach sehnen, irgendwo dazuzugehören. In solchen Fällen tritt die schulische Leistung in den Hintergrund.

Solange Schulen ihre Schüler weiterhin allein nach Alter gruppieren – nach dem Motto alle Achtjährigen gehören in die dritte Klasse – anstatt nach ihrem gegenwärtigen Leistungs- und Fähigkeitsniveau, und solange die Gesellschaft sportliche Jungen und hübsche Mädchen zum Leitbild erklärt, werden unsere Schulen und andere soziale Systeme auch weiterhin unbequeme Orte für hochbegabte Lerner sein. Wer aufgrund seiner Intelligenz aus dem Rahmen fällt, wird auch weiterhin Schulstunden absitzen, in denen Fertigkeiten vermittelt werden, die er schon längst beherrscht. Unter solchen Voraussetzungen ist eine akademische Herausforderung ebenso schwierig wie die Akzeptanz durch die Mitschüler.

Natürlich gibt es auch hochbegabte Kinder, die gute Leistungen erbringen und Freunde haben. Eltern sollten nicht davon ausgehen, dass ihr Kind aufgrund seiner Hochbegabung automatisch zum Einzelgänger und Minderleister wird. Underachievement ist nur ein mögliches Problem, das bei hochbegabten Jugendlichen auftreten kann, aber viele hochbegabte Schüler haben keine Leistungsprobleme und ein ausreichend starkes Selbstkonzept, um destruktives Peerverhalten nicht nachzuahmen.

Peerbeziehungen im Studium und danach

Viele (aber nicht alle) hochbegabte junge Menschen besuchen im Anschluss an die Schule eine Hochschule, wo sie mit größerer Wahrscheinlichkeit auf Peers treffen, die wie sie selbst intellektuell hochbegabt sind. Aber auch im Studium können Peerbeziehungen ein Problem sein, insbesondere für Studierende, die höchstbegabt und sehr leistungsorientiert sind. Eine Presidential-Scholars-Studie mit ausgezeichneten College-Studenten hat ergeben, dass nur ein Drittel dieser Hochleister an organisierten Freizeitaktivitäten teilnahm.[20] Die meisten gaben an, keine Zeit oder kein Interesse daran zu haben, «auf allen Hochzeiten zu tanzen».

Die meisten hochbegabten Studierenden finden an der Hochschule Freunde. Allerdings haben sie nach wie vor Probleme mit Intensität, Sensitivität, Idealismus und Ungeduld. Selbst nach dem Hochschulabschluss fällt es hochbegabten jungen Männern und Frauen häufig noch schwer, Menschen zu finden, mit denen sie befriedigende Gespräche führen oder ihren leidenschaftlichen Idealismus teilen können. Sie können auch Schwierigkeiten haben, einen möglichen (Ehe-)Partner zu finden. Diese jungen

Erwachsenen reagieren sehr ungeduldig, wenn sie sich eingeschränkt fühlen – sei es bei der Arbeit, in der Gesellschaft oder in Beziehungen. Sie wollen alles, oder alles besser machen, und zwar sofort. Die mittelmäßigen Qualitätsstandards, die sie um sich herum sehen, frustrieren sie. Und manche sind unzufrieden mit anderen Menschen, wenn sie ihre Suche nach persönlicher Bedeutung nicht teilen. Beziehungen zu anderen, ob am Arbeitsplatz oder zu Hause, können darunter leiden. Die Merkmale hochbegabter Kinder können zwar subtiler werden, bleiben aber im Erwachsenenalter bestehen.

Freundschaftsstadien

Für hochbegabte Kinder kann es hilfreich sein, zu verstehen, wie Menschen im Wesentlichen miteinander in Beziehung treten. Sie können Ihrem Kind erklären, dass Beziehungen verschiedene Stadien durchlaufen und sich meist langsam von der Bekanntschaft zum Peer bis hin zum guten Freund entwickeln. Für jüngere Kinder ist ein Spielgefährte oft ein Kind in der Nachbarschaft oder ein anderes Kind in der Tagesstätte. Für Schulkinder ist ein Freund jemand, mit dem man reden kann oder der einen unterstützt und ermutigt. Wenn das Kind heranwächst, wird es sich bewusst, wie wichtig gemeinsame Interessen, Kompromisse und Gegenseitigkeit sind. Reifen Freundschaften liegt eine lange, enge Beziehung zugrunde, die auf gemeinsamen Werten basiert.

Wenn Menschen miteinander in Beziehung treten, spielen die folgenden drei Aspekte eine wesentliche Rolle:

1. Einschluss/Ausschluss: «Gehöre ich zu dieser Gruppe dazu oder nicht?»

2. Kontrolle: «Welche Funktion habe ich in der Gruppe? Bin ich der Anführer, ein Mitläufer oder jemand, der sich für den Gruppenzusammenhalt stark macht?»

3. Gegenseitige Zuwendung: «Kümmern sich die anderen wirklich um meine Belange, und kümmere ich mich um die ihren?»[21]

Die ersten beiden Fragen müssen geklärt sein, bevor die dritte relevant wird. Normalerweise empfinden wir echte Verbundenheit und Zuneigung nur für jemanden, der dieselben Werte vertritt, der unsere Rolle in der Beziehung wertschätzt und zuverlässig seinen Teil zu der Beziehung beisteuert.

Hochbegabte Kinder haben oft mit allen diesen grundlegenden Dimensionen Probleme. Sie fragen sich, ob sie wirklich zu einer Gruppe gehören oder ob sie überhaupt dazugehören wollen. Wenn sie Teil einer Gruppe oder einer Beziehung werden, treten höchstwahrscheinlich Kompetenz- oder Kontrollprobleme auf. Da hochbegabte Kinder oft sehr idealistisch sind, kann ihnen ihr Gerechtigkeitssinn in die Quere kommen, weil die anderen nicht zwangsläufig genauso viel Wert auf dieses Ideal legen. Oder sie werden ungeduldig, wenn jemand anderes, der nicht so kompetent ist, die Gruppenführerschaft übernimmt. Sie fühlen sich hin- und hergerissen, weil sie sich einerseits zugehörig, respektiert und beachtet fühlen wollen, andererseits von den Interaktionen oft frustriert sind.

Peerbeziehungen können eine Herausforderung und ein Balanceakt sein, während sie die verschiedenen Stadien durchlaufen. Hochbegabte Kinder sind manchmal Gruppenführer und recht beliebt bei ihren Peers. Anderen fällt es wiederum schwer, sich einzufügen, oder sie kommen einfach zu dem Schluss, dass es ihnen zu diesem Zeitpunkt nicht so wichtig ist, dazuzugehören. Sie lernen, damit umzugehen und sind damit zufrieden, der «einsame Wolf» zu sein, einen oder zwei enge Freunde aber kein großes soziales Netzwerk zu haben. Hochbegabte Kinder sind per Definition anders als die Norm, und das wirkt sich zweifellos auch auf ihre Beziehungen mit anderen aus.

Aggressiv, passiv oder durchsetzungsfähig

Kinder müssen herausfinden, wie aktiv sie sein müssen, um Freundschaften erfolgreich aufzubauen und aufrechtzuerhalten, aber auch, wie durchsetzungsfähig sie dazu sein müssen. Manche hochbegabte Kinder, vor allem jüngere und extravertierte, sind so aggressiv, dass sie andere abschrecken. Introvertierte Kinder sind eher passiv und warten ab, bis die Peers auf sie zukommen. Die meisten Eltern wünschen sich, dass ihre Kinder irgendwo zwischen diesen beiden Extremen liegen – dass sie durchsetzungsfähig, aber weder aggressiv noch passiv sind. Es ist hilfreich, wenn Eltern ihren Kindern den Unterschied zwischen aggressiv, passiv und durchsetzungsfähig erklären.[22]

Kinder, die passiv sind, lassen es zu, dass andere für sie Entscheidungen treffen. Sie behalten ihre Gedanken und Gefühle für sich; häufig mangelt es ihnen an Vertrauen und sie befürchten, dass ihnen etwas Schlimmes widerfahren könnte, wenn sie aggressiv sind oder sich durchsetzen. Folglich versuchen sie oft, ihre Ziele durch Manipulation, Schmeichelei oder eine andere indirekte Methode zu erreichen.

Aggressive Kinder treffen meist für andere Entscheidungen und äußern offen, und häufig auf taktlose Weise, was sie denken und fühlen. Ihr Verhalten kann sogar angreifend oder gewaltvoll sein. Oft mangelt es ihnen ebenfalls an Vertrauen, sie versuchen aber, diesen Mangel zu kompensieren, indem sie dominant sind, andere herabsetzen oder sogar mobben. Durch ihr einschüchterndes Verhalten versuchen sie zu verhindern, dass sie selbst verletzbar werden. Normalerweise fordern sie, dass ihre Bedürfnisse erfüllt werden.

Durchsetzungsfähige Kinder treffen ihre eigenen Entscheidungen und teilen ihre Gedanken und Gefühle anderen mit, ohne dabei taktlos zu sein. Sie glauben an sich und an ihre Fähigkeiten. Ihre Ziele verfolgen und erreichen sie auf direkte, respektvolle Weise. Dieser Ansatz ist nützlich, wenn sie nach geeigneten Peers suchen.

Praktische Anregungen

Geben Sie Strukturen vor. Eltern und Lehrer können vor allem jüngeren Kindern helfen, ihre Peerbeziehungen zu fördern, indem sie ihnen Struktur, aber auch gewisse Einschränkungen vorgeben. «Ihr könnt bis zur Mittagszeit Lego spielen und dann alle zusammen helfen, die belegten Brote zuzubereiten» oder «Hier sind ein paar Dinge, die ihr verwenden könnt, um eine Burg zu bauen, aber wenn es zu laut wird, müsst ihr draußen spielen.» Semistrukturiertes oder strukturiertes Spielen mit anderen Kindern kann klare Parameter zur Verfügung stellen und zu positiven Interaktionen beitragen.

Überfrachten Sie das Kind nicht mit Aktivitäten. Die Interessen hochbegabter Kinder und der Wunsch ihrer Eltern, ihnen möglichst viele Enrichment-Gelegenheiten zu bieten, führen mitunter dazu, dass diese Kinder derart mit Aktivitäten überfrachtet werden, dass sie kaum noch Zeit finden, um Freundschaften aufzubauen. Wenn Sie einmal überschlagen, wie viele Stunden Ihr Kind jede Woche mit Hausaufgaben, Musikstunden, Fußballtraining, Pfadfindern, Aktivitäten in der Kirchengemeinde und den Fahrten von und zu diesen Veranstaltungen zubringt, wird deutlich, dass ihm praktisch keine Zeit mehr bleibt, um einfach nur mit einem Freund zu spielen. Natürlich kann Ihr Kind auch im Rahmen dieser Aktivitäten Freunde finden; aber was hat es davon, wenn es die anderen Kinder gar nicht richtig kennenlernen kann? Planen Sie Tage ein, an denen das Kind spielen kann. Es empfiehlt sich, dass der Fernseher während dieser Zeit ausgeschaltet bleibt.

Verwandeln Sie Herrschsucht in Führerschaft.[23] Manche hochbegabte Kinder sind bei ihren Peers nicht beliebt, weil sie rechthaberisch oder regelrecht herrschsüchtig sind. Diese Kinder verärgern ihre Peers nicht absichtlich. In der Regel sind sie einfach durchsetzungsstark und investieren so viel Energie und Enthusiasmus in ihre neuen Ideen oder das neue Spiel, das sie sich gerade ausgedacht haben, dass sie ihre Vorstellungen – ohne sich dessen bewusst zu sein – in einem «Kommandoton» durchsetzen wollen, bei dem den anderen die Lust am Mitspielen vergeht. Oft sind diese Kinder so intensiv und gehen so sehr in einer Aktivität auf, dass sie den Mangel an Interesse oder die negativen Reaktionen der anderen gar nicht bemerken. So könnte ein hochbegabter Erstklässler in der Schulpause zum Beispiel folgendes Spiel vorschlagen: «Spielen wir König Artus! Du bist der weiße Ritter, und Karen kann das Burgfräulein spielen, und ich bin der schwarze Ritter, der dich beim Turnier besiegt. Wir reiten auf Pferden und haben Lanzen wie diese hier, und wir reiten aufeinander zu, und dann versuchst du, mich vom Pferd zu stoßen, aber ich bekämpfe dich mit meinem

Schwert – siehst du, so … und dann stoße ich dich von deinem Pferd. Die anderen spielen das Publikum. Ihr stellt euch dort drüben hin und jubelt uns zu. Und dann lässt Karen das Taschentuch fallen, das ich ihr gegeben habe, als Zeichen, dass ich gewinnen soll.» Die anderen Erstklässler haben keine Ahnung, wovon der Junge eigentlich spricht und welche Spielregeln er ihnen diktiert, und natürlich laufen sie davon und sagen «Wir wollen das nicht spielen. Wir wollen Bergkönig spielen, wie gestern.» Oder schlimmer noch, sie sagen «Der spinnt doch» und lassen den Jungen stehen.

Wenn dieser enthusiastische, herrische Erstklässler Ihr Kind wäre, würden Sie ihm wahrscheinlich – zum richtigen Zeitpunkt – freundlich erklären, dass andere Kinder nicht immer genauso begeistert von einem Spiel sind, wie er es gerne hätte, und dass er, wenn er Freunde haben will, auch darauf hören muss, was die anderen möchten, und ihnen nicht einfach vorschreiben kann, was sie spielen sollen. Hochbegabte Kinder können lernen, Situationen zu analysieren und den Unterschied zwischen Führerschaft und Herrschsucht zu begreifen. Geben Sie dem Jungen zu verstehen, dass andere Kinder es wahrscheinlich nicht mögen, wenn man sie kontrolliert und herumkommandiert. Kaum jemand hat Freude daran, unter der Fuchtel anderer zu stehen.

Wenn Sie mit Ihrer Erklärung an die Interessen des Kindes anknüpfen, versteht es wahrscheinlich besser, was Sie meinen. Der Junge im obigen Beispiel wird wahrscheinlich aufhorchen, wenn Sie davon erzählen, wie König Artus die Ritter zu einer Tafelrunde lud und ihnen Gelegenheit gab, ihre Meinung zu äußern. Sie können dem Jungen auch erklären, dass es manchmal besser ist, nicht der König, sondern nur ein Ritter zu sein. Manchmal ist es gut, der Anführer zu sein, aber es kann auch Spaß machen, wenn jemand anderes die Führung übernimmt. Sie können über Mannschaftssport wie Baseball oder Football sprechen, und darüber, dass die einzelnen Spieler im Team unterschiedliche Funktionen übernehmen, je nachdem, was gerade gebraucht wird. Beim Football hat eigentlich der Coach das Sagen, aber wenn der Quarterback auf dem Feld ist, ist er der Spielführer. Manchmal ist auch einer der anderen Spieler der «Star», vor allem, wenn ihm ein Touchdown gelingt. Erst führt ein Spieler für eine Weile, dann ein anderer.

Versuchen Sie Ihrem Kind klarzumachen, dass ein guter Anführer den anderen gestattet, ihre Ideen einzubringen, und nicht immer alle Entscheidungen selbst treffen muss. Ein guter Anführer versteht, dass Teamarbeit und wechselnde Führungsrollen meist wertvoller sind. Delegieren, unterstützen, helfen und fördern sind alles wichtige Aspekte von Führerschaft, und der Schlüssel ist, zu wissen, wann welches Verhalten sinnvoll ist. Ein guter Gruppenführer hat in der Regel mehr Einfälle als die anderen, aber er ist nicht so abgehoben oder kompliziert, dass die anderen ihm nicht mehr folgen können.

Sie können Ihrem Kind den Unterschied zwischen Bevormundung und Kooperation vor Augen führen. Fordern Sie das Kind auf, Ihnen in einem herrischen Ton eine Anweisung zu geben; anschließend soll es Sie bitten, etwas zu tun, diesmal aber in einer Weise, die eher kooperativ und überzeugend ist. Ein weiterer Denkanstoß wäre, das zu Kind zu fragen, welche der folgenden Aufforderungen, sein Zimmer aufzuräumen, es vorziehen würde: «Gavin, du räumst jetzt sofort dein Zimmer auf!» Oder «Gavin, ich möchte, dass du im Laufe des Nachmittags dein Zimmer aufräumst, bevor Oma und Opa zum Abendessen kommen. Möchtest du es vor dem Fußballtraining tun oder danach?» Anschließend sprechen Sie mit dem Kind darüber, welcher Aufforderungsstil ihm mehr zusagt, und warum. Wodurch unterscheiden sich die beiden Aufforderungen?

Hilfreich ist auch, ein Ventil für herrschsüchtiges Verhalten zur Verfügung zu stellen, um Führungsfertigkeiten zu fördern. Zu Hause können Sie einem herrschsüchtigen Kind gesunde und angemessene Gelegenheiten bieten, um etwas zu bestimmen. «Spezielle Familientage», wie wir sie in Kapitel 3 beschrieben haben, sind ein geeigneter Anlass, bei dem Ihr Kind Führungsfertigkeiten üben kann. Vermutlich fallen Ihnen aber noch andere Möglichkeiten ein, um die Führung und Initiative Ihres Kindes in der Gemeinschaft zu fördern.

Ziehen Sie spezielle Schulen oder Programme in Betracht. Da spezielle Schulen oder Programme für hochbegabte Kinder die Schüler nicht nur nach Alter, sondern auch nach Befähigung gruppieren, findet ein hochbegabtes Kind dort mit größerer Wahrscheinlichkeit geeignete Peers. Ein Patentrezept ist das allerdings nicht; hochbegabte Kinder verstehen sich mit Ihresgleichen nicht grundsätzlich besser, obwohl die Wahrscheinlichkeit, dass Peerprobleme auftreten, unter Gleichgesinnten geringer ist.

Vermeiden Sie zu viele Vergleiche. Vergleiche tragen nicht dazu bei, Peerbeziehungen zu verbessern, schon gar nicht, wenn Eltern oder Lehrer die Leistung eines hochbegabten Kindes den Peers als Vorbild vorhalten. Manchmal stellen Eltern Vergleiche an, um das Kind mittels Beschämung dazu anzuspornen, sein Verhalten zu ändern. Diese indirekte Methode ist vermutlich weniger wirksam, als das Kind direkt mit seinem Verhalten zu konfrontieren und es zu fragen, was es darüber denkt.

Rücken Sie den Peerdruck in die richtige Perspektive. Am stärksten ist der Peerdruck für Kinder während der Schulzeit, wenn sie starr nach Alter gruppiert werden; an der Hochschule und danach nimmt der Peerdruck dann beträchtlich ab. Es ist wichtig, einem hochbegabten Kind klarzumachen, dass nach dem Schulabschluss niemand mehr danach fragen wird, wer denn der beliebteste Junge oder das beliebteste Mädchen der Klassenstufe war. Eine Möglichkeit, um das zu vermitteln, ist das folgende Gespräch:[24]

Mutter: «Wie wird ein Schüler genannt, der viel lernt, mehr arbeitet als die anderen, seine Hausaufgaben gern macht und ernsthaft versucht, etwas von seinen Lehrern zu lernen?»

Kind: «Streber, Schleimer, Hirni.»

Mutter: «Und wie werden Erwachsene genannt, die ihr Bestes geben, mehr arbeiten als die anderen, Freude an ihrer Arbeit haben und sich darum bemühen, neue Dinge zu lernen?»

Kind: «Puh – keine Ahnung!»

Mutter: «Man nennt sie ‹Chef›.»

Kurze, prägnante Denkanstöße wie diese können Ihrem Kind deutlich machen, dass schulische Leistung und Unabhängigkeit von Peerdruck Türen in die Zukunft öffnen.

Setzen Sie Bibliotherapie ein. Durch Bücher können hochbegabte Kinder viel über Freundschaft lernen und sich mit wichtigen Dingen auseinandersetzen, etwa Unvollkommenheit tolerieren, bei freundlichen Scherzen nicht gleich eingeschnappt sein, über Ängste und Sorgen sprechen, Geheimnisse für sich behalten, Fehler vergeben und «Macken» akzeptieren. Mit diesen Dingen beschäftigen sich zum Beispiel die Bücher *Rosie and Michael* von Judith Viorst und *She taught me to eat artichokes* von Mary Kay Shanley.[25] Späße machen, zusammen lachen, Besitztümer teilen und einander in Notsituationen helfen sind weitere wichtige Aspekte von Freundschaft. Wenn das Kind etwas darüber liest, kann es wichtige Einblicke gewinnen und seine Peerbeziehungen verbessern. Weitere Bücher, die in diesem Zusammenhang nützlich sind, werden in dem Buch *Some of of my best friends are books* von Judith Halsted genannt.[26] Es kann Eltern und Kindern Freude bereiten, solche Bücher zusammen zu lesen und dann über die Charaktere zu sprechen. Deren Gefühle und Handlungen können auf indirekte Weise Einblick gewähren.

Für hochbegabte Jugendliche und junge Erwachsene sind Biografien berühmter Persönlichkeiten eine nützliche Lektüre. Wenn sie gut ausgewählt und auf nicht-bedrohliche Weise dargeboten werden, können diese Lebensgeschichten indirekt die Botschaft vermitteln, die Sie dem Kind senden möchten, und somit die Wahrscheinlichkeit erhöhen, dass diese Botschaft auch tatsächlich ankommt. Diese wirkmächtige Methode hilft dem Kind, Einsicht zu erlangen, und kann dazu beitragen, dass es ein Verhalten allmählich ändert.

Peerbeziehungen innerhalb der Familie

Das familiäre Umfeld ist für die Peerbeziehungen des Kindes von großer Bedeutung. Wenn ein hochbegabtes Kind merkt, dass es anders ist als seine Peers in der Schule, ist es besonders wichtig, dass die Familienmitglieder es mit seinen besonderen Merkmalen akzeptieren und es dazu ermutigen, seine Fähigkeiten zu entwickeln und einzusetzen. Eltern können einem isolierten Kind eine Rettungsleine zur Verfügung stellen und seine Einsicht und Anpassung fördern, indem sie über ihren eigenen Peerdruck – etwa bei der Arbeit oder im Bekanntenkreis – sprechen und darlegen, wie sie damit umgehen.

Manchmal können Eltern oder Großeltern ein Kind auch unterstützen, indem sie ihm bestätigen, dass es in Ordnung ist, verschiedene Freunde für unterschiedliche Aktivitäten zu haben. Allein die Tatsache, dass Sie die besonderen Freundschaftsbedürfnisse des Kindes anerkennen, kann dem Kind die Rückversicherung geben, die es braucht, weil Sie ihm dadurch vermitteln, dass diese Bedürfnisse keineswegs so ungewöhnlich sind, wie es vielleicht denkt. Da Eltern im Laufe ihres Lebens ebenfalls viele verschiedene Peers haben, wissen sie, dass Erfolg im Leben nicht davon abhängt, ob man in einer bestimmten Gruppe beliebt ist oder mit möglichst vielen Menschen befreundet ist.

Erwachsene können im Leben eines hochbegabten Kindes wichtige Peers sein. Viele Eltern, Großeltern, Tanten und Onkel haben Freude daran, gelegentlich mit einem Kind Brettspiele zu machen, mit ihm Karten zu spielen oder einfach nur herumzualbern und das kindliche Spiel und Lachen zu genießen. Wichtige erwachsene Bezugspersonen außerhalb der Kernfamilie können dem Kind außerdem Peerinteraktionen bieten. Zum Beispiel kann ein 13-Jähriger den 60-jährigen Nachbarn als seinen Peer beim Schachspielen betrachten. Eine solche interessenbasierte Freundschaft kann sich auch zu einer Art Mentor-Beziehung entwickeln, etwa wenn der Jugendliche Interesse an der früheren Berufstätigkeit des Nachbarn zeigt.

Eltern bei der Bewältigung von Peerdruck unterstützen

Auch Erwachsene sind dem Druck ihrer Peers ausgesetzt. Beispielsweise gibt es in unserer Gesellschaft klare Vorstellungen davon, wie eine «gute Erziehung» auszusehen hat, und wie Kinder sich verhalten «müssen». Eltern hochbegabter Kinder erleben Peerdruck häufig in Form von bewertenden Blicken oder Kommentaren anderer Eltern. «Warum setzen Sie Ihr Kind denn so unter Druck? Muss es denn unbedingt schon lesen können, bevor es in die Schule kommt?» Solche Bemerkungen versetzen den Eltern einen Stich, zumal sie ihrem hochbegabten Kind das Lesen gar nicht beibringen; vielmehr bringt sich das Kind diese Fertigkeit selbst bei, indem es nach der Bedeutung von Wörtern fragt. Aber die Eltern fühlen sich unter Druck, weil sie von ihren Peers beurteilt werden.

Merkmale, die bei hochbegabten Kindern normal sind, fallen besonders im Vergleich mit Gleichaltrigen auf. Wenn Eltern hochbegabter Kinder mit anderen Eltern über ihre Kinder sprechen, stoßen sie oft auf Ungläubigkeit, Fragen oder Kritik. «Also, *mein* Kind ist nicht so empfindlich. Was haben Sie denn mit Ihrem Kind gemacht, dass es so dünnhäutig ist?» «Warum lassen Sie es zu, dass Ihr Kind so ungezogen ist und Erwachsenen so unhöfliche Fragen stellt?» «Warum spielt Ihr Kind denn nicht mit Gleichaltrigen?» «Warum ist Ihr Kind denn so herrschsüchtig?» «Meinen Sie nicht, dass Sie Ihr Kind verziehen, wenn Sie die Schilder aus allen seinen T-Shirts herausschneiden, bloß weil sie angeblich kratzen, und ihm eine spezielle Kuscheldecke geben, die mit Satinbändern eingefasst ist?» Die anderen Eltern wissen nichts über die Merkmale und Auswirkungen von Hochbegabung und machen Sie für Dinge verantwortlich, die zum Wesen des hochbegabten Kindes gehören. Möglicherweise werfen sie Ihnen vor, übertrieben stolz auf Ihr Kind zu sein oder angeben zu wollen. Oder man wirft Ihnen an den Kopf, dass Ihr Kind eher mit anderen Kindern spielen würde, wenn Sie nicht so viel Aufhebens um seine Fähigkeiten machen würden. Solche Kommentare tun sehr weh.

Wenn sich solche Erfahrungen häufen, kann die Erziehung eines hochbegabten Kindes zu einem sehr einsamen Unterfangen werden. Eltern hochbegabter Kinder treffen nur selten auf Ihresgleichen und können sich daher nicht immer über die außergewöhnlichen Leistungen ihrer Kinder und über ihre eigenen besonderen Erziehungserfahrungen austauschen. Oft sind Eltern hochbegabter Kinder auf ihre eigenen Eltern angewiesen, um emotionale Unterstützung und Ermutigung zu bekommen. Sie brauchen jemanden, der ihnen zuhört und sie akzeptiert und den sie nicht erst davon überzeugen müssen, dass das, was sie von ihrem Kind erzählen, auch tatsächlich wahr ist.[27]

Mitunter ist der Peerdruck so groß, dass einer der Eltern oder beide nur noch einen Wunsch haben: ihr Kind möge «normal» oder «durchschnittlich» sein oder sich zumindest nicht gar so sehr von anderen Kindern unterscheiden. Es kann schwierig sein, dem Peerdruck zu widerstehen, und Eltern brauchen – genau wie ihre hochbegabten Kinder – Mut, um sich auch weiterhin für die Interessen ihrer intensiven Kinder einzusetzen.

Kapitel 9

Familienbeziehungen, Geschwister und Einzelkinder

Die Beziehungen in Familien mit hochbegabten Kindern können intensiv sein und mitunter Anlass zur Sorge geben. Es treten einige allgemeine Probleme auf, wenn hochbegabte Kinder Geschwister haben, aber auch, wenn sie Einzelkinder sind. Die Interaktionen innerhalb der Familie beeinflussen die Art und Weise, wie wir als Erwachsene mit anderen in Beziehung treten und kommunizieren. Auch der Erziehungsstil wird von der Herkunftsfamilie auf die eigene Familie übertragen und beeinflusst die Erziehung der Kinder. Je nachdem, ob man selbst Geschwister hatte oder Einzelkind war, können diese Erziehungsstile erheblich variieren. Unterschiedliche Erziehungsstile können Einfluss darauf nehmen, wie ein hochbegabtes Kind die Familienbeziehungen erlebt. Wenn diese Beziehungen untereinander ausgehandelt werden, können spezielle Probleme für hochbegabte Kinder entstehen, gleichgültig, ob sie Einzelkinder sind oder Geschwister haben.

Einzelkinder

Einzelkinder und erstgeborene Kinder weisen gewisse Ähnlichkeiten auf, denn bis zu dem Moment, da das zweite Kind zur Welt kommt, *sind* diese Erstgeborenen ja Einzelkinder, und das oft viele Jahre lang. Einzelkinder sind in der Regel recht selbstständig. Sie orientieren sich an den Erwachsenen und ergreifen die Initiative, um sich zu beschäftigen. Da sie keinen Druck von Geschwistern bekommen, sind sie auch nicht gezwungen, sich anderen Kindern anzupassen; daher sind Einzelkinder häufig Nonkonformisten. Obwohl sie gute Anführer sein können, sind sie oft selbstgenügsam, was ihre Interessen betrifft, und gehen eher individuellen als Gruppenaktivitäten nach.

In Zwei-Eltern-Familien ist die Erziehung von Einzelkindern oft einfacher, und das Kind bekommt viel Aufmerksamkeit. Für Eltern ist es meist einfacher, ein einzelnes Kind mit in Konzerte, in die Bücherei oder zu Treffen mit anderen Erwachsenen zu nehmen, wo das Kind dann anspruchsvolle Unterhaltungen und Aktivitäten mitbekommt. Die Eltern können dem Kind außerdem mehr Bildungsgelegenheiten bieten. Das erklärt auch, warum Forschungen zufolge viele berühmte Persönlichkeiten Erstgeborene oder Einzelkinder waren. Bezeichnend ist auch, dass diese Kinder oft entweder Hochleister oder – ironischerweise – Minderleister werden,[1] wenn sich die Eltern in ihr Leben einmischen oder Machtkämpfe mit ihnen führen.

Die Erziehung eines Einzelkindes birgt auch gewisse Risiken, die in Kapitel 11 (Die Komplexität erfolgreicher Kindererziehung) erörtert werden. Gerade bei hochintelligenten Kindern besteht die Gefahr, dass Erwachsene sie wie ihresgleichen behandeln und sie bei all ihren Entscheidungen um Rat fragen – wohin sollen wir essen gehen, welchen Film sollen wir uns anschauen, welche CD sollen wir hören etc. Das Ergebnis kann sein, dass das Kind zu viel Macht in der Familie bekommt und irgendwann Schwierigkeiten hat, die Aufmerksamkeit der Eltern mit einem Geschwisterkind zu teilen, das später hinzukommt.

Konkurrenz und Kooperation zwischen Geschwistern

Die Intensität eines hochbegabten Kindes wirkt sich natürlich auch auf die Beziehung zu seinen Geschwistern aus. Hochbegabte Kinder vergleichen sich oft mit den anderen Kindern in der Familie und messen sogar ihren Wert daran, wie viel Macht, Aufmerksamkeit und Zeit sie von den Eltern bekommen. Geschwisterrivalität, ebenso wie die enge Beziehung unter

Geschwistern, ruft zweifellos starke Emotionen hervor. Manche Eltern sind angesichts der schwankenden Geschwisterbeziehungen frustriert; andere berichten, dass diese Beziehungen im Allgemeinen erfreulich sind. Alle Familien durchleben Zeiten, in denen Konflikte und Spannungen vorherrschen, und Geschwisterbeziehungen tragen sicherlich dazu bei. Glücklicherweise gibt es Strategien, mit denen Eltern den Stress unter Geschwistern verringern können.

Warum ist es wichtig, Kindern dabei zu helfen, Zank, Rivalität und Kämpfe in der Familie möglichst gering zu halten? Der offensichtlichste Grund ist, dass das Zusammenleben ohne solche Konflikte einfach angenehmer ist. Es geht aber auch darum, dass die Familienrollen, die in der Kindheit gelernt werden, auf das Verhalten im Erwachsenenalter übertragen werden und die Art und Weise beeinflussen, wie man künftig mit dem (Ehe-)Partner oder den Arbeitskollegen umgeht. Manchmal ist es positiv, wenn diese Rollen übertragen werden, etwa wenn ein Kind ein Hochleister ist und als Erwachsener ein Leistungsträger bleibt und vielleicht zum erfolgreichen Manager eines Unternehmens aufsteigt. Eine Rolle, die man in der Kindheit übernommen hat, kann im Erwachsenenleben aber auch hinderlich sein, etwa wenn jemand schon als Kind «immer Recht» hatte und als Erwachsener ein echter «Platzhirsch» wird, mit dem niemand zusammenarbeiten möchte. Oder wenn das Kind, das mit seinem älteren Bruder nie so ganz «mithalten» konnte, als Erwachsener immer noch versucht, dieses Defizit durch besonders viel Arbeit zu kompensieren, und dabei zum Workaholic wird, der kaum noch entspannen kann, obwohl der Bruder schon längst keine unmittelbare Konkurrenz mehr für ihn darstellt. Wie Adele Faber und Elaine Mazlish in ihrem Buch *Hilfe, meine Kinder streiten: Ratschläge für erschöpfte Eltern* betonen: «Die Beziehung zu unseren Geschwistern kann einen gewaltigen Einfluss auf unser frühes Leben haben und intensive Gefühle – positive wie negative – hervorrufen. [...] Diese Gefühle können auch noch im Erwachsenenalter prägend für die Beziehung zu unseren Brüdern und Schwestern sein [...] und sogar an die nächste Generation weitergegeben werden.»[2] Wenn schon früh positive Geschwisterbeziehungen entwickelt werden, kann das ein Leben lang positive Auswirkungen haben.

Ein besseres Verständnis von häufig anzutreffendem Geschwisterverhalten und der Rollenverteilung unter Geschwistern kann uns dabei helfen, unsere Kinder zu einem friedvolleren Miteinander zu führen und ihre Kooperation zu verbessern. Wir können Kindern vorleben, wie sie ihre Schwierigkeiten in den Griff bekommen können, so dass das älteste Kind nicht so «herrisch» und das jüngste Kind nicht so «hilflos», «bedürftig» oder «quengelig» ist, und wir können weitere Strategien nutzen, um positive Beziehungen zu fördern. Dazu ist es hilfreich, die grundlegenden Familienrollen zu kennen und zu verstehen, wie sie sich mit jedem neuen Familienmitglied, das hinzukommt, verändern.

Geschwisterreihenfolge

Der Psychologe Kevin Leman hat in seinem Buch *Geschwisterkonstellationen: Die Familie bestimmt Ihr Leben* die verschiedenen Rollen beschrieben, die Kinder in der Familie übernehmen, je nachdem, ob sie das älteste, das mittlere oder das jüngste Kind sind.[3] Beispielsweise ist das erstgeborene Kind in der Regel leistungsorientierter als seine jüngeren Geschwister und wird von den anderen als «herrschsüchtig» wahrgenommen. Das Nesthäkchen ist dagegen oft der «Clown» in der Familie, die «Soziale» oder das «Baby», das geübt ist, die Aufmerksamkeit der anderen auf sich zu ziehen. Das Kind in der Mitte (Leman spricht von «Mittelkindern») fühlt sich häufig «eingezwängt» oder vernachlässigt; am Ende stellt sich aber oft heraus, dass es am besten angepasst ist und am besten mit anderen zurechtkommt. Natürlich ist diese Rollenverteilung nicht festgeschrieben; vielmehr handelt es sich um eine Tendenz, die allerdings vielen Familien bekannt vorkommt.

Erstgeborene und Einzelkinder werden mit größerer Wahrscheinlichkeit als akademisch hochbegabt identifiziert.[4] Eltern verbringen mit dem erstgeborenen Kind mehr Zeit, sprechen mehr mit ihm, nehmen es zu Ausflügen mit und haben insgesamt hohe Erwartungen an das Kind. Beim zweiten Kind haben die Eltern schon weniger Zeit, um mit ihm zu spielen und zu interagieren. Häufig erwarten sie auch, dass das ältere Kind bestimmte

Aufgaben übernimmt und sich um das Geschwisterchen kümmert. «Kannst du ein paar Minuten mit dem Baby spielen, während ich das Essen vorbereite?» Und einige Jahre später: «Kannst du ein Auge auf deine kleine Schwester werfen, wenn sie auf deine Schule kommt?» Dementsprechend haben Forschungen gezeigt, dass Erstgeborene meistens ernst, zuverlässig und verantwortungsbewusst sind und großen Wert auf die Anerkennung der Erwachsenen legen. Oft sind sie besser organisiert und leistungsorientierter als ihre jüngeren Geschwister.

Zweitgeborene werden seltener als hochbegabt identifiziert, obgleich fundierte Daten darauf hindeuten, dass ihr intellektuelles Potenzial sehr ähnlich ist wie das ihrer Geschwister.[5] Wenn es in einer Familie ein hochbegabtes Kind gibt, ist zu vermuten, dass noch weitere Kinder hochbegabt sind, da nicht nur die genetischen Voraussetzungen gleich sind, sondern auch das familiäre Umfeld, in dem die Kinder aufwachsen. Es kann jedoch sein, dass die Hochbegabung des anderen Kindes nicht so offensichtlich ist. Forschungen deuten darauf hin, dass zweitgeborene Kinder in der Regel mehr Wert auf die Anerkennung ihrer Peers und Geschwister legen und weniger darauf bedacht sind, ihren Eltern oder Lehrern zu gefallen. Die Gründe hierfür sind noch nicht vollständig geklärt. Fest steht, dass Eltern für das zweite und dritte Kind weniger Zeit haben und oft auch keine so großen Anforderungen an sein Verhalten stellen; meist sind sie toleranter, was ihre Erwartungen an diese Kinder angeht.

Es ist viel über das «Sandwich-Kind-Syndrom» geschrieben worden: Das erstgeborene Kind hat mehr Privilegien, weil es älter ist, das jüngste Kind bekommt besonders viel Aufmerksamkeit, weil es das «Baby» in der Familie ist; das «Sandwich-Kind» dazwischen büßt nicht nur seine Position als «Baby» ein, wenn das Nesthäkchen geboren wird, sondern hat auch Schwierigkeiten, eine neue, klar definierte Rolle zu finden. Mittlere Kinder werden seltener als akademisch hochbegabt identifiziert, fallen aber häufiger durch ihre guten Führungsfertigkeiten und ihre Sozialkompetenz auf. Oft werden sie zum Vermittler in der Familie, schlichten Streit und legen Konflikte zwischen den anderen Geschwistern bei. Dadurch lernen sie interpersonale und Führungsfertigkeiten.[6]

Rollen und Status

Dass es in einer Familie zu Rivalität um Status und Rollen kommt, ist durchaus normal und zu erwarten. Natürlich wollen alle Kinder von ihren Eltern als etwas Besonderes und Einzigartiges anerkannt werden. Sie beobachten die Eltern genau, um festzustellen, was sie wertschätzen und wie sie auf ihre eigenen Verhaltensweisen und auf die ihrer Geschwister reagieren. Wenn ein Kind auf ein bestimmtes Verhalten – ob unangemessen oder angemessen – eine Reaktion bekommt, machen die anderen dieses Verhalten entweder nach oder probieren ein anderes Verhalten aus. Kinder vergleichen ihre Leistung in verschiedenen Bereichen häufig mit der ihrer Geschwister. Sind sie ebenfalls in der Lage, die Eltern zum Lachen oder Lächeln zu bringen? Können sie ein Musikinstrument besser spielen? Wissen sie genauso viel über Autos oder Computer? Sind sie ebenso sportlich? Sind sie besser in der Schule? Können sie andere ebenso gut führen? Diese Beurteilungen und Vergleiche sind Teil der Rollenfindung innerhalb der Familie; das Kind sucht Antworten auf Fragen wie «Was kann ich gut?» oder «Was bringe ich in diese Familie ein?»

Durch Vergleiche und Rivalität, ob sie nun offen oder unterschwellig ausgetragen wird, arbeiten Kinder ihre Rolle und ihren Status heraus. Wenn ein Kind im akademischen Bereich besonders gut ist, probiert das nächste Kind in der Regel einen anderen Bereich aus, wo es brillieren kann, zum Beispiel soziale Beziehungen. Schließlich ist die schulische Nische bereits durch das ältere Kind «besetzt». Selbst wenn ein Kind in mehreren Bereichen ein beträchtliches Potenzial hat, wird es vermutlich keinen Anspruch auf eine Rolle erheben, die bereits besetzt ist. Oft erfolgt diese Festlegung auf eine bestimmte Rolle schon sehr früh. Das eine Kind wird zum «Musiker», das andere zur «Gescheiten» und die anderen zum «Komiker», zur «Sozialen» oder sogar zum «Unruhestifter» oder «Problemkind». Wenn sich ein Kind erfolgreich eine Rolle erarbeitet hat, verstärkt die Familie diese Rolle häufig unbewusst, indem sie den damit verbundenen Verhaltensweisen besondere Aufmerksamkeit schenkt.

Auf der einen Seite haben diese Rollen ihr Gutes, weil sie einem Kind Rückversicherung geben und ihm einen besonderen Platz einräumen. Auf der anderen Seite können sie aber auch einschränkend sein, wenn Kinder irrtümlicherweise glauben, dass sie «Entweder-oder-Rollen» einnehmen müssen und dass nur ein Kind in der Familie in einem bestimmten Bereich besonders gut sein kann. Möglicherweise denken sie: «Johanna ist die Hochbegabte in der Familie, also kann ich wahrscheinlich nicht an einem Hochbegabtenprogramm teilnehmen.» Es kann auch passieren, dass ein Kind sein Potenzial in einem Bereich nicht entwickelt, weil es Angst hat, dass es darin weniger gut sein könnte als sein Bruder oder seine Schwester.

Manchmal ergibt sich eine spezielle Rolle auch ganz natürlich aus den angeborenen Talenten, der Persönlichkeit, den Interessen oder dem Temperament eines Kindes. Jedes Kind hat bestimmte Fertigkeiten, die ihm leichter fallen. Das sollte die anderen Kinder in der Familie jedoch nicht davon abhalten, diese Fertigkeiten ebenfalls zu entwickeln. Wenn ein Kind gerne Turn- oder Musikstunden nimmt, obwohl es in diesen Bereichen nicht so begabt ist wie eines seiner Geschwister, sollten die Eltern es trotzdem darin bestärken, weiterhin diesen Interessen nachzugehen.

Die Position und der Status innerhalb der Familie spielen auch bei schulischem Underachievement eine Rolle. Viele Erstgeborene, die in der Familie als «speziell» gelten, werden zu Minderleistern, wenn ihnen ihr «Speziellsein» an einem bestimmten Punkt entzogen wird und ein anderes Kind in der Familie diesen Status bekommt. Das kann zum Beispiel nach einer Scheidung passieren, wenn ein Elternteil wieder heiratet und Stiefgeschwister hinzukommen. Oder wenn die Eltern sich abwenden, weil sie enttäuscht oder wütend auf ein Kind sind, und dann einem Geschwisterkind gestatten, Anspruch auf den «speziellen» Status in der Familie zu erheben. Wenn ein Kind als etwas «Spezielles» gilt, fühlen sich die anderen Kinder eventuell vernachlässigt, weil sie weniger Aufmerksamkeit bekommen.[7]

Wie kann eine Familie erreichen, dass jedes Kind eine wichtige Position erhält, aber gleichzeitig auch neue Fertigkeiten und Rollen ausprobiert? Wie können Eltern die Kooperation unter Geschwistern fördern und eine erbitterte und zerstörerische Rivalität in der Familie verhindern?

Geschwisterrivalität

Rivalität unter Geschwistern kann viele verschiedene Formen annehmen, aber am häufigsten äußert sie sich in zornigem Verhalten – in selbstsüchtigen oder gehässigen Bemerkungen oder Handlungen, Klatsch, Mobbing, den anderen stören oder seine Besitztümer kaputt machen, Kritik, Anschwärzen, Bloßstellen oder sogar körperlichen Handgreiflichkeiten. Obwohl es in solchen Situationen oft schwierig ist, sollten Eltern versuchen, die Ursachen für diese Verhaltensweisen anzugehen, anstatt sich auf das Verhalten selbst zu konzentrieren. Wenn Sie die Gründe verstehen, ist es leichter, ruhig auf die jeweiligen Bedürfnisse der Kinder zu reagieren, und nicht auf ihr Verhalten. Das soll nicht heißen, dass Sie das Verhalten einfach ignorieren sollen, obschon das manchmal – zumindest am Anfang – die beste Strategie ist; vielmehr sollten Sie feststellen, was die Kinder mit ihrem Verhalten bezwecken und dann entscheiden, wie Sie am besten intervenieren können.

Eine interessante Achtsamkeitsübung kann Eltern helfen, die Intensität der Gefühle ihrer Kinder gegenüber den Geschwistern zu verstehen.[8] Eltern sollten versuchen, sich vorzustellen, dass ihr Ehepartner eines Tages nach Hause kommt und ihnen mitteilt: «Schatz, ich liebe dich so sehr, und du bist so wunderbar und so absolut entzückend, dass ich beschlossen habe, mir noch eine andere Frau (bzw. noch einen anderen Mann) genau wie du zuzulegen.» Die Reaktion des Partners wäre natürlich zuerst ein Schock, der dann in Leugnung und später in Schmerz und große Wut umschlägt. Diese Übung lässt sich mit verschiedenen Szenarien weiterführen: Zum Beispiel bekommt der neue Ehepartner mehr Aufmerksamkeit als man selbst, und alle schwärmen, wie süß und wundervoll die neue Frau/der neue Mann in der Familie doch ist. Und dann fordert Ihr Partner Sie auf, Ihre Kleidung, Ihren Computer und Ihre Videospiele mit dem neuen Familienmitglied zu teilen. Die meisten Erwachsenen, die diese Übung machen, empfinden große Wut und überlegen, wie sie sich an dem Partner rächen könnten. Für Ihre Kinder, die diese Situation «in echt» erleben, sind diese Wut- und Rachegefühle noch viel intensiver, weil Kinder noch nicht über die rationalen Denkfertigkeiten der Erwachsenen verfügen, die ihnen dabei helfen könnten, Veränderungen zu verstehen und zu akzeptieren. Kein Wunder also, dass Kinder so starke Reaktionen zeigen, wenn ein Geschwisterkind versucht, ihnen ihren Status in der Familie streitig zu machen.

Die Suche nach Aufmerksamkeit, Anerkennung und Macht

Obgleich Rivalität kein unwillkürliches Verhalten ist, sind sich Kinder oft nicht bewusst, welchen Zweck sie mit ihren Handlungen verfolgen. In der Regel rivalisieren Kinder um etwas, das ihnen wichtig ist – Aufmerksamkeit, Anerkennung oder Macht. Wie alle anderen Kinder haben hochbegabte Kinder nicht nur das Bedürfnis, geliebt zu werden, sondern sie wollen auch, dass ihre Eltern sie wertschätzen und als kompetent anerkennen. Sie vergleichen sich mit ihren Geschwistern und versuchen einzuschätzen, wo deren Fähigkeiten liegen und ob sie eine Bedrohung für sie darstellen, um dann entsprechend zu reagieren. Wenn eines der Geschwister in einem Bereich erfolgreich ist, kann es sein, dass das andere diesen Bereich aufgibt. Wenn ein Kind zögert oder verletzbar erscheint, kann es sein, dass das andere die Gelegenheit ergreift, um seine eigenen Fähigkeiten zu demonstrieren. In manchen Familien kann der Konkurrenzkampf extrem werden. Die Geschwisterrivalität kann intensiv und geradezu unerträglich sein, wenn die Kinder sich gegenseitig «verpetzen» oder anschwärzen: «Sie sitzt auf meinem Stuhl» oder «Er glotzt mich die ganze Zeit an» oder sogar «Er atmet mir meine Luft weg.» Sie versuchen, sich selbst in ein besseres Licht zu stellen, indem sie auf Fehler und Defizite der Geschwister hinweisen.

Je weniger sich Kinder für das, was sie sind und was sie tun, geschätzt und akzeptiert fühlen, umso größer ist die Wahrscheinlichkeit, dass sie rivalisieren, sich mit den anderen vergleichen und bereit sind, zu drastischen Mitteln zu greifen, um die Aufmerksamkeit ihrer Eltern auf sich zu ziehen und um Macht über ihre Geschwister zu erlangen. Ein kluger Siebenjähriger nutzte seinen fortgeschrittenen Wortschatz, um seinen kleinen Bruder zu erniedrigen und zu schikanieren: «Igitt! Du bist ja von oben bis unten besudelt! Ich will nicht mit dir spielen!» Dieser intelligente Junge nutzte den begrenzten Wortschatz seines jüngeren Bruders aus, wohl wissend, dass der Kleine nicht verstehen würde, was er mit seinem Spott eigentlich meinte.

Wenn ein hochbegabtes Kind, aus welchem Grund auch immer, das Gefühl hat, nicht genügend Aufmerksamkeit zu bekommen, versteht es oft sehr geschickt, auf sich aufmerksam zu machen, etwa indem es sich positiv verhält und in den Gesprächen mit Erwachsenen besonders viel Reife demonstriert. Es kann aber auch versuchen, durch negative Handlungen Aufmerksamkeit zu erregen, zum Beispiel indem es pausenlos Fragen stellt, damit die Erwachsenen sich ihm zuwenden. Da die meisten hochbegabten Kinder sehr sprachgewandt, scharfsinnig und gewitzt sind, gelingt es ihnen oft, die Aufmerksamkeit der Erwachsenen auf sich zu ziehen, was dazu führt, dass die Eltern ihnen mehr Zeit widmen als ihren Geschwistern.

Sogar hochbegabte Kinder, die gut angepasst sind und sich akzeptiert und geschätzt fühlen, können viel Zeit und Aufmerksamkeit beanspruchen. Schließlich haben sie so viele Interessen und sind auf so viele Dinge neugierig. Es kann leicht passieren, dass Eltern einem bestimmten Kind mehr Zeit und Aufmerksamkeit schenken, vor allem, wenn dieses Kind außerordentlich hochbegabt ist. Natürlich entgeht das den Geschwistern nicht. Für Eltern kann es eine Herausforderung sein, allen Kindern gleich viel Aufmerksamkeit zu schenken. Manchmal benötigt ein Kind tatsächlich mehr Aufmerksamkeit, zum Beispiel, wenn es mit außergewöhnlichen Talenten gesegnet ist oder eine Behinderung hat und eine besondere Beschulung, Unterrichtsanpassungen, Übungsstunden, Tutoring oder andere Fördermaßnahmen braucht. Wenn die Eltern damit beschäftigt sind, das Kind stundenlang von einer dieser speziellen und notwendigen Aktivitäten zur nächsten zu chauffieren, ist es schwierig, allen Kindern ein ausgewogenes Maß an Aufmerksamkeit zukommen zu lassen. Im Falle einer Unausgewogenheit machen die Kinder ihre Eltern für gewöhnlich darauf aufmerksam – manchmal unterschwellig und freundlich, manchmal aber auch ganz offen und schroff. Seien Sie darauf gefasst, dass die anderen Kinder sich beschweren oder ein ungehorsames Verhalten zeigen, um ihren Anteil an Aufmerksamkeit einzufordern, wenn sie ein Ungleichgewicht registrieren.

Außer dass sie versuchen, durch Rivalität Macht zu gewinnen, machen sich hochbegabte Kinder oft auch die Familienkonstellation zunutze. Vor allem ältere hochbegabte Kinder können großen Einfluss auf die Familie ausüben, und manche Eltern – vor allem alleinerziehende – lassen zu, dass das hochbegabte Kind regelrecht zum Familienoberhaupt aufsteigt. Da das Kind so fähig, wissend und anspruchsvoll erscheint, kann es leicht passieren, dass Eltern ihm die Kontrolle und bestimmte Entscheidungen überlassen, zum Beispiel, worüber bei Tisch geredet wird, wohin die Urlaubsreise gehen soll, oder sogar wie viel Geld für bestimmte Dinge ausgegeben wird. Selbst wenn die Geschwister eine solche Ermächtigung stillschweigend hinnehmen, ruft sie Unmut und Abneigung hervor und kann dazu führen, dass sie sich von der Familie zurückziehen.

Weitere Gründe für Zank und Rivalität

Es kann viele weitere Gründe für Streit und Rivalität unter Geschwistern geben. Neben dem Versuch, Aufmerksamkeit zu bekommen, kann zum Beispiel Eifersucht ein Grund sein, wenn das Kind meint, die Eltern würden ein Geschwisterkind bevorzugen, aber auch Frustration, eine zugrundeliegende Depression oder Entmutigung. Das Kind fühlt sich ausgeschlossen, einsam, nicht geschätzt oder unfair behandelt. Wenn Sie die Motivation und die Gefühle verstehen, die dem Verhalten des Kindes zugrunde liegen, können Sie wirksam darauf reagieren, und zwar nicht nur auf das Verhalten oder die Situation an sich, sondern auch auf die Ursache: Das Kind braucht jetzt die Bestätigung, dass es einen wertvollen Platz in der Familie einnimmt.

Eine andere und meist weniger offensichtliche Form von Geschwisterrivalität findet sich bei Kindern, die eher passiv und abhängig sind. Möglicherweise ahmen sie das Verhalten eines ihrer Geschwister nach, wenn sie glauben, dass das andere Kind bevorzugt wird. Das ist vor allem dann der Fall, wenn eines der Geschwister noch ein Säugling oder Kleinkind ist, das gerade viele neue Fertigkeiten lernt. Natürlich lernt auch das ältere Kind ständig Neues, erntet dafür aber nicht so viel Lob wie das Baby, wenn es zu krabbeln beginnt, sich zum ersten Mal selbstständig aufrichtet, die ersten Schritte macht oder die ersten Worte formuliert. Das ältere Kind reagiert darauf, indem es seine fortgeschrittenen Fertigkeiten zur Schau stellt – oder in kleinkindliche Verhaltensweisen zurückverfällt, über die es schon längst hinaus ist (in diesem Fall spricht man von Regression), und alles tut, wofür das jüngere Kind gelobt wird. Umgekehrt kann ein jüngeres Kind das Verhalten des älteren nachahmen, wenn es merkt, dass diese Verhaltensweisen eher geschätzt werden als seine eigenen. Manche Kinder imitieren auch das Verhalten der Eltern, um Aufmerksamkeit, Anerkennung und Wertschätzung zu bekommen.

Auf der einen Seite ist eine solche Nachahmung wünschenswert; es kann sich um eine normale, angemessene Entwicklungsphase handeln, die Kindern hilft, neue Verhaltensweisen zu testen. Bei manchen Kindern ist die Nachahmung jedoch so beständig und nimmt so extreme Formen an, dass sie beinahe zu einer Kopie der Person werden, die sie imitieren. Diese Kinder sind in der Regel unsicher, was ihre Identität betrifft, und fühlen sich in ihrer Familienrolle nicht akzeptiert oder wertgeschätzt. Es ist, als wagten sie nicht, sie selbst zu sein, und als müssten sie eine andere Rolle annehmen. Zum Beispiel ist ein sportlicher Vater stolz auf den Sohn, der ebenfalls gut in Sport ist. Der jüngere Bruder registriert die positive Aufmerksamkeit des Vaters und versucht sich im Baseball, obwohl er diesen Sport weder liebt noch besonders gut darin ist. Eigentlich spielt er viel lieber Klarinette.

Ungleiche Fähigkeiten bei Geschwistern

In den meisten Familien ist das allgemeine Fähigkeitsniveau unter Geschwistern wahrscheinlich recht ähnlich. Es kann aber vorkommen, dass das Fähigkeitsniveau bei ein oder zwei Geschwistern deutlich niedriger ist, oder sie sind hochbegabt, haben aber gleichzeitig eine Lernstörung oder andere Beeinträchtigungen. Aber selbst wenn alle Geschwister ein ähnliches Fähigkeitsniveau haben, können sich die Kinder in ihren Kompetenzbereichen und in ihrem Denkstil erheblich unterscheiden. Diese

Unterschiede spielen bei der Geschwisterbeziehung eine Rolle und können sich auch auf das Verhalten der Eltern auswirken.

Familiengeschichte, -traditionen und -werte beeinflussen das Verhalten der Eltern. Manchmal werden bestimmte Fähigkeiten in einer Familie mehr geschätzt als andere. Wird Musikalität in Ihrer Familie höher bewertet als intellektuelle Fähigkeiten? Zählt Sportlichkeit mehr als mathematisches Talent? Botschaften über diese Werte können offen oder unterschwellig vermittelt werden, aber Worte, Körpersprache oder der Lebensstil der Familie können einem Kind das Gefühl geben, dass sein einzigartiges Talent unterbewertet wird. Gehen die Familienmitglieder gerne zu Spielen der Fußballbundesliga? Ist die Tapete im Kinderzimmer mit Fußbällen bedruckt? Hat die Mutter für das Kind einen Schlafanzug mit Fußballmuster ausgesucht? Folgt die Familie den Sportnachrichten und den Ergebnissen der Bundesliga? Engagieren sich die Eltern im Fußballverein oder trainieren junge Nachwuchsspieler? Ohne es zu wollen, senden Eltern Botschaften, mit denen sie dem Kind klarmachen, dass sie ein bestimmtes Talent mehr schätzen als ein anderes.

Selbstverständlich wollen wir nicht, dass Kinder das Gefühl haben, unsere Aufmerksamkeit und Liebe weniger verdient zu haben, bloß weil sie in einem bestimmten Bereich weniger begabt sind. Wenn Kinder an unserer Wertschätzung für sie zweifeln, fühlen sie sich wahrscheinlich gekränkt und hegen einen Groll gegen uns, dem sie direkt oder indirekt durch ihr Verhalten Ausdruck verleihen. Aber angesichts der Anforderungen, die ein hochbegabtes Kind an seine Eltern stellt, kann es leicht passieren, dass die weniger begabten Kinder vernachlässigt werden, zumal hochbegabte Kinder selbst überkritisch mit ihren Geschwistern sein können und verletzende Bemerkungen wie «Die ist eben einfach dumm!» fallen lassen.

Eltern können sowohl die Stärken als auch die Schwächen von allen Kindern hervorheben und das Bewusstsein für die Unterschiede zwischen den Geschwistern schärfen, ohne dabei Wertungen vorzunehmen. In Kapitel 1 haben wir erläutert, dass bei verschiedenen Aufgaben unterschiedliche Denkstile zum Tragen kommen. Wir haben auch die multiplen Intelligenzen, die verschiedenen Fähigkeitsfacetten und die asynchrone Entwicklung beschrieben, die bei hochintelligenten Kindern häufig auftritt. Diese

Aspekte sind auch im Hinblick auf die ungleichen Fähigkeiten unter Geschwistern relevant. Sind die Fähigkeiten nur in bestimmten Bereichen ungleich? Ist das in einem Bereich «weniger begabte» Kind in anderen Bereichen begabter? Könnte das Kind auch ein «Spätzünder» sein oder besteht die Möglichkeit, dass es noch nicht das passende Umfeld gefunden hat, wo es seine Fähigkeiten demonstrieren kann? Es kann leicht passieren, dass Eltern und Lehrer die besonderen Talente eines Kindes übersehen, weil ihr Konzept von Hochbegabung zu kurz greift. Strecken Sie Ihre Fühler in alle Richtungen aus und suchen Sie in vielen Bereichen nach Stärken, die Sie fördern können. Und denken Sie daran, wenn Ihr ältestes Kind hochbegabt ist, sind andere Kinder in der Familie mit großer Wahrscheinlichkeit ebenfalls hochbegabt, selbst wenn ihre Fähigkeiten und Talente nicht so offensichtlich sind, sie keinem spezifischen Hochbegabungstyp entsprechen oder nicht dasselbe Hochbegabungsniveau haben wie das andere Kind.

Wenn ein Kind in der Schule nicht herausragt und unter akademischen Gesichtspunkten nicht als «hochbegabt» gilt, hat es vielleicht andere Stärken: Möglicherweise ist es gegenüber anderen besonders liebenswürdig und mitfühlend; oder es ist ein guter Fußballspieler; oder es zeigt gute Führungsqualitäten; oder es ist ausgesprochen gut darin, Kontakte zu knüpfen und Freundschaften zu schließen. Entdecken Sie die einzigartigen Fähigkeiten und Begabungen jedes Kindes und verstärken Sie diese Stärken, indem Sie Ihre Überzeugung zum Ausdruck bringen, dass das Kind wertvoll und fähig ist, und dass Sie stolz auf seine Fähigkeiten sind. Für das Selbstwertgefühl von Kindern ist es wichtig, dass sie sich geliebt, akzeptiert und kompetent fühlen und sich darauf verlassen können, dass jedes Kind in der Familie gleichermaßen wertgeschätzt wird.

Wie stabil ist die Rollenverteilung unter Geschwistern?

Wenn Sie selbst Geschwister haben, wissen Sie, dass Muster, die sich in der Kindheit herausgebildet haben, beständig sind. Steht ein Familientreffen an, wissen Sie meist schon im Voraus, wer von Ihren Geschwistern die Unterhaltung dominieren und wer jammern wird, wer die Dinge in die

Hand nehmen und die Entscheidungen treffen wird und wer am Rande stehen wird. Eine Mutter berichtete, dass sie von ihren älteren Geschwistern immer noch wie ein hilfloses Baby behandelt wird, obwohl sie inzwischen eine erfolgreiche und bekannte Anwältin ist.

Familienmuster verändern sich selten. Schließlich wurden sie viele Jahre lang und in unterschiedlichen Settings praktiziert, und die Rollen der einzelnen Familienmitglieder sind fest etabliert. Nicht alle fühlen sich in ihrer Rolle wohl, aber für die anderen ist die Berechenbarkeit, die mit diesen festgeschriebenen Rollen einhergeht, beruhigend. In der Regel stellen sich Familienmitglieder so aufeinander ein, dass sie einander nicht in Rage bringen und es nicht zu Konflikten kommt. Wenn sich alle Familienmitglieder wertgeschätzt und akzeptiert fühlen, sind die Beziehungen meist erfreulich, egal, welche Rolle der Einzelne einnimmt. Wenn nach wie vor Probleme und Konflikte aus der Kindheit schwelen, sind die Beziehungen zwar weniger erfreulich, aber dennoch berechenbar.

Rollenmodelle

Welches war Ihre Rolle in der Familie, als Sie ein Kind waren? War die Geschwisterrivalität sehr intensiv? Waren Sie unter Ihren Geschwistern der Boss? Waren Sie diejenige, die immer versuchte, mit den älteren Geschwistern mitzuhalten? Welche Überzeugungen haben Sie für sich entwickelt? Wenn Sie mit einem Bruder oder einer Schwester konkurrierten, haben Sie beschlossen «Ich muss besser sein als er/sie, oder zumindest genauso gut.» Haben Sie Ihre Rolle in der Familie und Ihre Überzeugungen auch im Erwachsenenalter beibehalten?[9]

Ob Sie es glauben oder nicht, Eltern sind die wichtigsten Rollenmodelle für Geschwisterverhalten. Denken Sie an Ihre eigenen Geschwisterbeziehungen zurück und wie Ihre Eltern mit diesen Beziehungen umgingen. Wie stellen Sie Ihre Geschwister dar, wenn Sie mit Ihren Kindern über sie reden? Wiederholen Sie die Muster, die Sie in Ihrer Herkunftsfamilie gelernt haben? Sind das die Muster, die Sie sich für Ihre eigene Familie wünschen?

Wenn wir wirksame Rollenmodelle für unsere Kinder sein wollen, sollten wir an unsere eigene Kindheit zurückdenken und überlegen, wie sie unser Erwachsenenleben beeinflusst. Haben wir in der frühen Kindheit falsche Überzeugungen entwickelt, zum Beispiel: «Ich kann niemandem trauen, der älter ist» oder «Ich kann Männern/Frauen nicht trauen»? Haben solche Überzeugungen nach wie vor Einfluss auf unser jetziges Leben? Wenn wir unsere fehlerhaften Überzeugungen und unseren Lebensstil einmal genauer betrachten, und merken, dass wir als Kind zum Beispiel davon überzeugt waren: «Ich muss immer konkurrieren» oder «Ich muss immer die Kontrolle haben» oder «Ich muss immer darum kämpfen, dass meine Meinung zur Kenntnis genommen wird», wird uns vermutlich bewusst, wie wir heute, als Erwachsene, nicht nur unsere Geschwisterbeziehungen handhaben, sondern auch die Beziehungen zu anderen Menschen. Diese Einsicht eröffnet uns die Möglichkeit, unsere Überzeugungen und Verhaltensweisen dahingehend zu verändern, dass sie für uns und unsere eigene Familie hilfreicher sind. Diese Einsicht ermöglicht uns, ein besseres Rollenmodell zu sein.

Als Eltern liegt uns viel daran, Kooperation und Teamarbeit in der Familie zu fördern. Wir wollen nicht, dass unsere Kinder das Gefühl haben, sie müssten um Macht kämpfen oder sich schlecht benehmen, um unsere Aufmerksamkeit zu bekommen; oder dass sie nie gut genug sein werden, um unsere Wertschätzung zu erlangen oder dass ein Kind mehr geschätzt wird als das andere. Indem wir Kooperation und positive Konfliktlösung in unseren Erwachsenenbeziehungen – mit anderen Familienmitgliedern, Freunden oder Kollegen – vorleben, können wir unseren Kindern zeigen, wie Kooperation funktioniert. Vielleicht haben Sie Freunde, deren Interaktionen Sie gerne übernehmen würden. Lernen Sie sie und ihre Beziehung untereinander besser kennen und achten Sie auf Dinge, die Sie in Ihren eigenen Interaktionen nachahmen können.

Natürlich sind Eltern nicht die einzigen Rollenmodelle für Geschwisterbeziehungen. Film und Fernsehen, Lehrer oder sogar andere Eltern und Kinder können Modelle dafür sein, wie Geschwister miteinander umgehen. In den Medien werden Interaktionen von Geschwistern leider oft mit Beleidigungen, Sarkasmus, engstirnigem Verhalten, Rache oder sogar Gehässigkeit dargestellt. Eltern können ihre Kinder vor solch negativen Rollenmodellen abschirmen, selbst wenn der Film oder die Fernsehsendung lustig sein soll. Zumindest sollten sie deutlich machen, dass sie solche Verhaltensweisen nicht gut finden, und den Kindern erklären, warum das keine angemessene Form des Umgangs ist, schon gar nicht mit Personen, an denen einem etwas liegt.

Praktische Anregungen

Reservieren Sie «Privatzeit». In Kapitel 3 haben wir «Privatzeit» beschrieben und Sie dazu animiert, jedem Kind täglich mindestens ein paar Minuten lang Ihre ungestörte und ununterbrochene Aufmerksamkeit zu widmen. Diese Strategie ist besonders geeignet, um Geschwisterrivalität zu verhindern oder zu verringern, etwa wenn ein Kind das Gefühl hat, dass es weniger Aufmerksamkeit bekommt als seine Geschwister. Auf diese Weise wird dem Kind vermittelt, dass es persönlich wertgeschätzt wird. Indem Sie jedem Kind diese spezielle Zeit einräumen, machen Sie deutlich, dass Sie jedes Kind als die einzigartige Person schätzen, die es ist.

Setzen Sie Grenzen. Machen Sie Ihren Kindern klar, dass bestimmte Verhaltensweisen nicht geduldet werden. Es wird nicht geschlagen und getreten. Niemand wird verletzt oder beschimpft. Es wird kein Spielzeug durch die Gegend geworfen oder kaputtgemacht. Heimliche böse Streiche sind ebenfalls tabu. Manche Grenzen, zum Beispiel, dass man andere nicht verletzen darf, haben universelle Gültigkeit; andere sind subjektiver und werden von den Werten bestimmt, die in Ihrer Familie vorherrschen. Wenn die Grenzen erst einmal gesetzt und die Regeln festgeschrieben sind, ist es einfacher, zu intervenieren – die Kinder rechnen sogar damit. Wenn die Eltern merken, dass die Dinge so eskalieren, dass jemand verletzt werden könnte, müssen sie eingreifen: «Es wird nicht geschlagen. Ihr beiden braucht Zeit, um euch zu beruhigen, also zehn Minuten in getrennte Zimmer, bitte. Anschließend könnt ihr einen anderen Weg finden, um euren Konflikt zu lösen.» Auf diese Weise sorgen Sie nicht nur dafür, dass die Kinder sich beruhigen, sondern machen auch deutlich, dass Sie von ihnen erwarten und ihnen zutrauen, eine Lösung für ihre Auseinandersetzung zu finden. Wenn zuvor keine klaren Grenzen gesetzt wurden, werden die Kinder eine Weile brauchen, um zu begreifen, dass Sie das, was Sie sagen, auch wirklich so meinen. Sie können sie aber daran erinnern, indem Sie sagen: «Denkt an diese neue Regel. Niemand wird geschlagen und verletzt!»

Manche Eltern setzen die Grenze, dass es *im* Haus keine Streitereien gibt. Wenn die Kinder anfangen zu zanken und zu schreien, werden sie an die Regel erinnert und aufgefordert, zum Streiten nach draußen zu gehen. Oft genügt diese Strategie, um den Streit im Keim zu ersticken, zumal wenn der Anlass ein Spielzeug, ein Spiel oder die Aufmerksamkeit oder Einbeziehung der Eltern ist – und draußen steht keines dieser Dinge zur Verfügung.

Schaffen Sie eine angenehme Umgebung. Als Eltern haben Sie das Recht, die Atmosphäre durchzusetzen, die Sie zu Hause wünschen. Der erste Schritt, um das zu erreichen, sind klare Grenzen. Sie haben auch das Recht, Ihr Trommelfell zu schützen und in Ihren vier Wänden Ruhe und Frieden zu finden. Wenn Sie zum Beispiel sagen «Dieser Lärm tut meinen Ohren weh. Hört auf! Seid bitte leiser», senden Sie damit eine klare Botschaft, was Sie in ihrem häuslichen Umfeld erwarten.

Nehmen Sie eine klare Haltung ein, was inakzeptables Verhalten betrifft, aber seien Sie nicht übermäßig kritisch und strafend. Wie wir bereits an früherer Stelle betont haben, schadet eine harte und strenge Bestrafung der Beziehung zu Ihrem Kind. Außerdem wird die Rivalität unter Geschwistern dadurch noch verstärkt, und Ihre Aussicht auf ein angenehmes, behagliches häusliches Umfeld schwindet. Harte Reaktionen und Strafen seitens der Eltern führen nur dazu, dass die Kinder noch stärker rivalisieren, um sicherzustellen, dass sie gleich behandelt werden wie ihre Geschwister. Um einer Bestrafung zu entgehen, können sie sogar zu hinterhältigen Methoden greifen; zum Beispiel schwärzen sie ihre Geschwister an, damit diese an ihrer Stelle bestraft werden, womit sie wiederum ihren Status erhöhen. Eine Überreaktion der Eltern kann auch bewirken, dass die Kinder sich schuldig oder verunsichert fühlen und nicht mehr darauf vertrauen, dass sie in der Familie akzeptiert werden.

Vermeiden Sie Vergleiche (oder schränken Sie sie zumindest ein). Viele Erwachsene vergleichen sich noch immer mit ihren Geschwistern. «Meine Schwestern waren gescheiter als ich und hatten bessere Noten in der Schule, aber ich war umgänglicher und kam, glaube ich, besser mit den Leuten zurecht.» «Ich war immer der Nerd, der Streber in der Familie – und ich bin es noch.» «Mein Bruder war ein echter Teufelsbraten. Ich sah, was für Probleme er hatte, weil er so stur war. Also achtete ich darauf, dass ich nicht dieselben Sachen machte.» Wir definieren uns selbst im Vergleich zu anderen in der Familie. Wie können wir dann vermeiden, unsere Kinder miteinander zu vergleichen?

Vielleicht können wir Vergleiche nicht vollständig unterlassen, aber wir können darauf achten, dass wir nicht so oft davon Gebrauch machen und mehr Feingefühl dafür entwickeln, wie solche Vergleiche auf unsere Kinder wirken. Eltern sollten nicht nur vermeiden, ihre Kinder offen miteinander zu vergleichen, sondern auch, wenn sie mit Freunden über die Kinder sprechen, vor allem, wenn die Gefahr besteht, dass die Kinder das Gespräch mithören. Wenn Sie mit anderen über Ihre Kinder sprechen, stellen Sie bitte sicher, dass das unter vier Augen geschieht. Oft sagen Eltern ganz unbekümmert Dinge wie «Also, unsere Älteste ist ‹die Gelehrte›. Sie schreibt nur Einser. Unsere zweite Tochter ist ‹die Gesellige›. Sie verbringt jede freie Minute mit ihren Freunden.» Wenn ein hochbegabtes Kind so etwas hört, könnte es auf den Gedanken kommen: «Mama bevorzugt meine ältere Schwester, weil sie so gute Noten schreibt.» Vermutlich wollte die Mutter mit ihrer Bemerkung gar keine Wertung vornehmen; sie hat einfach die Unterschiede zwischen den beiden Mädchen beschrieben. Aber das Kind interpretiert die Äußerung auf denkbar negative Weise. Da das hochbegabte Kind sich ohnehin schon mit dem Geschwisterkind vergleicht, könnte der Vergleich, den die Mutter anstellt, möglicherweise zu viel sein. Das Kind hatte schon den Verdacht, dass die Mutter mit anderen über es spricht – und jetzt hat es die Bestätigung.

Manche Eltern identifizieren sich unbewusst mehr mit dem einen als mit dem anderen Kind und vermitteln, ohne es zu wollen, den Eindruck, dass sie das eine Kind bevorzugen. Ein Vater sagt vielleicht: «Hannah ist künstlerisch so begabt – genau wie ihre Großmutter.» Damit sendet er die (nicht einmal besonders subtile) Botschaft, dass Hannah irgendwie bevorzugt wird. Manchmal identifizieren sich die Eltern auch mit den außergewöhnlichen Leistungen ihres hochbegabten Kindes. Über das Kind können sie ihre eigenen Hoffnungen und Träume ausleben. Dass die anderen Kinder in der Familie darüber wenig erfreut sind, versteht sich von selbst.

Leistungsvergleiche haben fast immer negative Auswirkungen, entweder auf die Geschwister oder auf das hochbegabte Kind, weil sie eine unterschwellige Beurteilung des persönlichen Wertes implizieren. Wettbewerbsorientierte Kinder geben gerne mit ihren Noten und Zeugnissen an und brüsten sich damit, wenn sie die meisten Einser haben. Eltern können hier eingreifen, etwa indem sie sagen: «Wir veranstalten hier keinen Zeugniswettbewerb. Die Noten und Beurteilungen der Lehrer geben lediglich Aufschluss über eure Arbeit im letzten Schulhalbjahr. Ich möchte mich mit jedem von euch einzeln zusammensetzen und sehen, was eure Lehrer geschrieben haben und was *ihr* von euren Fortschritten haltet.»[10] Die wichtige Botschaft, die Eltern vermitteln müssen, lautet: Jedes Kind ist einzigartig, und wir möchten, dass jeder sein Bestes gibt, aber an Vergleichen sind wir nicht interessiert.

Beschreiben statt vergleichen. Eine gute Übung für Eltern ist, zu versuchen, sich in ein Kind hineinzuversetzen, das mit seinen Geschwistern verglichen wird.[11] Stellen Sie sich vor, wie es wäre, wenn Ihr (Ehe-)Partner zu Ihnen sagen würde: «Warum machst du immer alles auf den letzten Drücker? Dein Bruder erledigt seine Aufgaben immer rechtzeitig» oder «Warum siehst du nie so gepflegt aus wie deine Schwester? Ihre Haare sind immer schön gekämmt, und ihr T-Shirt hängt nie aus der Hose wie bei dir. Es ist eine wahre Wonne, sie anzuschauen.» Erwachsene wären wütend, wenn man so etwas zu ihnen sagen würde, oder sie kämen zu dem Schluss, dass es sinnlos ist, jemandem gefallen zu wollen, der solche Bemerkungen macht. Auch Erwachsene mögen es nicht, wenn sie mit anderen verglichen werden. Sie möchten aufgrund dessen beurteilt werden, was *sie* tun, und nicht aufgrund dessen, was die anderen tun. Eine gute Botschaft, die Sie Ihren Kindern vermitteln können, ist: «Wenn nötig, beurteile ich dich auf der Grundlage deiner Handlungen, aber nicht auf der Grundlage von Standards, die dein Bruder oder deine Schwester setzt.»

Wie können Eltern dem Impuls widerstehen, Vergleiche anzustellen? Anstatt zu vergleichen, *beschreiben* Sie einfach, was geschieht, zum Beispiel das Verhalten, das Ihnen nicht gefällt; oder beschreiben Sie, was gemacht werden muss, ohne ein anderes Kind ins Spiel zu bringen. Anstatt zu sagen «Du isst wie das Baby – dein Shirt ist überall mit Essen verkleckert», sagen Sie einfach: «Du hast Essen auf deinem Shirt», ohne Vergleiche mit dem Baby anzustellen. Das Kind kann dann reagieren, indem es die Flecken abwischt oder ein frisches T-Shirt anzieht. Anstatt zu sagen «Warum hängst du deine Jacke nicht so ordentlich auf wie dein Bruder?» sagen Sie einfach: «Ich finde es nicht schön, wenn deine Jacke auf dem Boden herumliegt. Sie gehört auf den Kleiderbügel in der Garderobe.» Das gibt dem Kind die Gelegenheit, sein Verhalten zu korrigieren. Wenn es Ihrer Aufforderung nachgekommen ist, können Sie sagen: «Ich sehe, du hast deine Jacke aufgehängt. Das weiß ich wirklich zu schätzen. Ich mag es, wenn unser Eingangsbereich ordentlich aussieht.»[12] Um Ihr Ziel zu erreichen, müssen Sie keine Vergleiche anstellen.

Beschreiben Sie, was Sie *sehen*. Beschreiben Sie, was Sie *empfinden*. Beschreiben Sie was *getan werden muss*. Wenn das Kind kooperiert, beschreiben Sie erneut, was Sie sehen und empfinden. Auf diese Weise gehen Sie das Problem direkt an, ohne ein Geschwisterkind mit einzubeziehen, und Sie ermöglichen dem Kind, direkt zu reagieren. Anstatt das Kind zu kritisieren, weisen Sie es auf das Verhalten hin, das Sie sehen möchten, und geben Sie ihm die Gelegenheit, unter positiven Vorzeichen zu handeln. So vermeiden Sie verletzende Vergleiche.

Wenn andere Vergleiche anstellen. Manchmal sind es Verwandte, Nachbarn, Lehrer oder andere Personen, die unbedachte Vergleiche zwischen Geschwistern anstellen und die Rivalität dadurch anfachen. Wenn die Großeltern oder die Lehrer Ihre Kinder miteinander vergleichen, bitten Sie sie, das nicht zu tun, wenn die Kinder sie hören können. Bitten Sie sie, die Kinder nach Möglichkeit nicht aneinander zu messen. Erinnern Sie sie daran, dass jedes Kind mit seinen Stärken und Schwächen einzigartig ist, und dass Unterschiede ganz normal sind. Natürlich können Sie nicht immer kontrollieren, was die anderen sagen, und verletzende Vergleiche werden nicht ausbleiben. Dem können Sie jedoch entgegenwirken, indem Sie das Kind wissen lassen, dass Sie seine besonderen Stärken und Fähigkeiten wertschätzen. Lassen Sie es wissen, dass es einzigartig ist, und dass Sie seine Einzigartigkeit schätzen.

Mischen Sie sich nur ein, wenn es nicht anders geht. Alle Geschwister zanken, streiten und tragen regelrechte Kämpfe aus. Wir empfehlen, dass Sie solche Streitereien ignorieren, es sei denn, sie eskalieren so sehr, dass Sie das Gefühl haben, eingreifen zu müssen. Oft wollen Kinder mit ihren Streitereien die Aufmerksamkeit der Eltern auf sich ziehen, sie involvieren oder die Geschwister in Schwierigkeiten bringen, damit sie selbst besser dastehen. Wenn Sie sich dazu verleiten lassen, sich einzumischen, verstärken Sie den Streit dadurch nur, weil Sie den Kindern die Aufmerksamkeit geben, die sie wollen. Wenn Sie den Lärm einfach ignorieren und unbeirrt Ihren Tätigkeiten nachgehen, vermitteln Sie den Kindern, dass das ihre Angelegenheit ist, und dass sie kompetent genug sind, um ihr Problem selbst zu lösen. Sie können auch sagen: «Ich denke, ihr zwei könnt das alleine lösen, ich muss mich also nicht einmischen.» Ein wichtiger Aspekt beim Heranwachsen ist, dass man lernt, wie man Auseinandersetzungen und Probleme löst, und Kinder können diese Fertigkeiten nicht lernen, wenn die Erwachsenen sich ständig einmischen. Jüngere Kinder brauchen unter Umständen ein Vorbild und ein gewisses Maß an Führung, um Streitigkeiten zu beheben. Aber auch jüngere hochbegabte Kinder können lernen, Konflikte selbst zu lösen.

In Kapitel 5 (Disziplin aufbauen und Selbstmanagement beibringen) haben wir eine Technik beschrieben, die wir «den Wind aus den Segeln nehmen» genannt haben. Diese Technik kann auch verwendet werden, wenn Geschwister miteinander streiten und versuchen, die Eltern in ihre Auseinandersetzung einzubeziehen. Wenn das «Publikum» sich abwendet, hört der Streit in der Regel auf. Ziehen Sie sich in ein anderes Zimmer zurück und arbeiten Sie dort weiter. Oder machen Sie den Staubsauger an: der Lärm des Geräts übertönt den Streit, und Sie können ihn besser ignorieren; gleichzeitig können Sie die Situation im Auge behalten und gegebenenfalls eingreifen.

Akzeptieren Sie die Gefühle der Kinder. Selbst wenn Sie ein bestimmtes Verhalten verbieten, können Sie die Gefühle, die dieses Verhalten ausgelöst haben, zur Kenntnis nehmen und akzeptieren. Gefühle und Emotionen sind für jede Kommunikation wichtig. Zank und Streit sind eine Form von Kommunikation. Wenn ein Kind die Gefühle beschreiben kann, die an einem Konflikt beteiligt sind, oder wenn Eltern dem Kind dabei helfen, diese Gefühle in Worte zu fassen und darüber zu sprechen, ist das eine unmittelbare Erleichterung für das Kind, weil es seinen Schmerz nach außen tragen kann. Auf diese Weise kann es sich besser darauf konzentrieren, eine Lösung zu finden. Wir empfehlen die folgenden vier Schritte.[13]

1. Beobachten und registrieren Sie die Gefühle, die dem Verhalten zugrunde liegen. Wie ist es zu dem Streit oder zu der Rivalität gekommen? Was hat die Zankerei oder den Kampf ausgelöst? Woher kommt der Zorn? Versucht das Kind, Aufmerksamkeit zu bekommen? Oder Macht? Versucht es, sich selbst in ein besseres Licht zu stellen als seine Geschwister?

2. Versuchen Sie, die Gefühle des Kindes zu beschreiben, indem Sie zum Beispiel sagen: «Sag mir, ob ich richtig liege: Du hast es nicht so gern, wenn ich Zeit mit deiner Schwester verbringe, und du bist verletzt und wütend» oder «Du bist aufgebracht, weil du denkst, dass dein kleiner Bruder Dinge tut, nur um dich zu ärgern.» Solche Sätze können dem Kind helfen, seine Gefühle zu identifizieren. Wenn Sie sich irren, kann das Kind Sie korrigieren.

3. Sprechen Sie das Kind auf einen Wunsch an, den es möglicherweise hegt, auch wenn dieser unrealistisch ist: «Ich wette, du würdest dir manchmal wünschen, dass das Baby nicht hier wäre» oder «Ich wette, du würdest dir manchmal wünschen, dass du das einzige Kind hier wärst; dann müsstest du deine Spielsachen und andere Dinge nicht mit deinem Bruder teilen» oder «Ich glaube, du würdest dir wünschen, dass deine Schwester besser auf die Kleidung achtet, die sie sich von dir ausborgt.»

Damit zeigen Sie Verständnis und machen dem Kind deutlich, dass Sie seine Gefühle akzeptieren.

4. Schlagen Sie eine Lösung vor. Sie können sagen: «Vielleicht kannst du deiner Schwester in Worten verständlich machen, wie wütend du bist. Sag ihr ‹Ich möchte nicht, dass du meine Klamotten anziehst, ohne mich vorher zu fragen›» oder «Vielleicht kannst du ein Schild an deinen Kleiderschrank hängen, auf dem steht: ‹Privatbesitz – Zugriff verboten!›»

Solche Diskussionen mit einem Elternteil vermitteln dem Kind, dass Sie seine Gefühle akzeptieren, und es lernt, seinen Zorn direkt in Worten auszudrücken statt in wütenden oder verletzenden Handlungen. Darüber hinaus führen Sie das Kind an eine vernünftige Lösung heran, ohne den Konflikt an seiner Stelle zu lösen. Auf diese Weise stärken Sie seine Kompetenz beim Umgang mit künftigen Konflikten.

Ergreifen Sie nicht Partei. In der Regel ist es wirksamer, wenn Sie gar nicht erst versuchen, festzustellen, welches der Kinder den Streit angezettelt hat oder welches hauptsächlich dafür verantwortlich ist. Hochbegabte Kinder können sehr geschickt darin sein, Ausflüchte zu finden, zu manipulieren, zu rationalisieren oder zu argumentieren. Es ist besser, beiden Kindern eine Konsequenz aufzuerlegen und/oder ihnen deutlich zu machen, dass Sie davon überzeugt sind, dass sie selbst eine vernünftige Lösung finden können. Wenn Sie nicht Zeuge des gesamten Vorgangs waren, ist es nicht sinnvoll, nach dem «wahren» Querulanten zu suchen; das verstärkt den Konflikt nur, weil jedes Kind versuchen wird, die Schuld auf den anderen zu schieben. Wenn Sie für beide Kinder eine Konsequenz festlegen, kann sie das in Zukunft davon abhalten, einander zu beschuldigen, weil die Kinder dadurch lernen, dass es nicht so leicht ist, den anderen anzuschwärzen, und dass sie in jedem Fall dieselbe Konsequenz in Kauf nehmen müssen.

Bringen Sie den Kindern bei, zu teilen und Probleme zu lösen. Fairness-Probleme treten immer dann auf, wenn Geschwister ein Spielzeug teilen oder etwas untereinander aufteilen sollen. Wenn es zum Beispiel darum geht, ein Kuchen- oder Pizzastück aufzuteilen, empfiehlt es sich, dass das eine Kind das Stück durchschneidet und dem anderen Kind die Wahl lässt, welche der beiden Hälften es nehmen möchte – auf diese Weise wird gewährleistet, dass das Kind zwei exakt gleich große Stücke macht. Wenn es um ein Spielzeug geht, das nicht aufgeteilt werden kann, fordern Sie die Kinder auf, eine Möglichkeit zu finden, um es auf faire Weise miteinander zu teilen.

Eine weitere Strategie, um Kindern deutlich zu machen, dass Sie ihnen zutrauen, ihren Konflikt selbst zu lösen, ist eine Bemerkung wie diese: «Ihr zwei hört euch so an, als wärt ihr wirklich sehr wütend aufeinander!» (Damit nehmen Sie die Gefühle der Kinder zur Kenntnis und akzeptieren sie). Als Nächstes können Sie sagen: «Wow! Zwei Kinder und ein Spielzeuglastwagen – von dem im Moment niemand etwas hat. Das ist ein Problem, stimmt's?» (auf diese Weise beschreiben Sie das Problem). «Nun», können Sie fortfahren, «Ich bin mir sicher, dass ihr eine Lösung findet, so dass ihr beide mit dem Lastwagen spielen könnt» (damit ermutigen Sie die Kinder, das Problem eigenständig zu lösen). Dann lassen Sie die Kinder allein. Indem Sie sich der Situation entziehen, geben Sie den Kindern Gelegenheit, den Konflikt allein zu lösen; außerdem entziehen Sie den Kindern Ihre Aufmerksamkeit, an der sie womöglich noch mehr interessiert sind als an dem Spielzeug.

Erweitern Sie das Rollenspektrum des Kindes. Wenn die Identität eines Kindes stark an die Rolle (oder an die Rollen) gekoppelt ist, die es innehat, kann es hilfreich sein, das Rollenspektrum zu erweitern. Zum Beispiel können Eltern das Kind behutsam an neue Interessen heranführen oder einfach all die verschiedenen Funktionen und Aufgaben hervorheben, die das Kind im Laufe eines normalen Tages wahrnimmt, und deutlich machen, wie seine Verhaltensweisen die Familie bereichern. Vielleicht möchten Sie dem Kind neue Rollen ermöglichen oder sogar Gelegenheiten für einen Rollentausch schaffen. Das Kind, das normalerweise der Mitläufer ist, bekommt für einen Tag die Rolle des Anführers übertragen. In Kapitel 3 haben wir den «speziellen Familientag» als eine Möglichkeit beschrieben, um Kindern abwechselnd die Gelegenheit zu geben, in die Anführer-Rolle zu schlüpfen. Eltern eines jüngeren, introvertierten hochbegabten Kindes müssen möglicherweise mehr unternehmen, um das Interesse des Kindes für neue Dinge zu wecken. Kommt es zu solch einer Erweiterung des Rollenspektrums innerhalb der Familie, ist es hilfreich, wenn diese wichtigen Rollen von Ihnen anerkannt und gewürdigt werden.

In den Augen des Kindes sind manche Rollen weniger prestigeträchtig als andere. Möglicherweise glaubt es, dass das Talent des Musikers oder Tänzers in der Familie weniger wertgeschätzt wird als das des überragenden Sportlers. In solchen Fällen kann es hilfreich sein, die spezifischen Fertigkeiten hervorzuheben, die die Rolle(n) des Kindes mitbestimmen, zum Beispiel Körperkoordination, mathematische Fähigkeit, große Zielstrebigkeit etc. Das zeigt dem Kind, dass seine Rolle einen höheren Status hat, als es denkt.

Gerecht und gleich ist nicht immer dasselbe

«Er hat mehr als ich» – diese Beschwerde bekommen Eltern häufig am Esstisch (und anderswo) zu hören. Für das hochbegabte Kind ist es eine Frage der Fairness und des persönlichen Wertes. Das Kind, das sich beschwert, will die Bestätigung, dass es genauso geschätzt wird, wie sein Bruder oder seine Schwester; daher steht ihm ein exakt gleich großes Stück Kuchen oder dasselbe Spielzeug zu. Wenn es nach einem Stück Kuchen verlangt, das größer ist als das seiner Geschwister, bringt es damit zum Ausdruck, dass es einen Unterschied zwischen sich und seinen Geschwistern festgestellt hat – zum Beispiel, dass es älter ist; daher, so der Gedankengang des Kindes, steht ihm auch ein größeres Stück Kuchen zu. Eltern sind gut beraten, wenn sie bei solchen Streitereien ums Essen einfach nur fragen: «Hast du etwa immer noch Hunger? Wenn ja – es ist genügend da. Wenn du das, was du auf dem Teller hast, geschafft hast, kannst du gerne noch etwas Milch, einen Apfel oder sogar ein Brot mit Erdnussbutter haben.»

In vielen Situationen müssen Kinder individuell behandelt werden, und nicht gleich. Nehmen wir an, Sie haben einen Schokoladenkuchen, und um «gerecht» zu sein, teilen Sie ihn für Ihre vier Kinder in vier gleich große Stücke. Nun stellen Sie sich vor, dass eines der Kinder auf Diät ist und den

Kuchen daher nicht essen sollte; das zweite Kind hat eine Schokoladenallergie; das dritte mag keine Schokolade, und das vierte liebt Schokoladenkuchen und darf ihn auch essen. Wenn Sie den Kuchen in vier gleiche Stücke teilen, ist das zwar «gleich», aber nicht wirklich «gut» oder «gerecht». Schließlich dürfen zwei der Kinder aus gesundheitlichen Gründen gar keinen Schokoladenkuchen essen. Sie sollten also individuell auf die vier Kinder eingehen, und sie nicht alle gleich behandeln.

Wenn Kinder heranwachsen, besuchen sie dann alle dieselben Kurse oder stellt man ihnen allen dieselben Ressourcen zur Verfügung? Wohl kaum, denn wenn ein Kind musikalisch ist und Gitarrenunterricht nehmen möchte, können wir ihm das anbieten. Ein anderes Kind ist vielleicht überhaupt nicht an Musikstunden interessiert. Schicken wir es dann in den Klavierunterricht, nur um «gerecht» zu sein? Oder suchen wir nach anderen Optionen, die den Interessen des Kindes eher gerecht werden? Sollten drei Geschwister alle dieselbe Hochschule besuchen?

Diese Beispiele zeigen, dass wir unsere Kinder unter bestimmten Umständen individuell behandeln sollten. Eine gleiche Behandlung ist nicht immer angezeigt. Berücksichtigen Sie die individuellen Bedürfnisse der Kinder, ausgehend von ihren Talenten, Interessen und Fähigkeiten. Wenn die Eltern beim Einkaufen etwas entdecken, das für *eines* ihrer Kinder interessant sein könnte, kaufen sie es ja auch nicht in dreifacher Ausführung, nur damit die anderen beiden Kinder genau das Gleiche haben. Zum Beispiel benötigt jedes Kind etwas zum Überziehen. Das eine Kind geht häufig Joggen und bevorzugt Sweatshirts mit Kapuze; da die gerade im Angebot sind, kaufen die Eltern eines. Das andere Kind geht nie Joggen und zieht lieber Jacken an. Also bekommt es eine Jacke. Wenn Sie klar und konsequent einen zweckgerichteten Ansatz verfolgen, vermitteln Sie beiden Kindern, dass sie von den Eltern genau das bekommen, was sie brauchen.

Anstatt allen Kindern genau das Gleiche zu geben, empfiehlt es sich, dass Eltern die Dinge entsprechend den individuellen Bedürfnissen der Kinder verteilen. Wenn Eltern regelmäßig «Privatzeit» mit ihren Kindern verbringen, können sie zunächst feststellen, welche Bedürfnisse die einzelnen Kinder gerade haben. «Worüber möchtest du heute sprechen?» oder «Was möchtest du heute in unserer Privatzeit machen?» Wenn «Privatzeit» ein fester Bestandteil des Familienlebens ist, wissen die Kinder, dass sie etwas Besonderes sind und dafür geschätzt werden, was sie sind. Sie haben genügend Selbstvertrauen und Selbstbewusstsein, um ihre Eltern wissen zu lassen, was sie brauchen. Gleiche Behandlung bedeutet nicht, jedem Kind exakt die gleichen Dinge oder Ressourcen zu geben, sondern jedem Kind das zu geben, was es braucht.

Kooperation zwischen Geschwistern

Ein schönes Beispiel für Kooperation unter Geschwistern ist die Familie, die im Garten ihres Hauses einen Spielplatz bauen wollte und gemeinsam auf dieses Ziel hinarbeitete. Sogar die Jüngsten halfen mit, das Geld für die Spielgeräte zu verdienen, indem sie Pfandflaschen und Dosen sammelten. Sie machten ein Spiel daraus, bei dem nicht nur das Ergebnis, sondern auch der Weg dorthin im Mittelpunkt stand. Als sie ihr Ziel erreicht hatten, waren die Kinder begeistert und teilten bereitwillig die neuen Spielgeräte. Jedes von ihnen hatte etwas dazu beigetragen, und sie hatten gelernt, wie wichtig Kooperation, harte Arbeit und Ausdauer sind. Jedes Kind hatte eine wichtige und wertvolle Rolle übernommen.

Bei diesem Beispiel fühlte sich jedes Kind in der Familie geschätzt, gerecht behandelt und ermutigt, und jedes hatte genügend Selbstvertrauen – mit dem Erfolg, dass negative Geschwisterrivalität in dieser Familie viel unwahrscheinlicher war. Ein Gefühl von Verbundenheit war zwar immer schon vorhanden gewesen, wurde nun aber offensichtlich. Zuvor hatten sich die Kinder immer nur dann zusammengerauft, wenn jemand, der nicht zur Familie gehörte, zum Beispiel eine abfällige Bemerkung über einen von ihnen machte. Nun, da diese Kinder langsam junge Erwachsene werden, hat sich ihre Kooperation gefestigt, und sie scheinen einander viel näher zu stehen. Sie haben immer noch dieselben grundlegenden Rollen – der eine ist der Komiker, die andere kommt grundsätzlich zu spät –, aber Zorn, Eifersucht und Groll haben stark abgenommen, während Kooperation und Freundschaft gewachsen sind. Hierfür hat das Familienprojekt den Grundstein gelegt.

Kooperation unter Geschwistern ist ein gesundes Ziel, und wann immer es geht, sollten Sie Ihre Kinder zu Kooperation ermutigen und Rivalität unterbinden. Manche Familien mit sechs oder gar sieben Kindern machen vor, was gegenseitiger Respekt und Kooperation bedeuten. Sie akzeptieren und schätzen nicht nur ihre eigenen Aktivitäten und Rollen, sondern auch die der anderen. Das ist zweifellos erstrebenswerter als eine Familie, in der die Kinder um die Aufmerksamkeit der Eltern wetteifern und das häusliche Umfeld ein dauerndes Chaos ist. Obgleich die Menschen in der Regel ein Leben lang dieselben allgemeinen Verhaltensmuster behalten, sind Veränderungen *möglich*. Es ist jedoch einfacher, wenn man die Muster schon früh im Leben ändert, und nicht erst im Erwachsenenalter. Die Reaktionen der Eltern auf die frühen Interaktionen zwischen Geschwistern sind da sicherlich ein entscheidender Faktor.

Kapitel 10

Werte, Traditionen und Einzigartigkeit

Das Benehmen hochbegabter Kinder kann manchmal taktlos, ungezogen und unangemessen erscheinen. Es kann zum Beispiel passieren, dass sie Fragen wie diese stellen: «Warum hast du eine Glatze?» oder «Warum haben Sie so einen dicken Bauch?» oder «Wie viel wiegen Sie eigentlich?» Persönliche Fragen dieser Art gelten in unserer heutigen Gesellschaft als unhöflich. Manche hochbegabte Kinder haben auch keine Skrupel, den Lehrer zu korrigieren, wenn er etwas sagt, das ihres Erachtens falsch ist, zum Beispiel: «Sie irren sich. Kolumbus hat Amerika nicht entdeckt; das waren die Wikinger, und zwar lange vor 1492!»

Dieses kritisch-hinterfragende Verhalten ist unter anderem darauf zurückzuführen, dass hochbegabte Kinder neugierig und zugleich unerfahren sind. Sie sind einfach noch nicht lange genug auf der Welt, um zu verstehen, dass persönliche Fragen zu Körpergewicht oder Erscheinungsbild als rüpelhaft betrachtet werden. Sie haben noch keine gesellschaftlichen Konventionen gelernt, und wenn wir ihnen diese Konventionen erklären, halten sie sie womöglich für «dumm». Manche Konventionen unserer Gesellschaft erscheinen ihnen schlichtweg unlogisch, zum Beispiel, dass man zu formellen Anlässen eine bestimmte Kleidung tragen muss, zu informellen Anlässen dagegen anziehen kann, was man will. Hochbegabte Kinder mit ihrem raschen Denken, ihrer Logik und ihrer Fähigkeit, die Dinge von mehreren Seiten zu betrachten, können Probleme bekommen, wenn sie mit Traditionen brechen. Ihr unkonventionelles Verhalten kann atypisch sein oder einfach von der Norm abweichen. Für manche hochbegabte Kinder sind Regelverletzungen aber auch Ausdruck von Rebellion und dem Streben nach Unabhängigkeit.

Den Lehrern oder Eltern zu sagen, dass sie sich irren, verstößt ebenfalls gegen Konventionen, denn üblicherweise wissen Erwachsene ja mehr als Kinder. Aber da falsche Informationen hochbegabte Kinder bis ins Mark treffen und bei ihnen ein starkes Unbehagen hervorrufen, haben sie das Gefühl, den anderen korrigieren zu *müssen*, um ihr Stressniveau zu senken. Ihr Perfektionismus, ihre Genauigkeit, die wörtliche Interpretation von Ereignissen und ihr Wahrheits- und Gerechtigkeitssinn rufen – vor allem bei den akustisch-sequentiellen Lernern – starke Reaktionen hervor. Ältere Kinder sind eventuell in der Lage, diese Situationen diplomatischer zu handhaben, etwa indem sie den Lehrer nach dem Unterricht ansprechen, anstatt ihn vor versammelter Klasse zu konfrontieren. Ihre Reaktion wird aber dennoch intensiv sein. Ihr moralisches Bewusstsein und das Streben nach Wahrheit und Gerechtigkeit sind so stark, dass sie in dem Moment einfach Priorität haben.

Traditionen in Frage zu stellen, liegt in der Natur des hochbegabten Kindes. Albert Einstein soll gesagt haben, «Wichtig ist, dass man nicht aufhört zu fragen.» Man könnte meinen, das sei das Motto hochbegabter Kinder. Selbst jüngere hochbegabte Kinder haben die Angewohnheit, immerzu «Warum?» zu fragen. Mit zunehmendem Alter können hochbegabte Kinder rasch Fehlschlüsse und Widersprüchlichkeiten entlarven, die vielen Konventionen innewohnen. Bei hochbegabten Erwachsenen schätzen wir, dass sie nachbohren und eine andere Meinung äußern, etwa wenn sie Briefe an Politiker oder an Herausgeber von Tageszeitungen schreiben. Wir bewundern Wissenschaftler, die traditionelle Überzeugungen hinterfragen. Viele bedeutende Entdeckungen in der Menschheitsgeschichte verdanken wir kreativen Wissenschaftlern, die Traditionen verworfen haben, weil sie eine andere, eine bessere Möglichkeit sahen.

Obwohl es im Wesen hochbegabter Individuen liegt, Traditionen in Frage zu stellen oder sogar mit ihnen zu brechen, sind die Folgen für sie häufig gravierend. Hochbegabte Kinder lernen früh, dass der Bruch mit Traditionen einen hohen Preis hat: Sie werden gehänselt und lächerlich gemacht oder verlieren ihre Freunde. Wenn hochbegabte Kinder ihren

Lehrer korrigieren, ernten sie dafür wahrscheinlich eine schlechte Note. Zu Hause kann das Infragestellen von Traditionen zu Unmut in der Familie führen. Die meisten Eltern sind nicht gewillt, mit einem Neunjährigen über das Für und Wider des Dankgebets vor dem Essen zu diskutieren.

Mitunter verstoßen hochbegabte Kinder und Erwachsene aber auch auf angemessene, gesellschaftlich akzeptierte Weise gegen Konventionen. Beispielsweise könnte ein Zehnjähriger einen Brief an die Werbeabteilung einer großen Firma schreiben, in dem er auf falsche Angaben in einem Werbespot hinweist. Andere hochbegabte Kinder versuchen vielleicht, eine Situation mit ungewöhnlichen Mitteln zu entschärfen, indem sie einen Streit vom Zaun brechen oder ein anderes Ablenkungsmanöver veranstalten. Wir Erwachsene, die wir über mehr Lebenserfahrung verfügen, können hochbegabten Kindern helfen, den Wert und den Zweck bestimmter Gepflogenheiten und Traditionen zu verstehen; wir können ihnen anhand von Beispielen erklären, wann es angemessen ist, eine Tradition zu hinterfragen und mit ihr zu brechen.

Warum regt es uns so auf, wenn Kinder unsere Bräuche und Traditionen in Frage stellen? Für gewöhnlich liegt das daran, dass unsere Traditionen Ausdruck unserer Werte sind, und dass jeder Traditionsbruch eine Veränderung des Status quo mit sich bringt.

Der Wert von Traditionen, Bräuchen und sozialen Normen

Jede Gesellschaft errichtet ihre Kultur auf der Grundlage verschiedener Traditionen und «Regeln», die vorgeben, wie Menschen sich verhalten, sprechen, ja sogar denken sollen. Diese Gepflogenheiten sind der Kitt, der die Kultur, die Gesellschaft und auch unsere Familien zusammenhält. Manche Traditionen, zum Beispiel Nationalstolz, die demokratische Wahl oder die Redefreiheit, gelten für einen ganzen Kulturkreis. Andere Traditionen, zum Beispiel religiöse Riten oder Erziehungsziele, sind sehr persönlich und werden von Familien, religiösen Institutionen oder kleinen Teilen der Gesellschaft sorgsam gepflegt. Manche Gepflogenheiten, zum Beispiel «Bitte» und «Danke» sagen, sind Verhaltensweisen, die auf Manieren und

Sozialisation hindeuten. Andere wiederum, etwa Dialekte und Sprachmuster, sind Gewohnheiten, die wir uns durch Beobachtung von anderen in unserer Umgebung aneignen.

Traditionen geben uns Sicherheit und ein Gefühl von Zugehörigkeit. Sie strukturieren unser Leben und geben vor, was wir von anderen erwarten können, und was andere von uns erwarten. In den meisten Ländern müssen Kinder so und so viele Jahre die Schulbank drücken. Die Tradition der Verlobung und Ehe macht die Zukunft berechenbarer, weil sie uns signalisiert, dass eine neue Familie im Entstehen begriffen ist. Religiöse Traditionen und Zeremonien, ethische Verhaltensleitlinien und geschriebene wie ungeschriebene Gesetze lassen uns erkennen, wie wir uns in bestimmten Situationen oder Umgebungen verhalten sollen. Wir halten an der roten Ampel und machen einem Rettungswagen Platz. Bei der Stimmabgabe befolgen wir die Wahlregeln, und wir zahlen Steuern, weil das Gesetz es so will.

Die meisten Traditionen liegen irgendwo zwischen Gewohnheit und Zweckmäßigkeit. Oft haben sie irgendwann einmal einen Zweck erfüllt und sind nun nur noch Überbleibsel einer vergangenen Zeit. Früher trugen die Menschen im Sommer überwiegend weiße Kleidung, weil man darin weniger schwitzte, während dunkle Farben den kühleren Jahreszeiten vorbehalten waren. Auch heute diktiert uns die Mode noch, dass nach dem Labor Day – dem Tag der Arbeit in den USA –, also ab dem ersten Montag im September kein Weiß mehr getragen wird, und das, obwohl man im Zeitalter von Zentralheizung und Klimaanlagen eigentlich keine große Rücksicht mehr auf die jahreszeitlich bedingten Temperaturen nehmen muss.

Manche Bräuche werden in der ganzen Gesellschaft von Generation zu Generation weitergegeben, und viele Leute wissen gar nicht, woher diese Gepflogenheiten eigentlich stammen. Beispielsweise ist der Brauch, die Kerzen auf dem Geburtstagskuchen auszublasen und sich dabei etwas zu wünschen, Jahrhunderte alt. Dass das Publikum nach einer gelungenen Aufführung klatscht, ist ebenfalls ein alter Brauch; wenn die Darbietung besonders beeindruckend war, erhebt sich das Publikum sogar zum Klatschen und gibt «stehende Ovationen».

Ob alt oder neu, zweckmäßig oder nicht – bestimmte Traditionen werden zur Lebensgewohnheit. Sie bringen unsere Werte zum Ausdruck und bieten uns und anderen eine beruhigende Zuverlässigkeit. Daher sind Traditionen auch oft mit starken Gefühlen und Emotionen verbunden, und wir mögen es nicht, wenn man sich über sie hinwegsetzt. Hochbegabte Kinder sind oft überrascht, wie emotional andere reagieren, wenn sie diese – aus ihrer Sicht «unlogischen» – Traditionen hinterfragen. Erwachsene sehen darin oft einen Mangel an Respekt für die Familie. In manchen Familien ist es zum Beispiel Usus, dass die Kinder ruhig sind, bis ein Erwachsener sie auffordert, zu reden. In einem solchen Kontext gilt es als rüpelhaft, wenn ein jüngeres Kind herausplatzt «Tante, warum sind deine Zähne so gelb?»

Die meisten Bräuche und Traditionen – etwa Geburtstage, Jahrestage, Schul- oder Hochschulabschlussfeiern, gesetzliche Feiertage, die Großeltern jeden Samstag anrufen, einen neuen Nachbarn mit einem kleinen Geschenk willkommen heißen etc. – stellen Werte dar, die wir auch an die nächste Generation weitergegeben möchten. Ein gutes Beispiel dafür, wie wichtig es vielen Menschen ist, künftigen Generationen bestimmte Werte und Überzeugungen zu übermitteln, ist das Wiederaufleben eines alten Brauches, der Abfassung eines ethischen Testaments.[1]

Die meisten Kinder, vor allem Teenager, stellen zumindest vorübergehend den Zweck bestimmter Bräuche und Traditionen in Frage: «Warum muss ich mich für die Geburtstagsfeier fein machen?» Bei hochbegabten Kindern, die aufgrund ihrer Kreativität «bessere» Alternativen sehen können und die Fähigkeit besitzen, Widersprüche und mangelnde Logik zu entlarven, ist die Wahrscheinlichkeit viel größer, dass sie Traditionen hinterfragen, die ihnen unlogisch, dumm oder willkürlich erscheinen. «Warum tragen Frauen Lippenstift auf? Warum haben sie immer eine Handtasche dabei?» oder «Warum machen Männer üblicherweise die Gartenarbeit und Frauen die Hausarbeit?» oder «Warum liegt die Gabel links und das Messer rechts?» oder «Warum dürfen Kinder Erwachsene nicht korrigieren, wenn sie etwas Falsches sagen?»

Wir alle versuchen, ein Gleichgewicht in unserem Leben zu finden, und auch unsere hochbegabten Kinder sollen eine Balance zwischen Tradition und Innovation erreichen. Auf der einen Seite wollen wir, dass sie kreativ sind, weil aus Kreativität Neuerungen und Fortschritt entstehen. Andererseits wollen wir aber auch, dass sie Traditionen respektieren. Hochbegabte Kinder können Unbehagen hervorrufen, wenn sie Fragen stellen, die Erwachsene in Verlegenheit bringen. In der Regel geben sie sich mit einem «Das ist eben so» nicht zufrieden. Sie wollen Begründungen haben und stellen oft auch diese in Frage. Eltern können ihren hochbegabten Kindern helfen, Sinn, Ausgewogenheit und letztlich Trost in den Traditionen zu finden, die sie zunächst in Frage stellen.

Arten von Traditionen

Alle unsere täglichen Verhaltensweisen und Interaktionen werden von den vielen persönlichen und gesellschaftlichen Traditionen und Gepflogenheiten geleitet, die unserem sozialen System zugrunde liegen. Gesetze regeln die grundlegenden gemeinsamen Werte unserer Nation; religiöse Glaubenssätze und ethische Leitlinien prägen die gemeinschaftlichen moralischen Erwartungen. Sie stellen der Gesellschaft eine grundlegende Struktur und Ordnung zur Verfügung und sorgen für Zusammenhalt; ohne sie würden Chaos und Unberechenbarkeit herrschen.

Formelle Treffen oder Zeremonien – Taufen, Firmungen, Bar-Mizwas, Hochzeiten, Beerdigungen, Schul- und Hochschulabschlussfeiern, Aufsichtsratssitzungen oder Gerichtsverhandlungen – sind Gelegenheiten, bei denen sich die Gesellschaft ihrer gemeinsamen Werte versichert. Die immer gleichen Abläufe der Zeremonien erinnern die Menschen daran, wie wichtig Ordnung und Berechenbarkeit sind, und die formellen Verfahren weisen darauf hin, wie die Dinge «richtig» gemacht werden.

Innerhalb der Gesellschaft gibt es wiederum Gruppen, die ihre eigenen Traditionen schaffen, um gemeinsame Werte hervorzuheben. Vereine, Unternehmen, religiöse oder ethnische Gruppierungen, ja selbst Sportmannschaften entwickeln Bräuche und Rituale, die all jene miteinander verbinden, die Überzeugungen und Werte miteinander teilen. Viele Traditionen sind geschäftlicher Natur: Wir geben dem Kellner, der Friseuse oder dem

Taxifahrer ein Trinkgeld, aber nicht dem Arzt oder dem Lehrer. Einem neuen Mitarbeiter oder Kunden schütteln wir zur Begrüßung die Hand. Traditionen bestimmen bei vielen Gelegenheiten die Erwartungen und geben vor, welche Verhaltensweisen «akzeptabel» sind. Ohne Traditionen wären wir oftmals verloren, weil wir nicht wüssten, wie wir uns verhalten sollen.

Manche Bräuche werden nur in kleinen Gruppen – etwa in Gemeinden oder Schulen – beobachtet; für Kinder sind diese Traditionen subtil, aber von großer Bedeutung. Sprache, Kleidung und Angewohnheiten enthalten Codes, die uns erkennen lassen, ob wir zu einer bestimmten Gruppe gehören oder nicht. Manchmal, wenn ein Teenager nicht den neuesten Trend mitmacht, wird er unter Umständen aus einer Gruppe ausgeschlossen.

Manche Traditionen sind Initiationsriten, die meist im Familienrahmen zelebriert werden, zum Beispiel der erste Schultag, ein besonderer Geburtstag (etwa das Erreichen der Volljährigkeit), der Schul- oder Hochschulabschluss, die erfolgreiche Führerscheinprüfung oder die erste Teilnahme an einer Wahl.[2] Diese Traditionen markieren wichtige Etappen im Leben eines Menschen und verleihen ihm auf kultur- oder familienspezifische Weise Bedeutung.

Familien haben auch Traditionen, was Kindererziehung, Disziplin, Feierlichkeiten oder Leistungs- oder Verhaltenserwartungen betrifft. So ermahnt eine Mutter ihr Kind vermutlich mit Sätzen wie «Solche Dinge gibt es in unserer Familie nicht! Denke immer daran, wo du herkommst!» Eltern erklären ihren Kindern, «In unserer Familie sind wir davon überzeugt, dass Bildung sehr wertvoll ist» oder «Wir glauben, dass es wichtig ist, die Überzeugungen der anderen zu tolerieren.»

In Familien lernen wir Alltagsbräuche, die so sehr zu Gewohnheiten werden, dass sie uns kaum bewusst sind. Obgleich manche Familiengepflogenheiten ausdrücklich – mitunter sogar schriftlich – festgelegt werden, vermitteln wir unseren Kindern vor allem ungeschriebene, manchmal auch sehr subtile Regeln. Regeln für «richtiges» Verhalten werden einfach mündlich weitergegeben. Kinder studieren keine Etikette-Bücher mehr, in denen genau erklärt wird, wie man sich zu welchen Anlässen kleiden muss, wann man die Hand geben oder sich erheben soll, oder warum ein Kind nicht fragen darf, wie viel Geld jemand verdient, wie alt er ist oder ob er verheiratet ist. Geschlechter- und Familienrollen folgen oft ebenfalls ungeschriebenen Regeln. In manchen Familien versteht es sich einfach von selbst, dass die Mutter einkaufen geht und die Mahlzeiten zubereitet, während der Vater Dinge im Haus repariert und sich um das Auto kümmert. Auch zwischen den Generationen gibt es ungeschriebene Gesetze, wonach die Älteren respektiert und nicht angefochten werden sollen.

Viele Bräuche, insbesondere Familientraditionen und Gepflogenheiten in kleinen Gruppen, haben keinen logischen Zusammenhang und können sogar willkürlich erscheinen. Lebensstilregeln lassen sich nur selten nach logischen Gesichtspunkten ergründen; vielmehr muss man andere Menschen über lange Zeit hinweg beobachten, um das komplexe Mosaik an Regeln zu erfassen, die in einem bestimmten Umfeld vorherrschen. Es sind Normen, die manchmal zufällig, manchmal auch zweckgerichtet entstanden sind und über Generationen hinweg weitergegeben wurden – trotz ihrer Willkürlichkeit.

Traditionen können zu Konflikten führen

Mitunter können Traditionen auch Probleme hervorrufen. Wie die Autorin Erma Bombeck in ihren Büchern humoristisch darstellt, können Familien in ihren gegenseitigen Erwartungen so eng miteinander verbunden sein, dass Kinder übermäßig eingeschränkt werden und keine Gelegenheiten erhalten, ihr Potenzial zu entfalten.[3] Manchmal sind Familien und andere Gruppen auch in Traditionen gefangen, die schädlich oder dysfunktional sind. Zum Beispiel kann eine Familie traditionell sehr voreingenommen oder engstirnig sein, Familiengeheimnisse pflegen oder bestimmte Dinge unter den Teppich kehren. Oder die Eltern bestehen darauf, dass die Kinder bestimmten Regeln folgen, die sie selbst missachten. Hochbegabten Kindern bleiben solche Widersprüchlichkeiten natürlich nicht verborgen: «Warum muss ich denn in die Kirche gehen? Ihr selbst seid doch überhaupt nicht religiös!»

Es ist sehr wahrscheinlich, dass hochbegabte Kinder Traditionen in Frage stellen und ihre Sinnhaftigkeit anzweifeln, es sei denn, sie sind für sie persönlich relevant und von Nutzen. Vergessen Sie nicht: «Warum» ist das Lieblingswort von hochbegabten Kindern. Auch wenn es uns irritiert, das Hinterfragen von Traditionen und das Aufdecken von Widersprüchen hilft ihnen, ihre persönliche Welt zu entwickeln und festzustellen, wo ihr Platz in der Welt außerhalb der Familie oder Gruppe ist. Wenn ihnen die Traditionen und Regeln nicht stimmig, praktikabel oder passend erscheinen und ihrer Meinung nach nicht sinnvoll sind, ist die Wahrscheinlichkeit größer, dass sie sie in Frage stellen.

Traditionen dürfen in Frage gestellt werden

Kluge Kinder sind sich schon früh im Leben bewusst, dass es immer auch alternative Wahlmöglichkeiten gibt, und viele von ihnen erkennen rasch, dass sie sich nicht an die Traditionen gebunden fühlen, die anderen so wichtig sind. Sie beginnen, Regeln, Bräuche und Traditionen in Frage zu stellen oder ganz zu verwerfen. Das hat verschiedene Gründe. Ihre Urteilsfähigkeit entspricht in der Regel eher ihrem chronologischen Alter und liegt hinter ihrem intellektuellen Alter zurück. Sie verstehen die Regeln einfach nicht, was häufig daran liegt, dass sie ihnen unlogisch erscheinen. Es kann passieren, dass ein jüngeres Kind andere Personen in einem Aufzug nach ihrem Gewicht fragt, und wenn die Mutter ihm dann vorhält, ungezogen zu sein, erwidert es: «Aber das Schild hier gibt das Höchstgewicht an, das in diesem Aufzug erlaubt ist!» Das Kind denkt also logisch und ist lediglich um sein Wohl und um das der anderen Personen im Aufzug besorgt. Schließlich *könnte* es Probleme geben, wenn das Höchstgewicht überschritten wird. Die soziale Regel, dass man andere nicht nach ihrem Körpergewicht fragt, weil das zu persönlich ist, hat nichts mit Logik zu tun, sondern mit Emotionen und Traditionen. Das intellektuelle Alter des Kindes bewirkt, dass ihm die Frage nach dem Körpergewicht in den Sinn kommt, aber der Mangel an Erfahrung und Urteilsvermögen lässt einen Konflikt entstehen. Selbst wenn es zunächst so aussieht, bringt das Kind die Mutter nicht absichtlich in eine unangenehme oder peinliche Lage. Vor diesem Hintergrund kann sie dem Kind später erklären, dass es in Ordnung wäre, wenn es das Gewicht der Personen einfach im Stillen schätzen und so das Gesamtgewicht im Aufzug berechnen würde. Wenn die Mutter das Kind einfach nur als ungezogen oder respektlos betrachtet, können schwere Konflikte die Folge sein.

Mitunter verstoßen hochbegabte Kinder auch gegen Traditionen, weil sie neugierig sind und wissen wollen, was sie damit bewirken. «Wie wäre es, zu einer anderen Familie zu gehören, die einen anderen Lebensstil und ganz andere Werte hat als wir?» Weitaus riskanter wäre: «Wie es wohl ist, wenn ich diese Droge ausprobiere – nur ein einziges Mal? Ich bin intelligent genug, um nach diesem einem Mal damit aufzuhören» oder: «Eigentlich kann es nicht so schwierig sein, diese DVD zu stehlen. Im Grunde würde niemand etwas merken.» Hochbegabte Kinder suchen aufregende Situationen, und manchmal machen sie sich keine Gedanken über mögliche Konsequenzen.

Häufiger jedoch ist es ihr Idealismus, der hochbegabte Kinder veranlasst, Traditionen in Frage zu stellen. Das ist vor allem dann der Fall, wenn die Traditionen ihnen unlogisch erscheinen oder wenn sie ihren eigenen moralischen Standards widersprechen. Beispielsweise kann ein Kind zu dem Schluss kommen: «Wir lassen es zu, dass unser Leben viel zu sehr von materiellen Dingen kontrolliert wird, und wir sollten viel einfacher leben» oder «Wir sollten aufhören, Fleisch zu essen, weil dafür Lebewesen getötet werden müssen. Außerdem sind Mastbetriebe unmenschlich und schlecht für die Umwelt.»

Selbst sehr junge hochbegabte, idealistische Kinder sind häufig bereit, die bequeme Berechenbarkeit des Status quo zugunsten einer besseren Lebens- und Daseinsform aufzugeben. Sie sehen Möglichkeiten, um etwas zu verändern. Vielleicht möchten sie den Obdachlosen helfen, oder sie wollen ihre Familie dazu bewegen, Vegetarier zu werden, oder ein neues, emissionsarmes Auto zu kaufen. Oder sie entwickeln ein Projekt, um Geld für einen guten Zweck zu sammeln.

In Verbindung mit der Intensität des Kindes, können emotionsgeladene Traditionen potenziell zerstörerische Situationen hervorrufen, die zu einer Kluft in der Familie führen können. Das ist vor allem dann wahrscheinlich, wenn die Familie oder Gruppe wenig Toleranz für die Traditionen anderer aufbringt. In der Zeit der Bürgerrechtsbewegung waren viele Eltern (vor allem in den Südstaaten der USA) entsetzt, weil ihre idealistischen Kinder die Tradition der Rassentrennung abschaffen wollten.

Zweifellos wollen wir, dass unsere hochbegabten Kinder kreative Problemlöser werden, weil wir für viele wichtige Probleme – nicht nur in den USA, sondern rund um den Globus – neue Lösungen brauchen. Aber das ständige Hinterfragen von Traditionen kann für Familienmitglieder, Lehrer und andere unangenehm sein, vor allem, wenn sie dadurch in peinliche Situationen gebracht werden oder ihre eigenen Überzeugungen und ihre Lebensweise dadurch bedroht sehen. Wenn hochbegabte Kinder Regeln immerzu in Frage stellen – sei es aus Prinzip oder um einfach nur anders zu sein – kann das für sie selbst und für die Menschen in ihrer Umgebung sowohl eine edle Suche nach Wahrheit als auch eine schmerzvolle Daseinsform sein. Den Eltern eines hochbegabten Jungen im Teenager-Alter zum Beispiel kann es extreme Überwindung kosten, ihrem Sohn zu gestatten, einen Zopf oder Ohrringe zu tragen. Eltern hochbegabter Mädchen können daran verzweifeln, dass ihre einst so adrette Tochter jetzt nur noch zerschlissene Jeans und hautenge Oberteile trägt. Eltern können die nonkonformistische Haltung ihrer Kinder sehr unerfreulich finden. Wenn hochbegabte Kinder das Jugendalter erreichen, steigt die Wahrscheinlichkeit noch, dass sie sich gegen die Widersprüche und Heuchelei in ihrer Umgebung auflehnen.

Der Bruch mit Traditionen kann Fortschritt bewirken

Obgleich das Infragestellen des Status quo auch seinen Preis haben kann, ist es immer wieder notwendig, mit Traditionen zu brechen oder sie zu revidieren, um aus unserer Welt einen besseren Ort zu machen, um unsere Umwelt zu schonen, einen gesünderen Lebensstil zu fördern und neue Therapien für Krankheiten zu finden. Die Geschichte hat gezeigt, dass manche Theorien – zum Beispiel die, dass die Erde eine Kugel und keine Scheibe ist – zunächst sehr unpopulär waren, weil sie konventionelle Vorstellungen aus den Angeln hoben. In jüngster Zeit wurden die vier Nahrungsmittelgruppen, die einst als allgemeiner Leitfaden für eine ausgewogene Ernährung galten, durch die Ernährungspyramide ersetzt. Hybridfahrzeuge werden irgendwann beliebter sein als Autos mit Benzinmotoren. Solche Veränderungen kosten ihren Preis, und die Wegbereiter müssen dafür häufig persönliche oder berufliche Unannehmlichkeiten in Kauf nehmen. Oft bedeutet Fortschritt, mit Traditionen, Bräuchen oder Überzeugungen zu brechen, und es fällt den Menschen nicht leicht, alte Gewohnheiten aufzugeben. Die meisten fahren immer noch mit dem Auto zur Arbeit, anstatt öffentliche Verkehrsmittel zu nutzen. Manche Traditionen gibt man nur ungern auf, selbst wenn man weiß, dass es besser wäre.

Wenn Kinder die Traditionen der Familie oder Gemeinschaft missachten, kann uns das verärgern und bestürzen. Es ist ein Affront gegenüber unserer Autorität und Weisheit. Manchmal ist unsere Entrüstung berechtigt. Auf der anderen Seite haben wir schon so viele Traditionsänderungen erlebt, darunter auch wechselnde Haarlängen und Kleidungsstile, und wir wissen, dass mit jeder neuen Generation Veränderungen auftreten.

Oftmals haben unsere hochbegabten Kinder mit ihrer außergewöhnlichen analytischen Fähigkeit völlig Recht, wenn sie sagen, dass eine bestimmte Tradition in Frage gestellt oder sogar verworfen werden *sollte.* (Natürlich ist das einfacher, wenn es sich nicht gerade um eine Tradition handelt, die wir besonders schätzen). Als zum Beispiel in den 1970er Jahren viele junge Mütter wieder arbeiten gingen, fanden ihre Eltern, dass es besser wäre, wenn sie zu Hause bei ihren Kindern blieben, wie es bis dahin üblich gewesen war. Oft bereitet es den Menschen Unbehagen, wenn Traditionen in Frage gestellt werden. Warum rüttelt sie an den altbewährten Zuständen? Wo soll das hinführen? Wir haben es doch immer so gemacht! Aber wenn idealistische hochbegabte Kinder erkennen, wie es anders sein *könnte,* wollen sie ihre Ideale auch in die Tat umsetzen. Ist das nicht genau das, was wir von ihnen erwarten? Schon – aber manchmal geschieht es eben rascher oder auf dramatischere Weise, als uns lieb ist!

Mit gesellschaftlichen Traditionen zu brechen, kann nützlich sein, auch wenn diese Veränderungen vorübergehend Unmut hervorrufen; das ist vor allem dann der Fall, wenn der Nutzen nicht unmittelbar ersichtlich ist. Um die Sklaverei abzuschaffen, brauchte es einen Bürgerkrieg. Frauen brauchten viele Jahrzehnte, um sich das Wahlrecht zu erkämpfen. Noch länger hat es gedauert, bis auch Afro-Amerikaner wählen und öffentliche Schulen besuchen durften. Obwohl wir Fortschritte gemacht haben, was die Gleichheit von Männern und Frauen, Weißen und Farbigen angeht, muss in diesem Bereich noch viel passieren. Aber zunächst einmal musste es Menschen geben, die erkannten, dass die Zustände besser sein könnten, und die bereit waren, ihre Vorstellungen umzusetzen, auch wenn sie anderen damit Unbehagen bereiteten.

Unsere Welt ist sicherlich ein besserer Ort geworden, weil kreative, engagierte und mutige Menschen Traditionen in Frage gestellt haben. Die Bürgerrechtlerin Rosa Parks zum Beispiel wehrte sich dagegen, dass Schwarze in öffentlichen Verkehrsmitteln nicht dieselben Plätze einnehmen durften wie weiße Fahrgäste, und trug somit zur Aufhebung der Rassentrennung bei. Auch Martin Luther King Jr. stellte traditionelle Überzeugungen und Annahmen über Afro-Amerikaner in Frage und führte mit der Bürgerrechtsbewegung positive Veränderungen herbei. Der Chirurg Joseph Lister stellte im England des 19. Jahrhunderts die Vorstellung in Frage, dass Krankenhäuser «keimfreie» Umgebungen waren; obwohl er mit seiner Theorie auf erbitterten Widerstand stieß, entwickelte er sterile Verfahren, die maßgeblich zur Verbesserung der Wundbehandlung beitrugen. Die Gebrüder Wright brachen mit der traditionellen Überzeugung, dass der Mensch nicht mit Maschinen fliegen könne, die schwerer sind als Luft, und Amelia Earhart, die als erste Frau im Alleinflug den Atlantik überquerte, widerlegte die Annahme, dass Frauen nicht zum Fliegen geeignet seien.

Die meisten Fortschritte in unserer Gesellschaft wurden nur deswegen erzielt, weil jemand eine Überzeugung hinterfragt hat und entschlossen war, ihre Fehlerhaftigkeit unter Beweis zu stellen. Ein hochbegabtes Mädchen in der Mittelstufe zettelte in ihrer Schule einen Boykott an, weil Jungen und Mädchen außerhalb des regulären Unterrichts nicht die gleichen Gelegenheiten und finanziellen Fördermittel für sportliche Aktivitäten erhielten. Sie brachte alle ihre Mitschüler dazu, in Streik zu treten und sich in stillem Protest auf dem Baseballplatz der Schule zu versammeln, bis der Schulleiter herauskam und sich die Forderungen der Schüler anhörte. Tatsächlich konnte das Mädchen mit dieser Aktion etwas erreichen. Die Schüler wandten sich an den Schulausschuss und forderten ihn auf, mehr Gelder in den Mädchensport zu investieren, und der Ausschuss stimmte dafür. Zweifellos war es einigen Personen nicht geheuer, dass die Schüler es wagten, die Autoritäten herauszufordern, obwohl ihr Anliegen berechtigt war. Aber das Unbehagen der anderen sollte niemanden davon abhalten, seine Ziele zu verfolgen. Ohne den Bruch mit Traditionen gäbe es keinen Erkenntnisfortschritt und auch keinen gesellschaftlichen Fortschritt.

Traditionen, Werte und moralische Entwicklung

Traditionen sind eng mit unseren Werten verbunden und dienen häufig dazu, diesen Werten Ausdruck zu verleihen. Es gab Zeiten, da Geschäfte sonntags geschlossen blieben, damit alle einen Ruhetag einhalten konnten. Diese Tradition wurde allmählich aufgeweicht, weil viele Menschen der Ansicht waren, dass man an den Sonntagen nicht nur in die Kirche, sondern genauso gut Einkaufen gehen könne. Dieser Gedanke spaltete die Gesellschaft: Manche waren dafür, dass die Geschäfte öffneten, andere wollten den Sonntag als traditionellen Ruhetag beibehalten. Die unterschiedlichen Meinungen standen für unterschiedliche Werte.

Im Blick auf Wachstum und Entwicklung des Menschen hat der Psychologe Lawrence Kohlberg eine «Theorie der Moralentwicklung» entworfen, bei der diese Vorstellung von Traditionen und Werten eine wichtige Rolle spielt. Kohlbergs Theorie hilft uns auch, den Unterschied zwischen hochbegabten Kindern und anderen Kindern zu verstehen. Hochbegabte Kinder durchlaufen nicht nur die intellektuellen Entwicklungsstufen rascher als andere Kinder, sondern auch die «Stufen der Moralentwicklung»[4], die in Tabelle 8 dargestellt werden.

Nach dieser Entwicklungstheorie lässt der Mensch mit jeder neuen Stufe, die er erreicht, die vorangehende Stufe hinter sich, und das Leben des Kindes (oder des Erwachsenen) verändert sich. Eine neue Stufe zu erreichen bedeutet, dass man sein Leben neu organisiert, sich neuen Herausforderungen stellt und neue Gelegenheiten erhält. Mit jeder neuen Stufe verliert man alte Sicherheiten und gewinnt zugleich neue hinzu.

Präkonventionelles oder vormoralisches Stadium: Die frühen Stufen, die Kohlberg als «eigennützigen Gehorsam» bezeichnet, hängen mit dem egozentrischen Wesen der meisten jüngeren Kinder zusammen: Sie glauben, dass die Welt sich um sie dreht und dass sie die Dinge unmittelbar beeinflussen können («magisches Denken»). In diesem frühen Entwicklungsstadium, so Kohlberg, folgt das Kind den Regeln nur aus egoistischen Gründen, um negative Konsequenzen zu vermeiden, beziehungsweise um positive Belohnungen von anderen zu erhalten. Sigmund Freud spricht in diesem Zusammenhang vom «Lustprinzip»: Der Mensch handelt zunächst einmal, um Lust zu gewinnen und Schmerz zu vermeiden. «Was springt für mich dabei raus?» ist die treibende Kraft in diesem Entwicklungsstadium.

Konventionelles oder regelkonformes Stadium: Die mittleren Stufen der Moralentwicklung sehen eine Anpassung an die Traditionen vor, die in einer bestimmten Kultur vorherrschen. Die meisten Menschen befinden sich auf diesen Stufen, wo Konformität dem Selbstzweck dient und soziale Missbilligung vermieden wird. Der Einzelne hält sich an Regeln und Gesetze, ohne diese in Frage zu stellen, und die traditionellen Konventionen werden von den meisten fast ausnahmslos befolgt.

Postkonventionelles oder autonomes Stadium: Auf den höheren Stufen der Moralentwicklung beginnt der Mensch, sich eingehend mit Konventionen auseinanderzusetzen und sie zu hinterfragen. Er kennt die Regeln und Gesetze, berücksichtigt aber auch persönliche, moralische und ethische Standards, die mit den Traditionen in Konflikt geraten können. Auf der sechsten und höchsten Stufe kommen universelle moralische und ethische Prinzipien zum Tragen. Abstrakte Vorstellungen und Möglichkeiten werden besonders berücksichtigt und die Auswirkungen der eigenen Aktionen auf die Menschheit und die Welt werden erwogen. Kohlberg kam zu dem Schluss, dass nur etwa zehn Prozent aller Menschen die beiden höchsten Stufen der Moralentwicklung erreichen. Dabei handelt es sich häufig um Führungspersonen und Erfinder, die gesellschaftliche Traditionen in Frage stellen und verändern und somit den Weg für neue und bessere Entwicklungen ebnen **(Tabelle 8)**.[5]

Tabelle 8: Die Stufen der Moralentwicklung[6]

Stufe	Moralbewusstsein		
I	Gut ist, was belohnt wird; schlecht ist, was bestraft wird. Wir gehorchen den Regeln, weil uns dies von Autoritäten befohlen wurde und weil wir Bestrafung vermeiden wollen.	**Eigennütziger Gehorsam**	Auf den Stufen I und II befinden sich in der Regel Kinder im Grundschulalter.
II	Wir tun etwas für andere, weil sie dann umgekehrt etwas für uns tun. Wir handeln im eigenen besten Interesse, damit wir belohnt werden. Fairness, Gegenseitigkeit und gerechtes Teilen werden nicht um ihrer selbst willen wertgeschätzt, sondern weil die anderen sie dann erwidern.		
III	Gutes Verhalten ist, was den anderen in der Familie, Gruppe oder Gesellschaft gefällt. Was immer der Mehrheit gefällt, wird als moralisch richtig angesehen, und wir tun die Dinge, um die Anerkennung der anderen zu gewinnen. Konformität wird hochgeschätzt.	**Anpassung an Traditionen**	Die Stufen III und IV sind der Mehrzahl der Menschen zuzuordnen.
IV	Die Traditionen werden als feste Regeln und Pflichten verinnerlicht, die «richtig» sind. Die soziale Ordnung, Gruppenautorität, Gesetze und Regeln der Gesellschaft werden um ihrer selbst willen eingehalten, und es ist wichtig, sich den Regeln anzupassen.		

Stufe	Moralbewusstsein		
V	Moralische Werte sind Prinzipien, die über die einfache Autorität oder die Meinung einer Gruppe hinausgehen. Es geht um Prinzipien, Regeln und Verfahren, die für alle gerecht sind. Das Gewissen und der Gedanke der persönlichen Verantwortung treten in den Vordergrund, ebenso das Bewusstsein für das Wohlergehen anderer und den Schutz der Rechte des Einzelnen. Gleichzeitig wird ein Konsens gesucht.	**Moralische Prinzipien jenseits von Konformität**	Die Stufen V und VI werden nur von wenigen Menschen erreicht.
VI	Man ist nun bemüht um das Wohlergehen aller Lebewesen und um universelle ethische Prinzipien und abstrakte Moralität. Dies überwindet die konventionellen Sichtweisen und betont die Folgerichtigkeit und das Verständnis auf der Suche nach vollkommenen Prinzipien von Gerechtigkeit, Gegenseitigkeit, Gleichheit und Respekt.		

Praktische Anregungen

Mit Traditionen brechen – aber zu welchem Preis? Vermutlich ist das Wichtigste, was Eltern tun können, um ihren willensstarken, hochbegabten Kindern mit all ihren Überzeugungen und Meinungen zu helfen, ihnen vor Augen zu führen, dass sie bei manchen Verhaltensweisen das Kosten-Nutzen-Verhältnis berücksichtigen sollten. Natürlich hat das Hinterfragen von Traditionen gewisse Vorteile, aber es bringt auch persönliche, berufliche oder interpersonale Nachteile mit sich. Hochbegabte Kinder brauchen oft die persönliche Freiheit, mit den Nachteilen ihres Verhaltens zu experimentieren und herauszufinden, was geschieht, wenn sie mit Traditionen brechen, auch wenn das den Eltern oder anderen Erwachsenen Unbehagen bereitet. So hat zum Beispiel der Entschluss, auf die tägliche Körperpflege zu verzichten, deutliche Nachteile, weil dadurch wahrscheinlich die Beziehungen zu anderen beeinträchtigt werden. Ungepflegte Haare, auffällige Tätowierungen oder unordentliche Kleidung ergeben ein unkonventionelles Erscheinungsbild, das junge Menschen zum Beispiel bei der Jobsuche behindern kann.

Eltern und Lehrer können hochbegabten Kindern helfen, Traditionen aus anderen Blickwinkeln zu betrachten, etwa indem sie ihnen den Ursprung und die Geschichte einer Tradition erklären. Eltern können einem hochbegabten Kind, das Bräuche in Frage stellt, Verständnis entgegenbringen und ihm zugleich die wichtigsten gesellschaftlichen Regeln mit auf den Weg geben. Im Allgemeinen werden unkonventionelle Menschen eher gemieden, weil sie bei anderen Unbehagen auslösen. Wer unkonventionell ist und den Status quo in Frage stellt, ist für andere unberechenbar und stößt auf Ablehnung; oft liegt das daran, dass die anderen denken, man verhalte sich absichtlich unkonventionell, um Zorn oder Unmut auszudrücken. Oder sie betrachten unkonventionelle Menschen als negativ oder zynisch; oder sie haben Angst vor ihnen und wollen deswegen nichts mit ihnen zu tun haben.

Besonders problematisch ist, wenn ein Traditionsbruch ernste Konsequenzen mit sich bringt. Illegale oder gefährliche Aktionen zum Beispiel können langfristige Folgen haben. Hier müssen Eltern klare Prioritäten setzen und wissen, welche Maßnahmen sie ergreifen sollen, wenn ihr Kind eine solche Regelverletzung begeht, denn in potenziell gefährlichen Situationen können Eltern nicht zulassen, dass ihr Kind aus den natürlichen Folgen seines Verhaltens lernt. Manche Verhaltensweisen sind schlichtweg lebensgefährlich.

Konfrontation oder Führung? Das Wissen früherer Generationen – der «guten alten Zeit» – kann Kinder erkennen lassen, dass positive Veränderungen in der Regel sehr wohl eintreten, auch wenn das nicht immer so rasch geschieht, wie wir es uns wünschen. Sie können Ihren Kindern auch erklären, dass Veränderungen eher durch Führung als durch zornige oder trotzige Konfrontation herbeigeführt werden. Die Bürgerrechtsbewegung zum Beispiel war unter anderem deswegen erfolgreich, weil ihre Anführer Gewaltlosigkeit propagierten und eher an den Verstand als an die reine Emotion appellierten. Die Botschaft wurde durch Worte und Musik vermittelt: «I Have a Dream» und «We Shall Overcome». Diese Botschaft der Gewaltlosigkeit verbreitete sich und fand Gehör.

Obgleich Konfrontation manchmal notwendig ist (etwa bei bestimmten sozialen Protesten), führt Widerstand dazu, dass andere Personen nur noch stärker auf ihrem Standpunkt beharren und an traditionellen Überzeugungen festhalten. Wenn kulturelle oder gesellschaftliche Veränderungen zu rasch vonstattengehen, klammern sich die Menschen meist erst recht an ihre altvertrauten Gepflogenheiten, um das Unbehagen zu vermeiden, das mit jeder Veränderung einhergeht.

Man kann hochbegabten Kindern beibringen, dass sie andere besser überzeugen und Veränderungen eher herbeiführen können, wenn sie Schritt für Schritt vorgehen, als wenn sie ihren Wunsch nach Veränderung so leidenschaftlich forcieren, dass die anderen zwangsläufig Widerstand leisten, um ihre Autorität und Kontrolle zu wahren. Eine solche geduldige Beharrlichkeit fällt vielen hochbegabten Kindern schwer: am liebsten würden sie altmodische Traditionen sofort durch ihre Werte und Vorstellungen ersetzen. Sie müssen jedoch begreifen, dass zu viel Ungeduld genau das Gegenteil bewirkt, weil sie andere damit so sehr verärgern und entfremden können, dass sie irgendwann isoliert und allein dastehen.

Sich selbst treu bleiben. Es kann unangenehm sein, zu erkennen, dass die eigenen Überzeugungen andere dazu veranlassen, sich zu distanzieren oder sogar die Beziehung zu beenden. Das Risiko einzugehen, man selbst zu sein und andere Entscheidungen zu treffen als die Peers, erfordert Mut und Selbstvertrauen. Möglicherweise verändert sich die Beziehung zu ihnen dadurch grundlegend. Es ist jedoch wichtig, zu seinen eigenen Überzeugungen und Werten zu stehen, und nicht passiv die Bräuche zu akzeptieren, die einem unaufrichtig und unverantwortlich erscheinen. Ein hochbegabtes Kind, das bei einer Mathematikklausur bemerkt, dass die anderen hemmungslos betrügen, zieht es möglicherweise vor, den Vorgang für sich zu behalten, anstatt die Konsequenzen in Kauf zu nehmen, die es erwarten, wenn es den Lehrer darauf aufmerksam macht. Wenn ein mutiges Kind seinen Überzeugungen treu bleibt und den Lehrer informiert, wird es unweigerlich den Zorn seiner Mitschüler auf sich ziehen und mit dauerhaften zwischenmenschlichen Problemen rechnen müssen.

Wie lässt sich eine Balance herstellen zwischen dem abrupten Bruch mit Traditionen auf der einen Seite und der Anpassung an althergebrachte Traditionen auf der anderen? Die Antwort ist nicht einfach. In Shakespeares *Hamlet* gibt Polonius seinem Sohn Laertes den Rat: «Sei dir selber treu»[7], aber die Balance zwischen Anpassung und Traditionsbruch zu finden, ist schwierig. Darüber hinaus ist diese Balance bei jedem Kind anders. Hier ist es hilfreich, wenn die Beziehung zu Ihrem Kind Gelegenheiten bietet, um Vor- und Nachteile zu diskutieren, aber auch Ansätze, die möglicherweise weniger brisant sind.

Die eigenen Überzeugungen erkennen. Wie gehen Sie selbst mit Bräuchen und Traditionen um? Sind Sie gegenüber den Traditionen anderer tolerant oder sind Sie rasch dabei, andere Gepflogenheiten zu bewerten und zu kritisieren? Denken Sie manchmal über Ihre eigenen Bräuche nach? Bestimmen diese Bräuche Ihr Leben oder haben Sie einen gut durchdachten Lebensplan? Sind die Werte Ihrer Kinder wirklich schlechter als Ihre eigenen oder sind sie vielleicht einfach nur anders? Behandeln Sie Ihr Kind mit Respekt, selbst wenn Sie mit seinen Verhaltensweisen, seinem Stil oder seiner Wortwahl nicht einverstanden sind?

Vor allem im Preteen- und Teenageralter haben Kinder oft ungewöhnliche Meinungen oder beschäftigen sich mit Dingen, die mit den persönlichen Werten und Traditionen der Eltern nicht vereinbar sind. Vielleicht erinnern Sie sich noch daran, wie Sie selbst als Teenager waren: Möglicherweise haderten Sie damals ebenfalls mit den Traditionen, die in Ihrem Elternhaus gepflegt wurden. Es ist völlig normal, dass Teenager mit unterschiedlichen Einstellungen und Verhaltensweisen experimentieren, wenn sie beginnen, ihre eigene Identität zu entdecken.

Sorgen Sie für eine offene Kommunikation. Eine gute Eltern-Kind-Beziehung während der prägenden Grundschuljahre ist eine gute Voraussetzung für eine offene Kommunikation und eine gute Beziehung mit hochbegabten Teenagern. Alles, was wir über hochbegabte Kinder wissen, deutet darauf hin, dass Kommunikation und eine gute, vertrauensvolle Beziehung von größter Bedeutung sind, wenn wir diese Kinder auf ihrem Weg ins Teenager- und junge Erwachsenenalter unterstützend begleiten. Gerade in den Jahren, in denen Ihre Kinder höchstwahrscheinlich Traditionen in Frage stellen oder ablehnen, empfiehlt es sich, eine fürsorgliche Beziehung mit ihnen aufrechtzuerhalten; auf diese Weise können Sie ihnen helfen, sich mit der Gesellschaft und mit ihrer Familie verbunden zu fühlen, und Sie können zugleich ihre Kreativität fördern. Möglicherweise gelingt es Ihnen sogar, Ihren Kindern den Wert von Traditionen und Ritualen zu vermitteln, die sie – zumindest vorübergehend – geringschätzen oder ablehnen, beispielsweise Familienzusammenkünfte an Feiertagen oder Dankschreiben für Geschenke.

Hochbegabte Kinder können sehr wachsam sein, was Werte, Überzeugungen und Traditionen angeht. Oft erkennen sie die Widersprüchlichkeiten oder Heucheleien der Erwachsenen sofort und versuchen, ihre Eltern davon zu überzeugen, dass sie einen «falschen» Standpunkt vertreten. Wenn Sie eine starke Beziehung zu Ihrem Kind haben, können Sie diesen Meinungsaustausch so gestalten, dass weder Sie noch Ihr Kind sich persönlich angegriffen fühlen. Die Ansichten Ihres Kindes könnten sogar ein gesunder Anstoß für Sie sein, Ihre eigenen Überzeugungen, Gepflogenheiten und Traditionen zu überdenken, auch wenn dieser Prozess schmerzvoll sein kann.

Auflehnung kann Beziehungen schaden. Machtkämpfe zwischen Eltern und Kindern führen zu einer noch stärkeren Ablehnung von Traditionen. Hochbegabte Teenager, mit ihrer wunderbaren Kreativität, suchen sich oft ganz andere und ungewöhnliche Freunde aus, und die Wahrscheinlichkeit ist groß, dass sie zu Hause – und manchmal auch in der Schule – offen rebellieren, vor allem, wenn es dort Machtkämpfe gibt. Möglicherweise färben sie sich die Haare, tragen flippige Klamotten, lehnen ihre Familie oder die Gesellschaft ab, experimentieren mit Drogen oder unkonventionellen Verhaltensweisen, drohen damit, die Schule zu schmeißen und/oder weigern sich, den Gottesdienst zu besuchen. Manche werden regelrecht aufsässig oder sogar kriminell. Mitunter probieren Teenager oder junge Erwachsene auch einfach etwas aus, nur um zu sehen, welche Reaktionen sie damit erzielen. Solche «kreativ-antitraditionellen» Verhaltensweisen sind für die Eltern natürlich sehr ärgerlich und beängstigend, weil sie mit ansehen müssen, wie ihre Kinder sich die Zukunft verbauen. Damit fügen sie sich selbst den größten Schaden zu – mehr noch als den Personen, gegen die sie sich auflehnen. Es ist jedoch wichtig, dass Eltern nicht zu rasch und zu streng reagieren. Wenn sie zu streng sind, besteht die Gefahr, dass sich das Kind nur noch mehr auflehnt und der Konflikt eskaliert. Auf der anderen Seite müssen Eltern natürlich eingreifen, vor allem, wenn ein Kind kriminelles Verhalten zeigt. Bei einer Vorgeschichte mit Machtkämpfen ist wahrscheinlich die Intervention einer Fachperson angezeigt.

Denken Sie an Ihre eigene Teenager-Zeit und Rebellion oder an die Ihrer Freunde zurück. Die Teenager-Jahre sind typischerweise eine Zeit, in der man mit Traditionen bricht. Wie Mark Twain es formuliert hat, «Als ich 14 Jahre alt war, war mein Vater so dumm, dass ich ihn kaum ertragen konnte. Mit 21 war ich erstaunt, wie viel er in diesen sieben Jahren dazugelernt hatte.»[8] Auch die aufmüpfigsten Jugendlichen werden irgendwann erwachsen – allerdings nach ihrem Zeitplan, nicht nach dem unsrigen.

Mit unkonventionellen Geschlechterrollen experimentieren. Eltern sind oft besorgt, wenn ihre hochbegabten Kinder traditionelle Geschlechterrollen in Frage stellen oder sich darüber hinwegsetzen. Mitunter spiegelt das lediglich ihre Neugierde und ihr breites Interessenspektrum wider. Die Interessen und Einstellungen hochbegabter Kinder, Jungen wie Mädchen, sind in der Regel viel weniger geschlechtsspezifisch als die anderer Kinder. Hochbegabte Mädchen mögen zwar traditionelle «Mädchen-Tätigkeiten», finden aber oft auch Aktivitäten attraktiv, die traditionell Jungen zugeordnet werden, zum Beispiel Sportarten wie Basketball oder wilde Spiele im Freien. Ebenso haben hochbegabte Jungen meist ein breit gefächertes Interessenspektrum, zu dem neben traditionellen Jungen-Themen wie Autos,

Motorräder oder Boxen auch Fantasiespiele, Kunst, Kochen oder Gärtnern gehören können. Diese «Androgynität» kann für Eltern und Kinder frustrierend sein. Ein sportlicher Vater, der hofft, dass sein Sohn in seine Fußstapfen treten wird, ist möglicherweise enttäuscht, wenn der Spross lieber Cello spielt.

Manche dieser Interessen verstoßen auch gegen traditionelle Muster. Daher ist es wichtig, dass Eltern ihre hochbegabten Kinder dazu animieren, darüber nachzudenken, auf welche Weise und mit welcher Zielsetzung sie ihren Interessen nachgehen. Wollen sie ihre Interessen und Fähigkeiten in bestimmten Umgebungen zeigen, in anderen dagegen nicht? Verfolgen sie manche dieser Interessen im Hinblick auf einen späteren Beruf? Passen sie sich traditionellen Erwartungen an? Stellen sie ihre Rebellion bewusst zur Schau? Obwohl die Gesellschaft im Blick auf Geschlechterrollen in den letzten Jahrzehnten große Fortschritte gemacht hat, ist es für Frauen immer noch schwierig, in Führungspositionen zu gelangen und in die Chefetagen aufzusteigen. In manchen Gemeinden ist es nach wie vor unüblich, dass Frauen bei der Polizei Karriere machen oder Männer als Krankenpfleger arbeiten. Eltern möchten ihre hochbegabten Kinder natürlich ermutigen, die berufliche Laufbahn einzuschlagen, die ihren Leidenschaften und Interessen entspricht, und ihnen nicht vorschreiben, welchen Beruf sie wählen sollen.

Mitunter führt das breite Interessenspektrum hochbegabter Jungen und Mädchen im Preteen- oder Teenager-Alter dazu, dass sie sich fragen, ob sie schwul oder lesbisch sind. Manche sind es, andere nicht. Es kann für ein hochbegabtes Kind und seine Familie recht schwierig sein, herauszufinden, ob Sensitivität und unkonventionelle Interessen auf die Hochbegabung zurückzuführen sind, oder ob das Kind homosexuell ist, oder beides. In jedem Fall sollten Eltern ihr Kind emotional unterstützen und es wissen lassen, dass es geschätzt, unterstützt und geliebt wird, egal, welche Interessen oder sexuelle Orientierung es hat. Für alle, die interessiert sind oder Informationen brauchen, steht eine Arbeitsgruppe der National Association for Gifted Children (www.nagc.org) zur Verfügung, die Informationen über schwule, lesbische, bisexuelle und transsexuelle hochbegabte Jugendliche zur Verfügung stellt.

Seien Sie darauf gefasst, dass Ihre Kinder andere Traditionen testen. Die Teenager-Jahre sind eine Zeit, in der hochbegabte Kinder besonders davon profitieren, wenn sie außer ihren Eltern noch jemanden haben, mit dem sie reden können. Manchmal können die Eltern eines Freundes oder einer Freundin, ein Nachbar, Lehrer, Mentor oder Berater ein solcher Ansprechpartner für das Kind sein. Teenager versuchen herauszufinden, was für ein Mensch sie sein wollen. Sie haben erkannt, dass ihre Eltern nicht perfekt sind, und suchen nach anderen Rollenmodellen, an denen sie sich orientieren können. Wahrscheinlich werden sie die ein oder andere Regel, Überzeugung und Tradition ihrer Eltern später wieder wertschätzen; aber wie es scheint, sind alle Teenager für gewisse Zeit ihren Eltern gegenüber kritisch eingestellt und darauf erpicht, sich von ihnen zu lösen. Eltern müssen Geduld haben.

Nehmen Sie Ihre Familientraditionen unter die Lupe. Welche Rituale, Gepflogenheiten und Traditionen prägen heute Ihr Familienleben? Welche davon wurden irgendwann einmal eingeführt und seitdem von Generation zu Generation weitergegeben, ohne je auf ihre Sinnhaftigkeit hin überprüft zu werden? Stehen Sie zu diesen Traditionen? Wenn nicht, welche neuen Traditionen würden Sie gerne einführen? Und bei welchen Traditionen würden Sie sich wünschen, dass Ihre Kinder sie an ihre eigenen Nachkommen weitergeben?

Die eigenen Traditionen zu überprüfen, ist ein sinnvoller Brauch. Alle Familienmitglieder können sich daran beteiligen, indem sie die derzeitigen Traditionen identifizieren, sie hinterfragen und dann entscheiden, welche davon sie beibehalten wollen, welche ausgemustert gehören und welche verändert werden sollen. Besonders für Ihre hochbegabten Kinder kann das eine aufschlussreiche Übung sein: Sie lernen dabei, dass bestimmte Familiengepflogenheiten – zum Beispiel Dinge aufzuschieben oder anderen Menschen mit Vorurteilen zu begegnen – getrost verworfen werden können, während andere sehr wohl einen Wert und eine Bedeutung für die Familie haben und es daher wert sind, dass man sie beibehält.

Es ist eine ungeheuer befreiende Erkenntnis, dass es in unserer Macht steht, eigene, neue Traditionen zu schaffen. Alle Familienmitglieder können in diesen Prozess eingebunden werden und die Dinge definieren, die ihnen wichtig sind oder die sie ändern wollen.

Traditionen entstehen auch aus gemeinsamen Erfahrungen

Familien geben nicht nur genetische Ähnlichkeiten an die nächste Generation weiter, sondern auch Ziele, Werte, eine Familiengeschichte und Traditionen. Gemeinsame Erfahrungen sind entscheidend, um sich mit anderen verbunden zu fühlen. Diese Erfahrungen geben uns das Gefühl, dass wir grundlegende Werte und Erwartungen teilen und dass unser unmittelbares Umfeld einigermaßen berechenbar und sicher ist. Gemeinsame Traditionen und Gepflogenheiten verbinden uns mit einer übergeordneten Kultur und vermitteln uns ein Gefühl der Sicherheit und Zugehörigkeit.

Da die meisten Traditionen ihren Ursprung in der Familie und Gemeinschaft haben, in der wir aufwachsen, sind sie ein wichtiger Bestandteil unserer «Wurzeln» und unseres Heimatgefühls. Kindheitserinnerungen bilden eine Grundlage, die es uns ermöglicht, das Risiko einzugehen, das anfangs mit jedem Traditionsbruch verbunden ist. «Das heranwachsende Kind treibt nun seinerseits Seitenwurzeln, indem es mit anderen Menschen aus anderen Milieus interagiert. Auch diese [neuen] Wurzeln geben Sicherheit und das Gefühl, zu einer größeren Gruppe zu gehören und in die Welt hineinzuwachsen.»[9]

Mithilfe ihrer Eltern können hochbegabte Kinder lernen, Traditionen auf sichere Weise in Frage zu stellen. Dazu müssen die Eltern eine Umgebung schaffen, in der sowohl Kinder als auch Erwachsene die Freiheit haben, Traditionen zu überprüfen und zu entscheiden, welche sie beibehalten und welche sie aufgeben möchten. Der Versuch, die Bequemlichkeit und Stärke der alten Gepflogenheiten zu erhalten und zugleich das Risiko einzugehen, neue und bessere Möglichkeiten auszutesten, erfordert viel Toleranz, Ausdauer und Flexibilität. Nichtsdestotrotz ist es ein spannender Gedanke, dass man neue Traditionen ins Leben rufen kann, die vielleicht nur ein paar Jahre, vielleicht aber auch mehrere Generationen Bestand haben werden.

Kapitel 11

Die Komplexität erfolgreicher Kindererziehung

Bis hierher haben wir uns auf die Kinder konzentriert und dargestellt, was Eltern für ihre Kinder tun können. Nun wenden wir uns den Eltern und ihrer Beziehung untereinander zu und diskutieren, was sie tun können, um auf sich selbst und ihre Familie als Ganzes Acht zu geben. Eltern von hochbegabten Kindern wird viel abverlangt, und die Erziehung kann mitunter erschöpfend sein – heutzutage noch mehr als in den letzten Jahrzehnten.

Im Vergleich zur Generation unserer Eltern und Großeltern hat sich die Kindererziehung in vielerlei Weise verändert. Zur Zeit unserer Großeltern war es üblich, dass Väter ihre jungen Söhne in den Holzschuppen sperrten und sie mit einem Lederriemen verprügelten. Heute sind die Erziehungsmethoden demokratischer und weniger auf Bestrafung ausgerichtet. Während das Motto früher lautete «Kinder soll man sehen, aber nicht hören», ermutigen wir unsere Kinder heute dazu, mit uns zu sprechen und uns ihre Gedanken und Gefühle mitzuteilen. Auch die Erwartungen, die wir in unsere Kinder setzen, sind heute anders. Neue Entwicklungen in der Gehirnforschung haben dazu beigetragen, dass wir heute mehr darüber wissen, wie und wann Kinder am besten lernen, und in manchen Bereichen können sie viel mehr lernen, als wir angenommen hatten. Die Erziehung verändert sich laufend: Jüngere Generationen versuchen, mit den neuesten Forschungsentwicklungen und Expertenmeinungen Schritt zu halten und wägen die aktuellen Informationen gegen traditionelle Werte und Methoden ab.

Darüber hinaus haben gesellschaftliche Veränderungen den Einfluss der Eltern und die Unterstützung durch Großfamilien verringert. Oft leben Familienmitglieder weit voneinander entfernt an unterschiedlichen Orten. Die Einflüsse durch neue Technologien, Konsumverhalten und Peers haben dagegen an Bedeutung gewonnen und wirken sich erheblich auf unsere Kinder aus. Dies sind nur ein paar der Schwierigkeiten, mit denen sich die moderne Erziehung heute konfrontiert sieht.

Einflüsse auf die moderne Erziehung

Mobilität. Erhebungen zeigen, dass die amerikanische Durchschnittsfamilie heutzutage alle sechs Jahre an einen anderen Ort zieht.[1] Meist ist die Arbeit eines Elternteils der Grund für diese Ortswechsel. Mit jedem Umzug wird die Familie erneut aus ihrem gewohnten Umfeld herausgerissen. Früher lebten Familien mindestens 20 Jahre lang an einem Ort; sie kannten ihre Nachbarn gut und konnten sich auf sie verlassen. Diese Stetigkeit gab ihnen ein Gefühl von Sicherheit: Man kannte einander beim Namen und Vornamen, und wenn die Kinder sich im Haus eines Nachbarn schlecht benahmen, konnten sich die Eltern darauf verlassen, dass jemand dort war, der sie zurechtwies. Heute wissen viele Familien nicht, wie ihre Nachbarn heißen, und das Zusammenleben ist viel anonymer geworden.

Umzüge quer durchs Land bedeuten, dass die Kinder ihre Großeltern, Tanten, Onkel und Cousins und Cousinen seltener sehen. Angesichts großer Entfernungen ist es schwierig, Beziehungen aufrechtzuerhalten, und die Verwandten sind kaum noch in der Lage, den Kindern in der Familie ein Gefühl von Stabilität, Zugehörigkeit und Zuflucht zu bieten.

In früheren Generationen lebte und arbeitete die gesamte Verwandtschaft im selben Dorf oder in derselben Kleinstadt. Sie gingen ähnlichen Tätigkeiten nach, aßen an den Sonntagen zusammen zu Mittag und verbrachten die Feiertage gemeinsam. Die Kinder spielten mit ihren Cousinen und Cousins und kannten alle ihre Tanten und Onkel. Die Familienmitglieder wurden alle auf demselben Friedhof beigesetzt, und das Wort «Familie» bedeutete nicht nur Eltern, Kinder und Geschwister, sondern bezog sämtliche Verwandte mit ein. Bei Familientreffen wurde über gemeinsame Erlebnisse und Erfahrungen gesprochen und der neueste Klatsch ausgetauscht. Man unterhielt sich auch darüber, wie andere mit Erfolgen, Misserfolgen oder Schicksalsschlägen umgingen. Die Kinder hörten diese Geschichten und stellten ihren Eltern auf dem Heimweg Fragen dazu. Solche Familienzusammenkünfte und -gespräche boten Gelegenheiten, um Familienwerte und -traditionen aufzunehmen und vermittelten den Familienmitgliedern im Wechsel der Generationen ein Gefühl der Zugehörigkeit. Die Kinder erkannten, welche Rolle ihre eigene Familie im größeren Familienverband spielte, welche Gemeinsamkeiten vorhanden waren, und worin sie sich gegebenenfalls von den anderen unterschied.

Im 21. Jahrhundert haben die Menschen viel mehr Freiheiten, was ihre Lebensweise anbelangt. Wir können uns aussuchen, wo wir leben und welchen Beruf wir ausüben wollen. Aber in mancher Hinsicht sind wir auch viel isolierter als unsere Vorfahren. Wir haben die Vorzüge der Großfamilie und der intakten Nachbarschaftsverhältnisse eingebüßt, und unsere Kinder wachsen in einem völlig anderen Rahmen auf – ohne Verwandte und Nachbarn, die sie die ganze Kindheit über begleiten und mit denen wir besondere Anlässe teilen. Wir zögern, in einem neuen Umfeld Wurzeln zu schlagen, weil wir wissen, dass wir wahrscheinlich in wenigen Jahren schon wieder woanders leben werden.

Wenn Familienmitglieder weit voneinander entfernt leben und ein Problem auftritt, können sie sich gegenseitig nur schwer unterstützen. Wenn zum Beispiel ein Angehöriger einen Unfall hat und ins Krankenhaus kommt, können die anderen nicht eben mal ans Krankenbett eilen. Und wenn es Schwierigkeiten in einer Beziehung gibt, sind die anderen nicht da, um zuzuhören. Natürlich kann man telefonieren oder E-Mails schreiben, aber die physische Verbindung fehlt. Früher wandten sich die Menschen in solchen Situationen an ihre Familie, heute sprechen sie mit Freunden darüber oder suchen einen professionellen Berater auf. Häufig wenden sie sich erst an andere, wenn die Probleme bereits erdrückend sind. Mobilität bedeutet Freiheit, aber der Preis dafür kann sehr hoch sein.

Scheidung und erneute Heirat. Die Zahl der Ehescheidungen und Wiederheiraten ist in den letzten Jahren dramatisch gestiegen. Fast die Hälfte aller Ehen wird geschieden, und zurück bleiben zersplitterte Familien. Selbst wenn diese Trennungen gütlich ablaufen, haben sie langfristige Folgen für Eltern, Kinder, Freunde und sogar für Großeltern und andere Verwandte.

Die Folgen von Scheidung und Familientrennung können für hochbegabte Kinder, mit ihrer Sensibilität und ihren intensiven Emotionen, sogar noch schwerwiegender sein. Sorgerechtsfragen können ebenfalls zu Problemen führen, egal, ob die Eltern in Zukunft am selben Ort oder weit voneinander entfernt leben werden. Selbst wenn Sorgerechtsverfügungen gerecht ausgehandelt werden, stellen sie das Familienleben erheblich auf den Kopf. Kinder sind zwar erstaunlich resilient, aber der ständige Wechsel zwischen zwei verschiedenen Haushalten ist oft schwierig, zumal die Erwartungen, Traditionen, Regeln und Abläufe in den beiden Elternhäusern sehr unterschiedlich sein können.

Eine Scheidung geht fast immer mit emotionaler Belastung, Enttäuschung und Desillusionierung für die ganze Familie einher, was sich auch auf die Beziehungen in der Familie auswirkt. Ein kluges Kind – vor allem, wenn es bereits im Teenager-Alter ist – beschließt womöglich, sich innerlich von der Familie abzukoppeln: «Meine Familie hat mich enttäuscht, also schütze ich mich, indem ich meinen Eltern, ihren neuen Partnern und meiner ganzen Verwandtschaft keine große Bedeutung mehr beimesse.» Vor allem, wenn es im Zuge der Trennung zu heftigen, lauten und beängstigenden Auseinandersetzungen zwischen den Eltern gekommen ist, sind Scheidungskinder häufig verunsichert, inwieweit sie ihren Eltern – oder Erwachsenen generell – noch vertrauen können. Möglicherweise fällt es ihnen später schwer, vertrauensvolle Partnerschaften aufzubauen, oder sie beschließen, keine feste Beziehung einzugehen, weil ihnen das zu riskant ist.[2]

Eine erneute Heirat und der Versuch, zwei Familien zusammenzuführen, stellt eine zusätzliche Herausforderung dar, vor allem, wenn einer oder beide neuen Partner Kinder mit in die Beziehung bringen. Die Kinder müssen sich mit den veränderten Verhältnissen abfinden und darüber hinaus eine neue Eltern-Kind-Beziehung mit einer Stiefmutter oder einem Stiefvater eingehen. Sie müssen sich auf bereits bestehende Traditionen in der neuen Familie einstellen und sie akzeptieren. Und sie müssen gegebenenfalls ganz neue Beziehungen zu Stiefgeschwistern aufbauen, ihre Position in der Familie finden und Status- und Machtfragen klären. Die Anpassung ist oft schwierig, und in vielen Fällen sind «Patchwork»-Familien auf die Unterstützung eines professionellen Beraters angewiesen.

Schnellerer Lebensrhythmus. In den späten 1970er Jahren sagten Zukunftsforscher und das US-amerikanische Arbeitsministerium vorher, dass Computer und andere Technologien so viel Humankapital ersetzen würden, dass die Menschen bis zur Jahrtausendwende höchstens noch vier Tage in der Woche arbeiten müssten. Die Unternehmen, so die Prognosen, würden für die Betreuung der Kinder ihrer Mitarbeiter sorgen, und die Menschen hätten mehr Urlaubstage und Freizeit denn je. Die Zukunftsforscher empfahlen, man solle sich auf diese zunehmende Freizeit einstellen und entsprechende Angebote für die Menschen planen. Heute, im zweiten Jahrzehnt des 21. Jahrhunderts, ist klar, dass die Wirklichkeit eine ganz andere ist. Die meisten von uns fühlen sich mehr denn je unter Druck, und die Arbeitsbelastung ist deutlich gestiegen. Viele Arbeitnehmer pendeln mehrere Stunden täglich zwischen ihrem Wohnort und ihrem Arbeitsplatz hin und her, arbeiten mindestens acht Stunden und nehmen abends noch Arbeit mit nach Hause. Der Druck, so viel zu verdienen, dass man sich zwei Autos und ein komfortables Zuhause leisten kann, ist immens, zumal man auch Geld fürs Alter und für die Ausbildung der Kinder zurücklegen muss. Es herrscht ein zwingender Druck, pausenlos produktiv zu sein, auch an den Wochenenden.

Wenn die Menschen zu Fuß oder in öffentlichen Verkehrsmitteln unterwegs sind, greifen sie zum Handy, Smartphone oder Notebook. Die Zeiten, in denen man einfach mal nichts tut und nicht in irgendeiner Form mit Arbeitskollegen und anderen Menschen in «Verbindung» steht, sind extrem rar geworden. Über Internet, Fernsehen und Printmedien wird man ständig mit Informationen überflutet, und es herrscht ein permanenter Druck, über alles informiert zu sein, was gerade rund um den Globus passiert. Das rasante Tempo, in dem sich unser Alltag abspielt, führt auch dazu, dass Eltern und Kindern immer weniger Zeit miteinander verbringen.

In seinem Bestseller *Die 7 Wege zur Effektivität* hat Stephen R. Covey darauf hingewiesen, dass wir in erster Linie auf das reagieren, was uns *dringend* erscheint, und nicht auf das, was *wichtig* ist.[3] Unter Umständen ist es *wichtiger*, dem Kind nach dem Essen bei den Hausaufgaben zu helfen, als den scheinbar so *dringenden* Anruf aus der Firma entgegenzunehmen. Wenn wir einmal darauf achten, was wirklich wichtig und was «dringend» ist, können wir mit dem Druck im Alltag besser umgehen.

Nichts ist undenkbar. Der leichte Zugang zum Internet und das Satellitenfernsehen haben noch weitere Folgen, denen wir uns häufig nicht bewusst sind. Unsere Kinder werden mit Ereignissen und Handlungen konfrontiert, die in früheren Generationen schlichtweg undenkbar gewesen wären. Kinder hören und sehen im Internet, wie Peers gefährliche Dinge tun, oder sie sehen in den Nachrichten grausame und verstörende Ereignisse: Krieg, Terror, Bombenanschläge, AIDS-Tod oder Kindesentführungen. Kluge Kinder, mit ihrer Sensibilität und Intensität, ihrem Mitgefühl und Gerechtigkeitssinn, sind oft sehr betroffen, wenn sie solche Berichte im Fernsehen verfolgen. In der Tat raten viele Experten dazu, jüngere Kinder von Nachrichtensendungen und anderen Erwachsenenprogrammen fernzuhalten. Manche der Bilder, die gesendet werden, sind dermaßen plastisch, dass sie dem Kind im Gedächtnis bleiben und Ängste oder Alpträume auslösen können.[4]

Verstörende Rollenmodelle. Viele Rollenmodelle in Fernsehsendungen und Filmen sind für Kinder denkbar ungeeignet. Die Charaktere sind sarkastisch, egoistisch oder machen andere lächerlich; dabei entsteht der Eindruck, dass ein solches Verhalten nicht nur akzeptabel, sondern auch überaus witzig und nachahmungswürdig ist. In manchen Filmen werden intelligente und talentierte Kinder nicht als Individuen dargestellt, die man respektieren und wertschätzen sollte, sondern als Witzfiguren – unbeholfene Trottel, Nerds oder Streber, die man getrost verspotten kann. Wenn intelligente Kinder in den Medien lächerlich gemacht werden, kann das Selbstwertgefühl der intelligenten Kinder, die solche Filme anschauen, darunter leiden.

In manchen Fernsehsendungen und Filmen werden auch die Eltern als unfähig dargestellt. Wenn Eltern in den Medien lächerlich gemacht werden, kann sich das negativ auf die Erziehung auswirken. Es besteht die Gefahr, dass Peers und Gesellschaft größeren Einfluss auf die Kinder ausüben als die Eltern. Inzwischen sind viele Eltern dazu übergegangen, den Fernsehkonsum ihrer Kinder zu überwachen und zu begrenzen; und bei den Fernsehgesellschaften häufen sich die Beschwerdeschreiben empörter Eltern.

Übersteigertes Konsumverhalten. Unser Wohlstand und unser Lebensstandard sind im Vergleich zu den meisten Ländern außerordentlich hoch. Es mangelt uns nicht an Nahrung, Kleidung und Luxusgütern. Wenn man der Fernsehwerbung Glauben schenkt, besteht unsere Gesellschaft fast ausschließlich aus jungen Erwachsenen mit Eigenheim in der Vorstadt, zwei schicken Autos, einem Breitbildfernseher mit Fernsehsessel, Computer mit WLAN-Netzwerktechnik, Mobiltelefonen, einem Gartengrill sowie eigenem Schwimmbad oder Whirlpool. Die Kinder in diesen Familien haben die neuesten Videospiele, topmodische Kleidung und trendige Haarschnitte.

Manche technischen Errungenschaften sind jedoch zum Hindernis für Familienbeziehungen geworden. Kinder beschäftigen sich heutzutage viel häufiger mit ihren Headsets, Computerspielen oder DVDs, als dass sie zusammen mit den Eltern oder anderen Familienmitgliedern etwas unternehmen. In manchen Familien, die zusammen in ein Restaurant gehen, haben die Kinder bis zu dem Moment, da das Essen serviert wird, die Kopfhörer ihres iPods im Ohr, oder sie bringen ihren Game Boy mit, damit sie sich vor und nach dem Essen nicht «langweilen». Es ist selten, dass Kinder mit ihren Freunden im Freien spielen, in die Bücherei gehen, um sich Bücher auszuleihen, etwas bauen oder zusammen mit ihren Eltern kochen. Viele Kinder im 21. Jahrhundert werden um das Vergnügen gebracht, Fantasiespiele zu spielen oder einfach etwas zu unternehmen. Technische Geräte an sich sind nichts Schlechtes, aber oft kommen sie einfach zu häufig zum Einsatz. Wenn sie andere Formen des Spielens oder der Interaktion vollständig ersetzen, beeinträchtigen sie die Beziehungen zu anderen Menschen.

Das alles mag sich sehr entmutigend anhören, entspricht aber der Realität unserer Gesellschaft. Wir können diesen Einflüssen nur entgegenwirken, wenn wir sie zur Kenntnis nehmen. Dann können wir in unseren eigenen Familien aktiv werden und ihren Einfluss wettmachen oder zumindest reduzieren.

Die Elternrolle erfolgreich ausüben

Alle Eltern wollen in ihrer Rolle erfolgreich sein, aber wie lässt sich Erfolg definieren? Welche Ziele sind damit verbunden? Eltern haben sechs wichtige Aufgaben oder Ziele:

- Die Einzigartigkeit des Kindes akzeptieren und wertschätzen.
- Dem Kind dabei helfen, sich selbst zu mögen und gut mit anderen zurechtzukommen.
- Dem Kind dabei helfen, eine Beziehung und ein Gefühl der Zugehörigkeit in seiner Familie zu entwickeln.
- Die Entwicklung von Werten fördern.
- Dem Kind Selbstmotivation, Selbstmanagement und Selbstdisziplin beibringen.
- Das Kind dabei unterstützen, seine Leidenschaften zu entdecken und dafür sorgen, dass es die Welt erforschen kann.

Mehrere Kapitel in diesem Buch haben Ansätze und Methoden beschrieben, mit denen man diese Ziele erreichen kann. Wir sind uns darüber im Klaren, dass Eltern recht unterschiedliche Vorstellungen von einem angemessenen Erziehungsstil haben, und für gewöhnlich wird ihr Erziehungsstil dadurch beeinflusst, wie sie selbst erzogen wurden. Bei der Kindererziehung gibt es kein Patentrezept, weil Kinder nun mal verschieden sind. Das Beste, was Sie tun können, ist, in Übereinstimmung mit Ihrem Partner und mit größtmöglicher Konsequenz die sechs Ziele zu erreichen, die oben genannt wurden.

Fehler gehören zum Leben, und auch unsere Erziehung ist nicht immer so, wie wir sie uns vorstellen. Wie der Psychologe und Pionier der modernen Pädagogik Haim Ginott bereits vor Jahrzehnten bemerkte, stehen Eltern morgens nicht mit dem Gedanken auf, ihrem Kind das Leben schwer machen zu wollen.[5] Keine Mutter würde zu sich sagen: «Heute werde ich mein Kind bei jeder Gelegenheit anschreien, an ihm herumnörgeln und es erniedrigen.» Aber trotz unserer guten Absichten sagen wir manchmal Dinge, die uns hinterher leidtun, oder wir schlagen einen Ton an, der uns eigentlich nicht gefällt. Und doch sollten wir aus diesen Vorfällen lernen und versuchen, uns zu bessern.

Wie so oft im Leben gehört zu einer erfolgreichen Erziehung auch ein gewisses Maß an Zufall und Glück. Wir sind vielen Eltern begegnet, die anscheinend alles «richtig» gemacht haben, und doch haben sich ihre Kinder nicht so entwickelt, wie sie es sich vorgestellt hatten. Ein Kind zu erziehen, ist eine Erfahrung, die einen demütig werden lässt. Wir müssen uns durchkämpfen und unser Bestes geben. Wir müssen darauf vertrauen, dass wir eine solide Grundlage gelegt haben und unseren Kindern angemessene Werte mitgegeben haben, aber wir können die Ergebnisse unserer Bemühungen nicht vorhersehen; wir müssen Geduld haben und abwarten.

Eltern müssen auch auf sich selbst Acht geben

Der Druck und die Belastungen des Alltags führen manchmal dazu, dass Eltern sich überfordert fühlen. Die Anforderungen der Kinder lassen Eltern mitunter wenig Zeit für ihr eigenes Leben, ihre Freunde und Hobbies. Die Ausbildung und Freizeitaktivitäten der Kinder belasten das Familienbudget. Vermutlich fühlen Sie sich verpflichtet, ihren Kindern, die solch ein hohes Potenzial zeigen, die entsprechenden Bildungsangebote zur Verfügung zu stellen. Aber inwieweit sollten Sie Ihre persönlichen Bedürfnisse um ihretwillen zurückstellen? Ebenso, wie Sie Privatzeit für Ihre Kinder reservieren, sollten Sie auch Privatzeit für sich selbst einplanen. Wenn Sie sich keine Zeit nehmen, um Ihre Batterien wieder aufzuladen, haben Sie auch keine Energie für die anderen.

Eltern müssen Beziehungen zu anderen Erwachsenen haben. Es kann leicht passieren, dass Eltern so vernarrt in ihre hochbegabten Kinder sind und sich so sehr auf sie konzentrieren, dass ihre Beziehungen zu anderen Erwachsenen darunter leiden. Unternehmen Sie manchmal etwas ohne Ihre Kinder? Nur Sie allein und Ihr (Ehe-)Partner oder ein guter Freund/eine gute Freundin? Für eine gesunde Beziehung ist es wichtig, dass Eltern an manchen Abenden zusammen ausgehen oder etwas ohne die Kinder unternehmen. Sie können zusammen essen oder ins Kino gehen, Wanderungen oder Radtouren machen, ein Picknick im Park veranstalten oder Ball spielen, ein Konzert besuchen, oder einfach zusammen im Garten arbeiten oder malen. Mit solchen Aktivitäten demonstrieren Sie Ihren Kindern ein ausgeglichenes Leben und fördern Ihre Beziehung. Planen Sie Zeit zu zweit ein.

Manche Eltern, häufig selbst hochbegabt, sind so intensiv und auf ihre eigene Karriere konzentriert, dass sie die Beziehung zu ihrem (Ehe-)Partner vernachlässigen, obwohl sie sich sehr darum bemühen, die Beziehung zu ihren Kindern zu fördern. Eine Balance zu finden zwischen den Anforderungen des Berufs, der Beziehung zum Partner und den Bedürfnissen der Kinder, kann eine überwältigende Aufgabe sein. Aber die Familie gerät aus dem Gleichgewicht, wenn die Beziehung zu den Kindern stärker oder wichtiger ist als die zum Partner, oder wenn ein Elternteil signifikante Beziehungen zu Erwachsenen regelrecht durch die Beziehung zu einem Kind ersetzt. Auf sich selbst Acht zu geben, bedeutet auch, sich um die Beziehung zum (Ehe-)Partner und zu anderen Erwachsenen zu kümmern. Wie oft denken Sie über deren Bedürfnisse und Interessen nach? Eine erfolgreiche Beziehung erfordert Einfühlungsvermögen; dazu gehört, dass man auf die Bedürfnisse des anderen eingeht und sicherstellt, dass ein Gleichgewicht zwischen den eigenen Bedürfnissen und denen des Partners besteht. Gibt es bestimmte Aktivitäten, an denen beide Erwachsene Freude haben?

Wenn Sie über Ihre eigenen Bedürfnisse nachdenken, denken Sie auch daran, was Sie Ihren Kindern vorleben. Wie bringen Sie Ihre intellektuellen, emotionalen, sozialen und spirituellen Bedürfnissen unter einen Hut? Kinder müssen beobachten, wie Erwachsene ein ausgeglichenes Leben führen, und das Elternhaus ist der beste Ort, um das zu lernen. Kinder müssen auch beobachten, wie Erwachsene Beziehungen zu anderen aufrechterhalten und welche Fertigkeiten dazu notwendig sind, etwa Zuwendung, faires Streiten oder das Lösen von Konflikten.

Wie sieht es mit Ihrer Kondition und Ihrem Energieniveau aus? Wie viel Sie Ihren Kindern geben können, hängt unter anderem von Ihrer Gesundheit und Energie ab. Wenn Sie das Gefühl haben, dass Ihre Batterien leer sind, gibt es vielleicht andere Personen, die einspringen können und Ihnen dabei helfen, Ihre Kinder anzuregen, sie zu unterstützen und zu ermutigen. Manchmal kann der andere Elternteil für Entlastung sorgen, manchmal auch die Großeltern oder Freunde.

Setzen Sie sich nicht unter Druck, Supermann oder Superfrau sein zu müssen! Gestehen Sie sich zu, müde oder besorgt zu sein und Fehler zu machen. Solange Ihre Kinder wissen, dass sie geliebt werden, können Fehler verziehen werden. Sie müssen nicht die Antwort auf alles wissen oder immer Recht haben. Die superschlauen Eltern, die alles wissen und ihr Kind ständig überbieten, sind nicht besonders hilfreich. Beispielsweise erzählte ein kleiner Junge stolz, was er über Hannibal wusste, und dass er als Erster mit Elefanten die Alpen überquert hat. Daraufhin erklärte ihm sein Vater sogleich, dass Hannibals Bruder schon Jahre zuvor dieselbe Strecke mit Elefanten zurückgelegt hatte. Dem Vater war überhaupt nicht bewusst, wie vernichtend die Zurschaustellung seines enzyklopädischen Wissens für die anderen Familienmitglieder war. In diesem Elternhaus lernten die Kinder, keine Fakten oder Meinungen kundzutun, aus Angst, der Vater könne sie verbessern oder herabsetzen. Eltern, die hochbegabt und intensiv sind und immer Recht haben, können eine mächtige – und mitunter schädliche – Wirkung auf ihre Familie haben.

Bewahren Sie die Verhältnismäßigkeit und etwas Distanz

Die Erziehung eines hochbegabten Kindes kann für Zwei-Eltern-Familien anstrengend sein, und sie ist es erst recht für Ein-Eltern-Familien. Alleinerziehende Eltern müssen nicht nur auf die physische, moralische und emotionale Unterstützung durch einen anderen fürsorglichen Erwachsenen verzichten, sondern stehen oft auch unter zusätzlichem finanziellen Druck. Es kann enorm anstrengend sein, keinen Partner zu haben, mit dem man Erziehungsfragen besprechen kann und der einen hin und wieder entlastet. Wenn Sie alleinerziehend sind, brauchen Sie wahrscheinlich Unterstützung, um Erschöpfungsgefühlen vorzubeugen. Freunde, Verwandte oder Großeltern können Ihnen zu nötigen Ruhepausen verhelfen.[6]

Die meisten alleinerziehenden Eltern hatten nie die Absicht, ihre Kinder ohne Partner großzuziehen, sondern sind durch Scheidung, Trennung oder den Tod des Partners in diese Situation geraten. Es gibt aber auch eine steigende Zahl von Eltern, die sich ganz bewusst dazu entschließen, ohne einen Partner Kinder zu bekommen und großzuziehen, sei es durch Adoption oder auf andere Weise. Egal, aus welchen Gründen Eltern alleinerziehend sind – sie haben mit spezifischen Problemen zu kämpfen. Wie erklärt man einem jüngeren, hochbegabten Kind, dass man sich bewusst gegen einen Partner entschieden hat? Wie erklärt man ihm eine Scheidung, Trennung oder den Tod des Partners? Welche Informationen sollte man dem Kind mit Rücksicht auf sein Alter geben? Worauf sollte man als Alleinerziehender achten? Es gibt zwei Risiken, denen alleinerziehende Eltern hochbegabter Kinder besonders ausgesetzt sind, obgleich sie auch in Zwei-Eltern-Familien auftreten können: Das «Adultisieren» oder künstliche «Erwachsenmachen» des Kindes und eine übertriebene Vereinnahmung beziehungsweise ein Überengagement.

Das hochbegabte Kind adultisieren. Eltern tappen leicht in die Falle, mit einem hochbegabten Kind wie mit einem Erwachsenen zu sprechen und bei ihm Rat oder sogar emotionale Unterstützung zu suchen. Schließlich wirkt das Kind in vielen Bereichen so kompetent und erwachsen. Die alleinerziehende Mutter eines zwölfjährigen Kindes gerät leicht in Versuchung, dem Spross persönliche Dinge zu erzählen, die für ein Kind schlichtweg ungeeignet sind. Manchmal wird klugen Kindern und Jugendlichen zu früh der Erwachsenenstatus verliehen, mit dem Ergebnis, dass sie später offen Ihre Freunde kritisieren oder von Ihnen erwarten, dass Sie zuerst mit ihnen Rücksprache halten, bevor Sie sich mit jemandem treffen. Das kann die Rolle des Kindes in der Familie verzerren, da das Kind sich viel zu sehr für das Wohlergehen der Mutter oder des Vaters verantwortlich fühlt. Kindern muss gestattet sein, die Kindheit weitgehend frei von Erwachsenensorgen und -problemen zu durchlaufen. Zugegebenermaßen tun hochbegabte Kinder Dinge, die einfach erstaunlich sind und an das Niveau von Erwachsenen herankommen. Das zu beobachten, kann beglückend sein, aber Eltern müssen auch darauf achten, dass die Grenze zwischen Erwachsenen und Kindern nicht verschwimmt. Denken Sie daran, dass die emotionale Reife und die Urteilsfähigkeit hochbegabter Kinder weit hinter ihrem Intellekt zurückliegen. Selbst wenn ein hochbegabtes Kind wie ein Erwachsener wirkt, befindet es sich emotional eher auf dem Niveau von Gleichaltrigen und ist Erwachsenenthemen ebenso wenig gewachsen wie andere Kinder seines Alters.

Dabei sollte man zur Kenntnis nehmen, dass sich ein hochbegabtes Kind intensiv mit der Familiensituation auseinandersetzt und daher einen erhöhten Kommunikationsbedarf hat. Oft kommen dabei Themen zur Sprache, die für andere Kinder derselben Altersstufe ungeeignet wären. Der Umzug einer Familie zum Beispiel kann das Kind dazu veranlassen, erwachsen anmutende Fragen nach Hypotheken und dem Marktwert eines Hauses zu stellen. Ein Umzug kann auch altersentsprechende Streitereien unter Geschwistern hervorrufen, wenn es zum Beispiel darum geht, sich das beste Zimmer im neuen Haus zu sichern. Bei solchen Gelegenheiten zeigt sich die asynchrone Entwicklung des hochbegabten Kindes.

Wie auch immer die Situation ist – für Ihre Beziehung ist es wichtig, dass Sie mit dem Kind darüber sprechen und es beschwichtigen. Dabei sollten Sie jedoch unbedingt vermeiden, Ihr hochbegabtes Kind als Ersatzpartner für Erwachsenengespräche, Intimität oder Kameradschaft zu gebrauchen. Gerade alleinerziehende Eltern vergessen diesen Grundsatz häufig, wenn sie einen erwachsenen Ansprechpartner bräuchten und das hochbegabte Kind in der Lage scheint, ihnen emotionale Unterstützung zu bieten. Wenden Sie sich in solchen Situationen an Erwachsene und belasten Sie das Kind nicht mit Ihren Sorgen und Problemen. Erwachsenenthemen und emotionale Intimität sollten unter Erwachsenen bleiben.

Eine weitere Form der Adultisierung – ob in Ein- oder Zwei-Eltern-Familien – tritt manchmal auf, wenn Eltern einem hochbegabten Kind zu viel Macht geben. Das Kind bekommt so viele Freiheiten und eine so hohe Verantwortung in der Familie, dass nicht nur ein Mangel an Disziplin sondern auch unangemessene Machtverhältnisse entstehen. Das Kind ist so entzückend und charmant, so klug, empfänglich und verantwortungsvoll, dass es eine bevorzugte Position in der Familie zugeschrieben bekommt und die Eltern ihm keine Grenzen setzen. Manchmal identifizieren sich Eltern aber auch zu stark mit den intellektuellen Fähigkeiten und der Kreativität des Kindes. Das kann daran liegen, dass die Eltern von den Fähigkeiten des Kindes fasziniert sind. Oder sie haben den Wunsch, dem Kind eher Kumpel als Vater oder Mutter zu sein. Oder es besteht eine unangemessene «Bedürftigkeit» seitens der Eltern, bei der das Kind eine emotionale Leerstelle füllt und ein emotionales Bedürfnis befriedigt. Oder die Erziehungsmethoden der Eltern sind gut gemeint, aber unwirksam. Was auch immer der Grund ist – bei diesen Kindern entsteht der Eindruck, als seien sie auf derselben Stufe wie die Erwachsenen, und sie bekommen innerhalb der Familie viel zu viel Macht.

Hochbegabte Kinder sind keine kleinen Erwachsenen, die wie Erwachsene denken, handeln und reagieren. Wenn Eltern ein Kind «adultisieren», rauben sie ihm unter Umständen wichtige Kindheitserfahrungen. Annemarie Roeper hat in diesem Zusammenhang einen weisen Ratschlag erteilt: «Bleiben Sie derjenige, der das Sagen hat, und sorgen Sie dafür, dass Ihr Kind sich geborgen fühlt, anstatt ihm das Gefühl zu geben, verantwortlich zu sein.»[7]

Überengagement. Manche Eltern sind voll und ganz in das Leben ihrer Kinder verstrickt. Ihre Lebenszufriedenheit und ihre Aktivitäten sind so sehr an das Kind gekoppelt, dass man kaum mehr zwischen den Interessen der Eltern und denen des Kindes unterscheiden kann. Elterliches Überengagement findet sich besonders häufig bei alleinerziehenden Eltern hochbegabter Kinder sowie bei Eltern, die die Leistung des Kindes zu stark in den Mittelpunkt stellen. Bei alleinerziehenden Eltern ist die Gefahr, dass sie sich zu sehr in das Leben ihrer Kinder verstricken, besonders groß, weil sie zu Hause sonst niemanden haben, mit dem sie interagieren können. Ein Überengagement kann aber auch dann eintreten, wenn die Eltern sehen, dass ihr Kind Gelegenheiten vergeudet, die sie selbst nicht hatten und gerne gehabt hätten, etwa Klavierstunden oder Schauspielunterricht. Die Folge ist, dass sie das Kind in diesen Bereichen zu Leistung drängen.[8] Verhältnismäßigkeit und ein wenig Distanz zum Leben des Kindes sind wichtig. Damit stellt sich die Frage: In welchem Maße sollten Eltern sich physisch und emotional im Leben ihrer Kinder engagieren?

Überehrgeizige Eltern oder nur engagiert?

Mitunter werden Eltern von Fachleuten direkt oder indirekt als «überehrgeizig» kritisiert. Dabei sind es oft die ehrgeizigen Kinder selbst, die ihre Eltern drängen, während Letztere lediglich die Talente ihrer Kinder fördern wollen. Wann sind Eltern übertrieben ehrgeizig? Fragen Sie sich: «Inwieweit lebe ich meine eigenen Fantasien über mein Kind aus, anstatt mein Kind dabei zu unterstützen, sein eigenes Potenzial zu entwickeln?» Mit anderen Worten, wessen Bedürfnisse werden erfüllt – die Ihren oder die Ihres Kindes? Zielen Ihre Bemühungen auf Ihr Kind ab oder hängen sie mit Ihren eigenen unerfüllten Bedürfnissen zusammen?

Eine starke und enthusiastische Verbindung, vielleicht sogar ein gewisses Maß an emotionaler Verwicklung, kann nicht schaden. Eltern, die übermäßig viel Zeit und Energie in ein bestimmtes Kind investieren, um seine Interessen zu vertreten, scheinen vielleicht zu sehr mit dem Kind verstrickt zu sein. Jedoch erfordert der Kampf um eine angemessene Bildung für ein hochbegabtes Kind – und erst recht für ein höchstbegabtes oder außerordentlich hochbegabtes Kind – ein besonders hohes Engagement und eine intensive Auseinandersetzung mit den Belangen des Kindes. Studien zeigen, dass berühmte Persönlichkeiten Eltern hatten, die sich sehr stark für ihre Kinder engagierten und sie in gewissem Maße vorantrieben.[9] Klassische Studien wie *Cradles of Eminence: The childhoods of more than 700 famous men and women* oder *Developing talent in young people* haben das Leben von Personen untersucht, die Höchstleistungen vollbracht haben.[10] Diese Bücher bestätigen, dass ein hohes Maß an elterlichem Engagement und Ermutigung wichtig ist, wenn Kinder ihr außergewöhnliches Talent voll entfalten sollen, sei es im Sport, in der Musik oder beim Studium an einer Eliteuniversität.

Treffen die üblichen Erziehungsweisheiten auch auf außergewöhnliche Kinder zu?

Da Ihr Kind anders ist, müssen Sie sich vermutlich noch mehr als andere Eltern auf sich selbst verlassen, wenn es darum geht, Entscheidungen bezüglich der bestmöglichen Erziehungsmaßnahmen für Ihr Kind zu treffen. Sie können nicht immer auf die gängige Praxis der Kindererziehung oder auf die Meinung von Fachleuten (zum Beispiel Lehrer, Psychologen oder Ärzte) bauen, es sei denn, diese Fachleute haben Erfahrung mit hochbegabten und talentierten Kindern. Natürlich sollten Sie deren Ratschläge berücksichtigen, aber denken Sie auch daran, dass Ihr Kind einzigartig und außergewöhnlich ist – daher werden Sie manchmal Entscheidungen treffen müssen, die andere vielleicht kritisieren. Beispielsweise braucht Ihr Kind eventuell weniger Schlaf als andere Kinder, oder es ist extrem geräuschempfindlich, oder es benötigt akzelerierende Maßnahmen in Mathematik. Als Eltern eines außergewöhnlichen Kindes – eines Kindes mit besonderen Bedürfnissen – müssen Sie eventuell mehr Energie und Zeit aufbringen, um den Bedürfnissen des Kindes gerecht zu werden. Wahrscheinlich bekommen Sie auch unaufgefordert von den verschiedensten Seiten – auch von Ihrem Kind – Ratschläge, wie Sie Ihre Erziehung verbessern könnten.

Die Erfahrungen, die Sie im Alltag machen, sind unter Umständen ganz anders als die Ihrer Freunde und Nachbarn. Die Mutter eines hochbegabten Jungen berichtete, sie habe es satt, pausenlos seine Fragen zu beantworten und in Wortgefechte mit ihm verwickelt zu werden. Sie sagte, ihr Sohn wirke bereits wie ein spitzfindiger Anwalt, der jedes Schlupfloch und jede Ausnahme sofort bemerkt. Mit ihrer scharfen Beobachtungsgabe, ihrer Intensität und starken Persönlichkeit haben diese Kinder oft eine gewaltige Wirkung auf ihre Familie. Wie es die Mutter formuliert hat: «Nicht *ich* bin die überehrgeizige Mutter – *er* ist das überehrgeizige Kind!»

Hinzu kommt, dass die Eltern hochbegabter Kinder selten mit anderen Eltern sprechen können – oft nicht einmal mit Fachleuten. Für Personen, die nur wenig oder gar keine Erfahrung mit Hochbegabten haben, ist es schwer, die komplexen Probleme zu verstehen, die mit der Erziehung eines außergewöhnlich klugen Kindes einhergehen. Wenn Sie Beispiele mit anderen Eltern diskutieren, haben diese den Eindruck, dass Sie übertreiben. Sie können es einfach nicht glauben, dass hochbegabte Kinder tatsächlich die Dinge sagen oder tun, von denen Eltern berichten. Es ist verständlich, dass Eltern in der Regel nur wenigen Freunden von der Hochbegabung ihres Kindes und von seinem Können berichten; allzu oft sehen sie sich gezwungen, seine Fähigkeiten herunterzuspielen. Oft finden es Familien mit hochbegabten Kindern richtig schwierig, mit anderen Familien Umgang zu pflegen, in denen die Kinder nicht dieselben Interessen haben.[11]

Der Peerdruck, dem die Eltern ausgesetzt sind, ist fast ebenso groß wie bei ihren Kindern. Eltern müssen auf Kritik von anderen vorbereitet sein, sie würden ihr Kind zu sehr unter Druck setzen, nicht genügend Grenzen setzen oder zu sehr im Leben ihres Kindes «mitmischen». Es ist durchaus möglich, dass manche Eltern ihren hochbegabten Kindern nicht genügend Grenzen setzen, vor allem, wenn sie schlechtes Benehmen mit der Hochbegabung des Kindes entschuldigen. Möglicherweise schätzen sie die Kreativität und andere Hochbegabungsmerkmale ihres Kindes, haben aber versäumt, ihm ein angemessenes Sozialverhalten beizubringen, was häufig dazu führt, dass das Kind ungestört seine Launen auslebt, rüpelhaft und egozentrisch ist. «Ach, er ist der Kreative in der Familie», entschuldigen die Eltern ihren Spross, während er in aller Seelenruhe die Hauswände des Nachbarn bemalt. «Wir wollen ihn in seinem Kreativitätsdrang nicht einengen.» Vielleicht ist dieser Junge ja tatsächlich kreativ, aber er braucht dennoch Grenzen und Richtlinien für sein Verhalten. Hochbegabung darf keine Entschuldigung für schlechtes Benehmen sein. Wie viele hochbegabte Kinder tagtäglich demonstrieren, sind gute Umgangsformen sehr wohl mit hoher Intelligenz und außergewöhnlichen Leistungen vereinbar. Ohne gute soziale Fertigkeiten werden die Leistungen eines Kindes jedoch früher oder später ernsthaft behindert.

Eltern sollten darauf vertrauen, dass sie selbst beurteilen können, ob ihr Kind die Fertigkeiten erwirbt, die es braucht, um zurechtzukommen und seine Intelligenz in diese Welt einzubringen. Es sollte diese Fertigkeiten jedoch entwickeln, ohne dabei die persönliche Integrität, seine Kreativität oder Unabhängigkeit zu verlieren. Angesichts des hohen Peerdrucks, der nicht nur auf dem Kind, sondern auch auf den Eltern lastet, kann das schwierig sein.

Das Gleichgewicht in der Familie

Eine Familie ist wie ein Sonnensystem, in dem die Planeten jeweils einen eigenen Orbit haben und sich untereinander in einem relativen Gleichgewicht befinden. Wenn Ereignisse eintreten, sei es innerhalb des Systems oder von außen, gerät dieses Familiensystem vorübergehend aus dem Gleichgewicht, und die Familie muss versuchen, die Dinge wieder ins Lot zu bringen.

Stress und größere oder kleinere Krisen treten früher oder später in allen Familien auf und verändern die Beziehungen unter den Familienmitgliedern. Ein Umzug, eine neue Schule, eine Scheidung, ein Unfall oder eine schwere Erkrankung oder der Auszug eines Kindes aus dem Elternhaus (etwa wenn es in einer anderen Stadt ein Studium aufnimmt oder heiratet), führen vorübergehend zu einer Instabilität, die Anpassungen notwendig macht, damit die Familie ein neues Gleichgewicht herstellen kann. Wenn sich ein Familienmitglied verändert, müssen die anderen auf diese Veränderung reagieren und sich anpassen. Während dieser Anpassungszeit nehmen vor allem die Kinder neue Rollen an. Manchmal nimmt die Rivalität unter den Geschwistern zu, oder ihr Selbstwertgefühl verbessert sich; oder Familientraditionen bekommen eine neue Bedeutung; oder es kommt zu Minderleistung, Rebellion, Rückzug oder einem anderen unerwarteten Verhalten.

Scheidung oder der Tod eines Familienmitglieds gehören zu den größten Belastungen, denen eine Familie ausgesetzt werden kann. Darüber hinaus ist jede Familie früher oder später von einem Unglück, einer Tragödie oder einem Trauma betroffen. Hochbegabte Kinder reagieren oft sehr heftig auf solche Ereignisse: Sie machen sich große Sorgen, sind wütend oder fühlen sich schuldig, werden depressiv oder zeigen andere starke Emotionen, was sich auch auf die anderen Familienmitglieder auswirkt. In solchen Krisenzeiten gerät die Familie aus dem Gleichgewicht und verliert an Stabilität. Unruhe macht sich breit, und die Familienmitglieder, einschließlich der hochbegabten Kinder, können distanziert, sprunghaft oder unberechenbar erscheinen.

Während und nach einer Krise sollte man darauf vorbereitet sein, dass sich allmählich neue Muster herausbilden. Wie lange es dauert, bis ein neues Gleichgewicht entsteht, hängt davon ab, wie einschneidend die Veränderung war, die die Krise ausgelöst hat; in der Regel stellt sich das Gleichgewicht jedoch innerhalb von drei bis neun Monaten ein. Vielleicht ist das neue Muster sogar gesünder oder zufriedenstellender als das alte; es kann aber auch deutlich schlechter sein. Die Qualität des neuen Gleichgewichts hängt von der Kommunikation ab, aber auch davon, wie die Beziehungen während der Krise gehandhabt werden. In Krisenzeiten ist es besonders wichtig, den Kindern zu vermitteln, dass ihre grundlegende Sicherheit und ihre Zugehörigkeit zur Familie in keinster Weise gefährdet sind. Im Falle einer Scheidung sollten die Eltern den Kindern deutlich machen, dass sie nicht der Grund für die Trennung sind, und dass beide Eltern sie weiterhin lieben und versuchen werden, das zu tun, was am besten für sie ist. Diese Rückversicherung hilft den Kindern auch, zu verstehen, dass das Leben immer Veränderungen mit sich bringt, und dass Veränderungen oft notwendigerweise mit Verlusten einhergehen, die neue Chancen eröffnen.[12]

Patchwork-Familien und Stiefeltern

Eines der dramatischsten Beispiele für ein Ungleichgewicht in der Familie ist die erneute Heirat eines Elternteils und die Bildung einer Patchwork-Familie. Zwei Eltern, beide mit Kindern aus einer früheren Beziehung und mit unterschiedlichen Erziehungsstilen, schließen sich zusammen. Beide haben bereits Jahre mit ihren eigenen Kindern verbracht. Muster, Traditionen und Erwartungen – nicht nur an die Kinder, sondern auch an die Rolle des anderen Elternteils – haben sich verfestigt. Das häufige Scheitern von zweiten und dritten Ehen spiegelt das Ausmaß der Schwierigkeiten wider, die eine solche Verbindung mit sich bringt.

Wie sollen Stiefeltern eine Beziehung zu einem Stiefkind aufbauen, das hochbegabt ist? Das hängt vom Alter und von der Persönlichkeit des Kindes ab. Es empfiehlt sich jedoch, die Dinge nicht zu überstürzen und viel Zeit mit Beobachten und Zuhören zu verbringen. Gehen Sie die Sache langsam an, beobachten Sie eingehend und hören Sie nicht nur dem Kind zu, sondern auch dem Partner, der das Kind schon viel länger kennt. Wenn Sie die frühe Entwicklung des Kindes nicht mitbekommen haben und seine

Eigenarten nicht kennen, fehlen Ihnen möglicherweise Informationen, die wichtig sind, um eine starke Beziehung aufzubauen. Es ist hilfreich, sich die Unterschiede zwischen hochbegabten und anderen Kindern vor Augen zu führen. Die Beziehung zu Ihrem Stiefkind wird wahrscheinlich anders sein als die Beziehung zu ihren eigenen Kindern, und sie wird viel Offenheit und Einfühlungsvermögen verlangen. Lassen Sie zu, dass sie langsam wächst, und versuchen Sie nichts zu erzwingen.

Es ist für Familien extrem schwierig, auf einmal zwei getrennte und funktionierende Erziehungsstile unter einen Hut zu bringen und zugleich einzelne Beziehungen aufzubauen und neue Erziehungsaufgaben zu übernehmen. Noch schwieriger wird es, wenn ein oder mehrere Stiefkinder Fähigkeiten und Talente haben, die sich deutlich von denen anderer Kinder unterscheiden. Es kann Jahre dauern, bevor sich alle in der neuen Konstellation wohlfühlen.

Ein Dilemma, das in Patchwork-Familien häufig auftritt, ist, wenn der biologische Elternteil zum Fürsprecher für das Kind wird oder das Gefühl hat, er müsse das Kind vor dem Zorn des Stiefvaters oder der Stiefmutter beschützen. Dadurch wird es für den Stiefelternteil nicht nur schwieriger, eine Beziehung zu dem Kind aufzubauen, sondern auch die Fähigkeit des Kindes, für sich selbst zu sprechen, wird ignoriert und folglich geschmälert. Das Kind sollte die Möglichkeit haben, nach eigenen Vorstellungen und im eigenen Tempo mit dem neuen Elternteil in Beziehung zu treten. Das kann schwierig sein, ist aber hilfreich, um positive Beziehungen zu entwickeln.

Wenn Eltern unterschiedliche Erziehungsstile haben

Obwohl die meisten Eltern hochbegabter Kinder ähnliche, unterstützende Erziehungsstile haben, solange die Kinder jung sind, driften die Ansätze oft auseinander, wenn die Kinder älter werden. Wenn die Kinder in die Schule kommen, können sich die Erziehungsstile erheblich unterscheiden, vor allem wenn Stiefeltern beteiligt sind. Nach einer Studie berichten drei Viertel aller hochbegabten Kinder, dass ihre Eltern unterschiedliche Erwartungen an sie stellen.[13]

Auch wenn es manchmal schwerfällt, ist es wichtig, eine konsequente Erziehungsphilosophie beizubehalten. Häufig übernimmt ein Elternteil – in der Regel die Mutter – einen wesentlichen Teil der Erziehungsrolle. Forschungen haben jedoch gezeigt, dass nicht nur die Mütter, sondern auch die Väter für die Entwicklung der Kinder – einschließlich ihrer intellektuellen Entwicklung – extrem wichtig sind.[14] Es gibt auch Familien, in denen ein Elternteil die Rolle des Autoritären, der andere die des Beschützers innehat.[15] Eine der Hauptursachen von Familienproblemen ist, wenn einer der Eltern sehr hohe Erwartungen an die Kinder stellt und der andere sie davor beschützt; eine solche Inkonsequenz in der Erziehung wird auch oft mit Underachievement in der Schule assoziiert.

Als Eltern sind Sie die stärksten Rollenmodelle für Ihre Kinder. Wie Sie kommunizieren oder über Ihre Arbeit sprechen, wie sehr Sie auf Details im häuslichen Umfeld achten, wie Sie mit Stress umgehen oder in welchem Maße Sie den Mitgliedern Ihrer Familie Respekt entgegenbringen, hat für Ihre Kinder Vorbildcharakter. Ihre Reaktionen und Verhaltensweisen beeinflussen die Beziehungen in Ihrer jetzigen Familie, und Ihre Kinder lassen diese Erfahrungen in ihre eigene zukünftige Familie mit einfließen.

Meinungsverschiedenheiten zwischen Eltern

Alle Eltern haben hin und wieder Meinungsverschiedenheiten, die sie an den Rand eines Streits bringen. Manchmal erkennt ein Elternteil, dass der andere im Begriff ist, etwas zu sagen oder zu tun, das für die Kinder nicht gut ist; das kann zum Beispiel passieren, wenn einer der Eltern müde und gestresst ist und kurz davor steht, die Nerven zu verlieren. Das sind schwierige Situationen, die sehr viel Umsicht verlangen, damit der eine Elternteil nicht die Autorität des anderen untergräbt oder ohne es zu wollen die Beziehungen sabotiert.

Wenn Eltern unterschiedlicher Meinung sind oder wenn die Situation explosiv ist, sollten sie sich zurückziehen und das Problem außer Hörweite der Kinder diskutieren. Dabei sollen die Kinder ruhig mitbekommen, dass die Eltern sich um eine Lösung ihres Konflikts bemühen. Es ist immer besser, wenn die Eltern sich geschlossen zeigen. Vermeiden Sie, dass die Kinder in den Streit der Eltern mit einbezogen werden oder sich gezwungen sehen, Partei zu ergreifen. Sie können sagen: «Dein Vater und ich möchten in Ruhe über diesen Punkt nachdenken und miteinander reden. Morgen sprechen wir dann mit dir darüber und teilen dir unseren Standpunkt mit.» Die Eltern können ihre unterschiedlichen Meinungen dann ausdiskutieren und versuchen, zu einer Einigung zu gelangen. Hören Sie Ihrem Partner zu und erläutern Sie dann Ihren Standpunkt. Nachdem Sie einander zugehört haben, können Sie eine Pro-und-Kontra-Liste erstellen und eine Entscheidung fällen, mit der Sie beide einverstanden sind. Vielleicht können Sie einen Kompromiss finden.

Wenn bereits etwas geschehen ist und einer der Eltern der Ansicht ist, der andere habe einen Fehler gemacht, sollte der eine Elternteil den anderen dennoch unterstützen. «Deine Mutter hat beschlossen, dass du das Basketballtraining diese Woche ausfallen lässt, und ich stimme ihr zu. Nächste Woche kannst du wieder zum Training gehen.» Selbst wenn der Vater anderer Ansicht ist, ist es wichtig, konsequent zu sein und dem Kind gegenüber Geschlossenheit zu zeigen. Andernfalls wird das kluge Kind versuchen, die Meinungsverschiedenheit der Eltern auszunutzen, um künftige Ereignisse zu seinem eigenen Vorteil zu manipulieren.

Praktische Anregungen

Alle Eltern wollen gute Rollenmodelle sein und alles tun, damit ihre Kinder ein glückliches, erfolgreiches und zufriedenstellendes Leben führen. Wie kann man vermeiden, in die alten Muster zu verfallen und dieselben Fehler zu machen wie die eigenen Eltern? Wie kann man sich selbst daran erinnern, die Dinge zu tun, die man tun sollte?

Wichtig ist zunächst, dass Sie auf sich selbst Acht geben, Ihr eigenes Selbstwertgefühl stärken, Zeit für sich reservieren und Erholung einplanen. Es ist schwierig, anderen etwas zu geben, wenn die eigenen Batterien leer sind.

Als Nächstes sollten Sie ein unterstützendes Netzwerk aufbauen. Wenn Sie verheiratet sind oder in einer festen Beziehung leben, arbeiten Sie mit dem (Ehe-)Partner zusammen und unterstützen Sie sich gegenseitig. Wenn einer erschöpft ist, springt der andere ein. Teilen Sie Haushalts- und Erziehungsaufgaben und stellen Sie sicher, dass jeder etwas Zeit zum Entspannen bekommt. Vielleicht möchte ein Elternteil einen Abend mit Freunden verbringen oder einmal pro Woche in den Sportverein oder ins Kino gehen. Eltern können abwechselnd kochen, abwaschen, die Kinder ins Bett bringen oder ihnen vorlesen. Es ist unerlässlich, dass Eltern partnerschaftlich zusammenarbeiten, um ihren Kindern ein Gefühl von Stabilität und Sicherheit in der Familie zu geben.

Nehmen Sie sich auch Zeit zu zweit, damit die persönliche Beziehung zu Ihrem Partner stark bleibt. Mit kleinen Aufmerksamkeiten können Sie einander zeigen, dass Sie sich auch jenseits der Elternrolle schätzen. Nehmen Sie sich Zeit füreinander, wenn die Kinder im Bett sind. Sorgen Sie für eine offene Kommunikation. Sprechen Sie über Ihren Tag. Erzählen Sie sich, was die Kinder angestellt oder geleistet haben. Genießen Sie gemeinsame Aktivitäten, bei denen die Kinder nicht im Vordergrund stehen. Gehen Sie zusammen essen, machen Sie eine Spritztour, gehen Sie ins Kino oder Campen oder besuchen Sie Freunde. Engagieren Sie einen Babysitter oder nehmen Sie die Kinder mit, aber denken Sie daran, dass das Ziel Ihrer Unternehmung darin besteht, Zeit mit dem Partner zu verbringen. Kinder müssen lernen, dass Mama und Papa eine besondere Beziehung haben, die anders ist als die Beziehung zu ihnen.

Wenn Sie alleinerziehend sind, sollten Sie sich ebenfalls um sich und Ihre Beziehungen kümmern. Suchen Sie sich Unterstützung, am besten in Form eines Netzwerks aus Freunden, Nachbarn, Babysittern oder Angehörigen. Achten Sie darauf, nicht jede freie Minute mit Ihrem Kind zu verbringen; reservieren Sie Zeit für Ihre eigenen Interessen und andere Beziehungen. Besuchen Sie Kurse oder schließen Sie sich einer Gruppe an. Ihr Kind kann mitkommen, aber bei diesen besonderen Gelegenheiten stehen Sie und Ihre Aktivitäten im Mittelpunkt, und nicht das Kind.

Hochbegabte Erwachsene

Natürlich überrascht es nicht, dass viele Eltern hochbegabter Kinder selbst intellektuell hochbegabt und kreativ sind. Bei der Lektüre dieses Buches haben Sie wahrscheinlich festgestellt, dass typische Merkmale wie Intensität, Sensitivität oder ein hohes Energieniveau auch auf Sie selbst zutreffen. Entwickeln Sie ein Bewusstsein dafür, wie Ihre eigenen Hochbegabungsmerkmale Ihre Erwartungen, Ihre Kommunikation mit der Familie und Ihre Beziehungen zu Kollegen und Vorgesetzten beeinflussen. Wie bei hochbegabten Kindern sind Ihre Leidenschaft, Ihr Idealismus, Ihr Qualitätsstreben, Ihr Perfektionismus und Ihre Ungeduld sowohl große Stärken als auch mögliche Hindernisse. Vielleicht entdecken Sie an sich auch eine gewisse Unzufriedenheit, die von Problemen im Zusammenhang mit Ihren Hochbegabungsmerkmalen herrührt.

Es gibt nur wenige Bücher, die sich speziell an hochbegabte Erwachsene wenden.[16] Viele Ratgeber befassen sich jedoch ganz allgemein mit Themen wie Idealismus, Sinnsuche und universellen Prinzipien. Es kann hilfreich sein, mit Familienmitgliedern darüber zu sprechen, was es heißt, ein hochbegabter Erwachsener zu sein, weil Sie vermutlich nicht die erste und/oder einzige hochbegabte Person in der Familie sind. Hochbegabung ist nicht etwas, das sich «auswächst», wenn die Schulzeit vorüber ist.

Nehmen Sie am Leben Ihrer Kinder teil, aber unterscheiden Sie sorgfältig zwischen Ihren eigenen Wünschen und denen Ihrer Kinder. Lassen Sie die Kinder ihr Leben leben, und leben Sie das Ihre. Denken Sie daran, wie wichtig die Beziehung zu Ihren Kindern ist: Schätzen und fördern Sie sie. Auch wenn Ihre Bemühungen scheinbar nicht die Veränderungen herbeiführen, die Sie sich wünschen, sind sie dennoch wichtig. Denken Sie sich Ihr Erziehungsverhalten als ein Bankkonto: Jedes Mal, wenn Sie etwas auf dieses Konto einzahlen, wächst der Gesamtbetrag. Manchmal führen Ihre Investitionen zu einem raschen Wachstum, manchmal wächst das Konto nur langsam. Aber nach ein paar Jahren werden Sie auf eine beträchtliche Summe blicken können, die Sie Ihren Kindern vermachen und die Ihnen Freude, Zufriedenheit und Erfüllung bringen wird.

Kapitel 12

Zweifach außergewöhnliche Kinder

Die angesehene Psychologin Nancy Robinson hat darauf hingewiesen, dass hochbegabte Kinder vor keiner Störung gefeit sind, außer vor einer: Intelligenzminderung.[1] Hochbegabte Kinder können Verhaltensprobleme, Lernstörungen oder verschiedene andere besondere Zustände haben. Das bedeutet, dass manche hochbegabte Kinder «zweifach außergewöhnlich» sind. Sie liegen nicht nur im Hinblick auf ihre Fähigkeiten außerhalb der Norm, sondern weisen zudem in einem oder in mehreren Bereichen Störungen auf. Wenn neben der Hochbegabung ein weiterer diagnostizierbarer Zustand vorhanden ist, wird manchmal auch von einer Doppeldiagnose gesprochen. Eine solche Doppeldiagnose hat natürlich Auswirkungen auf die Behandlung, aber auch auf die Beschulung dieser zweifach außergewöhnlichen Kinder.[2]

Bei hochbegabten Kindern, die unter einer Störung leiden – sei es eine Beeinträchtigung des Seh- oder Hörvermögens, eine Körperbehinderung, Lernstörung oder Verhaltensstörung – werden intellektuelle Bedürfnisse und andere Merkmale von Hochbegabung häufig übersehen. Bedauerlicherweise folgen viele Schulen einem «Entweder-oder»-Ansatz, bei dem jedem Schüler nur eine Diagnose und folglich auch nur eine Art von Förderung zusteht. Entweder wird das Kind aufgrund seiner Lernstörung gefördert *oder* aufgrund seiner Sehbehinderung *oder* aufgrund seiner Hochbegabung. Tatsächlich scheint es viel mehr hochbegabte Kinder mit Lernstörungen zu geben, als bislang angenommen wurde; dennoch hält eine beträchtliche Zahl von Pädagogen und medizinisch-therapeutischen

Fachleuten an der Auffassung fest, dass hochbegabte Kinder nicht gleichzeitig eine Lernstörung haben können.

In manchen Fällen wird die Lernstörung (oder eine andere Besonderheit wie ADS/ADHS, sensorische Integrationsstörung etc.) nicht erkannt, weil das Kind aufgrund seiner Hochbegabung die ungewöhnliche Fähigkeit besitzt, gewisse Defizite zu kompensieren. In anderen Fällen werden die außergewöhnlichen Fähigkeiten des Kindes durch eine Dyslexie oder einen anderen Zustand verschleiert. In manchen Situationen verdecken Hochbegabung und Störung sich gegenseitig, mit dem Ergebnis, dass keiner der beiden Zustände identifiziert wird und das Kind überhaupt keine spezielle Förderung erhält.

Es müssen Möglichkeiten gefunden werden, um diese Probleme anzugehen, damit das Kind seine Stärken nutzen kann, um seine Schwächen zu kompensieren. Beispielsweise kann ein Lehrer dem verbal hochbegabten Kind ermöglichen, Referate oder Tests nicht schriftlich, sondern mündlich abzulegen. Oder der Lehrer gestattet dem Kind, ein Notebook zu verwenden, um Schwierigkeiten beim Schreiben mit der Hand zu kompensieren. In vielen Situationen gibt es außerdem die Möglichkeit, mithilfe bestimmter Aktivitäten das Gehirn so umzustrukturieren, dass das Kind eine Schwäche oder Störung minimieren oder ganz überwinden kann. Solche Programme gibt es zum Beispiel für Dyslexie. Voraussetzung ist allerdings eine korrekte Diagnose.

Das Problem der Fehldiagnose

Um den Bedürfnissen von zweifach außergewöhnlichen Kindern gerecht zu werden, muss zunächst einmal gewährleistet sein, dass die Diagnose korrekt ist. Allzu oft missdeuten Lehrer und Fachleute Verhaltensweisen, die bei hochbegabten Kindern normal sind, als eine Störung. Wenn zum Beispiel ein Kind, das in der Schule unterfordert ist, den Lehrern gegenüber aufsässig ist, kann dieses Verhalten als Störung mit oppositionellem Trotzverhalten missdeutet werden – in diesem Fall also eine klare Fehldiagnose. Wenn ein Kind im Unterricht häufig abschweift und vor sich hin träumt (*Off-Task*-Verhalten), kann es passieren, dass man ihm fälschlicherweise eine ADS oder ADHS diagnostiziert. Wenn diese Diagnose falsch ist, sind es vermutlich auch die Interventionen. Das Buch *Misdiagnosis and dual diagnoses of gifted children and adults* geht ausführlich auf dieses Problem ein.[3]

Diagnosen sind wichtig und müssen korrekt sein. Ein chinesisches Sprichwort lautet: «Der erste Schritt zur Weisheit ist, die Dinge beim richtigen Namen zu nennen.» Wie Brock und Fernette Eide in ihrem hervorragenden Buch *The mislabeled child* darlegen, werden Lernprobleme von Kindern häufig falsch etikettiert, mit dem Ergebnis, dass die Ursachen unerkannt bleiben und keine angemessene Behandlung eingeleitet wird. Man springt zu Unrecht vom Verhalten zur Störungsbezeichnung und zur Behandlung. Die Autoren verwenden das folgende Beispiel, um ihr Argument zu veranschaulichen: «Wenn Ihr Notebook nicht richtig funktioniert, können wir einfach behaupten, dass es an einer «Notebook-Funktionsstörung» leidet, und ein paar Interventionen einleiten, die bei dieser Störung üblich sind. Oder wir können den Fehler suchen und verstehen, welches der grundlegenden Systeme des Notebooks beeinträchtigt ist, um dann eine spezifische Lösung zu erarbeiten.»[4] Bei hochbegabten Kindern wird häufig ein allgemeiner Lösungsansatz ausprobiert, ohne dass eine gründliche Evaluation vorgenommen wird, aus der man spezifische und angemessene Interventionen ableiten könnte.

Nur allzu oft tritt eine Störungsbezeichnung an die Stelle des Kindes: Das Kind bekommt ein Etikett verpasst, das wiederum als Entschuldigung dafür dient, dass wir dem Kind nicht eingehender dabei helfen, neue und bessere Arbeitsgewohnheiten und Verhaltensweisen zu lernen. Eine korrekte Diagnose ist nur der Ausgangspunkt, keine Lösung oder Behandlung – und sicherlich nicht das Schicksal eines Kindes.[5] Sobald Sie das Gefühl haben, dass Ihr Kind die richtige Diagnose bekommen hat, können Sie sich den geeigneten Interventionen zuwenden.

Störungen, die oft mit Hochbegabung einhergehen

Bestimmte Zustände, zum Beispiel Allergien oder Asthma, treten bei hochbegabten Kindern einfach häufiger auf als bei anderen Kindern. Bei der existenziellen Depression oder beim Asperger-Syndrom werden Verhaltensmuster, die mit Hochbegabung assoziiert sind, ursächlich zur Diagnose herangezogen. Ganz ähnlich ruft die unterschiedliche Ausprägung beziehungsweise «Streuung» der Fähigkeiten, welche auf die asynchrone Entwicklung zurückzuführen ist, Verhaltensweisen hervor, die auf eine Lernstörung hindeuten.

Manchmal ist unklar, ob ein Verhaltensmuster tatsächlich als Störung gelten kann. Viele Verhaltensweisen liegen auf einem Kontinuum, das heißt, sie stellen für die meisten Menschen kein Problem dar; erst wenn sie intensiver werden und sich auf alle Lebensbereiche auswirken – wie es bei einem intensiven, hochbegabten Kind der Fall sein kann – werden sie zum Problem, weil sie die Fähigkeit des Kindes beeinträchtigen, mit anderen Menschen zurechtzukommen, Leistungen zu erbringen oder auf zufriedenstellende Weise produktiv zu sein. So kann zum Beispiel Perfektionismus, der unter hochbegabten Kindern sehr verbreitet ist, unter manchen Umständen hilfreich sein, in seiner extremen Ausprägung jedoch zu einer Zwangsstörung werden.

Im Folgenden beschreiben wir, in welcher Weise die zweifache Außergewöhnlichkeit hochbegabter Kinder ihre soziale und emotionale Funktionsfähigkeit am häufigsten beeinflusst.[6]

Lernstörungen bei hochbegabten Kindern

Brody und Mills haben drei Gruppen von hochbegabten Kindern mit Lernstörungen beschrieben, deren Störung und/oder Hochbegabung höchstwahrscheinlich unentdeckt bleiben.[7] Zu der ersten Gruppe gehören Schüler, die als hochbegabt identifiziert wurden, jedoch in der Lage sind, ihre Defizite so gut zu kompensieren, dass kaum jemand eine Lernstörung bei ihnen vermuten würde. Obwohl sie ins Schlingern geraten, sobald die schulischen Anforderungen zunehmen, wird ihre Lernstörung wahrscheinlich nicht erkannt und folglich auch nicht diagnostiziert und entsprechend behandelt. Stattdessen werden die schulischen Probleme einem Motivationsmangel, einem schlechten Selbstkonzept, Faulheit oder anderen Faktoren zugeschrieben. Die Eltern sagen vielleicht, «Ich glaube, du musst einfach mehr tun, um bessere Noten zu bekommen», ohne zu erkennen, dass das Kind in Wirklichkeit eine Lernstörung hat und bereits alles tut, um seine Noten zu verbessern. Die Stärken des Kindes verschleiern die zugrundeliegende Schwierigkeit. Ein hochbegabtes Kind mit einer Lernstörung wird eventuell zunächst als hochbegabt identifiziert; dann, in der dritten, vierten oder fünften Klasse, stellt der Lehrer plötzlich fest, dass das Kind nicht gut oder effizient genug buchstabiert, schreibt oder liest. Bedauerlicherweise wird in solchen Fällen häufig die Hochbegabung in Frage gestellt, anstatt zusätzlich Fördermaßnahmen für Lernstörungen einzuleiten.

Bei der zweiten Gruppe hochbegabter Kinder sind die Lernstörungen so ausgeprägt, dass sie erkannt werden, während die hohe Befähigung der Kinder übersehen wird. Diese Schüler erhalten in der Regel Fördermaßnahmen für ihre Lernstörungen, aber keine angemessene schulische Förderung in ihren Begabungsbereichen. Sie bekommen nur selten Gelegenheiten, um ihre Stärken zu demonstrieren, und nehmen auch nicht an den Hochbegabtenprogrammen teil, die sie eigentlich bräuchten.

Die dritte und vielleicht größte Gruppe sind Schüler, deren Hochbegabung und Lernstörung sich gegenseitig überdecken. Ihre hohe Befähigung verbirgt ihre Störung, und die Störung verbirgt die akademische Hochbegabung. Meistens funktionieren diese Kinder auf dem Niveau, das normalerweise bei Kindern dieser Klassenstufe erwartet wird, manchmal auch etwas darüber, aber ihre besonderen Bedürfnisse werden nicht erkannt; sie gelten schlichtweg als durchschnittliche Schüler. Obgleich sie Höhen und Tiefen zeigen, die andere mitunter erstaunen, erhalten sie nur selten Fördermaßnahmen. Trotz ihrer allmählichen schulischen Fortschritte bleiben diese Kinder insgesamt erheblich hinter ihrem eigentlichen Potenzial zurück. Aufgrund ihrer Asynchronie verlieren sie ihr Selbstvertrauen und ihre Freude an der Schule.[8] Sie sind frustriert, weil sie manche Dinge sehr gut können, andere dagegen nicht annähernd so gut.

Viele dieser hochbegabten Kinder haben Lernstörungen, die bis zur dritten oder vierten Klasse nicht erkannt werden,[9] manchmal sogar erst in der Mittel- oder Oberstufe. Erst in den höheren Klassen, wenn die Schüler größere Informationsmengen verarbeiten müssen, wird die Lernstörung offensichtlich.

Lernstörungen diagnostizieren

Der Ansatz, der bei der Diagnostik von Lernstörungen am häufigsten verwendet wird, ist der Vergleich der *Fähigkeit* beziehungsweise des *Potenzials* einer Person mit ihrer *Leistung*. Wenn die Leistung wesentlich unter dem liegt, was aufgrund der Befähigung zu erwarten wäre, wird eine Lernstörung vermutet, vorausgesetzt, es liegen keine anderen Beeinträchtigungen – zum Beispiel Sehstörungen, emotionale Probleme oder mangelnde Bildungsgelegenheiten – vor, die als Ursache für die Diskrepanz in Frage kommen.

Diesem Ansatz liegt ein Schwellenmodell zugrunde. Wenn die Leistungen eines Kindes mittelmäßig sind, gilt das als ausreichend. Liegen seine schulischen Leistungen nur eine Klassenstufe unterhalb den Erwartungen, werden in den Schulen normalerweise keine Fördermaßnahmen zur Verfügung gestellt, und es werden auch keine Anpassungen im Regelunterricht vorgenommen, um dem Kind die Gelegenheit zu geben, seine Fähigkeiten zu demonstrieren.

Ein spezifischer Gradmesser, der bei der Diagnostik von Lernstörungen häufig verwendet wird, ist ein «Diskrepanzmodell», nach dem die Leistungen des Kindes zwei oder mehr Klassenstufen – beziehungsweise ein bis zwei Standardabweichungen – unter den Erwartungen liegen.[10] Die Richtlinien orientieren sich fast immer an einem durchschnittlichen Kind der entsprechenden Altersstufe. Lehrer und Psychologen nehmen an der Skala für gewöhnlich keine Anpassungen vor, wenn ein Kind in den meisten Bereichen besser ist als Gleichaltrige, jedoch in einem Fach nur durchschnittliche Fertigkeiten zeigt. Beispielsweise gilt ein Kind, das in seiner Altersstufe in den meisten Fächern zu den besten fünf Prozent gehört, in einem Fach jedoch den unteren 25 Prozent zuzurechnen ist, als normal, weil alle Punktwerte innerhalb oder oberhalb der normalen Bandbreite liegen. Die Definition von Lernstörungen ist recht umstritten, weswegen nach neuen Möglichkeiten gesucht wird, um Lernstörungen besser zu identifizieren.

Um diagnostische Informationen zu bekommen, führen klinische Psychologen und Neuropsychologen Untersuchungen durch, zu denen auch Intelligenz-, Fähigkeits- und Leistungstests gehören; anschließend analysieren sie die Muster innerhalb der Profile. Bei den Intelligenztests werden Unterschiede bei verbalen und nonverbalen Fähigkeiten untereinander und mit anderen Maßen verglichen sowie Unterschiede zwischen den Subskalen analysiert. Anhand des Diskrepanzmodells lässt sich die Befähigung des Kindes (die zuvor mithilfe der Tests eingeschätzt wurde) auch mit seinen aktuellen Leistungen vergleichen. Jede signifikante Differenz wird als Hinweis auf eine Dysfunktion gewertet, aber da klinische Psychologen eine andere Ausbildung als Schulpsychologen haben, interpretiert jede Fachgruppe die Muster anders. Probleme im Zusammenhang mit Hochbegabung werden dabei häufig übersehen.[11]

Die Profilanalyse von Intelligenzüberprüfungen ist nicht besonders hilfreich, wenn es darum geht, bei hochbegabten Schülern Lernstörungen festzustellen, weil asynchrone Muster unter hochbegabten Kindern einfach viel weiter verbreitet sind.[12] Solche Unterschiede können zwar Aufschluss über Stärken und Schwächen sowie über den Lernstil geben, aber nicht unbedingt über Lernstörungen. Große Unterschiede zwischen verbalen und nonverbalen Fähigkeiten sind bei hochbegabten Kindern nichts Ungewöhnliches und stellen keinen Grund zur Sorge dar, solange keine anderen Hinweise vorliegen.[13] Die meisten Studien sind zu dem Ergebnis gelangt, dass der Verbal-IQ bei hochbegabten Kindern höher ist als der Handlungs-IQ, mitunter sogar erheblich höher. Die Unterschiede zwischen verbalen und nonverbalen Punktwerten wären vermutlich noch größer, wenn es den Deckeneffekt nicht gäbe.[14]

Trotz ihrer großen Streuung im Profil erfüllen diese Kinder unter Umständen nicht die Kriterien für Lernstörungen, weil sie den Anforderungen der Klassenstufe insgesamt gerecht werden. Schulen setzen häufig voraus, dass die Leistung eines Kindes nachweislich zwei oder mehr Jahre unterhalb des Klassenstufenniveaus liegt. Dennoch können IQ-Tests bestimmte intellektuelle Bereiche identifizieren, in denen das Kind hinter seiner allgemeinen, überragenden Befähigung liegt. Diese Informationen können das Kind und die Eltern beruhigen, die möglicherweise an den akademischen und intellektuellen Fähigkeiten des Kindes zweifeln. Bei hochbegabten Kindern mit einer erheblichen Streuung ihrer Fähigkeiten (ob sie nun eine Lernstörung haben oder nicht) ist die Gefahr groß, dass sie Selbstwertprobleme bekommen, da sie ihren Selbstwert sehr stark daran messen, was sie *nicht* können, und nicht daran, was sie gut können. Sie haben mit hoher Wahrscheinlichkeit Probleme mit dem Selbstkonzept und sind frustriert oder sogar zornig und gekränkt, es sei denn, sie sind in der Lage, sowohl diese relativen Schwächen als auch die Stärken zu verstehen.[15]

Ein spezifischer Hinweis, den viele Fachleute als diagnostischen Indikator für Lernstörungen betrachten, ist eine schlechte Handschrift. Viele hochbegabte Kinder haben eine schlechte oder bestenfalls mittelmäßige Handschrift, was jedoch häufiger daran liegt, dass ihr Kopf schneller arbeitet als ihre Hände schreiben können. Darüber hinaus betrachten viele hochbegabte Kinder eine ordentliche Handschrift als unwichtig. Sie argumentieren damit, dass es genügt, wenn sie selbst und andere ihre Handschrift *entziffern* können; der Zweck des Schreibens, so argumentieren sie, bestehe darin, zu kommunizieren – warum sollten sie sich also verkünsteln? Eine einfache und praktische Möglichkeit, um dieses Problem anzugehen, ist, dass diese Kinder das Schreiben auf einer Tastatur lernen. Tragbare Aufnahmegeräte können ebenfalls hilfreich sein, weil das Kind seine Gedanken zunächst mündlich ordnen kann, bevor es sie von Hand niederschreibt oder tippt. Spracherkennungssoftware, die zunehmende Verbreitung findet und erschwinglicher wird, kann ebenfalls hilfreich sein. Im Computerzeitalter verliert das Schreiben mit der Hand immer mehr an Bedeutung. An Hochschulen werden praktisch überhaupt keine handschriftlichen Arbeiten mehr eingereicht, mit Ausnahme von Klausuren und Aufsätzen, die unter Aufsicht geschrieben werden, oder von handschriftlichen Laborberichten. Fast alle anderen schriftlichen Arbeiten werden mithilfe von Textverarbeitungsprogrammen erstellt.

Bereiche, in denen Lernstörungen auftreten können

In Fachkreisen ist seit langem bekannt, dass Lernstörungen in vielen verschiedenen Bereichen auftreten können, etwa im verbalen, nonverbalen, musikalischen und sensomotorischen Bereich. Am häufigsten machen sie sich beim Schreiben, Lesen oder Rechnen bemerkbar, weil schulische Aufgaben diese Fähigkeiten betonen. In vielen US-Bundesstaaten werden überhaupt nur solche Störungen anerkannt, die sich in spezifischen schulischen Bereichen niederschlagen.

Lernstörungen in den nonverbalen Bereichen, wie sie auch bei hochbegabten Kindern auftreten, haben zuletzt viel Beachtung gefunden, vor allem die visuell-räumlichen Lernstörungen.[16] Kinder mit solchen Störungen haben Schwierigkeiten mit der räumlichen Orientierung und können soziale Hinweise im Umgang mit anderen Menschen nur schwer interpretieren. Ihnen entgehen viele der zwischenmenschlichen Signale, die andere rasch erfassen. In der Literatur ist immer häufiger von einem Zusammenhang zwischen Lernstörungen und rechtshemisphärischen Hirnverletzungen, prosodischen Defiziten[17] sowie visuell-räumlichen Schwierigkeiten[18] die Rede.

Im Folgenden werden wir ein paar der zahlreichen möglichen Lernstörungen kurz beschreiben. Eltern können im Internet* sowie im Literaturverzeichnis zusätzliche Quellen und Informationen finden. Es gibt verschiedene Maßnahmen, die bei hochbegabten Kindern mit Lernstörungen durchgeführt werden können und die dringend zu empfehlen sind. Sie alle zu erörtern, würde den Rahmen dieses Kapitels allerdings sprengen; der Hinweis möge genügen, dass Kinder *ohne* Lernstörungen nicht davon profitieren, zusätzlich Zeit mit Tests zu verbringen, während das Testen für Kinder *mit* Lernstörungen recht hilfreich sein kann. Fachpersonen können Eltern und Lehrern dabei helfen, spezifische Programme und Interventi-

---

* Zum Beispiel unter www.bvl-legasthenie.de (Bundesverband Legasthenie und Dyskalkulie e. V.), www.bildungsserver.de (Deutscher Bildungsserver, Suchbegriff: Lernstörungen), www.verband-dyslexie.ch (Verband Dyslexie Schweiz), www.legasthenie.at (Erster Österreichischer Dachverband Legasthenie, EÖDL).

onspläne zu entwickeln, und durch kognitives Umstrukturieren können Kinder lernen, ihre Stärken so einzusetzen, dass sie ihre Schwächen damit kompensieren.

Lesestörungen. Lesestörungen sind besonders beeinträchtigend, da man sich hauptsächlich über das Lesen Zugang zu Informationen verschafft und sich das breite und tiefe Wissen aneignet, das man braucht, um seine Talente voll zu entfalten. Wer 20 Minuten pro Tag liest, liest im Durchschnitt 1,8 Millionen Wörter pro Jahr. Wer nur 4,6 Minuten pro Tag liest, kommt auf 282 000 Wörter pro Jahr, und bei einem täglichen Lesepensum von weniger als einer Minute sind es nur noch 8000 Wörter pro Jahr.[19] Kinder, die wenig oder gar nicht lesen, verpassen nicht nur die Gelegenheit, Lesefertigkeiten zu üben; ihnen entgehen auch all die Informationen, die andere mit der größten Selbstverständlichkeit aufnehmen. Außerdem spielt das Lesen eine entscheidende Rolle beim Schulerfolg, da anspruchsvolle Inhalte in der Regel ein beträchtliches Lesepensum erfordern.

Dyslexie ist ein Sammelbegriff für verschiedene Arten von Lesestörungen und – seltener – für Störungen des schriftlichen Ausdrucks. Bei «Dyslexie» denken die meisten an die Verdrehung von Buchstaben und an Verzögerungen beim Lesenlernen in der Grundschule. Diese Vorstellung greift jedoch viel zu kurz. Zwar sind diese Merkmale für viele Personen mit Dyslexie kennzeichnend, aber Lesestörungen und andere sprachbasierte Defizite können darüber hinaus die verschiedensten Formen annehmen. Dyslexie bezeichnet eine Vielzahl von Problemen, die unterschiedliche Interventionen erfordern, und Lesestörungen können viel tiefgreifender sein als das Verdrehen von Buchstaben. Dyslexie wird häufig mit Schwierigkeiten in einem oder mehreren der folgenden Bereiche in Verbindung gebracht:[20]

- Schreiben mit der Hand
- Gesprochene Sprache
- Rechnen
- Motorische Planung und Koordination
- Organisation

- Ablaufplanung
- Zeitliche Orientierung
- Konzentration und Aufmerksamkeit
- Rechts-links-Orientierung
- Räumliche Wahrnehmung
- Auditive und visuelle Verarbeitung
- Kontrolle der Augenbewegungen
- Gedächtnis

Manche Fachleute sind dazu übergegangen, den Begriff «versteckte Dyslexie» zu verwenden, um dem häufigen Umstand Rechnung zu tragen, dass hochbegabte Kinder «ihre sprachlichen Fertigkeiten nutzen, um geringfügige Defizite bei der auditiven und visuellen Verarbeitung zu kompensieren, welche die Leseprobleme bei der Dyslexie auslösen.»[21] Ein Defizit, das nur einen einzigen Aspekt der Sprache beeinträchtigt, kann die schulische Leistung sabotieren und in einem Szenario enden, das für Eltern, Lehrer und das Kind gleichermaßen verwirrend ist. Beispielsweise kann es sein, dass ein Kind *mündlich* überaus eloquent seine Ideen ausdrückt, wenn man ihm eine Frage stellt, aber merkwürdig unorganisierte und unreife Antworten *aufschreibt*, wenn man ihm dieselbe Frage schriftlich stellt.

Die meisten Pädagogen identifizieren Leseprobleme, wenn sie Kindern beim lauten Lesen zuhören. Bei dieser Aufgabe sind verschiedene Fertigkeiten gefragt, wodurch es schwieriger wird, das Grundproblem auszumachen, das wiederum die verschiedensten Ursachen haben kann, die alle in Betracht gezogen werden müssen. Wörter sind visuelle Muster, die an sich keine Bedeutung haben. Kinder müssen die Form und den Klang von Buchstaben und Wörtern lernen, bis sie Silben und ganze Wörter ohne bewusste Anstrengung erkennen. Manchmal ist ein vermeintliches Sprachproblem in Wirklichkeit ein visuelles Problem, das die Wahrnehmung beeinträchtigt und das Kind beim Lernen von Wortkonstruktionen behindert. Manche Kinder, denen es schwerfällt, Muster zu erkennen, sind nicht in der Lage, Wörter als Ganzes wahrzunehmen, mit dem Ergebnis, dass sie sich Wörter Buchstabe für Buchstabe erlesen.[22]

Schreibprobleme. Der schriftliche Ausdruck kann auf vielerlei Weise beeinträchtigt sein, wobei viele dieser Probleme mit den Schwierigkeiten beim Lesen vergleichbar sind. Manche Kinder können Wörter zwar korrekt laut buchstabieren, sie aber nicht schreiben. Besonders Diktate fallen ihnen schwer, und sie machen ungewöhnliche Fehler, wenn sie Laute in geschriebene Buchstaben übertragen sollen. Diese Schwierigkeiten können isoliert auftreten, häufig gehen sie jedoch mit anderen Beeinträchtigungen der Sprache und des Sprechens einher. Das ist vor allem bei Kindern mit Gehirnverletzungen, Krampfanfällen oder anderen klar umrissenen neurologischen Krankheitsfaktoren der Fall. Tatsächlich können sämtliche Störungen, die in diesem Kapitel erwähnt werden, auch auf ein Schädel-Hirn-Trauma zurückgehen.

Sprachproduktion. Manche Kinder verstehen zwar, was andere sagen, sind aber selbst nicht in der Lage, ihre Gedanken korrekt auszudrücken. Andere Kinder haben Schwierigkeiten, die am Sprechvorgang beteiligten Muskeln zu kontrollieren, die notwendig sind, um Laute oder Wortfolgen zu bilden (Dyspraxie und Dysarthrie).

Lern- und Gedächtnisprobleme. Gedächtnisprobleme können das Lesen beeinträchtigen, manchmal auch auf sehr subtile Weise. Beim Lesen werden gleichzeitig Wörter und Konzepte gelernt und im Gedächtnis gespeichert. Wenn es einem Kind große Mühe bereitet, Wörter zu dekodieren, entgeht ihm eventuell die Bedeutung dessen, was es liest. Das bedeutet, dass das Kind zwar die Wörter liest, das Gelesene jedoch nicht in einen Zusammenhang bringen kann, aus dem sich ihm die Bedeutung eines ganzen Absatzes oder Textes erschließt.

Rechenstörung. Ähnlich wie beim Lesen und der Entschlüsselung von Buchstabensymbolen, geht es beim Rechnen darum, Zahlensymbole zu erkennen und zu manipulieren. Schwierigkeiten mit dem Rechnen werden selten vor der zweiten Klasse entdeckt, weil der Lehrplan diese Fertigkeiten vorher nicht vorsieht. Eine Rechenstörung lässt sich besonders schwer identifizieren, wenn die betroffenen Kinder insgesamt hohe intellektuelle Fähigkeiten haben und sie daher gut kompensieren. Oft wird eine solche Störung erst in der fünften Klasse oder noch später entdeckt.

Nonverbale Lernstörungen. Die meisten Lernstörungen, die man untersucht hat, sind mit Sprach- und Leseschwierigkeiten assoziiert; dabei handelt es sich in erster Linie um Funktionen der linken Hirnhälfte. In den 1980er Jahren fand der Neuropsychologe Byron Rourke Schwierigkeiten, die mit Anomalien der rechten Hirnhälfte assoziiert sind – ein Cluster von Defiziten, die die visuell-räumliche Verarbeitung, die Feinmotorik sowie soziale Fertigkeiten betreffen. Kinder mit diesen Defiziten haben besonders Schwierigkeiten mit der Prosodie, das heißt, es fällt ihnen schwer, Tonfall, Betonung und Lautstärke der Stimme sowie nonverbale Hinweise wie Körperhaltung, Gestik und Mimik zu deuten. Obwohl sie Wörter in der Regel richtig verwenden, scheint ihnen die «Sprechmelodie» beziehungsweise die Intonation und der Sprechrhythmus zu entgehen. Außerdem haben sie Probleme, prosodische Hinweise wie Ironie, Enttäuschung, Humor oder Mehrdeutigkeit zu erkennen, ein Defizit, das auch beim Asperger-Syndrom eine Rolle spielt.

Zu nonverbalen Lernstörungen liegt derzeit nur eine begrenzte Zahl von Studien vor. Einzelne Defizite, etwa im Bereich der Prosodie, sind zwar allgemein anerkannt, aber insgesamt besteht auf dem Gebiet der nonverbalen Lernstörungen nach wie vor ein großer Forschungsbedarf, und es mangelt an Konsens unter den Fachleuten. Allerdings treten die Schwierigkeiten offenbar zusammen auf und scheinen mit den Funktionen der rechten Hirnhälfte zusammenzuhängen.

Sensomotorische Integrationsstörung. Eine extreme Sensitivität gegenüber verschiedenen sensorischen Reizen ist unter hochbegabten Kindern verbreitet.[23] Beispielsweise können sie den Pfefferminzgeschmack einer ganz normalen Zahnpasta als geradezu qualvoll intensiv empfinden; oder der Essensgeruch, der aus der Cafeteria kommt, lenkt sie von ihren momentanen Aufgaben ab. Solche Überempfindlichkeiten und die damit zusammenhängende Schwierigkeit der betroffenen Kinder, diese Sinneseindrücke in ihre Aktivitäten zu integrieren, hat Fachleute zu der Empfehlung veranlasst, die Beurteilung und Behandlung der sensomotorischen Integration in die Evaluation von Lernstörungen mit einzubeziehen.

Einfach ausgedrückt, liegt eine sensorische Integrationsstörung vor, wenn die Sinnesorgane (Augen, Ohren, Nase etc.) normal arbeiten, das Erleben beziehungsweise die Wahrnehmung des Individuums jedoch überempfindlich oder anormal ist.[24] Irgendwo zwischen dem Sinnesorgan und dem persönlichen Erleben des Betroffenen wird die Information entweder qualitativ oder quantitativ nicht richtig integriert.[25] Zum Beispiel können Sehfähigkeit und Augenbewegungen eines Kindes perfekt sein, aber seine Tiefenwahrnehmung ist beeinträchtigt. Eine Störung der Tiefenwahrnehmung äußert sich zum Beispiel darin, dass das Kind häufig an Gegenständen anstößt, andere unabsichtlich anrempelt und dauernd hinfällt. Normalerweise müsste das Kind die Position des eigenen Körpers im Raum auch ohne visuelle Kontrolle bestimmen können, aber da seine propriozeptive Wahrnehmung beeinträchtigt ist, gelingt ihm das nicht. Natürlich sind Probleme wie diese nur schwer auszumachen, da wir unsere eigene Wahrnehmung nicht direkt mit der eines anderen vergleichen können. Eine sorgfältige Befragung kann jedoch Unterschiede bei der Wahrnehmung aufdecken. Propriozeptive Wahrnehmungsstörungen führen zu erheblichen praktischen Beeinträchtigungen und zu noch mehr Frustration, wenn die Ursache nicht erkannt wird.

Sensomotorische Integrationsprobleme stellen derzeit nur eine provisorische diagnostische Kategorie dar; hier sind weitere Forschungen erforderlich. Wie bei so vielen neuen Forschungsbereichen kann es hilfreich sein, auf bereits vorhandene Techniken und Interventionen zurückzugreifen, die bei den betroffenen Kindern funktionieren, ohne dass man ihnen notwendigerweise ein Störungsetikett verpasst. Wenn Sie bei ihrem Kind eine sensorische Integrations- oder Wahrnehmungsstörung vermuten, ist es unter Umständen sinnvoller, sich an einen Forscher auf diesem Gebiet zu wenden als an örtliche Fachleute. Ein Ergotherapeut, der auf sensorische Integration spezialisiert ist, kann ebenfalls von großem praktischen Nutzen sein.

Auditive Verarbeitungsstörung. Als Erwachsene kennen wir Situationen, in denen wir angesichts einer erheblichen Geräuschkulisse Schwierigkeiten haben, einem Gespräch zu folgen, etwa bei einem gesellschaftlichen Anlass mit vielen Gästen. Nach einer Weile geben wir es auf und nicken nur noch freundlich, weil wir den Großteil dessen, was unser Gegenüber erzählt, nicht mehr verarbeiten können. Das Zuhören wird zu anstrengend und ermüdend. Unterhaltungen, die uns in einer ruhigeren Umgebung vielleicht Freude bereitet hätten, sind nun lästig. Eine solche Situation beschreibt recht gut, was Kinder und Erwachsene mit einer auditiven Verarbeitungsstörung erleben. Die Partygäste haben ein intaktes Gehör, und auch ihr Gehirn funktioniert einwandfrei; und doch bereitet es ihnen Mühe, einem Gespräch zu folgen. Kinder mit einer auditiven Verarbeitungsstörung versuchen, inmitten des «Lärms» eines Klassenzimmers Algebra zu lernen: Für sie ist der Lärmpegel in der Klasse etwa so, wie der Partylärm für jemanden ohne diese Störung. Der Versuch, sich auf die Informationen zu konzentrieren und sie zu verarbeiten, ist so anstrengend, dass die Bedeutung dabei verloren geht.

Die auditive Verarbeitung ist etwas anderes als das Hören. Vielleicht erinnern Sie sich noch an einen Hörtest in der Schule oder beim Ohrenarzt, bei dem man Ihnen Kopfhörer aufsetzte und Sie die Hand heben mussten, wenn Sie einen Ton hörten. Solche grundlegenden Hörtests sind nicht geeignet, um komplexe Probleme beim *Zuhören* zu beurteilen. Kinder können diese Tests bestehen und dennoch auditive Verarbeitungsprobleme haben. Beispielsweise kann es ihnen Schwierigkeiten bereiten, Hintergrundgeräusche auszublenden und verzerrte Sprache oder ungewohnte Sprechstile zu verstehen. Möglicherweise haben sie ein Entwicklungsdefizit oder eine leichte neurologische Störung, die es ihnen erschwert, die akustischen Informationen, die sie aufnehmen, zu verarbeiten. Wenn es ihnen zu mühsam wird, lässt ihre Aufmerksamkeit kontinuierlich nach. Oft arbeiten diese Kinder in den ersten Stunden des Schultags – vor allem in einer ruhigeren Klasse oder wenn sie vorne sitzen – gut mit. Manche haben Lippenlesen gelernt, um besser zu verstehen, was andere sagen, oder sie leiten akustische Informationen aus dem situativen Zusammenhang ab.

Kinder mit solchen auditiven Verarbeitungsproblemen können den Anschein erwecken, als hätten sie weitere Beeinträchtigungen: Hörstörungen, Aufmerksamkeitsdefizite, Sprachverzögerungen, Lernstörungen oder Lesestörungen. Ihre intellektuellen Fähigkeiten und ihr Potenzial werden mit großer Wahrscheinlichkeit übersehen. Manchmal wird ihnen auch unterstellt, sie würden absichtlich nicht zuhören: «Jeremy hört einfach nicht zu! Sobald ich etwas sage, schaltet er ab.» Tatsächlich geben sich Kinder wie Jeremy alle Mühe, das zu tun, was sie glauben, gehört zu haben, aber häufig ist es nicht das, was die Eltern oder Lehrer gesagt haben.

Es gibt einige einfache Maßnahmen, von denen Kinder mit auditiven Verarbeitungsproblemen profitieren können: Das Kind in die Nähe des Sprechenden zu setzen, so dass es sein Gesicht gut sieht, kann schon sehr hilfreich sein. Da das Kind mit einem Ohr oft genauer hören kann als mit dem anderen, sollte man es so setzen, dass das «gute» Ohr dem Sprechenden zugewandt ist, oder dort, wo die Wände den Klang amplifizieren. Wenn zum Beispiel ein Kind mit dem rechten Ohr genauer zuhören kann, empfiehlt es sich, das Kind im Klassenzimmer nach vorn und ganz nach rechts zu setzen. Auf diese Weise kann niemand rechts von dem Kind störende Geräusche machen (zum Beispiel mit Papier rascheln), und die rechte Wand reflektiert den Klang direkt in das «gute» Ohr des Kindes. Am Esstisch hilft es dem Kind vermutlich, wenn es ganz links sitzt, so dass sein rechtes Ohr auf die Anwesenden gerichtet ist.

Interventionen

Immer mehr Forschungen dokumentieren die Wirksamkeit von Rehabilitation bei Kindern mit Lernstörungen.[26] Einige dieser Programme zielen auf die Wiederherstellung kognitiver Funktionen nach neurologischen Schädigungen. Aufgrund der Plastizität des Gehirns ist eine solche Wiederherstellung beziehungsweise Umstrukturierung vor allem in der Kindheit effektiv.[27] Die Stärken in bestimmten Bereichen werden genutzt, um die Schwächen in anderen Bereichen zu kompensieren. Rehabilitations- und Umstrukturierungsprogramme beinhalten in der Regel Trainingsstunden, in denen die Betroffenen spezifische Fertigkeiten der geteilten Aufmerksamkeit, Self-Coaching-Fertigkeiten für Aufmerksamkeit und Planung, Techniken der emotionalen Selbstregulation und Strategien zur Identifikation und Vorbereitung auf herausfordernde Settings lernen.[28] Normalerweise gehören zu diesen Programmen auch Kurse, die Eltern und Lehrern helfen, mit Kindern zu arbeiten, die besondere Muster von Schwächen aufweisen. Darüber hinaus gibt es «Vorher-Nachher»-Tests, um Fortschritte zu messen und zu dokumentieren.

Interventionen für hochbegabte Kinder mit Lernstörungen sollten nicht nur das zugrundeliegende Problem berücksichtigen, sondern auch die sozialen und emotionalen Auswirkungen dieses Problems auf das hochbegabte Kind. Viele hochbegabte Kinder leiden unter ihren Schwächen, und sie brauchen Rückversicherung und ein besseres Verständnis für ihre Schwierigkeiten, um sie wirksamer kompensieren zu können. Hochbegabte Kinder mit Lernstörungen brauchen soziale Unterstützung ebenso sehr, wenn nicht sogar mehr als Fördermaßnahmen und kompensatorische Fertigkeiten. Um die Schwierigkeiten zu überwinden, ist es wichtig, dass das Kind lernt, angesichts dieser Herausforderungen nicht aufzugeben, sondern weiterzumachen; das Durchhaltevermögen des Kindes ist ein Prädiktor für zukünftige Erfolge. Diejenigen hochbegabten Kinder mit Lernstörungen, die ein unterstützendes Netzwerk aus Eltern und Lehrern haben und auf Verständnis und Hilfe zählen können, entwickeln ein besseres Durchhaltevermögen und haben größere Chancen auf positive und produktive Bildungserfahrungen.

ADS/ADHS

Das Aufmerksamkeitsdefizitsyndrom (ADS) beziehungsweise die Aufmerksamkeitsdefizit-/Hyperaktivitätsstörung (ADHS) ist einer der häufigsten Gründe, warum Kinder an einen Psychologen oder Psychiater überwiesen werden.[29] Die öffentlichen Medien berichten über einen dramatischen Anstieg der ADS/ADHS-Diagnosen bei Kindern. Obwohl Forschungsstudien darauf hindeuten, dass die tatsächliche Prävalenz mit vier bis zehn

Prozent eher niedrig ist,[30] hat sich ADS/ADHS zu einer der Topdiagnosen unserer Zeit entwickelt, deren steigende Beliebtheit längst auch die hochbegabten Kinder eingeholt hat. Die Verordnungshäufigkeit von Stimulanzien – der Medikamentengruppe, die zur Behandlung von ADS/ADHS eingesetzt wird –, ist in den vergangenen 20 Jahren sprunghaft angestiegen.[31]

Hochbegabte Kinder zeigen von Natur aus viele Verhaltensweisen, die denen von Kindern mit ADHS ähneln. Beide Gruppen können soziale Probleme und Schwierigkeiten in der Schule haben.[32] Die American Psychiatric Association warnt sogar vor einer ADS/ADHS-Diagnose bei hochbegabten Kindern, denn «Unaufmerksamkeit im Schulunterricht kann auch dann auftreten, wenn Kinder mit hoher Intelligenz Schulen besuchen, die sie zu wenig anregen (unterstimulierendes schulisches Umfeld).»[33] Einige Autoren sind der Auffassung, dass hochbegabten Kindern oft zu Unrecht eine ADS/ADHS-Diagnose gestellt wird.[34] Allerdings gibt es viel zu wenig medizinische, pädagogische oder psychologische Studien, die diese Bedenken belegen.[35]

ADS/ADHS oder hochbegabt – oder beides? ADS/ADHS ist durch verschiedene Symptome gekennzeichnet, die normalerweise gemeinsam auftreten, wobei die Hauptmerkmale Unaufmerksamkeit, Impulsivität und Hyperaktivität sind.[36] Der Verdacht auf ADS/ADHS entsteht in der Regel dann, wenn Kinder Probleme mit der Aufmerksamkeit haben oder hyperaktiv sind. Kinder, die tatsächlich an ADHS leiden, haben nicht nur Aufmerksamkeitsdefizite, sondern auch Schwierigkeiten, ihr Aktivitätsniveau zu kontrollieren; häufig bereitet ihnen auch ihr Selbstmanagement Probleme, was ebenfalls Beeinträchtigungen verursacht.

Zu den allgemein anerkannten Zeichen einer möglichen ADS/ADHS gehört auch, dass die Betroffenen Schwierigkeiten haben, Regeln einzuhalten und Anweisungen zu befolgen.[37] Hochbegabte Kinder zeigen ähnliche Verhaltensweisen, jedoch aus ganz anderen Gründen. Außergewöhnlich kluge Kinder beginnen schon in der Grundschule, Regeln, Konventionen und Traditionen in Frage zu stellen. Aufgrund ihrer Intensität neigen sie zu Machtkämpfen mit Autoritäten und stoßen mit diesem Verhalten bei Eltern, Lehrern und Peers häufig auf Unmut.

Die Diagnose ADS/ADHS sollte immer die letzte Option sein und erst gestellt werden, wenn alle anderen möglichen Ursachen für das Verhalten ausgeschlossen wurden. Weitere Probleme, die Symptome wie Unaufmerksamkeit, Hyperaktivität und Impulsivität auslösen können, sind Depression, Angst, Lernstörungen, Vereinnahmung durch persönliche Probleme, unrealistisch hohe Erwartungen, situative Schwierigkeiten, Langeweile infolge einer Nichtübereinstimmung von Fähigkeiten und Erwartungen, auditive Verarbeitungsdefizite, Gehirnerschütterung oder ein leichtes Schädel-Hirn-Trauma, ein schlechter gesundheitlicher Allgemeinzustand, Substanzmissbrauch, Müdigkeit infolge von Schlafstörungen, ein Energiemangel aufgrund schlechter Essgewohnheiten oder einer Essstörung, bis hin zu einer Reaktion auf Medikamente. Um diese und viele weitere Möglichkeiten auszuschließen, sind eingehende Untersuchungen durch eine Fachperson erforderlich. Die ADS/ADHS-Diagnostik ist aufwändig und sollte nicht im Rahmen eines zehnminütigen Termins beim Hausarzt erfolgen, der sich lediglich einen Fragebogen anschaut, welchen die Eltern und/oder Lehrer zuvor ausgefüllt haben. Vage Empfehlungen wie «Lassen Sie uns einfach mal ein oder zwei Monate lang dieses Medikament ausprobieren – mal sehen, ob es hilft», sollten Eltern auf jeden Fall hinterfragen.

«Hyperaktiv» ist ein Begriff, mit dem Eltern sowohl hochbegabte Kinder als auch Kinder mit ADS/ADHS beschreiben. Eltern und Lehrer meinen damit in erster Linie ein hohes Energieniveau beim Verfolgen von Zielen, aber nicht den unorganisierten, fehlgeleiteten Energieüberfluss, der mit ADS/ADHS assoziiert ist. Kinder mit ADS/ADHS haben ein hohes Energieniveau, das in den meisten, wenn nicht sogar in allen Situationen vorhanden ist, und sie haben Schwierigkeiten, ihr Aktivitätsniveau zu regulieren.[38]

Allerdings sind viele hochbegabte Kinder ebenfalls sehr aktiv. Mindestens ein Viertel aller hochbegabten Kinder benötigt weniger Schlaf als andere Kinder – manche sogar nur vier oder fünf Stunden pro Nacht –, und tagsüber ist ihr Aktivitätsniveau vergleichsweise hoch.[39] Manche hochbegabte Kinder brauchen dagegen mehr Schlaf als andere Kinder. Beide Extreme können für Familien ein Problem sein. Im Gegensatz zu Kindern mit ADS/ADHS können hochbegabte Kinder bei ihren Aktivitäten jedoch sehr fokussiert sein und ihre Aufmerksamkeit lange Zeit aufrechterhalten.

Gerade die Intensität hochbegabter Kinder ist möglicherweise der Grund dafür, warum sie viel Zeit und Energie in Dinge investieren, die gerade im Fokus ihrer Aufmerksamkeit stehen; allerdings kann das auch ein ganz anderer Fokus sein, als der, den der Lehrer will.

Das Ausmaß der Beeinträchtigung ist für die Diagnostik und die Entscheidung, welche Behandlung eingeleitet werden soll, besonders wichtig. Inwieweit das Kind beeinträchtigt ist, unterliegt jedoch einer subjektiven Einschätzung, die sehr stark von der aktuellen Situation des Kindes im häuslichen und schulischen Umfeld beeinflusst wird. Hochbegabte Kinder erbringen in der Regel hohe Leistungen, wenn sie Interesse an einer Aufgabe haben. Wenn sie nicht interessiert oder motiviert sind, können die Ergebnisse, die sie bei objektiven Aufmerksamkeitstests oder bei subjektiven Evaluationen erzielen, recht ungenau ausfallen (zum Beispiel bei Checklisten und Beurteilungen des Verhaltens durch Eltern oder Lehrer). Verhaltensweisen, die nach einer Beeinträchtigung der Aufmerksamkeit aussehen, können auch einfach Ausdruck von Langeweile oder Desinteresse sein. Ein überaus wichtiger Teil der Evaluation ist daher die Beurteilung der Motivation.

Zu guter Letzt gibt es auch Kinder, die hochbegabt sind und tatsächlich ADS/ADHS haben.[40] Diese Kinder sind zweifach außergewöhnlich. In diesem Fall muss man darauf bestehen, dass die Schule *beide* Diagnosen zur Kenntnis nimmt. Viele Fachleute sind nach wie vor der Auffassung, dass die beiden Zustände (ADS/ADHS und Hochbegabung) nicht gleichzeitig vorhanden sein können. Tatsächlich können außergewöhnliche intellektuelle Fähigkeiten die Symptome von ADS/ADHS überdecken, wodurch sich die richtige Diagnose verzögern kann.[41] Kinder mit ADS/ADHS, die besonders klug sind, können es sich zumindest in den ersten Klassen leisten, im Unterricht nur teilweise aufmerksam zu sein. Aufgrund ihres fortgeschrittenen Wissens und ihres hohen intellektuellen Niveaus schneiden sie bei Tests und anderen Aufgaben im Vergleich zu Gleichaltrigen dennoch gut ab.

Wenn ADS/ADHS bei einem hochbegabten Kind nicht diagnostiziert wird, kann das ebenso schwerwiegende Folgen haben wie eine falsche ADS/ADHS-Diagnose bei einem hochbegabten Kind.[42] Wird ADS/ADHS bei einem jüngeren Kind nicht erkannt, werden die kompensatorischen Fertigkeiten, die das Kind durch die Grundschule «gerettet» haben, vermutlich spätestens dann nicht mehr genügen, wenn es in die Mittel- oder Oberstufe kommt. Dann ist das Kind sehr frustriert und weiß nicht, wie es mit dieser Situation umgehen soll. Sein Selbstwertgefühl nimmt Schaden. Wenn das Verhalten eines Kindes zu schulischen und sozialen Beeinträchtigungen sowie zu Beeinträchtigungen des Selbstkonzepts führt, muss es einer klinischen Untersuchung unterzogen werden, um Zustände auszuschließen, die potenziell behandelbar wären.

Ist eine hohe intellektuelle Fähigkeit vorhanden, sollte das Kind von einer Fachperson evaluiert werden, die eine entsprechende Ausbildung und Erfahrung mit hochbegabten Kindern hat. Das ist deswegen so wichtig, weil die Verhaltensweisen eines Kindes mit ADS/ADHS – wie bereits erwähnt – häufig den Merkmalen ähneln, die normalerweise mit Hochbegabung, Kreativität und erhöhter Sensitivität in Verbindung gebracht werden.[43] Ein hochbegabtes Kind braucht andere Interventionen als ein Kind mit ADS/ADHS. Darüber hinaus ist eine medikamentöse Behandlung nicht ohne Risiken; solange es andere Möglichkeiten gibt, um eine Diagnose auszuschließen, sollten Medikamente nicht einfach versuchsweise verordnet werden, vor allem dann nicht, wenn sowohl die Diagnose als auch die Behandlung unspezifisch ist.

Ähnlichkeiten und Unterschiede zwischen Hochbegabungsverhalten und ADHS. Sowohl hochbegabte Kinder als auch Kinder mit ADS/ADHS können im schulischen Umfeld Probleme haben, mit dem Unterschied, dass Kinder mit ADS/ADHS auch in anderen Situationen Probleme haben. Beiden Gruppen kann es Schwierigkeiten bereiten, eine Aufgabe zu Ende zu bringen oder sie rechtzeitig abzugeben. ADS/ADHS-Betroffene vergessen in der Regel, eine Aufgabe rechtzeitig zu erledigen, weil sie nicht auf die Anweisungen geachtet haben, oder sie erledigen sie falsch oder unvollständig oder verlieren zum Beispiel das Aufgabenblatt. All das kann auch hochbegabten Kindern passieren, mit dem Unterschied, dass sie sich normalerweise bewusst dazu entschließen, eine Aufgabe nicht zu Ende zu führen, sie anders zu machen, als man ihnen gesagt hat, oder sie einfach nicht abzugeben. In jedem Fall treffen sie eine bewusste Entscheidung. Das hochbegabte Kind beschließt zum Beispiel, die ersten 25 der 50 Rechenaufgaben einfach zu überspringen, während das Kind mit ADS/ADHS das Aufgabenblatt verliert oder nicht in der Lage ist, eine Aufgabe zu erledigen, für die es einen längeren Zeitraum zur Verfügung hat, weil ihm keine unmittelbaren Konsequenzen drohen. Beide Gruppen mögen nicht besonders ausdauernd sein oder Schwierigkeiten haben, etwas durchzuziehen, aber eine geringe Ausdauer wird häufiger bei Kindern mit ADS/ADHS beobachtet, vor allem dann, wenn sie keine unmittelbaren oder offensichtlichen Folgen zu befürchten haben.

Hochbegabte Kinder stellen Regeln und Traditionen häufig in Frage, vor allem, wenn sie unlogisch sind. Kinder mit ADS/ADHS nehmen Regeln oft gar nicht wahr oder befolgen sie deswegen nicht, weil ihre Impulsivität, die mit der Störung einhergeht, sie daran hindert, sich an Regeln und soziale Konventionen zu halten. Auch in diesem Fall trifft das hochbegabte Kind eine bewusste – wenngleich nicht immer weise – Entscheidung und verhält sich entsprechend.

Beide Gruppen haben häufig Probleme mit Peers. Kinder mit ADS/ADHS – vor allem diejenigen, die sowohl Unaufmerksamkeit als auch hyperaktives/impulsives Verhalten zeigen – sind Peers gegenüber oft aggressiver[44] oder inkonsequenter, was die sozialen Interaktionen wiederum deutlich negativ beeinflusst. Hochbegabte Kinder wirken manchmal ebenfalls aggressiv, weil sie drauflosschwatzen, anderen ins Wort fallen und sie korrigieren oder sogar belehren. Ihre Interessen und das Niveau ihrer Äußerungen stimmen nicht mit denen ihrer Peers überein, weswegen sie von gleichaltrigen Peers häufig abgelehnt werden.

Angesichts dieser Ähnlichkeiten ist eine gründliche Evaluation unabdingbar. Sharon Lind hat in ihrem hervorragenden Beitrag «Before referring a gifted child for ADD/ADHD evaluation» eine Checkliste mit 15 Items erstellt, die Sie berücksichtigen sollten, bevor Sie einen Termin für eine Evaluation vereinbaren.[45] Lind weist darauf hin, dass ADS/ADHS-Evaluationen bei Kindern erst dann vorgenommen werden sollten, wenn bereits ein Versuch unternommen wurde, die Schul- oder Lernsituation und das Curriculum anzupassen. Manchmal kann eine gute psychodiagnostische Abklärung die Bildungseinrichtung dazu anregen, die notwendigen Anpassungen vorzunehmen. Eltern sollten die Einschätzung als unvollständig betrachten, wenn sie keine spezifischen, konstruktiven Empfehlungen für den Unterricht, die Planung der Schullaufbahn und die Erziehung bereitstellt.

Das Asperger-Syndrom

Bis heute herrscht Uneinigkeit darüber, ob das Asperger-Syndrom eine eigene Störungskategorie oder eine Variante von Autismus ist. Außerdem gibt es unter Fachleuten sehr unterschiedliche Auffassungen darüber, welches die definierenden Merkmale des Asperger-Syndroms sind.[46] Trotz dieser Unstimmigkeiten wird das Asperger-Syndrom immer häufiger bei Kindern diagnostiziert. Mitunter ist damit auch der «hochfunktionale Autismus» gemeint, wobei manche Experten glauben, dass Asperger-Syndrom und hochfunktionaler Autismus zwei verschiedene Störungen sind.[47]

Unwissende Kliniker können das «Asperger-Syndrom» jedem diagnostizieren, der sozial unbeholfen ist, Schwierigkeiten hat, soziale Hinweise zu deuten oder in sozialen Situationen schlichtweg reserviert ist. In Wirklichkeit ist das Asperger-Syndrom jedoch ein Zustand, der die Betroffenen erheblich beeinträchtigt, und keine angemessene Diagnose bei Personen, die einfach unbeholfen oder exzentrisch sind oder sich in sozialen Situationen unwohl fühlen. Neuerdings, so scheint es, ist man mit der Diagnose «Asperger-Syndrom» jedoch allzu schnell bei der Hand.

Die Hauptmerkmale des Asperger-Syndroms sind «eine schwere und anhaltende Beeinträchtigung in der sozialen Interaktion [...] und eingeschränkte, repetitive Verhaltensmuster, Interessen und Aktivitäten [...]. Die Störung muss in klinisch bedeutsamer Weise eine Beeinträchtigung in der sozialen Anpassung verursachen, welche umgekehrt signifikante Auswirkungen auf die Eigenständigkeit, auf berufliche oder andere wichtige Funktionsbereiche haben kann.»[48]

Während die meisten Kinder mit Autismus eine ausgeprägte Beeinträchtigung in ihrem Intellekt und in ihrer Kommunikationsfähigkeit aufweisen, liegen solche Probleme bei Kindern mit Asperger-Syndrom in der Regel nicht vor. Obwohl ihre Fähigkeiten oft sehr ungleich entwickelt sind, können sie bei Intelligenz- oder Leistungstests recht hohe Punktwerte erzielen – mitunter sogar IQ-Werte von 140 oder darüber. Besonders gut schneiden sie bei verbalen Aufgaben und bei gedächtnisbezogenen Tests ab. Ein strukturierter Unterricht, der Gedächtnisfertigkeiten betont, kommt ihren Stärken zugute, vor allem, wenn Anpassungen vorgenommen werden, die ihnen helfen, ihre Schwächen zu kompensieren. Wenn sie als hochbegabt identifiziert wurden, müssen auch hier entsprechende Anpassungen, etwa individuelle Instruktionen, vorgenommen werden, um ihnen zu besseren Leistungen zu verhelfen, zum Beispiel Unterrichtsformen, die stärker auf den Einzelnen zugeschnitten sind.

Ebenso wie autistische Kinder haben Kinder mit Asperger-Syndrom extreme Schwierigkeiten mit zwischenmenschlichen Beziehungen. Es mangelt ihnen an Empathie und an der Fähigkeit, soziale Hinweise und Nuancen zu deuten.[49] Sie legen großen Wert auf Gewohnheiten und Struktur, und ihre Vorliebe für Rituale kann so ausgeprägt sein, dass sie geradezu zwanghaft erscheint,[50] was sich ebenfalls auf zwischenmenschliche Beziehungen auswirkt. Ihre Interessen sind häufig merkwürdig und sogar unattraktiv. Personen mit Asperger-Syndrom bleiben oft bei konkreten Handlungen haften und haben Schwierigkeiten, zu abstrahieren, was dazu führt, dass sie Gelerntes nur schwer verallgemeinern und auf andere Situationen übertragen können. Beispielsweise lernen sie im Mathematikunterricht, keine lauten Selbstgespräche zu führen oder die Hand zu heben, bevor sie etwas sagen, aber sie können dieses Verhalten nicht auf den Deutsch- oder den Erdkundeunterricht übertragen. Die Betroffenen lernen hauptsächlich über das Auswendiglernen von Fakten, wobei sie ohne Anleitung und Unterstützung kaum in der Lage sind, Gelerntes auf bedeutungsvolle und kreative Weise anzuwenden. Sie haben Schwierigkeiten, Metaphern oder Ironie zu verstehen, weil sie alle Äußerungen wörtlich nehmen. Ihre konkrete Denkweise lässt sie anders erscheinen und ist vielleicht auch der Grund dafür, warum sie so gleichgültig und wenig mitfühlend wirken.

Personen mit Asperger-Syndrom fällt es schwer, sich auf Veränderungen einzustellen. Beispielsweise kann das Umstellen der Sitzordnung im Klassenzimmer bei einem Kind mit dieser Störung großes Unbehagen auslösen. Für Betroffene sind Unterschiede niemals belanglos, sondern stets Ausdruck einer neuartigen Situation.

Eine der Hauptsorgen beim Asperger-Syndrom ist, dass diese ernste Diagnose zu oft und viel zu freizügig vergeben wird. Bevor Fachpersonen diese Diagnose stellen, sollten sie unbedingt prüfen, ob die Schlüsselwörter *schwer*, *anhaltend* und *signifikant* die Verhaltensweisen adäquat beschreiben.

Ähnlichkeiten und Unterschiede zwischen Hochbegabungsverhalten und Asperger-Syndrom. Da Personen mit Asperger-Syndrom auf einem durchschnittlichen oder sogar überdurchschnittlichen intellektuellen Niveau funktionieren, könnte man meinen, dass es einen echten Zusammenhang zwischen Asperger-Syndrom und Hochbegabung gibt. Sicherlich sind viele Verhaltensweisen ähnlich.[51] Manche Forscher behaupten auch, dass zahlreiche berühmte Persönlichkeiten – darunter Thomas Jefferson, Orson Welles, Carl Sagan, Glenn Gould, Wolfgang Amadeus Mozart und Albert Einstein – am Asperger-Syndrom litten.[52] Angesichts der außergewöhnlichen Kreativität und Leistungen dieser Personen ist es allerdings unwahrscheinlich, dass sie vom Asperger-Syndrom betroffen waren, und wenn doch, dann höchstens in einer leichten Ausprägung.

Hochbegabte Kinder ohne Asperger-Syndrom können ähnliche Merkmale aufweisen wie hochbegabte Kinder mit dieser Störung, zum Beispiel einen konkreten, linearen, ernsten, akustisch-sequentiellen Denkstil sowie Unbehagen in bestimmten sozialen Situationen. Hochbegabte Kinder sowohl mit als auch ohne Asperger-Syndrom haben in der Regel ein hervorragendes Gedächtnis, sind sehr redegewandt, reden viel und stellen ununterbrochen Fragen. Kinder beider Gruppen sprechen in einer übertrieben intellektualisierten Weise, und das oft schon ungewöhnlich früh. Beide Gruppen verfolgen mit großer Intensität eine oder mehrere Interessen, über die sie eine Fülle von Fakten und Informationen anhäufen, wobei Personen mit Asperger-Syndrom die Fakten vermutlich nie zu einem bedeutsamen Ganzen zusammenfügen. Kindern beider Gruppen sind Fairness und Gerechtigkeit ein wichtiges Anliegen, wobei diese Konzepte für Asperger-Betroffene weniger emotional besetzt sind, sondern vielmehr eine logische Folgerung darstellen.

Beide Gruppen – Kinder mit Asperger-Syndrom und hochbegabte Kinder ohne Asperger-Syndrom – haben oft einen ungewöhnlichen oder skurrilen Humor, und beide Gruppen zeigen häufig eine Überempfindlichkeit beziehungsweise eine erhöhte Sensitivität gegenüber Licht, Geräuschen, Gerüchen, Geschmack, der Beschaffenheit von Stoffen und anderen Reizen. Kinder mit Asperger-Syndrom werden von Erwachsenen und Peers *fast immer* als sonderbar und anders wahrgenommen. Hochbegabte Kinder ohne Asperger-Syndrom werden von Lehrern und Peers *oft* als sonderbar und anders wahrgenommen. Das kann an ihrer asynchronen Entwicklung, einer schlechten Passung zwischen den Lernbedürfnissen und dem schulischem Angebot oder an einer ausgeprägten Introvertiertheit und sozialem Unbehagen liegen. Bei einem hochbegabten Kind mit Asperger-Syndrom kann die asynchrone Entwicklung extrem sein und zu Verhaltensweisen führen, die noch rätselhafter und merkwürdiger erscheinen.

Bei manchen hochbegabten Kindern kann es schwierig sein, sie von Kindern mit Asperger-Syndrom zu unterscheiden.[53] Tatsächlich können die Verhaltensweisen, die für manche hochbegabte Kinder kennzeichnend sind, so ausgeprägt sein, dass die daraus resultierenden Beeinträchtigungen schließlich fälschlicherweise dem Asperger-Syndrom zugeschrieben werden. Kinder, die tatsächlich am Asperger-Syndrom leiden, können zusätzlich ADS/ADHS oder eine Zwangsstörung haben, wodurch das diagnostische Bild unklar wird.[54]

Es ist wichtig, zu einer korrekten Diagnose zu gelangen. Wenn Kinder mit Asperger-Syndrom einfach als sonderbare, exzentrische Kinder betrachtet werden, und die Störung nicht diagnostiziert wird, erhalten sie auch keine Behandlung, die ihnen helfen könnte.[55] Ein hochbegabtes Kind, dem fälschlicherweise das Asperger-Syndrom diagnostiziert wird – in der Regel geschieht das bei Kindern, deren Schul- oder Lernsituation für sie nicht passend ist – erhält dagegen Interventionen, die es nicht braucht und die ihm nichts nützen; darüber hinaus wird es um die Fördermaßnahmen gebracht, die es eigentlich bräuchte.

Offenbar gibt es drei Faktoren, die für eine korrekte Diagnose entscheidend sind. Der erste ist, dass das Verhalten des Kindes beobachtet wird, wenn es mit anderen Kindern zusammen ist, die seine intellektuelle Leidenschaft teilen. Kindern mit echtem Asperger-Syndrom mangelt es an

Empathie, und ihr soziales Defizit zeigt sich beständig im Umgang mit verschiedenen Peers. Hochbegabte Kinder ohne Asperger-Syndrom sind dagegen recht umgänglich, wenn sie mit anderen zusammen sind, die die gleichen Interessen haben wie sie. Sie zeigen gegenseitige soziale Interaktion, Empathie sowie eine ausgeprägte Fähigkeit, abstrakt zu denken.

Der zweite entscheidende Faktor ist, zu prüfen, ob das Kind wahrnimmt, wie es auf andere wirkt und wie sein Verhalten bei anderen ankommt. Hochbegabte Kinder haben in der Regel eine gute intellektuelle Einsicht in soziale Situationen und wissen, wie die anderen sie sehen; bei Kindern mit Asperger-Syndrom ist das nicht der Fall.[56] Im Allgemeinen sind sich hochbegabte Kinder ohne Asperger-Syndrom bewusst, dass sie nicht ins soziale Raster passen, und häufig leiden sie darunter. Ein introvertiertes hochbegabtes Kind, das einen Freund oder eine Freundin gefunden hat, mag sozial zufrieden sein; intellektuell ist es sich aber sehr wohl darüber im Klaren, dass es anders ist als die meisten Gleichaltrigen, auch wenn es ihm keinen Kummer bereitet.

Kinder, die am Asperger-Syndrom leiden, sprechen oft mit pedantischer, monotoner Stimme über ihre Interessen. Diese Kinder können weder erklären, warum sie eine unerschütterliche Vorliebe für Prismen oder Waschmaschinen haben, noch sind sie in der Lage, so über ihre Interessen zu berichten, dass andere sich von ihrer Faszination anstecken lassen. Die Interessen hochbegabter Kinder mögen vielen (oder sogar den meisten) Erwachsenen ebenfalls merkwürdig oder gar langweilig erscheinen; im Gegensatz zu Kindern mit Asperger-Syndrom können sie jedoch anschaulich erklären, was sie daran fasziniert, und zumindest einen kleinen Personenkreis – zum Beispiel Sammler von «Star-Wars»-Fanartikeln – dafür begeistern. In diesem Fall ist eine Asperger-Diagnose weniger wahrscheinlich. Wenn ein Kind in der Lage ist, anderen etwas von der Freude zu vermitteln, die ihm sein Hobby bereitet, oder wenn es andere sogar spontan daran teilhaben lässt, ist die Wahrscheinlichkeit geringer, dass eine Asperger-Diagnose tatsächlich zutrifft.

Ein dritter Faktor, der bei der Asperger-Diagnostik berücksichtigt werden sollte, und der auch bei ADS/ADHS eine wichtige Rolle spielt, ist die Feststellung, ob das Problemverhalten nur in manchen Situationen auftritt oder ob es durchgängig in allen Umgebungen und Situationen vorhanden ist. Kinder mit Asperger-Syndrom sind normalerweise in unterschiedlichen sozialen Situationen gleichermaßen beeinträchtigt, weil sie ohne entsprechendes Training kaum in der Lage sind, soziale Hinweise zu deuten. Ebenso bringen sie anderen gegenüber in nahezu allen Situationen nur selten Empathie zum Ausdruck, außer in rein intellektueller (und nicht in emotionaler) Form. Ihre Angst in sozialen Situationen kann extrem sein, vor allem, wenn etwas Unerwartetes vorfällt.

Um Kindern mit Asperger-Syndrom – ungeachtet ihrer oft so hohen intellektuellen Funktionsfähigkeit – zu helfen, muss man jedes soziale Verhalten in seine Bestandteile zerlegen, um es zu verdeutlichen. Zum Beispiel kann es notwendig sein, dem Kind körperlich zu demonstrieren, welchen Abstand man für gewöhnlich einhält, wenn man sich mit jemandem unterhält; oder man verdeutlicht dem Kind, dass man der Person, mit der man gerade spricht, in die Augen schaut. Das Training sozialer Kompetenz muss ausführlich und konkret sein und im Bezug auf unterschiedliche Situationen wiederholt werden, da Kinder mit Asperger-Syndrom Schwierigkeiten haben, das Gelernte zu verallgemeinern. Oft lernen diese Kinder die «Regeln» für soziale Interaktionen auswendig, und ein Erwachsener kann nicht davon ausgehen, dass ein Kind mit Asperger-Syndrom die Regeln auf andere Situationen übertragen kann. Manchmal hilft ein solches Training nicht, weil es dem Kind an Motivation oder Einsicht mangelt, seine sozialen Fertigkeiten zu verbessern, und weil ihm bestimmte Verhaltensweisen – zum Beispiel jemandem in die Augen schauen – großes Unbehagen bereiten.

Praktische Anregungen

Wenn ein Kind unerklärliche Fertigkeitsdefizite zeigt oder scheinbar aus Unachtsamkeit Fehler macht, sollte es eingehend auf sensorische Integrationsdefizite, Lernstörungen und andere neurologische Probleme hin untersucht werden. Ebenso sollten die Eltern und die Fachperson darauf achten, wie das Kind auf seine Umwelt reagiert. Zum Beispiel sind manche Kinder einer Reizüberflutung ausgesetzt, die sie daran hindert, eine Aufgabe zu bewältigen. Wenn bei einem hochbegabten Kind eine formale und akkurate Diagnose einer Lernstörung gestellt wurde, können Eltern und Lehrer das Problem angehen, indem sie geeignete Fördermaßnahmen entwickeln und umsetzen. Eine Diagnose kann dem hochbegabten Kind auch helfen, seine Stärken und Schwächen besser zu verstehen, und somit zu einem besseren Selbstverständnis und Selbstwertgefühl gelangen.

Bei zweifach außergewöhnlichen Kindern sollte die Hochbegabungskomponente stets mit einbezogen werden, wenn man dem Kind und allen Beteiligten die Diagnose und die Fördermaßnahmen erklärt. Die Fördermaßnahmen sollten auf die Fähigkeiten des Kindes zugeschnitten sein, und die Stärken des Kindes sollten so eingesetzt werden, dass sie ihm helfen, seine Schwächen zu kompensieren. Wichtig ist auch, die Probleme beider Zustände (Hochbegabung und Lernstörung) zu berücksichtigen, und nicht in einer Entweder-oder-Manier vorzugehen. Es kann für ein hochbegabtes Kind beruhigend sein, zu wissen, dass seine Intensität und Sensitivität keine Symptome einer Störung sind, sondern zu seiner Hochbegabung gehören. Wenn man dem hochbegabten Kind eine akkurate Erklärung für seine Verhaltensweisen gibt, kann es seinen Intellekt nutzen, um zu verstehen, was seine Diagnose bedeutet – und auch, was sie nicht bedeutet. Ein hochbegabtes Kind mit ADS/ADHS ist – im Vergleich zu gleichaltrigen Kindern, die intellektuell nicht so weit fortgeschritten sind – wahrscheinlich eher in der Lage, fortgeschrittene mentale Strategien anzuwenden, die ihm helfen, seine Symptome zu kontrollieren.

Wenn Sie glauben, Ihr hochbegabtes Kind könnte zweifach außergewöhnlich sein, sollten Sie folgende Schritte in Betracht ziehen:

1. Veranlassen Sie eine vollständige Untersuchung des Kindes durch eine geeignete Fachperson.

2. Erstellen Sie gemeinsam mit der Fachperson ein gründliches Profil der kognitiven und Verhaltensstärken und -schwächen des Kindes, und

3. arbeiten Sie gemeinsam mit einer Fachperson und den Lehrern ein Förder-, Therapie- und Spielprogramm aus, das zu Hause und in der Schule umgesetzt werden kann.

Ihr Plan sollte drei grundlegende Ansätze berücksichtigen. Erstens: Wann immer möglich, sollte das Kind Fördermaßnahmen erhalten, die dazu beitragen, das Gehirn neu zu «vernetzen». Das Kind sollte gezielt in der Entwicklung seiner Fertigkeiten unterrichtet werden; gegebenenfalls kann ein Tutor helfen, einen schulischen Bereich zu entwickeln, in dem das Kind Schwächen zeigt. Zweitens: Setzen Sie auf Kompensation, das heißt Strategien, die dem Kind helfen, seine Stärken einzusetzen, um seine Schwächen in bestimmten Bereichen auszugleichen. Beispielsweise kann ein Kind seine Stärken beim Visualisieren einsetzen, um seine schwächeren Organisationsfertigkeiten zu entwickeln. Drittens sollten – wo erforderlich – Anpassungen im Unterricht vorgenommen werden. Wenn ein Kind zum Beispiel Schwierigkeiten mit der Handschrift hat, kann es bei schriftlichen Arbeiten eine Tastatur verwenden. Anpassungen sind nicht dazu da, einem Kind Arbeit zu ersparen. Vielmehr sollen sie Situationen schaffen, in denen das Kind bestmöglich gefördert wird und seine Fertigkeiten entwickeln kann; sie sollen ihm ermöglichen, seine Fertigkeiten voll und ganz zur Geltung zu bringen und dabei so wenig wie möglich durch seine Schwächen beeinträchtigt zu werden.

Wichtig ist, dass der Förderprozess so früh wie möglich eingeleitet wird. Das Gehirn eines Kindes entwickelt sich rasch und lässt sich bei jüngeren Kindern leichter neu vernetzen als bei älteren. Der Spruch «Es ist einfacher, ein starkes Kind aufzubauen als einen kaputten Erwachsenen zu reparieren», ist in diesem Zusammenhang treffend. Eine falsche Diagnose bei hochbegabten Kindern mit Lernstörungen kann unnötigerweise zu einer intellektuellen Verarmung führen; außerdem sind diese Kinder anfälliger für Drogenmissbrauch und psychische Probleme. Eine frühe Evaluation und Diagnose des zweifach außergewöhnlichen Kindes kann dazu beitragen, dass Probleme in Angriff genommen werden, die man andernfalls übersehen hätte. Und das kann dem Kind Jahre der Frustration und des niedrigen Selbstwertgefühls ersparen.

Kapitel 13

Wie Schulen hochbegabte Kinder identifizieren

Eltern müssen wissen, wie Schulen hochbegabte Kinder identifizieren, da die Schule und schulische Aufgaben sehr viel Raum im Leben des Kindes einnehmen, aber auch, weil Schulen die Hochbegabung von Kindern häufig übersehen und hochbegabte Kinder nicht als solche identifizieren. Zu den vielen Mythen, die über hochbegabte Kinder kursieren, gehört die Annahme, dass diese Kinder zwangsläufig auffallen, weil ihre Talente so offensichtlich sind. Während höchstbegabte und außerordentlich hochbegabte Kinder aufgrund ihrer ungewöhnlichen Fähigkeiten oft tatsächlich hervorstechen, sind «typische» hochbegabte Kinder nicht immer leicht zu erkennen. Mitunter verbergen sie ihre Talente sogar, um damit nicht aufzufallen. Manche hochbegabte Kinder haben keine Probleme damit, ihre Talente überall zu demonstrieren. Andere tun das nur unter bestimmten Umständen. Und manche ziehen es in den meisten Situationen vor, ihre Talente zu verstecken, weil ihnen ihre Hochbegabung Unbehagen bereitet.[1]

Die Hochbegabung eines Kindes ist im Schulunterricht nicht immer offensichtlich, und es kommt vor, dass Lehrer hochintelligente Kinder nicht für Hochbegabungstests vorschlagen. Da Lehrer, Schulpsychologen und andere Fachpersonen für die Arbeit mit hochbegabten Kindern nur wenig – wenn überhaupt – geschult sind und die typischen Merkmale dieser Kinder oft nicht kennen, schlagen Lehrer in der Regel Hochleister und Gruppenanführer vor, aber keine hochbegabten minderleistenden Kinder, und auch nicht solche, die kreativ sind, aber Probleme mit dem Unterrichtsstil haben, und schon gar nicht jene Schüler, die unangepasst sind.[2]

Manchmal übersehen Lehrer hochbegabte Kinder auch, wenn diese einen Lernstil bevorzugen, der nicht zum Lehrstil des Lehrers passt. Nicht alle Kinder lernen auf dieselbe Weise.[3] Visuell-räumliche Lerner haben unter Umständen große Schwierigkeiten, wenn der Lehrer den Lernstoff verbal darbietet und keine visuellen Hilfsmittel einsetzt.[4] Wenn sich Tests zur Identifikation hochbegabter Schüler überwiegend auf verbale Aufgaben und Sprachnuancen stützen, erzielen Kinder, die am besten mit visuellen Mitteln lernen, möglicherweise schlechte Ergebnisse. Akustisch-sequentielle und visuell-räumliche Lernstile werden in Kapitel 2 behandelt.

Manche hochbegabte Kinder denken und lernen auf eine Art und Weise, die einfach ungewöhnlich ist. Beispielsweise kann ein Schüler musikalisch oder durch das Visualisieren von Inhalten denken. Manche Kinder müssen etwas mit ihren Händen erschaffen. Andere wiederum lernen am besten, wenn sie eine Aufgabe physisch angehen, wie im Falle des hochbegabten Kindes, das das Periodensystem der chemischen Elemente durch Tanzen auswendig lernte. Erst tanzte es die Elemente physisch und später stellte es sich vor, wie es sie tanzt.[5]

Andere hochbegabte Kinder, die bei der Nominierung für eine Hochbegabtenidentifikation höchstwahrscheinlich ebenfalls übersehen werden, sind diejenigen mit einer stark asynchronen Entwicklung, bei denen sich nicht alle Fertigkeitsbereiche gleichermaßen reibungslos entwickeln.[6] Die Punktwerte, die ein Kind bei einem Intelligenztest erreicht, können stark von den Ergebnissen abweichen, die es bei einem Leistungstest erzielt, und es ist durchaus möglich, dass der Mittelwert aus beiden Testergebnissen nicht ausreicht, um das Kind für die Aufnahme in ein Förderprogramm für hochbegabte Lerner zu qualifizieren.[7]

Zweifach außergewöhnliche Kinder, die sowohl hochbegabt sind als auch eine Störung wie ADHS oder eine Lernstörung haben, werden ebenfalls seltener identifiziert, da ihre Stärken von der Störung überdeckt werden. In der Schule werden diese Kinder für gewöhnlich nur im Blick auf ihre Störung unterstützt; dabei sollte das Kind in beiden Bereichen gefördert werden, sowohl im Bereich der Störung als auch im Bereich der Hochbegabung.

Ein weiterer Grund, warum hochbegabte Kinder durch die Maschen der üblichen Testverfahren fallen oder gar nicht erst für Hochbegabungstests nominiert werden, hängt mit dem kulturellen Umfeld dieser Kinder zusammen.[8] Kinder, die Minderheiten angehören oder aus Familien mit einem niedrigen sozioökonomischen Status kommen, haben oft keinerlei Erfahrung mit den Testformaten. Wenn die Tests zum Beispiel deutsche Sprachfertigkeiten betonen, ist es für Kinder, die nicht in einem deutschsprachigen, sprachreichen Umfeld aufgewachsen sind, viel schwieriger, gut abzuschneiden. Kinder aus bildungsfernen Schichten haben meist weniger Zugang zu Sprachkonzepten, seien es Bücher oder gesprochene Sprache.

Wie viele hochbegabte Kinder werden übersehen und nie identifiziert? Genaue Zahlen sind nur schwer zu ermitteln. Begründeten Vermutungen zufolge wird aber mindestens die Hälfte aller hochbegabten Kinder in unseren Schulen nicht entdeckt. Dabei ist der Bedarf, unsere klügsten Köpfe zu identifizieren und zu fördern, immens groß. Wie Benjamin Franklin gesagt haben soll: «Ein Genie ohne Ausbildung ist wie Silber in der Mine».

Hochbegabung hängt nicht immer mit den klassischen akademischen Schulfächern zusammen. Wenn wir uns hochbegabte Erwachsene anschauen, zeigt sich, dass nicht alle speziell in schulisch-akademischen Bereichen herausragende Fähigkeiten hatten.[9] Manche sind in Bereichen wie Mechanik, Musik, Führung oder den darstellenden Künsten hochbegabt. Für Schulen ist Hochbegabung in diesen Bereichen schwieriger zu identifizieren. Musik- und Kunstlehrer können Schüler fördern, die in diesen Bereichen talentiert sind. Ebenso können Sponsoren Schüler unterstützen, die in Bereichen wie Sport, Führung oder Elektronik hochbegabt sind.

Wie in Kapitel 1 erwähnt, stammt die in den USA gültige Definition von Hochbegabung aus dem Marland-Report von 1972. Darin heißt es, dass Hochbegabung in einem oder mehreren von fünf Bereichen auftreten kann: allgemeine intellektuelle Hochbegabung, spezifische akademische Begabung, bildende oder darstellende Künste, Kreativität und Führungsqualität. Hochbegabtenprogramme in Schulen setzen für gewöhnlich bei den ersten beiden Bereichen an – intellektuelle und spezifische akademische Begabung – und ignorieren die anderen drei; davon ausgenommen sind Schulen mit Schwerpunkt Kunst. Kinder, die in anderen Bereichen talentiert sind, werden oft in Arbeitsgemeinschaften gefördert, die außerhalb des Lehrplans angeboten werden, zum Beispiel in den Bereichen Tanz, Theater, Chor, Orchester, Musikband, Jahrbuch und Schülerzeitung, kreatives Schreiben, Literatur und Kunst oder Werken. Schüler, die im sportlichen Bereich hochbegabt sind, besuchen häufig Sportvereine. Oft ermöglichen die Eltern ihren Kindern den Besuch von Musik-, Kunst- oder Sportprogrammen oder anderen Förderprogrammen, die außerhalb der Schule angeboten werden.

Eltern von hochbegabten Kindern – insbesondere von hochbegabten Vorschulkindern – können die Merkmale von Hochbegabung, die in diesem Buch beschrieben wurden, selbst bei ihren Kindern feststellen. Die meisten Eltern reagieren naturgemäß auf die Wachheit, Wissbegierde und die frühen Lesefertigkeiten ihrer Kinder, indem sie ihnen Materialien und Interaktionsmöglichkeiten zur Verfügung stellen. Die eigene Neugierde und der Lerneifer des Kindes leiten das Lernen und die Informationssuche an, und so ergibt sich auf natürliche Weise eine fortlaufende Wissenserweiterung.

Wenn ein solches Kind ins Schulalter kommt, ist es wichtig zu wissen, in welchen Schulen Kinder wann und wie – wenn überhaupt – als hochbegabt identifiziert werden, und ob Ihr Kind in das Hochbegabtenprogramm einer bestimmten Schule passt. Identifikationsprozesse und Förderprogramme variieren beträchtlich, je nach Schule, Schulbezirk und Bundesstaat. Manche Schulen haben den Auftrag, hochbegabte Schüler zu identifizieren und zu fördern, andere nicht. Mit diesem Wissen und Verständnis können Eltern mit der Schule so zusammenarbeiten, dass ihr Kind davon profitiert. Wenn sich Eltern mit den staatlichen und örtlichen Bestimmungen und Richtlinien für hochbegabte Kinder auskennen, kommt die Schule ihnen wahrscheinlich entgegen. Selbst wenn die Schule kein spezielles Förderprogramm anbietet, können Eltern möglicherweise individuelle schulische Fördermaßnahmen für ihr Kind aushandeln.

Methoden der Identifikation

IQ-Testwerte sind nicht die einzigen Kriterien, die verwendet werden, um hochbegabte Kinder objektiv zu identifizieren. Fast alle Schulbezirke verwenden zusätzliche Informationen wie Checklisten, Beurteilungsskalen, Arbeitsproben des Schülers oder die Ergebnisse von Leistungs- beziehungsweise kriteriumsorientierten Tests.[10] Nur in wenigen Bundesstaaten in den USA wird von Schulen *verlangt*, dass sie standardisierte Tests zur Identifikation hochbegabter Kinder durchführen, und diese Schulen führen aus Zeit- und Kostengründen in der Regel keine individuellen IQ-Tests durch. Während Schüler mit besonderem Förderbedarf häufig auf individueller Basis getestet werden, ist das bei hochbegabten Kindern nur selten der Fall.

Um hochbegabte Schüler zu identifizieren, verwenden Schulen am häufigsten Gruppentests, die Leistung, Fähigkeiten oder Intelligenz erfassen. Daran können 15 bis 20 Kinder auf einmal teilnehmen. Die Testwerte werden auf der Basis von nationalen Normen in Prozenträngen angegeben.[11] Viele Faktoren können das Ergebnis eines solchen Gruppentests beeinflussen, darunter ablenkende Geräusche und die kleine Zahl an Test-Items. Manche Schüler haben auch einfach Schwierigkeiten damit, den Buchstaben, der einer Antwort zugeordnet wird, auf dem Antwortblatt korrekt zu markieren.

Angesichts der zahlreichen Leistungen, die von Schulen erwartet werden, und der begrenzten finanziellen Mittel, die ihnen zur Verfügung stehen, sind Schulen bemüht, möglichst kostengünstige Verfahren zur Identifikation hochbegabter Kinder anzuwenden. Die National Association for Gifted Children empfiehlt den Schulen, mehr als nur ein Kriterium zu verwenden, um Kinder als hochbegabt zu identifizieren. In der Regel verwenden Schulen nur ein oder zwei objektive Messinstrumente sowie selbstbestimmte Anhaltspunkte oder Beobachtungsdaten, um festzustellen, ob die Aufnahme in ein Hochbegabtenprogramm angezeigt ist.[12] Zusätzlich zu Gruppentests und Checklisten wird häufig ein Spezialteam aus Lehrern, Fachexperten und gegebenenfalls Eltern zur Beurteilung der Kinder eingesetzt.

Der Identifikationsprozess an Schulen beginnt normalerweise mit der Nominierung durch Lehrer oder Eltern und/oder Gruppen-Leistungstests, auf deren Grundlage entschieden wird, welche Schüler weiter evaluiert werden sollen. Die Auswahl hochbegabter Kinder aufgrund einer Nominierung durch den Lehrer ist problematisch, weil sie voraussetzt, dass das Kind bereit und in der Lage ist, seine Hochbegabung so zu zeigen, wie die Schule das erwartet und wertschätzt. Wenn das Kind ein Klassenclown, ein Rebell oder ein Minderleister ist und nicht das gewünschte Verhalten zeigt, ist es unwahrscheinlich, dass der Lehrer dieses Kind zur Evaluation für das Hochbegabtenprogramm vorschlägt. Auf diese Weise werden viele hochbegabte Kinder bereits aussortiert, noch bevor der formale Identifikationsprozess überhaupt begonnen hat. Wenn die Lehrer entsprechend geschult sind und sich mit den Merkmalen von Hochbegabung, einschließlich der typischen sozialen und emotionalen Eigenschaften auskennen, ist die Wahrscheinlichkeit größer, dass sie bei der Nominierung von Schülern mit Hochbegabungspotenzial richtig liegen.[13]

Schulen sind bemüht, möglichst fair vorzugehen, und greifen daher häufig auf eine Matrix zurück, um mehrere Faktoren zu berücksichtigen. In der Regel werden Punktwerte in drei Bereichen vergeben:

1. Nominierung durch Lehrer oder Checklisten, die von Lehrern ausgefüllt wurden;
2. Noten;
3. Ergebnisse von Gruppen-Leistungs- oder Fähigkeitstests.

Seltener berücksichtigt eine Matrix auch Faktoren wie die Nominierung durch Eltern (auf der Grundlage einer Verhaltenscheckliste), Selbstnominierung, Peer-Nominierung oder Arbeitsproben des Schülers.

Solch eine Matrix stellt schulische Leistungen in den Vordergrund, während sie anderen Aspekten von Hochbegabung, wie zum Beispiel Sinn für Humor, Kreativität oder Intensität, viel weniger Bedeutung beimisst. Wenn konvergentes, traditionelles Denken und schulisches Lernen derart im Mittelpunkt stehen, werden minderleistende Schüler und all jene, die aus der Reihe tanzen, leicht übersehen. Schüler mit ausgeprägten Fähigkeiten in den darstellenden und bildenden Künsten und mit Führungspotenzial laufen ebenfalls Gefahr, die Identifikationskriterien der meisten Schulen nicht zu erfüllen, es sei denn, sie besuchen eine Magnetschule mit besonderen Schwerpunkten oder ein anderes Programm, das diese spezifischen Fähigkeiten betont.

Die Nominierung durch Lehrer

Nominierungen durch Lehrer und Gruppen-Leistungstests dienen in der Regel dazu, einen «Talentpool» potenziell hochbegabter Schüler zu bilden. Anschließend kommen weitere Identifikationsmethoden zum Einsatz, um aus diesem Talentpool hochbegabte Kinder auszuwählen, die spezielle schulische Anpassungen in Anspruch nehmen können. Die Identifikation hochbegabter Kinder erfolgt anfangs oft durch Lehrer und basiert entweder auf deren Beobachtungen im Unterricht oder auf den Punktwerten, die bei Gruppen-Leistungstests erzielt wurden.

Akkurate Einschätzungen vorzunehmen, kann für Lehrer ebenso schwierig sein wie für Eltern. Lehrer wie Eltern haben meist ein begrenztes Verständnis von Hochbegabung oder lassen sich von bestimmten Überzeugungen leiten, die darauf Einfluss nehmen, wer für Hochbegabtenprogramme ausgewählt wird. Wenn Lehrer davon ausgehen, dass ein hochbegabtes Kind ein guter Schüler sein muss, wird er wahrscheinlich gute Schüler, aber nicht unbedingt hochbegabte Kinder nominieren. Lehrer ohne entsprechende Schulung erkennen möglicherweise nicht, dass manche Schüler, die dem Anschein nach Verhaltensprobleme haben, in Wirklichkeit hochbegabte Schüler sind, deren Verhalten eine Reaktion darauf ist, dass sie und ihre schulische Umgebung nicht zusammenpassen. Es kommt nur selten vor, dass Lehrer Schüler mit Verhaltensproblemen für Hochbegabtenprogramme vorschlagen. Eine Reihe von klassischen Studien hat gezeigt, dass bei der Nominierung durch Lehrer viele hochbegabte Kinder übersehen werden, und es deutet kaum etwas darauf hin, dass sich daran irgendetwas geändert hat.[14] Selbst außergewöhnlich hochbegabte Schüler können übersehen werden.[15]

Lehrer werden nur selten speziell in Eigenschaften, Merkmalen und Förderbedarf von hochbegabten Kindern geschult; von den Lehrern, bei denen das der Fall ist, weiß man jedoch, dass sie hochbegabte Kinder akkurater identifizieren.[16] Schulen, die Hochbegabtenprogramme anbieten, sollten unbedingt für eine entsprechende Schulung ihrer Lehrer Sorge tragen, damit diese die Merkmale hochbegabter Kinder erkennen. In manchen US-Bundesstaaten sind Lehrer sogar verpflichtet, eine entsprechende Weiterbildung zu absolvieren. Einige Schulsysteme verfügen über einen Koordinator und über Fachpersonen, die solche Schulungen vornehmen können und als Ansprechpartner für Lehrer fungieren, die unsicher sind, wie sie das Verhalten eines bestimmten Kindes interpretieren sollen.

In den deutschsprachigen Ländern gibt es in der Lehrerausbildung keine verpflichtenden Module zur Hochbegabtenförderung. Im Rahmen einer Lehrerfortbildung in diesem Bereich ist seit über zehn Jahren das ECHA-Diplom in allen deutschsprachigen Ländern zu erwerben. Viele Universitäten in Deutschland, Österreich und der Schweiz konzipieren derzeit Masterstudiengänge im Bereich Begabtenförderung und bieten sie teilweise schon an. Viele Schulen suchen auch gezielt nach Lehrern mit Kenntnissen und Zusatzausbildung in Begabtenförderung und haben dazu entsprechende Stellen eingerichtet.

Gruppen-Leistungstests

Gruppen-Leistungstests sind derzeit die gängigste Methode, mit der hochbegabte Kinder an Schulen identifiziert werden. Zu den am häufigsten verwendeten Leistungstests gehören in den USA der *Iowa Test of Basic Skills*, der *California Achievement Test*, der *Stanford Achievement Test* und der *Cognitive Abilities Test*. Bei diesen Gruppentests werden die Schüler objektiv beurteilt, und nicht auf der Grundlage des subjektiven Eindrucks, den ein Lehrer von der Leistung oder Fähigkeit eines Schülers hat. Die Tests werden mitunter auch als kognitive Fähigkeitstests, Begabungstests oder Denkfähigkeitstests bezeichnet. In der Regel handelt es sich dabei jedoch um Instrumente, die die Leistung und nicht das Potenzial oder die Begabung eines Schülers erfassen. Sie messen in erster Linie das, was das Kind bereits gelernt hat, nicht aber seine seltene Fähigkeit oder seine spezifische Begabung zum Lernen. Nach den meisten Schulrichtlinien gelten Kinder in der Regel als hochbegabt, wenn sie bei diesen Tests zu den drei Prozent mit den höchsten Punktwerten gehören, also ab einem Prozentrang von 97 oder höher.[17] Das entspricht einem IQ-Wert von 130 oder mehr auf der Normalverteilungskurve.

Die Aussagekraft von Leistungstests ist sehr begrenzt, vor allem in den unteren Klassenstufen. Jüngere Kinder können bei diesen Tests sehr hohe Punktzahlen erreichen, wenn sie im Elternhaus bereits hervorragende Lerngelegenheiten hatten und hochmotiviert sind, und sie schneiden unter Umständen auch dann sehr gut ab, wenn ihre intellektuelle Fähigkeit nur knapp über dem Durchschnitt liegt. Da nicht jedes Kind frühe Fördergelegenheiten erhält, bevor es in die Schule kommt, lehnen es Pädagogen häufig ab, hochbegabte Kinder vor der dritten Klasse zu identifizieren. Die meisten Schulen würden lieber abwarten, um zu sehen, wie die Kinder auf die intellektuelle Anregung durch die Schule reagieren. Manche Pädagogen sind der Ansicht, dass sich die Fähigkeiten der Kinder in der dritten Klasse «nivellieren» und dass sich viele Kinder, die zuvor hohe Punktwerte erreicht haben, dann in Richtung Durchschnitt bewegen. Für hochbegabte Kinder ist es allerdings nicht von Vorteil, wenn ihre fortgeschrittenen Fähigkeiten erst spät erkannt werden, da sie zusätzliche Anregungen benötigen. Bei entsprechender Förderung bleiben sie bei Leistungstests auch weiterhin im Hochbegabungsbereich.

Manche hochbegabte Kinder erreichen bei schulischen Leistungstests allerdings Punktwerte, die weit unter ihren tatsächlichen Fähigkeiten liegen. Hierfür gibt es mehrere Gründe:

1. Sie sind schlichtweg nicht motiviert, im Rahmen eines standardisierten Multiple-Choice-Tests Fragen zu beantworten;
2. sie gehen den Test zu «kreativ» an und versuchen, komplexere und einfallsreichere Antworten zu finden;
3. diese Tests betonen verbale Fähigkeiten, was von Nachteil sein kann, wenn die Fertigkeiten des Kindes in anderen Bereichen liegen, oder
4. der Schüler beherrscht die Sprache, in der der Test durchgeführt wird, nur unzureichend.

Gruppentests werden mit 20, 30 oder sogar 100 Schülern auf einmal durchgeführt, und angesichts dieser Teilnehmerzahlen ist es leider schwierig, festzustellen, ob die Leistung eines einzelnen Kindes durch einen dieser Faktoren beeinträchtigt wird.

Die Ergebnisse von Gruppentests sind aus verschiedenen Gründen selten so genau wie die Ergebnisse von Tests, die auf individueller Basis durchgeführt werden. Obgleich Gruppentests in der Regel weniger als 50 Items umfassen, versuchen sie nach Möglichkeit das gesamte Leistungs- beziehungsweise Fähigkeitsspektrum abzudecken. Die meisten Gruppentests beinhalten Items, die auf Kinder mit einem Prozentrang von 75 oder darunter zugeschnitten sind, und sie sind so angelegt, dass die meisten Kinder mindestens die Hälfte aller Einzelaufgaben korrekt lösen können. Dagegen bieten die Tests nur sehr wenige Items, die geeignet sind, um höhere Fähigkeiten zu messen, und sie sind nicht differenziert genug, um Unterschiede bei den Fähigkeiten all jener Kinder festzustellen, deren Punktwerte oberhalb des Prozentranges von 75 liegen. Wenn nur ein oder zwei anspruchsvollere Items falsch beantwortet oder versehentlich ausgelassen wurden, kann sich das in einer Verschlechterung um fünf oder zehn Prozentpunkte niederschlagen. Beim *Iowa Test of Basic Skills* zum Beispiel (einem der am meisten verwendeten Tests) liegt der höchste Punktwert, der überhaupt erreicht werden kann – auch wenn sämtliche Items richtig beantwortet wurden – bei einem Prozentrang von 99. Ein einziges falsch beantwortetes oder ausgelassenes Item führt dazu, dass sich der Prozentrang erheblich verschlechtert. Es werden einfach nicht genügend anspruchsvolle Items zur Verfügung gestellt, mit denen hochbegabte Kinder ihre Fähigkeiten unter Beweis stellen könnten. Ein solcher «Deckeneffekt» bei Gruppentests benachteiligt alle hochbegabten Kinder. Die einzige Möglichkeit, um die Fähigkeiten dieser Kinder zu beurteilen, sind Tests, die für ältere Kinder konzipiert wurden beziehungsweise individuell durchführbare IQ-Tests, die mehr anspruchsvolle Items enthalten.

Die Diskrepanz zwischen Gruppentest-Werten und Einzel-Intelligenztest-Werten nimmt zu, wenn das Intelligenzniveau des Kindes einen IQ von 130 übersteigt. Die meisten Schulen bieten potenziell hochbegabten Schülern keine Tests auf individueller Basis an; es fehlt an finanziellen Mitteln, um

Schulpsychologen dafür zu bezahlen, dass sie solche Einzeltests mit hochbegabten Kindern durchführen. Die Schulpsychologen haben schon genug damit zu tun, die Kinder am unteren Ende des Lernspektrums zu testen.

Für sonderpädagogische Maßnahmen erhalten Schulen staatliche Mittel; für Hochbegabtenprogramme gibt es dagegen kaum finanzielle Unterstützung. Eltern, die ihr hochbegabtes Kind testen lassen wollen, müssen in der Regel private Anbieter bezahlen und die Testergebnisse dann der Schule zur Kenntnis bringen.

Um den Deckeneffekt von Gruppentests wettzumachen, ermöglichen einige Schulen jüngeren Schülern die Teilnahme an Tests, die für höhere Klassenstufen konzipiert sind. Beispielsweise kann ein gescheiter Fünftklässler die Siebtklässler-Version des *Iowa Test of Basic Skills* absolvieren; seine Punktwerte werden dann mit den Normen der siebten Klasse verglichen. Bei diesen Tests auf höherem Niveau werden «Klassenstufen-äquivalente» Punktwerte errechnet, das heißt, es wird festgestellt, auf welchem Niveau das Kind zu dem gegebenen Zeitpunkt in den verschiedenen schulischen Bereichen Leistungen erbringt. Wenn das Kind bei einem solchen Test einen Prozentrang von 80 oder 90 erreicht, wird davon ausgegangen, dass seine Leistungen auf dem Niveau der siebten Klasse liegen. Für den Lehrplan bedeutet das, dass das Kind anspruchsvollere Aufgaben braucht. Wenn es bei dem Test für höhere Klassenstufen sogar einen Prozentrang von 98 erreicht, heißt das, dass es Anforderungen auf einem noch höheren Niveau meistern könnte. Das Testen auf einem höheren Klassenstufenniveau kann Deckeneffekte minimieren, aber nicht völlig ausschließen. Dennoch sind solche Tests sicherlich besser geeignet, um die Notwendigkeit schulischer Anpassungen insbesondere für höchstbegabte Kinder festzustellen.

Gruppen-Fähigkeitstests

Da Einzel-Intelligenztests zeit- und kostenintensiv sind – schließlich widmet der Psychologe dabei seine Zeit einem einzelnen Kind –, bevorzugen Schulen bei der Suche nach Hochbegabungspotenzial für gewöhnlich Gruppen-Leistungs- oder Fähigkeitstests. Gruppentests sind zwar nicht so genau, dafür aber kostengünstiger. Als erstes Screening sind Gruppentests durchaus von Nutzen, wenngleich ihre Aussagekraft begrenzt ist. Visuell-räumliche Lerner schneiden bei sprachbasierten Gruppentests wahrscheinlich schlechter ab als bei figuralen Tests. Umgekehrt kann ein verbaler Lerner seine Fähigkeiten bei einem nonverbalen Gruppentest schlechter unter Beweis stellen. Solche sprachfreien Tests werden neuerdings immer häufiger durchgeführt, was für verbale Lerner problematisch ist.

Einige der am häufigsten verwendeten Gruppen-Fähigkeitstests werden unten aufgelistet. Einige stützen sich in erster Linie auf verbale Fertigkeiten, andere wiederum gelten hauptsächlich als Tests der nonverbalen (beziehungsweise visuell-räumlichen) Fähigkeiten:

In den USA:

- Otis-Lennon School Ability Test
- Cognitive Abilities Test
- Developing Cognitive Abilities Test (eine Kurzversion des Cognitive Abilities Test)
- Comprehensive Test of Basic Skills
- Differential Aptitude Tests
- Matrix Analogies Test
- Raven's Progressive Matrices
- Naglieri Nonverbal Ability Test (NNAT)

Übliche Gruppenverfahren im deutschsprachigen Raum:

- Grundintelligenztest Skala 1 (CFT 1)
- Grundintelligenztest Skala 2-Revision (CFT 20-R) mit Wortschatztest und Zahlenfolgentest-Revision (WS/ZF-R)
- Coloured Progressive Matrices (CPM)
- Standard Progressive Matrices (SPM)

- Advanced Progressive Matrices (APM)
- Kognitiver Fähigkeitstest (KFT)
- Intelligenzstrukturtest 2000 R (I-S-T 2000 R)
- Berliner Intelligenzstrukturtest für Jugendliche: Begabungs- und Hochbegabungsdiagnostik (BIS-HB)
- Münchner Hochbegabungstestbatterie (MHBT)

In einigen dieser Gruppen-Leistungstests sind die Einzelaufgaben in erster Linie auf Kinder des unteren bis mittleren Spektrums ausgerichtet, und es werden nur wenige anspruchsvolle Items dargeboten. Aufgrund ihres Deckeneffekts können diese Tests bei hochbegabten Kindern meist nicht ausreichend differenzieren. Ein höchstbegabtes Kind erreicht zwar einen hohen Punktwert, könnte aber möglicherweise einen noch höheren erzielen. Bei den Tests, die besonders für überdurchschnittliche und hochbegabte Schüler konzipiert sind, besteht diese Gefahr nicht.

Beurteilungsskalen und Checklisten

Beurteilungsskalen und Checklisten wurden für Lehrer und vereinzelt auch für Eltern entwickelt, um ihnen dabei zu helfen, ihre Beobachtungen auf bestimmte Verhaltensweisen zu konzentrieren und unterschiedliche Lernstile und -typen zu unterscheiden. Die *Gifted Evaluation Scales* – zweite Auflage[18] und die *Scales for Rating the Behavioral Characteristics of Superior Students*[19] sind zwei gute Beispiele dafür. In **Tabelle 9** haben wir einige Beispiele für Verhaltensweisen zusammengestellt, die beurteilt werden sollen. Obgleich diese Skala zur Beurteilung von 14 Bereichen verwendet werden kann, werden in vielen Schulbezirken lediglich einige wenige der folgenden Bereiche ausgewählt: Lernen, Kreativität, Motivation, Führung, Kommunikation: Präzision, Kommunikation: Ausdruckskraft, Planen, Lesen sowie darstellerische, musische, künstlerische, mathematische, technische und naturwissenschaftliche Begabung.

Tabelle 9: Fähigkeits- und Leistungsbereiche, die von den Skalen zur Beurteilung der Verhaltensmerkmale herausragender Schüler (Scales for Rating the Behavioral Characteristics of Superior Students) abgedeckt werden

Skala 1: Lernstärken
Verfügt über ein fortgeschrittenes, umfangreiches Vokabular.
Verfügt über einen großen Informationsspeicher.
Begreift mühelos Abstraktionen und Verallgemeinerungen.
Überträgt Gelerntes mühelos auf neue Situationen.
Stellt mühelos einen Zusammenhang zwischen Ursache und Wirkung her.
Bewältigt Lernanforderungen rasch; ruft Informationen mühelos ab.
Ist ein scharfer und aufmerksamer Beobachter.
Skala 2: Kreativität
Ist fantasievoll und intellektuell verspielt.
Gibt ungewöhnliche, einzigartige oder clevere Antworten.
Ist risikobereit und abenteuerlustig.
Hat Sinn für Humor.
Hat eine unangepasste Einstellung; scheut sich nicht davor, anders zu sein.
Kann Ideen oder Objekte leicht anpassen, verbessern oder verändern.
Bringt viele Ideen oder Lösungen für Fragen oder Probleme hervor.
Skala 3: Motivation
Kann über lange Zeit hinweg hochkonzentriert bleiben.
Benötigt nur wenig Führung durch Erwachsene, um ein Verhalten zu zeigen.
Ist aufgabenorientiert und ausdauernd.
Ist selbstbestimmt, unabhängig.
Braucht in Interessengebieten nur wenig Motivation von außen.
Führt Aufgaben, die in den eigenen Interessengebieten liegen, beharrlich zu Ende.

Skala 4: Führung

Ist verantwortungsbewusst.

Wird von den Klassenkameraden respektiert.

Kann Ideen gut in Worte fassen und kommunizieren.

Tritt Gleichaltrigen gegenüber selbstbewusst auf.

Kann organisieren und Dinge, Personen und Situationen strukturieren.

Arbeitet gut mit anderen zusammen; ist teamfähig.

Neigt dazu, Aktivitäten anzuleiten.

Skala 5: Planen

Identifiziert Ressourcen, die für Aufgaben benötigt werden.

Kann den Gesamtprozess gut in einzelne Schritte einteilen.

Kann abschätzen, wie viel Zeit eine Aufgabe in Anspruch nimmt.

Sieht Konsequenzen voraus und setzt Prioritäten.

Organisiert die Arbeit gut und kann einen ausgefeilten Plan erstellen.

Beachtet Einzelheiten, die notwendig sind, um ans Ziel zu gelangen.

Geht strategisch vor, antizipiert mögliche Entwicklungen und findet mühelos alternative Lösungen.

Kann die Begrenzung von Ressourcen und potenzielle Probleme identifizieren.

Analysiert einzelne Schritte eines Prozesses und bringt sie in eine sinnvolle Reihenfolge.

Findet Alternativen, um eine Arbeit aufzuteilen beziehungsweise Aufgaben an andere Personen zu übertragen.

Skala 6: Kommunikation – Präzision

Bringt die Dinge sowohl mündlich als auch schriftlich auf den Punkt.

Passt die Ausdrucksweise an die Bedürfnisse der Zuhörer an.

Überarbeitet, redigiert klar und deutlich.

Beschreibt und erklärt verständlich und verwendet deskriptive Sprache.

Kann Ideen auf vielfältige Weise ausdrücken; findet leicht alternative Ausdrucksformen.

Gebraucht mühelos Synonyme.

Gebraucht viele verwandte Begriffe/Bedeutungen.

Skala 7: Kommunikation – Ausdruckskraft

Setzt die Stimme ausdrucksvoll ein, um die Bedeutung zu vermitteln oder um ihr Nachdruck zu verleihen.

Vermittelt Informationen nonverbal.

Kann Geschichten interessant erzählen.

Gebraucht fantasievolle Sprache.

Skala 8: Darstellerische Begabung

Spielt gerne Theater.

Ist ein guter Geschichtenerzähler.

Setzt Gestik, Mimik und Körpersprache ein.

Kann gut improvisieren und Rollenspiele ausführen.

Kann sich mühelos in eine Figur hineinversetzen.

Tritt selbstbewusst auf.

Entwickelt selbst Szenen/Stücke.

Steht gern im Rampenlicht.

Ruft bei Zuhörern/Zuschauern Emotionen hervor.

Ist ein guter Nachahmer.

Skala 9: Musikalische Begabung

Hat ein nachhaltiges Interesse an Musik.

Erkennt Unterschiede bei musikalischen Elementen wie Tonlage und -dauer, Klangfarbe, Lautstärke.

Hat ein gutes Rhythmus- und Tempogefühl.

Kann sich Melodien mühelos merken.

Liebt es (oder hat die Absicht), Musik zu machen und ein Instrument zu spielen.

Reagiert stark auf Hintergrundgeräusche.

Skala 10: Künstlerische Begabung

Mag künstlerische Aktivitäten und zieht künstlerisches Arbeiten anderen Projekten vor.

Drückt Ideen visuell aus und verwendet dazu viele Elemente.

Bedient sich bei künstlerischen Herausforderungen unkonventioneller Ansätze.

Experimentiert mit verschiedenen Materialien und Techniken.

Entwickelt die künstlerischen Ansätze anderer weiter.

Ist ein scharfer Beobachter und nimmt die Umwelt sehr stark wahr.

Ist selbstkritisch und setzt sich selbst hohe Standards bei Projekten.

Skala 11: Mathematische Begabung

Löst von sich aus leidenschaftlich gern Rechenaufgaben.

Beschäftigt sich gerne mit Rechenrätseln, -spielen und logischen Aufgaben.

Erfasst rasch mathematische Konzepte.

Findet kreative Lösungswege für mathematische Aufgaben.

Löst mathematische Aufgaben abstrakt, ohne konkrete Hilfsmittel.

Kann mathematische Konzepte visuell oder verbal erklären.

Skala 12: Lesen

Liest leidenschaftlich gern und ausgiebig.

Sucht sich Lesestoff aus, der eigentlich für ältere Leser bestimmt ist.

Wendet literarische Konzepte auf die neue Lektüre an.

Ist interessiert an herausfordernder Lektüre.

Skala 13: Technische Begabung

Zeigt eine große Bandbreite an technischen Fertigkeiten.

Verbringt die freie Zeit damit, technische Fertigkeiten weiterzuentwickeln.

Lernt neue Software ohne Anleitung.

Integriert Technik in Produkte und Aufgaben.

Zeigt technische Fertigkeiten, die Gleichaltrige (noch) nicht haben.

Lässt keine Gelegenheit aus, um Technik zu gebrauchen oder anderen bei technischen Problemen zu helfen.

Skala 14: Wissenschaftliche Begabung

Ist neugierig auf wissenschaftliche Prozesse; will wissen, warum die Dinge so sind wie sie sind.

Diskutiert leidenschaftlich gern wissenschaftliche Themen.

Zeigt Interesse an wissenschaftlichen Projekten oder Forschungen.

Demonstriert kreatives Denken in wissenschaftlichen Fragen oder Debatten.

Versteht und artikuliert die Interpretation von Daten.

Abdruck mit freundlicher Genehmigung von Joseph S. Renzulli, Creative Learning Press.

In Deutschland hat das Bundesministerium für Bildung und Forschung (BMBF) in der Publikation *Begabte Kinder finden und fördern* eine Checkliste herausgegeben. Solche Checklisten sind wissenschaftlich nicht überprüft. Viele der aufgeführten Merkmale sind nicht unbedingt Anzeichen von Hochbegabung. Sie kommen ebenso bei nicht Hochbegabten vor. Eine Begabungsdiagnose kann anhand von Checklisten nicht vorgenommen werden. Die Merkmalslisten tragen aber zur Sensibilisierung der Beobachter bei und können Hinweise für eine gezielte psychodiagnostische Untersuchung liefern.

Kreativitätstests

Das Konzept von Kreativität ist noch schwerer fassbar als das Konzept von Intelligenz. Mehr noch: Intelligenz und Kreativität hängen offenbar miteinander zusammen, was das Ganze weiter verkompliziert. Renzulli sieht in Kreativität eine grundlegende und gewissermaßen unabhängige Komponente von Hochbegabungsverhalten. Einig ist man sich darin, dass es Unterschiede zwischen dem Konzept von Kreativität und dem von Intelligenz gibt. Die meisten, wenngleich nicht alle Theoriebildner[20] stellen Kreativität in einen Zusammenhang mit divergentem Denken, während Intelligenz (zumindest jene, die mithilfe standardisierter Tests gemessen wird) eher mit traditionellem, konvergentem Denken in Verbindung gebracht wird.

Das Messen von Kreativität ist kein leichtes Unterfangen, vor allem nicht bei Kindern, und es gibt Bedenken, ob Kreativitätstests überhaupt valide oder reliabel sind.[21] Um kreativ zu sein, muss man zuerst ein gewisses Fertigkeitsniveau in einem Bereich entwickeln, und bei jüngeren Kindern ist es eher unwahrscheinlich, dass sie ein solches Niveau bereits erreicht haben. Dennoch gibt es Tests, die versuchen, Kreativität zu messen.

Zwei frühe Theoriebildner im Bereich der Kreativität, Guilford und Torrance,[22] haben vier grundlegende kognitive kreative Fähigkeiten beschrieben: Flüssigkeit (zum Beispiel von Ideen, Gedanken), Flexibilität, Originalität und Elaboration. Diese vier Merkmale von Kreativität bilden die Grundlage für die verschiedenen Komponenten der *Torrance Tests of Creative Thinking.*[23] In dem *Thinking Creatively with Words*-Test zum Beispiel werden Schülern offene Fragen wie diese gestellt: «Wie viele verschiedene Gebrauchsmöglichkeiten fallen dir zu einer Büroklammer ein?» Beim *Thinking Creatively in Pictures*-Test sollen die Kinder und Jugendlichen unter anderem Bilder nach einer abstrakten Vorgabe vervollständigen. Die einzelnen Items verlangen von den Schülern,

1. viele Ideen zu entwickeln (Flüssigkeit);
2. Ideen zu entwickeln, die über die Aufgabenstellung hinausgehen (Flexibilität);

3. Ideen zu entwickeln, die neu und einzigartig sind (Originalität), und
4. Ideen zu entwickeln, die auf früheren Ideen aufbauen (Ausarbeitung bzw. Elaboration).

Den Lösungen wird jeweils eine Punktzahl zugeordnet, die angibt, wie gut der Testteilnehmer die vier Kreativitätsmerkmale demonstriert. Die Auswertung dieser Tests ist zeitaufwändig und teilweise recht subjektiv; in der Regel wird sie von einer Fachperson vorgenommen, die in dieser Bewertungsmethodik geschult ist. Aufgrund des Aufwands und der besonderen Qualifikation, die dafür erforderlich ist, werden diese Tests nur selten in Schulen durchgeführt.

Wie in den USA werden auch in den deutschsprachigen Ländern Kreativitätstests in Schulen so gut wie nie durchgeführt. Auch wenn Kreativitätstests kaum Anwendung finden, haben alle Diagnostiker und Praktiker das Konzept der Kreativität als durchaus bedeutsam präsent. Gut integriert und in verschiedenen Aspekten erfasst ist Kreativität im Berliner Intelligenzstrukturtest für Hochbegabte BIS-HB.

Wenn verschiedene Kriterien und Instrumente genutzt werden

Die Verwendung verschiedener Kriterien – Beurteilungen durch die Lehrer, Noten, die Ergebnisse aus Leistungs-, Fähigkeits- und Kreativitätstests, Arbeitsproben und Portfolios des Schülers – ist für die Identifikation hochbegabter Kinder sicherlich nützlich, vor allem, um hochbegabte Kinder mit besonderem Förderbedarf auszumachen. Bedauerlicherweise wird die Verwendung verschiedener Kriterien mitunter als «Hürdenlauf» fehlinterpretiert. Ein Schüler muss nicht *alle* diese Kriterien erfüllen, um als hochbegabt eingestuft zu werden. Die korrekte Verwendung verschiedener Kriterien bedeutet vielmehr, dass verschiedene Datenquellen herangezogen werden, die alternative Wege der Identifikation eröffnen.[24]

Wenn die Ergebnisse nicht den Erwartungen entsprechen

Wenn die Beurteilungen, Noten, Gruppen-Leistungstestergebnisse und Nominierungen durch Lehrer anscheinend nicht zu Ihrem Kind, wie Sie es kennen, passen, und Ihr Kind entgegen Ihren Erwartungen nicht als hochbegabt eingestuft wird, was können Sie als Eltern dann tun? Zuallererst sollten Sie die Möglichkeit in Betracht ziehen, dass Ihr Kind nicht motiviert ist, seine Fähigkeiten in diesem Rahmen oder in dieser Umgebung zu demonstrieren. Möglich ist auch, dass sich die asynchrone Entwicklung Ihres Kindes auf den Identifikationsprozess ausgewirkt hat. Schulen, die eine Identifikationsmatrix verwenden, gewichten die verschiedenen Faktoren mitunter gleich. Wenn Ihr Kind in ein oder zwei Bereichen sehr weit fortgeschritten ist, in zwei oder drei anderen Bereichen jedoch keine hohen Punktwerte erreicht, kann es passieren, dass seine außergewöhnlichen Fähigkeiten einfach «unter den Tisch fallen».

Manche Schulen sind nach wie vor der Auffassung, dass hochbegabte Kinder in *allen* Bereichen fortgeschrittene Lerner sind. Manche Eltern, deren Kind außergewöhnliche Leistungen in Sprachen erbringt, bekommen von den Lehrern zu hören: «Dieses Kind kann gar nicht hochbegabt sein – in Mathematik hat es nur Dreier und Vierer!» Obgleich manche Experten schätzen, dass mindestens 15 Prozent der Bevölkerung in einem der fünf definitionsgemäßen Bereichen hochbegabt sind, werden Kinder, die nur in einem Bereich herausragende Fähigkeiten zeigen, in einigen Schulbezirken nicht als hochbegabt eingestuft. Denn das würde bedeuten, dass 15 bis 20 Prozent der Schülerschaft in Hochbegabtenprogramme gehören – ein Prozentsatz, den viele Schulverwalter für kaum zu bewältigen halten.[25] In Einzugsgebieten, in denen die Eltern mehrheitlich eine qualifizierte Ausbildung haben, ist der Anteil an hochbegabten Kindern möglicherweise größer. Wenn die Eltern intelligent sind und eine höhere Bildung genossen haben, neigen auch ihre Kinder dazu, intelligenter als der Durchschnitt zu sein. Schulen in einem solchen Einzugsgebiet haben oft besonders rigorose Kriterien für die Identifikation hochbegabter Kinder – mit dem Argument, dass der Unterricht ohnehin ein qualitativ höheres Niveau hat als andere Schulen. Manche Schulen behaupten sogar: «Alle unsere Schüler sind hochbegabt.»

Wenn Sie von der Richtigkeit Ihrer eigenen Beobachtungen überzeugt sind, sollten Sie den Gedanken, Ihr Kind könnte hochbegabt sein, nicht zu rasch verwerfen. Mehrere Studien haben gezeigt, dass Eltern – vor allem Eltern von jüngeren hochbegabten Kindern – mit ihrem Verdacht richtig liegen, wenn sie bei ihrem Kind ungewöhnliche Fähigkeiten bemerken.[26] Sprechen Sie mit den Lehrern des Kindes. Berichten Sie von Ihren Beobachtungen und tauschen Sie Informationen aus. Zeigen Sie den Lehrern Muster von Arbeiten, die das Kind zu Hause beziehungsweise außerhalb der Schule angefertigt hat. Fragen Sie, ob die Schule gewillt ist, Ihr Kind auf individueller Basis zu beurteilen, und wenden Sie sich gegebenenfalls an eine qualifizierte Fachperson außerhalb des Schulsystems. Manchmal gibt es eine Lehrkraft für Begabtenförderung in der Schule, an die Sie sich wenden können und die dann Kontakt aufnimmt mit den Fachlehrern des Kindes, um Möglichkeiten der innerschulischen individuellen Förderung zu besprechen.

Individuelles Testen[27]

Nachdem Sie die Gesamtsituation mit Blick auf das Wohlbefinden und das Verhalten Ihres Kindes zu Hause und in der Schule überdacht haben, beschließen Sie möglicherweise, eine individuelle Intelligenz- und Leistungsbewertung durch den Schulpsychologen oder einen qualifizierten niedergelassenen Psychologen bei Ihrem Kind vornehmen zu lassen. Manche Eltern haben von Schulmitarbeitern schon zu hören bekommen: «Wir brauchen keine Tests. Uns ist klar, dass Ihr Kind gescheit ist, und wir wissen, wie wir mit seinen Bedürfnissen umgehen müssen.» Solche Äußerungen sind bedauerlich, da Tests, die außerhalb des Schulsystems durch einen entsprechend geschulten Gutachter durchgeführt werden, eine Fülle von Daten liefern können, anhand derer man die Fördermaßnahmen auswählen kann, die für das Kind am besten geeignet sind. Mitunter ist das Testen notwendig, um die Schule davon zu überzeugen, dass bestimmte Maßnahmen erforderlich sind. In manchen Schulen werden jedoch grundsätzlich keine Tests anerkannt, die außerhalb des Schulsystems durchgeführt wurden.[28]

Individualisierte Bewertungsdaten machen nicht nur deutlich, *dass* ein Kind talentiert ist, sondern zeigen auch, *wie* talentiert es in verschiedenen Bereichen ist. Das ist vor allem bei höchstbegabten Kindern oder bei Kindern, die hochbegabt sind und zugleich eine Lernstörung haben, von großer Bedeutung. Diese Informationen können helfen, der Schule klarzumachen, dass ein Kind mit solch ungewöhnlichen Fähigkeiten ganz anders lernt als andere Kinder, und dass gewisse Anpassungen einfach notwendig sind. Hier käme zum Beispiel eine Akzeleration in einzelnen Schulfächern oder das Überspringen einer Klassenstufe (und einer weiteren zu einem späteren Zeitpunkt) in Frage.

Gegenüber den Gruppentests hat das Testen auf individueller Basis den Vorteil, dass es in Form einer Eins-zu-eins-Interaktion mit der Fachperson abläuft, die den Test durchführt. Es gibt viel mehr Möglichkeiten, eine optimale Testsituation zu schaffen. So kann der Testleiter zum Beispiel selbst während des Lesens der standardisierten Anweisungen mit dem Kind interagieren und es ermutigen, seine Aufmerksamkeit und seine Anstrengung voll und ganz auf das Testen zu richten, und somit verhindern, dass Ablenkungen die Leistung des Kindes beeinträchtigen. Ein weiterer Vorteil ist, dass Verhaltensbeobachtungen während des Testens Rückschlüsse auf die Genauigkeit der Werte und mögliche Gründe für Schwankungen im Profil gestatten. Vielleicht wirkt das Kind müde oder unruhig, weil eigentlich Zeit für die Pause wäre; oder es geht auf das Mittagessen zu, und das Kind ist hungrig. Der Testleiter kann auf die Bedürfnisse des Kindes eingehen und kurze Pausen einlegen oder Anpassungen vornehmen, um die Testumgebung zu optimieren. Fachpersonen, die diese Tests durchführen und interpretieren, werden ausgiebig geschult und geprüft, bevor sie eine Zulassung erhalten. In den USA ist für die Durchführung von Gruppentests dagegen keine spezielle Ausbildung erforderlich. In Deutschland gilt jedoch, dass nur Psychologen mit Diplom- oder Masterabschluss, Sonderpädagogen oder speziell an einer Hochschule ausgebildete Beratungslehrer Intelligenztests durchführen sollen.

Intelligenz messen

Intelligenz ist kein einfaches Konzept. Es herrscht Uneinigkeit über eine präzise Definition, und es werden laufend neue Definitionen entwickelt. Dennoch ist man sich allgemein darin einig, dass es eine hohe Intelligenz gibt, dass Intelligenz in vielerlei Weise Ausdruck findet und dass Intelligenz ein starker Prädiktor für akademische Leistung ist.[29]

Einzel-Intelligenztests bestehen aus einer Reihe von Untertests, die Bereiche wie verbales und nonverbales Schlussfolgern, Gedächtnis, allgemeines Verständnis, Abstraktionsfähigkeit und numerische Fähigkeit messen. Mit einem intelligenten Kind kann die Durchführung eines Einzel-Intelligenztests insgesamt zwei Stunden oder mehr dauern. Psychologen unterteilen das Testverfahren häufig in mehrere Abschnitte, damit es nicht zu einem Ermüdungseffekt kommt.

Selbst bei Einzel-Intelligenzmessungen erreicht ein hochbegabtes Kind in den einzelnen Untertests häufig ganz unterschiedliche Ergebnisse, die von durchschnittlichen Werten bis hin zu Punktwerten reichen, die so hoch sind, dass sie in den Auswertungstabellen gar nicht mehr aufgeführt sind.[30] Bei manchen hochbegabten Kindern kann die erhebliche Schwankungsbreite in den einzelnen Bereichen auf eine Lernstörung hindeuten, selbst wenn der niedrigste Punktwert, den das Kind erreicht hat, im durchschnittlichen Bereich liegt. Bei jüngeren hochbegabten Kindern spiegeln diese Abweichungen mitunter vorübergehende Entwicklungsschübe und -verzögerungen wider. Dies lässt sich unter anderem mit einer asynchronen Entwicklung erklären, und diese Erkenntnis hilft Eltern und Lehrern, angemessene Erwartungen zu entwickeln.

Psychologen werden darin ausgebildet, viele verschiedene Arten von Tests durchzuführen und auszuwerten. Wenn Ihr Kind eine Lernstörung hat, wird der Psychologe Tests auswählen, die darüber Auskunft geben, um welche Art von Lernstörung(en) es sich handelt.

Wenngleich die Punktwerte ab einem Alter von acht Jahren im Allgemeinen stabil bleiben, können die Ergebnisse von einer Testung zur nächsten sehr stark variieren (mitunter sogar um 15 bis 20 Punkte), was von verschiedenen Faktoren abhängt. Intelligenztests können die Funktionsfähigkeit und das Potenzial eines Kindes nur soweit messen, wie diese zum Zeitpunkt der Testabnahme in Erscheinung treten, das heißt, es handelt sich immer um eine Momentaufnahme der Fähigkeiten des Kindes. Müdigkeit, emotionale Erregung, Krankheiten, Angst vor der Testsituation, keine gute Beziehung zum Testleiter, ein Mangel an intellektueller Stimulation im häuslichen oder schulischen Umfeld und viele weitere Faktoren können Abwärtsfluktuationen bei den Intelligenztestwerten des Kindes verursachen. Beim individuellen Testen kann der Untersucher solche Verhaltensweisen jedoch protokollieren und in seinen Gesamtbericht über die Testergebnisse aufnehmen, die er dann den Eltern beziehungsweise der Schule mitteilt.

Intelligenztestwerte liefern eine Fülle von Daten über Lernstile, Stärken, Schwächen und Förderbedarf. Allerdings sind die Ergebnisse von Intelligenztests nur im Zusammenhang mit der Lebenssituation des Kindes von Bedeutung. Der Psychologe, der die Punktwerte interpretiert, sollte viel Erfahrung mit hochbegabten Kindern haben und ein sicheres Urteilsvermögen sowie gute interpersonale Fertigkeiten besitzen. Er muss den Eltern und anderen Personen klarmachen, dass ein IQ-Wert keine unumstößliche, konstante Größe ist, sondern lediglich eine hilfreiche Information aus einer standardisierten Situation, welche einige leidlich genaue Voraussagen gestattet. Ebenso wie sich ein Stürmer nicht nur durch seine Torbilanz oder ein Baseballspieler nicht nur durch die Zahl seiner Base Hits auszeichnet, sollte das Kind nicht über sein Testergebnis definiert werden. Ein Kind ist zweifellos viel mehr als nur ein IQ-Wert!

Die IQ-Werte sind zwar nicht perfekt, ermöglichen jedoch eine vernünftige Einschätzung, welches Potenzial das Kind in den verschiedenen Bereichen im Vergleich zu gleichaltrigen Kindern aufweist und welche Leistungen man von dem Kind im Vergleich zu gleichaltrigen Kindern realistischerweise erwarten darf. Lehrer entwickeln aufgrund ihrer Beobachtungen und Beurteilungen ebenfalls Erwartungen hinsichtlich des Lernpotenzials ihrer Schüler. Intelligenztests bieten lediglich standardisierte Richtgrößen, um solche Beobachtungen einzuschätzen, und sie gestatten es den Lehrern, ihre eigenen Beobachtungen zu überprüfen.

Einzel-IQ-Tests können helfen, hochbegabte Minderleister zu identifizieren, die zu Unrecht als Schüler mit «Verhaltensproblemen» bezeichnet oder sogar als «Sonderschüler» verkannt werden. Es gibt Fälle, in denen ein Kind auf sonderpädagogischen Förderbedarf getestet wird, und am Ende stellt sich heraus, dass das Kind in Wirklichkeit hochbegabt ist und aus Frustration «dicht gemacht» hat oder auffällig wird.

Wie bereits angemerkt, ist Intelligenz nicht dasselbe wie Leistung, und Intelligenztests sind nicht dasselbe wie Leistungstests. Ein Intelligenztest misst das Potenzial im Allgemeinen und bestimmte Fähigkeitsbereiche im Besonderen. Leistungstests messen das, was ein Kind innerhalb eines Testbereichs bislang gelernt hat und in der Testsituation abruft.

Die Einzel-Intelligenztests, die am häufigsten von Psychologen verwendet werden, sind die Tests der Wechsler-Reihe: der Hamburg-Wechsler-Intelligenztest für Kinder, HAWIK-IV oder auch WISC-IV genannt (Anwendungsalter sechs bis 16 Jahre), und der Hannover-Wechsler-Intelligenztest für das Vorschulalter, HAWIVA-III oder WPPSI-III (Anwendungsalter drei bis sieben Jahre). Diese Tests nehmen etwa ein bis zwei Stunden in Anspruch und müssen von einem Psychologen durchgeführt, ausgewertet und interpretiert werden. Der HAWIVA-III beziehungsweise WPPSI erfasst die allgemeine Intelligenz sowie die Leistungsfähigkeit im verbalen und im praktischen Leistungsbereich und ermöglicht die Berechnung eines Gesamt-IQs sowie eines Verbal- und eines Handlungs-IQs. Daneben gibt es eine Skala für die Verarbeitungsgeschwindigkeit und eine allgemeine Sprachskala. Auch mit dem HAWIK-IV beziehungsweise WISC-IV können ein Gesamt-IQ sowie vier Indexwerte bestimmt werden: Sprachverständnis, wahrnehmungsgebundenes logisches Denken, Arbeitsgedächtnis und Verarbeitungsgeschwindigkeit.

Ein weiterer Intelligenztest, der häufig in den USA verwendet wird, ist der Stanford-Binet-Intelligenztest. Bis vor wenigen Jahren wurde eine ältere Testversion (Stanford-Binet Form L-M) bei hochbegabten Kindern eingesetzt; das höhere Ceiling dieser Version ermöglichte es erfahrenen Psychologen, selbst höchste IQ-Werte von bis zu 180–200 zu schätzen. Die neueste Version (Stanford-Binet-Intelligenztest, fünfte Ausgabe, SB5) ist zwar viel nützlicher als die vierte Ausgabe, tut sich aber immer noch schwer damit, die Fähigkeiten von außerordentlich hochbegabten Kindern differenziert zu erfassen.[31] Wie die Wechsler-Reihe liefert auch der SB5 verschiedene

IQ-Schätzungen: einen Gesamt-IQ, einen Verbal-IQ und einen Handlungs-IQ. Darüber hinaus gibt es mehrere Untertests, die unter anderem Arbeitsgedächtnis, Wissen und visuell-räumliche Verarbeitung messen.

In den deutschsprachigen Ländern werden folgende Intelligenztests häufig eingesetzt:

- HAWIK-IV (Hamburg-Wechsler-Intelligenztest für Kinder) beziehungsweise WISC-IV (Wechsler Intelligence Scale for Children – Fourth Edition)
- HAWIVA (Hannover-Wechsler-Intelligenztest für das Vorschulalter) beziehungsweise WIPPSI (Wechsler Preschool and Primary Scale of Intelligence-III, deutschsprachige Version)
- WIE (Wechsler Intelligenztest für Erwachsene)
- AID 2.2 (Adaptives Intelligenz Diagnostikum)
- BIS-HB (Berliner Intelligenzstrukturtest für Jugendliche: Begabungs- und Hochbegabtendiagnostik)
- KFT (Kognitiver Fähigkeitstest)
- MHBT (Münchner Hochbegabungstestbatterie)
- K-ABC (Kaufmann Assessment Battery for Children)

Wie früh kann ein Intelligenztest durchgeführt werden?

Obwohl manche Tests bereits im Alter von zwei Jahren durchgeführt werden können, ist es erfahrungsgemäß für Eltern hilfreich, individuelle IQ-Tests etwa mit vier bis fünf Jahren und dann erneut mit zehn oder elf Jahren durchführen zu lassen. Ab einem Alter von vier bis fünf Jahren haben die IQ-Werte bereits eine ziemlich gute Vorhersagekraft und werden dann wichtig für die Planung von schulischen Fördermaßnahmen. Wenn das Kind im Herbst eingeschult werden soll, ist es ratsam, den Test im vorangehenden Frühjahr oder je nach landesrechtlicher Voraussetzung sogar im vorangehenden Herbst vorzunehmen, damit die Eltern gegebenenfalls einen frühen Eintritt in die erste Klasse in Betracht ziehen oder einfach nur dokumentieren können, dass das Kind anderen tatsächlich voraus ist und daher schulische Anpassungen benötigt. Der Zeitpunkt für die Antragstellung auf vorzeitige Einschulung ist von Land zu Land unterschiedlich. Es empfiehlt sich auf alle Fälle, rechtzeitig die jeweiligen landesrechtlichen Voraussetzungen in Erfahrung zu bringen. Ohne dieses frühe Testen werden hochbegabte Kinder in der Folge oft nicht erkannt. In der dritten Klasse haben nicht identifizierte hochbegabte Kinder bereits viel Zeit verschwendet; außerdem haben sie gelernt, sich anzupassen oder ihre Talente zu verbergen, um nicht aufzufallen. Eine frühe Identifikation ermöglicht es den Schulen dagegen, in entscheidenden Phasen der Lernbereitschaft entsprechende Herausforderungen zu bieten.

Die Genauigkeit der Testergebnisse nimmt ab einem Alter von drei Jahren bis zur Altersstufe 14 oder 15 zu und ist bei zehn- bis elfjährigen Kindern bereits recht stabil.[32] Ein zweiter Test (Wiederholungstest) mit zehn oder elf Jahren kann daher zusätzliche und relevante Informationen liefern, was die Einstufung in der weiterführenden Schule betrifft. Dieses Testen kann Aufschluss darüber geben, ob Wissen und Fertigkeiten des Kindes Fortschritte machen und ob eine Akzeleration in einzelnen Schulfächern, das Überspringen einer Klassenstufe oder sonstige Anpassungen ratsam sind. Wenn zum Beispiel ein zehnjähriges Kind in den Bereichen Lesen und Sprache Punktwerte erreicht, die auf dem Niveau der elften Klasse liegen, könnte die Schule dem Kind durch Akzeleration im Sprach- und Literaturunterricht oder durch andere Maßnahmen entsprechende Fördergelegenheiten bieten.

Spielen kulturelle Aspekte bei Intelligenztests eine Rolle?

In den USA sind Kinder hispanoamerikanischer, afroamerikanischer oder amerikanisch-indianischer Herkunft in den meisten Hochbegabtenprogrammen deutlich unterrepräsentiert. Für den deutschsprachigen Raum gilt dasselbe für Kinder mit Migrationshintergrund. Die größten Einwanderungsgruppen in Deutschland bilden Personen aus der Türkei, den Balkanländern, Russland und Polen. Zum Thema hochbegabte Kinder mit Migrationshintergrund sei auf die umfangreichen Forschungsarbeiten und Bücher von Margrit Stamm verwiesen.[33] Ganz anders verhält es sich in den USA mit hochbegabten Kindern asiatisch-amerikanischer Herkunft: im Verhältnis zum asiatisch-amerikanischen Anteil der US-Bevölkerung sind sie doppelt so häufig in Hochbegabtenprogrammen vertreten.[34] Die Möglichkeit einer Verzerrung durch die Messinstrumente ist in diesem Zusammenhang ausführlich untersucht worden.[35] In jüngerer Zeit ist man jedoch verstärkt dazu übergegangen, die Ursachen in der gesellschaftlichen Benachteiligung bestimmter Bevölkerungsgruppen in unserer Gesellschaft zu suchen.[36] Faktoren wie soziale Schicht und sozioökonomischer Status sind für dieses Ungleichgewicht offenbar entscheidender als der ethnische Hintergrund.[37]

Um zu gewährleisten, dass die Intelligenztestung kulturgerecht abläuft und Kinder mit Migrationshintergrund bei der Testung nicht benachteiligt werden, wurden entsprechende Anpassungen vorgenommen. Beispielsweise können Schulen mittlerweile IQ-Testversionen in einer für das Kind passenden Sprache verwenden. Die Wechsler-Tests gibt es in einer spanischen Fassung, die von einem zweisprachigen Psychologen dargeboten werden kann. Das Adaptive Intelligenzdiagnostikum AID 2 gibt es aufbereitet für türkisch sprechende Kinder. Ein weiterer Ansatz, der sich vor allem in der Grundschule als hilfreich erwiesen hat, ist das Anlegen eines Portfolios, in dem sich Arbeitsproben des Kindes befinden.[38] Noch umfangreicher ist das DISCOVER-Modell in den USA, bei dem Lehrer das Verhalten des Kindes bei verschiedenen Aufgaben systematisch beobachten.[39] Auch in den deutschsprachigen Ländern nutzen geschulte Lehrer ihre Beobachtungsgabe, um zu erfassen, auf welche Weise und wie schnell Kinder mit Migrationshintergrund lernen, und so eine Einschätzung ihrer Begabung vornehmen zu können.

Eine weitere kulturgerechte Möglichkeit der Intelligenztestung sind sprachfreie Intelligenztestverfahren. Dazu gehören der Handlungsteil des Wechsler-Tests, Ravens Progressive Matrizen, der Matrix Analogies Test oder der Naglieri Nonverbal Ability Test zur Beurteilung visuell-räumlicher Fähigkeiten. Leistungstests, die hauptsächlich verbale Fähigkeiten messen, sind für Schüler mit niedrigem sozioökonomischen oder bildungsfernem Hintergrund in der Regel nicht geeignet. Bei Kindern mit Migrationshintergrund können Leistungstests in der Muttersprache eingesetzt werden.

Vertrauen Sie Ihren eigenen Beobachtungen

Manchmal werden hochbegabte Kinder übersehen. Selbst wenn Eltern ihr Kind außerhalb des Schulsystems testen lassen, stoßen sie mitunter auf Widerstand. Manche Eltern berichten, dass ihnen die Schule ihres Kindes mitgeteilt hat: «Der einzige Punktwert, den wir für die Aufnahme in unser Hochbegabtenprogramm akzeptieren, ist derjenige, den wir in unseren eigenen Gruppentests ermittelt haben.» Oder die Schulbehörde erkennt die hohen Punktwerte, die ein Kind beim individuellen Testen erzielt hat, einfach nicht an und behauptet, dass diese Werte unmöglich stimmen können oder sogar «erkauft» wurden: «Wenn Sie genügend Geld hinlegen», heißt es dann, «wird Ihnen jedes Ergebnis bescheinigt.» In solchen Situationen können Sie damit argumentieren, dass kein privater Psychologe einen Vorteil davon hat, wenn er ein durchschnittlich begabtes Kind als hochbegabt einstuft. Kein seriöser Psychologe würde den Punktwert eines Kindes künstlich erhöhen, nur damit das Kind in ein Hochbegabtenprogramm kommt. Das Ziel sind angemessene Bildungsangebote, und ein genaues Testen kann diesen Prozess unterstützen. Da bei individuellen Tests kein Multiple-Choice-Format verwendet wird, ist es nicht möglich dass ein Kind «zufällig» oder durch Raten eine hohe Punktzahl erreicht.

Möglicherweise wissen Sie, dass Ihr Kind Fähigkeiten besitzt, die es aufgrund von Motivationsproblemen in der Schule nicht demonstriert. Oder Ihr Kind hat außergewöhnlich hohe Fähigkeiten in einem bestimmten Bereich, zum Beispiel in Mathematik, aber auch eine Lernstörung, die es beeinträchtigt. Vertrauen Sie Ihren eigenen Beobachtungen – niemand kennt Ihr Kind so gut wie Sie selbst. Gegebenenfalls können Sie einen Psychologen bitten, der Schulverwaltung die Testergebnisse zu erklären und darauf hinzuweisen, welche schulischen Fördermaßnahmen für Ihr Kind am besten geeignet sind. Eltern hochbegabter Kinder müssen sich über Testverfahren ebenso sachkundig machen wie über Bildungsprogramme. Mitunter müssen Eltern um ein faires Verfahren kämpfen, einen Vermittler einschalten oder sogar rechtliche Schritte einleiten.[40] Aber in den meisten Fällen akzeptieren die Schulen die Ergebnisse von außerschulischen Tests und nehmen das Kind in ihr Hochbegabtenprogramm auf, wenn es die Kriterien erfüllt.

Zusammenfassend lässt sich sagen, dass Tests zweifellos wichtige Informationen liefern, aber Eltern sollten ihre eigenen Beobachtungen und Beurteilungen nicht unterbewerten. Auch individuelle Intelligenztests haben ihre Grenzen. Eltern müssen ihr Kind unabhängig von den Testergebnissen beurteilen können. Was den Identifikationsprozess betrifft, sollten Sie daran denken, dass viele hochbegabte Kinder ihre Fähigkeiten nicht in Form von Schulleistungen demonstrieren. Um festzustellen, ob Ihr Kind hochbegabt ist oder nicht, sollten Sie sich nicht nur auf das Urteil der Schule verlassen. Es gibt auch Fachleute außerhalb des schulischen Rahmens, die Intelligenz- und Leistungstests auf individueller Basis vornehmen

Kapitel 14

Die geeignete Schulform finden

Welches Bildungsprogramm ist für hochbegabte Kinder am besten geeignet? Diese Frage lässt sich nicht pauschal beantworten, weil viele Faktoren berücksichtigt werden müssen. Je mehr Sie über Ihr hochbegabtes Kind wissen, umso besser können Sie seine Bildung planen und dafür sorgen, dass es in der Schule stetig Fortschritte macht. In welchem Bereich beziehungsweise in welchen Bereichen ist das Kind hochbegabt? Wie fortgeschritten ist es in verschiedenen Bereichen? Welches Hochbegabungsniveau hat das Kind – eine leichte oder mittlere Hochbegabung, eine Höchstbegabung oder sogar eine außerordentlich hohe Begabung?* Ist es in zweifacher Hinsicht außergewöhnlich? Hat es besondere Interessen, Talente oder Fertigkeiten? Gibt es Bereiche, in denen es schwächer ist und gestärkt werden muss? Jedes hochbegabte Kind hat einzigartige Bedürfnisse, je nachdem, welche Interessen, Stärken, Schwächen und welchen Lernstil es hat, und manchmal müssen Eltern über den schulischen Tellerrand hinausschauen. Viele Experten auf dem Gebiet der Hochbegabung sind heute der Auffassung (und beraten Eltern dahingehend), dass die Eltern hochbegabter Kinder eine Schlüsselfunktion innehaben, wenn es darum geht, diesen Kindern dabei zu helfen, zwölf oder mehr Schuljahre gut zu bewältigen.

---

* Diese Einteilung von Webb et al. ist in den deutschsprachigen Ländern ungewöhnlich. Dort wird meist ab einem IQ von 130–145 von Hochbegabung gesprochen, ab einem IQ >145 von Höchstbegabung.

Kann ich nicht einfach der Schule vertrauen?

Manche Schulen bieten Programme für fortgeschrittene Lerner an, viele jedoch nicht. Aber selbst wenn es solche Programme gibt, sind sie häufig unzureichend.[1] Wir raten Eltern daher, so viel wie möglich über die typischen Merkmale hochbegabter Kinder und über die Fähigkeiten ihres eigenen Kindes in verschiedenen Bereichen herauszufinden, *bevor* das Kind in die Schule kommt. Eltern von Vorschulkindern können die Verhaltensweisen des Kindes beobachten, sie im Hinterkopf behalten oder sich Notizen darüber machen. Ältere Kinder können außerschulische Enrichment-Angebote wahrnehmen, bei denen die Eltern beobachten können, wie rasch das Kind lernt und wie viel Interesse es in verschiedenen Bereichen zeigt.

Die Bildung eines Kindes erfolgt nicht nur in der Schule. Vieles geschieht auch im Elternhaus und im außerschulischen Bereich. Eltern von hochbegabten Vorschulkindern können ein Lied davon singen, wie viel Zeit sie damit verbringen, die Fragen ihres Kindes zu beantworten und seine Lernleidenschaft zu unterstützen. Eltern und Schulen teilen sich daher die Verantwortung für die Bildung der Kinder. Eltern können zu Hause sowohl unter der Woche als auch an den Wochenenden und in den Ferien Bildungsgelegenheiten schaffen. Die Familie kann zusammen lesen, spielen, in die Bibliothek oder in den Zoo gehen, ein Museum, Theater oder Konzert besuchen. Reisen, Wandern oder Abenteuerspiele im Freien können ebenfalls Bildungscharakter haben, weil das Kind dadurch neuen Erfahrungen ausgesetzt wird. Die Bildung und Liebe zum Lernen, die das Kind aus den Bemühungen der Eltern bezieht, beeinflusst seine langfristige Entwicklung oft viel mehr als das, was es in der Schule lernt. Und Dinge wie Familienwerte und -traditionen können im Unterricht schlichtweg nicht vermittelt werden.

Mit der Schule zusammenarbeiten

Idealerweise ist Bildung ein Gemeinschaftsunternehmen von Elternhaus und Schule. Die Bildungsoptionen für hochbegabte Kinder unterscheiden sich oft von denen anderer Schüler und stellen eine größere Herausforderung dar. Wenn ein Kind außergewöhnlich ist, haben die Eltern das Recht, andere Bildungserfahrungen als die üblichen für ihr Kind zu verlangen. Kinder mit besonderen Lernbedürfnissen am unteren Ende des Lernspektrums sind berechtigt, spezielle Lerngelegenheiten wie kleinere Klassen und eigens geschulte Lehrer in Anspruch zu nehmen, damit sie ihr Potenzial entfalten können. Hochbegabte Kinder verdienen ebenfalls besondere Lerngelegenheiten, damit sie *ihr* Potenzial umsetzen können.

Eltern hochbegabter Kinder wissen, dass ihre Sprösslinge schon sehr früh ausgesprochen lernhungrig sind; von dem Moment an, da sie ihre Umwelt bewusst wahrnehmen, halten sie ihre Eltern mit Fragen auf Trab und lernen aus ihren Erklärungen. Wenn ein hochbegabtes Kleinkind bei allem, was es sieht, «Was ist das?» fragt, sind die Eltern gern bereit, darauf zu antworten und zusätzliche Informationen zur Verfügung zu stellen. Diese Kinder verfügen über einen größeren Wortschatz und bilden früher vollständige Sätze als andere Kinder in ihrem Alter. Zu dem Zeitpunkt, da sie in die Schule kommen, haben viele von ihnen bereits ausgeprägte Interessen und eine starke Neugierde entwickelt. Eltern wissen, dass ihre hochbegabten Kinder schon lange vor dem Alter von neun Jahren begeisterte Lerner sind – also lange bevor die meisten Schulen überhaupt anfangen, hochbegabte Kinder zu identifizieren. Wie in den USA, bieten die Schulen in den deutschsprachigen Ländern meist erst im dritten Schuljahr spezielle Förderprogramme für hochbegabte Kinder an. Die Informationen, die Eltern über die Interessen ihres Kindes, sein Leseniveau und seine Leistung in verschiedenen Bereichen sammeln, können den Weg für eine kooperative Beziehung zwischen Eltern und Schule ebnen.

Wenn Sie über die verschiedenen Bildungsmodelle und -optionen, von denen hochbegabte Kinder profitieren, Bescheid wissen, können Sie die Lehrer davon überzeugen, dass hochbegabte Kinder unbedingt Anpassungen des üblichen Lehrplans brauchen und dass Ihr Kind einen besonderen Lern- oder Förderplan benötigt, der es ihm ermöglicht, beim Lernen sein Potenzial auszuschöpfen. Der Versuch, Veränderungen im Unterricht oder Schulsystem durchzusetzen, kann eine echte Herausforderung sein, und wir ermutigen Sie dazu, «geduldig ungeduldig» zu sein. Es ist nicht nötig, dass Sie sich mehr Wissen über Hochbegabung und die entsprechenden Bildungsmodelle aneignen als die hauptberuflich tätigen Experten; um die Interessen Ihres Kindes vertreten zu können, ist es jedoch hilfreich, über die Programme und Maßnahmen Bescheid zu wissen, die gemeinhin in Schulen angeboten werden. Eltern können Quellen wie Bücher und Webseiten nutzen, um sich über Bildungsoptionen für hochbegabte Kinder und über Möglichkeiten der Zusammenarbeit mit Schulen zu informieren.[2]

Worauf Sie bei der Schule achten sollten

Was sollten Eltern hochbegabter Kinder bei ihrer örtlichen Schule beachten? Erstens: Wird Hochbegabtenförderung von der Schulleitung ernsthaft unterstützt oder lediglich toleriert? Zweitens: Sind die Lehrer aufrichtig motiviert, mit hochbegabten Kindern zu arbeiten, die doch so anregend, aber auch so herausfordernd sein können?

Dr. Donald Treffinger, ein führender Experte auf dem Gebiet der Hochbegabtenbildung, hat sich klar dazu geäußert: Selbst wenn eine Schule ein bestimmtes Programm für hochbegabte Schüler anbietet, so Treffinger, sollten Eltern sich nicht damitzufrieden geben, dass ihr Kind an einem Hochbegabtenprogramm teilnimmt. In Tabelle 10 sind 25 Fragen aufgelistet, die wichtiger sind als die Frage, ob das Kind in einem Hochbegabtenprogramm gefördert wird. Anhand dieser Fragen können Eltern prüfen, wie gut die Schule den Bedürfnissen des Kindes gerecht wird; darüber hinaus können sie als Ausgangspunkt für Diskussionen mit den Lehrern dieser Schule dienen.[3]

Tabelle 10: Fragen, die wichtiger sind als «Nimmt mein Kind an einem Hochbegabtenprogramm teil?»

1. Wie lernt mein Kind am besten? Inwieweit berücksichtigt das Programm der Schule, die mein Kind besucht, die persönlichen Merkmale und Lernstile der Schüler?
2. In welchen schulischen Bereichen beziehungsweise in welchen Bereichen, die außerhalb des Lehrplans angeboten werden, zeigt mein Kind Stärken, Talent oder besonderes Interesse?
3. Was unternimmt die Schule meines Kindes, um diese Stärken, Talente und Interessen zu entdecken, wertzuschätzen und weiterzuentwickeln?
4. Welche Maßnahmen trifft die Schule meines Kindes, um sicherzustellen, dass der Unterricht dem tatsächlichen Lernbedarf der Schüler gerecht wird?
5. Welche spezifischen Maßnahmen werden getroffen, damit die Schüler ihr eigenes Lerntempo bestimmen können und nicht «im Gleichschritt» einem starr vorgeschriebenen Lehrplan folgen müssen?
6. Welche Ressourcen und Materialien werden den Schülern zur Verfügung gestellt, um sie mit den neuesten Ideen und Entwicklungen in verschiedenen Bereichen in Berührung zu bringen und ihnen zu ermöglichen, sich eingehend mit ihren speziellen Interessen- und Fähigkeitsbereichen zu befassen?
7. Was unternimmt die Schule meines Kindes, um den Schülern Zugang zu und Erfahrungen mit anderen Schülern und Erwachsenen zu verschaffen, die ähnliche Stärken, Talente und Interessen haben?
8. Wie nutzt die Schule meines Kindes Gemeinschaftsressourcen und Mentoren, um das Lernen der Schüler in Bereichen, in denen sie ein besonderes Talent und Interesse haben, zu erweitern?
9. Wie hilft die Schule meines Kindes den Schülern dabei, sich ihrer größten Talente und Interessen gewahr zu werden und zugleich die der anderen anzuerkennen?
10. Wie hilft die Schule meines Kindes den Schülern dabei, zukünftige Berufsmöglichkeiten in Betracht zu ziehen und sich auf die raschen Veränderungen in unserer Welt einzustellen?
11. Werden Kurse für fortgeschrittene Lerner (Advanced-Content-Kurse) beziehungsweise Förderkurse für hochleistende Schüler angeboten?
12. Wie werden die Bedürfnisse der Schüler bestimmt und überprüft?
13. Welche Enrichment-Möglichkeiten werden angeboten, die nicht nur Fleißarbeit beziehungsweise «mehr von demselben» sind?

14. Welche Gelegenheiten werden den Schülern geboten, um kritisches und kreatives Denken, Problemlösen, Entscheidungsfindung und Teamarbeit zu lernen und umzusetzen? Wie werden diese Fertigkeiten im Unterricht und durch den Lehrplan vermittelt und angewandt?
15. Welche weiteren Aktivitäten oder Programme, bei denen diese Fertigkeiten im Mittelpunkt stehen, werden angeboten? (Future Problem Solving Program? Destination ImagiNation? Invention Convention? Andere?)
16. Wie helfen die Lehrer den Schülern dabei, zu lernen, Alltags- (bzw. reale) Aufgaben zu planen und zu untersuchen oder Forschungen zu planen und durchzuführen, anstatt sich auf konstruierte Schulbuchübungen zu stützen?
17. Wie unterstützen die Lehrer die Schüler dabei, die Produkte oder Ergebnisse ihrer Projekte und Recherchen hervorzubringen und anderen zu vermitteln?
18. Welche Maßnahmen ergreift die Schule meines Kindes, beziehungsweise welche Gelegenheiten werden den Schülern geboten, um außerhalb des regulären Lehrplans viele verschiedene motivierende und herausfordernde Themen zu erkunden?
19. Wie unterstützen die Lehrer meines Kindes die Schüler dabei, zu lernen, sich Ziele zu setzen, Projekte zu planen, Ressourcen ausfindig zu machen und einzusetzen, Produkte zu schaffen und die eigene Arbeit zu beurteilen?
20. Wie tragen die Lehrer dazu bei, dass die Schüler in einem ungezwungenen und vertrauensvollen Rahmen ihre persönlichen und schulischen Ziele und Bestrebungen ausdrücken und verfolgen können?
21. Welche spezifischen Schritte unternehmen die Lehrer, um zu gewährleisten, dass das Lernen spannend und originell und nicht langweilig und monoton ist?
22. Wie sorgen die Lehrer dafür, dass die Schüler beim Arbeiten dahingehend herausgefordert werden, ihr volles Potenzial zu erreichen (sprich: an die Grenzen ihrer Fähigkeiten zu gehen), anstatt zuzulassen, dass sie bequem vor sich hin lernen («Cruise Control»)?
23. Wie ermutigt der Lehrkörper die Schüler dazu, unbequeme Fragen zu stellen, verschiedene Standpunkte zu untersuchen und Entscheidungen anhand von Kriterien zu treffen und zu rechtfertigen?
24. Wie hilft das Schulprogramm den Schülern dabei, soziale oder interpersonale Fertigkeiten zu erwerben, ohne dass sie dabei ihre Individualität opfern?
25. Haben die Lehrer mich je nach meinem Kind gefragt und mit mir über meine Einblicke in sein Verhältnis zur Schule, seine Interessen, Aktivitäten, Erfahrungen und Beziehungen auch außerhalb des Schulalltags gesprochen?

Wiedergabe mit freundlicher Genehmigung von Dr. Donald Treffinger.

Schulische Fördermaßnahmen für hochbegabte Kinder

Die Mehrheit der Regellehrer ist für die Arbeit mit hochbegabten Kindern nicht ausgebildet und weiß nicht, welche Merkmale diese Kinder haben, wodurch sie sich von normalbegabten Kindern unterscheiden, wie sie lernen oder wie man Unterrichterfahrungen für sie organisiert. In den meisten US-Bundesstaaten sind Seminare dieser Art im Lehramtsstudium keine Pflicht,[4] und auch in Deutschland müssen sich angehende Lehrer nicht zwangsläufig mit dem Thema Hochbegabung befassen. Für die Arbeit mit hochbegabten Kindern müssen Lehrer jedoch ebenso geschult werden wie für die Arbeit mit langsamen Lernern. Ohne entsprechende Ausbildung können sie hochbegabte Schüler oft nicht einmal identifizieren!

Aber selbst wenn die Lehrer geschult wurden, gelingt es ihnen oft nicht, hochbegabte Kinder angemessen zu fördern. Was bei allen guten Absichten heutzutage häufig im Unterricht passiert, ist, dass der Lehrer so sehr mit den langsamen oder schwierigen Schülern beschäftigt ist, dass die besseren Schüler sich selbst überlassen bleiben und machen, was sie wollen, solange sie niemanden stören. Wenn sich niemand um sie kümmert oder ihnen anspruchsvolle Aufgaben bietet, wird die Schule für sie zur Enttäuschung. Sie lernen, ihr Lerntempo zu drosseln, quasi «sich zu verlangsamen», bis sie irgendwann nur noch auf der Stelle treten und warten, bis ihre Klassenkameraden den Stoff gelernt haben. Auf diese Weise nutzen sie weder ihr Potenzial, noch lernen sie das Lernen. Ihre natürliche, angeborene Motivation wird regelrecht erstickt, und sie werden zu Minderleistern – möglicherweise brechen sie sogar die Schule oder später ihr Studium ab.

Wie ernst ist das Problem? Viele hochbegabte Schüler berichten als Erwachsene, dass sie bis zur Mittel- oder Oberstufe *nie* lernen mussten. Erst als Geometrie, Chemie, Analysis, Fremdsprachen und andere Fächer hinzukamen, für die sie etwas tun mussten, hatten sie plötzlich Schwierigkeiten, weil sie schon so daran gewöhnt waren, alles mühelos zu schaffen, ohne je in ein Buch zu schauen. In der Hochschule war es dann häufig zu spät, um schlechte Gewohnheiten zu ändern. Ein hochbegabtes Kind in einer Lernsituation, die zu leicht ist, entwickelt keine Lernfertigkeiten und wird mit an Sicherheit grenzender Wahrscheinlichkeit zum Minderleister.

Zum Glück gibt es gut ausgebildete und engagierte Lehrer, die mit hochbegabten Schülern effektiv arbeiten. Manche dieser Lehrer scheinen ein intuitives Verständnis für hochbegabte Kinder zu haben, was wahrscheinlich daran liegt, dass sie selbst hochbegabte Schüler waren. Wenn Eltern den Eindruck haben, dass der Unterrichtsstil eines bestimmten Lehrers gut zu ihrem Kind passt, sollten sie sich unbedingt dafür einsetzen, dass ihr Kind von diesem Lehrer unterrichtet wird, und ihr Anliegen entsprechend begründen. Wenn die Gründe, die sie anführen, plausibel sind, stimmen Schuldirektoren dem Antrag der Eltern in der Regel zu.

Eine angemessene Bildung bedeutet nicht, dass jedes Kind genau dieselben Bildungserfahrungen oder -maßnahmen bekommt. Vielmehr geht es darum, dass die Bildung den Bedürfnissen des Kindes gerecht wird. Wenn wir Kinder auf der Grundlage ihres chronologischen Alters gruppieren, können wir nicht davon ausgehen, dass sie alle dasselbe Fertigkeitsniveau und dieselbe Reife besitzen. Zweijährige Kinder haben laut Maßtabelle die Kleidergröße 92–98, was aber nicht heißt, dass *alle* Zweijährigen exakt diese Größe tragen. Was ist mit den Kindern, für die 92–98 zu klein oder zu groß ist? Eltern kaufen die Kleidung in der Größe, die ihrem Kind am besten passt. Ähnliche Überlegungen gelten auch für die Bildung von hochbegabten Kindern.

Differenzierung im Regelunterricht

Es gibt viele Möglichkeiten, wie Schulen dem Lernbedarf von hochbegabten Schülern gerecht werden können. Eine Lösung ist die *Differenzierung von Lehrplan und Unterricht*. Das bedeutet schlichtweg, dass Lehrer für die unterschiedlichen Lerntypen, Lernniveaus und Fähigkeiten der Schüler einer Klasse verschiedene Inhalte, Methoden und Materialien planen, organisieren und zur Verfügung stellen.

Beispielsweise lesen die meisten Kinder einer zweiten Klasse Bücher, die für diese Klassenstufe konzipiert sind. Manche lesen aber auch Bücher, die eigentlich für die erste Klasse gedacht sind, während ein paar fortgeschrittene Leser bereits Bücher der vierten oder fünften Klassenstufe lesen. Schülern mit unterschiedlichem Leseniveau jeweils das geeignete Lesematerial zur Verfügung zu stellen, bedeutet für den Lehrer zweifellos einen gewissen Mehraufwand; schließlich muss er zunächst das Leseniveau der einzelnen Schüler beurteilen und anschließend nach geeigneter Lektüre suchen. Die Person, die für die Schulbibliothek zuständig ist, oder auch ein Berater oder Beauftragter für hochbegabte/talentierte Schüler kann den Lehrern dabei helfen, entsprechendes Unterrichtsmaterial zu finden. Außerdem gibt es Quellenwerke für differenzierte Aktivitäten im Regelunterricht.

Ein Lehrer, der Inhalt, Prozess und Produkt des Lehrplans auf diese Weise modifiziert und den unterschiedlichen Lernbedürfnissen der einzelnen Schüler einer Klasse anpasst, macht einen so genannten «differenzierten Unterricht». Der Lehrer muss außerdem sorgfältig die Aktivitäten planen, mit denen er die verschiedenen Gruppen beschäftigt, während er sich abwechselnd den einzelnen Gruppen zuwendet und mit ihnen arbeitet. Zumindest theoretisch ist es Lehrern sicherlich möglich, den Unterricht so zu gestalten, dass er unterschiedlichen Fähigkeits- und Lernniveaus gerecht wird. Studien haben jedoch gezeigt, dass der Unterricht im Blick auf hochbegabte Schüler nur in geringem Maße differenziert wird, es sei denn, der Lehrer hat mit dieser Schülergruppe Erfahrung, wurde in den entsprechenden Methoden geschult und wird von anderen Lehrern und von der Schulverwaltung unterstützt.[5] Eine groß angelegte Studie ist sogar zu dem Ergebnis gelangt, dass in der Gruppe der hochbegabten und talentierten Schüler nur bei 16 Prozent ihrer Aktivitäten eine Differenzierung des Unterrichts oder Lehrplans vorgenommen wurde.[6]

Die National Association for Gifted Children hat die Schulen in einer Grundsatzerklärung eindringlich dazu aufgefordert, einen differenzierten Unterricht und Lehrplan für hochbegabte Schüler zur Verfügung zu stellen. Diese Erklärung zur angemessenen Bildung hochbegabter Schüler wird in **Tabelle 11** auszugsweise wiedergegeben.[7] Auch in Deutschland, Österreich und der Schweiz gibt es bildungspolitische Forderungen von verschiedenen Stellen.[8]

Tabelle 11: Differenzierung von Lehrplan und Unterricht

- Die Lernbedürfnisse von hochbegabten Kindern unterscheiden sich oft von denen anderer Schüler; hier sollte eine Differenzierung erfolgen, das heißt, eine Änderung von Lehrplan und Unterricht auf der Grundlage der im Vorfeld beurteilten Leistung und der Interessen des einzelnen Schülers.
- Eine Differenzierung für hochbegabte Schüler besteht in sorgfältig geplanten, koordinierten Lernerfahrungen, die über den Kernlehrplan hinausgehen, um den spezifischen Lernbedürfnissen gerecht zu werden, die der Schüler erkennen lässt.
  - Zur Differenzierung können gehören:
  - Akzeleration des Unterrichts;
  - eine in die Tiefe gehende Auseinandersetzung mit Inhalten;
  - ein hohes Maß an Komplexität;
  - Lernstoff höherer Klassen und/oder Abwechslung von Inhalt und Form.
- Probleme treten dann auf, wenn Lehrer versuchen, den Bedürfnissen von hochbegabten Schülern gerecht zu werden, tatsächlich jedoch die Lernerfahrungen beschränken, indem sie
  - wiederholt Material desselben Niveaus oder ähnliche Aufgabenstellungen verwenden;
  - entweder Enrichment oder Akzeleration allein zur Verfügung stellen;
  - die kognitive Entwicklung getrennt von der affektiven, physischen oder intuitiven Entwicklung fokussieren;
  - höhere Denkfertigkeiten (z. B. Forschung oder Kritik) getrennt von schulischen Inhalten vermitteln;
  - zusätzliche Aufgaben darbieten, die sich kaum vom Kernlehrplan unterscheiden;
  - intellektuelle Peers zu Gruppen zusammenfassen, ohne Inhalt und Vorgehensweise zu differenzieren.

Auszüge aus der NAGC-Grundsatzerklärung zur Differenzierung von Lehrplan und Unterricht (NAGC, 1998). Wiedergabe mit freundlicher Genehmigung.

Spezielle Programme für Hochbegabte in der Schule

Im Rahmen ihrer Bemühungen, den Bedürfnissen hochbegabter Kinder gerecht zu werden, haben die Schulen außerdem spezielle Hochbegabtenprogramme eingerichtet. Für Sie als Eltern ist es hilfreich, über die verschiedenen Programmoptionen Bescheid zu wissen, die hochbegabten Kindern in den Schulen angeboten werden. Nur so können Sie das Programm bewerten, das die Schule Ihres Kindes anbietet, und beurteilen, inwieweit es seinem Förderbedarf gerecht wird, beziehungsweise entscheiden, ob zusätzliche Maßnahmen erforderlich sind. Im Folgenden werden die häufigsten Programmoptionen für hochbegabte Kinder kurz vorgestellt.

Enrichment. Enrichment (englisch wörtlich *Bereicherung, Anreicherung*) ist wahrscheinlich die Maßnahme, die hochbegabten Kindern am häufigsten angeboten wird. Dazu kann gehören, dass die Schüler mit neuen Ideen in Berührung gebracht werden oder dass Themen des regulären Lehrplans erweitert und Konzepte vertieft werden.[9] Enrichment bedeutet, dass der Lehrplan in irgendeiner Weise modifiziert wird; in der Regel geschieht das durch zusätzliches Material, das den Schülern ermöglicht, entweder zusätzlichen Themen außerhalb des Curriculums nachzugehen («horizontales Enrichment») oder schwierigere Themen des Lehrplans zu erweitern und zu vertiefen («vertikales Enrichment»).[10]

Manchen Enrichment-Programmen mangelt es jedoch an akademischer Sorgfalt und Substanz, an klaren Zielen oder an spezifischen Unterrichtsstrategien.[11] So hat zum Beispiel Dr. Barbara Clark darauf hingewiesen, dass Enrichment oft fälschlicherweise einfach als eine zusätzliche Beschäftigung verstanden wird.[12] Wenn ein hochbegabter Schüler ein Konzept oder eine Fertigkeit beherrscht, ist es nicht nötig, dass er sein Können zwanzigmal unter Beweis stellt. Auf diese Weise wird das Kind für seine Hochbegabung bestraft.

Enrichment bedeutet nicht einfach ein Mehr an Arbeit; es bedeutet vielmehr, dass dem aktuellen Lehrplan Breite und Tiefe hinzugefügt wird. Enrichment geht über den grundlegenden Lehrplan hinaus und kann als eine Art «Parallel-Lehrplan» verstanden werden.[13] Wenn mittelalterliche Schlösser und Burgen in Europa Unterrichtsthema sind, können sich die

Kinder zum Beispiel zusätzlich mit den allmählichen Veränderungen der Bauweise befassen, die notwendig waren, weil neue Waffen entwickelt wurden, um die Burgen anzugreifen.[14] Ein allgemeineres Konzept wie «Wandel» oder «Veränderung» verleiht jeder Lerneinheit zusätzlich Breite und Tiefe und lässt sich bei den verschiedensten Themen einsetzen, weil Veränderungen in allen Bereichen auftreten. Wie haben sich Schlösser und Burgen im Laufe der Zeit verändert? Was hat diese Veränderungen ausgelöst? Welche Veränderungen infolge neuer technischer Entwicklungen gibt es in der heutigen Gesellschaft? Fragen wie diese erfordern eine höhere Denkebene und machen das Lernen für hochbegabte Kinder interessanter.[15]

Enrichment im Regelunterricht. Ein gewisses Maß an Enrichment kann ergänzend zu regulären Unterrichtserfahrungen angeboten werden. Wenn eine Klasse zum Beispiel eine Tanzaufführung besucht hat, könnten interessierte hochbegabte Schüler das Thema anschließend vertiefen und sich ausführlicher mit Choreografie und dem Training der Tänzer befassen oder eine eigene Tanzchoreografie entwickeln.[16] Weitere Beispiele für Enrichment sind spezielle Wochenend- oder Ferienkurse, Sommerakademien oder Arbeitsgemeinschaften.

Enrichment im Rahmen von Pull-out-Programmen. In manchen Schulen besteht das Hochbegabtenprogramm hauptsächlich in Enrichment-Angeboten, die außercurricular in so genannten «Pull-out»- oder «Send-out»-Programmen stattfinden. Bei diesem Modell verlassen die Schüler für eine bestimmte Zeit – normalerweise eine bis vier Stunden pro Woche – ihre reguläre Klasse und gehen zusammen mit anderen hochbegabten Schülern und einem speziell ausgebildeten Fachlehrer in einen anderen Raum. Diese Programme bieten Enrichment-Aktivitäten an, die das, was im Regelunterricht behandelt wird, weiter ausführen; der Speziallehrer für Hochbegabtenförderung kann mit dem Regellehrer zusammenarbeiten, damit dieser auch im Regelunterricht anspruchsvolle Aufgaben für die hochbegabten Schüler entwickelt.[17] Bei diesem Modell verbringt das Kind die meiste Zeit in seiner regulären Klasse und eine relativ kurze Zeit in dem Pull-out-Programm.

Ein Problem bei Pull-out-Programmen ist, dass hochbegabte Kinder rund um die Uhr hochbegabt sind, und nicht nur dann, wenn sie das Spezialprogramm besuchen. Problematisch ist auch, dass sich die anderen Lehrer möglicherweise nicht mehr für die hochbegabten Schüler verantwortlich fühlen und nur allzu bereitwillig davon ausgehen, dass sich jetzt der Speziallehrer um sämtliche Bedürfnisse der hochbegabten Kinder kümmert. Manche Lehrer bestehen auch darauf, dass die Schüler, die Pull-out-Programme besuchen, alles nachholen, was sie im Regelunterricht versäumt haben. Anderen gefällt es nicht, dass ihre gescheitesten Schüler die Klasse verlassen, weil sie sie brauchen, um die langsamen Lerner zu unterstützen. Solche Lehrer haben nicht verstanden, dass hochbegabte Schüler sowohl aus intellektuellen als auch aus sozialen Gründen zumindest zeitweise mit anderen hochbegabten Schülern zusammen sein müssen.

Pull-out-Programme funktionieren am besten, wenn der Klassenlehrer sie unterstützt und nicht darauf besteht, dass die Schüler alles nachholen, was sie im Regelunterricht verpasst haben. Wenn in Abwesenheit des hochbegabten Schülers neuer Lernstoff eingeführt wird, kann der Lehrer oder ein Tutor dem Schüler beim Nacharbeiten helfen. Ein Nachteil von Pull-out-Programmen ist außerdem, dass längere Projekte angesichts der kurzen Zeit, die die Kinder dort verbringen, kaum möglich sind. Wenn Projekte kurzfristig und oberflächlich angelegt sind, damit sie in den schulischen Zeitplan passen, bleibt die akademische Sorgfalt meist auf der Strecke.[18] Zu bemängeln ist außerdem, dass das Pull-out-Programm oft nur wenig mit dem zu tun hat, was im Regelunterricht geschieht. Wenn das Kind gefragt wird, was es im Spezialunterricht gemacht hat, kommt nicht selten die Antwort: «Es hat Spaß gemacht. Wir haben Raketen gebaut, ich weiß aber nicht, warum.» Wenn der Speziallehrer mit dem Regellehrer zusammenarbeitet, kann er Enrichment-Aktivitäten planen, die auf dem regulären Lehrplan aufbauen und ihn vertiefen, und den Schülern auf diese Weise helfen, Zusammenhänge herzustellen.

Trotz ihrer Nachteile sind Pull-out-Programme nach wie vor beliebt und stellen neben dem «Springen» die häufigste Bildungsoption für hochbegabte Schüler dar.[19] Das liegt wahrscheinlich daran, dass sie relativ leicht durchführbar und nach außen hin sichtbar sind: Jeder weiß, dass es an der Schule einen Speziallehrer für hochbegabte Schüler gibt. Angesichts knapper Budgets sind viele Schulen jedoch zurückhaltend, was Pull-out-Programme mit zusätzlichen Lehrern betrifft. Dennoch geben sie ihren hochbegabten Schülern zumindest einmal pro Woche Gelegenheit, mit anderen hochbegabten Kindern zu interagieren, um ein Gefühl von emotionaler und zwischenmenschlicher Unterstützung zu bekommen. Obgleich Pull-out-Programme fast immer auf ein paar Stunden pro Woche begrenzt sind, sind sie besser als nichts. Den hochbegabten Schülern macht es Spaß, daran teilzunehmen. Oft erklären sie ihren Eltern: «Der Tag, an dem ich zum Hochbegabtenprogramm gehe, ist der einzige Tag in der Woche, an dem mir die Schule Spaß macht. Den Rest der Zeit hasse ich die Schule.»

Fähigkeitsgruppierung. Es gibt verschiedene Organisationsformen, bei denen die Einteilung in Fähigkeitsgruppen eine Rolle spielen kann. Bei manchen Programmen in Grundschulen werden hochbegabte Kinder jeden Tag in einem Schwerpunktbereich einer Gruppe mit ähnlichem Fähigkeitsniveau zugeordnet. In diesem Zusammenhang spricht man manchmal auch von integrierten Lese- oder Rechenprogrammen oder von «Grouping and Regrouping» (Gruppieren und Umgruppieren). Wenn das Testergebnis eines Kindes erkennen lässt, dass es sowohl im Lesen als auch im Rechnen in den Hochbegabungsbereich fällt, wird das Kind jeden Tag in einem oder beiden Fähigkeitsbereichen mit anderen hochbegabten Kindern gruppiert. Dieses Programm birgt allerdings organisatorische Probleme für die Schule. Damit es funktioniert, müssen alle Fächer- beziehungsweise Schwerpunktgruppen gleichzeitig unterrichtet werden. So haben zum Beispiel alle Zweitklässler der Schule jeden Tag von 8.15 Uhr bis 9.00 Uhr Lesen. Die langsameren Leser gehen in dieser Zeit zu ihrem Gruppenlehrer, die hochbegabten Schüler zu ihrem Hochbegabtenlehrer, und die durchschnittlichen Schüler zu einem anderen Lehrer. Für hochbegabte Schüler besteht der Vorteil der Fähigkeitsgruppierung darin, dass sie in Bereichen, in denen sie herausragend sind, intellektuell gefordert werden, während sie den anderen Teil des Tages mit einer gemischten Schülergruppe im Regelunterricht verbringen.

Ein weiteres Modell, das in Grund- und Mittelschulen verwendet wird, sieht vor, dass hochbegabte Schüler ein Cluster mit einem Lehrer bilden. Bei anderen Modellen besuchen die Kinder eine gesonderte Klasse speziell für hochbegabte Kinder, oder sie werden in einer Klasse nach Fähigkeitsniveau gruppiert. Solche Klassen für höher befähigte Schüler werden mitunter auch als «College Prep»-, «Advanced English»- oder AP-(Advanced Placement)-Klassen bezeichnet. Im Folgenden werden einige der häufigsten Modelle beschrieben, die eine Gruppierung nach Fähigkeiten vorsehen.[20]

Cluster-Grouping. Cluster-Grouping sieht Enrichment-Maßnahmen für eine Gruppe hochbegabter Schüler innerhalb einer Regelklasse vor. Für Schulen ist dieses Modell kostenwirksam, da kein «zusätzlicher» Lehrer eingestellt werden muss. Wenn es an einer Schule vier zweite Klassen gibt und jede Klasse 25 Schüler umfasst, von denen jeweils ein oder zwei hochbegabt sind, werden die maximal acht hochbegabten Schüler zu einem Cluster zusammengefasst, das von demjenigen Lehrer unterrichtet wird, der für die Arbeit mit dieser Schülergruppe am besten geschult ist. Schulbezirke, die dieses Modell verwenden, setzen meist voraus, dass der Lehrer, der das Hochbegabten-Cluster unterrichtet, eine Zusatzausbildung bzw. eine Fortbildung im Umfang von circa 18 Credits im Bereich Begabungsförderung nachweisen kann. Forschungen zeigen, dass hochbegabte Schüler davon profitieren, wenn sie zusammen mit anderen hochbegabten Schülern gruppiert werden.[21] Sie können miteinander interagieren und müssen sich nicht verstellen. Wenn sie in einer Klasse allein unter lauter normal begabten Schülern sind, fühlen sie sich oft isoliert und verstecken ihre Fähigkeiten.

Fähigkeitsgruppierung, einschließlich Cluster-Grouping, wird mitunter als elitär und daher undemokratisch bezeichnet. Wenn wir uns aber vor Augen führen, mit welcher Selbstverständlichkeit Menschen in anderen Bereichen nach ihrem Fertigkeits- und Leistungsniveau gruppiert werden, erscheint es uns völlig normal und logisch, dass dies auch in der Bildung geschieht. Man denke nur an Sportarten wie Basketball, American Football, Leichtathletik, Tennis, Turnen, Eislaufen oder Cheerleading: Das Training der Sportler richtet sich immer nach deren Fertigkeitsniveau. Auch in anderen Bereichen, zum Beispiel bei Musikgruppen, Orchestern, bei der Zulassung an Universitäten oder bei der Bewerberauswahl im Berufsleben wird das Gruppieren nach Fähigkeiten nicht als elitär oder undemokratisch empfunden. In einem Orchester wird durch aufwändige Auswahlverfahren mit Vorspielen entschieden, wer die erste Geige spielt oder den Solopart übernimmt. Um in die Basketballmannschaft der Schule aufgenommen zu werden, muss man ebenfalls harte Proben bestehen. Es ist schon erstaunlich, dass wir die Schüler bewundern, die nach dem Abitur an einer Eliteuniversität zugelassen werden, uns aber darüber empören, sollten eben jene Schüler entdeckt werden oder Aufmerksamkeit bekommen, solange sie die Grundschule besuchen. Wir wollen, dass alle jüngeren Kinder «gleich» sind, finden es aber in Ordnung, wenn ältere Kinder nach ihren Talenten und Fähigkeiten unterschieden werden.

Wie zu erwarten «gibt es klare Forschungsbelege dafür, dass hochbefähigte und hochbegabte Schüler unter akademischen Gesichtspunkten von Programmen profitieren, die ihnen eine gesonderte und spezielle Bildung bieten.»[22] Die National Association for Gifted Children hat im Zusammenhang mit Fähigkeitsgruppierung und Akzeleration für hochbegabte Kinder formelle Grundsatzerklärungen abgegeben. Demnach wird das beschleunigte Lernen durch entsprechendes Gruppieren gefördert. In **Tabelle 12** werden Auszüge aus den NAGC-Grundsatzerklärungen vorgestellt.

Formen der Akzeleration. Der Begriff «Akzeleration» (*Beschleunigung*) wird verwendet, um zwei verschiedene Bildungsmodelle zu beschreiben: Die erste Form der Akzeleration ist eine des Lehrplans, die vorsieht, dass das Kind den Lehrplan (oder Teile davon) schneller passiert. Bei der zweiten Form der Akzeleration überspringt das Kind eine oder mehrere Klassenstufen oder nimmt nur in einem einzelnen Fach am Unterricht höherer Klassen teil. Bei dieser akzelerierenden Maßnahme wird das Kind so platziert, dass der Lehrplan seinen bereits vorhandenen Fähigkeiten angemessen ist. Bei beiden Modellen «bestehen die Ziele der Akzeleration darin, das Unterrichtstempo an die Fähigkeiten des Schülers anzupassen beziehungsweise aufeinander abzustimmen, ein angemessenes Forderungsniveau zur

Tabelle 12: Fähigkeitsgruppierung und Akzeleration[23]

- Die Einteilung in Fähigkeitsgruppen ermöglicht eine angemessenere, schnellere und entsprechend anspruchsvollere Vorgehensweise, was den sich rasch entwickelnden Fertigkeiten und Fähigkeiten hochbegabter Schüler entgegenkommt.
- Überzeugende Forschungsbelege bestätigen die Wirksamkeit der Fähigkeitsgruppierung bei hochbegabten Schülern in Accelerated-Learning-Klassen, Enrichment-Programmen, Advanced-Placement-Programmen etc. Das Gruppieren nach Fähigkeit und Leistung wird ausgiebig und ohne großes Aufheben in Programmen für musisch und künstlerisch hochbegabte Kinder sowie bei sportlich talentierten Schülern eingesetzt. Die Gruppenbildung ist ein notwendiger Bestandteil aller Graduierten- und Berufsvorbereitungsprogramme, von den Rechtswissenschaften über die Medizin bis hin zu den Naturwissenschaften. Es handelt sich um eine allgemein anerkannte Praktik, die im Bildungsprogramm fast aller westlichen Länder angewandt wird.
- Die Methode der Bildungsakzeleration wird seit langem angewandt, um Lerngelegenheiten auf die Fähigkeiten der Schüler abzustimmen.
- Obwohl Anpassungen des Unterrichts, wie zum Beispiel Curriculum Compacting (Verdichtung des Lehrplans), Telescoping (schnelleres Abhandeln des Lehrstoffs) und Curriculumrevision, ein zeiteffizienteres Arbeiten ermöglichen und wünschenswerte Praktiken für außergewöhnlich talentierte Schüler darstellen, gibt es Situationen, in denen solche Modifikationen nicht ausreichen, um das akademische Potenzial aller hochbefähigten Kinder zur Entfaltung zu bringen. In solchen Fällen ist eine individuelle Akzeleration angezeigt.
- Forschungen belegen den schulischen Nutzen und die positiven Ergebnisse der individuellen Akzeleration bei sorgfältig ausgewählten Schülern.

Verfügung zu stellen und den Zeitraum, der normalerweise erforderlich ist, um die Schule zu absolvieren, zu verkürzen.»[24]

Beispiele für eine Akzeleration sind ein vorzeitiger Eintritt in den Kindergarten, in die Schule oder in die Universität, das ein- oder mehrmalige Überspringen von Klassen oder die Akzeleration in einem einzelnen Fach, zum Beispiel nur in Mathematik, nicht aber im Lesen.[25] Obgleich Forschungsergebnisse zeigen, dass hochbegabte Kinder von Akzeleration profitieren, stehen viele Pädagogen allen Formen der Akzeleration skeptisch gegenüber und sind davon überzeugt, dass Schüler in ihrer Altersgruppe bleiben sollten.[26] Zweifellos müssen in den einzelnen Fällen viele Faktoren berücksichtigt werden,[27] aber «bis heute hat keine Studie zu dem Ergebnis geführt, dass Akzeleration der sozialen und emotionalen Entwicklung eines Kindes schadet.»[28] Im Gegenteil, die meisten Studien zeigen, dass diejenigen Schüler, die an akzelerierenden Maßnahmen teilgenommen haben – sei es eine vorzeitige Einschulung, das Überspringen von Klassenstufen, Telescoping des Lehrplans oder der vorzeitige Eintritt ins College –, ihre Erfahrungen positiv fanden und davon profitierten.[29]

Vor einem vorzeitigen Eintritt in die Schule oder dem Überspringen einer ganzen Klassestufe verwenden viele Schulen die *Iowa Acceleration Scale*; anhand dieses Beurteilungsbogens können Lehrer/Erzieher und Eltern feststellen, ob eine solche Maßnahme angemessen ist. Die Iowa Acceleration Scale wird von einem Spezialteam verwendet, zu dem Fachexperten, aber auch Eltern gehören können, und sie soll die Diskussion über das Kind anleiten, das für eine akzelerierende Maßnahme in Betracht gezogen wird. Es werden auch einige Umstände angeführt, unter denen eine Akzeleration auf keinen Fall eingesetzt werden sollte. Das Frage-und-Antwort-Format ermöglicht es Familien und Pädagogen, systematisch alle Faktoren zu prüfen, die sich Forschungserkenntnissen zufolge für einen erfolgreichen vorzeitigen Eintritt in Kindergarten oder Schule oder das Überspringen einer ganzen Schulstufe als wichtig erwiesen haben.[30] Aus der Beantwortung der Fragen durch das Team ergibt sich ein numerischer Punktwert, der angibt, mit welcher Wahrscheinlichkeit das Überspringen einer ganzen Schulstufe erfolgreich sein wird. Schließlich wird ein Formblatt ausgefüllt, in dem die Ergebnisse zusammengefasst werden; die Entscheidung und alle Personen, die für die Umsetzung des neuen Plans verantwortlich sind, werden ebenfalls in dem Formblatt angeführt, das dann zu Zwecken der Dokumentation und späteren Referenz in der Schulakte des Kindes abgeheftet wird. Im Falle eines vorzeitigen Eintritts in den Kindergarten oder in die erste Klasse sollte folgender Aspekt berücksichtigt werden: Die *Iowa Acceleration Scale* führt Studien an, die zeigen, dass je jünger das Kind ist, wenn es eine Klassenstufe überspringt, umso besser.[31] Die *Iowa Acceleration Scale* ist ein Instrument, das Schulen bei der Entscheidungsfindung bezüglich des Überspringens einer Klasse effektiv helfen kann. Sie dient sozusagen als Leitfaden bei der Beurteilung der akademischen und sozialen Fähigkeiten des Schülers.[32]

Weitere Formen der Akzeleration sind unter anderem die Verdichtung des Lehrplans («Curriculum Compacting») und das schnellere Abhandeln des Lehrstoffs («Telescoping»). Bei diesen Methoden wird mehr Lehrstoff in kürzeren Zeiträumen abgedeckt, häufig in Verbindung mit selbstreguliertem Lernen.[33] *Telescoping* ist eine Form der Akzeleration, bei der ein Schüler den Lernstoff von zwei Klassenstufen in einem einzigen Jahr (beziehungsweise von drei Klassenstufen in zwei Jahren) bearbeitet. Telescoping unterscheidet sich insofern von *Compacting*, als dass in der Folge immer eine Klasse übersprungen wird. Beim Compacting dagegen wird die «eingesparte Zeit» oft für zusätzliche Enrichment-Angebote genutzt.[34]

Vielen Eltern in den USA ist nicht bewusst, dass das Niveau der Schulbücher in den letzten zehn bis 15 Jahren um zwei Klassenstufen gesunken ist.[35] Ein akzelerierter Lehrplan ist daher für schnelle Lerner besonders wichtig, und hochbegabte Schüler profitieren von diesen Optionen. In der Oberstufe gewinnen diese Schüler durch die Akzeleration des Lehrplans Zeit, die sie für andere Dinge verwenden können, etwa für ein Berufsfindungspraktikum, einen Nebenjob, einen Auslandsaufenthalt, Fernunterricht oder andere Aktivitäten.

Optionen, die eine Akzeleration des Lehrplans vorsehen, sind nicht unproblematisch. Manche Schüler haben Probleme mit der Selbstdisziplin, vor allem was das selbstregulierte Lernen angeht. Manche Lehrer weigern sich auch, zusätzlich Zeit für die Planung einer inhaltlichen Akzeleration oder von Unterrichtsmodulen für selbstreguliertes Lernen aufzuwenden. Lehrer, die höhere Klassen unterrichten, sind unter Umständen nicht so erfreut darüber, dass ein Drittklässler mit einem Text arbeitet, der für die höheren Klassen bestimmt ist, zumal das bedeutet, dass auch die nachfolgenden Lehrer die Akzeleration fortsetzen müssen, wenn das Kind in ihre Klasse kommt. Die meisten Probleme, die im Zusammenhang mit akzelerierenden Maßnahmen auftreten, hängen mit den Bedenken der Lehrer zusammen, und nicht mit der Frage, ob das Kind mit diesen Maßnahmen zurechtkommt. Hochbegabte Kinder können mühelos Unterrichtsinhalte lernen, die vom Niveau her ein oder zwei Klassenstufen über ihrer aktuellen Schulstufe liegen. Eine Akzeleration ist dann erfolgreich, wenn der Lernstoff der nachfolgenden Klassenstufen sorgfältig aufgeteilt wird.[36]

Advanced Placement (AP). In den Vereinigten Staaten haben besonders begabte Schüler der Sekundarstufe, die nach der Schule ein Studium planen, die Möglichkeit, an einem Advanced-Placement-Programm teilzunehmen, das vom American College Board angeboten wird. Das Programm sieht Kurse in mehr als 30 spezifischen Fachbereichen vor, darunter US-amerikanische Geschichte, Geschichte der Physik, Englische Literatur, Analysis, Studio Art, Spanisch II, III und IV und Musiktheorie. Diese speziellen Kurse bieten hoch motivierten Schülern die Gelegenheit, auf College-Niveau zu lernen, während sie weiter die High School besuchen. Das Magazin *Newsweek* berichtete 2006 in einer Titelgeschichte («What Makes a High School Great»), dass die High Schools, aus denen die am besten ausgebildeten Schüler hervorgingen, diejenigen waren, die eine große Auswahl an AP-Kursen anboten.[37]

Diese Kurse auf College-Niveau sind für Schüler gedacht, die akademische Herausforderungen suchen. Die Lehrkräfte werden im Rahmen von intensiven Wochenend- oder Sommerfortbildungen, die vom College Board finanziert werden, von erfahrenen AP-Lehrern in den Unterrichtsinhalten geschult. Die Schüler legen in ihren jeweiligen Kursen ein standardisiertes Abschlussexamen ab, das landesweit im Mai jeden Jahres stattfindet. Je nachdem, welche Punktwerte sie bei diesem Examen erreichen, wird den Absolventen später am College ein Teil der erforderlichen Pflichtkurse erlassen oder die Ergebnisse werden ihnen auf ihr Studium angerechnet (an manchen Colleges und Universitäten geht sogar beides).[38] Manche Absolventen, die mehrere AP-Kurse angerechnet bekommen, können die ersten ein oder zwei Semester am College komplett überspringen. Neuerdings gibt es auch ein Pre-AP-Programm für Schüler der Klassenstufen 7 bis 9, das dem AP-Programm der höheren Klassenstufen vorausgeht.[39] Die Akzeleration durch Spezialkurse wie diese findet in den USA wachsenden

Zuspruch. In Deutschland und anderen deutschsprachigen Ländern ist festgelegt, dass man ab 16 Jahren auch parallel zur Schule an den Hochschulen Vorlesungen und Seminare besuchen darf (das so genannte «Juniorstudium»), wobei die Universitäten diese Regelung unterschiedlich handhaben.

International Baccalaureate (IB) Das International-Baccalaureate-Programm ist besonders für hochbefähigte Teenager der Klassenstufen 10 bis 12 geeignet.[40] Das IB-Diplom ist bei Eliteuniversitäten auf der ganzen Welt hoch angesehen. Ursprünglich war dieser internationale Schulabschluss für die Kinder von Diplomaten- und anderen Familien im Ausland gedacht. Heute sind mehrere tausend Sekundarschulen rund um den Globus autorisiert, ein IB-Programm anzubieten. Die Anforderungen sind hoch: Die Schüler müssen eine originäre Forschungsarbeit («Extended Essay») von 4000 Wörtern schreiben, einen Kurs in Erkenntnistheorie («Theory of Knowledge») absolvieren, am CAS-Programm («Creativity, Action, Service»), das heißt an künstlerischen, sportlichen und sozialen Aktivitäten teilnehmen und in sechs Fächern, die sie jeweils aus eine Fächergruppe wählen, internationale Leistungsstandards erfüllen. Die IB-Schüler können sich nicht auf einen Bereich spezialisieren, sondern werden in allen sechs Fachbereichen gefordert. Die hohen Leistungsanforderungen gehen mit einem internationalen Anstrich der sozialwissenschaftlichen Kurse und der Beherrschung einer zweiten Sprache einher.[41] Nicht alle Schulbezirke bieten das IB-Programm an. Voraussetzung ist, dass die strengen Unterrichtsstandards eingehalten werden, und häufig müssen die Schulen dafür zusätzliches Equipment für den vorgeschriebenen praktischen Unterricht in Biologie, Chemie und Physik anschaffen. Eltern, die ihre Kinder in ein IB-Programm geben wollen, müssen nach einer entsprechenden Schule Ausschau halten.

Talentsuche. Zahlreiche Universitäten beteiligen sich heute an Programmen zur Talentsuche, an denen auch intellektuell hochbegabte Schüler zwischen zwölf und 14 Jahren teilnehmen können. In den USA können sie zusammen mit älteren Schülern den SAT- oder den ACT-Test ablegen;

dabei handelt es sich um standardisierte Eignungstests, die für die Zulassung an amerikanischen Hochschulen vorausgesetzt werden. Jüngere Schüler, die bei einem dieser Tests ebenso gut abschneiden wie die älteren Schüler, können an extrem anspruchsvollen Programmen in Mathematik, Computeranwendungen, Psychologie, Anthropologie, Naturwissenschaften etc. teilnehmen, die im Rahmen von Sommerprogrammen auf dem Campus bestimmter Colleges abgehalten werden. Manche Schüler absolvieren in einem einzigen Sommer intensiver Arbeit den Lernstoff aus fünf Schuljahren Elementarmathematik.[42] Eine Liste mit Talentsuche-Programmen findet sich in dem Buch *Re-forming gifted education: How Parents and teachers can match the program to the child*[43] oder im Internet. Akzeleration durch Talentsuche-Programme ist nicht für alle hochbegabten Kinder geeignet; für manche Kinder, die diese Art von Herausforderung brauchen, haben sie jedoch eine geradezu lebensrettende Funktion.

Spezielle Beschulungen und Spezialschulen

Spezielle Schulen für hochbegabte Kinder. Spezielle Hochschulen für begabte junge Erwachsene gibt es schon seit Jahrzehnten. In den USA sind das die medizinischen und juristischen Fakultäten oder andere Graduiertenschulen wie die renommierte Juilliard School of Music in New York. Außerdem gibt es zahlreiche private oder kirchliche Schulen, deren anspruchsvoller Lehrplan die Schüler gezielt aufs College vorbereitet. In manchen Bundesstaaten gibt es Governor's Schools und andere Spezialschulen, wie zum Beispiel die Illinois School for Science and Mathematics.

Manche dieser Schulen, etwa die Bronx School of Science, haben sich zu so genannten «Magnetschulen» entwickelt, die durch ihre Schwerpunktbildung jene Kinder anziehen wollen, die in diesem Bereich besonders motiviert oder talentiert sind. Fast alle diese Schulen haben bestimmte Zulassungsbedingungen oder -kriterien sowie Wartelisten. Manche Eltern befürchten, die soziale Entwicklung ihres Kindes könne an einer solchen Schule Schaden nehmen, weil dort die Peerbandbreite möglicherweise nicht groß genug und damit für die Entwicklung von Sozialkompetenzen nicht förderlich ist. Dies scheint aber nicht der Fall zu sein. Forschungen deuten vielmehr darauf hin, dass hochbegabte Mädchen und höchstbegabte Kinder und Jugendliche insgesamt von diesen Programmen profitieren und ihre schulischen Leistungen verbessern, ohne im späteren Leben dadurch besondere Nachteile zu haben.[44]

Charterschulen. In einigen US-Bundesstaaten wurden Charterschulen ins Leben gerufen, um Eltern größere Wahlmöglichkeiten hinsichtlich der Bildung ihrer Kinder zu geben. Charterschulen sind eine religiös neutrale Alternative zum öffentlichen Schulsystem. Sie sind fast immer kleiner als öffentliche Schulen, werden aber ebenfalls mit staatlichen Mitteln finanziert. Diese Schulen sind bei Eltern beliebt, die den Eindruck haben, dass die öffentliche Schule den Bedürfnissen ihres Kindes nicht gerecht wird, und die glauben, dass das Kind an einer kleineren Schule, wo die Lehrer alle Schüler kennen, bessere Leistungen erzielt. Es bleibt abzuwarten, wie Charterschulen das öffentliche Schulsystem langfristig beeinflussen. Charterschulen, die als «Hochbegabtenschulen» in Frage kommen, sind diejenigen, die auf künstlerische Bereiche spezialisiert sind oder mathematisch-naturwissenschaftliche Schwerpunkte haben. Auch in den deutschsprachigen Ländern entstehen aufgrund der hohen Nachfrage immer mehr private Schulen mit speziellen Förderangeboten und kleineren Klassen. Diese müssen aber in der Regel von den Eltern selbst getragen werden.

Privatschulen und kirchliche Schulen. Obwohl private und kirchliche Schulen mit ganz ähnlichen Problemen zu kämpfen haben wie die staatlichen Schulen, steht ihnen meist ein höheres Budget pro Schüler zur Verfügung. Das bedeutet aber auch, dass sie teuer sein können. Eltern sollten sich darüber im Klaren sein, dass diese Schulen bei der Auswahl ihrer Schüler oft selektiv vorgehen und sich beispielsweise weigern, Schüler mit besonderen psychischen oder kognitiven Bedürfnissen aufzunehmen. Viele dieser Schulen brüsten sich mit ihrem anspruchsvollen Lehrplan. Es ist jedoch ratsam, dass Eltern ihre Hausaufgaben machen, wenn sie nach der geeigneten Schule für ihr Kind suchen. Jede Schule hat ihre ganz eigenen Stärken und Schwächen. Manche öffentliche Schulen bieten ihren Schülern mehr

Herausforderungen als private Schulen. Ob eine Schule für hochbegabte Kinder geeignet ist, hängt von ihrer Philosophie ab und von der Bereitschaft ihrer Mitarbeiter, flexibel zu sein und mit den Eltern zusammenzuarbeiten.

*Hausunterricht.** In der Regel werden Kinder auf eine öffentliche Schule geschickt. In den USA wird das Homeschooling allerdings immer beliebter und ist inzwischen in jedem Bundesstaat erlaubt, sei es gesetzlich oder per Gerichtsbeschluss.[45] Manche Eltern entscheiden sich aus religiösen Gründen für diese Unterrichtsform, andere weil sie ihre Werte und Moralvorstellungen in den Schulen nicht vertreten sehen, oder weil sie um die Sicherheit ihrer Kinder fürchten. Es gibt aber auch eine steigende Zahl von Familien, die ihre hochbegabten und talentierten Kinder zu Hause unterrichten, weil deren einzigartiger Lernstil nicht zum Bildungsangebot von öffentlichen oder privaten Schulen passt. Wenn Sie als Eltern Hausunterricht in Betracht ziehen, empfehlen wir Ihnen, im Vorfeld so viele Informationen wie möglich zu sammeln, damit Sie wissen, was auf Sie zukommt. Es gibt verschiedene Hauptmodelle für den Hausunterricht, darunter klassische, traditionelle und christliche Modelle, «Unschooling» (vom Kind geleitetes Lernen) sowie den thematischen Ansatz.[46]

Hausunterricht ist ein Vollzeitjob und kann schwierig sein. Die meisten Bundesstaaten und Schulbezirke in den USA stellen bestimmte Anforderungen an Eltern, die ihre Kinder zu Hause unterrichten. Trotz aller Herausforderungen weisen Homeschooling-Experten[47] darauf hin, dass diese Bildungsform die Familie enger zusammenführt. Colleges berichten von großem Erfolg mit Studierenden, die zu Hause unterrichtet wurden: sie seien selbstmotivierte, disziplinierte Lerner mit guten sozialen Fertigkeiten. Interessierten Eltern empfehlen wir die Bücher *Creative home schooling: A resource guide for smart families* und *The homeschooling option: How to decide when it's right for your family* von Lisa Rivero. Die folgenden Rat-

---

* In Deutschland ist Hausunterricht untersagt, in Österreich und in der Schweiz ist Homeschooling unter bestimmten Auflagen legal möglich; Webseiten: www.homeschooling.de/; www.bildungzuhause.ch/; www.mein.net/netzwerk/ [Stand: 10.01.2012].

schläge für Eltern, die Hausunterricht in Betracht ziehen, stammen aus *The faces of gifted* von Nancy Johnson:[48]

- Recherchieren Sie so viel wie möglich zum Thema Hausunterricht. Sie können in Ihrer örtlichen Stadt- oder Unibibliothek beginnen und dann lokale Interessengruppen und nationale Organisationen kontaktieren.
- Sprechen Sie mit Eltern, die ihre Kinder derzeit zu Hause unterrichten.
- Diskutieren Sie Ihr Vorhaben mit der örtlichen Schulbehörde, um herauszufinden, welche spezifischen Schritte dazu erforderlich sind.
- Schärfen Sie Ihre eigenen Fertigkeiten, indem Sie Hochschulkurse belegen.
- Falls Ihr Kind besondere Bedürfnisse wie zum Beispiel eine Lernstörung hat, überlegen Sie, wie Sie diesen Bedürfnissen zu Hause gerecht werden können.
- Sammeln, prüfen und evaluieren Sie exemplarisches Unterrichtsmaterial.
- Schließen Sie einen «Vertrag» mit Ihrem Kind, in dem die Ziele für den Hausunterricht festgelegt werden.
- Denken Sie Ihr Vorhaben gründlich durch; überlegen Sie, was der Hausunterricht mit sich bringen wird, nicht nur für Sie selbst, sondern auch für alle anderen Beteiligten.
- Seien Sie mutig! Tun Sie das, was für Ihre Kinder und Sie selbst am besten ist.

Eltern haben ein Mitspracherecht

Eltern können nicht nur entscheiden, welche Schule Ihr Kind besucht, sondern auch Bildungsgelegenheiten für ihr Kind an dieser Schule einfordern. Häufig wissen die Eltern gar nicht, wie viel Wahlfreiheit sie eigentlich haben, und dass sie zu den Programmen, die von einer Schule angeboten werden, «Ja» oder «Nein» sagen können. In größeren Gemeinden herrscht in der Regel freie Schulwahl, das heißt, die Kinder können jede Schule innerhalb des Schulbezirks besuchen, vorausgesetzt, es sind dort Plätze frei

Normalerweise sind die Eltern für die Beförderung ihrer Kinder von und zur Schule zuständig. Die Eltern können sich auch für eine private oder kirchliche Schule entscheiden, wobei diese Bildungseinrichtungen Schulgeld kosten. Sie können aber auch eine Schule in einem anderen Schulbezirk wählen und entweder dort hinziehen oder ihr Kind in den anderen Bezirk befördern. Daneben gibt es zumindest in einigen Ländern die Möglichkeit des Hausunterrichts als Bildungsalternative.

Obwohl es diese Wahlfreiheit gibt, wissen wir, dass Eltern – vor allem in kleineren Gemeinden mit öffentlichen Schulen – immer wieder zu hören bekommen, sie müssten sich mit dem zufrieden geben, was die Schule ihnen anbietet. Aber selbst in kleinen Gemeinden gibt es Alternativen, wenn die Familie bereit ist, für die Rechte ihres Kindes einzutreten.[49]

Beispielsweise können Eltern beantragen, dass die Schule ihrem Kind ein anspruchsvolleres Mathematikprogramm bietet. Dazu können entsprechende Tests oder andere Nachweise geltend gemacht werden, die zeigen, dass das Kind die Konzepte, welche in der aktuellen Klassenstufe im Mathematikunterricht behandelt werden, bereits beherrscht. Eventuell lässt die Schule das Kind mit einem Mathematikbuch für höhere Klassen arbeiten, oder sie sorgt dafür, dass es am Mathematikunterricht einer höheren Klassenstufe teilnehmen kann. Das würde bedeuten, dass das Kind in dieser Zeit seine Klasse verlässt, den restlichen Schultag jedoch im regulären Klassenverband verbringt. Eine flexible Option wie diese verursacht keine zusätzlichen Kosten für die Schule und lässt sich ohne großes Aufheben umsetzen, so dass vermutlich keine Probleme mit den anderen Kindern entstehen. Alles, was dazu erforderlich ist, ist eine entsprechende Einstellung seitens der Lehrer und der Schulverwaltung. Wenn das Kind seinen Klassenkameraden in mehreren Bereichen voraus ist, kann die Schule ihm ermöglichen, eine Klasse zu überspringen. In den Einheitsschulen unserer Großeltern und Urgroßeltern war eine solche Flexibilität ganz normal. Die Kinder konnten in den Fächern arbeiten, die sie interessierten, und auf dem

Niveau lernen, das ihnen angemessen war. Die Lehrer nahmen Anpassungen am regulären Lehrplan vor und ließen die schnelleren Lerner mit ihrem eigenen Tempo vorangehen.

Bei der Wahl der Schule sollten die Eltern im Vorfeld prüfen, inwieweit die Schule ein flexibles Lerntempo in Verbindung mit akzelerierenden Maßnahmen bewilligt, wenn ein Schüler dazu bereit ist. Ein flexibles Lerntempo bedeutet zum Beispiel, dass ein Erstklässler den Leseunterricht der dritten Klasse besucht, den übrigen Unterricht aber in seiner regulären Klasse verbringt. Es kann auch bedeuten, dass ein höchstbegabter Sechst- oder Siebtklässler in Mathematik und/oder Naturwissenschaften am Unterricht der Oberstufe teilnimmt und dann in seine sechste oder siebte Klasse zurückkehrt, um dort den restlichen Schultag zu verbringen. Ein flexibles Zuordnen setzt voraus, dass Schulverwaltung und Lehrer bereit sind, den Bedürfnissen des Kindes so gut sie können und mit den Ressourcen, die ihnen zur Verfügung stehen, gerecht zu werden. Viele Optionen sind möglich, und es ist wichtig, eine auszuwählen, die der Bereitschaft und den Bedürfnissen des Kindes am besten gerecht wird. Jeder Schüler mit besonderen Förderbedürfnissen hat ein Recht darauf, dass diese Bedürfnisse im Schulalltag berücksichtigt werden.[50]

Bei der Suche nach einer geeigneten Schule oder der richtigen Klassenstufe sollten Eltern auch die Lehrer unter die Lupe nehmen. Lehrer, die mit hochbegabten Kindern arbeiten, sollten

- den Schülern neue Lerninhalte vermitteln, und nicht Dinge, die sie bereits wissen;
- flexibel sein;
- nicht erwarten, dass ein Kind in allen Bereichen hochbegabt ist;
- dem Kind Aufmerksamkeit schenken, aber nicht so viel, dass es die Kontrolle übernimmt;
- nicht das Gefühl haben, sie müssten ein wandelndes Lexikon sein;
- die Kinder nicht schlechtmachen, wenn sie Fehler machen oder scheitern;

- die Arbeiten eines hochbegabten Kindes nicht mit denen anderer Kinder vergleichen, die nicht so befähigt sind;
- die Talente hochbegabter Kinder nicht ausnutzen, indem sie die Schüler als Tutor oder Hilfslehrer einsetzen.

Informationen über Förderprogramme sammeln

Es gibt verschiedene Möglichkeiten, wie Sie Informationen über die Schule Ihres Kindes sammeln können. Sie können mit anderen Eltern sprechen; an Elternbeiratssitzungen, Elternabenden und Eltern-Lehrer-Konferenzen teilnehmen; oder sich örtlichen Verbänden für Eltern hochbegabter Kinder anschließen, falls es in Ihrer Gegend welche gibt.* Wenn es Ihr Terminkalender gestattet, können Sie auch am Unterricht der Klasse Ihres Kindes teilnehmen und die Lehrkraft in bestimmten Fällen unterstützen; auf diese Weise können Sie beobachten, wie unterrichtet wird und ob den Kindern unterschiedliche Aufgaben zugeteilt werden, oder ob alle zur gleichen Zeit dasselbe machen. Sie können feststellen, wie Ihr Kind mit den anderen Kindern und mit dem Lehrer interagiert, und ob die Arbeit auf das Fähigkeitsniveau eines jeden Kindes angepasst wird. Natürlich gehen Sie dabei diskret vor, da Ihre Hauptaufgabe darin besteht, dem Lehrer zu helfen, aber Sie können die Gelegenheit nutzen, um mit dem Lehrer und dem Schuldirektor informell über die Interessen und Fertigkeiten Ihres Kindes zu sprechen. Mit der Zeit entwickeln Sie vielleicht so viel Vertrauen in den Lehrer, dass Sie ihm vorschlagen, Ihrem Kind und den anderen raschen Lernern in der Klasse anspruchsvollere Aufgaben zu übertragen.

Während Sie den Unterricht in der Klasse Ihres Kindes beobachten, können Sie sich folgende Fragen stellen: Versteht der Lehrer die hochbegabten und talentierten Schüler auch wirklich und arbeitet er gerne mit ihnen? Ist er entsprechend geschult? Wie sieht es mit der Schulverwaltung und der

---

* Zum Beispiel Deutsche Gesellschaft für das hochbegabte Kind (DGhK), Hochbegabtenförderung (HBF) e. V. oder Mensa-Kids.

Kultusbehörde aus – verstehen sie tatsächlich, was mit dem Individualisieren für hochbegabte Kinder bezweckt wird und unterstützen sie diese Optionen? Wenn die Lehrer entsprechend ausgebildet sind und die Schulbehörde kooperiert, können wunderbare Fördergelegenheiten für hochbegabte Kinder entstehen.

Es gibt noch weitere Möglichkeiten, wie Eltern sich über die Schule informieren und für die Rechte Ihres Kindes eintreten können. Sobald Sie sich ein Bild vom Unterrichtsablauf gemacht haben, können Sie den Lehrer oder den Schulleiter fragen, ob die Schule in ihrem Schulprogramm über Richtlinien verfügt, wie hochbegabte Lerner dort unterrichtet werden sollen. Lassen Sie sich diese Richtlinien aushändigen und prüfen Sie, ob sie auch eingehalten werden. Die meisten Schulen haben Grundsätze formuliert, wonach alle Schüler die Bildung erhalten sollen, die es ihnen ermöglicht, ihr volles Potenzial zu entfalten.

Wird dieser Grundsatz auch im Blick auf hochbegabte und talentierte Schüler umgesetzt? Falls nicht, können Sie den Wortlaut aus den Grundsätzen der Schule zitieren, wenn Sie Bildungsoptionen für Ihr Kind beantragen. Des Weiteren können Sie veröffentlichte Bestimmungen Ihres Bundeslandes/Kantons oder Schulbezirks bezüglich der Philosophie und der Verfahrensweisen für Hochbegabtenprogramme an Schulen ausfindig machen. Solche Unterlagen enthalten in der Regel Informationen über die Definition von hochbegabten Schülern, über Identifikationskriterien, Voraussetzungen für die Teilnahme an Hochbegabtenprogrammen sowie über Regeln, Vorschriften und Aktivitäten, die für bestimmte Schulen in dem Bezirk typisch sind. Solche Informationen und Bestimmungen lassen sich auch im Hinblick auf örtliche Privatschulen und Charterschulen recherchieren.

Treten Sie für die Rechte Ihres Kindes ein

Eltern sind oft ratlos, frustriert oder sogar wütend, weil den Lernbedürfnissen ihres Kindes nicht entsprochen wird und ihr Kind im Blick auf die Schule zunehmend entmutigt wird. Sie fragen sich, wie weit sie gehen sollen, um einen besonderen Förderplan für ihr Kind durchzusetzen. Wenn Sie zu diesen Eltern gehören, müssen Sie gut informiert, zuversichtlich, aber auch hartnäckig sein, um bei den Schulen etwas zu bewegen. Wenn Sie das Ganze kooperativ angehen, erreichen Sie damit viel mehr als mit Zorn.

Um wirksam vorzugehen, müssen Sie über die verschiedenen Bildungsoptionen und -modelle für hochbegabte Kinder Bescheid wissen. In vielen Bundesländern/Kantonen gibt es Interessenverbände für Eltern, wo man sich informieren und Erfahrungen austauschen kann. Webseiten und Kontaktadressen sowie zahlreiche Bücher über Hochbegabung finden Sie im Schlussteil dieses Buches.

In den USA verfügt mehr als die Hälfte der Bundesstaaten über gesetzliche Regelungen, wonach hochbegabten Kindern spezielle Lerngelegenheiten zustehen, die «ihren Fähigkeiten und ihrem Potenzial entsprechen», und in den deutschsprachigen Ländern ist das nicht anders. Eltern sollten bei der zuständigen Kultusbehörde anfragen, welche Gesetze in ihrem Land, Bundesland oder Kanton gelten. Dort, wo Programme für hochbegabte Schüler gesetzlich verankert sind, können Eltern eine Kopie der entsprechenden Gesetzestexte anfordern und somit in Erfahrung bringen, wozu die Schulen verpflichtet sind. Das soll aber nicht heißen, dass Sie sofort zum Schulleiter eilen und ihm an den Kopf werfen: «Schauen Sie her! Das hier sind die gesetzlichen Bestimmungen, und Sie halten sich nicht daran!» Ein bedächtigerer und positiverer Ansatz ist zweifellos wirksamer.

Sollte sich die Schule der Fähigkeiten Ihres Kindes noch nicht bewusst sein, müssen Sie unter Umständen Belege dafür sammeln. Sie könnten zum Beispiel ein Buch mitbringen, das Ihr Kind gerade zu Hause liest, um sein Leseniveau zu demonstrieren; oder Sie legen Geschichten oder Gedichte vor, die das Kind geschrieben hat, Bilder, die es gemalt hat, oder sogar Fotos von komplexen Lego-Konstruktionen die es gebaut hat. Manchmal ist es auch sinnvoll, das Kind von einem niedergelassenen Psychologen testen zu lassen, um das Niveau der Hochbegabung zu bestimmen und festzustellen, in welchen Bereichen das Kind besondere Stärken beziehungsweise Schwächen hat. Im Anschluss an das Testen kann ein Spezialteam aus Lehrern und Fachexperten in der Schule zusammenkommen, und der niedergelassene Psychologe kann den Lehrern in Anwesenheit der Eltern die Implikationen der Testergebnisse erläutern. Dieses formelle Treffen stellt eine Form der Zusammenarbeit zwischen Elternhaus und Schule dar. Bei dieser Gelegenheit wird der Schule ein schriftlicher Bericht überreicht, der eine Liste mit Empfehlungen des Psychologen enthält, wie die Lehrer mit dem Kind arbeiten können.

Außer dass Sie der Schule helfen zu verstehen, dass Ihr Kind hochbegabt und ein schneller Lerner ist, müssen Sie spezifische Informationen über Bildungsalternativen für hochbegabte Kinder einholen, um Vorschläge für einen Förderplan machen zu können, von dem Sie glauben, dass er für Ihr Kind und für die Schule funktionieren könnte. Es gibt eine Reihe von Büchern, die Eltern helfen können, sich für zusätzliche Fördermaßnahmen für ihr Kind einzusetzen: *Helping gifted children soar* von Carol Strip und Gretchen Hirsch bietet kompakte Beschreibungen verschiedener Optionen, die sich innerhalb der Schule umsetzen lassen, darunter auch Beispiele für «Verträge», mit denen Lehrer hochbegabten Schülern die Möglichkeit zu unabhängigem, anspruchsvollem Arbeiten geben können. Karen Rogers Buch *Re-forming gifted education: How parents and teachers can match the program to the child* stellt die einzelnen Optionen detaillierter vor und führt außerdem Forschungsergebnisse an, um zu zeigen, dass hochbegabte Kinder von diesen Optionen profitieren. Dieses Buch gibt auch hervorragende Tipps, wie Sie einen Förderplan für Ihr Kind entwerfen, mit der Schule verhandeln und dafür sorgen, dass sie den Bedürfnissen Ihres Kindes gerecht wird. Das Buch *Losing our minds: Gifted children left behind* von Deborah Ruf beschreibt die Entwicklungsunterschiede von hochbegabten Kindern, fünf verschiedene Hochbegabungsniveaus und die Schulart, die für die einzelnen Niveaus geeignet ist. Und schließlich *Creative home schooling: Resources for smart families* von Lisa Rivero: Hier finden sich unzählige Quellen, Webseiten und Curriculum-Vorschläge für jüngere hochbegabte Kinder sowie Material und Ideen, die nützlich sein können, ob das Kind zu Hause unterrichtet wird oder in der Schule.

Wenn Sie einen Förderplan für Ihr Kind aushandeln, achten Sie darauf, dass Sie die «Befehlskette» einhalten, das heißt, dass Sie Ihre Ansprechpartner in der Schule in der richtigen Reihenfolge wählen. Eltern sollten sich zunächst an den Klassenlehrer wenden und versuchen, das Problem auf dieser Ebene zu lösen. Wenn Sie hier keinen Erfolg haben, sollten Sie den Direktor der Schule und gegebenenfalls den zuständigen Koordinator für Hochbegabten-Bildungsprogramme sowie den Schulpsychologen aufsuchen. Eltern sollten sich nicht bei der Schulaufsichtsbehörde oder bei einem Mitglied des Schulausschusses beschweren, bevor sie nicht versucht haben, die Frage auf den unteren Ebenen zu klären. Schließlich wollen Sie den Lehrer und den Schulleiter nicht «umgehen», sondern für Ihr Anliegen gewinnen. Die oberen Ebenen sollten Sie nur dann einschalten, wenn Sie von der Schule selbst keine Unterstützung erwarten können. Wenn Sie eine Schulbehörde aufsuchen, wird man Sie dort als Erstes fragen, ob Sie schon mit dem Lehrer oder dem Schulleiter über die Angelegenheit gesprochen haben.

Man wird eher auf Sie hören und Ihr Anliegen akzeptieren, wenn Sie Beziehungen aufbauen und sich für eine hochwertige Bildung für alle Kinder einsetzen. Sie könnten der Schule anbieten, selbst ein spezielles Programm oder eine besondere Lernerfahrung für die ganze Klasse zu organisieren oder in der Schulbibliothek oder auf dem Spielplatz mitzuhelfen. Solche Angebote können dazu beitragen, dass die Schule ihre Einstellung zu hochbegabten Kindern und ihren «penetranten» Eltern ändert. Darüber hinaus ist es sinnvoll, an Sitzungen des Schulausschusses und des Planungskomitees teilnehmen, wo Sie Interesse zeigen, Fragen stellen und Entscheidungen über Hochbegabtenprogramme unterstützen können.

Sollte es in Ihrem Einzugsbereich keine Schule geben, die spezielle Maßnahmen für hochbefähigte Lerner anbietet, müssen Sie sich gegebenenfalls nach einer anderen Schule umschauen. Der Versuch, die Einstellung, Richtlinien, Verfahrensweisen oder Finanzierung einer Schule zu ändern, kann ein schwieriges und langwieriges Unterfangen sein. In der Regel sind mehrere Jahre der Planung notwendig, um ein Hochbegabtenprogramm zu implementieren. Es gibt aber Gemeinden, in denen sich Eltern zusammengeschlossen haben und gemeinsam solche Änderungen durchsetzen konnten. Dazu braucht es aber mehrere Mitstreiter, eine ganze Gruppe von Eltern, die zusammenarbeiten. Dort, wo Hochbegabtenförderung gesetzlich verankert ist, können Elterngruppen auch rechtliche Schritte einleiten oder einen Vermittler beauftragen.[51] Bedenken Sie jedoch, dass solche Verfahren langatmig und mühsam sind. Zu dem Zeitpunkt, da die Schule Änderungen vornimmt, hat Ihr Kind wahrscheinlich schon mehrere Jahre unzureichender Schulbildung hinter sich.

Schulen sind ein Spiegel der Gesellschaft

Stellen Sie sich vor, Sie wären ein Schulleiter, der hochwertige Bildungsprogramme anbieten soll, aber nur über begrenzte finanzielle Mittel verfügt. Unsere moderne Gesellschaft stellt hohe Anforderungen an öffentliche Schulen. Früher waren Schulen in erster Linie akademische Bildungseinrichtungen; heute wird von ihnen erwartet, dass sie die Kinder von A nach B befördern, sie möglichst gesund ernähren und Sport treiben lassen und ihnen Disziplin beibringen; darüber hinaus sollen sie die Kinder über Drogen und Alkohol aufklären, ihnen Zielsetzung und Entscheidungsfindung beibringen, ihr Selbstwertgefühl aufbauen und als Berufsberater fungieren. Offenbar hat unsere Gesellschaft das System überfrachtet. Wie sollen Schulen das alles leisten?

In Anbetracht dieser schwierigen Aufgaben haben Schulverwalter ihre Schulen so organisiert, dass sie möglichst kostenwirksam arbeiten. Die Lehrer werden so ausgebildet, dass sie den Kindern hauptsächlich die Grundlagen vermitteln, und der Lernstoff wird so dargeboten, dass die Schüler ihn zur Klassenarbeit abrufen und hinterher gleich wieder vergessen können. Der Lehrplan orientiert sich an dem, was von einem Kind mit durchschnittlichen oder leicht unterdurchschnittlichen Fähigkeiten in einem bestimmten Alter erwartet werden kann. Um Geld und Energie zu sparen, behandeln Schulverwalter und Lehrer alle Kinder gleich und halten besondere Maßnahmen möglichst auf Sparflamme, obwohl Mainstreaming und Inklusion zu einer noch größeren Fächerung der Fähigkeiten innerhalb einer Klasse geführt haben. Kein Wunder also, dass Lehrer es schwierig finden, auf die Lernbereitschaft und Lernbedürfnisse jedes einzelnen Kindes in den überfüllten Klassen einzugehen.

Nun stellen Sie sich vor, Sie wären ein hochbegabtes Kind in einem Schulsystem, in dem Mittelmäßigkeit, Konformität und Anpassung mehr geschätzt werden als Innovation, vorzügliche Leistung und Kreativität. Der Lehrer hat alle Hände voll zu tun, um den Anforderungen der Schüler mit besonderen Bedürfnissen gerecht zu werden – für die schnellen Lerner bleibt da kaum noch Zeit. Vielleicht erklärt er Ihnen: «Damit musst du warten, bis du in die Oberstufe kommst, da macht man solche Matheaufgaben.» Das ist aber verwirrend für Sie, weil Sie schon jetzt für dieses höhere Lehrplanniveau bereit sind.

Finanzielle Unterstützung für Hochbegabtenförderung

Stellen Sie sich jetzt vor, Sie hätten ein behindertes Kind, und in der Schule würde man Ihnen mitteilen: «Ja, Ihr Kind braucht sonderpädagogische Fördermaßnahmen, aber wir können da überhaupt nichts machen.» Es gab Zeiten, da Eltern von Kindern mit Behinderungen solche Dinge zu hören bekamen. Aber die Eltern dieser Kinder haben sich zusammengeschlossen und Lobbying betrieben, damit sich ihre Kongressabgeordneten für bessere Bildungsgelegenheiten einsetzten. Jetzt bekommen Kinder mit Förderbedarf staatliche Mittel für ihre Bildung. Kommunale Schulen bekommen dagegen bis heute keine staatlichen Zuschüsse für Kinder, die hochbegabt sind.* Und bis jetzt haben sich Eltern hochbegabter Kinder nicht wirksam genug organisiert, um für finanzielle Mittel zu lobbyieren, obgleich sie es in vielen Bundesstaaten geschafft haben, kleinere Beträge auf kommunaler oder staatlicher Ebene zu erkämpfen.

Obwohl es bereits im Jahr 2004 in 29 US-Bundesstaaten gesetzlich vorgeschrieben war, hochbegabte Kinder zu identifizieren und zu fördern, sind die finanziellen Mittel dafür bis heute extrem begrenzt. In fünf dieser 29 Staaten gibt es überhaupt keine Zuschüsse, und 14 Staaten investieren weniger als 500 000 US-Dollar in die Hochbegabtenförderung. Ohne einheitliche landesweite Strategie oder ein Bundesgesetz müssen spezielle Bildungsmaßnahmen für hochbegabte und talentierte Kinder auch weiterhin

* In deutschsprachigen Ländern gibt es erste Verbesserungen, was die finanzielle Unterstützung von Fördermaßnahmen für Hochbegabung betrifft.

auf staatlicher oder kommunaler Ebene finanziert werden.[52] Derzeit werden öffentliche Gelder für die Hochbegabtenförderung in erster Linie in die Forschung und in Demonstrationsprojekte gesteckt, nicht aber in die Bereitstellung von Förderprogrammen.[53]

1993 veröffentlichte das US-Kultusministerium den Bericht *National excellence: A case for developing America's talents.* Darin wurde darauf hingewiesen, dass von 100 Dollar, die für die Bildung an Grund- und Sekundarschulen ausgegeben wurden, nur zwei Cent in die Hochbegabtenbildung flossen. Im Jahr 2005 waren es drei Cent pro 100 Dollar. Weniger als die Hälfte aller Bundesstaaten verlangte eine spezielle Zusatzausbildung oder eine Zulassung für Lehrer, um im Bereich der Hochbegabtenbildung zu unterrichten.[54]

Elterliches Engagement ist wichtig

Eltern kennen ihre Kinder am besten. Sie sind also nicht allein auf das Schulpersonal angewiesen, um festzustellen, ob Ihr Kind hochbegabt ist. Ihre Beobachtungen und Ihr Urteil sind wichtig, und es gibt noch andere Ressourcen außerhalb der Schule, zum Beispiel ausgewiesene Fachleute, die Sie dabei unterstützen können. Denken Sie auch daran, dass nicht alle hochbegabten Kinder ihre Fähigkeiten durch Leistungen in der Schule demonstrieren.

Eltern sollten prüfen, ob die Programme der Schule für ihr hochbegabtes Kind geeignet sind. Sie sollten überwachen, ob ihr Kind Fortschritte macht und durch Lerninhalte gefordert wird, die es noch nicht kennt, oder ob es sich selbst überlassen bleibt, während seine Mitschüler Konzepte oder Fertigkeiten üben, die es längst beherrscht. Eltern sollten vor allem jene Programme genau unter die Lupe nehmen, die den Bedürfnissen hochbegabter Kinder innerhalb des Regelunterrichts gerecht werden wollen; sie sollten besonders kritisch sein, wenn dort besonders viel Wert darauf gelegt wird, dass alle Kinder gleich behandelt werden, dieselben Bücher lesen, dieselben Standards und dieselben Erwartungen erfüllen. Innerhalb einer Klasse, wo die Schüler nach Alter gruppiert werden, variiert das Lerntempo gewaltig.

Die langsamen Lerner brauchen mehr Zeit und viele Wiederholungen, um eine neue Fertigkeit zu erlernen, während die schnellen Lerner sie oft schon nach einer einzigen Erklärung beherrschen, ohne dass sie dazu weitere Übung benötigen. Durchschnittliche Schüler brauchen wiederum Übung und Wiederholung, um die Konzepte zu beherrschen.

Eltern müssen sich auch dafür einsetzen, dass sich die kulturelle Wahrnehmung von Hochbegabtenförderung verändert und dass mehr in Bildungs- und Fördermaßnahmen für hochbegabte Kinder investiert wird. In den meisten US-Bundesstaaten gibt es Interessenverbände für Eltern, die Lobbyarbeit betreiben und auf Schulausschüsse, Gesetzgeber und Gemeinderäte einwirken können, um eine bessere Lernumgebung für alle hochbegabten Kinder zu schaffen.

Gleichberechtigung in der Bildung bedeutet nicht, dass alle das Gleiche lernen sollen; vielmehr geht es darum, dass alle Schüler die Chance bekommen, Fortschritte beim Lernen zu machen, anstatt nach einem Einheitscurriculum zu lernen. Eine faire und gleichberechtigte Bildung für alle Schüler, auch für die hochbegabten, basiert auf einem Lehrplan, der sie sowohl interessiert als auch fordert, der ihren individuellen Fähigkeiten und Bedürfnissen entspricht und der es ihnen ermöglicht, beim Lernen und bei der Entwicklung ihrer Fertigkeiten Fortschritte zu erzielen.

Kapitel 15

Professionelle Hilfe finden[1]

Hochbegabte Kinder brauchen oft in drei Bereichen Beratung und Führung: bei der Schullaufbahnplanung und Berufsberatung, bei persönlichen und sozialen Problemen mit Familie, Peers oder Lehrern und bei speziellen Erfahrungen außerhalb der Schule. Obgleich Eltern oder Lehrer diese Führung mitunter leisten können, braucht das Kind unter Umständen zusätzlich professionelle Unterstützung.

Eltern sind oft unsicher, wann sie professionelle Hilfe suchen sollen und wie sie einen geeigneten Berater, Psychologen oder eine andere Fachperson finden können. Möglicherweise fragen sie sich, auf welche Schule sie ihr Kind schicken sollen, oder sie möchten ihr Kind testen oder beurteilen lassen, um gegebenenfalls geeignete Interventionen einzuleiten. Vielleicht stellen sie auch Verhaltensweisen bei ihrem Kind fest, die sie beunruhigen, und sie suchen Rat und Orientierung. Oder sie fragen sich, ob eine Familienberatung sinnvoll wäre und ob sich eine solche Maßnahme in Anbetracht der Kosten und des Zeitaufwands überhaupt lohnt.

Wenn Sie glauben, dass professionelle Unterstützung hilfreich oder notwendig sein könnte, ist es besonders wichtig, jemanden zu finden, der Hochbegabungsverhalten nicht von vornherein als eine Verhaltensstörung betrachtet. Da nur sehr wenige Berater, Psychologen oder Fachpersonen anderer Heilberufe mit den Merkmalen und Bedürfnissen hochbegabter Kinder vertraut sind oder im Umgang mit Problemen in den Familien dieser Kinder geschult wurden, kann das mitunter recht schwierig sein.[2] Eine Studie hat ergeben, dass gut ein Fünftel der Informationen, die Eltern hochbegabter Kinder von Fachleuten erhielten, nicht nur falsch sondern sogar «schädlich» war;[3] außerdem waren viele Eltern über die mangelnde Genauigkeit der Informationen enttäuscht; offenbar kannten sich die Fachpersonen mit den Bedürfnissen hochbegabter Kinder einfach nicht aus. Nur allzu oft sind wohlmeinende aber unwissende Fachpersonen – ebenso wie viele Menschen in der Allgemeinbevölkerung – der Überzeugung, dass Hochbegabung grundsätzlich nur ein Vorteil und keine Bürde sein kann. Es fällt ihnen schwer, zu verstehen oder zu akzeptieren, dass eine hohe Befähigung auch schwierige emotionale Probleme mit sich bringen kann.

Obgleich der Prozess langwierig und teuer sein kann, können Ratschläge und Empfehlungen von sachkundigen Fachpersonen sehr wohl dazu beitragen, aktuelle Probleme zu lindern und künftigen Problemen vorzubeugen. Die folgenden Richtlinien werden Ihnen helfen, eine geeignete Unterstützung zu finden, die sich positiv auswirkt.

Tauschen Sie sich mit anderen Eltern aus

Vorbeugende Beratung und Orientierung ist zweifellos am besten, ob sie nun von Fachleuten geleistet wird oder aus anderen Quellen stammt. Manchmal kommen die hilfreichsten Ratschläge von anderen Eltern hochbegabter Kinder. Möglicherweise machen Sie sich Gedanken darüber, ob die Erfahrungen Ihres Kindes normal sind, ob Sie ihm genügend Anreize bieten, wie Sie auf die erschöpfende Intensität Ihres Kindes reagieren sollen oder wie Sie Machtkämpfe vermeiden können. Gespräche mit anderen Eltern hochbegabter Kinder können Ihnen helfen, die Verhaltensweisen Ihres Kindes zu Hause und in der Schule unter neuen Gesichtspunkten zu betrachten; darüber hinaus können Ihnen solche Gespräche Coping-Strategien aufzeigen, die andere Betroffene bereits ausprobiert haben. Eltern sind oft erstaunt, wie sehr sich die Probleme aller hochbegabten Kinder im häuslichen und schulischen Umfeld ähneln. Man kann sich gegenseitig versichern, dass die Dinge nicht so «fremdartig» oder «schlecht» sind, wie sie zunächst erscheinen. Es kann eine große Erleichterung sein, andere Eltern zu treffen, die sich mit denselben Fragen auseinandersetzen und ähnliche

Sorgen haben und die Ihnen möglicherweise eine geeignete Fachperson empfehlen können.

Man fühlt sich mit der Erziehung eines hochbegabten Kindes weniger allein, wenn man sich mit anderen Betroffenen über Sorgen und Erfolge austauschen kann. Andere Eltern hochbegabter Kinder können Sie über die Schule finden, aber auch über örtliche oder nationale Interessenverbände wie National Association for Gifted Children (NAGC) oder Supporting Emotional Needs of Gifted Childen (SENG). Internetplattformen und -foren, in denen Eltern sich austauschen und Beiträge schreiben, sind ebenfalls eine Anlaufstelle, um Kontakte zu knüpfen.* Es gibt Selbsthilfegruppen speziell für Eltern hochbegabter Kinder, zum Beispiel SENG, wo Eltern unter der Leitung geschulter Moderatoren Erfahrungen und Erziehungstipps austauschen können. In dem Buch *Gifted Parent Groups*[4] finden Sie Informationen darüber, wie solche Gruppen organisiert und unterstützt werden. Im Anhang des vorliegenden Buches finden Sie außerdem Hinweise zu Beratungsstellen und Verbänden sowie weitere Informationsquellen.

Die Entscheidung, einen Berater aufzusuchen

Es gibt viele Gründe, warum Eltern hochbegabter Kinder sich dazu entschließen, professionelle Hilfe in Anspruch zu nehmen. Sei es eine Beratung, Beurteilung, vorbeugende Maßnahme und/oder eine Therapie – alle diese Schritte können helfen, die Herausforderungen, welche mit Hochbegabung einhergehen, besser zu bewältigen. Manchmal begeben sich die Eltern selbst in Therapie, um ihrer Rolle besser gerecht werden zu können. Vielleicht kämpfen sie seit vielen Jahren mit Verhaltensweisen oder Problemen, die mit ihren eigenen Merkmalen von Hochbegabung zusammenhängen. Eine Beratung kann ihnen helfen, nicht nur sich selbst besser zu

* Zum Beispiel www.eltern.de/foren/hochbegabung/; www.logios.de/diskussionsforen.htm.

verstehen und zu akzeptieren, sondern auch ihre Beziehungen mit anderen Menschen zu verbessern.

Die Erziehung hochbegabter Kinder ist eine Herausforderung, weil zwischenmenschliche Interaktionen und Emotionen intensiv sind und ständig wechseln. Woher weiß man, wann eine Einschätzung und Beratung durch eine Fachperson notwendig ist? Eltern können darauf achten, ob sich das Verhalten des Kindes verändert oder ob es neue Muster zeigt: Vielleicht verändert sich ja sein Schlafmuster, oder es verliert das Interesse an etwas, das ihm zuvor viel Freude gemacht hat. Oder das Kind ist ungewöhnlich zurückhaltend, wenn es darum geht, etwas Neues auszuprobieren; vielleicht hat es plötzlich schlechtere Noten in der Schule oder ist auf einmal sehr verschlossen. In solchen Fällen sollten Sie Ihr Kind genau beobachten und ihm Kommunikationsgelegenheiten geben. Wenn die Kommunikation nicht funktioniert, überwachen Sie das Kind weiter. Sollte dieses neue Problem länger als ein paar Wochen andauern und sollten Sie das Gefühl haben, dass Angst, Traurigkeit, Depression oder schlechte zwischenmenschliche Beziehungen damit einhergehen, ist es sinnvoll, professionelle Hilfe zu suchen. Eine Fachperson kann Ihnen Informationen über das Problem geben und gegebenenfalls einen Plan ausarbeiten, um das Problem anzugehen. Die Beratung bietet Ihnen Rückversicherung und Orientierung, selbst wenn es sich nicht um ein gravierendes Problem handelt; und bei einem schwerwiegenden Problem bekommen Sie eher die Unterstützung, die Sie brauchen.

Jüngere Kinder sollten frühzeitig auf den Beratungsprozess vorbereitet werden, damit sie die Erfahrung als etwas Normales betrachten; schließlich ist die Inanspruchnahme psychologischer Beratung bei vielen Menschen nach wie vor mit einem Stigma behaftet. Wenn die Erfahrung für das Kind positiv ist, wird es mit größerer Wahrscheinlichkeit auch als Jugendlicher oder Erwachsener professionelle Unterstützung suchen, wenn es sie braucht. Zu Beginn jeder Beratung sollten klare Fragen und Ziele formuliert werden, und Sie als Eltern sollten ein aktiver Teil des Prozesses sein. Betrachten Sie die damit verbundenen Kosten als eine Investition zum Wohl aller Beteiligten: Wird rechtzeitig eine passende Intervention eingeleitet, steigt die Wahrscheinlichkeit, dass alle davon profitieren.

Ist Testen notwendig?[5]

Wann ist Testen hilfreich oder notwendig? Eine formale Beurteilung kann wichtige Informationen liefern, und die Daten können dazu beitragen, die Situation und was auch immer vorgefallen sein mag, zu klären. Es gibt viele gute Gründe, um ein hochbegabtes Kind testen zu lassen: um das Depressions- oder Angstniveau zu evaluieren; um ein Lernproblem wie Dyslexie zu diagnostizieren; um mithilfe eines Intelligenz- oder Leistungstests herauszufinden, welche Schule für das Kind in Frage kommt; oder um Probleme wie ADS/ADHS oder das Asperger-Syndrom auszuschließen.

Eine gute Beurteilung sollte die Fragen der Eltern beantworten und spezifische Empfehlungen beinhalten, wie man das Problem angehen könnte. Sie sollte Eltern aber auch auf die vorhandenen Ressourcen aufmerksam machen. Beispielsweise lässt sich mithilfe von individuellen Intelligenz- und/oder Leistungstests feststellen, ob ein Kind hochbegabt ist. Wurde das Kind bereits als hochbegabt eingestuft, helfen diese Tests bei der Planung geeigneter Fördermaßnahmen. Außerdem geben sie Aufschluss über Stärken, Schwächen und den bevorzugten Lernstil des Kindes und zeigen, welche Erwartungen an das Kind realistisch sind. Im Anschluss an die Beurteilung werden den Eltern die Ergebnisse erklärt. Vermutlich erhalten sie einen drei- bis achtseitigen schriftlichen Bericht, der neben den Resultaten auch Empfehlungen enthält, welche die Eltern gegebenenfalls der Schule mitteilen können.

Nach der Beurteilung durch eine sachkundige Fachperson haben die meisten Eltern das Gefühl, ihr Kind besser zu verstehen, und sie finden, dass die Diagnostik und Beratung ihr Geld wert waren. Mit diesem neuen und datengestützten Verständnis sind die Eltern eher in der Lage, ihrem Kind die geeigneten und notwendigen Fördermaßnahmen zu verschaffen.

Es empfiehlt sich, zwei oder drei Jahre nach der ersten Untersuchung eine zweite vornehmen zu lassen, um Vergleiche anstellen zu können und Fortschritte zu überwachen. Zumindest sollten die Eltern etwa alle zwei Jahre einen professionellen Berater für ein Kontrollgespräch aufsuchen.

Medikation oder Beratung?

Viele Verhaltensweisen von Kindern lassen sich durch eine Beratung ändern, aber manchmal ist zusätzlich auch eine Medikation ratsam. Ein Kind sollte nur dann Medikamente bekommen, wenn dies auch tatsächlich notwendig ist; vielen hochbegabten Kindern werden jedoch Medikamente verschrieben, bevor alternative Mittel und Wege ausprobiert wurden. Eine gründliche Diagnostik ist die einzige Möglichkeit, um festzustellen, ob eine Medikation erforderlich ist; darüber hinaus gibt es jedoch auch ein paar Fragen, die Sie sich selbst stellen können, wenn Sie diese Möglichkeit in Betracht ziehen. Die Psychologin Sylvia Rimm empfiehlt, die folgenden 12 Fragen zu beantworten, bevor Sie beschließen, dass Medikamente die beste Lösung für die Verhaltens- und Konzentrationsprobleme Ihres Kindes sind:[6]

1. Herrscht zwischen Ihnen und dem anderen Elternteil (beziehungsweise Stiefelternteil) Uneinigkeit darüber, welche disziplinarischen Maßnahmen bei Ihrem Kind angewandt werden sollen?
2. Sind Sie Ihrem Kind gegenüber häufig negativ oder verärgert?
3. Verlieren Sie oft die Beherrschung und entschuldigen sich dann bei Ihrem Kind, indem Sie es in den Arm nehmen?
4. Kommt es zwischen Ihnen und Ihrem Kind ständig zu Machtkämpfen? Fühlen Sie sich nach solchen Machtkämpfen hilflos?
5. Kommt es oft vor, dass Sie Ihrem Kind bei den Schulaufgaben helfen, weil es sie in der Schule nicht zu Ende gebracht hat und sich zu Hause nicht konzentrieren kann?
6. Haben Sie das Gefühl, häufig desorganisiert und unkontrolliert zu sein?
7. Verbringt Ihr Kind täglich zwei Stunden oder mehr vor dem Fernseher oder Computer?
8. Sind Sie mit Ihrer Arbeit so überlastet, dass nur wenig Zeit für gehaltvolle Eltern-Kind-Interaktionen bleibt?

9. Kann sich Ihr Kind in Bereichen, die es besonders interessieren oder in denen es besonders motiviert ist, gut konzentrieren?
10. Bietet der schulische Lehrplan Ihrem Kind genügend Herausforderungen?
11. Nimmt Ihr Kind an geeigneten außerschulischen Aktivitäten teil, bei denen es sich abreagieren kann?
12. Weiß Ihr Kind, wie es Wettbewerbssituationen gut bewältigen kann?

Wenn Sie die ersten neun Fragen überwiegend mit «Ja» beantwortet haben und die letzten drei Fragen mit «Nein», ist eine Beratung vermutlich geeigneter als Medikamente, da sich das Verhalten des Kindes wahrscheinlich am ehesten durch Anpassungen im häuslichen und schulischen Bereich verbessern lässt. Allerdings dürften geeignete Interventionen und die Führung durch eine Fachperson erforderlich sein, um diese Passung vorzunehmen. Eltern sollten sicherstellen, dass dem Kind keine Medikamente verschrieben werden, um seine Hochbegabungsmerkmale zu «behandeln», also zum Beispiel seine Intensität und Neugierde, sein divergentes Denken oder seine Langeweile in einem unpassenden schulischen Umfeld. Wir haben viele höchstbegabte Kinder getroffen, denen fälschlicherweise ein ADS, eine ADHS oder eine Störung mit oppositionellem Trotzverhalten diagnostiziert worden war und denen man Medikamente verschrieben hatte, obwohl man mit mehr Verständnis, einer geeigneten Verhaltenstherapie oder einfach nur mit schulischen Fördermaßnahmen viel mehr erreicht hätte. Eltern sollten auch wissen, dass manche der Medikamente, die üblicherweise verschrieben werden, eine dämpfende Wirkung auf die kognitiven Funktionen haben, und dass diese Nebenwirkung die Begabungen des Kindes und die Ursache des Problems weiter verschleiert. Fragen Sie den Arzt, der das Medikament verschreibt, gezielt nach dieser spezifischen Nebenwirkung. Für Deutschland gilt zudem, dass bei ADHS vor einer Medikation zunächst ein Jahr lang eine Verhaltenstherapie durchgeführt werden muss.

Familienberatung

Manche Familien mit hochbegabten Kindern haben einen Familienpsychologen, den sie – ähnlich wie den Hausarzt – regelmäßig aufsuchen, um Checkups durchführen zu lassen, Fortschritte zu erörtern und Rat zu suchen, wenn es einmal nicht so gut läuft. Das ist besonders empfehlenswert und hilfreich für Eltern von höchstbegabten oder außerordentlich hochbegabten Kindern, nicht nur, weil die Intensität und Sensibilität bei diesen Kindern noch viel ausgeprägter ist als bei anderen hochbegabten Kindern, sondern auch, weil die Entwicklung dieser Kinder für gewöhnlich asynchroner beziehungsweise ungleichmäßiger verläuft, weswegen sie den Menschen in ihrer Umgebung häufig Rätsel aufgeben. Außerdem gibt es oft Probleme mit Geschwisterrivalität, schulischen Fortschritten oder sogar Depression, und diese Probleme müssen unbedingt angegangen werden. Da höchstbegabte und außerordentlich hochbegabte Kinder häufiger Verhaltensweisen zeigen, die intensiver, extremer oder «überspannter» sind, und weil ihr schulisches Umfeld ihnen mit größerer Wahrscheinlichkeit nicht gerecht wird, besteht bei diesen Kindern ein größeres Risiko für eine Fehldiagnose als bei «leicht» hochbegabten Kindern.

Wie teuer ist eine professionelle Beratung?

Natürlich machen sich Eltern darüber Gedanken, wie viel diese Art von professioneller Beratung eigentlich kostet. Es ist Ihr gutes Recht, sowohl über den Prozess an sich als auch über die Kosten aufgeklärt zu werden: Fragen Sie ruhig danach, wenn Sie einen Termin vereinbaren. Eine seriöse Fachperson wird mehrere Stunden veranschlagen, verteilt auf zwei oder drei Sitzungen, um Ihr Kind kennenzulernen und sich ein Bild von seiner Umgebung zu machen. Die Kosten können sich auf 400 bis 1500 Dollar belaufen, je nachdem, wie umfangreich die Beurteilung ist. Für Deutschland, Österreich und die Schweiz gelten umgerechnet ähnliche Preise. Diese Beträge mögen Ihnen hoch vorkommen, zumal akademische Beurteilungen dieser Art nicht von den Krankenkassen übernommen werden. Wenn

Sie die Kosten jedoch mit denen für die Zahnspange Ihres Kindes vergleichen, erscheinen Sie Ihnen vermutlich angemessen. Denken Sie daran, dass Ihr Kind von dieser Beurteilung langfristig profitieren kann.

Die Kosten einer Einzel- oder Familienberatung oder -therapie reichen im Allgemeinen von 100 bis 200 Dollar pro Sitzung, je nach Fachperson und Region. In Deutschland sind es ebenfalls 80 bis 180 Euro. Möglicherweise übernimmt Ihre Krankenversicherung einen Teil dieser Kosten. Allgemein gilt jedoch, dass Hochbegabung keine Erkrankung ist und daher weder die Diagnostik noch die Beratung von den Krankenkassen übernommen wird. Falls aber im Zusammenhang mit einer Hochbegabung Verhaltensstörungen und eine psychische Belastung auftreten, ist dies sehr wohl ein behandlungsrelevantes Geschehen, und die Kosten sollten von den Krankenkassen übernommen werden. Beratung im Hinblick auf schulische und private Förderung ist eine Beratungsleistung, die in der Regel steuerlich geltend gemacht werden kann. Auch Förderkurse können teilweise steuerlich geltend gemacht werden, wobei die Finanzämter oftmals die Notwendigkeitsbescheinigung einer Fachperson verlangen.

Wenngleich es nicht immer leicht ist, eine effektive Beratung oder Therapie zu finden, machen sich die damit verbundenen Kosten und Mühen meist bezahlt. Die meisten Eltern hochbegabter Kinder schätzen die spezifischen Informationen und Empfehlungen, die sie von Experten bekommen. Vielleicht finden Sie am Ende sogar eine Fachperson, die nicht nur die Bedürfnisse hochbegabter Kinder versteht, sondern auch die Bedürfnisse ihrer Familien. Ein guter Therapeut ist eine unerschöpfliche Ressource. Er kann auch langfristig ein Berater, Fürsprecher und Ankerpunkt für Sie und Ihre Familie werden. Wie manche Hausärzte unterstützen und begleiten Experten auf dem Gebiet der Hochbegabung eine Familie manchmal über zwei Generationen hinweg.

Den richtigen Ansprechpartner finden

Jeder Berater und Therapeut ist anders und geht die Situation etwas anders an als seine Kollegen. Die Interaktion zwischen dem Kind und der Fachperson ist sehr wichtig; entscheidend ist auch, dass die Fachperson die typischen Bedürfnisse hochbegabter Kinder versteht. Auf der Suche nach einem Psychologen, der sich mit Hochbegabung auskennt, können Eltern zum Beispiel über www.die-hochbegabung.de oder über www.karg-stiftung.de überregional in Deutschland geeignete Fachleute finden. Informationen über geeignete Fachpersonen in Ihrer Nähe finden Sie auch über örtliche und nationale Interessenverbände für Hochbegabte und über www.dghk.de, www.hbf-ev.de oder www.mensa.de. Eltern sollten den Berater oder Therapeuten ganz offen nach seinen beruflichen Erfahrungen mit hochbegabten Kindern und Erwachsenen fragen.

Gibt es weitere Möglichkeiten, um einen Psychologen oder Berater ausfindig zu machen? Sie können andere Eltern von hochbegabten Kindern bitten, Ihnen Ansprechpartner zu nennen, mit denen sie gute Erfahrungen gemacht haben. In der Regel sind Eltern gerne bereit, Informationen weiterzugeben und mit anderen Betroffenen über ihre Erfahrungen zu sprechen. Ein bekannter Psychologe hat einmal gesagt: «Es gibt zwei Arten von Menschen: solche mit Problemen und solche, die man noch nicht gut genug kennt, um zu wissen, welche Probleme sie haben.»[7]

Wenn es Ihnen Schwierigkeiten bereitet, eine qualifizierte Fachperson zu finden, die sich mit hochbegabten Kindern auskennt, empfiehlt es sich, einen gut ausgebildeten Berater oder Psychologen zu konsultieren, der zumindest bereit ist, etwas über hochbegabte Kinder und Erwachsene zu lernen; in der Regel genügt das. Vielleicht ist der Berater, Psychologe, Psychiater oder Kinderarzt ja bereit, Fachliteratur wie das preisgekrönte Buch *Misdiagnosis and dual diagnoses of gifted children and adults*[8] zu lesen, das von vielen Psychologen und Ärzten empfohlen wird. Sie können auch darauf hinweisen, dass es speziell für Psychologen laufend Weiterbildungskurse über die sozialen und emotionalen Bedürfnisse hochbegabter Kinder und ihrer Familien gibt.[9]

Bedauerlicherweise stoßen Eltern mitunter auf Psychologen, die sich kaum für Hochbegabung interessieren oder die meinen, dass Hochbegabung nicht behandlungswürdig sei und zugunsten «wirklicher» Probleme zurückgestellt werden solle. Dieser Ansatz ist nicht nur falsch, sondern auch potenziell schädlich. Obgleich die Hochbegabung eines Kindes in der Regel nur einer von mehreren Faktoren ist, die professionelle Interventionen erfordern, muss sie dennoch in den Prozess einbezogen werden. Ohne ein gründliches Verständnis von Hochbegabung lassen sich die Probleme des Kindes wohl kaum vollständig lösen. Die Hochbegabung ist ein grundlegender Bestandteil seiner Entwicklung; daher ist es ebenso wichtig, sich damit auseinanderzusetzen wie mit seiner allgemeinen Gesundheit.

Eine Fachperson, die bereit ist, die Hochbegabung in den Beratungsprozess zu integrieren, kann hilfreich sein. Wenn es um die Frage geht, ob das Kind getestet werden soll, sollte das Testen jedoch von einem Experten vorgenommen werden, der Erfahrung mit hochbegabten Kindern hat. Es könnte nämlich sein, dass unerfahrene Fachpersonen trotz ihrer allgemeinen Fertigkeiten im Bereich des psychologischen Testens nicht über die vielen Faktoren Bescheid wissen, die die Testergebnisse speziell von hochbegabten Kindern beeinflussen und verfälschen können; oder sie wissen nicht, welche Implikationen diese Testergebnisse mit sich bringen. Genaue Testergebnisse sind aber entscheidend für den Zugang zu speziellen Förderprogrammen, die Wahl der Schule und geeigneter Lerninterventionen und für die Prognose. Es genügt nicht, zu sagen, dass das Kind die Kriterien erfüllt, wenn es einen IQ von 130 oder höher hat. Eine qualifizierte Fachperson, die Erfahrung mit der Beurteilung hochbegabter Kinder hat, ist in der Lage, eine geeignete Diagnostik vorzunehmen, die Ergebnisse genau zu interpretieren und entsprechende Empfehlungen auszusprechen.

Bevor Sie sich für einen Berater entscheiden, nehmen Sie zunächst eine Probesitzung in Anspruch, um zu sehen, ob sein Ansatz und Stil den Bedürfnissen Ihrer Familie gerecht wird. Ein Psychologe mag noch so kompetent sein – manchmal hat er einen persönlichen Stil, der einfach nicht zu dem Kind oder zu der Familie passt. Die Beziehung zwischen der Fachperson und dem Kind trägt aber entscheidend zu einem positiven Ergebnis bei. Psychologen, die gut mit hochbegabten Kindern *und* Erwachsenen arbeiten, sind in der Regel flexibel, Fragen gegenüber offen, smart, kreativ, resilient und geschickt, wenn es darum geht, Machtkämpfe zu vermeiden.

Wenn Ihnen schon die Anfangssitzung nicht zusagt oder Sie mit späteren Ergebnissen oder Empfehlungen unzufrieden sind, sollten Sie eine zweite Meinung einholen, vor allem, wenn die Fachperson eine ernste Diagnose stellt. In der Medizin ist es schon lange üblich, eine zweite Meinung einzuholen, und dieser Schritt ist auch in der Psychologie und in Bildungsfragen angemessen.

Wie läuft eine professionelle Beratung ab?

Was kommt auf Sie zu, wenn Sie eine professionelle Beratung in Anspruch nehmen? Der Psychologe, Therapeut oder Berater wird die Eltern und das Kind wahrscheinlich Fragebögen ausfüllen lassen und ein paar kurze psychologische Tests vornehmen, um sich ein Bild von der Familiendynamik machen zu können. Vermutlich möchte er Eltern und Kind zusammen erleben, bevor er erst das Kind und dann die Eltern getrennt befragt. Vielleicht möchte er auch mit einem Lehrer sprechen oder sogar die Schule besuchen und das Kind im Unterricht beobachten. Möglicherweise wird er auch mit dem Kinderarzt Rücksprache halten. Bevor der Berater Personen außerhalb der Kernfamilie kontaktiert, muss er eine Einverständniserklärung der Eltern einholen, mit der sie ihn von der Schweigepflicht entbinden, da es hier um vertrauliche Dinge geht. Eventuell wird der Psychologe außerdem formale Tests von Intellekt, Leistung und emotionaler Funktionsfähigkeit bei dem Kind vornehmen. Wenn ein Verdacht auf Lernprobleme oder -störungen besteht, wird der Berater für weitere Einschätzungen und Konsultationen gegebenenfalls auch einen Neuropsychologen hinzuziehen oder sich an jemanden wenden, der Experte im Testen von hochbegabten Kindern ist.

Das alles wird Zeit in Anspruch nehmen. Allein das Testen kann drei bis vier Stunden dauern, und ein Psychologe kann die Tests eventuell auf zwei oder drei Sitzungen verteilen, um sicherzustellen, dass das Kind nicht ermüdet. Hilfreich ist auch, wenn der Psychologe das Kind bei mindestens zwei verschiedenen Gelegenheiten erlebt, um Verhaltensänderungen feststellen zu können. Der Berater wird viele Fragen stellen, aber auch intensiv zuhören. Das alles ist positiv. Schließlich wollen Sie durchdachte Empfehlungen und Ratschläge, die auf einer gründlichen Beurteilung und nicht auf einem oberflächlichen Ansatz oder einem flüchtigen Eindruck basieren. Die Eltern sollten Geduld haben und sich nicht scheuen, selbst Fragen zu stellen, wenn sie die Fragen des Psychologen beantworten.

Wenn die Beurteilung abgeschlossen ist, können die Eltern ein mindestens einstündiges Gespräch mit dem Berater, Psychologen oder Psychiater erwarten, bei dem die Ergebnisse und die nächsten Schritte besprochen werden. Wenn die Fachperson eine krankheitsrelevante Diagnose gestellt hat, sollten sich die Eltern erklären lassen, wie sie zu diesem Ergebnis gelangt ist. Vergewissern Sie sich im Vorfeld dieses Gespräches, dass die Fachperson auf einschlägige Bücher wie *Misdiagnosis and dual diagnoses of gifted children and adults*[10] aufmerksam gemacht wurde; mithilfe der darin enthaltenen Informationen lässt sich die Wahrscheinlichkeit minimieren, dass Hochbegabungsverhalten verkannt, missdeutet oder mit unzutreffenden Diagnosen verwechselt wird.

In manchen Situationen ist eine Beratung oder Therapie notwendig, und die Eltern sollten darauf bestehen, dass der Berater oder Therapeut in regelmäßigen Abständen – etwa alle drei oder vier Sitzungen, die er mit dem Kind abhält – einen Gesprächstermin mit ihnen vereinbart. Manche Therapeuten führen auch vor oder nach jeder Sitzung ein kurzes Gespräch mit den Eltern. Bei präadoleszenten Klienten ist es nicht zweckdienlich, über mehrere Sitzungen das Kind alleine zu sehen, ohne die Eltern miteinzubeziehen. Die Eltern sind der wichtigste Teil in der Welt des Kindes, und sie müssen wissen, wie sie den Beratungsprozess unterstützen können. Die meisten Therapeuten empfehlen den Eltern oder Lehrern spezifische Maßnahmen, die sie zu Hause beziehungsweise in der Schule umsetzen können.

Wenn Anpassungen im schulischen Bereich erforderlich sind, sprechen Sie die Fachperson darauf an. Oft kann die Fachperson wichtige Unterstützung leisten, wenn es darum geht, die Schule von der Notwendigkeit solcher Anpassungen zu überzeugen; schließlich sind die Daten, die im Rahmen der professionellen Beurteilung gesammelt wurden, äußerst relevant für die schulischen Fördermaßnahmen des Kindes. Diese Unterstützung ist hilfreich, egal, ob das Kind eine staatliche, eine private oder eine Charterschule besucht oder – in Ländern, in denen das zulässig ist – zu Hause unterrichtet wird.[11] Nicht alle Eltern von hochbegabten Kindern benötigen eine professionelle Beratung. Die wichtigste Unterstützung bekommt das Kind durch die Familie, die ihm ein Gefühl des Aufgehobenseins und der Zugehörigkeit vermittelt. Als Eltern können Sie für Bildungserfahrungen sorgen, die Ihr Kind entsprechend herausfordern und bereichern. Ihre Beziehung zu Ihrem Kind und die Beziehungen innerhalb der Familie sind für ein positives Resultat am allerwichtigsten und tragen dazu bei, dass Ihr Kind zu einem gesunden Erwachsenen heranreift.

Endnoten

Vorwort

1 Strip & Hirsch (2000).
2 Dr. Martin Seligman, ehemals Präsident der American Psychological Association (Verband amerikanischer Psychologen), hat auf die weit verbreitete Auffassung hingewiesen, dass «hochbegabte Kinder selbst klarkommen, [wodurch] eine sehr große Zahl hochbegabter Kinder frustriert und verzweifelt auf der Strecke bleibt. [...] Viel zu oft werden große Talente in der Schule weder erkannt noch gefördert – schlimmer noch, sie werden zur Mittelmäßigkeit verdammt» (Seligman, 1998, S. 2).
3 Webb et al. (2007, S. 34).
4 Zehn bis 20 Prozent aller Schulabbrecher sind Tests zufolge hochbegabt, und 40 Prozent der besten High-School-Absolventen brechen später ihr Studium ab und verlassen das College ohne einen Abschluss (Colangelo & Davis, 1997, S. 352).
5 Fish & Burch (1985); Ruf (2005); Silverman (1993).
6 Clark (2002).
7 Gottfried & Gottfried et al. (1994); Ruf (2005); Silverman (1993); Webb & Kleine (1993); Webb et al. (2007).
8 Webb et al. (2007, S. 46).
9 American Association for Gifted Children (1978, S. X). Der amerikanische Verband für hochbegabte Kinder hat in den 1970er Jahren eine Gruppe hochbegabter Jugendlicher befragt, deren persönliche Erfahrungen auch heute noch relevant sind.

Einführung

1 Roeper (1995, S. 142).
2 Hochbegabte Erwachsene berichten häufig, dass ihre Eltern die Entwicklung ihrer Talente stimuliert und gesteuert haben. Die Schule erwähnen sie dagegen nur selten

als einen wichtigen Einflussfaktor. Einige bezeichnen die Schule sogar als negativen Einfluss (Albert und Runco, 1987; Bloom, 1985; Goertzel et al., 2004; Milgram, 1991).

3 Selbsthilfegruppen geben Eltern hochbegabter Kinder die Möglichkeit, sich über die einzigartigen Herausforderungen auszutauschen, mit denen die betroffenen Familien konfrontiert werden. Am häufigsten wird das in Amerika entwickelte SENG- («Supporting Emotional Needs of Gifted»)-Modell verwendet. In diesen Gruppen können Eltern voneinander lernen, Unterstützung in Anspruch nehmen und Einblicke gewinnen (www.sengifted.org).

4 Siehe Ruf (2005); Silverman (1997b); Webb & Kleine (1993). Manchen hochbegabten Kindern wird aufgrund ihrer Verhaltensweisen eine Aufmerksamkeitsdefizit-/Hyperaktivitätsstörung (ADHS) oder eine andere Störung diagnostiziert. Mehr Informationen dazu finden sich auch bei Webb et al. (2005).

5 American Association for Gifted Children (1985); Webb (2001); Webb et al. (2005).

6 Marland (1972).

7 Nach Cross (2005); Delisle (1992); Webb & Kleine (1993); Webb et al. (2007); Winner (1996).

8 Gottfredson (1997) hat umfangreiche Forschungen zusammengefasst, die zeigen, dass Intelligenz besonders wichtig ist, um mit der Komplexität des modernen Lebens zurechtzukommen.

9 Im Fokus der Forschung stehen vor allem jene Kinder, die in der Schule bereits als hochbegabt identifiziert wurden, was nahelegt, dass sie zumindest intellektuell einigermaßen gut funktionieren. Insgesamt haben die Forschungen gezeigt, dass die Wahrscheinlichkeit eines Suizidversuchs oder eines vollendeten Suizids bei hochbegabten Kindern nicht höher ist als bei anderen Kindern. Allerdings sind manche hochbegabte Kinder möglicherweise anfälliger für Suizidgedanken und suizidale Handlungen, wie wir in Kapitel 7 sehen werden.

10 Neihart, Reis, Robinson & Moon (2002).

11 Dieses Konzept wurde erstmals 1942 von Dr. Leta Hollingworth (1975, Nachdruck) beschrieben. Sie gründete die erste Schule für hochbegabte Kinder in den Vereinigten Staaten. Eine faszinierende Biografie dieser Pionierin der Hoch- und Höchstbegabtenforschung ist *A Forgotten Voice: A Biography of Leta Stetter Hollingworth* (Klein, 2002).

12 Hollingworth (1975) hat es etwas härter formuliert: Hochbegabte Kinder müssten lernen «Torheit lächelnd zu ertragen».

13 Forschungen zeigen, dass Intelligenz etwa zu 50 Prozent genetisch bedingt ist. Zwei hervorragende Zusammenfassungen von Forschungen auf diesem Gebiet sind Plomin & Petrill (1997) und Gottfredson (1997). Weitere Forschungen (z. B.

Maguire et al., 2000) zeigen, dass Übung und Stimulation durch die Umwelt zu physischen Veränderungen im Gehirn führen. Siehe auch Neubauer & Stern (2009).

14 Führende Wissenschaftler auf dem Gebiet, wie zum Beispiel Gagné (1991, 1999), plädieren dafür, zwischen «Begabung» und «Talent» zu unterscheiden: «Begabung» bezeichnet demnach das angeborene Potenzial, während «Talent» bedeutet, dass eine Fähigkeit systematisch entwickelt wurde (siehe dazu auch Holling & Kanning, 1999, S. 14). Im vorliegenden Buch verwenden wir «talentiert» und «hochbegabt» der Einfachheit halber zusammen, obgleich wir mit Gagnés Unterscheidung übereinstimmen. Wir hoffen, dass andere Bezeichnungen, etwa «fortgeschrittene Lerner» oder «Kinder mit hohem Potenzial» in Zukunft häufiger Verwendung finden.

Kapitel 1

1 «Psychomotorische Fähigkeiten» werden heute in den meisten US-Bundesstaaten ausgeklammert, weil athletische Begabung bzw. Talent in Schule und Gesellschaft bereits ausreichend anerkannt und gefördert wird. In den USA wird Hochbegabung in jedem Staat etwas anders definiert; entsprechend variiert die Art und Weise, wie Hochbegabung in den jeweiligen Bereichen gemessen wird. Die National Association for Gifted Children gibt regelmäßig den so genannten *State of the States*-Bericht heraus, der ausführlich über diese Unterschiede informiert.

2 Die meisten US-Bundesstaaten haben die NAGC- bzw. die Marland-Definition in ihr Gesetzbuch aufgenommen; manche Staaten berufen sich jedoch auf die «Bundesdefinition» von 1981: nach dieser Definition zeigen hochbegabte und talentierte Kinder «eine hohe Leistungsfähigkeit in spezifischen schulischen Bereichen oder in Bereichen wie geistige, kreative, künstlerische Fähigkeit oder Führungsqualität. Damit sie ihre Fähigkeiten voll entwickeln können, benötigen diese Kinder Programme bzw. Aktivitäten, die normalerweise nicht von Schulen angeboten werden» (Education Consolidation and Improvement Act, Paragraph 582).

3 Weit weniger Aufmerksamkeit wird den Bereichen Kreativität, Führung oder Bildende bzw. Darstellende Kunst zuteil, mit Ausnahme von ein paar Bundesstaaten, oder wenn die Familie ihr hochbegabtes Kind gezielt in einem dieser Bereiche fördert. Dies war jahrzehntelang der Fall (siehe Cox, Daniel & Boston, 1985; Fox, 1981) und ist auch heute noch so (siehe Davis, 2006; Rogers, 2002).

4 Im Allgemeinen erreichen hochbegabte Kinder die Entwicklungsstufen 30 Prozent früher als durchschnittliche Kinder; das gilt insbesondere für jene Bereiche, in denen motorische Koordination keine Rolle spielt. Ruf (2005) hat Entwicklungsstufen bei hochbegabten Kindern mit unterschiedlichem intellektuellen Entwicklungsstand aufgelistet.

5 Sattler (2001).

6 Bouchard (1984).

7 Beim erneuten Testen der Intelligenz mithilfe von standardisierten Einzeltests weichen die Intelligenzwerte von Kindern für gewöhnlich zu 90 Prozent der Zeit um maximal zehn Punkte gegenüber dem ursprünglichen Testergebnis ab (Sattler, 2001). Diese Abweichungen beim erneuten Testen wurden jedoch bei Kindern mit durchschnittlichen Intelligenzwerten ermittelt. Da hochbegabte Kinder statistisch gesehen «Ausreißer» sind, besteht die Möglichkeit, dass ihre Testergebnisse nicht so stabil sind. Clark (2002) hat die Forschungen zusammengefasst, die untersucht haben, wie sich Stimulation durch die Umwelt auf die geistige Entwicklung auswirkt.

8 Matthews & Foster (2005) erörtern das «Mystery»- bzw. «Mastery»-Modell von Hochbegabung. Neuere Studien (siehe Clark, 2002) zeigen, dass bereichernde Aktivitäten messbare Veränderungen der Gehirnstruktur bewirken.

9 Piirto (2004).

10 Die meisten IQ-Tests haben einen Mittelwert von 100 und eine Standardabweichung von 15.

11 Cronbach (1990); Gottfredson (1997); Mackintosh (1998); Matarazzo (1972).

12 Zum Beispiel Sternberg (1986); Gardner (1994).

13 Obgleich ein solcher «Ausschlag» bedeutet, dass mehr Personen als bisher angenommen in den oberen Bereich (IQ-Werte um 160) fallen, ist unklar, wie viele genau das sind; hierzu werden mehr Untersuchungen benötigt. Möglicherweise gibt es in dieser Subgruppe genetische/biologische Unterschiede.

14 Ruf (2005), Webb & Kleine (1993) und andere haben mindestens doppelt so viele Personen als erwartet gefunden, die IQ-Werte oberhalb von 160 erreichen, und mehr als dreimal so viele mit Werten oberhalb von 180. Dieses Ergebnis – obwohl wenig bekannt – ist indes keine große Überraschung: Wechsler (1935), Cronbach (1990), Dodrill (1997) und andere haben darauf hingewiesen, dass die Annahme, Intelligenz folge einer gleichmäßigen, glockenförmigen Normalkurve, falsch sei. Möglicherweise wurden zu wenig höchstbegabte Personen in die Normierungsstichproben aufgenommen, oder diejenigen, die die Tests durchführten, verwendeten kurvenglättende Statistiken, um Ausschläge zu vermeiden, weil sie davon ausgingen (bzw. ausgehen wollten), dass die Verteilung eine glockenförmige Kurve ergab.

15 IQ-Tests sind nur selten ausreichend sensible Messinstrumente für hochbegabte – und insbesondere für höchstbegabte – Kinder. Das ist ungefähr so, als würde man den GED High School Equivalency Test (ein mit dem High-School-Abschluss vergleichbarer Bildungsabschluss, der zum Studium an einer Hochschule berechtigt) mit Hochschulabsolventen durchführen und erwarten, dass man dabei Werte

findet, die ihre unterschiedlichen Fähigkeiten widerspiegeln. Wenn die meisten Testteilnehmer 100 Prozent erreichen, ist das kein hilfreiches Ergebnis, um sie untereinander zu unterscheiden. In Anbetracht des Deckeneffekts können wir lediglich behaupten, dass hochbegabte Kinder gescheiter sind, als es die Ergebnisse von IQ-Tests verraten. Dieses Problem hat viele Psychometriker beschäftigt, die mit hochbegabten und talentierten Kindern arbeiten (z. B. Ruf, 2005; Silverman & Kearny, 1992). Eine gute Diskussion des Deckeneffekts findet sich bei Ruf (2005).

16 Albert (1991); Ruf (2005).

17 Gagné & St. Père (2002); Sattler (1998); Tannenbaum (1991).

18 National Association for Gifted Children (1998).

19 Rivero (2002); Robinson (2000); Rogers (2002); Silverman (1993); Strip & Hirsch (2000); Winner (1996).

20 Silverman (1997a).

21 Gagné (1991); Roedell, Jackson & Robinson (1980).

22 Webb & Kleine (1993); Webb et al. (2005).

23 Gardner (1998) hat vorgeschlagen, dass es auch eine naturalistische, eine spirituelle und eine existenzielle Intelligenz geben könnte. Siehe auch Gardner (2008).

24 Die Liste der Intelligenzen stammt von Gardner (1994), die Beschreibungen haben wir abgeleitet.

25 Maker (2005) hat ein Beobachtungsmodell (das so genannte «Discover Model») entwickelt, um diese Intelligenzen zu ermitteln. Dabei stufen geschulte Beobachter Kinder bei der Arbeit an Aufgaben ein, bei denen sprachliche, mathematische, räumliche, musikalische, kinästhetische sowie inter- und intrapersonale Intelligenzen gefragt sind. Schuldistrikte, die dieses Modell verwenden, geben an, dass es ihnen dabei hilft, zusätzliche hochbegabte Kinder zu ermitteln. Allerdings sind nur wenige Schulen bereit, dieses Modell einzusetzen, da die Ausbildung der Beobachter zeit- und kostenintensiv ist.

26 Leider ist das nur dann der Fall, wenn die Eltern sich eine solche außerschulische Förderung leisten können. Kinder aus einkommensschwachen Familien bekommen solche Gelegenheiten nur selten.

Kapitel 2

1 Die Merkmale dieser Liste stammen vor allem von Clark (2002), Davis (2006) und Webb & Kleine (1993); ganz ähnliche Listen finden sich aber in nahezu allen Büchern über hochbegabte und talentierte Kinder.

2 Ken Vinton, persönliche Mitteilung (1999).

3 Ein solch enger Interessenbereich ist auffallend und kann dazu führen, dass dem Kind fälschlicherweise eine so genannte Asperger-Störung diagnostiziert wird. Mehr darüber und über andere Situationen, in denen Merkmale hochbegabter Kinder für Symptome psychischer Störungen gehalten werden, findet sich in *Misdiagnosis and dual diagnoses of gifted children and adults: ADHD, bipolar, OCD, Asperger's, depression, and other disorders* von Webb et al. (2005).

4 In ihrem köstlichen Buch *Raisin' brains: Surviving my smart family* (2002) beschreibt Karen Isaacson interessante und kreative Experimente ihrer eigenen hochbegabten Kinder.

5 Isaacson (2002).

6 Ruf (2005).

7 Von Nobelpreisträgern wird berichtet, dass sie «eine Leidenschaft beziehungsweise Beharrlichkeit insbesondere beim Lösen von Naturrätseln» gemein haben (Gottfried & Gottfried, 2004, S. 129).

8 Ornstein (1997).

9 Goldberg (2001).

10 Ornstein (1997).

11 Lovecky (2004); Silverman (2002); Webb et al. (2005).

12 Adaptiert aus Silverman (2002) und Davis (2006).

13 Mann (2005).

14 Das Konzept der erhöhten Sensitivität ist nur ein Teil von Dabrowskis Theorie der positiven Desintegration. Kitano (1990), Lind (2001), Piechowski & Colangelo (1984) sowie Tucker & Hafenstein (1997) sind hervorragende Quellen für weitere Informationen über erhöhte Sensitivität. Eine ausführlichere Beschreibung von Dabrowskis Theorie, einschließlich weiterer wichtiger Aspekte wie dem Konzept der «positiven Desintegration» bietet Sharon Linds Beitrag «Overexcitability and the Gifted» auf der SENG-Webseite (http://www.sengifted.org/articles_social/Lind_OverexcitabilityAndTheGifted.shtml [01.11.2011]) sowie Dabrowski & Piechowski (1977).

15 In jüngster Zeit haben Experten auf dem Gebiet der Hochbegabtenpädagogik beobachtet, dass hochintelligente Kinder und Erwachsene mit größerer Wahrscheinlichkeit angeborene Intensitäten haben, die zu einer gesteigerten Reaktion auf Reize – also zu erhöhter Sensitivität – führen (Boucher & Falk, 2001; Lind, 2001; Tucker & Hafenstein, 1997; Silverman, 1993).

16 Meckstroth (1991).

17 Jacobsen (2000).

18 Die Beschreibungen orientieren sich vor allem an den Arbeiten von Lind (2001) und Piechowski (1991).

19 Meckstroth (1991); Webb (2000a, 2000b, 2000c); Webb et al. (2007).

20 Peters (2003).

21 Piechowski (1991, S. 287).

22 Die Pädagogin May Seagoe hat diese Stärken und Probleme erstmals 1974 aufgelistet; inzwischen sind diese Zusammenhänge allgemein anerkannt.

23 Neihart et al. (2002) hat mit Verweis auf die Literatur festgestellt, dass hochbegabte Kinder als Gruppe ein stabiles Selbstkonzept haben. Bei manchen hochbegabten Kindern – vor allem bei jenen, die keine Resilienz entwickelt haben – besteht jedoch die Wahrscheinlichkeit, dass sie soziale und emotionale Probleme bekommen.

24 In Anlehnung an Clark (2002) und Seagoe (1974).

25 Bei Fish & Birch (1985), Ruf (2005), Tannenbaum & Neuman (1980) sowie Webb & Kleine (1993) finden sich Tabellen, in denen das Alter und die entsprechenden Entwicklungsstufen normalbegabter Kinder aufgelistet werden; die Autoren stellen außerdem Daten zur Verfügung, die zeigen, wann hochbegabte Kinder diese Entwicklungsstufen normalerweise erreichen.

26 Ruf (2005).

27 Strip & Hirsch (2000).

Kapitel 3

1 Aus *Kinder brauchen Optimismus* (Seligman, 1999). Dieses interessante Buch ist für die Erziehung hochbegabter Kinder sehr sachdienlich.

2 Bei dieser landesweiten Studie (Rideout, Roberts & Foehr, 2005) der Kaiser Family Foundation wurden mehr als 2000 Dritt- bis Zwölftklässler befragt. Wie sich herausstellte, verbringen Kinder und Jugendliche in den USA immer mehr Zeit mit «neuen Medien» wie Computer, Internet und Videospielen, ohne dabei Abstriche bei den «alten Medien» (Fernsehen, Printmedien und Musik) zu machen. Kinder verwenden häufig mehrere Medien gleichzeitig; beispielsweise surfen sie im Internet und sehen gleichzeitig fern. Die Zeit, die sie mit diesen Aktivitäten verbringen, bleibt zwar konstant, wird aber mit immer mehr Medieninhalten vollgestopft.

3 McPherson, Smith-Lovin & Brashears (2006).

4 Sattler (1988, 2001).

5 Goleman (1995).

6 Adolph Moser (1991) hat eine Reihe hervorragender Kinderbücher geschrieben, von denen jedes eine spezifische Emotion beziehungsweise eine emotionale Situation behandelt. Zu den (durchweg englischsprachigen) Titeln gehören: *Don't pop your cork on Mondays: The children's anti-stress book*; *Don't feed the monster on Tuesdays: The children's self-esteem book*; *Don't rant and rave on Wednesdays: The*

children's anger-control book; Don't despair on Thursdays: The children's grief-management book; Don't tell a whopper on Fridays: The children's truth-control book; und *Don't be a menace on Sundays: The children's anti-violence book.* Judith Viorsts Buch *Alexander und der mistige Tag* (1985) erzählt die unterhaltsame Geschichte eines Jungen, der seine negativen Gefühle verstehen lernt. Bei Halsted (2002) findet sich eine hervorragende Bibliografie mit weiteren Titeln. Eine exzellente Zusammenstellung von «Kinderbüchern als Gesprächsanlass» (nicht nur für hochbegabte Kinder) auf Deutsch zu Themen wie beispielsweise Identitätsfragen, Freundschaft, Streit, Toleranz, moralischen Fragen, Gefühlen und vielem mehr findet sich unter http://www.kinderphilosophie.ch/156/LiteraturKinderErwachsene/Kinderbuecherzumphilosophieren.html

7 Nach Reivich & Shatté (2002).

8 Delisle (2006, S. 131).

9 Der Begriff «emotionale Temperatur» geht auf Satir (1988) zurück. Betts & Neihart (1985) haben die Anwendung dieser Methode bei hochbegabten Kindern diskutiert.

10 Die Methode der Ich-Botschaften wurde von Dr. Thomas Gordon entwickelt, dem Autor des Erziehungsklassikers *Familienkonferenz: Die Lösung von Konflikten zwischen Eltern und Kind* (1989).

11 Der Psychologe Sidney Jourard (1971) stellte fest, dass Selbstenthüllung in der Regel Selbstenthüllung veranlasst. Tatsächlich lernen wir uns auf diese Weise gegenseitig kennen. Wenn eine Person ein wenig von sich preisgibt, gibt auch die andere Person ein wenig von sich preis. Daraufhin geht die erste Person einen Schritt weiter und enthüllt noch etwas mehr persönliche Informationen und Gefühle und so weiter.

12 Rimm (1996).

Kapitel 4

1 Motivationsprobleme bei Kindern im Grundschulalter haben in der Regel mit Selbstkontrolle oder Disziplin zu tun. Motivation hängt mit Disziplin zusammen, und ein vorrangiges Ziel von Eltern besteht darin, Kindern dabei zu helfen, eine angemessene Selbstmotivation und Selbstdisziplin zu erlernen. Disziplin ist das Thema des nächsten Kapitels.

2 Whitney & Hirsch (2007).

3 Mindestens die Hälfte aller hochbegabten Schüler in der Grund- und Oberschule berichtet über Langeweile in den Hauptfächern, weil sie ständig warten müssen, bis ihre Mitschüler so weit sind; sie lassen den Unterricht über sich ergehen, mit einem Lernstoff, den sie längst beherrschen (Gallagher, Harradine & Coleman, 1997).

4 Reis & McCoach (2004).
5 Whitney & Hirsch (2007) beschreiben ausführlich die Gründe für einen Motivationsmangel bei hochbegabten Kindern.
6 Mehr dazu siehe Rimm (1995).
7 Kerr (1997).
8 Kerr & Cohn (2001) gehen näher auf die Probleme ein, die entstehen, wenn hochbegabte Jungen versuchen, dem «Boy Code» gerecht zu werden. In diesem Zusammenhang befassen sich die Autoren auch mit den besonderen Problemen von Kindern, die Minderheiten angehören.
9 Morris (2002).
10 Rimm (1995); Whitmore (1986); Whitney & Hirsch (2007).
11 Reis et al. (1993); Rogers (2002).
12 Marland (1972); Rimm (1997); Rogers (2002).
13 Marland (1972); Reis et al. (1993); Rogers (2002).
14 Nach Bricklin & Bricklin (1967); Clark (2002); Webb et al. (1982); Whitmore (1980); Whitney & Hirsch (2007).
15 Es gibt Hinweise (z. B. Gottfried & Gottfried, 2004), dass der Einsatz externer Konsequenzen (z. B. die Belohnung mit Geld oder Spielsachen oder der Entzug von Privilegien) eher dazu führt, dass die intrinsische Motivation des Kindes abnimmt.
16 Reis & McCoach (2004).
17 Olszewski-Kubilius (2002); Robinson (2000).
18 Maslows Theorie (Maslow, 1981, 1971; Maslow & Lowery, 1998) wird in der Hochbegabtenforschung häufig herangezogen, weil sie für hochbegabte Kinder und Erwachsene besonders relevant ist.
19 Csikszentmihalyi (2010).
20 Csikszentmihalyi, Rathunde & Whalen (1993); Robinson (2000).
21 Milgram (1991); Reis & McCoach (2004).
22 Reis & McCoach (2004).
23 Emerick (2004); Reis, Colbert & Hébert (2005); Rhodes (1994).
24 Betts & Kercher (1999) haben sich viele Jahre lang damit befasst, wie man Kindern dabei helfen kann, «autonome Lerner» zu werden.
25 Einige klassische Forschungen haben gezeigt, wie wichtig Beziehungen für das Selbstkonzept, aber auch für die schulische und kreative Entwicklung hochbegabter Kinder sind. Paul Torrance (1981), ein Pionier auf dem Gebiet der Hochbegabtenpädagogik, hat die Eigenschaften von Lehrern untersucht, die im Leben hochbegabter Kinder eine wichtige Rolle gespielt haben. Er befragte hochbegabte Erwachsene nach «besonderen» Lehrern, die ihr Leben «verändert» haben. Der Einfluss dieser Lehrer gründete sich weniger auf den Lerninhalten, die sie vermittelten; viel-

mehr war die Lehrer-Schüler-Beziehung von entscheidender Bedeutung. Dieses Ergebnis wurde von Emerick (2004) bestätigt.

26 Rimm (1995).

27 Stephen R. Covey (2005) & Sean Covey (2007) haben Übungen entwickelt, um herauszufinden, wie Sie von anderen Menschen gesehen werden möchten und was in Ihrem Leben und in Ihren Beziehungen wichtig ist.

28 Borba (2001); Stephen R. Covey (2005); Sean Covey (2007). Weitere hilfreiche Bücher sind *Teaching Values* (1996a) und *Values are Forever* (1996b) von Gary Davis sowie *Values Clarification* (Kirschenbaum, Howe & Simon, 1995), ein aktualisierter Klassiker, der Kindern hilft, Werte zu identifizieren und Ziele zu setzen.

29 Bloom (1985); Goertzel et al. (2004).

30 Olszewski-Kubilius (2002).

31 Miller (1996); Webb et al. (2005).

32 Roeper (1995, S. 149).

33 Der Begriff «sukzessive Erfolge» wird bei Webb et al. (2007) verwendet. Psychologen kennen dieses Konzept unter der Bezeichnung «sukzessive Approximation bzw. Annäherung», nach B.F. Skinner und Kollegen. Im Wirtschaftskontext sprechen Blanchard & Johnson (1993) von dem Angestellten, der dabei «erwischt wird, wie er etwas richtig macht».

34 Reivich & Shatté (2002); Seligman (1999, 2002).

35 Rimm (1995, 1996, 1997).

Kapitel 5

1 Bath (1995), Brenner & Fox (1998), Deater-Deckard & Dodge (1997), DeVet (1997), Gershoff (2002) und McCord (1998) haben alle einen Zusammenhang zwischen harter, inkonsequenter Bestrafung und späterer Delinquenz sowie Verhaltensauffälligkeiten gefunden.

2 McCall, Appelbaum & Hogarty (1978); Smith & Brooks-Gunn (1997).

3 Leman (2000). Im deutschsprachigen Raum beziehen wir uns meist auf die Führungsstile nach Kurt Lewin, siehe Lewin, Lippitt & White (1939).

4 Betts & Kercher (1999).

5 Chidekel (2003) beschreibt, wie ein autoritärer Erziehungsstil zu erlernter Hilflosigkeit führt.

6 Chidekel (2003).

7 Siehe zum Beispiel McCall et al. (1978).

8 Glasser & Easley (1998).

9 Glasser & Easley (1998, S. 11).

10 Rimm & Lowe (1998).
11 Das gilt jedoch nicht für hochbegabte Kinder mit Aufmerksamkeitsdefizit-/Hyperaktivitätsstörungen (ADS/ADHS). Diese Kinder brauchen sehr klare Grenzen und Erwartungen im Hinblick auf nahezu alle ihre Verhaltensweisen und Interaktionen, und die Grenzen und wiederholten Konsequenzen müssen unmittelbar und beständig sein, damit diese Kinder Selbstkontrolle lernen.
12 Nach Chidekel (2003, S. 155).
13 Rimm (1996).
14 Manche hochbegabte Kinder sind von Natur aus Kurzschläfer, andere Langschläfer (Webb et al., 2005).
15 Hilfe bei der Erstellung von altersgerechten Regeln oder bei der Strukturierung eines spezifischen Disziplinplans finden Sie in diesen Büchern: *1-2-3-Magic* von Dr. Thomas Phelan, *Family rules* von Kenneth Kaye, *Positive parenting with a plan (Grades K-12)* von Matthew Johnson und *Smart parenting* von Dr. Sylvia Rimm.
16 Dreikurs & Soltz (2010).
17 Coloroso (2002).
18 Ruf (2005) stellt die typischen Entwicklungsstufen bei Kindern mit verschiedenen Begabungsniveaus dar.
19 Mehr Informationen darüber, wie Sie diesen Ansatz wirksam nutzen können, finden Sie bei Dreikurs & Grey (2007), Dreikurs & Soltz (2010), Mackenzie (2001) oder Severe (2003). Diese Autoren führen Beispiele für den Gebrauch von natürlichen Konsequenzen an.
20 Zum Beispiel Phelan (2003).
21 Der Begriff «Fliegen verscheuchen» stammt aus dem Buch *Kinder fordern uns heraus* von Dreikurs & Soltz (2010).
22 Dreikurs & Soltz (2010).
23 Nach Rimm (1996).
24 Der Psychologe Haim Ginott (1985) hat betont, wie wichtig Wahlmöglichkeiten für die Entwicklung des Selbstwertgefühls eines Kindes sind. Er hat darauf hingewiesen, dass es praktisch in jeder Situation eine Alternative gibt.
25 Cornell (1983); Rimm (2007).

Kapitel 6

1 Kerr und Cohn beschreiben den mächtigen Peerdruck, der vor allem in der Mittelstufe herrscht. Mädchen verstecken ihre Fähigkeiten häufig und geben sich nach außen hin weniger intelligent. Jungen haben das Gefühl, sich dem «Boy Code» anpassen zu müssen, bei dem es hauptsächlich darum geht, Stärke zu demonstrie-

ren und Gefühle zu verbergen. Mehr Informationen dazu finden sich bei Kerr (1997) und Kerr & Cohn (2001). Coleman & Cross (2001) beschreiben ebenfalls, wie hochbegabte Kinder und Jugendliche ihre Fähigkeiten verbergen.

2 Ein ausgezeichnetes Buch darüber, wie man sowohl Erwachsenen als auch Kindern Resilienz beibringen kann, ist Reivich & Shatté (2002).

3 Hoge & Renzulli (1991).

4 Neihart et al. (2002); Reynolds & Bradley (1983); Scholwinski & Reynolds (1985).

5 Gross (1993); Neihart et al. (2002); Silverman (1993); Webb et al. (2005).

6 Diese Art von Temperamentforschung wird in der Fullerton-Längsschnittstudie von Guerin et al. (2003) gut zusammengefasst. Die Wissenschaftler begleiteten 130 gesunde Kinder von ihrem ersten bis zu ihrem 17. Lebensjahr und führten in dieser Zeit 19 laborgestützte Beurteilungen und drei Hausbesuche durch – einen im Kleinkindalter, den zweiten in der Vorschule und den dritten in der Mittelstufe. Dieselbe Stichprobe bildete auch die Grundlage für die Längsschnittstudie über frühe Entwicklungsaspekte bei Kindern mit IQ-Werten im Hochbegabungsbereich (Gottfried et al., 1994).

7 Neihart (1999).

8 Mehr dazu in Kapitel 10 (Werte, Traditionen und Einzigartigkeit), wo es um das Brechen mit Traditionen geht. Wann immer eine Person nicht traditionskonform handelt, löst das bei anderen Unbehagen aus.

9 Manchen dieser Kinder wird fälschlicherweise eine ADHS, das Asperger-Syndrom, eine Zwangsstörung, eine bipolare bzw. manisch-depressive Störung oder eine Depression diagnostiziert (Webb et al., 2005).

10 Hollingworth (1975, S. 13).

11 Auch hochbegabte Erwachsene zeigen nicht immer ein gutes Urteilsvermögen. Sternberg (2002) beschreibt zahlreiche Wissenschaftler, Politiker und andere, deren Urteilsfähigkeit bei vielen Gelegenheiten beträchtlich hinter ihrem Intellekt zurücklag.

12 Baum & Owen (2004).

13 In Filmen wie *October Sky*, *Good Will Hunting*, *Forrester – Gefunden!* und *Das Wunderkind Tate* wird diese Art der Asynchronie eindringlich dargestellt.

14 Ruf (2005) beschreibt, wie diese Schwierigkeiten variieren, je nachdem, welches intellektuelle Niveau das Kind hat und in welchem Maße Bildungsanpassungen vorgenommen werden. Mehr Informationen stellt Dr. Ruf auf ihrer Webseite zur Verfügung: www.educationaloptions.com [Stand: 18.01.2012].

15 Schuler (2002) hat die Unterschiede zwischen gesundem und ungesundem Perfektionismus eloquent beschrieben.

16 Neihart hat diese Analogie 2006 bei der AGATE-(Advocacy for Gifted and Talented Education)-Konferenz in Montana verwendet.

17 Dieser Prozentsatz wurde von mehreren Experten geschätzt, darunter Adderholdt & Goldberg (1999), Kerr (1991) und Silverman (1993). Es handelt sich um «dysfunktionale Perfektionisten» (Parker & Mills, 1996); dysfunktionaler Perfektionismus wird von einigen Fachleuten der Heilberufe als ein Marker von Zwangsstörungen betrachtet.

18 Sie werden daher auch als «selbstorientierte Perfektionisten» bezeichnet. Siehe Hewitt & Flett (1991b); Neumeister (2004).

19 Seligman (1995) hat viele relevante Studien zusammengefasst. Siehe auch Neihart et al. (2002).

20 Manchen dieser Kinder wird möglicherweise zu Unrecht das Asperger-Syndrom diagnostiziert, das unter anderem durch einen Mangel an Empathie, dem Bedürfnis nach Struktur, einem starren Festhalten an Gewohnheiten, eine Ausrichtung auf Fakten und Details und eine ernste und konkrete Herangehensweise an Situationen und das Leben insgesamt gekennzeichnet ist. Mehr Informationen dazu finden sich bei Webb et al. (2005).

21 Neumeister (2004).

22 Die Studie von Kaufman (1981) über Stipendiaten des Presidential-Scholars-Programms – die sicherlich Hochleister, aber wahrscheinlich keine Überleister waren – veranschaulicht diesen Punkt. Viele dieser hochintelligenten und auch sonst gut angepassten College-Studenten hatten sich so sehr an Auszeichnungen und Anerkennung gewöhnt, dass sie verwirrt und frustriert waren, als das später im Berufsleben nicht mehr so oft vorkam.

23 Csikszentmihalyi (2010).

24 Goertzel et al. (2004).

25 Maddie, Bartone & Puccetti (1987).

26 Zitiert in MacKinnon (1978, S. 171).

27 Olszewksi-Kubilius (2002).

28 O'Neill (1989, S. 27–28).

29 Galbraith & Delisle (1996).

30 In den 1950er Jahren begründete der Psychologe Albert Ellis die «rational-emotive Verhaltenstherapie», die im Konzept des Selbstgesprächs einen Schlüsselaspekt von unangemessenen Denkmustern sieht. Diese «irrationalen Denkmuster» führen zu Niedergeschlagenheit und eventuell zu Depression. Siehe Ellis & Harper (1979) und Ellis (2008).

31 Shakespeare (1988, «Hamlet» II/2, S. 291).

32 Zitiert nach kroening-online.de/ [Stand: 24.01.2012].

33 Seine Erfahrungen veranlassten den Psychiater Viktor Frankl dazu, einen psychotherapeutischen Ansatz zu entwickeln, der als Logotherapie bezeichnet wird.

Außerdem schrieb Frankl zahlreiche Bücher, darunter … *trotzdem Ja zum Leben sagen: Ein Psychologe erlebt das Konzentrationslager* (1998) und *Der unbewußte Gott: Psychotherapie und Religion* (2010).

34 Selbstgespräche sind ein zentraler Bestandteil der so genannten «exekutiven Funktionen» des Gehirns; dazu gehört die Fähigkeit, vorauszuschauen, die möglichen Folgen des eigenen Verhaltens einzuschätzen und das Verhalten dementsprechend zu steuern. Siehe auch Barkley (2012).

35 Silverman (1993); Whitney & Hirsch (2007).

36 Whitney & Hirsch (2007).

37 Nach Delisle (1992) und Ellis & Harper (1979).

38 Mehr über Selbstgespräche, irrationale Überzeugungen und darüber, wie man mit ihnen umgeht, finden Sie bei Dryden & Hill (1992) und Ellis & Harper (1979) sowie auf der Webseite des Albert Ellis Institute (www.rebt.org).

39 Seligman (1995). Der frühere Vorsitzende der American Psychological Association hat Forschungen darüber zusammengefasst, welche psychischen Merkmale und Verhaltensmerkmale man ändern kann und welche mehr oder weniger genetisch festgeschrieben sind.

40 Das Buch *What you can change – and what you can't* (1995) von Martin Seligman bietet eine hervorragende Zusammenfassung der Forschung.

41 Miller (1996) beschreibt eindrücklich, wie Eltern talentierter Kinder in ein Muster von übertriebenem Engagement schlittern können. Manchmal steckt dahinter der Versuch, ihr eigenes Leben durch das der Kinder noch einmal zu leben.

42 Dieser Ansatz wird ausführlicher bei Reivich & Shatté (2002) beschrieben.

43 Der Begründer der rational-emotiven Verhaltenstherapie, Albert Ellis, hat in diesem Zusammenhang den Begriff «catastrophizing» (eine Katastrophe aus etwas machen, schwarzmalen) geprägt.

44 Die beiden Beiträge von Hébert (1995) und Hébert & Kent (2000) bieten Informationen über die so genannte Bibliotherapie (den therapeutischen Einsatz von Büchern) bei hochbegabten Kindern.

45 Als Bibliothekarin und Expertin für Hochbegabung betont Halsted (2002), wie wichtig Lesen für die geistige, soziale und emotionale Entwicklung hochbegabter Kinder ist. In ihrem Buch beschreibt sie den hochbegabten Leser und stellt kurze Zusammenfassungen von fast 300 Büchern zur Verfügung, die nach Leseniveau und Themenbereich geordnet sind.

46 Die Autoren dieser Bücher sind Gailbraith (2009); Gailbraith, Delisle & Delisle (1996); Adderholdt & Goldberg (1999); Greenspon (2001); Coloroso (2004) und Kaufman, Raphael & Espeland (1999).

47 Hébert & Neumeister (2002). Eine ausführliche Beschreibung der hier genannten Filme sowie zahlreiche weitere relevante Filmtitel finden Sie in dem Buch *Psyche im Kino* von Wedding, Boyd & Niemiec (2011).

48 Progoff (1992).

49 In ihrem Buch *Perfectionism: What's bad about being too good* (1999) führen Miriam Adderholdt und Jan Goldberg viele bekannte Persönlichkeiten an, die zunächst scheiterten, jedoch nicht aufgaben und später Erfolg hatten und sogar berühmt wurden.

50 Goertzel et al. (2004).

51 Jones (1994); Panati (1987).

52 Eine landesweite Studie von Peterson & Ray (2006) hat gezeigt, dass fast die Hälfte aller Achtklässler schon einmal gemobbt wurde; elf Prozent der Schüler waren wiederholt Opfer von Mobbing geworden.

53 Das Akronym HALT wird auch bei den Anonymen Alkoholikern eingesetzt, um Abhängigen zu signalisieren, dass sie sich in einer Situation befinden, die das Verlangen zu trinken wieder auslösen könnte. Manche Familien haben anstelle von HALT eigene «Signalwörter» kreiert, die sie in kritischen Situationen verwenden.

54 Eine ausführliche Diskussion von reaktiver Hypoglykämie bei hochbegabten Kindern findet sich bei Webb et al. (2005).

55 Siehe Seligman (1999) und Reivich & Shatté (2002).

56 George Vaillant (1995, 2002), Professor für Psychiatrie an der Universität Harvard, hat Daten aus drei soziologischen Forschungsstudien gesammelt, bei denen insgesamt 824 Teilnehmer mehr als 50 Jahre lang begleitet wurden – von ihrer Jugend bis ins hohe Alter. Die Teilnehmer entstammten der «Harvard Grant Study» (weiße männliche Probanden), der «Inner City Study» (nicht straffällige, weiße männliche Probanden) sowie der «Terman Women Study» (hochbegabte weibliche Probandinnen), die jeweils 1921, 1930 und 1911 begonnen hatten. In allen drei Studien wurden die Teilnehmer in regelmäßigen Abständen befragt. Vaillant kam zu dem Schluss, dass ein körperlich und emotional erfolgreiches Altwerden durch mehrere Faktoren bestimmt wird: Verzicht auf Rauchen und Alkohol; ein adaptiver Lebensstil; ein gesundes Körpergewicht und Sport; eine dauerhafte Beziehung (in den Studien waren das überwiegend Ehen) sowie Bildung. Faktoren, die nicht beeinflusst werden können (etwa Langlebigkeit in der Familiengeschichte, Merkmale der Eltern oder Temperament in der Kindheit) wurden nicht als Prädiktoren herangezogen. Wichtig an der Vaillant-Studie war auch die Erkenntnis, dass es nicht darauf ankommt, welche Schwierigkeiten einem das Leben beschert und wie viele Schicksalsschläge man erleidet, sondern wie man mit ihnen umgeht. Für weitere Informationen siehe Vaillant (2002).

57 Martin Seligman (1999) und seine Kollegen haben ein komplettes Programm zur Steigerung der emotionalen Resilienz bei Kindern entwickelt, das ihnen hilft, Stress besser zu bewältigen.

58 Colangelo & Davis (1997); Silverman (1993); Webb (1993).

Kapitel 7

1 Shenk (2005) beschreibt, wie Abraham Lincoln seine Depression nutzte, um geistig zu wachsen und Zielstrebigkeit und Überzeugung zu entwickeln.

2 Cross-National Collaborative Group (1992).

3 Studien mit Kindern im Alter von 10 bis 13 Jahren haben ergeben, dass zwischen 2 und 9 % depressiv sind. Im Jugendalter zeigen etwa 15 % der Mädchen zwischen 14 und 16 Jahren eine signifikante Depression, während es bei den Jungen «nur» etwa 8 bis 9 % sind (Costello, 1989; Lewinsohn et al., 1993).

4 Obgleich das Suizidrisiko bei jungen weißen Männern am größten ist, nimmt die Rate auch unter jungen schwarzen Männern rapide zu. Bei männlichen Afro-Amerikanern der Altersstufe 15 bis 19 ist die Suizidrate zwischen 1980 und 1992 um 165 % gestiegen. Insgesamt ist Suizid bei den 15- bis 24-Jährigen die dritthäufigste Todesursache in den USA (National Centers for Disease Control and Prevention, 1997). Mehr Informationen darüber finden sich bei Costello (1989), Lewinsohn et al. (1993) und American Academy of Child and Adolescent Psychiatry (1997).

5 Pelkonen & Marttunen (2003).

6 National Centers for Disease Control and Prevention (2006).

7 Siehe zum Beispiel Blatt (1995), Delisle (1986), Kaiser & Berndt (1985) und Piechowski (1979). Eine gute Zusammenfassung der Forschung findet sich bei Neihart et al. (2002).

8 Zum Beispiel Cross (1996, 2005) und Gust-Brey & Cross (1998).

9 Allein die Tatsache, dass diese Kinder für ein Hochbegabtenprogramm ausgewählt wurden, deutet darauf hin, dass sie in der Schule gut funktionierten – was wiederum darauf schließen lässt, dass sie keine größeren sozialen oder emotionalen Probleme hatten.

10 Neihart (1999).

11 Baker (2004).

12 Educational Communications (2005/2006).

13 Davidson & Linnoila (1991).

14 Kerr (1991); Piirto (2004); Silverman (1993).

15 Jamison (1995; 2002); Ludwig (1995); Piirto (2004).

16 Neihart (1999).

17 Das Konzept der «erlernten Hilflosigkeit» geht auf den Psychologen Martin Seligman (1999) zurück, der zunächst Forschungen mit Hunden durchführte und seine Erkenntnisse später auf den Menschen übertrug. Seligman beschreibt, wie Personen lernen, hilflos zu sein, und zwar auch in Situationen, in denen sie eigentlich Veränderungen herbeiführen könnten.

18 Rogers (2002) und Ruf (2005) haben beide darauf hingewiesen, wie wichtig es ist, dass das Schulprogramm den Bedürfnissen des Kindes entspricht. Beide Autoren beschreiben Möglichkeiten, wie man für das jeweilige Kind einen geeigneten Bildungsplan entwickeln kann.

19 Dweck & Licht (1980).

20 Vielleicht ist das der Grund, warum erwachsene Männer und Frauen insgesamt zwar ähnlich optimistisch sind, ihren Optimismus jedoch auf ganz unterschiedliche Bereiche richten. Männer sind optimistisch, was den Beruf betrifft; Probleme oder Misserfolge betrachten sie als vorübergehend und situationsbedingt und führen sie nicht auf einen grundsätzlichen Mangel ihrerseits zurück. Im Hinblick auf zwischenmenschliche Misserfolge sind Männer hingegen eher pessimistisch: Sie betrachten sie als langandauernd oder permanent und situationsübergreifend und führen sie auf persönliche Defizite zurück. Bei Frauen ist es genau umgekehrt: Sie sind pessimistisch, was ihre Leistungen angeht, und optimistisch, was soziale Rückschläge betrifft (Seligman, 1999).

21 Die Depressionsrate nimmt stetig zu, wenn Kinder die Pubertät durchlaufen (Seligman, 1999).

22 American Psychiatric Association (2003, S. 398–407).

23 Einige hervorragende Quellen zu den unterschiedlichen Ausdrucksformen von Depression bei Jungen und Mädchen finden sich bei Kerr (1997) und Kerr & Cohn (2001). Sehr zu empfehlen ist auch der Artikel von Ilardi, Craighead & Evans (1997), der allerdings an ein Fachpublikum gerichtet ist.

24 Drogen und Alkohol sind selbst depressionsfördernd, beeinträchtigen die Denkfunktion und tragen am Ende dazu bei, die Depression zu verstärken (American Institute of Preventive Medicine, 2005).

25 Seligman (2002a).

26 Evans (2004).

27 Carver & Scheier (1999); Seligman (2002a; 2002b).

28 Plomin (2004).

29 Seligman (1999).

30 Bei Erwachsenen, deren Mutter starb, bevor sie elf Jahre alt waren, ist das Risiko einer Depression ein Leben lang erhöht. Ein solcher Effekt ist offenbar nicht gegeben, wenn der Vater frühzeitig stirbt (Seligman, 1999).

31 U.S. Census Bureau (2001).

32 Eine eindrückliche Beschreibung dieses beunruhigenden Trends findet sich bei Pipher (2000).

33 Die soziale Isolation hat zugenommen, während unterstützende Netzwerke abnehmen (McPherson et al., 2006). Studien wie die von Egeland & Hostetter (1983) haben gezeigt, dass die psychische Gesundheit durch Gruppenzusammenhalt auf der einen und Zerrüttung auf der anderen Seite beeinflusst wird. Andere Studien (zum Beispiel Nolen-Hoeksema, Girgus & Seligman, 1986; 1992) haben dargelegt, dass Kinder durch Scheidung und Auseinandersetzungen der Eltern ein Gefühl von Instabilität bekommen, das zu Depression führen kann.

34 Seligman (1999).

35 Viorst (1995).

36 Delisle (2006, S. 88).

37 Delisle (2006, S. 124).

38 Siehe zum Beispiel Hewitt & Flett (1991a) und Whitmore (1980).

39 Baum & Owen (2004); Baum, Owen & Dixon (1991); Hayes & Sloat (1990); Webb et al. (2005).

40 Winner (1996) und Silverman (1993) haben beide festgestellt, dass hochbegabte Kinder und Erwachsene – insbesondere die Höchstbegabten unter ihnen – im Vergleich zur Allgemeinbevölkerung häufiger introvertiert als extravertiert sind. Introvertierte Personen laden für gewöhnlich ihre Batterien auf, indem sie Zeit für sich allein verbringen, während extravertierte Personen aus dem Zusammensein mit anderen emotionale Stärkung und Erfrischung beziehen. Das Persönlichkeitsmerkmal der Introversion kann die Diagnose und Behandlung von Depression bei hochbegabten Kindern erschweren.

41 Bloom (1985); Goertzel et al. (2004); Kerr (1997).

42 Delisle (2006, S. 15).

43 Zu den Psychologen und Psychiatern, die sich speziell mit existenzieller Depression befasst haben, gehören Cooper (2003), May (1994), Van Deurzen (2002), Webb (1999) und Yalom & Yalom (1998).

44 Tatsächlich haben viele große Schriftsteller und Psychologen – Albert Camus, Viktor Frankl, Jean-Paul Sartre, Rollo May oder Irving Yalom – über existenzielle Depression geschrieben; aber nur wenige haben sie mit Hochbegabung in Verbindung gebracht. Noch weniger haben erkannt, dass eine existenzielle Depression bei Kindern und Jugendlichen mit einem IQ von 160 oder höher sogar extrem wahrscheinlich ist. Die Hochbegabungskomponente wird häufig übersehen, obwohl sie bei existenzieller Depression meistens ein zentraler Aspekt ist.

45 Kinder, die zu Depression neigen, haben in der Regel einen interpersonalen Stil der Passivität und des Rückzugs. Aus diesem Grund werden sie oft ausgenutzt. Manche werden aber auch zu Tyrannen, die explodieren, wenn sie nicht das bekommen, was sie wollen (Seligman, 1999).

46 Seligman (1999).

47 Diese Leitlinien wurden aus Hayes & Sloat (1990) übernommen.

48 Viorst (1995) macht diesen Punkt in ihrem hervorragenden Buch *Mut zur Trennung* deutlich.

49 Delisle (1986, S. 560).

Kapitel 8

1 Nur wenige Schulen haben kombinierte Klassen (eine Zusammenlegung der ersten und zweiten beziehungsweise der dritten und vierten Klassenstufe), und noch weniger Schulen gestatten es den Kindern, entsprechend ihrer Lernbereitschaft und nach ihrem eigenen Tempo zu lernen. Montessori-Schulen berücksichtigen die individuelle Lernbereitschaft, aber auch dort gibt es eine Struktur; diese ist zwar vergleichsweise subtil, aber dennoch fällt es manchen hochbegabten Kindern schwer, sich ihr anzupassen.

2 Eltern, die ihre hochbegabten Kinder früher einschulen oder sie eine Klassenstufe überspringen lassen wollen, stoßen damit oft auf Widerstand oder werden falsch beraten. Obwohl viele Eltern und Lehrer solche Maßnahmen ablehnen, sprechen Forschungsergebnisse generell für die Wirksamkeit von Akzeleration. Eine Zusammenfassung der Forschung und eine Diskussion der Vorgehensweisen sind im Iowa Acceleration Scale Manual von Assouline et al. (2003) enthalten. Interessierte Leser können auch die Webseite www.nationdeceived.org besuchen und dort kostenlos den Bericht *A Nation Deceived* aufrufen oder herunterladen. Darin wird über den Nutzen von akzelerierenden Maßnahmen und die Forschungen berichtet, die verschiedene Arten von Akzeleration befürworten, darunter auch das Überspringen einer Klassenstufe oder die Akzeleration in einzelnen Schulfächern.

3 Goertzel et al. (2004).

4 Siehe Ciarrochi, Forgas & Mayer (2001) sowie Goleman (1995).

5 Silverman (1993); Winner (1996).

6 Halsted (2002).

7 Kerr (1997).

8 Webb et al. (2007, S. 158).

9 Anonym, persönliche Mitteilung (2006).

10 Weitere Strategien für Kinder im Alter zwischen vier und zwölf Jahren finden sich bei Frankel (1996), für noch jüngere Kinder bei Brown & Brown (2001).
11 Zum Beispiel Sigman & Capps (2000); Carstensen (2009); Webb et al. (2005).
12 Galbraith (1983, S. 83).
13 Galbraith (1983, S. 83).
14 Kerr & Cohn (2001, S. 137).
15 American Association for Gifted Children (1978, S. 20).
16 Anonym, persönliche Mitteilung (2006).
17 Kerr (1997).
18 Kerr & Cohn (2001).
19 Bemerkenswerterweise gehört schulische Leistung weder bei den Mädchen noch bei den Jungen zu den Peerwerten. Unsere Kultur trägt zweifellos dazu bei, dass so viele hochbegabte Jungen und Mädchen Minderleister sind. Schulen und Universitäten haben diesen Trend erkannt und spezielle Programme entwickelt, um Mädchen und Frauen zum Beispiel stärker an Mathematik und Naturwissenschaften heranzuführen, oder um den Anteil an Studierenden, die Minderheiten angehören, zu erhöhen. Aber selbst mit solchen Programmen ist das Kind im Alltag einem gewissen Peerdruck ausgesetzt.
20 Simpson & Kaufman (1981).
21 Diese Kategorien gehen auf eine Theorie von William Schutz (1958) zurück, aus der das FIRO-B-Instrument («**F**undamental **I**nterpersonal **R**elations **O**rientation – **B**ehavior) entwickelt wurde, ein Persönlichkeitsfragebogen, der besonders im Unternehmensbereich sehr häufig eingesetzt wird, um Mitarbeitern zu helfen, sich selbst besser zu verstehen und wirksamer mit anderen zusammenzuarbeiten.
22 Viele hilfreiche Tipps finden sich bei Coloroso (2004), Kaufman et al. (1999) und Paterson (2000).
23 Ein nützliches Programm für Kinder ab zwölf Jahren wird bei Karnes & Chauvin (2000) beschrieben.
24 Rimm (2007).
25 Viorst (1988) und Shanley (1993).
26 Halsted (2002).
27 Die SENG-Elterngruppen (DeVries & Webb, 2007) stellen Betroffenen einen hervorragenden Rahmen zur Verfügung, wo sie sich unterstützt fühlen und Erziehungsoptionen erforschen können. Ebenso können Großeltern, die die Merkmale hochbegabter Kinder kennen, den Eltern Unterstützung und Trost geben. Siehe *Grandparents' guide to gifted children* (Webb et al., 2004).

Kapitel 9

1 Rimm (2007).
2 Faber & Mazlish (1993; zitiert nach der amerikanischen Originalausgabe von 1988, S. 29).
3 Leman (2004).
4 Gross (1993).
5 Silverman (1988) ist zu dem Ergebnis gelangt, dass etwa ein Drittel der Geschwister von hochbegabten Kindern einen vergleichbaren IQ-Wert mit einer Differenz von maximal fünf Punkten hat, und bei fast zwei Dritteln weicht der IQ-Wert nur um zehn Punkte von dem des hochbegabten Kindes ab.
6 Dreikurs & Soltz (1991).
7 Rimm & Lowe (1998).
8 Diese Übung stammt aus Faber & Mazlish (1993).
9 Der Psychologe Alfred Adler hat diese Überzeugungen als unseren «Lebensstil» bezeichnet, welcher sich bereits in der frühen Kindheit herauszubilden beginnt. Manche dieser inneren Überzeugungen sind im Erwachsenenalter von Nutzen, während andere – zum Beispiel die Überzeugung, dass man niemandem trauen kann – eine Beeinträchtigung darstellen, etwa wenn es darum geht, Beziehungen aufzubauen. Da Lebensstil-Überzeugungen zu einem Zeitpunkt entstehen, da unsere Erfahrungen mit der Welt noch sehr beschränkt sind, handelt es sich häufig um «falsche Überzeugungen», die unsere Handlungen aber dennoch beeinflussen.
10 Faber & Mazlish (1993; zitiert nach der amerikanischen Originalausgabe von 1988, S. 78).
11 Diese Übung wird bei Faber & Mazlish (1993) beschrieben.
12 Faber & Mazlish (1993; zitiert nach der amerikanischen Originalausgabe von 1988, S. 80).
13 Diese Schritte stammen aus Faber & Mazlish (1993).

Kapitel 10

1 Früher regelte das Testament nicht nur die Verteilung der weltlichen Güter, sondern diente auch dazu, den Nachkommen ethische und religiöse Weisungen zu hinterlassen. In manchen Familien wird nach wie vor ein «ethisches Testament» verfasst. Wir denken, dass ein solches Testament eine Bereicherung für die Familie sein kann. Es kann auch von einer oder mehreren Generationen gemeinsam verfasst werden. Eine hervorragende Quelle in diesem Zusammenhang ist Baines (2001).

2 Kerr & Cohn (2001) haben darauf hingewiesen, dass in unserer Gesellschaft viele Initiationsriten abgeschafft wurden, was zur Folge hat, dass die Welt für heranwachsende kluge Kinder verwirrender geworden ist. Kinder versuchen, den Leerraum zu füllen, indem sie ihre eigenen Initiationsriten und Rituale schaffen, über die sie ihre Zugehörigkeit zu einer Gruppe oder Gang definieren.

3 Zum Beispiel *Lustig ist das Familienleben / Als meine Fehler laufen lernten / Hilfe, ich habe Urlaub!* (1995) oder *Nur der Pudding hört mein Seufzen / Oh, Heilige Familienbande* (2006).

4 Dieses Stufenmodell, das Kohlberg in den 1950er und 60er Jahren entwickelte, gilt bis heute als eine der einflussreichsten Theorien auf dem Gebiet der Entwicklungspsychologie. Die Psychologin Carol Gilligan hat Kohlbergs Theorie jedoch kritisiert, weil sie sich ihrer Meinung nach ausschließlich auf Männer bezieht und die Moralentwicklung der Frau nicht adäquat beschreibt. Gilligan (1996) hat darauf hingewiesen, dass Frauen ihre moralischen Entscheidungen weniger auf der Grundlage von Regeln treffen, sondern sich eher von einer «Fürsorgeethik» leiten lassen, und dass die höchsten Stufen der weiblichen Moralentwicklung darauf ausgerichtet sind, sich und andere nicht zu verletzen.

5 Gross (1993) hat gezeigt, dass die meisten der außerordentlich hochbegabten Kinder, mit denen sie in Australien gearbeitet hat, ein ähnlich hohes moralisches Funktionsniveau aufwiesen.

6 Adaptiert nach Kohlberg (1964). Siehe auch Kohlberg (1996).

7 Shakespeare (1988, S. 270).

8 Dieses Zitat wird Mark Twain in der *Reader's Digest*-Ausgabe vom September 1937 zugeschrieben.

9 Webb et al. (2007, S. 181).

Kapitel 11

1. U.S. Census Bureau (2001).
2. Zwei hervorragende Quellen hierzu sind *Scheidungsfolgen: Die Kinder tragen die Last. Eine Langzeitstudie über 25 Jahre* von Wallerstein, Lewis & Blakeslee (2002) und *Growing up with divorce: Helping your child avoid immediate and later emotional problems* von Kalter (2005).
3. S.R. Covey (2005).
4. Sollte Ihr Kind dennoch eine verstörende Sendung sehen, hilft es, wenn Sie mit ihm darüber sprechen. Manchmal wollen Kinder etwas *tun*, um Menschen in Notsituationen zu helfen; in solchen Fällen kann man beispielsweise einer Hilfsorganisation

eine Spende zukommen zu lassen und so dazu beitragen, die Not zu lindern und dem Kind ein gewisses Maß an Kontrolle zu geben.

5 Ginott (1985).

6 Großeltern können hochbegabten Kindern wertvolles Wissen mitgeben, ihnen neue Perspektiven eröffnen und qualitativ hochwertige Zeit mit ihnen verbringen. Außerdem können sie die Eltern entlasten. Siehe Webb et al. (2004).

7 Roeper (1995, S. 149).

8 Miller (1996) beschreibt Muster von Überengagement, denen sie in ihrer klinischen Praxis begegnet ist.

9 Viele Beispiele hierfür finden sich bei Bloom (1985), Goertzel et al. (2004) und Winner (1996).

10 Goertzel et al. (2004); Bloom (1985).

11 Ruf (2005) führt zahlreiche Beispiele dafür an.

12 In ihrem Buch *Mut zur Trennung: Menschliche Verluste, die das Leben sinnvoll machen* bietet Judith Viorst (1995) nicht nur die dringend erforderliche Rückversicherung, sondern auch eine schlüssige Erklärung, warum Verluste notwendig sind und welche Chancen daraus entstehen.

13 Rimm & Lowe (1998).

14 Nugent (1991) und Radin (1994).

15 Rimm & Lowe (1998).

16 Siehe zum Beispiel Jacobsen (2000) und Streznewski (1999) sowie Brackmann (2007; 2010).

Kapitel 12

1 Robinson (2006).

2 In den USA wird die Zahl der hochbegabten Schüler mit Störungen auf 120 000 bis 180 000 geschätzt (Davis & Rimm, 1994), wobei manche Schätzungen (zum Beispiel Minner, 1990) mit 540 000 noch wesentlich höher liegen.

3 Webb et al. (2005).

4 Eide & Eide (2006a, S. 24).

5 Mehr dazu findet sich bei Webb & Dietrich (2006) und bei Eide & Eide (2006a).

6 Wenn Sie ein solches Kind haben, möchten wir sie dazu animieren, Quellen wie *Misdiagnosis and dual diagnoses of gifted children and adults* (Webb et al., 2005), *Different minds* (Lovecky, 2004) und *2e – The twice exceptional newsletter* (http://www.2enewsletter.com/) zu nutzen. Viele nützliche Quellen finden sich auch im Literaturteil dieses Buches. Besonders zu empfehlen ist *The mislabeled child* (Eide &

Eide, 2006): In diesem Buch werden zahlreiche praktische, spezifische Strategien und Verhaltensweisen angeführt.

7 Brody & Mills (1997).

8 Robinson & Olszewski-Kubilius (1996).

9 Siehe Kay (2000) und Eide & Eide (2006a).

10 In den USA gibt es ebenso wie in Deutschland und in anderen Ländern gesetzliche Regelungen, die festlegen, welche Kinder berechtigt sind, aufgrund einer Lernstörung Fördermaßnahmen in Anspruch zu nehmen. Danach liegt eine Lernstörung vor, (1) wenn das Kind bei Leistungstests mindestens 12 T-Wert-Punkte beziehungsweise 1,5 Standardabweichungen unterhalb seines gemessenen IQ-Wertes liegt, oder (2) wenn das Kind ein Leistungsniveau zeigt, das zwei Klassenstufen unterhalb seiner aktuellen Klassenstufe liegt. Dies wird allgemein als «Diskrepanzmodell» bezeichnet. Angesichts dieser Kriterien ist es nicht verwunderlich, dass die meisten Kinder, die eigentlich Fördermaßnahmen bräuchten, erst in der dritten Klasse oder später identifiziert werden, ungeachtet dessen, ob sie intellektuell hochbegabt sind oder nicht. In der ersten oder zweiten Klasse kann das Leistungsniveau eines Kindes nicht zwei Klassenstufen unterhalb seiner aktuellen Klassenstufe liegen, und IQ- oder Leistungstests werden für gewöhnlich nicht vor der dritten Klasse durchgeführt.

11 Psychologen sind im Allgemeinen angehalten, zuerst die Diskrepanz zwischen Verbal-IQ und Handlungs-IQ auszuwerten. Ist die Differenz größer als 20 Punkte, wird in der Regel ein Zusammenhang mit einer Lernstörung vermutet. Anschließend untersuchen Psychologen die Streuung beziehungsweise die Verteilung von Punktwerten bei den einzelnen Subskalen von Verbal- und Handlungs-IQ. Ist die Diskrepanz innerhalb der Subskalen signifikant, wird eine spezifische Lernstörung vermutet. Allerdings stützen Forschungen einen solchen Ansatz bei Kindern mit Lernstörungen nicht (Sattler, 2001), weil diese Kinder eine derart heterogene Gruppe bilden, dass sich deutliche Muster nur schwer ermitteln lassen. Darüber werden bei IQ-Tests hauptsächlich die Funktionen des Scheitellappens im Großhirn gemessen, das heißt, Kinder mit funktionalen Defiziten im Stirn- oder Schläfenlappen werden bei psychologischen Standardtests häufig gar nicht erfasst (Spreen, Risser & Edgell, 1995). Ganze Teile der Gehirnfunktionen, die das Verhalten, die Stimmung und die kognitiven Funktionen beeinflussen, werden möglicherweise nicht korrekt beurteilt, es sei denn, die Fachperson, die den Test durchführt, wurde entsprechend geschult und achtet auf diese Bereiche. Eine solche Schulung ist im üblichen Ausbildungsrahmen eines (Schul-)Psychologen jedoch nicht vorgesehen.

12 Siehe zum Beispiel Robinson & Oszewski-Kubilius (1996) und Silverman (1997a).

13 Siehe Silver & Clampit (1990); Sweetland, Reina & Tatti (2006).

14 Webb & Dyer (1993) haben in einer groß angelegten Studie herausgefunden, dass die Punktwerte von Verbal-IQ und Handlungs-IQ bei hochbegabten Kindern erheblich voneinander abwichen – in einem Fall betrug die Differenz sogar 45 Punkte –, ohne dass ein Zusammenhang mit einem signifikanten neurologischen oder psychischen Problem bestand. Außerdem fanden sie, dass 50 Prozent der jüngeren hochbegabten Kinder (im Alter von zehn Jahren und jünger) mit einem Gesamt-IQ von 130 bis 144 bei einem oder mehreren Subtests den Höchstwert überschritten. 77 Prozent der Kinder mit einem Gesamt-IQ von 145 und darüber erreichten bei vier oder mehr der zehn Subskalen die Höchstwerte, und 80 Prozent der älteren hochbegabten Kinder erreichten bei drei oder mehr der zehn Subskalen Deckenwerte. Kaplan (1992) fand bei jüngeren Kindern mit hohen IQ-Werten unter Verwendung der WPPSI-R ähnliche Deckeneffekte und Streuungen bei Subskalen. Siehe auch Brown & Yakimowski (1987); Malone et al. (1991); Sattler (2001) sowie Wilkinson (1993).

15 Siehe Fox, Brody & Tobin (1983); Hishinuma (1993); Mendaglio (1993); Olenchak (1994) sowie Schiff, Kaufman & Kaufman (1981).

16 Lovecky (2004); Maxwell (1998); Rourke (1989); Silverman (2002).

17 Personen mit prosodischen Defiziten sind nicht in der Lage, die Modulation von Stimme oder Musik – etwa die subtileren Aspekte von Rhythmus oder Intonation – wahrzunehmen. Manche Fachleute sprechen auch von prosodischen Defiziten, wenn die Betroffenen subtile Hinweise in Mimik und Gestik oder andere nonverbale Aspekte der Kommunikation nicht deuten können.

18 Rourke (1989).

19 Shaywitz (2003).

20 Siehe Eide & Eide (2006a).

21 Eide & Eide (2006a), o. S.

22 Siehe Goldstein & McNeil (2004).

23 Lind (2001); Tucker & Hafenstein (1997).

24 Für eine ausführlichere Diskussion siehe Kranowitz (1998) und Doering & Doering (1999).

25 Bestimmte Bereiche des Gehirns sind dafür zuständig, die unverarbeiteten visuellen Informationen in etwas Bedeutungsvolles zu übertragen. Die Informationen sind so lange bedeutungslose Symbole, bis das Gehirn sie «übersetzt», ähnlich wie bei einem Computer, der Texte zunächst in Form eines Binärcodes (1-0) kodiert. Um bei dieser Metapher zu bleiben: Kinder mit sensorischen Wahrnehmungsproblemen haben Schwierigkeiten, die Informationen, die sie über Augen, Ohren oder Berührungen aufnehmen, in ein bedeutungsvolles Ganzes zu übertragen. Diese Unvollständigkeit der Informationsverarbeitung führt unweigerlich zu Frustration.

26 Eide & Eide (2006a).

27 Bei Kindern mit Gehirntumoren, die einer Bestrahlung des Kopfes unterzogen werden, kommt es häufig zu Aufmerksamkeitsproblemen und einem allgemeinen Abfall der kognitiven Funktionen, der noch etwa fünf Jahre nach der Behandlung andauert. Mehrere angesehene Kinderkrebszentren, die mit Neuropsychologen zusammenarbeiten, haben Rehabilitationsprogramme und -strategien für diese Kinder entwickelt. Ähnliche Programme, die von spezialisierten Neuropsychologen angewandt werden, können auch Kindern helfen, die Probleme mit der Aufmerksamkeit oder kognitive Schwächen in bestimmten Bereichen aufweisen.

28 Die meisten Rehabilitationsprogramme umfassen 20 Sitzungen, und die Kosten werden zumindest teilweise von den Krankenkassen getragen. In der Regel beinhalten diese Programme einfache Aufmerksamkeits- und Inhibitionsübungen, die allmählich komplexer werden.

29 Siehe Brown (2000).

30 Furman (2005). Manche Forscher (z. B. Lahey et al., 1999) schätzen die Prävalenz von ADS/ADHS bei Schulkindern auf zwei Prozent bei Jungen und Mädchen zusammengenommen. Das *Diagnostische und Statistische Manual Psychischer Störungen* (DSM-IV-TR) der American Psychiatric Association (2003) beruft sich auf eine Schätzung, nach der drei bis sieben Prozent aller Schulkinder von ADHS betroffen sind, wobei die Prävalenz bei Jungen höher ist als bei Mädchen (S. 123).

31 Siehe Ghodse (1999) und Olfson et al. (2002).

32 Siehe Guenther (1995); Harnett, Nelson & Rinn (2004); Leroux & Levitt-Perlman (2002) sowie Barkley (2005) und Barkley (2012).

33 American Psychiatric Association (DSM-IV-TR, 2003, S. 125).

34 Siehe Baum & Olenchak (2002); Baum, Olenchak & Owen (1998); Cramond (1995); Freed & Parsons (1997); Lawler (2000); Lind (1993); Silverman (1998); Tucker & Hafenstein (1997); Webb (2001); Webb & Latimer (1993); Webb et al. (2005).

35 Kaufmann, Kalbfleisch & Castellanos (2000) haben darauf hingewiesen, dass in diesem Bereich bislang nur wenige Studien vorliegen. Dagegen verweisen Goers et al. (2006) auf zahlreiche Fallstudien, die zeigen, dass hochbegabten Kindern Fehldiagnosen gestellt werden.

36 American Psychiatric Association (DSM-IV-TR, 2003, S. 118).

37 Barkley (1990, 2005).

38 Barkley (1990, 2005).

39 Clark (1991); Webb et al. (2005, 2007). Interessanterweise brauchen etwa 20 Prozent der hochbegabten Kinder deutlich *mehr* Schlaf als die meisten anderen Kinder.

40 Moon et al. (2001).

41 Moon (2002); Webb et al. (2005).
42 Kaufmann et al. (2000).
43 Cramond (1995); Piechowski (1997); Silverman (1993, 1998).
44 Barkley (1997).
45 Lind (1996). Die Checkliste ist auf der SENG-(Supporting Emotional Needs of the Gifted)-Webseite unter www.sengifted.org/articles_counseling/Lind_BeforeReferringAGiftedChildForADD.shtml abrufbar [Stand: 02.04.2012].
46 Siehe zum Beispiel Lovecky (2004) und Wing (1981).
47 Die Asperger-Störung, die auch oft als Asperger-Syndrom bezeichnet wird, wurde erstmals 1944 von dem österreichischen Kinderarzt Hans Asperger beschrieben.
48 American Psychiatric Association (DSM-IV-TR, 2003, S. 113).
49 Personen mit Asperger-Syndrom zeigen eine deutliche Beeinträchtigung in der Prosodie. Das bedeutet, dass sie große Schwierigkeiten haben, subtilere Aspekte zwischenmenschlicher Kommunikation – zum Beispiel Tonfall, Betonung oder Modulation der Stimme – zu verstehen. Dasselbe gilt für nonverbale Hinweise wie Mimik, Gestik oder Körperhaltung bei sozialen Interaktionen.
50 Ihr scheinbar zwanghaftes Verhalten unterscheidet sich im Allgemeinen von den Verhaltensweisen, die für eine Zwangsstörung (OCD) oder eine zwanghafte Persönlichkeitsstörung (ZPS) kennzeichnend sind: Anders als Zwangspatienten sind Personen mit Asperger-Syndrom generell in der Lage, diese Verhaltensweisen zu unterlassen, ohne dass sich dabei Angst oder Unwohlsein einstellt, wie es für Personen mit OCD oder ZPS typisch ist.
51 Amend (2003); Neihart (2000).
52 Grandin (1996); Ledgin (2000, 2002).
53 Webb et al. (2005) beschreiben verschiedene Ansätze und Skalen, die verwendet werden, um das Asperger-Syndrom von Hochbegabungsverhalten bei Kindern zu unterscheiden.
54 Klein, Volkmarr & Sparrow (2000); Lovecky (2004).
55 Neihart (2000).
56 Neihart (2000).

Kapitel 13

1 In ihrem Buch *Being gifted in school* beschreiben Coleman & Cross (2001), wie hochbegabte Kinder kontrollieren, welche Informationen sie über sich preisgeben und wie sie in bestimmten Situationen reagieren, um ein «Kontinuum der Sichtbarkeit» zu gewährleisten. Manche beschließen, ihre Fähigkeiten zu zeigen, andere ziehen es vor, dass ihre Fähigkeiten unsichtbar bleiben.

2 Drews (1969) beschreibt vier Typen von hochbegabten Schülern: Soziale Führer, Hochleister, unangepasste Rebellen und kreative Intellektuelle. Die ersten beiden Typen werden von Lehrern am meisten beachtet und am häufigsten für Hochbegabtenprogramme vorgeschlagen. Die anderen beiden Typen sind unter ihren Mitschülern meist beliebter.

3 Der Kinderarzt Mel Levine hat durch sein Programm «All Kinds of Minds» ein breites Bewusstsein dafür geschaffen, dass unterschiedliche Lernstile berücksichtigt werden müssen. Für mehr Informationen siehe Levine (2002).

4 Silverman (2002).

5 Dieses Beispiel stammt aus Webb et al. (2007, S. 66).

6 Rivero (2002); Roedell, Jackson & Robinson (1980); Rogers (2002); Silverman (1993); Strip & Hirsch (2000); Webb & Kleine (1993); Webb et al. (2005); Winner (1996).

7 In solchen Fällen empfiehlt sich die Aufnahme in das Hochbegabtenprogramm auf der Grundlage des höheren Punktwertes. Diese Kinder holen in den Bereichen, in denen sie nicht so gut abschneiden, in der Regel rasch auf.

8 Ford (1994); Frasier, Garcia & Passow (1995); Robinson et al. (2004); Slocumb (2000).

9 Goertzel et al. (2004); Piirto (2004); Tannenbaum (1991).

10 Callahan et al. (1995).

11 U.S. Department of Education (1993).

12 National Association for Gifted Children (1998).

13 Siegle & Powell (2004).

14 Baldwin (1962); Cornish (1968); Gear (1976, 1978); Jacobs (1971); Pegnato & Birch (1959); Wilson (1963). In einer jüngeren Studie haben Archambault et al. (1993) herausgefunden, dass fast 40 Prozent der Lehrer von Regelklassen (dritte und vierte Klassenstufe) davon überzeugt waren, keine hochbegabten Kinder in ihrer Klasse zu haben!

15 Dem Marland-Report (1972) zufolge werden mindestens 25 Prozent dieser höchstbegabten Schüler bei der Nominierung durch Lehrer nicht erfasst. Darüber hinaus sind einige frühe Studien zu dem Ergebnis gekommen, dass etwa zehn Prozent der Schüler, die von Lehrern als intellektuell hochbegabt eingestuft werden, in Wirklichkeit gar nicht hochbegabt sind (Jacobs, 1971).

16 Clark (2002); Siegle & Powell (2004).

17 Manchmal werden die Punktwerte eines Tests auch in Stanines («standard nines») angegeben: Bei der Stanine-Skala wird eine Normalverteilung, ausgehend vom Mittelwert, nach links und rechts in neun Abschnitte eingeteilt, die von eins bis neun durchnummeriert werden. Der höchste Punktwert – neun – entspricht in

etwa dem 96. Perzentil. Obgleich sie im Bildungsbereich häufig verwendet werden, haben Stanine-Punktwerte einen erheblichen Deckeneffekt, das heißt, sie erfassen die Fähigkeiten und die Leistung eines hochintelligenten Schülers nur sehr ungenau. Ein Stanine-Wert von 9 (bzw. das 96. Perzentil) umfasst alle Testteilnehmer, die einen IQ von 127 und höher haben, also auch Kinder mit sehr hohen IQ-Werten von 180 oder 190. Um das tatsächliche Fähigkeitsniveau dieser Kinder erfassen zu können, sind andere Tests erforderlich, die im oberen Bereich stärker differenzieren.

18 McCarney & Anderson (1998).

19 Renzulli et al. (2004).

20 Zum Beispiel Piirto (2004).

21 Callahan (1991); Davis (1997); Piirto (2004).

22 Guilford (1967); Torrance (1966).

23 Torrance (1974).

24 Callahan et al. (1995).

25 Reis & Renzulli (1982); Richert (1997).

26 Meckstroth (1991).

27 Ein Beitrag von Kathi Kearny (2000) befasst sich ausführlicher mit vielen Fragen, die beim Testen von hochbegabten – und vor allem von höchstbegabten – Kindern eine Rolle spielen.

28 In der Medizin wird routinemäßig eine zweite Meinung eingeholt, und auch in der Psychologie und im Bildungsbereich gewinnt die zweite Meinung an Bedeutung.

29 Tannenbaum (1991).

30 Webb & Kleine (1993).

31 Ein interessanter Vergleich von Punktwerten von hochbegabten Kindern bei verschiedenen IQ-Tests findet sich unter www.hoagiesgifted.org/highly_profoundly.htm sowie unter www.gifteddevelopment.com/PDF_files/NewWISC.pdf#search=%22WISC-IV%20Scores%22 [Stand: 26.12.11].

32 Sattler (2001) berichtet, dass die Korrelation der IQ-Werte, die im Alter von drei Jahren und im Erwachsenenalter erreicht wurden, noch bei .60 liegt.

33 Zum Beispiel Stamm (2009).

34 Siehe auch Colangelo & Davis (1997); Zappia (1989).

35 Baldwin (1985); Frasier (1997); Richert (1997).

36 Colangelo & Davis (1997).

37 Siehe Zirbes-Domke (2011) sowie Payne (2001) und Slocumb (2000).

38 Kingore (2000).

39 Maker (2005).

40 Hervorragende Quellen sind Karnes & Marquardt (1991a, 1991b, 1999).

Kapitel 14

1 In dem Buch *Genius denied* dokumentieren Davidson, Davidson & Vanderkam (2004), dass Hochbegabtenförderung in Schulen häufig zu kurz kommt.

2 Eine besonders praktische Quelle in diesem Zusammenhang ist Olenchak (1998). Hier werden verschiedene Möglichkeiten einer Zusammenarbeit mit Schulen aufgezeigt.

3 Treffinger (2004).

4 Mehr Informationen finden Sie in dem *State of the States*-Bericht der National Association for Gifted Children (2005).

5 Tomlinson (2001).

6 Westberg, Archambault, Dobyns & Salvin (1993).

7 Die vollständige Grundsatzerklärung zu «Differenzierung von Lehrplan und Unterricht» ist unter www.nagc.org/index.aspx?id=387 abrufbar [Stand: 06.01.2012]. Siehe zum Beispiel auch die bildungspolitischen Forderungen der Deutschen Gesellschaft für das hochbegabte Kind (DGhK): http://www.dghk.de/download/bildungspolitische-forderungen-der-dghk/view.

8 Siehe zum Beispiel www.dghk.de/download/bildungspolitische-forderungen-der-dghk/view und www.begabtenfoerdung.ch sowie www.hochbegabtenzentrum.at [Stand: 15.04.2012].

9 Rogers (2002).

10 Davis & Rimm (2003); Schiever & Maker (1997).

11 Cox et al. (1985).

12 Clark (2002).

13 Tomlinson et al. (2002).

14 Ruf (2005) beschreibt verschiedene Hochbegabungsniveaus und identifiziert Aktivitäten, die für diese Niveaus geeignet sind.

15 Fragen wie diese dienen dazu, «Denkfertigkeiten höherer Ordnung» zu fördern. Gute Quellen für weitere Informationen in diesem Zusammenhang sind Davis (2006) und Schiever & Maker (1997).

16 Das Renzulli-Modell verwendet Typ I-, Typ II- und Typ III-Aktivitäten, die der Schüler auf der Grundlage seiner Interessen und seines Fähigkeitsniveaus wählt. Für weitere Informationen siehe Davis (2006).

17 Cox et al. (1985).

18 Schiever & Maker (1997).

19 Cox et al. (1985); Rogers (2002); Strip & Hirsch (2000).

20 In den letzten Jahrzehnten des 20. Jahrhunderts haben sich einige Pädagogen gegen das Gruppieren nach Fähigkeiten ausgesprochen, weil sie der Meinung waren, dass

(1) Schüler dadurch unfairerweise um die Möglichkeit gebracht werden, nach einem einheitlichen Lehrplan zu lernen; (2) Kinder aus Minderheitengruppen dadurch diskriminiert werden, weil sie im Elternhaus möglicherweise nicht so stark gefördert werden wie andere Kinder und daher vergleichsweise geringere Chancen haben, in eine Gruppe für hochbefähigte Schüler aufgenommen zu werden, und (3) das Gruppieren nach Fähigkeiten keine besonderen Vorteile für hochbefähigte Kinder und Jugendliche mit sich bringt. Nachfolgende Forscher haben jedoch die Annahme widerlegt, dass das Gruppieren nach Fähigkeiten keine positiven Auswirkungen auf hochbegabte Schüler hat. Kulik & Kulik (1991) und Rogers (2002) haben Forschungsergebnisse zusammengefasst, die zeigen, dass die Fähigkeitsgruppierung für hochbegabte Schüler durchaus geeignet und nützlich ist. Immer mehr Forschungen deuten darauf hin, dass Kinder keineswegs alle dieselbe Intelligenz oder akademische Befähigung haben, und dass der reguläre Lehrplan für einige hochintelligente Schüler nicht geeignet ist. Natürlich ändert das nichts an dem Problem der Chancengleichheit; man ist sich allgemein darin einig, dass Kinder und Jugendliche aus bildungsfernen Familien mit einem niedrigen sozioökonomischen Status Schwierigkeiten haben, ihr akademisches Potenzial zu demonstrieren. Die Lösung für dieses Problem kann jedoch nicht darin bestehen, dass man den höher befähigten Schülern differenzierte Bildungserfahrungen vorenthält. Vielmehr sollte das Potenzial von Schülern mit sozioökonomischen Nachteilen und einem anderen kulturellen Hintergrund genauer identifiziert werden; diesen Schülern müssen bereits in den ersten Klassenstufen spezielle Lernerfahrungen und Enrichment-Maßnahmen zur Verfügung gestellt werden, die es ihnen ermöglichen, aufzuholen.

21 Rogers (2002).

22 Kulik & Kulik (1991, S. 191).

23 National Association for Gifted Children (1998).

24 National Association for Gifted Children (1998).

25 Schiever & Maker (1997).

26 Gallagher & Gallagher (1994).

27 Assouline et al. (2003).

28 Benbow (1991, S. 163).

29 Colangelo, Assouline & Gross (2004); Gross & van Vliet (2005).

30 Assouline et al. (2003).

31 Assouline et al. (2003). Der frühe Eintritt in den Kindergarten ist oft besser als später eine Klasse zu überspringen, weil das Kind durchgehend in seinem gewohnten Klassenverband bleiben kann. Außerdem ist die Wahrscheinlichkeit geringer, dass die anderen erfahren, dass das Kind jünger ist. Da viele Schulen vor der dritten

Klasse kein Hochbegabtenprogramm anbieten, besteht keine Gelegenheit, schon frühzeitig eine Klasse zu überspringen. Manche Eltern schicken ihr jüngeres hochbegabtes Kind für ein Jahr auf eine Privatschule, bevor es in die nächsthöhere Klassenstufe an einer staatlichen Schule wechselt. Natürlich sollten nicht alle hochbegabten Kinder eine Klasse überspringen; es ist aber eine Option, die nicht nur von der Forschung, sondern auch von den Erfahrungen der Eltern unterstützt wird.

32 Nähere Informationen unter http://www.accelerationinstitute.org/Resources/IAS.aspx [Stand: 10.01.2012].

33 Für weitere Informationen siehe Rogers (2002) sowie www.netzwerk-akzeleration.de [Stand: 10.01.2012].

34 Nähere Informationen unter http://www.giftedwiki.org/index.php?title=Telescoping _curriculum [Stand: 08.02.2012].

35 Renzulli & Reis (1991).

36 Reis et al. (1993); Rogers (2002).

37 *Newsweek* (2006).

38 Benbow (1991).

39 Weitere Informationen über AP-Kurse finden sich auf der Webseite des College Board: www.collegeboard.com/student/testing/ap/about.html [Stand: 10.01.2012].

40 Rogers (2002).

41 Informationen über das IB-Programm und eine Liste mit IB-Schulen in Deutschland können unter www.ibo.org/ abgerufen werden [Stand: 11.01.2012].

42 Benbow & Stanley (1983); Brody & Stanley (1991); Cohn (1991).

43 Rogers (2002).

44 Cox et al. (1985); Kerr (1997).

45 Rivero (2002).

46 Rivero (2002).

47 Zum Beispiel Field (1998); Rivero (2002, 2008).

48 Johnson (1989).

49 Karnes & Marquardt (1991a, 1991b, 1999).

50 Sollte Ihre Schule keine flexiblen Bildungsoptionen für hochbegabte Lerner anbieten, empfehlen wir Ihnen, ein paar Bücher über Hochbegabtenförderung zu kaufen und der Schule zur Verfügung zu stellen, damit die Pädagogen dort anfangen, über Alternativen nachzudenken, die sie ausprobieren könnten. Besonders nützlich sind in diesem Zusammenhang die Bücher von Rogers (2002; 2008), Strip & Hirsch (2000) und Winebrenner (2000). Empfehlenswerte deutschsprachige Titel sind Reis, Renzulli & Stedtnitz (2001), Huser (2007) und Heinbokel (2009).

51 Wenn Sie solche Schritte in Erwägung ziehen, können Ihnen die Bücher von Karnes & Marquardt (1991a, 1991b, 1999) wertvolle Tipps geben.

52 Diese Daten sind dem *State of the States*-Bericht der National Association for Gifted Children (2005) entnommen.
53 Karnes & Marquardt (1991a) haben darauf hingewiesen, dass es schon immer den einzelnen Bundesstaaten überlassen war, ob sie hochbegabte und talentierte Kinder identifizieren und fördern wollen oder nicht.
54 Aktualisierte Informationen dazu stellt die National Association for Gifted Children unter www.nagc.org/index.aspx?id=538 [Stand: 14.01.2012] zur Verfügung.

Kapitel 15

1 Diese Informationen wurden aus einem Artikel übernommen, den Dr. James Webb erstmals 2001 veröffentlicht hat und der im Internet unter http://www.greatpotentialpress.com/authors/author-articles/ abgerufen werden kann [Stand: 02.01.2012].
2 Berater, Therapeuten und Eltern können weitere Informationen aus diesem Buch beziehen: *Misdiagnosis and dual diagnoses of gifted children and adults: ADHD, Bipolar, OCD, Asperger's, Depression, and other disorders* von Webb et al. (2005).
3 Alsop (1997).
4 DeVries & Webb (2007).
5 Ein Artikel von Kathi Kearney (2000) befasst sich ausführlich mit Fragen rund um das Testen von hochbegabten Kindern.
6 Wiedergabe mit freundlicher Genehmigung von Rimm (2007, S. 127–128).
7 Diese weise und zutreffende Feststellung stammt von dem renommierten Familientherapeuten und ehemaligen Präsidenten der American Psychological Association Dr. Ronald E. Fox.
8 Webb et al. (2005).
9 Die gemeinnützige Organisation SENG gehört zu den Gruppen, die von der American Psychological Association als Anbieter solcher Kurse anerkannt wurden und die regelmäßig Weiterbildungen durchführen.
10 Webb et al. (2005).
11 Rivero (2002); Rogers (2002).

Literaturverzeichnis

Quellenangaben

Adderholdt, M. & Goldberg, J. (1999). *Perfectionism: What's bad about being too good?* Minneapolis, MN: Free Spirit.

Albert, R. S. (1991). People, process, and developmental paths to eminence: A developmental-interactional model. In: R. M. Milgram (Hrsg.). *Counseling gifted and talented children*, 75–94. Norwood, NJ: Ablex.

Albert, R. S. & Runco, M. A. (1987). The possible personality dispositions of scientists and nonscientists. In: D. N. Jackson & J. P. Rushton (Hrsg.). *Scientific excellence: Origins and assessment*, 67–97. Beverly Hills: Sage.

Alsop, G. (1997). Coping or counseling: Families of intellectually gifted students. *Roeper Review* 20, 26–34.

Amend, E. R. (2003). *Misdiagnosis of Asperger's Disorder in gifted youth: An addendum to* Misdiagnosis and dual diagnoses of gifted children *by James Webb*. www.sengifted.org/articles_counseling/Amend_MisdiagnosisOfAspergersDisorder.pdf [01.09.2006]

American Academy of Child and Adolescent Psychiatry (1997). *Facts for families.* Washington, DC: Author.

American Association for Gifted Children (1978). *On being gifted.* New York: Walker & Co.

American Association for Gifted Children (1985). *Reaching out to the gifted child: Roles for the health care professions.* New York: Author.

American Institute of Preventive Medicine (2005). *Depression.* www.healthy.net/scr/Article.asp?Id=1529 [24.08.2006]

American Psychiatric Association (2003). *Diagnostisches und Statistisches Manual Psychischer Störungen: Textrevision. DSM-IV-TR.* Deutsche Bearbeitung und Einführung von H. Saß, H.-U. Wittchen, M. Zaudig & I. Houben. Göttingen:

Hogrefe. (Übersetzt nach der Textrevision der 4. Auflage des *Diagnostic and Statistical Manual of Mental Disorders* der American Psychiatric Association, 2000).

Archambault, F.X., Westberg, K.L., Brown, S.W., Hallmark, B.W., Emmons, C.L. & Zhang, W. (1993). *Regular classroom practices with gifted students: Results of a national survey of classroom teachers.* Storrs, CT: National Research Center on the Gifted and Talented.

Assouline, S.G., Colangelo, N., Lupkowski-Shoplik, A., Lipscomb, J. & Forstadt, L. (2003). *Iowa acceleration scale* (2. Aufl.). Scottsdale, AZ: Great Potential Press.

Baines, B.K. (2001). *Ethical wills: Putting your values on paper.* New York: Perseus.

Baker, J.A. (2004). Depression and suicidal ideation among academically gifted adolescents. In: S.M. Moon (Hrsg.). *Social/emotional issues, underachievement, and counseling of gifted and talented students*, 21–30. Thousand Oaks, CA: Corwin Press.

Baldwin, A.Y. (1985). Programs for the gifted and talented: Issues concerning minority populations. In: F.D. Horowitz & M. O'Brien (Hrsg.). *The gifted and talented: Developmental perspectives*, 223–250. Washington, DC: American Psychological Association.

Baldwin, J.W. (1962). The relationship between teacher-judged giftedness, a group intelligence test and an individual test with possible gifted kindergarten pupils. *Gifted Child Quarterly* 6, 153–156.

Barkley, R.A. (1990). *Attention-Deficit/Hyperactivity Disorder: A handbook for diagnosis and treatment.* New York: Guilford Press.

Barkley, R.A. (1997). *ADHD and the nature of self-control.* New York: Hill & Wang.

Barkley, R.A. (2005). *Das große ADHS-Handbuch für Eltern: Verantwortung übernehmen für Kinder mit Aufmerksamkeitsdefizit und Hyperaktivität* (2. Aufl.). Bern: Hans Huber. (Orig.: *Taking charge of ADHD: The complete, authoritative guide for parents*, 2000).

Barkley, R.A. (2012). *Das große Handbuch für Erwachsene mit ADHS.* Bern: Hans Huber. (Orig.: *Taking charge of adult ADHD*, 2010).

Bath, H. (1995). Everyday discipline or control with care. *Journal of Child and Youth Care* 10(2), 23–32.

Baum, S.M. & Olenchak, F.R. (2002). The alphabet children: GT, ADD/ADHD, and more. *Exceptionality* 10(2), 77–91.

Baum, S.M., Olenchak, F.R. & Owen, S.V. (1998). Gifted students with attention deficits: Fact or fiction? Or can we see the forest for the trees? *Gifted Child Quarterly* 42, 96–104.

Baum, S.M. & Owen, S.V. (2004). *To be gifted and learning disabled: Strategies for helping bright students with LD, ADHD, and more.* Mansfield Center, CT: Creative Learning Press.

Baum, S. M., Owen, S. V. & Dixon, J. (1991). *To be gifted and learning disabled.* Mansfield Center, CT: Creative Learning Press.

Benbow, C. P. (1991). Mathematically talented children: Can acceleration meet their educational needs? In: N. Colangelo und G. A. Davis (Hrsg.). *Handbook of gifted education,* 154–165. Boston: Allyn & Bacon.

Benbow, C. P. & Stanley, J. C. (Hrsg.) (1983). *Academic precocity: Aspects of its development.* Baltimore: Johns Hopkins University Press.

Betts, G. T. & Kercher, J. (1999). *Autonomous learner model: Optimizing potential.* Greeley, CO: Alps.

Betts, G. T. & Neihart, M. F. (1985). Eight effective activities to enhance the emotional and social development of the gifted and talented. *Roeper Review* 8, 18–21.

Blanchard, K. & Johnson, S. (1993). *The one minute manager.* New York: Berkley.

Blatt, S. J. (1995). The destructiveness of perfectionism: Implications for the treatment of depression. *American Psychologist* 50(12), 1003–1020.

Bloom, B. S. (Hrsg.) (1985). *Developing talent in young people.* New York: Ballantine Books.

Bombeck, E. (1995). *Lustig ist das Familienleben / Als meine Fehler laufen lernten / Hilfe, ich habe Urlaub!* Köln: Bastei Lübbe.

Bombeck, E. (2006). *Nur der Pudding hört mein Seufzen / Oh, Heilige Familienbande.* (Audiobook). Köln: Bastei Lübbe.

Borba, M. (2001). *Building moral intelligence: The seven essential virtues that teach kids to do the right thing.* San Francisco: Jossey-Bass.

Bouchard, T. J., Jr. (1984). Twins reared together and apart: What they tell us about human diversity. In: S. W. Fox (Hrsg.). *Individuality and determinism: Chemical and biological bases,* 147–184. New York: Plenum Press.

Bouchet, N. & Falk, R. F. (2001). The relationship among giftedness, gender, and overexcitability. *Gifted Child Quarterly* 45(4), 260–267.

Brackmann, A. (2007). *Jenseits der Norm: Hochbegabt und hoch sensibel?* Stuttgart: Klett-Cotta.

Brackmann, A. (2010). *Ganz normal hochbegabt: Leben als hochbegabter Erwachsener* (4. Aufl.). Stuttgart: Klett-Cotta.

Brenner, V. & Fox, R. A. (1998). Parental discipline and behavior problems in young children. *Journal of Genetic Psychology* 159(2), 251–256.

Bricklin, B. & Bricklin, P. (1967). *Bright child, poor grades: The psychology of underachievement.* New York: Dell.

Brody, L. E. & Mills, C. J. (1997). Gifted children with learning disabilities: A review of the literature. *Journal of Learning Disabilities* 30(3), 282–286.

Brody, L. E. & Stanley, J. C., (1991). Young college students: Assessing factors that contribute to success. In: W. T. Southern & E. D. Jones (Hrsg.). *The academic acceleration of gifted children,* 102–132. New York: Teachers College Press.

Brown, L. K. & Brown, M. (2001). *How to be a friend: A guide for making friends and keeping them.* New York: Little Brown.

Brown, M. B. (2000). Diagnosis and treatment of children and adolescents with Attention-Deficit/Hyperactivity Disorder. *Journal of Counseling and Development* 78, 195–203.

Brown, S. E. & Yakimowksi, M. E. (1987). Intelligence scores of gifted students on the WISC-R. *Gifted Child Quarterly* 31, 130–134.

Callahan, C. M. (1991). The assessment of creativity. In: N. Colangelo & G. A. Davis (Hrsg.). *Handbook of gifted education,* 219–235. Boston: Allyn & Bacon.

Callahan, C. M., Hunsaker, S. L., Adams, C. M., Moore, S. D. & Bland, L. C. (1995). *Instruments used in the identification of gifted and talented students.* Storrs, CT: National Research Center on the Gifted and Talented.

Carstensen, K. (2009). *Das Asperger-Syndrom: Alltag, Schule und Beruf.* Norderstedt: Books on Demand.

Carver, C. S. & Scheier, M. F. (1999). Optimism. In: C. R. Snyder (Hrsg.). *Coping: The psychology of what works,* 182–204. New York: Oxford University Press.

Chidekel, D. (2003). *Parents in charge: Setting healthy, loving boundaries for you and your child.* New York: Kensington.

Ciarrochi, J., Forgas, J. P. & Mayer, J. D. (2001). *Emotional intelligence in everyday life.* Philadelphia: Psychology Press.

Clark, B. (1991). *Growing up gifted* (4. Aufl.). New York: Macmillan.

Clark, B. (2002). *Growing up gifted* (6. Aufl.). Upper Saddle River, NJ: Merrill Prentice Hall.

Cohn, S. J. (1991). Talent searches. In: N. Colangelo & G. A. Davis (Hrsg.). *Handbook of gifted education,* 166–167. Boston: Allyn & Bacon.

Colangelo, N., Assouline, S. G. & Gross, M. U. M. (2004). A nation deceived: How schools hold back America's students. *The Templeton National Report on Acceleration* (Bd. 1 & 2). Iowa City, IA: Belin-Blank Center.

Colangelo, N. & Davis, G. A. (1997). *Handbook of gifted education.* Boston: Allyn & Bacon.

Coleman, L. J. & Cross, T. L. (2001). *Being gifted in school: An introduction to development, guidance, and teaching.* Waco, TX: Prufrock Press.

Coloroso, B. (2002). *Kids are worth it! Giving your child the gift of inner discipline.* New York: Harper-Collins.

Coloroso, B. (2004). *The bully, the bullied, and the bystander: From preschool to high school: How parents and teachers can break the cycle of violence.* New York: HarperCollins.

Cooper, M. (2003). *Existential therapies.* Thousand Oaks, CA: Sage.

Cornell, D. (1983). Gifted children: The impact of positive labeling on the family system. *American Journal of Orthopsychiatry* 53, 322–335.

Cornish, R.C. (1968). Parents', teachers' and pupils' perception of the gifted child's ability. *Gifted Child Quarterly* 12, 14–47.

Costello, E. (1989). Developments in child psychiatric epidemiology. *Journal of the Academy of Child and Adolescent Psychiatry* 28, 836–831.

Covey, S. (2007). *Die 7 Wege zur Effektivität für Jugendliche: Ein Wegweiser für mehr Erfolg.* Offenbach: Gabal. (Orig.: *The seven habits of highly effective teens: The ultimate teenage success guide*, 1998).

Covey, S.R. (2005). *Die 7 Wege zur Effektivität: Prinzipien für persönlichen und beruflichen Erfolg* (12. Aufl.). Offenbach: Gabal. (Orig.: *The seven habits of highly effective people: Powerful lessons in personal change*, 1989).

Cox, J., Daniel, N. & Boston, B.O. (1985). *Educating able learners: Programs and promising practices.* Austin, TX: University of Texas Press.

Cramond, B. (1995). *The coincidence of Attention-Deficit/Hyperactivity Disorder and creativity.* Storrs, CT: National Research Center on the Gifted and Talented.

Cronbach, L.J. (1990). *Essentials of psychological testing* (5. Aufl.). New York: HarperCollins.

Cross, T.L. (1996). Examining claims about gifted children and suicide. *Gifted Child Today* 19(1), 46–48.

Cross, T.L. (2005). *The social and emotional lives of gifted kids: Understanding and guiding their development.* Waco, TX: Prufrock Press.

Cross-National Collaborative Group (1992). The changing rate of major depression: Cross-national comparisons. *Journal of the American Medical Association* 268(21), 3098–3105.

Csikszentmihalyi, M. (2010). *Flow: Das Geheimnis des Glücks* (12. Aufl.). Stuttgart: Klett-Cotta. (Orig.: *Flow: The psychology of optimal experience*, 1990).

Csikszentmihalyi, M., Rathunde, K. & Whalen, S. (1993). *Talented teenagers: The roots of success and failure.* New York: Cambridge University Press.

Dabrowski, K. & Piechowski, M.M. (1977). *Theory of levels of emotional development* (Bd. 1 & 2). Oceanside, NY: Dabor Science.

Davidson, J., Davidson, B. & Vanderkam, L. (2004). *Genius denied: How to stop wasting our brightest minds.* New York: Simon & Shuster.

Davidson, L. & Linnoila, M. (Hrsg.) (1991). *Risk factors for youth suicide*. New York: Hemisphere.

Davis, G.A. (1996a). *Teaching values: An idea book for teachers (and parents)*. Cross Plains, WI: Westwood.

Davis, G.A. (1996b). *Values are forever: Becoming more caring and responsible*. Cross Plains, WI: Westwood.

Davis, G.A. (1997). Identifying creative students and measuring creativity. In: N. Colangelo & G.A. Davis (Hrsg.). *Handbook of gifted education* (2. Aufl.), 269–281. Boston: Allyn & Bacon.

Davis, G.A. (2006). *Gifted children and gifted education*. Scottsdale, AZ: Great Potential Press.

Davis, G.A. & Rimm, S.B. (1994). *Education of the gifted and talented* (3. Aufl.). Boston: Allyn & Bacon.

Davis, G.A. & Rimm, S.B. (2003). *Education of the gifted and talented* (5. Aufl.). Boston: Allyn & Bacon.

Deater-Deckard, K. & Dodge, K.A. (1997). Spare the rod, spoil the authors: Emerging themes in research on parenting and child development. *Psychological Inquiry* 8(3), 230–235.

Delisle, J.R. (1986). Death with honors: Suicide among gifted adolescents. *Journal of Counseling and Development* 64, 558–560.

Delisle, J.R. (1992). *Guiding the social and emotional development of gifted youth: A practical guide for educators and counselors*. New York: Longman.

Delisle, J.R. (2006). *Parenting gifted kids: Tips for raising happy and successful children*. Waco, TX: Prufrock Press.

DeVet, K.A. (1997). Parent-adolescent relationships, physical disciplinary history, and adjustment of adolescents. *Family Process* 36(3), 311–322.

DeVries, A.R. & Webb, J.T. (2007). *Gifted parent groups: The SENG Model* (2. Aufl.). Scottsdale, AZ: Great Potential Press.

Dodrill, C.B. (1997). Myths of neuropsychology. *The Clinical Neuropsychologist* 11, 1–7.

Doering, W. & Doering, W. (Hrsg.) (1999). *Sensorische Integration: Anwendungsbereiche und Vergleich mit anderen Fördermethoden/Konzepten*. Dortmund: Verlag Modernes Lernen.

Dreikurs, R. & Grey, L. (2007). *Kinder lernen aus den Folgen: Wie man sich Schimpfen und Strafen sparen kann* (5. Aufl.). Freiburg: Herder. (Orig.: *New approach to discipline: Logical consequences*, 1993).

Dreikurs, R. & Soltz, V. (2010). *Kinder fordern uns heraus: Wie erziehen wir sie zeitgemäß?* (15. aktual. Aufl.). Stuttgart: Klett-Cotta. (Orig.: *Children: The challenge. The classic work on improving parent-child relations – Intelligent, humane, and eminently practical*, 1991).

Drews, E. (1969). The four faces of able adolescents. In: E.P. Torrance & W.F. White (Hrsg.). *Issues and advances in educational psychology*. Itasca, IL: F.E. Peacock.

Dryden, W. & Hill, L.K. (Hrsg.) (1992). *Innovations in Rational-Emotive Therapy*. Thousand Oaks, CA: Sage.

Dweck C.S. & Licht, B. (1980). Learned helplessness and intellectual achievement. In: J. Garber & M. Seligman (Hrsg.). *Human helplessness: Theory and applications*, 197–222. New York: Academic Press.

Educational Communications (Hrsg.) (2005/2006). *Who's Who Among American High School Students*, Bd. IX. Los Angeles, CA: Educational Communications.

Egeland, J.A. & Hostetter, A.M. (1983). Amish study: I. Affective disorders among the Amish, 1976–1980. *American Journal of Psychiatry* 140(1), 56–61.

Eide, B. L & Eide, F.F. (2006a). *The mislabeled child: How understanding your child's unique learning style can open the door to success*. New York: Hyperion.

Eide, B.L. & Eide, F.F. (2006b). *Gifted Education Communicator* 36(3 & 4), 50–51.

Ellis, A. & Harper, R.A. (1979). *A new guide to rational living* (3. Aufl.). Los Angeles: Wilshire.

Ellis, A. (2008). *Grundlagen und Methoden der Rational-Emotiven Verhaltenstherapie*. Stuttgart: Klett-Cotta (Orig.: *Reason and emotion in psychotherapy: A comprehensive method of treating human disturbances*, 1962).

Emerick, L.J. (2004). Academic underachievement among the gifted: Students perceptions of factors that reverse the pattern. In: S.M. Moon (Hrsg.). *Social/emotional issues, underachievement, and counseling of gifted and talented students*, 105–118. Thousand Oaks, CA: Corwin Press.

Evans, R.P. (2004, 5. November). *Opening remarks: Inspiring vistas, inspiring minds*. Paper presented at the 51st Annual Convention of the National Association for Gifted Children, Salt Lake City, UT.

Faber, A. & Mazlish, E. (1993). *Hilfe, meine Kinder streiten: Ratschläge für erschöpfte Eltern*. München: Droemer Knaur. (Orig.: *Siblings without rivalry: How to help your children live together so you can live, too*, 1988).

Field, C.M. (1998). *A field guide to home schooling*. Grand Rapids, MI: Flemin H. Revell.

Fish, L.J. & Burch, K. (1985). Identifying gifted preschoolers. *Pediatric Nursing* 12, 125–127.

Ford, D.Y. (1994). *The recruitment and retention of African-American students in gifted education programs: Implications and Recommendations*. Storrs, CT: National Research Center on the Gifted and Talented.

Fox, L.H. (1981). Identification of the academically gifted. *American Psychologist* 36, 1103–1111.

Fox, L.H., Brody, L. & Tobin, D. (1983). *Learning disabled/gifted children: Identification and programming*. Austin, TX: Pro-Ed.

Frankel, F. (1996). *Good friends are hard to find: Help your child find, make, and keep friends*. Glendale, CA: Perspective.

Frankl, V.E. (1998) [1946]. *... trotzdem Ja zum Leben sagen: Ein Psychologe erlebt das Konzentrationslager*. München: dtv.

Frankl, V.E. (2010) [1948]. *Der unbewußte Gott: Psychotherapie und Religion*. München: dtv.

Frasier, M. (1997). Gifted minority students: Reframing approaches to their identification and education. In: N. Colangelo & G.A. Davis (Hrsg.). *Handbook of gifted education* (2. Aufl.), 498–515. Boston: Allyn & Bacon.

Frasier, M.M., Garcia, J.H. & Passow, A.H. (1995). *A review of the assessment issues in gifted education and their implications for identifying gifted minority students*. Storrs, CT: National Research Center on the Gifted and Talented.

Freed, J. & Parsons, L. (1997). *Right-brained children in a left-brained world: Unlocking the potential of your ADD child*. New York: Simon & Schuster.

Furman, L. (2005). What is Attention-Deficit Disorder (ADHD)? *Journal of Child Neurology* 20(12), 994–1002.

Gagné, F. (1991). Toward a differentiated model of giftedness and talent. In: N. Colangelo & G.A. Davis (Hrsg.). *Handbook of gifted education*, 65–80. Boston: Allyn & Bacon.

Gagné, F. (1999). My convictions about the nature of human abilities, gifts and talents. *Journal for the Education of the Gifted* 22, 109–136.

Gagné, F. & St. Père, F. (2002). When IQ is controlled, does motivation still predict achievement? *Intelligence* 30, 71–100.

Galbraith, J.K. (1983). *The gifted kids' survival guide (for ages 11–18)*. Minneapolis, MN: Free Spirit.

Galbraith, J.K. (1984). *The gifted kids' survival guide (for ages 10 and under)*. Minneapolis, MN: Free Spirit.

Galbraith, J.K. & Delisle, J. (1996). *Gifted kids' survival guide: A teen handbook*. Minneapolis, MN: Free Spirit.

Gallagher, J.J. & Gallagher, S.A. (1994). *Teaching the gifted child* (4. Aufl.). Boston: Allyn & Bacon.

Gallagher, J.J., Harradine, C.C. & Coleman, M.R. (1997). Challenge or boredom: Gifted students' views on their schooling. *Roeper Review* 19(3), 132–136.

Gardner, H. (1994). *Abschied vom IQ: Die Rahmentheorie der vielfachen Intelligenzen.* Stuttgart: Klett-Cotta (Orig.: *Frames of mind: The theory of multiple intelligences,* 1983).

Gardner, H. (1998). Are there additional intelligences? The case for naturalist, spiritual, and existential intelligences. In: J. Kane (Hrsg.). *Education, information, and transformation,* 11–131. Englewood Cliffs, NJ: Prentice Hall.

Gardner, H. (2008). *Intelligenzen: Die Vielfalt des menschlichen Geistes.* Stuttgart: Klett-Cotta (Orig.: *Intelligence reframed: Multiple intelligences for the 21st century,* 1999).

Gear, G.H. (1976). Teacher judgment in identification of gifted children. *Gifted Child Quarterly* 10, 478–489.

Gear, G.H. (1978). Effects of training on teachers' accuracy in identifying gifted children. *Gifted Child Quarterly* 12, 90–97.

Gershoff, E.T. (2002). Corporal punishment by parents and associated child behaviors and experiences: A meta-analytic and theoretical review. *Psychological Bulletin* 128(4), 539–579.

Ghodse, A.H. (1999). Dramatic increase in methylphenidate consumption. *Current Opinion in Psychiatry* 12, 265–268.

Gilligan, C. (1996). *Die andere Stimme: Lebenskonflikte und Moral der Frau.* München: dtv. (Orig.: *In a different voice,* 1982).

Ginott, H. (1985). *Eltern und Kinder: Elternratgeber für verständnisvolle Erziehung.* Reinbek: Rowohlt. (Orig.: *Between parent and child: The best-selling classic that revolutionized parent-child communication,* 1968).

Glasser, H.N. & Easley, J.L. (1998). *Transforming the difficult child: The nurtured heart approach.* Tucson, AZ: Author.

Goerss, J., Amend, E.R., Webb, J.T., Webb, N.E. & Beljan, P. (2006). Comments on Mika's critique of Nelson, Hartnett & Rinn's article, «Gifted or ADHD: The possibilities of misdiagnosis.» *Roeper Review* 28(4), 249–251.

Goertzel, V., Goertzel, M.G., Goertzel, T.G. & Hansen, A.M.W. (2004). *Cradles of eminence: Childhoods of more than 700 famous men and women.* Scottsdale, AZ: Great Potential Press.

Goldberg, E. (2001). *The executive brain: Frontal lobes and the civilized mind.* New York: Oxford University Press.

Goldstein, L.H. & McNeil, J.E. (2004). *Clinical neuropsychology: A practical guide to assessment and management for clinicians.* Hoboken, NJ: John Wiley & Sons.

Goleman, D. (1995). *Emotional intelligence: Why it can matter more than IQ.* New York: Bantam Books.

Gordon, T. (1989). *Familienkonferenz: Die Lösung von Konflikten zwischen Eltern und Kind*. München: Heyne (Orig.: *Parent effectiveness training: The proven program for raising responsible children*, 1970).

Gottfredson, L. S. (1997). Why *g* matters: The complexity of everyday life. *Intelligence* 24(1), 79–132.

Gottfried, A. E. & Gottfried, A. W. (2004). Toward the development of a conceptualization of gifted motivation. *Gifted Child Quarterly* 48(2), 121–132.

Gottfried, A. W., Gottfried, A. E., Bathurst, K. & Guerin, D. W. (1994). *Gifted IQ: Early developmental aspects*. (The Fullerton Longitudinal study). New York: Plenum Press.

Grandin, T. (1996). *Thinking in pictures*. New York: Vintage Press.

Greenspon, T. S. (2001). *Freeing our families from perfectionism*. Minneapolis, MN: Free Spirit.

Gross, M. U. M. (1993). *Exceptionally gifted children*. London: Routledge.

Gross, M. U. M. & van Vliet, H. E. (2005). Radical acceleration and early entry to college: A review of the research. *Gifted Child Quarterly* 49(2), 154–171.

Guenther, A. (1995). *What educators and parents need to know about … ADHD, creativity, and gifted students*. Storrs, CT: National Research Center on the Gifted and Talented.

Guerin, D. W., Gottfried, A. W., Oliver, P. H. & Thomas, C. W. (2003). *Temperament: Infancy through adolescence*. New York: Plenum Press.

Guilford, J. P. (1967). *The nature of human intelligence*. New York: McGraw-Hill.

Gust-Brey, K. L. & Cross, T. L. (1998). *Incidence of suicide at state-supported residential high schools for academically gifted students: Research briefs*. Washington, DC: National Association for Gifted Children.

Halsted, J. W. (2002). *Some of my best friends are books: Guiding gifted readers from preschool to high school*. Scottsdale, AZ: Great Potential Press.

Hartnett, D. N., Nelson, J. M. & Rinn, A. N. (2004). Gifted or ADD/ADHD? The possibilities of misdiagnosis. *Roeper Review* 26(2), 73–76.

Hayes, M. L. & Sloat, R. S. (1990). Suicide and the gifted adolescent. *Journal for the Education of the Gifted* 13(3), 229–244.

Hébert, T. P. (1995). Using biography to counsel gifted young men. *Journal of Secondary Gifted Education* 6(3), 208–219.

Hébert, T. P. & Kent, R. (2000). Nurturing social and emotional development in gifted teenagers through young adult literature. *Roeper Review* 22(3), 167–171.

Hébert, T. P. & Neumeister, K. L. S. (2002). Fostering the social and emotional development of gifted children through guided viewing of film. *Roeper Review* 25(1), 17–21.

Heinbokel, A. (2009). Handbuch Akzeleration. Berlin/Münster: LIT-Verlag.

Hewitt, P.L. & Flett, G.L. (1991a). Dimensions of perfectionism in unipolar depression. *Journal of Abnormal Psychology* 100(1), 98–101.

Hewitt, P.L. & Flett, G.L. (1991b). Perfectionism in the self and social contexts: Conceptualization, assessment, and association with psychopathology. *Journal of Personality and Social Psychology* 60, 456–470.

Hishinuma, E.S. (1993). Counseling gifted/at risk and gifted/dyslexic youngsters. *Gifted Child Today* 16(1), 30–33.

Hoge, R.D. & Renzulli, J.S. (1991). *Self-concept and the gifted child.* Storrs, CT: National Research Center on the Gifted and Talented.

Holling, H. & Kanning, U.P. (1999). *Hochbegabung: Forschungsergebnisse und Fördermöglichkeiten.* Göttingen: Hogrefe.

Hollingworth, L.S. (1975) [1942]. *Children above 180 IQ.* New York: Arno Press.

Huser, J. (2007). *Lichtblicke für helle Köpfe: Ein Wegweiser zur Erkennung und Förderung von hohen Fähigkeiten bei Kindern und Jugendlichen auf allen Schulstufen* (5. Aufl.). Zürich: Lehrmittelverlag des Kantons Zürich.

Ilardi, S.S., Craighead, W.E. & Evans, D.D. (1997). Modeling relapse in unipolar depression: The effects of dysfunctional cognitions and personality disorders. *Journal of Consulting and Clinical Psychology* 65(3), 381–391.

Isaacson, K.B. (2002). *Raisin' brains: Surviving my smart family.* Scottsdale, AZ: Great Potential Press.

Jacobs, J. (1971). Effectiveness of teacher and parent identification of gifted children as a function of school level. *Psychology in the Schools* 8, 140–142.

Jacobsen, M.E. (2000). *The gifted adult: A revolutionary guide for liberating everyday genius.* New York: Ballantine Books.

Jamison, K.R. (1995, Frühjahr). Manic-depressive illness and creativity. *Scientific American*, 62–67.

Jamison, K.R. (2002). *Wenn es dunkel wird: Zum Verständnis des Selbstmordes.* Berlin: BTV (Orig.: *Night falls fast: Understanding suicide*, 1999).

Johnson, M.A. (2002). *Positive parenting with a plan (grades K-12).* Grants Pass, OR: Publication Consultants.

Johnson, N.L. (1989). *The faces of gifted.* Marion, IL: Pieces of Learning.

Jones, C. (1994). *Mistakes that worked.* New York: Doubleday.

Jourard, S.M. (1971). *The transparent self.* New York: Van Nostrand Reinhold.

Kaiser, C.F. & Berndt, D.J. (1985). Predictors of loneliness in the gifted adolescent. *Gifted Child Quarterly* 29, 74–77.

Kalter, N. (2005). *Growing up with divorce: Helping your child avoid immediate and later emotional problems.* New York: Free Press.

Kaplan, C. (1992). Ceiling effects in assessing high-IQ children with the WPPSI-R. *Journal of Clinical Child Psychology* 21(4), 403–406.

Karnes, F. A. & Chauvin, J. C. (2005). *Leadership development program*. Scottsdale, AZ: Great Potential Press.

Karnes, F. A. & Marquardt, R. G. (1991a). *Gifted children and legal issues in education: Parents' stories of hope*. Scottsdale, AZ: Great Potential Press.

Karnes, F. A. & Marquardt, R. G. (1991b). *Gifted children and the law: Mediation, due process and court cases*. Scottsdale, AZ: Great Potential Press.

Karnes, F. A. & Marquardt, R. G. (1999). *Gifted children and legal issues: An update*. Scottsdale, AZ: Great Potential Press.

Kaufman, G., Raphael, L. & Espeland, P. (1999). *Stick up for yourself: Every kid's guide to personal power and positive self-esteem* (2. Aufl.). Minneapolis, MN: Free Spirit.

Kaufmann, F. A. (1981). The 1964–1968 Presidential Scholars: A follow-up study. *Exceptional Children* 48(2), 164–169.

Kaufmann, F. A., Kalbfleisch, M. L. & Castellanos, F. X. (2000). *Attention-Deficit Disorders and gifted students: What do we really know?* Storrs, CT: National Research Center on the Gifted and Talented.

Kay, K. (2000). *Uniquely gifted: Identifying and meeting the needs of the twice-exceptional student*. Gilsom, NH: Avocus.

Kaye, K. (2005). *Family rules: Raising responsible children*. Lincoln, NE: iUniverse.

Kearney, K. (2000). *Frequently asked questions about testing and assessing giftedness*. www.gt-cybersource.org/Record.aspx?navID=2_0&rid=11376 [11.09.2006]

Kerr, B. A. (1991). *A handbook for counseling the gifted and talented*. Alexandria, VA: American Counseling Association.

Kerr, B. A. (1997). *Smart girls: A new psychology of girls, women, and giftedness*. Scottsdale, AZ: Great Potential Press.

Kerr, B. A. & Cohn, S. J. (2001). *Smart boys: Talent, manhood, and the search for meaning*. Scottsdale, AZ: Great Potential Press.

Kingore, B. (2000). Parent assessment of giftedness: Using portfolios. *Tempo* 20(2), 6–8.

Kirschenbaum, H., Howe, L. W. & Simon, S. B. (1995). *Values clarification*. New York: Warner Books.

Kitano, M. K. (1990). Intellectual abilities and psychological intensities in young children: Implications for the gifted. *Roeper Review* 13(1), 5–10.

Klein, A. (2002). *A forgotten voice: A biography of Leta Stetter Hollingworth*. Scottsdale, AZ: Great Potential Press.

Klin, A., Volkmarr, F. & Sparrow, S. (Hrsg.) (2000). *Asperger Syndrome*. New York: Guilford Press.

Kohlberg, L. (1964). The development of moral character and moral ideology. In: M. L. Hoffman & L. W. Hoffman (Hrsg.). *Review of child development research* (Bd. I), 281–431. New York: Russell Sage.

Kohlberg, L. (1996). *Die Psychologie der Moralentwicklung*. Frankfurt/M.: Suhrkamp.

Kranowitz, C. S. (1998). *The out-of-sync child: Recognizing and coping with sensory integration dysfunction*. New York: Skylight Press.

Kulik, J. A. & Kulik, C. C. (1991). Ability grouping and gifted students. In: N. Colangelo & G. A. Davis (Hrsg.). *Handbook of gifted education*, 178–196. Boston: Allyn & Bacon.

Lahey, B. B., Miller, T. L., Gordon, R. A. & Riley, A. W. (1999). Developmental epidemiology of the disruptive behavior disorders. In: H. C. Quay & A. E. Hogan (Hrsg.). *Handbook of disruptive behavior disorders*, 23–48.New York: Plenum Press.

Lawler, B. (2000). Gifted or ADHD: Misdiagnosis? *Understanding Our Gifted* 13(1), 16–18.

Ledgin, N. (2000). *Diagnosing Jefferson: Evidence of a condition that guided his beliefs, behavior, and personal associations*. Arlington, TX: Future Horizons.

Ledgin, N. (2002). *Asperger's and self-esteem: Insight and hope through famous role models*. Arlington, TX: Future Horizons.

Leman, K. (2000). *Making children mind without losing yours*. Grand Rapids, MI: Revell.

Leman, K. (2004). *Geschwisterkonstellationen: Die Familie bestimmt Ihr Leben* (6. Aufl.). Heidelberg: mvg-Verlag. (Orig.: *The birth order book: Why you are the way you are*, 1985).

Leroux, J. A. & Levitt-Perlman, M. (2000). The gifted child with Attention-Deficit Disorder: An identification and intervention challenge. *Roeper Review* 22(3), 171–176.

Levine, M. (2002). *A mind at a time*. New York: Simon & Schuster.

Lewin, K., Lippitt, R. & White, R. K. (1939). Patterns of aggressive behavior in experimentally created «social climates». *Journal of Social Psychology* 10, 271–299.

Lind, S. (1993). Something to consider before referring for ADD/ADHD. *Counseling & Guidance* 4, 1–3.

Lind, S. (1996). Before referring a gifted child for ADD/ADHD evaluation. www.sengifted.org/articles_counseling/Lind_BeforeReferringAGiftedChildForADD.shtml [02.04.2012]

Lind, S. (2001). Overexcitability and the gifted. *SENG Newsletter* 1(1), 3–6. www.sengifted.org/articles_social/Lind_OverexcitabiliityAndTheGifted [28.10.2006]

Lewinsohn, P. M., Hops, H., Roberts, R. E., Seeley, J. R. & Andrews, J. A. (1993). Adolescent psychopathology: I. Prevalence and incidence of depression and other DSM-III-R disorders in high school students. *Journal of Abnormal Psychology* 102(1), 133–144.

Lovecky, D. (2004). *Different minds: Gifted children with ADD/ADHD, Asperger Syndrome, and other learning deficits.* New York: Jessica Kingsley.

Ludwig, A. L. (1995). *The price of greatness: Resolving the creativity and madness controversy.* New York: Guilford Press.

Mackenzie, R. J. (2001). *Setting limits with your strong-willed children: Eliminating conflict by establishing clear, firm, and respectful boundaries.* Rocklin, CA: Prima.

MacKinnon, D. W. (1978). *In search of human effectiveness.* Buffalo, NY: Creative Education Foundation.

Mackintosh, N. J. (1998). *IQ and human intelligence.* New York: Oxford University Press.

Maddi, S. R., Bartone, P. T. & Puccetti, M. C. (1987). Stressful events are indeed a factor in physical illness: Reply to Schroeder and Costa (1984). *Journal of Personality and Social Psychology 52(4)*, 833–843.

Maguire, E. A., Gadian, D. G., Johnsrude, I. S., Golod, C. D., Ashburner, J., Frackowiak, R. S. J. et al. (2000). Navigation-related structural change in the hippocampi of taxi drivers. *Proceedings of the National Academy of Sciences* 97(8), 4398–4402.

Maker, C. J. (2005). *The DISCOVER project: Improving assessment and curriculum for diverse learners.* Storrs, CT: National Research Center on the Gifted and Talented.

Malone, P. S., Brounstein, P. J., von Brock, A. & Shaywitz, S. E. (1991). Components of IQ scores across levels of measured ability. *Journal of Applied Social Psychology* 21, 15–28.

Mann, R. L. (2005). Gifted students with spatial strengths and sequential weaknesses: An overlooked and underidentified population. *Roeper Review* 27(2), 91–96.

Marland, S. (1972). *Education of the gifted and talented.* U. S. Commission of Education, 92nd Congress, 2nd Session. Washington, DC: USCPO.

Maslow, A. H. (1971). *The farther reaches of human nature.* New York: Viking Press.

Maslow, A. H. (1981). *Motivation und Persönlichkeit.* Reinbek: Rowohlt. (Orig.: *Motivation and personality*, 1954).

Maslow, A. H. & Lowery, R. (Hrsg.). (1998). *Toward a psychology of being* (3. Aufl.). New York: Wiley & Sons.

Matarazzo, J. D. (1972). *Wechsler's measurement and appraisal of adult intelligence.* London: Oxford University Press.

Matthews, D. J. & Foster, J. F. (2005). *Being smart about gifted children: A guidebook for parents and educators.* Scottsdale, AZ: Great Potential Press.

Maxwell, B. (1998). Diagnosis questions. *Highly Gifted Children* 12, 1. www.sengifted.org/articles_counseling/Maxwell_DiagnosisQuestions.html

May, R. (1994). *The discovery of being: Writings in existential psychology.* New York: W. W. Norton.

McCall, R.B., Appelbaum, M.I. & Hogarty, P.S. (1978). Developmental changes in mental performance. *Monographs of the Society for Research in Child Development* 39(3), 1–83.

McCarney, S.B. & Anderson, P.D. (1998). *Gifted evaluation scale* (2. Aufl.). Columbus, MO: Hawthorne Educational Services.

McCord, J. (Hrsg.) (1998). *Coercion and punishment in long-term perspectives.* Cambridge, MA: Cambridge University Press.

McPherson, M., Smith-Lovin, L. & Brashears, M.E. (2006, Juni). Social isolation in America: Changes in core discussion networks over two decades. *American Sociological Review* 71, 353–375.

Meckstroth, E.A. (1991). Guiding the parents of gifted children: The role of counselors and teachers. In: R.M. Milgram (Hrsg.). *Counseling gifted and talented children,* 95–120. Norwood, NJ: Ablex.

Mendaglio, S. (1993). Counseling gifted learning disabled: Individual and group counseling techniques. In: L.K. Silverman (Hrsg.). *Counseling the gifted and talented,* 131–149. Denver, CO: Love.

Milgram, R. (Hrsg.) (1991). *Counseling gifted and talented children: A guide for teachers, counselors, and parents.* Norwood, NJ: Ablex.

Miller, A. (1996). *The drama of the gifted child: The search for the true self.* New York: Basic Books.

Minner, S. (1990). Teacher evaluations of case options of LD gifted children. *Gifted Child Quarterly* 34, 37–40.

Moon, S.M. (2002). Gifted children with Attention-Deficit/Hyperactivity Disorder. In: M. Neihart, S. Reis, N. Robinson & S. Moon (Hrsg.). *The social and emotional development of gifted children: What do we know?* 193–201. Washington, DC: National Association for Gifted Children.

Moon, S.M., Zentall, S.S., Grskovic, J.A., Hall, A. & Stormont-Spurgin, M. (2001). Emotional, social, and family characteristics of boys with AD/HD and giftedness: A comparative case study. *Journal for the Education of the Gifted* 24, 207–247.

Morris, J.E. (2002). African-American students and gifted education: The politics of race and culture. *Roeper Review* 24(2), 59–62.

Moser, A. (1991). *Don't feed the monster on Tuesdays: The children's self-esteem book.* Kansas City, KS: Landmark Editions.

National Association for Gifted Children (1998). *Position statements of the National Association for Gifted Children.* Washington, DC: Author.

National Association for Gifted Children (2005). *State of the states 2004–2005.* Washington, DC: Author.

National Centers for Disease Control and Prevention (1997). *Suicide in the United States.* Atlanta, GA: Author.

National Centers for Disease Control and Prevention (2006). Homicides and suicides: National violent death reporting system, United States, 2003–2004. *Morbidity and Mortality Weekly Report* 55(26), 721–724.

Neihart, M. (1999). The impact of giftedness on psychological well-being: What does the empirical literature say? *Roeper Review* 22(1), 10–17.

Neihart, M. (2000). Gifted children with Asperger's Syndrome. *Gifted Child Quarterly* 44(4), 222–230.

Neihart, M., Reis, S. M., Robinson, N. M. & Moon, S. M. (Hrsg.) (2002). *The social and emotional development of gifted children: What do we know?* Waco, TX: Prufrock Press.

Neubauer, A. & Stern, E. (2009). *Lernen macht intelligent: Warum Begabung gefördert werden muss.* München: Goldmann.

Neumeister, K. L. S. (2004). Factors influencing the development of perfectionism in gifted college students. *Gifted Child Quarterly* 48(4), 259–274.

Newsweek (2006, 8. Mai). *What makes a high school great,* 50–60.

Nolen-Hoeksema, S., Girgus, J. & Seligman, M. E. P. (1986). Learned helplessness in children: A longitudinal study of depression, achievement, and explanatory style. *Journal of Personality and Social Psychology* 51, 435–442.

Nolen-Hoeksema, S., Girgus, J. & Seligman, M. E. P. (1992). Predictors and consequences of childhood depressive symptoms: A 5-year longitudinal study. *Journal of Abnormal Psychology* 101(3), 405–422.

Nugent, J. K. (1991). Cultural and psychological influences on the father's role in infant development. *Journal of Marriage and the Family* 53, 475–585.

Olenchak, F. R. (1998). *They say my child's gifted: Now what? Ideas for parents for understanding and working with schools.* Waco, TX: Prufrock Press.

Olenchak, F. R. (1994). Talent development. *The Journal of Secondary Gifted Education* 5(3), 40–52.

Olfson, M., Marcus, S. C., Wiessman, M. M. & Jensen, P. S. (2002). National trends in the use of psychotropic medications by children. *Journal of the American Academy of Child & Adolescent Psychiatry* 41, 514–521.

Olszewski-Kubilius, P. (2002). Parenting practices that promote talent development, creativity, and optimal development. In: M. Neihart, S. Ries, N. Robinson & S. Moon (Hrsg.). *The social and emotional development of gifted children: What do we know?* 205–212). Waco, TX: Prufrock Press.

O'Neill, E. (1989). *Der Eismann kommt.* Frankfurt/Main: Fischer. (Orig.: *The Iceman Cometh*, 1946).

Ornstein, R. (1997). *The right mind: Making sense of the hemispheres.* New York: Harcourt, Brace.

Panati, C. (1987). *Extraordinary origins of everyday things.* New York: Harper & Row.

Parker, W. D. & Mills, C. J. (1996). The incidence of perfectionism in gifted students. *Gifted Child Quarterly* 40(4), 194–199.

Paterson, R. J. (2000). *The assertiveness workbook: How to express your ideas and stand up for yourself at work and in relationships.* Oakland, CA: New Harbinger.

Payne, R. (2001). *Understanding learning: The how, the why, the what.* Highlands, TX: Aha! Process.

Pegnato, C. C. & Birch, J. W. (1959). Locating gifted children in junior high schools: A comparison of methods. *Exceptional Children* 25, 300–304.

Pelkonen, M. & Marttunen, M (2003). Child and adolescent suicide: Epidemiology, risk factors, and approaches to prevention. *Pediatric Drugs* 5, 243–265.

Petermann, F. (Hrsg.) (2011). *WPPSI-III: Wechsler Preschool and Primary Scale of Intelligence-III, Deutsche Version.* Unter Mitarbeit von M. Lipsius (2. Aufl.). Frankfurt/M.: Pearson.

Petermann, F. & Petermann, U. (2010). *Hawik-IV: Hamburg-Wechsler-Intelligenztest für Kinder IV. Übersetzung und Adaption der WISC-IV von David Wechsler* (3. ergänzte Aufl.). Bern: Hans Huber.

Petermann, F. & Petermann, U. (2011). *WISC-IV: Übersetzung und Adaption der WISC-IV von David Wechsler.* Frankfurt/M.: Pearson.

Peters, M. (2003, 11. Juli). *Everything I know I learned in the principal's office.* Paper presented at Supporting Emotional Needs of Gifted Conference, St. Louis, MO.

Peterson, J. S. & Ray, K. E. (2006). Bullying and the gifted: Victims, perpetrators, prevalence, and effects. *Gifted Child Quarterly* 50(2), 148–168.

Phelan, T. W. (2003). *1-2-3 magic: Effective discipline for children 2–12* (3. Aufl.). Glen Ellyn, IL: Parent Magic.

Piechowski, M. D. (1979). Developmental potential. In: N. Colangelo & T. Zaffran (Hrsg.). *New voices in counseling the gifted.* Dubuque, IA: Kendall/ Hunt.

Piechowksi, M. D. (1991). Emotional development and emotional giftedness. In: N. Colangelo & G. A. Davis (Hrsg.). *Handbook of gifted education,* 285–306. Boston: Allyn & Bacon.

Piechowksi, M. D. (1997). Emotional giftedness: The measure of intrapersonal intelligence. In: N. Colangelo & G. A. Davis (Hrsg.). *Handbook of gifted education* (2. Aufl.), 366–381. Needham Heights, MA: Allyn & Bacon.

Piechowski, M. D. & Colangelo, N. (1984). Developmental potential of the gifted. *Gifted Child Quarterly* 18(2), 80–88.

Piirto, J. (2004). *Understanding creativity.* Scottsdale, AZ: Great Potential Press.

Pipher, M.B. (2000). *Another country: Navigating the emotional terrain of our elders.* New York: Riverhead.

Plomin, R. (2004). *Nature and nurture: An introduction to human behavioral genetics.* Belmong, CA: Wadsworth.

Plomin, R. & Petrill, S. W. A. (1997). Genetics and intelligence: What's new? *Intelligence* 24(1), 53–77.

Progoff, I. (1992). *At a journal workshop: Writing to access the power of the unconscious and evoke creative ability.* New York: J. P. Tarcher.

Radin, N. (1994). Primary caregiving fathers in intact families. In: A.E. Gottfried & A.W. Gottfried (Hrsg.). *Redefining families,* 11–54. New York: Plenum Press.

Reis, S.M., Colbert, R.D. & Hébert, T.P. (2005). Understanding resilience in diverse, talented students in an urban high school. *Roeper Review* 27(2), 110–120.

Reis, S.M., Westberg, K.L., Kulikowich, J., Caillard, F., Hébert, T., Plucker, J. et al. (1993). *Why not let high ability students start school in January? The curriculum compacting study.* Storrs, CT: National Research Center on the Gifted and Talented.

Reis, S.M. & McCoach, D.B. (2004). The underachievement of gifted students: What do we know and where do we go? In: S.M. Moon (Hrsg.). *Social/emotional issues, underachievement, and counseling of gifted and talented students,* 181–212. Thousand Oaks, CA: Corwin Press.

Reis, S.M. & Renzulli, J.S. (1982). A research report on the revolving door identification model: A case for the broadened conception of giftedness. *Phi Delta Kappan* 63, 619–620.

Reis, S.M., Renzulli, J.S. & Stedtnitz, U. (2001). *Das schulische Enrichment-Modell SEM: Handbuch und Begleitband im Paket.* Aarau: Sauerländer.

Reivich, R. & Shatté, A. (2002). *The resilience factor: 7 keys to finding your inner strength and overcoming life's hurdles.* New York: Broadway Books.

Renzulli, J.S. & Reis, S.M. (1991). The schoolwide enrichment model: A comprehensive plan for the development of creative productivity. In: N. Colangelo & G.A. Davis (Hrsg.). *Handbook of gifted education,* 111–141. Boston: Allyn & Bacon.

Renzulli, J.S., Smith, L.H., White, A.J., Callahan, C.M., Hartman, R.K., Westberg, K.L., Gavin, M.K., Reis, S.M., Siegle, D. & Sytsma, R.E. (2004). *Scales for rating the behavioral characteristics of superior students.* Mansfield Center, CT: Creative Learning Press.

Reynolds, C.R. & Bradley, M. (1983). Emotional stability of intellectually superior children versus nongifted peers as estimated by chronic anxiety levels. *School Psychology Review* 12, 190–194.

Rhodes, J.E. (1994). Older and wiser: Mentoring relationships in childhood and adolescence. *The Journal of Primary Prevention* 14, 187–196.

Richert, E.S. (1997). Excellence with equity in identification and programming. In: N. Colangelo & G.A. Davis (Hrsg.). *Handbook of gifted education* (2. Aufl.), 75–88. Boston: Allyn & Bacon.

Ricken, G., Fritz, A., Schuck, K.D. & Preuß, U. (Hrsg.) (2007). *HAWIVA-III: Hannover-Wechsler-Intelligenztest für das Vorschulalter III. Manual zur Durchführung und Auswertung.* Bern: Hans Huber.

Ricken, G., Fritz, A., Schuck, K.D. & Preuß, U. (Hrsg.) (2007). *HAWIVA-III: Hannover-Wechsler-Intelligenztest für das Vorschulalter III. Manual zur Testentwicklung und Interpretation.* Bern: Hans Huber.

Rideout, V., Roberts, D.F. & Foehr, U.G., (2005). *Generation M: Media in the lives of 8 to 18 year olds.* Menlo Park, CA: The Henry J. Kaiser Family Foundation.

Rimm, S.B. (1995). *Why bright kids get poor grades: And what you can do about it.* New York: Crown.

Rimm, S.B. (1996). *Dr. Sylvia Rimm's smart parenting.* New York: Crown.

Rimm, S.B. (1997). Underachievement syndrome: A national epidemic. In: N. Colangelo & G.A. Davis (Hrsg.). *Handbook of gifted education* (2. Aufl.), 416–434. Boston: Allyn & Bacon.

Rimm, S.B. (2007). *Keys to parenting the gifted child* (3. Aufl.). Scottsdale, AZ: Great Potential Press.

Rimm, S.B. & Lowe, B. (1998). Family environments of underachieving gifted students. *Gifted Child Quarterly* 32(4), 353–359.

Rivero, L. (2002). *Creative home schooling: A resource guide for smart families.* Scottsdale, AZ: Great Potential Press.

Rivero, L. (2008). *The homeschooling option: How to decide when it's right for your family.* New York: Palgrave Macmillan.

Robinson, N.M. (2000). Giftedness in very young children: How seriously should it be taken? In: R.C. Friedman & B.M. Shore (Hrsg.). *Talents unfolding,* 7–26.Washington, DC: American Psychological Association.

Robinson, N.M. (2006). Counseling issues for gifted students. *Gifted Education Communicator* 37(1), 9–10.

Robinson, N.M., Lanzi, R.G., Weinberg, R.A., Ramey, S.L. & Ramey, C.T. (2004). Family factors associated with high academic competence in former Head Start children at third grade. In: S.M. Moon (Hrsg.). *Social/emotional issues, underachievement, and counseling of gifted and talented students,* 83–103. Thousand Oaks, CA: Corwin Press.

Robinson, N.M. & Olszewski-Kubilius, P.A. (1996). Gifted and talented child: Issues for pediatricians. *Pediatrics in Review* 17(12), 427–434.

Roedell, W.C., Jackson, N.E. & Robinson, H.B. (Hrsg.) (1980). *Gifted young children.* New York: Teachers College Press.

Roeper, A.M. (1995). *Selected writings and speeches.* Minneapolis, MN: Free Spirit Press.

Rogers, K.B. (2002). *Re-forming gifted education: How parents and teachers can match the program to the child.* Scottsdale, AZ: Great Potential Press.

Rourke, B. (1989). *The syndrome of non-verbal learning disabilities: Neurodevelopmental manifestations.* New York: Guilford Press.

Ruf, D.A. (2005). *Losing our minds: Gifted children left behind.* Scottsdale, AZ: Great Potential Press.

Satir, V. (1988). *The new peoplemaking.* Palo Alto, CA: Science & Behavior Books.

Sattler, J.M. (1988). *Assessment of children* (3. Aufl.). San Diego, CA: J.M. Sattler.

Sattler, J.M. (2001). *Assessment of children: Cognitive applications* (4. Aufl.). San Diego, CA: J.M. Sattler.

Schiever, S.W. & Maker, C.J. (1997). Enrichment and acceleration: An overview and new directions. In: N. Colangelo & G.A. Davis (Hrsg.). *Handbook of gifted education* (2. Aufl.), 113–125. Boston: Allyn & Bacon.

Schiff, M.M., Kaufman, A.S. & Kaufman, N.L. (1981). Scatter analysis of WISC-R profiles for learning disabled children with superior intelligence. *Journal of Learning Disabilities* 14, 400–404.

Scholwinski, E. & Reynolds, C.M. (1985). Dimensions of anxiety among high IQ children. *Gifted Child Quarterly* 29(3), 125–130.

Schuler, P. (2002). Perfectionism in gifted children and adults. In: M. Neihart, S. Ries, N. Robinson & S. Moon (Hrsg.). *The social and emotional development of gifted children: What do we know?* 71–79. Waco, TX: Prufrock Press.

Schutz, W.C. (1958). *FIRO-B: A three-dimensional theory of interpersonal behavior.* New York: Rinehart.

Seagoe, M. (1974). Some learning characteristics of gifted children. In: R. Martinson (Hrsg.). *The identification of the gifted and talented,* 20–21. Ventura, CA: Office of the Ventura County Superintendent of Schools.

Seligman, M.E.P. (1995). *What you can change – and what you can't: The complete guide to successful self-improvement: Learning to accept who you are.* New York: Fawcett.

Seligman, M.E.P. (1998). The gifted and the extraordinary. *The American Psychological Association Monitor* 29(11), 2.

Seligman, M.E.P. (1999). *Kinder brauchen Optimismus.* Reinbek: Rowohlt. (Orig.: *The optimistic child: A proven program to safeguard children against depression and build lifelong resilience,* 1996).

Seligman, M. E. P. (2002). *Pessimisten küsst man nicht: Optimismus kann man lernen.* München: Knaur. (Orig.: *Learned optimism: How to change your mind and your life,* 1998).

Seligman, M. E. P. (2002). *Authentic happiness: Using the new positive psychology to realize your potential for lasting fulfillment.* New York: Free Press.

Severe, S. (2003). *How to behave so your children will, too!* New York: Penguin.

Shakespeare, W. (1988) [1603] Hamlet. In: Ders., *Tragödien* (Übers. Schlegel/Tiek). Stuttgart: Parkland.

Shanley, M. K. (1993). *She taught me to eat artichokes: The discovery of the heart of friendship.* Marshallton, IA: Sta-Kris.

Shaywitz, S. E. (2003). *Overcoming dyslexia: A new and complete science-based program for reading problems at any level.* New York: Knopf.

Shenk, J. W. (2005, Oktober). Lincoln's great depression. *The Atlantic Monthly*, 52–68.

Siegle, D. & Powell, T. (2004). Exploring teacher biases when nominating students for gifted programs. *Gifted Child Quarterly* 48, 21–29.

Sigman, M. & Capps, L. (2000). *Autismus bei Kindern: Ursachen, Erscheinungsformen und Behandlung.* Bern: Hans Huber.

Silver, S. J. & Clampit, M. K. (1990). WISC-R profiles of high ability children: Interpretation of verbal-performance discrepancies. *Gifted Child Quarterly* 34, 76–79.

Silverman, L. K. (1988). *Parenting the gifted child* (3. Aufl.). Denver, CO: Gifted Child Development Center.

Silverman, L. K. (1993). *Counseling the gifted and talented.* Denver, CO: Love.

Silverman, L. K. (1997a). The construct of asynchronous development. *Peabody Journal of Education* 72(3–4), 36–58.

Silverman, L. K. (1997b). Family counseling with the gifted. In: N. Colangelo & G. A. Davis (Hrsg.). *Handbook of gifted education* (2. Aufl.), 382–397. Boston: Allyn & Bacon.

Silverman, L. K. (1998). Through the lens of giftedness. *Roeper Review* 20, 204–210.

Silverman, L. K. (2002). *Upside-down brilliance: The visual-spatial learner.* Denver, CO: DeLeon.

Silverman, L. K. & Kearney, K. (1992). The case for the *Stanford-Binet, L-M* as a supplemental test. *Roeper Review* 15, 34–37.

Simpson, R. G. & Kaufmann, F. A. (1981, September). Career education for the gifted. *Journal of Career Education*, 38–45.

Slocumb, P. D. (2000). *Removing the mask: Giftedness in poverty.* Highlands, TX: RFT.

Smith, J. R. & Brooks-Gunn, J. (1997). Correlates and consequences of harsh discipline for young children. *Archives of Pediatric and Adolescent Medicine* 151, 777–786.

Spreen, O., Risser, A. H. & Edgell, D. (1995). *Developmental neuropsychology*. New York: Oxford University Press.

Stamm, M. (2009). *Begabte Minoritäten*. Wiesbaden: Verlag für Sozialwissenschaften.

Sternberg, R. J. (1986). Identifying the gifted through IQ: Why a little bit of knowledge is a dangerous thing. *Roeper Review* 8, 143–147.

Sternberg, R. J. (2002). *Why smart people can be so stupid*. New Haven, CT: Yale University Press.

Streznewski, M. K. (1999). *Gifted grownups: The mixed blessings of extraordinary potential*. New York: Wiley.

Strip, C. A. & Hirsch, G. (2000). *Helping gifted children soar: A practical resource for parents and teachers*. Scottsdale, AZ: Great Potential Press.

Sweetland, J. D., Reina, J. M. & Tatti, A. F. (2006). WISC-III Verbal/Performance discrepancies among a sample of gifted children. *Gifted Child Quarterly* 40(1), 7–10.

Tannenbaum, A. (1991). The social psychology of giftedness. In: N. Colangelo & G. A. Davis (Hrsg.). *Handbook of gifted education*, 27–44. Boston: Allyn & Bacon.

Tannenbaum, A. J. & Neuman, E. (1980). *Somewhere to turn: Strategies for parents of gifted and talented*. New York: Teachers College Press.

Tomlinson, C. A. (2001). *How to differentiate instruction in mixed-ability classrooms* (2. Aufl.). Alexandria, VA: Association for Supervision and Curriculum Development.

Tomlinson, C. A., Kaplan, S. N., Renzulli, J. S., Purcell, J., Leppien, J. & Burns, D. (2002). *The parallel curriculum: A design to develop high potential and challenge high-ability learners*. Thousand Oaks, CA: Corwin Press.

Torrance, E. P. (1966). *Torrance tests of creative thinking*. Bensenville, IL: Scholastic Testing Service.

Torrance, E. P. (1974). *Torrance tests for creative thinking: Grades K-graduate school*. Los Angeles: Western Psychological Services.

Torrance, E. P. (1981). Predicting the creativity of elementary school children and the teachers who made a difference. *Gifted Child Quarterly* 25, 556–562.

Treffinger, D. F. (2004). *What are you doing to find and develop my child's talents: 25 tough questions that are more important than, «Is my child in the gifted program?»* www.creativelearning.com/DearSchool.htm [11.09.2006]

Tucker, B. & Hafenstein, N. L. (1997). Psychological intensities in young gifted children. *Gifted Child Quarterly* 41(3), 66–75.

U. S. Census Bureau (2001). *Population profile of the United States*. Washington, DC: Author.

U. S. Department of Education (1993). *National excellence: A case for developing America's talent* (PIP 93-1202). Washington, DC: Author.

Vaillant, G. E. (1995). *Adaptation to life*. Boston: Harvard University Press.

Vaillant, G. E. (2002). *Aging well: Surprising guideposts to a happier life from the landmark Harvard study of adult development*. New York: Little Brown.

Van Deurzen, E. (2002). *Existential counseling and psychotherapy in practice*. Thousand Oaks, CA: Sage.

Viorst, J. (1985). *Alexander und der mistige Tag*. Ravensburg: Ravensburger Buchverlag. (Orig.: *Alexander and the terrible, horrible, no good, very bad day*, 1972).

Viorst, J. (1988). *Rose and Michael*. New York: Aladdin.

Viorst, J. (1995). *Mut zur Trennung: Menschliche Verluste, die das Leben sinnvoll machen*. München: Heyne. (Orig.: *Necessary losses: The loves, illusions, dependencies, and impossible expectations that all of us have to give up in order to grow*, 1986).

Wallerstein, J. S., Lewis, J. M. & Blakeslee, S. (2002). *Scheidungsfolgen: Die Kinder tragen die Last. Eine Langzeitstudie über 25 Jahre*. Weinheim: Beltz. (Orig.: *The unexpected legacy of divorce: The 25 year landmark study*, 2001).

Webb, J. T. (1993). Nurturing social-emotional development of gifted children. In: K. A. Heller, F. J. Monks & A. H. Passow (Hrsg.). *International handbook of research and development of giftedness and talent*, 525–538. Oxford: Pergamon Press.

Webb, J. T. (1999, Januar). Existential depression in gifted individuals. *Our Gifted Children*, 7–9.

Webb, J. T. (2000a). *Do gifted children need special help?* (Video/DVD). Scottsdale, AZ: Great Potential Press.

Webb, J. T. (2000b). *Is my child gifted? If so, what can I expect?* (Video/DVD). Scottsdale, AZ: Great Potential Press.

Webb, J. T. (2000c). *Parenting successful children* (Video/DVD). Scottsdale, AZ: Great Potential Press.

Webb, J. T. (2001). Misdiagnosis and dual diagnoses of gifted children: Gifted and LD, ADHD, OCD, Oppositional Defiant Disorder. *Gifted Education Press Quarterly* 15(2), 9–13.

Webb, J. T., Amend, E. R., Webb, N. E., Goerss, J., Beljan, P. & Olenchak, F. R. (2005). *Misdiagnosis and dual diagnoses of gifted children and adults: ADHD, bipolar, OCD, Asperger's, depression, and other disorders*. Scottsdale, AZ: Great Potential Press.

Webb, J. T. & DeVries, E. R. (1998). *Gifted parent groups: The SENG Model*. Scottsdale, AZ: Great Potential Press.

Webb, J. T. & Dyer, S. P. (1993, 5. November). *Unusual WISC-R patterns found among gifted children*. Paper presented at the National Association for Gifted Children Annual Convention, Atlanta.

Webb, J. T., Gore, J. L., Karnes, F. A. & McDaniel, A. S. (2004). *Grandparents' guide to gifted children*. Scottsdale, AZ: Great Potential Press.

Webb, J.T. & Kleine, P.A. (1993). Assessing gifted and talented children. In: J.L. Culbertson & D.J.

Webb, J.T. & Latimer, D. (1993). *ADD/ADHD and children who are gifted.* Reston, VA: Council for Exceptional Children.

Webb, J.T., Meckstroth, E.A. & Tolan, S.S. (2007). *Hochbegabte Kinder: Ihre Eltern, ihre Lehrer. Ein Ratgeber.* Überarbeitet und ergänzt von Nadine D. Zimet und Franzis Preckel (5. aktual. Aufl.). Nachdruck 2010. Bern: Hans Huber. (Orig.: *Guiding the gifted child: A practical source for parents and teachers*, 1982).

Webb, N.A. & Dietrich, A. (2006, Herbst/Winter). Gifted and learning disabled: A neuropsychologist's approach. *Gifted Education Communicator*, 44–48.

Wechsler, D. (1935). *The range of human abilities.* Baltimore: Williams & Wilkins.

Wedding, D., Boyd, M.A. & Niemiec, R.M. (2011). *Psyche im Kino: Wie Filme uns helfen, psychische Störungen zu verstehen.* Bern: Hans Huber. (Orig.: *Movies and Mental Illness*, 2010).

Westberg, K.L., Archambault, F.X., Jr., Dobyns, S.M. & Salvin, T. (1993). *An observational study of instructional and curricular practices used with gifted and talented students in regular classrooms.* Storrs, CT: National Research Center on the Gifted and Talented.

Whitmore, J.R. (1980). *Giftedness, conflict and underachievement.* Boston: Allyn & Bacon.

Whitmore, J.R. (1986). Preventing severe underachievement and developing achievement motivation. *Journal of Children in Contemporary Society* 18, 118–133.

Whitney, C.S. & Hirsch, G. (2007). *Motivating the gifted child.* Scottsdale, AZ: Great Potential Press.

Wilkinson, S.C. (1993). WISC-R profiles of children with superior intellectual ability. *Gifted Child Quarterly* 37, 84–91.

Willis (Hrsg.). *Testing young children: A reference guide for developmental, psychoeducational and psychosocial assessments,* 383–407). Austin, TX: Pro-Ed.

Wilson, C. (1963). Using test results and teacher evaluation in identifying gifted pupils. *Personnel and Guidance* 41, 720–721.

Winebrenner, S. (2000). *Teaching gifted children in the regular classroom: Strategies and techniques that every teacher can use to meet the academic needs of the gifted and talented.* Minneapolis, MN: Free Spirit.

Wing, L. (1981). Asperger's Syndrome: A clinical account. *Psychological Medicine* 11, 1115–1129.

Winner, E. (1996). *Gifted children: Myths and realities.* New York: Basic Books.

Yalom, I.D. & Yalom, B. (1998). *The Yalom reader: Selections from the work of a master therapist and story teller.* New York: Basic Books.

Zappia, I. (1989). Identification of gifted Hispanic students. In: C. J. Maker & S. Schiever (Hrsg.). *Critical issues in gifted education: Defensible programs for cultural and ethnic minorities* (Bd. 2), 19–26. Austin, TX: Pro-Ed.

Zirbes-Domke, S. (2011). Hochbegabte mit Migrationshintergrund: Diagnostische Aspekte. *Labyrinth* 109, 16–17.

Weiterführende Literatur*

Adderholdt, M. & Goldberg, J. (1999). *Perfectionism: What's bad about being too good?* Minneapolis, MN: Free Spirit.

Attwood, T. (1998). *Asperger's Syndrome: A guide for parents and professionals.* London: Jessica Kingsley.

Baum, S. M. & Owen, S. V. (2004). *To be gifted and learning disabled: Strategies for helping bright students with LD, ADHD, and more.* Storrs, CT: Creative Learning Press.

Berger, S. L. (2006). *College planning for gifted students: Choosing and getting into the right college.* Waco, TX: Prufrock Press.

Betts, G. & Kercher, J. (2000). *Autonomous learner model.* Greeley, CO: Alps.

Castellano, J. A. & Diaz, E. I. (2002). *Reaching new horizons: Gifted and talented education for culturally and linguistically diverse students.* Boston: Allyn & Bacon.

Chidekel, D. (2003). *Parents in charge: Setting healthy, loving boundaries for you and your child.* New York: Citadel.

Clark, B. (2001). *Growing up gifted: Developing the potential of children at home and at school* (6. Aufl.). New York: Prentice Hall.

Cohen, C. (2000). *Raise your child's social IQ: Stepping stones to people skills for kids.* Silverspring, MD: Advantage Books.

Cohen, L. M. & Frydenberg, E. (1996). *Coping for capable kids: Strategies for parents, teachers and students.* Waco, TX: Prufrock Press.

Colangelo, N. & Davis, G. (Hrsg.). (2003). *Handbook of gifted education* (3. Aufl.). New York: Allyn & Bacon.

Cross, T. L. (2005). *The social and emotional lives of gifted children: Understanding and guiding their development.* Waco, TX: Prufrock Press.

---

* Die von Webb et al. empfohlenen Bücher liegen nur vereinzelt in deutscher Übersetzung vor und wurden daher um eine Auswahl deutschsprachiger Literatur ergänzt (siehe unten). Zahlreiche weitere Titel in deutscher Sprache finden sich in den Quellenangaben.

Davidson, J., Davidson, B. & Vanderkam, L. (2004). *Genius denied: How to stop wasting our brightest young minds.* New York: Simon & Schuster.

Davis, G. A. (2006). *Gifted children and gifted education.* Scottsdale, AZ: Great Potential Press.

Delisle, J. R. (1992). *Guiding the social and emotional development of gifted youth: A practical guide for educators and counselors.* New York: Longman.

Delisle, J. R. (2006). *Parenting gifted kids: Tips for raising happy and successful children.* Waco, TX: Prufrock Press.

Delisle, J. R. & Galbraith, J. (2002). *When gifted kids don't have all the answers: How to meet their social and emotional needs.* Minneapolis, MN: Free Spirit.

Dreikurs, R. & Soltz, V. (1991). *Children: The challenge: The classic work on improving parent-child relations: Intelligent, humane, and eminently practical.* New York: Plume.

Elyé, B. J. (2000). *Teen success: Jump start ideas to move your mind.* Scottsdale, AZ: Great Potential Press.

Esquivel, G. B. & Houtz, J. C. (Hrsg.) (2000). *Creativity and giftedness in culturally diverse students.* Cresskill, NJ: Hampton.

Faber, A. & Mazlish, E. (1988). *Siblings without rivalry: How to help your children live together so you can live, too.* New York: Avon Books.

Ford, D. Y. (1995). *Counseling gifted African-American students: Promoting achievement, identity, and social and emotional well-being.* Storrs, CT: National Research Center on the Gifted and Talented.

Ford, D. Y. & Harris, J. J. (1999). *Multicultural gifted education.* New York: Teachers College Press.

Galbraith, J. (2009). *Gifted kids' survival guide for ages 10 and under* (3. Aufl.) Minneapolis, MN: Free Spirit.

Galbraith, J., Delisle, J. & Delisle J. R. (1996) *Gifted kids' survival guide: A teen handbook.* Minneapolis, MN: Free Spirit.

Glasser, H. N. & Easley, J. L. (1998). *Transforming the difficult child: The nurtured heart approach.* Tucson, AZ: Howard Glasser.

Goertzel, V., Goertzel, M. G., Goertzel, T. G. & Hansen, A. M. W. (2004). *Cradles of eminence: Childhoods of more than four hundred famous men and women* (2. Aufl.). Scottsdale, AZ: Great Potential Press.

Greenspon, T. (2002). *Freeing our families from perfectionism.* Minneapolis, MN: Free Spirit.

Gross, M. U. M. (1993). *Exceptionally gifted children.* London: Routledge.

Halsted, J. W. (2001). *Some of my best friends are books: Guiding gifted readers from preschool to high school* (2. Aufl.). Scottsdale, AZ: Great Potential Press.

Hipp, E. (1999). *Fighting invisible tigers: A stress management guide for teens*. Minneapolis, MN: Free Spirit.

Isaacson, K. L. J. (2002). *Raisin' brains: Surviving my smart family*. Scottsdale, AZ: Great Potential Press.

Isaacson, K. L. J. & Fisher, T. J. (2007). *Intelligent life in the classroom: Smart kids and their teachers*. Scottsdale, AZ: Great Potential Press.

Jacobsen, M. E. (1999). *The gifted adult: A revolutionary guide liberating everyday genius*. New York: Ballantine Books.

Kay, K. (2000). *Uniquely gifted: Identifying and meeting the needs of the twice-exceptional student*. Gilsum, NH: Avocus.

Kerr, B. A. (1992). *A handbook for counseling the gifted and talented*. Arlington, VA: AACD.

Kerr, B. A. (1997). *Smart girls: A new psychology of girls, women and giftedness*. Scottsdale, AZ: Great Potential Press.

Kerr, B. A. & Cohn, S. J. (2001). *Smart boys: Talent, manhood, & the search for meaning*. Scottsdale, AZ: Great Potential Press.

Kurcinka, M. S. (1992). *Raising your spirited child*. New York: Harper Collins Perennial.

Leman, K. (2004). *The birth order book: Why you are the way you are*. Grand Rapids, MI: Revell.

Lovecky, D. V. (2004). *Different minds: Gifted children with AD/HD, Asperger Syndrome, and other learning deficits*. New York: Jessica Kingsley.

Matthews, J. F. & Foster, D. J. (2005). *Being smart about gifted children: A guidebook for parents and educators*. Scottsdale, AZ: Great Potential Press.

Neihart, M., Reis, S. M., Robinson, N. M. & Moon, S. M. (Hrsg.) (2002). *The social and emotional development of gifted children: What do we know?* Waco, TX: Prufrock Press.

Nelson, R. E. & Galas, J. (1994). *The power to prevent suicide: A guide for teens helping teens*. Minneapolis, MN: Free Spirit.

Olenchak, R. O. (1998). *They say my kid's gifted, now what? Ideas for parents for understanding and working with schools*. Waco, TX: Prufrock Press.

Peterson, J. S. (1995). *Talk with teens about feelings, family, relationships, and the future: 50 guided discussions for school and counseling groups*. Minneapolis, MN: Free Spirit.

Piirto, J. (2004). *Understanding creativity*. Scottsdale, AZ: Great Potential Press.

Rimm, S. B. (2007). *Keys to parenting the gifted child*. Scottsdale, AZ: Great Potential Press.

Rivero, L. (2002). *Creative home schooling for gifted children: A resource guide for smart families*. Scottsdale, AZ: Great Potential Press.

Rogers, K. B. (2001). *Re-forming gifted education: How parents and teachers can match the program to the child.* Scottsdale, AZ: Great Potential Press.

Ruf, D. L. (2005). *Losing our minds: Gifted children left behind.* Scottsdale, AZ: Great Potential Press.

Silverman, L. K. (Hrsg.) (1993). *Counseling the gifted and talented.* Denver, CO: Love.

Streznewski, M. K. (1999). *Gifted grownups: The mixed blessings of extraordinary potential.* New York: John Wiley & Sons.

Strip, C. A. & Hirsch, G. (2001). *Helping gifted children soar: A practical guide for parents and teachers.* Scottsdale, AZ: Great Potential Press.

Strip, C. A. & Hirsch, G. (2001). *Ayudando a los niños dotadas a volar: Una guía práctica para padres y maestros.* Scottsdale, AZ: Great Potential Press.

VanTassel-Baska, J. (Hrsg.) (1983). *A practical guide to counseling the gifted in a school setting.*

Reston, VA: The Council for Exceptional Children.

Walker, S. (2000). *The survival guide for parents of gifted kids: How to understand, live with, and stick up for your gifted child.* Minneapolis, MN: Free Spirit.

Webb, J. T., Amend, E. R., Webb, N. E., Goerss, J., Beljan, P. & Olenchak, F. R. (2005). *Misdiagnosis and dual diagnoses of gifted children and adults: ADHD, bipolar, OCD, Asperger's, depression, and other disorders.* Scottsdale, AZ: Great Potential Press.

Webb, J. T., Gore, J. L., Karnes, F. A. & McDaniel, A. S. (2004). *Grandparents' guide to gifted children.* Scottsdale, AZ: Great Potential Press.

Auswahl deutschsprachiger Literatur

Alvarez, C. (2007). *Hochbegabung: Tipps für den Umgang mit fast normalen Kindern.* München: dtv.

Arnold, D & Preckel, F. (2011). *Hochbegabte Kinder klug begleiten.* Weinheim: Beltz.

Attwood, Tony (2010). *Asperger-Syndrom: Das erfolgreiche Praxis-Handbuch für Eltern und Therapeuten* (3. Aufl.). Stuttgart: Trias (Orig.: *The complete guide to Asperger's syndrome*, 2006).

Barkley, R. A. (2005). *Das große ADHS-Handbuch für Eltern: Verantwortung übernehmen für Kinder mit Aufmerksamkeitsdefizit und Hyperaktivität* (2. Aufl.). Bern: Hans Huber. (Orig.: *Taking charge of ADHD: The complete, authoritative guide for parents*, 2000).

Betts, G. T., Kercher, J. (2008). *Der Weg des selbstbestimmten Lernens.* Münster: LIT-Verlag.

Böhmer, J.P. (2011). *Mathe-Ass: Materialien für leistungsstarke Kinder in der Grundschule* (2. Aufl.). Donauwörth: Auer Verlag.

Brackmann, A. (2007). *Jenseits der Norm: Hochbegabt und hoch sensibel?* Stuttgart: Klett-Cotta.

Brackmann, A. (2010). *Ganz normal hochbegabt: Leben als hochbegabter Erwachsener* (4. Aufl.). Stuttgart: Klett-Cotta.

Carstensen, K. (2009). *Das Asperger-Syndrom: Alltag, Schule und Beruf.* Norderstedt: Books on Demand.

Cattell, R.B., Weiß, R.H., Osterland, J. (1997). *Grundintelligenztest Skala 1.* Göttingen: Hogrefe.

Fischer, Ch., Fischer-Ontrup, Ch., Käpnick, F., Mönks, F., Scheerer, H., Solzbacher, C. (Hrsg.) (2012). *Individuelle Förderung multipler Begabungen.* Bd. 12 und Bd. 13. Münster: LIT-Verlag.

Fischer, Ch., Mönks, F., Grindel, E. (Hrsg.) (2009). *Curriculum und Didaktik der Begabtenförderung.* Münster: LIT-Verlag

Fischer, Ch., Mönks, F., Westphal, U. (Hrsg.) (2008). *Begabungen entfalten- Persönlichkeit entwickeln.* Münster: LIT-Verlag.

Fitzner, T. & Stark, W. (2005). *Genial, gestört, gelangweilt? ADHS, Schule und Hochbegabung.* Weinheim: Beltz.

Gardner, H. (1991). *Abschied vom IQ. Die Rahmentheorie der multiplen Intelligenzen.* Stuttgart: Klett-Cotta.

Gembris, H. (Hrsg.) (2010). *Begabungsförderung und Begabungsforschung in der Musik.* Münster:LIT-Verlag.

Heinbokel, A. (2004). *Hochbegabte: Erkennen, Probleme, Lösungswege.* Berlin/Münster: LIT-Verlag.

Heinbokel, A. (2009). *Handbuch Akzeleration.* Berlin/Münster: LIT-Verlag.

Heller, K. A. (2000). *Begabungsdiagnostik in der Schul- und Erziehungsberatung* (2. Aufl.). Bern: Hans Huber.

Heller, K.A. (Hrsg.) (2001). *Hochbegabung im Kindes- und Jugendalter* (2. Aufl.). Göttingen: Hogrefe.

Heller, K.A. Kratzmeie, H., Lengfelder, A. (1998.) *Raven, Advanced Progressive Matrices.* Göttingen: Hogrefe.

Heller, K.A. Kratzmeie, H., Lengfelder, A. (1998). *Raven, Standard Progressive Matrices.* Göttingen: Hogrefe.

Heller, K.A., Perleth, C. (2007). *Münchner Hochbegabungstestbatterie MHBT.* Göttingen: Hogrefe.

Heller, K.A., Ziegler, A. (Hrsg.) (2007). *Begabt sein in Deutschland.* Münster: LIT-Verlag.

Horsch, H., Müller, G. & Spicher, H.-J. (2006). *Hochbegabt – und trotzdem glücklich: Was Eltern, Kindergarten und Schule tun können, damit die klügsten Kinder nicht die Dummen sind.* Düsseldorf: Oberstebrink Eltern-Bibliothek.

Huser, J. (2007). *Lichtblicke für helle Köpfe: Ein Wegweiser zur Erkennung und Förderung von hohen Fähigkeiten bei Kindern und Jugendlichen auf allen Schulstufen* (5. Aufl.). Zürich: Lehrmittelverlag des Kantons Zürich.

Jäger, A. O., Holling, H., Preckel, F.,Schulue, R., Vock, M., Süß, M.-H., Beauducel, A. (2006). *Berliner Intelligenztest für Jugendliche: Begabungs- und Hochbegabungsdiagnostik.* Göttingen: Hogrefe.

Jost, M. (2008). *Hochbegabte erkennen und begleiten: Ein Ratgeber für Schule und Elternhaus* (4. Aufl.). Berlin: Universum.

Käpnick, F., (Hrsg.) (2001, 2004, 2006, 2009). *Mathe für kleine Asse.* Berlin: Volks und Wissen.

Kaufman, A. S., Kaufman N. L. (2001). *Kaufman Assessment Battery for Children, Deutsche Version.* Frankfurt/M.: Pearson Assessment.

Kubinger, K. D.,Wurst, E. (2001). *Adaptives Intelligenz Diagnostikum 2.* Göttingen: Beltz Tests.

Mähler, B. & Hofman, G. (2005). *Ist mein Kind hochbegabt? Besondere Fähigkeiten erkennen, akzeptieren und fördern* (2. Aufl.). Reinbek: Rowohlt.

Mönks, F. & Ypenburg, I. H. (2005). *Unser Kind ist hochbegabt: Ein Leitfaden für Eltern und Lehrer.* München: Reinhardt.

Petermann, F., Petermann, U. (2007). *Hamburg Wechsler Intelligenztest für Kinder IV.* Bern: Huber.

Preckel, F. (2003). *Diagnostik intellektueller Hochbegabung.* Göttingen: Hogrefe.

Reichle, B (2004). *Hochbegabte Kinder: Erkennen, fördern, problematische Entwicklungen verhindern.* Weinheim: Beltz.

Reis, S. M., Renzulli, J. S. & Stedtnitz, U. (2001). *Das schulische Enrichment-Modell SEM: Handbuch und Begleitband im Paket.* Aarau: Sauerländer.

Seligman, M. E. P. (1999). *Kinder brauchen Optimismus.* Reinbek: Rowohlt. (Orig.: *The optimistic child: A proven program to safeguard children against depression and build lifelong resilience*, 1996).

Simchen, H. (2005). *Kinder und Jugendliche mit Hochbegabung: Erkennen, fördern, stärken.* Stuttgart: Kohlhammer.

Stamm, M. (2009). *Begabte Minoritäten.* Wiesbaden: Verlag für Sozialwissenschaften.

Stapf, A. (2010). *Hochbegabte Kinder: Persönlichkeit, Entwicklung, Förderung.* München: C. H. Beck.

Trappmann-Korr, B. (2011). *Hochsensitiv: Einfach anders und trotzdem ganz normal. Leben zwischen Hochbegabung und Reizüberflutung* (4. Aufl.). Kirchzarten: Vak-Verlag.

Trautmann, T. (2008). *Hochbegabt – was n(t)un? Hilfen und Überlegungen zum Umgang mit Kindern*. Münster: LIT Verlag.

Vock, M., Preckel, F. & Holling, H. (2007). *Förderung Hochbegabter in der Schule: Evaluationsbefunde und Wirksamkeit von Maßnahmen*. Göttingen: Hogrefe.

Vom Scheidt, J. (2006). *Das Drama der Hochbegabten: Zwischen Genie und Leistungsverweigerung* (2. Aufl.). München: Piper.

Von Aster, M., Neubauer, A.,Horn, R. (2006). *Wechsler Intelligenztest für Erwachsene*. Frankfurt/M.: Harcourt Test Services.

Webb, J. T., Meckstroth, E. A. & Tolan, S. S. (2007). *Hochbegabte Kinder: Ihre Eltern, ihre Lehrer. Ein Ratgeber.* Überarbeitet und ergänzt von Nadine D. Zimet und Franzis Preckel (5. aktual. Aufl.). Nachdruck 2010. Bern: Hans Huber. (Orig.: *Guiding the gifted child: A practical source for parents and teachers*, 1982).

Weiß, R. H. (2006). *Grundintelligenztest Skala 2-Revision (CFT 20-R) mit Wortschatztest und Zahlenfolgetest-Revision-(WS/ZF-R)*. Göttingen: Hogrefe.

Winner, E. (2004). *Hochbegabt: Mythen und Realitäten von außergewöhnlichen Kindern* (2. Aufl.). Stuttgart: Klett-Cotta (Orig.: *Gifted children: Myths and realities*, 1996).

Winner, E. (2007). *Kinder voller Leidenschaft*. Münster: LIT-Verlag.

Wittmann, A. J. & Holling, H. (2004). *Hochbegabtenberatung in der Praxis: Ein Leitfaden für ehrenamtliche Berater, Erzieher, Lehrer, Ärzte und Psychologen*. Göttingen: Hogrefe.

Ziegler, A. (2008/2011). *Hochbegabung*. Stuttgart: UTB.

Ziegler, A., Grassinger, R., Harder, B. (Hrsg) (2012). *Konzepte der Hochbegabungsberatung in der Praxis*. Münster: LIT-Verlag.

Über die Autoren

James T. Webb, Ph.D., ABPP-Cl (American Board of Professional Psychology-Clinical Psychology), zählt zu den 25 einflussreichsten amerikanischen Psychologen im Bereich Hochbegabungsforschung und -förderung. Er berät Schulen, Programme und Einzelpersonen im Hinblick auf die sozialen und emotionalen Bedürfnisse von hochbegabten und talentierten Kindern. Im Jahr 1981 gründete Dr. Webb die gemeinnützige Organisation SENG (Supporting Emotional Needs of the Gifted), die Informationen zur Verfügung stellt und Weiterbildungsseminare, Konferenzen und Workshops organisiert. Als emeritierter Direktor ist Dr. Webb auch weiterhin im Vorstand von SENG aktiv. Er ist beratender Herausgeber der Zeitschrift *Gifted Child Quarterly* und Mitglied des wissenschaftlichen Beirats der Fachzeitschrift *Gifted Education Communicator*.

Als Diplom-Psychologe und approbierter Klinischer Psychologie ist Dr. Webb gern gesehener Workshop-Referent und Hauptredner bei nationalen und internationalen Tagungen. Er ist Mitglied der American Psychological Association, in deren Leitungsgremium er drei Jahre lang tätig war, sowie Mitglied der Society of Pediatric Psychology und der Society for Personality Assessment. 1992 wurde er von der American Psychological Association mit dem «Heiser Presidential Award for Advocacy» ausgezeichnet; im selben Jahr erhielt er den «National Award for Excellence, Senior Investigator Division», der von der Mensa Education and Research Foundation verliehen wird. Er ist Vorstandsmitglied der National Association for Gifted Children und war President der American Association for Gifted Children. Derzeit ist Dr. Webb Leiter des auf Hochbegabtenforschung und -förderung spezialisierten Verlages Great Potential Press, Inc.

Dr. Webb war Vorsitzender und sieben Jahre lang Kuratoriumsmitglied der Ohio Psychological Association. Neben seiner Tätigkeit als niedergelassener Psychologe fungiert er als Berater für verschiedene Kliniken und Krankenhäuser. Dr. Webb war Mitbegründer der School of Professional Psychology an der Wright State University in Dayton, Ohio, wo er auch als Professor und stellvertretender Dekan wirkte. Zuvor leitete Dr. Webb die Psychologische Abteilung des Children's Medical Center in Dayton und war Lehrbeauftragter der Pädiatrischen und Psychiatrischen Abteilung der Medizinischen Fakultät an der Wright State University. Außerdem war er fünf Jahre lang Mitglied der Graduiertenschule für Psychologie an der Ohio University.

James T. Webb ist Hauptautor mehrerer preisgekrönter Bücher über hochbegabte Kinder, darunter:

- *Hochbegabte Kinder: Ihre Eltern, ihre Lehrer. Ein Ratgeber* (2007)
- *Misdiagnosis and dual diagnoses of gifted children and adults: ADHD, Bipolar, OCD, Asperger's, Depression, and other disorders* (2005)
- *Grandparents' guide to gifted children* (2004)
- *Gifted parent groups: The SENG-Model* (1998).

Die amerikanische Originalausgabe des Ratgebers *Hochbegabte Kinder: Ihre Eltern, ihre Lehrer** wurde für ihren «bedeutenden Beitrag zum Verständnis der einzigartigen, sensitiven, emotionalen Bedürfnisse außergewöhnlicher Kinder» als bestes Buch mit dem National Media Award der American Psychological Association ausgezeichnet. Das Buch erzielte hohe Verkaufszahlen und wurde in mehrere Sprachen übersetzt. *Gifted Parent Groups: The SENG Model* wurde ebenfalls stark rezipiert, und das Modell ist inzwischen überall in den Vereinigten Staaten und in vielen anderen Ländern mit großem Erfolg umgesetzt worden. Dr. Webb ist Autor von

* Deutsche Ausgabe überarbeitet und ergänzt von Nadine D. Zimet und Franzis Preckel. Die 5. aktualisierte Auflage ist 2007 beim Verlag Hans Huber, Bern, erschienen. Nachdruck 2010. (Orig.: *Guiding the gifted child: A practical source for parents and teachers*, 1982).

mehr als 60 Fachpublikationen, zwölf Büchern und zahlreichen Beiträgen für Tagungen und Konferenzen zu hochbegabten und talentierten Kindern.

In Memphis, Tennessee, geboren, machte James Webb seinen Abschluss am Rhodes College und promovierte an der University of Alabama. Dr. Webb und seine Frau sind Eltern von sechs Töchtern.

Janet L. Gore, M.A., M.Ed., hat als Lehrerin, Vertrauenslehrerin, Schulleiterin, politische Entscheidungsträgerin und Mutter mehr als 30 Jahre Erfahrung mit hochbegabten und talentierten Kindern. Sie ist Mitautorin des preisgekrönten Buches *Grandparents' guide to gifted children*. Als Beauftragte für Hochbegabtenförderung in Arizona war sie für die Kontrolle und Qualitätsentwicklung von Förderprogrammen für hochbegabte Kinder im gesamten Bundesstaat verantwortlich. Während dieser Zeit gehörte Janet Gore dem National Council of State Directors for Gifted Education an. Davor war sie fünf Jahre als Beraterin und Interessenvertreterin für hochbegabte High-School-Schüler in Tucson, Arizona, tätig. Neben ihrer Beratertätigkeit im sozialen und emotionalen Bereich sowie in Fragen der Bildungs- und Berufsplanung leitete und erweiterte sie das bestehende Advanced-Placement-Programm in der Oberstufe, ein Mentoren-/Praktikumsprogramm sowie das Independent-Study-Programm in der Oberstufe. Sie setzte sich dafür ein, dass Schüler der Oberstufe gleichzeitig Kurse an der örtlichen Universität belegen konnten.

Als stellvertretende Leiterin einer High School in einem multiethnischen Bezirk mit einem hohen Anteil an amerikanisch-indianischen Schülern hat Janet Gore ausgiebig Erfahrung in der Schulverwaltung gesammelt. Sie war Vorstandsmitglied und Konferenzleiterin der Arizona Association for Gifted and Talented. Außerdem leitete sie Elterngruppen nach dem SENG-Modell.

Janet Gore hat in der Mittel- und Oberstufe von Sekundarschulen sowie an Hochschulen unterrichtet und war als Beraterin sowohl an Grundschulen als auch an Sekundarschulen tätig. Zu ihrer Lehrerfahrung gehört auch das Coaching von Academic Decathlon und Future Problem Solving Teams. An der Northern Arizona University und an der University of Phoenix hat sie Seminare in Hochbegabtenförderung, Kreativität, Psychologie, Tests und Messung, Kommunikation, Berufsberatung und angrenzenden Gebieten gegeben. 1983 wurde sie von der University of Arizona zur «Herausragenden Dozentin und Beraterin für Hochbegabte» ernannt.

Nach ihrem Abschluss am Charleton College in Northfield, Minnesota, hat Janet Gore einen Master of Arts (M. A.) in Englisch an der University of Iowa und einen Master of Education (M. Ed.) in Führung und Beratung an der University of Arizona absolviert.

Derzeit ist Janet Gore als Autorin, Herausgeberin und Beraterin bei Great Potential Press in Scottsdale, Arizona, tätig. Außerdem leitet sie auf lokaler, nationaler und internationaler Ebene Workshops über Bildungsbedürfnisse und Programme für hochbegabte Schüler.

Edward R. Amend, Psy.D., ist Klinischer Psychologe mit eigener Fachpraxis (Amend Psychological Services, PSC) in Lexington, Kentucky. Seine Arbeitsschwerpunkte sind die sozialen und emotionalen Bedürfnisse und die Förderung von hochbegabten und talentierten Jugendlichen und ihren Familien. Dr. Amend ist in Kentucky und Ohio als Klinischer Psychologe akkreditiert. Er hat sowohl als niedergelassener Psychologe als auch im gemeindepsychiatrischen Dienst und als Berater für Kliniken und Krankenhäuser gearbeitet. Dr. Amend ist Co-Autor von *Misdiagnosis and dual diagnoses of gifted children and adults.*

Dr. Amend bietet Evaluationen und therapeutische Maßnahmen für verschiedene Zielgruppen mit besonderen Bedürfnissen an, darunter hochbegabte Kinder und Jugendliche, Kinder mit Lernstörungen und Aufmerksamkeitsdefiziten und zweifach außergewöhnliche Kinder. Er leitet Diskussions- und Fördergruppen mit Kindern und Eltern, berät Lehrer und Schulmitarbeiter und führt Weiterbildungen durch. Bei landesweiten Kongressen ist er häufig als Referent vertreten. Zu seinen Themen gehören die Aufmerksamkeitsdefizit-/Hyperaktivitätsstörung (ADHS), das Asperger-Syndrom und andere häufige Fehldiagnosen sowie Underachievement, Perfektionismus, Schullaufbahnberatung und soziale/emotionale Bedürfnisse von Hochbegabten.

Dr. Amend war fünf Jahre lang Vorstandsmitglied bei SENG (Supporting Emotional Needs of the Gifted) und ist heute Schriftführer und Finanzverwalter der Organisation. Sechs Jahre lang war er Vorstandsmitglied und

Bezirksvertreter der Kentucky Association for Gifted Education (KAGE) und ist derzeit Vorsitzender dieses Interessenverbands. Er hat die Abteilung für Beratung und Führung der National Association for Gifted Children geleitet und ist zurzeit als Berater für das Davidson Institute for Talent Development tätig. Dr. Amend ist Mitglied der American Psychological Association (APA), der APA-Abteilung 53 (Kinder- und Klinische Psychologie) und der Kentucky Psychological Association. Von April 2000 bis Dezember 2003 war er außerdem als Autor bei *Roeper Review*, einer Zeitschrift für Hochbegabtenförderung, tätig.

Edward Amend stammt aus Uniontown, Pennsylvania. Er studierte am Saint Vincent College in Latrobe, Pennsylvania, wo er mit Summa cum laude graduierte. Anschließend setzte er seine Ausbildung an der Wright State University School of Professional Psychology in Dayton, Ohio, fort, wo er unter der Leitung von Dr. James Webb arbeitete. Seine Fachausbildung absolvierte er am Northeastern Ohio Universities College of Medicine, wo er auch als Leitender Psychologe tätig war.

Arlene R. DeVries, M.S.E., war mehr als 20 Jahre als Beraterin für die Förderung von hochbegabten und talentierten Kindern im öffentlichen Schulwesen von Des Moines, Iowa, tätig. Sie hat einen Hochschulabschluss in Erziehungsberatung und ist auf die sozialen und emotionalen Bedürfnisse von hochbegabten Kindern und deren Eltern spezialisiert. Sie hat Seminare über psychologische Aspekte von Hochbegabung an der Drake University und an der University of Iowa gegeben. Im Jahr 2005 wurde sie von der Pädagogischen Fakultät der Drake University mit dem angesehenen Alumni-Award ausgezeichnet.

Arlene DeVries hat im Rahmen des SENG-Programms Kurse bei James Webb besucht und ist Co-Autorin von *Gifted Parent Groups: The SENG Model*. Seit Mitte der 1980er Jahre hat sie mehr als 70 jeweils zehnwöchige Seminare für Eltern hochbegabter Kinder geleitet. Gemeinsam mit Dr. Webb führt sie in den USA und in anderen Ländern Workshops durch, in denen sie Fachleute mit dem SENG-Modell vertraut macht.

Bei nationalen Konferenzen für Pädagogen und Eltern hochbegabter Kinder wirkt Arlene DeVries häufig als Referentin mit. Sie war Vorsitzende von SENG und Vorstandsmitglied bei SENG und der National Association for Gifted Children (NAGC). Arlene DeVries ist Redaktionsmitglied der Zeitschriften *Roeper Review* und *Parenting for High Potential* und hat zahlreiche Beiträge in Fachzeitschriften für Hochbegabtenförderung veröffentlicht. Mehrere Jahre war sie Vorsitzende der NAGC-Abteilung Eltern/Gemeinschaft und der Iowa Talented and Gifted Association, von der sie 2004 mit einem Preis für ihre herausragende Leistung ausgezeichnet wurde.

Arlene DeVries ist bei den Bildungsorganisationen Delta Kappa Gamma und Phi Delta Kappa sowie bei der Sigma Alpha Iota-Musikbruderschaft aktiv. Sie gibt Musikkurse für alle Altersgruppen, vom Kindergarten bis in die Oberstufe; darüber hinaus ist sie in der Erwachsenenbildung tätig und bringt ihren Kursteilnehmern die klassische Musik nahe. Außerdem bietet sie Einführungsveranstaltungen zu Konzerten des Des Moines-Symphonieorchesters an.

Als Mutter von zwei talentierten Kindern und fünffache Großmutter bereitet es Arlene DeVries viel Freude, sich mit anderen Eltern auszutauschen und dazu beizutragen, dass sie den besonderen Bedürfnissen ihrer hochbegabten und talentierten Kinder gerecht werden.

Über die Herausgeberinnen

Inga Liebert-Cop ist Diplom-Psychologin und Diplom-Pädagogin und hat eine Approbation als Psychotherapeutin.

Seit elf Jahren arbeitet sie im Internationalen Centrum für Begabungsforschung (ICBF) der Universitäten Münster und Nijmegen in Münster. Ihr Schwerpunkt dort ist die Begabungs- und Förderdiagnostik sowie die Beratung hochbegabter Kinder und ihrer Eltern. Sie referiert regelmäßig bei Weiterbildungen für Lehrer und Erzieher des ICBF und ECHA (European Council for High Ability).

Vor ihrem Engagement im Bereich Hochbegabung arbeitete sie im klinischen Bereich und führte Einzel- und Gruppentherapien durch.

Parallel zum Zweitstudium unterrichtete sie die Fächer Psychologie, Pädagogik und Soziologie in der Ausbildung von Ergo- und Physiotherapeuten.

Inga Liebert-Cop ist verheiratet und hat zwei erwachsene Kinder.

Suzana Zirbes-Domke ist Diplom-Psychologin und kam über die eigenen Kinder zum Thema Hochbegabung. Sie absolvierte ihr Grundstudium der Psychologie in Südamerika und ihr Hauptstudium in Berlin.

In vielen Fortbildungen und Praktika im In- und Ausland spezialisierte sie sich im Bereich Hochbegabungsdiagnostik und Begabungsförderung. Seit 1999 arbeitet sie in eigener Praxis in Ahrensburg und Hamburg, wo sie Familien, Schulen sowie andere Institutionen berät. Außerdem war sie in der Arbeitsgruppe tätig, die ein Konzept zur Begabungsförderung für das Land Schleswig-Holstein erarbeitete.

Vor ihrer Selbstständigkeit war sie viele Jahre ehrenamtlich in der Elternberatung aktiv und war Mitbegründerin der ersten lokalen Elterngruppe der DGhK (Deutsche Gesellschaft für das hochbegabte Kind) in Schleswig-Holstein.

Suzana Zirbes-Domke ist verheiratet und hat drei hochbegabte Kinder.

Über die Übersetzerin

Cathrine Hornung, M. A., hat an der Universität Tübingen Amerikanistik, Anglistik, Geschichte und Italienisch studiert und im In- und Ausland Englisch sowie Deutsch als Fremdsprache unterrichtet. Seit 2002 ist sie als freie Literaturübersetzerin und Lektorin in Süditalien und Süddeutschland tätig.

Anhang: Adressen und Webseiten*

Hochbegabung: Informationen, Rat und Hilfe

Beratungsangebote in Deutschland

Deutsche Gesellschaft für das hochbegabte Kind (DGhK) e. V.
Schillerstraße 4–5, D–10625 Berlin
Tel.: +49 (030) 343 568 29
E-Mail: dghk@dghk.de
www.dghk.de
Der Elternverein bietet Informationen, Kursangebote für hochbegabte Kinder, Veranstaltungen sowie ehrenamtliche Beratung. Die DGhK ist in Regionalvereine untergegliedert.

Mensa in Deutschland e. V.
Am Klopferspitz 12, D–82152 Planegg-Martinsried
Tel.: +49 (089) 864 662 51
E-Mail: office@mensa.de
www.mensa.de
Mensa hat zum Ziel, hochintelligente Menschen zusammenzubringen – über lokale, überregionale und internationale Treffen, Interessen- und Diskussionsgruppen.

---

* In diesem Anhang sind die wichtigsten Anlaufstellen zusammengefasst, bei denen Sie Informationen und Beratung rund um das Thema Hochbegabung finden. Es besteht kein Anspruch auf Vollständigkeit.

www.begabungslotse.de
Die Webseite richtet sich an Schüler, Eltern und Lehrer und bietet Wissenswertes zum Thema Talentförderung. Hier findet sich eine bundesweite Datenbank, die man sowohl thematisch als auch geografisch durchsuchen kann.

www.bildungsserver.de
Allgemeine Informationen und Links finden sich unter dem Suchbegriff «Hochbegabung».

www.genius-hochbegabung.de
Hier gibt es Hinweise zu regionalen und überregionalen Beratungsstellen.

www.hochbegabungs-links.de
Diese Seite bietet viele aktuelle und interessante Links zum Thema Hochbegabung.

www.die-hochbegabung.de
Der Expertenkreis Hochbegabung/Potenziale des Berufsverbands Deutscher Psychologinnen und Psychologen (BDP) e. V. ist auf Begabungsdiagnostik und Beratung spezialisiert.

www.logios.de
Wichtige Infos für Eltern, Lehrer und Schüler aus schulpsychologischer Sicht. Diagnostik, Förderung, Beratung, Surftipps, Diskussionsforum, Chat.

Informationen über Beratungsstellen und Praxen freier Psychologen, die auf Hochbegabung spezialisiert sind, finden sich auch unter **www.karg-stifung.de** und **www.die-hochbegabung.de** sowie unter **www.psychotherapiesuche.de**.

Förderung

Begabtenförderungswerke
www.begabtenfoerderungswerke.de
Die zwölf vom Bundesministerium für Bildung und Forschung unterstützten Begabtenförderungswerke fördern besonders begabte Studierende und Promovierende sowohl ideell als auch materiell.

Bildung und Begabung e. V.
Ahrstraße 45, D–53175 Bonn
Tel.: +49 (0228) 95 91 50
E-Mail: info@bildung-und-begabung.de
www.bildung-und-begabung.de
Bildung und Begabung e. V. ist eine Initiative des Stifterverbandes für die Deutsche Wissenschaft zur Begabungs- und Begabtenförderung. Der Verein bietet Informationen und eine Übersicht über Förderangebote.

Deutsche SchülerAkademie
www.schuelerakademie.de
Die Deutsche SchülerAkademie ist ein außerschulisches Programm zur Förderung besonders leistungsfähiger und motivierter Schülerinnen und Schüler.

Hochbegabtenförderung e. V.
www.hbf-ev.de
Der Verein bietet telefonische Beratung, Informationsveranstaltungen, Kursangebote und Projekttage für hochbegabte Kinder.

Karg-Stiftung für Hochbegabtenförderung
Lyoner Straße 15, im Atricom, D–60528 Frankfurt/Main
Tel.: +49 (069) 665 62 113
E-Mail: dialog@karg-stiftung.de
www.karg-stiftung.de
Die Stiftung bietet Informationen, Publikationen, Adressen von Beratungsstellen und Unterstützung für Hochbegabte.

Netzwerk Akzeleration: Fördern und fordern von Kindern und Jugendlichen mit besonderen Begabungen
Herausgeberin Dr. Annette Heinbokel
Bismarckstr. 100, D–28203 Bremen
Tel.: +49 (0421) 69675131
www.netzwerk-akzeleration.de
Das Netzwerk dient dem Informationsaustausch unter Fachkollegen, informiert über Weiterbildungen für Lehrkräfte und bietet Hilfe für «Springerkinder» und Informationen für Eltern.

Nicht massgefertigt: Förderung hochbegabter Kinder
www.nichtmassgefertigt.wordpress.com
Hier finden sich Informationen über außerschulische Förderung, Links zu Beratungsstellen, Schulen und Vereinen in Deutschland und Österreich.

Beratungsstellen der Länder und Universitäten

Arbeitsstelle HEFE an der Universität Hannover
klaus.urban.phil.uni-hannover.de

Begabungspsychologische Beratungsstelle der Ludwig-Maximilians-Universität München www.psych.lmu.de/begabung

Begabungspsychologische Beratungsstelle der Universität Würzburg
www.begabungsstelle.uni-wuerburg.de

Beratungsstelle zur Begabtenförderung (BzB) des Sächsischen Staatsministeriums für Kultus und Sport
www.sachsen-macht-schule.de/schule/216.htm

BRAIN – Begabungsdiagnostische Beratungsstelle der Universität Marburg
www.uni-marburg.de /fb04/brain

Gaesdoncker Beratungsstelle für Begabtenförderung/Zweigstelle der Universität Nijmegen, Goch
http://www.ru.nl/fsw/ambulatorium/cbo/vm_gaesdoncker/gaesdo/

Internationales Centrum für Begabungsforschung (ICBF) der Universität Münster
www.icbf.de
Das ICBF hat die Arbeitsschwerpunkte Begabungsforschung, Begabtenförderung und Aus- und Weiterbildung. Es bietet Diagnostik und Beratung für Kinder und Eltern. Weiterbildungsangebote zur Begabtenförderung für Lehrer und Erzieher werden in Zusammenarbeit mit ECHA (European Council for High Ability) durchgeführt.

Landesweite Beratungs- und Forschungsstelle für Hochbegabung (LBFH) an der Universität Erlangen
www.lbfh.uni-erlangen.de

Mind – Beratungsstelle für Hochbegabtendiagnostik der Universität Kiel
www.mind.uni-kiel.de

Odysseus-Projekt der Universität Rostock
www.odysseus-projekt.de

Pädagogisch-psychologische Beratungsstelle an der Pädagogischen Hochschule Ludwigsburg
www.ph-ludwigsburg.de

Psychologische Beratungsstelle zu Fragen der Hochbegabung am Sächsischen Landesgymnasium St. Afra
www.st.afra.de/psychologische-beratung

Regionales Beratungs- und Unterstützungszentrum Nord, Zentrum für schülerbezogene Beratung (ReBUZ)
www.lis.bremen.de

Tübinger Institut für Hochbegabung (TüI-Hb)
www.tuebingerinstitut-hb.de/

Angebote in der Schweiz:

Elternverein für hochbegabte Kinder (EHK)
www.ehk.ch
Zu den Angeboten des EHK gehören Regionalgruppen, Informations- und Weiterbildungsveranstaltungen, Beratung und Feriencamps.

Geistreich – Beratungsstelle und Lernort für Hochbegabte und Begabungsförderung
www.geist-reich.ch
Zusammenschluss mehrerer Berater und Beratungsstellen.

Mensa Schweiz
www.mensa.ch
Der Verein für hochbegabte Kinder und Erwachsene organisiert Veranstaltungen auf lokaler, überregionaler und internationaler Ebene und bietet Interessen- und Diskussionsgruppen an.

Netzwerk Begabungsförderung
www.begabungsfoerderung.ch
Das Netzwerk gibt Hinweise auf Beratungs- und Förderangebote in der Schweiz.

Stiftung für hochbegabte Kinder
www.hochbegabt.ch
Zusammen mit der «Anlaufstelle Hochbegabung» informiert die Stiftung über Förderangebote für hochbegabte Kinder.

Angebote in Österreich:

Kluge Kinder – Hochbegabung bei Kleinkindern
www.klugekinder.bwk.at
Informationen zum Thema Hochbegabung bei Klein- und Vorschulkindern, Elternforum und Links.

Mensa Österreich
www.mensa.at
Der Verein für hochbegabte Kinder und Erwachsene organisiert Veranstaltungen auf lokaler, überregionaler und internationaler Ebene und bietet Interessen- und Diskussionsgruppen an.

Österreichisches Zentrum für Begabtenförderung und Begabungsforschung (ÖZBF)
www.begabtenzentrum.at
Das ÖZBF ist die zentrale Anlaufstelle in Österreich und Schnittstelle zwischen Forschung und Praxis. Hier finden sich alle Informationen über Forschung, Förderung und Fortbildung und über Angebote in den einzelnen Regionen.

Verein zur Förderung von Begabungsforschung und Begabungsinitiativen im European Council for High Ability (ECHA-Österreich)
www.echa-oesterreich.at
Angebote zur Weiterbildung.

Europa und USA:

Centrum voor Begaafdheidsonderzoek
www.ru.nl/fsw/cbo
Das Centrum für Begabungsforschung der Radboud Untervität in Nijmegen, Niederlande, widmet sich der Erforschung von Begabungen, der Diagnostik und der Entwicklung von Fördermaßnahmen für Begabte sowie der Weiterbildung.

European Council for High Ability (ECHA)
www.echa.info
Europäische Vereinigung zur Förderung des internationalen Austauschs in Wissenschaft und Praxis. Die ECHA stellt Weiterbildungsangebote zur Verfügung, organisiert Konferenzen und gibt die Fachzeitschrift *High Ability Studies* heraus.

EUROTALENT – European Committee for the Education of Children and Adolescents who are intellectually advanced, gifted, talented
www.eurotalent.org
Die europäische Vereinigung richtet internationale Kongresse aus und publiziert Informationsmaterial.

National Association for Gifted Children (NAGC)
www.nagc.org
Die NAGC gibt relevante Zeitschriften heraus und stellt allgemeine Informationen, unter anderem über gesetzliche Neuerungen und aktuelle Forschungstrends, zur Verfügung. Die Jahreskonferenz der NAGC findet für gewöhnlich im November statt.

Supporting Emotional Needs of the Gifted (SENG)
www.sengifted.org
Im Mittelpunkt steht die Unterstützung der emotionalen Entwicklung hochbegabter Kinder und Jugendlicher. Die Nonprofit-Organisation bietet Informationen über Fördermöglichkeiten und organisiert Weiterbildungen und Elterngruppen. An der SENG-Jahreskonferenz können sowohl Psychologen und Lehrer als auch Eltern teilnehmen.

Zeitschriften zum Thema Hochbegabung:

Journal für Begabtenförderung – www.studienverlag.at
Labyrinth – Zeitschrift der DGhK
MinD-Magazin – Zeitschrift von Mensa in Deutschland e. V.
news&science – Zeitschrift des ÖZBF

High Ability Studies
Gifted Child Quarterly
Gifted Child Today
Gifted Education Communicator
Parenting for High Potential
Roeper Review
Twice-Exceptional Newsletter
Understanding Our Gifted

ADS/ADHS

Deutschland:

Bundesverband Aufmerksamkeitsstörung/Hyperaktivität e. V.
Postfach 60, D-91291 Forchheim
Tel.: +49 (09191) 704260
E-Mail: info@bv-ah.de
www.bv-ah.de

Zentrales adhs-netz
Koordination: Universitätsklinikum Köln
Robert-Koch-Str. 10, D–50931 Köln
Telefon: +49 (0221) 478-6108
E-Mail: zentrales-adhs-netz@uk-koeln.de
www.zentrales-adhs-netz.de

Schweiz:

ELPOS Schweiz – Verein für Eltern und Bezugspersonen von Kindern sowie für Erwachsene mit POS/AD(H)S
Postfach 255, CH–3047 Bremgarten
Telefon: +41 (031) 3 01 36 26
E-Mail: info@elpos.ch
www.elpos.ch

SFG-ADHS – Schweizerische Fachgesellschaft Aufmerksamkeitsdefizit-/Hyperaktivitätsstörung
Postfach 255, CH–3047 Bremgarten
Telefon: +41 (031) 3 01 36 26
E-Mail: sekretariat@sfg-adhs.ch
www.sfg-adhs.ch

Österreich:

ADAPT – Arbeitsgruppe zur Förderung von Personen mit AD/HS und Teilleistungsschwächen
Püchlgasse 1A–1D, A–1190 Wien
Mailbox: +43 (0676) 516 56 87
E-Mail: verein_adapt@yahoo.com
www.adapt.at

Lernstörungen

Deutschland:

Bundesverband Legasthenie und Dyskalkulie e. V.
Postfach 1107, D–30011 Hannover
Tel.: +49 (0700) 285 285 285; (0700) 318 738 11; (02761) 66 00 41
E-Mail: info@bvl-legasthenie.de; beratung@bvl-legasthenie.de
http://www.bvl-legasthenie.de/

Deutscher Bildungsserver
www.bildungsserver.de, Suchbegriff «Lernstörung».

Schweiz:

Verband Dyslexie Schweiz
www.verband-dyslexie.ch

Österreich:

Erster Österreichischer Dachverband Legasthenie, EÖDL
www.legasthenie.at

Register

E

L

M

N

O

P